后浪出版公司

The
INVENTION
of
NATURE

Alexander von Humboldt's
New World

创 造 自 然

亚历山大·冯·洪堡的科学发现之旅

[德] 安德烈娅·武尔夫——著 边和——译

Andrea Wulf

浙江人民出版社

图书在版编目（CIP）数据

创造自然 / (德) 安德烈娅·武尔夫著 ; 边和译
. -- 杭州 : 浙江人民出版社 , 2018.5
  ISBN 978-7-213-08611-3

  Ⅰ . ①创… Ⅱ . ①安… ②边… Ⅲ . ①洪堡 (
Humboldt, Alexander von 1769–1859) —传记 Ⅳ .
① K835.166.1

  中国版本图书馆 CIP 数据核字 (2018) 第 005323 号

浙 江 省 版 权 局
著作权合同登记号
图字 : 11-2017-209

创造自然

［德］安德烈娅·武尔夫　著　　边和　译

出版发行 : 浙江人民出版社（杭州市体育场路 347 号　邮编　310006）
责任编辑 : 潘海林
责任校对 : 姚建国　朱志萍　俞建英
特约编辑 : 费艳夏
封面设计 : 墨白空间·陈威伸
印　　刷 : 北京盛通印刷股份有限公司
开　　本 : 655 毫米 × 1000 毫米　1/16
插　　页 : 16
印　　张 : 30
字　　数 : 403 千
版　　次 : 2018 年 5 月第 1 版
印　　次 : 2018 年 5 月第 1 次印刷
书　　号 : ISBN 978-7-213-08611-3
定　　价 : 128.00 元

闭上眼睛，竖起耳朵：从最轻柔的微声到最狂野的喧嚣，从最简单的音调到最复杂的和弦，从狂劲的尖声叫喊到至柔的理性言语，一切都在通过自然诉说，自然也正是通过这一切揭示她的存在、她的力量、她的生命和她的关联，以使被无限可见世界拒绝于外的盲人，仍可从自然之声中理解无穷无尽的生命力。

——歌德（Johann Wolfgang von Goethe）

目　录

地图目录

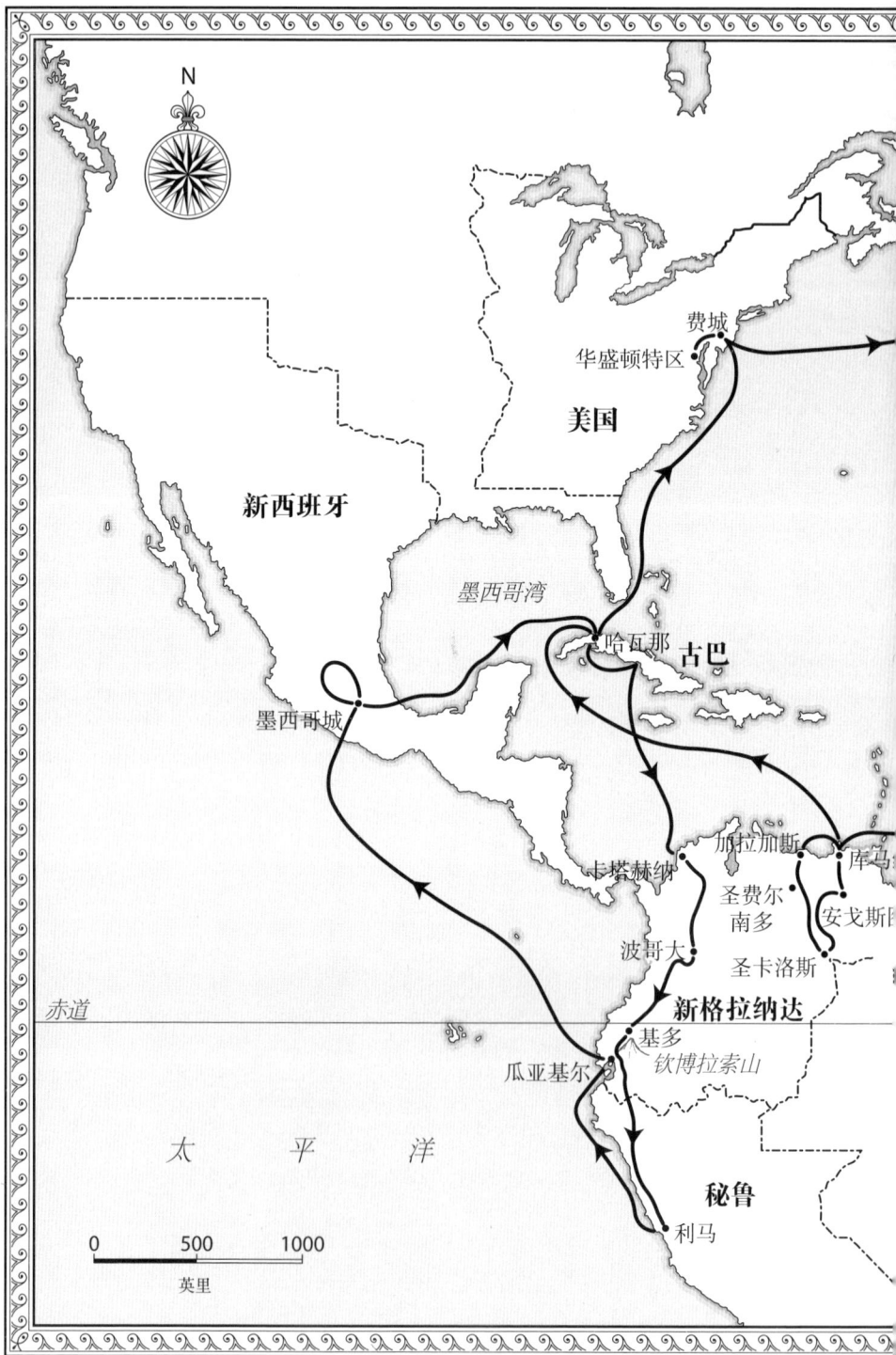

N

美国

华盛顿特区

费城

新西班牙

墨西哥湾

哈瓦那

古巴

墨西哥城

卡塔赫纳

加拉加斯

库马

圣费尔
南多

安戈斯

圣卡洛斯

波哥大

新格拉纳达

赤道

基多

钦博拉索山

瓜亚基尔

太　平　洋

秘鲁

利马

0　　500　　1000

英里

波尔多

拉科鲁尼亚

大 西 洋

特内里费岛

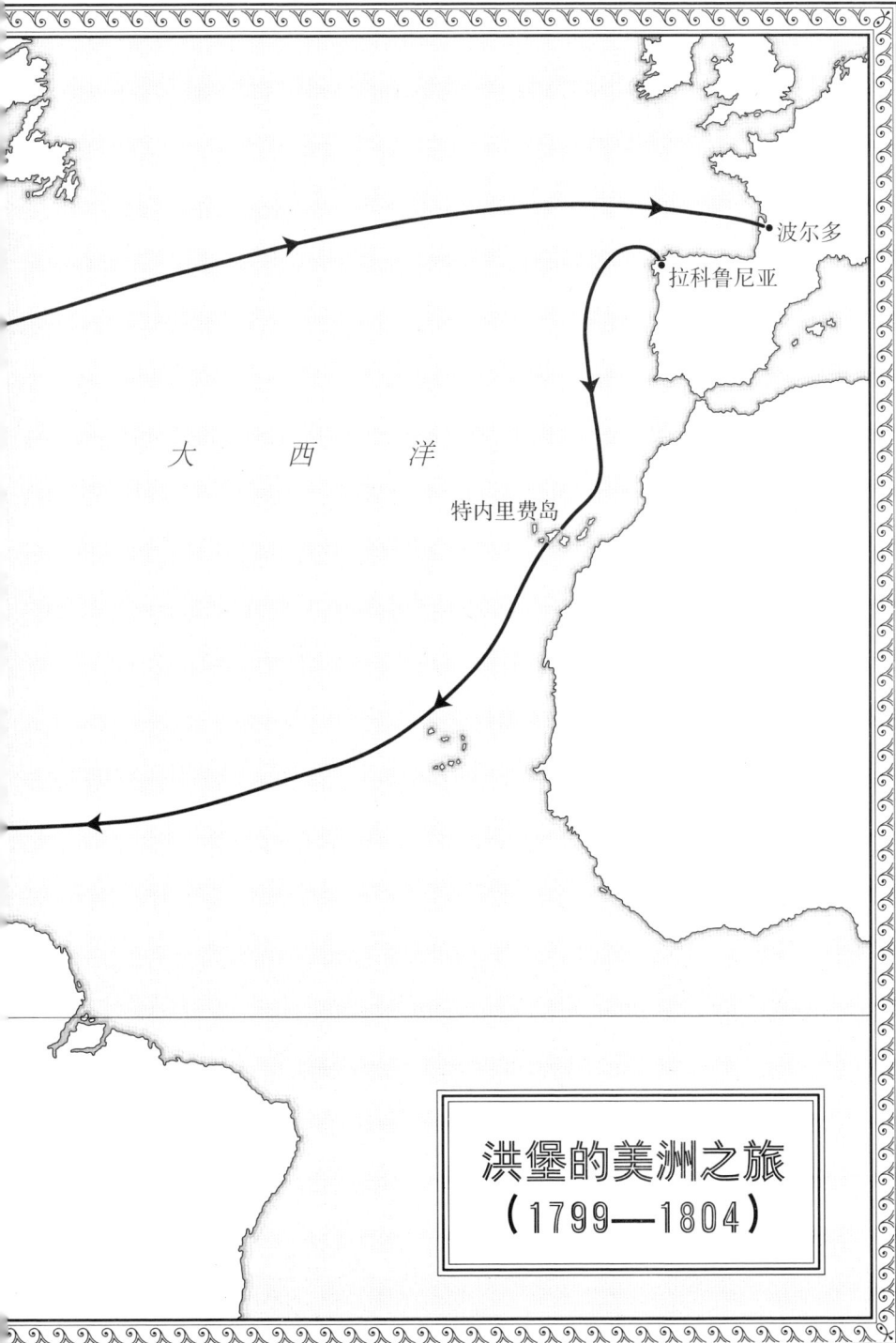

洪堡的美洲之旅
（1799—1804）

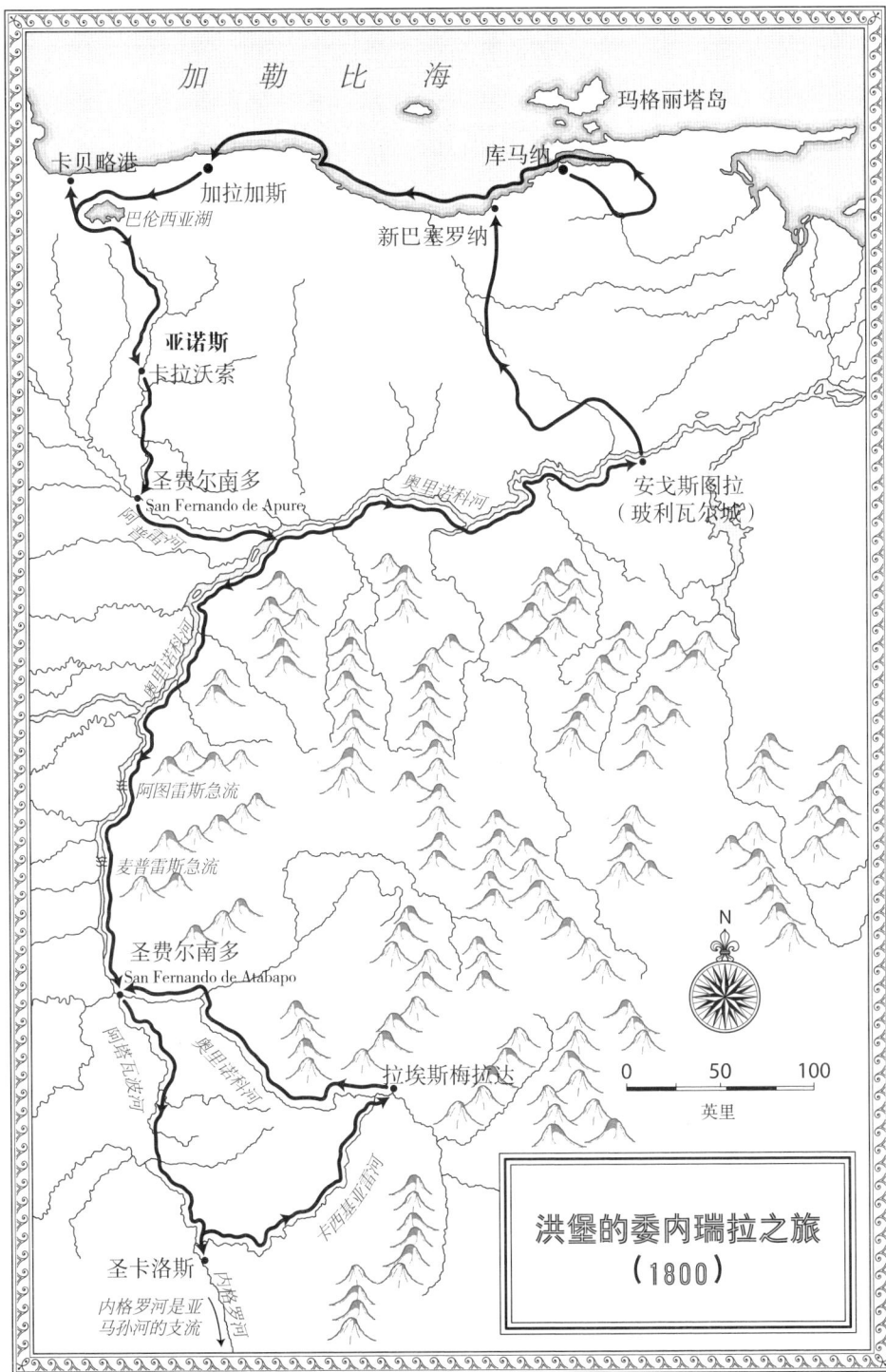

加 勒 比 海

玛格丽塔岛

卡贝略港

加拉加斯

库马纳

巴伦西亚湖

新巴塞罗纳

亚诺斯

卡拉沃索

圣费尔南多
San Fernando de Apure

奥里诺科河

安戈斯图拉
（玻利瓦尔城）

阿普雷河

奥里诺科河

阿图雷斯急流

麦普雷斯急流

N

圣费尔南多
San Fernando de Atabapo

阿塔瓦波河

奥里诺科河

拉埃斯梅拉达

0   50   100
英里

圣卡洛斯

内格罗河

卡西基亚雷河

内格罗河是亚
马孙河的支流

洪堡的委内瑞拉之旅
（1800）

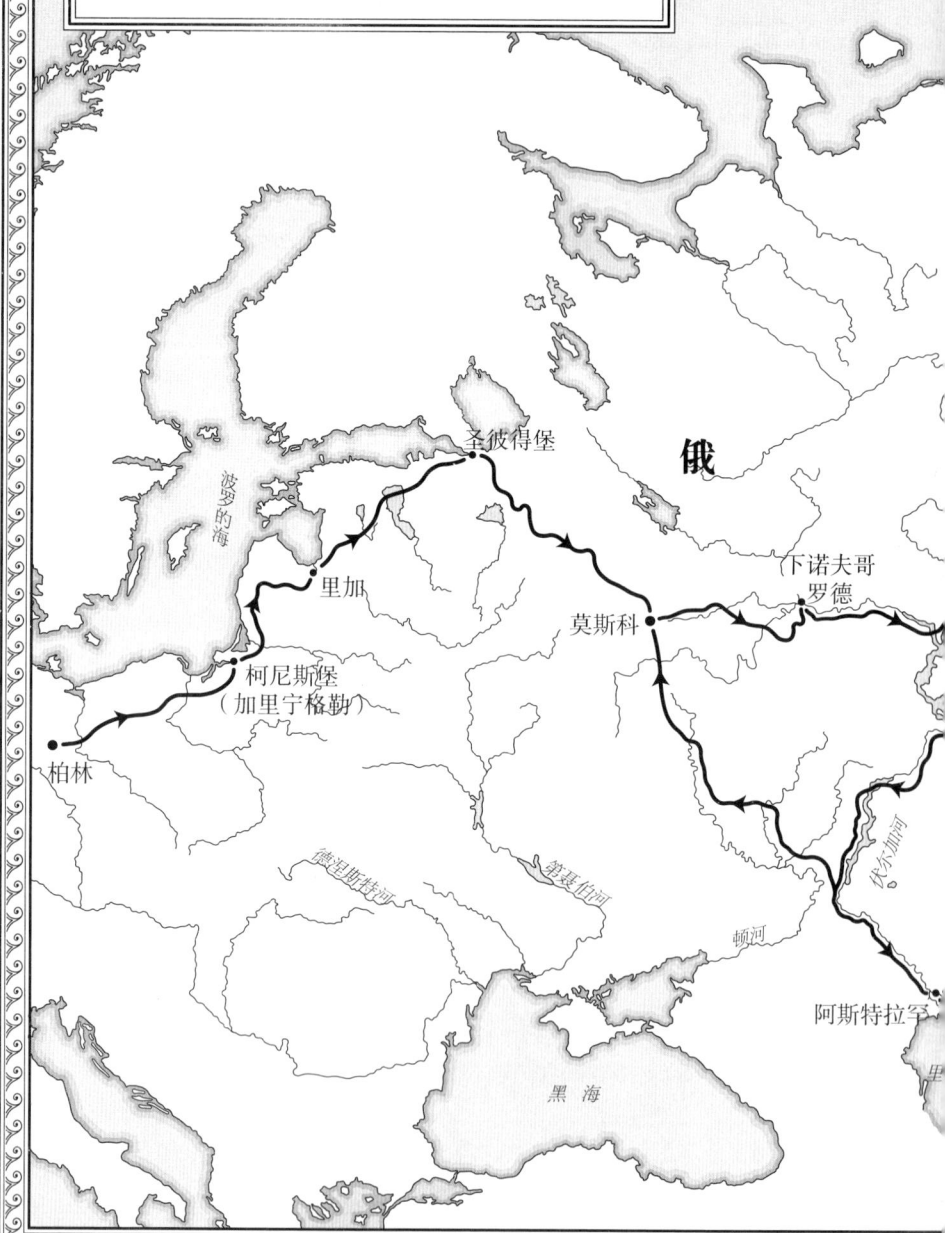

波罗的海

圣彼得堡

俄

里加

下诺夫哥
罗德

柯尼斯堡
（加里宁格勒）

莫斯科

柏林

德涅斯特河

聂伯河

顿河

伏尔加河

里

阿斯特拉罕

黑海

N

乌
拉
尔
山
脉

国

托博尔斯克

叶卡捷琳堡

米阿斯

鄂木斯克

西 伯 利 亚 平 原

巴尔瑙尔

奥伦堡

额尔齐斯河

乌斯季卡缅诺戈尔斯克

别卢哈山

巴图

巴尔喀什湖

咸海

| 0 | 100 | 200 | 300 | 400 | 500 |

英里

前　言

他们手脚并用，在一条高而窄、有些地方仅两英寸[1]宽的山脊上爬行。那条勉强可以算是条路的小径，层积着沙土和零散的石子，一碰就会抖落。左侧是陡峭岩壁、表面结着一层冰，在穿透云层的阳光照耀下闪着光。右侧的景象并没有令人更轻松——悬崖直上直下，深达1 000英尺[2]；黝黯的岩壁上刺出匕首般尖利的石头。

亚历山大·冯·洪堡和他的三个同伴排成一队，缓慢跋涉前行。没有像样的装备，也没有合适的衣履，这次攀爬充满危险。寒风冻僵他们的手脚，融雪浸透单薄的鞋子，冰晶粘在头发与胡须上。尖利的岩石穿透了鞋底，他们走着走着，血便开始从脚底渗出来。

那是1802年6月23日，他们正在攀登钦博拉索山——安第斯山脉中一座美丽的穹顶形死火山，高近21 000英尺，位于今天厄瓜多尔的首都基多市以南100多英里[3]处。钦博拉索山是当时公认的世界最高山峰。也难怪，洪堡一行的搬运工因为恐惧，在到达雪线时抛弃了他们。火山之巅被浓雾笼罩着，而洪堡坚持决定继续前行。

亚历山大·冯·洪堡已经在拉丁美洲旅行了3年，深入了少有欧洲人涉足的腹地。当时的洪堡32岁，热心科学观测，随身携带了很多欧洲当时最先进的仪器设备。为了爬上钦博拉索山，他把大部分行李都留在山下，只带了气压计、温度计、六分仪[4]、一个人工水平线，以及"测蓝计"（cyanometer，一种用来测量天空蓝色程度的仪器）。洪堡一边攀爬，

---

1. 1英寸=2.54厘米。
2. 1英尺=30.48厘米。
3. 1英里=1.6千米。
4. 用以观察天体高度和目标的水平角与垂直角的反射镜类型的手持测角仪器，由分度弧、指标臂、动镜、定镜、望远镜和测微轮组成，弧长约为圆周的1/6，因此得名。

1　一边瑟缩着用冻僵的手指掏出仪器，把它们架设在狭窄的山脊上，测量海拔高度、重力以及空气湿度。他仔细地列出了沿途遇见的所有物种——这里有一只蝴蝶，那里有一朵小花——笔记本上记载着一切。

　　在海拔约 18 000 英尺处，他们见到最后一块长有地衣的岩石。在那之上，一切有机生命的迹象都消失了，因为没有植物或昆虫可以在如此高的地方生存，就连在此前的攀登中陪伴他们的神鹫也不见了踪影。白雾弥漫，周围显得空旷而诡异，洪堡感到完全被隔绝于有生灵居住的世界之外。他说："我们就像被困在一个热气球里。"此后，雾气突然散开，蓝天下的钦博拉索山雪顶直现在他们眼前："多壮美的景象！"洪堡不禁在内心感慨。但他随即注意到面前那条巨大的地缝，足有 65 英尺宽，600 英尺深。然而除此之外，别无其他的登顶道路。他们已经爬到了海拔 19 413 英尺的位置，离顶峰只有 1 000 英尺。

　　从未有人爬到过这样的高度，也从未有人呼吸过如此稀薄的空气。

洪堡和同伴正在攀登火山

洪堡站在世界之巅，俯视着脚下起伏的山脉。他开始以不同的眼光看待世界。地球像一个巨大的生命体：一切都相互关联。他开始构思一种全新的自然观念，至今仍然影响着我们对自然的理解。

亚历山大·冯·洪堡被同时代的人们公认为继拿破仑之后最著名的人物，他的事迹令人倾倒，予人启迪。洪堡于1769年出生在一个富有的普鲁士贵族家庭，但他决定放弃特权生活，转而去探寻世界运行的原理。年轻的洪堡出发去拉丁美洲考察，一去就是5年，途中历经险境，满载对世界的新思考而归。这是一次对他的生命和思想造成深远影响的旅行，也使他从此驰名寰宇。他以巴黎和柏林这样的都市为家，却也同样自如地在奥里诺科河最偏远的支流旁或俄国与蒙古边境的哈萨克草原上生活过。在漫长的一生中，他担任着科学世界的枢纽角色，给同侪的去信多达5万封，收到的信件数目则至少加倍。洪堡相信，知识必须经由分享、交流，并尽可能地提供给更多人。

他也是一个充满矛盾的人。他曾尖锐地批判殖民主义，并支持发生在拉丁美洲的革命，却也曾经担任两朝普鲁士君王的内务大臣。他欣赏美利坚合众国关于自由和平等的理念，却从未停止批评这个新生国家对奴隶制的纵容。他称自己为"半个美洲人"，但与此同时却把美洲比作"笛卡尔式的旋涡——一切事物都在其中消散和抚平，归于沉闷的单调"。他无比自信，但也时刻渴望外部肯定。人们仰慕他的博学，却也畏惧他的尖刻。洪堡的著作风行一时，被翻译成10余种语言出版，人们贿赂书商以便先睹为快。可即使如此，他临终前却一贫如洗。他或许是虚荣的，可也正是他将最后的积蓄赠送给了身处困境中的年轻科学家。他一生忙于旅行和无休止的工作，总想追求新的体验，就像他自己所说的："最好有三件事情同时发生。"

洪堡以其知识与科学思想闻名，却不是个只动动脑筋的学者。他不满足于在书斋中与卷帙为伍，而是屡屡远行，考验自己体力的极限。他深入神秘的委内瑞拉雨林，攀爬安第斯山脉狭窄的岩脊，只为一睹活火山内部喷涌的火焰。即使年逾60岁，他仍跋涉到俄国最偏远的角落，同行的年轻人都赶不上他的步伐。

洪堡着迷于科学仪器、测量和观察，也心怀发现奇迹的冲动。当然，自然必须经由测量和分析；但他同时也相信，我们对自然世界的反应，很大程度上都基于感官体验与情感。他想要激发一种"自然之爱"。当其他科学家执着探寻普世定律的时候，他在著作中写道，"自然也必须借由人的感受来体察"。

洪堡记忆力超群。他能够在多年以后回忆起一片树叶的形状、泥土的颜色、一次温度计的读数、一块岩石的层积。这使得他能够将自己相隔几十年、距离几千里的观察所得进行比较。一位同侪事后回忆道，洪堡能够"同时追踪世界上所有的现象线索"。其他人需要绞尽脑汁回忆的事情，洪堡那双"如同天然望远镜与显微镜"（爱默生语）的眼睛，一瞬间就能召唤起过往知识与观察中的每一粒琐屑。

洪堡站在钦博拉索山巅，满身疲惫地注视着眼前的景象。这里的植被分布带依次层叠：山谷里有棕榈树林和潮湿竹林，色彩鲜艳的兰花攀附在树干上。再往上，洪堡看到针叶树、橡树、赤杨以及成丛的小檗灌木，与他在欧洲森林里见到的十分相似；然后是高山植物，与他在瑞士山中采集的一样；另外还有地衣——这让他想起从极地和芬兰极北端的拉普兰区带回的样本。从未有人用这样的方式看待过植物的分布：不再局限于分类学的狭窄范畴，而是根据所在区域和气候，把它们分成不同的类型。洪堡将自然看作一种覆盖全球的力量，各大陆都有相对应的气候带。这种视角在当时相当独特，但今天仍然影响着我们对于生态系统的理解。

洪堡的著作、日记和信件展现了一位预言家的形象，一位远远超前于时代的思想者。他发明了等温线、等压线——它们仍然应用在我们今天的地图上；他发现了磁倾赤道；他构想出了跨越全球的植被与气候带的概念。最为重要的是，洪堡革新了我们看待自然世界的方式：任何事物之间都存在关联。即使是最微小的有机体，都不应该被看作是孤立的。他写道："在这条因与果的巨长链条中，没有哪个事实可以完全独立于其他存在。"基于这一见解，他开创了视自然（nature）为生命之网的先河。

14

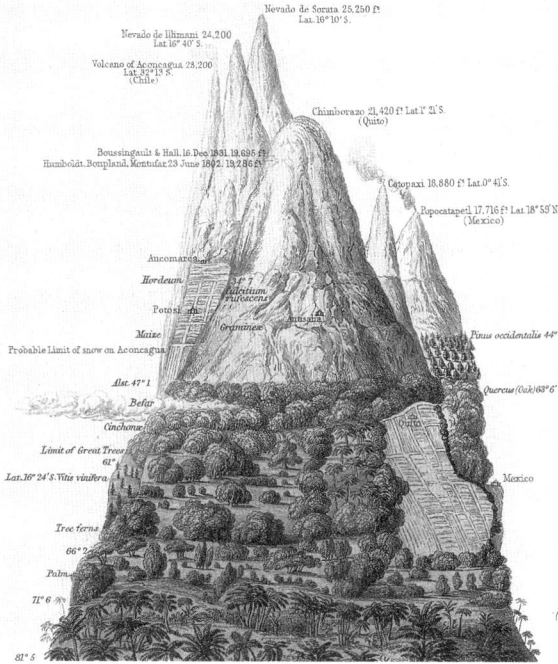

安第斯山的植被分布

　　一旦将大自然看作相互交联的网络，它的脆弱性也就变得相当明显。所有事物的命运都息息相关，牵一发而动全身。1800年，洪堡在委内瑞拉的巴伦西亚湖见证了殖民地种植园对环境的严重破坏，随即在当时的科学界第一次提出了人类活动引发恶性气候变化的讨论。在那里，砍伐森林使土地变得荒芜，湖泊水位也不断下降；由于小型灌木逐渐消失，雨水汇作洪流，冲走了周围山坡表层的泥土。洪堡是第一个解释森林可以使周围的大气环境变得更加湿润以及具有冷却作用的学者，并强调林地对保持水土的重要性。他警告道，人类正在粗暴地扰动气候，这将为子孙后代带去不可预见的影响。

　　本书追踪了连接我们与这一杰出人物之间千丝万缕的隐性联系。洪堡影响了同时代的无数思想家、艺术家和科学家。托马斯·杰斐逊（Thomas Jefferson）称他为"我们时代最伟大的荣光之一"。查尔斯·达尔文（Charles Darwin）写道，"没有什么能比阅读洪堡的旅行故事更让我激动的事了"，并坦承如果没有洪堡的影响，他不会登上"小猎犬"号，也不会想到写作《物种起源》。威廉·华兹华斯（William Wordsworth）和塞缪尔·泰勒·柯勒律治（Samuel Taylor Coleridge）将洪堡的自然观纳入他们的诗篇。而亨利·大卫·梭罗（Henry David Thoreau），这位美国最受尊敬的自然写作者，在洪堡的著作中找寻到了解决自我困扰的答案——如何同时做一位诗人和一位博物学家？假如他没有读过洪堡，那么《瓦尔登湖》会是一本相当不同的书。西蒙·玻利瓦尔（Simón Bolívar），这位从西班牙殖民者手中解放了南美洲的革命家，称洪堡为"新世界的发现者"。德国最伟大的诗人歌德回忆道，与洪堡共度几天，"自己的见识便会增长数年"。

　　1869年9月14日是亚历山大·冯·洪堡的百年诞辰，从欧洲、非洲、澳洲到美洲，世界各地都举行了大大小小的聚会。在墨尔本和阿德莱德，在布宜诺斯艾利斯和墨西哥城，人们都去聆听纪念洪堡的演讲；在莫斯科，他被称为"科学界的莎士比亚"；在埃及的亚历山大城，宾客们在焰火点亮的天空下集会、举杯。最隆重的典礼要数美国，从旧金山到费城，从芝加哥到南卡罗来纳州的查尔斯顿，举国上下都举办了庆祝游行、晚宴和音乐会。据记载，至少有8 000人涌入克利夫兰的街道参加集会，锡拉丘兹则有15 000人以步行的方式共襄盛举，游行队伍有1英里之长。尤利塞斯·格兰特（Ulysses Grant）总统在匹兹堡参加了纪念洪堡的活动，至少1万名宾客慕名而来，整座城市从未见证过如此盛况。

　　在纽约，鹅卵石铺就的街道两旁旗帜飘扬。市政厅周围贴满了横幅，很多房屋的外侧都被大幅画着洪堡头像的海报所覆盖，就连驶过哈德孙河的船只都挂上了缤纷的装饰。那天早晨，数千人跟着10组乐队，从包厘街沿着百老汇大街步行到中央公园，纪念这位被《纽约时报》称为"没有哪个国家可以独占"的伟人。等到夜幕降临，25 000多名听众已经聚集在中央公园聆听演讲，并观礼洪堡巨型半身铜像的揭幕仪式。夜间，

16

15 000多人参加了火炬游行，他们沿着街道，在多彩的中国灯笼下缓缓前行。

一位学者在发言中说：让我们想象洪堡"屹立在安第斯山巅"，神驰天外。世界各地举办的纪念演讲都强调了洪堡如何看到自然各个方面的"内在关联"。在波士顿，爱默生告诉当地的士绅，洪堡是"又一大世界奇迹"。伦敦的《每日新闻报》（*Daily News*）称，洪堡的荣耀"在某种意义上与宇宙相连"。在德国，科隆、汉堡、德累斯顿、法兰克福 6
以及很多地方都举行了庆祝活动。而这些都比不上柏林——洪堡的故乡：8万人冒着倾盆大雨参加集会。官方下令，政府机构当天全部休假。在寒风冷雨中，演讲与歌唱不间断地持续了数小时之久。

今天——至少在英语世界里——洪堡在学术界之外几乎被遗忘了，但他的创见仍然影响着我们的思想。他的著作躺在图书馆里积满灰尘，但他的名字却随处可见：从流过智利与秘鲁海岸的洪堡寒流（又称秘鲁寒流），到遍布拉丁美洲的数十座纪念碑、公园和山峰，其中就包括墨西哥的洪堡山脉（Sierra Humboldt）和委内瑞拉的洪堡峰（Pico Humboldt）。阿根廷的一座城镇、巴西的一条河流、厄瓜多尔的一股间歇泉、哥伦比亚的一处海湾——都以洪堡命名。[1]

格陵兰有洪堡海角和洪堡冰川，在中国的北方、南非、新西兰以及南极，也有以他名字命名的山脉。洪堡的名字还常见于塔斯马尼亚和新西兰的河流和瀑布、德国的公园、巴黎的亚历山大·冯·洪堡街。在北美，有4个郡、13个城镇、山峰、海湾、湖泊和一条河流以他的名字命名，还有加州的洪堡红杉州立公园、芝加哥和水牛城的洪堡公园。在19世纪60年代的制宪会议上，内华达州险些被命名为洪堡州。300种植物和100多种动物都以"洪堡"命名，包括加州的洪堡百合（*Lilium humboldtii*）、南美洲的洪堡企鹅（*Spheniscus humboldti*），以及秘鲁寒流中性情暴烈、体长6英尺的洪堡鱿鱼（*Dosidicus gigas*）。好几种矿物的名称中也有洪堡

---

1. 直到今天，拉丁美洲很多德语学校还举办两年一次的体育竞技，称为"洪堡赛会"（Juegos Humboldt）。——原注

的名字——比如硅硼钙石（*Humboldtit*）和草酸铁矿（*Humboldtin*），就连月球上都有片"洪堡海"（Mare Humboldtianum）。洪堡大概是各种命名系统中最常见到的人名了。

很多生态学家、环保主义者和自然作家都在不知不觉中仰赖着洪堡的先知先觉。蕾切尔·卡森（Rachel Carson）的《寂静的春天》就以洪堡提出的"万物相互关联"为基础。科学家詹姆斯·洛夫洛克（James Lovelock）著名的"盖亚理论"将地球看作一个拥有生命的有机体，这也可以联系到洪堡的理念——洪堡在洛夫洛克前150多年就提出了"地球是一个自然的整体，被内在的力量赋予生命并加以驱动"。事实上，洪堡曾经考虑（但后来放弃了）用大地女神"盖亚"（Gäa）的名字来命名他阐释这一理念的著作，但最终还是定名为了《宇宙》（*Cosmos*）。

我们总是生活在过去的影响中：哥白尼指明了我们在宇宙中的位置，牛顿解释了自然定律，杰斐逊阐释了我们关于自由和民主的部分理念，达尔文证明了一切物种都起源于共同的祖先。这些思想界定了我们与世界的关系。

而洪堡给予我们的则是关于自然的观念。但悲哀的是，当这些观念变得不言自明，我们就渐渐地忘记了最初提出它们的那个人。好在他的思想与众多受惠于他的后来者相互呼应：一条看不见的线索再次将我们与他的自然观联系在一起。

本书记录了我寻找洪堡的努力。它引领我周游世界，访问位于加利福尼亚、柏林和剑桥的档案，还有多到数不清的其他地方。我翻阅了数千封信件，并实地追寻洪堡的足迹。在德国耶拿，我见到了他曾经花费数周时间研究动物解剖学的塔楼废墟；我还去到位于厄瓜多尔的安蒂萨纳火山：在12 000英尺左右的高处，四只神鹫在上空盘旋，一群野马环绕四周——在这里，我找到了洪堡曾于1802年3月居住过的小棚屋，虽然它早已破损不堪。

在厄瓜多尔首都基多，我将洪堡的西班牙护照原件捧在手中——正是这些纸张让他得以周游拉丁美洲。在柏林，我打开收藏着他手写笔记的箱子，终于开始明白这个人头脑的工作模式——由数千张纸条、草图和数字拼贴而成的作品令人惊叹。就在我住处附近的大英图书馆，我用数月时间读了洪堡发表的所有著作——有些书又大又沉，几乎无法凭一己之力将它们搬上桌面。在剑桥，我查阅了达尔文收藏的洪堡著作：在"小猎犬"号的航行中，这些书一直在他吊床边的小书架上陪伴着他。这些书的字里行间布满了达尔文的铅笔札记。阅读这些笔记，就好像在偷偷地聆听达尔文与洪堡跨越时空的对话。

写作本书的旅程还把我带到了委内瑞拉的雨林——在那里我夜不能寐，可以听到远远近近的吼猴鸣叫。我还曾困在"桑迪"飓风来袭、全城断电的曼哈顿岛上，当时的我正在纽约公共图书馆查阅一些文件。我探访意大利都灵郊外一个名为皮奥贝西（Piòbesi）的小镇，在那里的庄园大屋旁参观一座建于 10 世纪的塔楼：乔治·珀金斯·马什（George Perkins Marsh）曾于 19 世纪 60 年代初在这里写下了《人与自然》（*Man and Nature*）的部分篇章，而这本受到洪堡深刻影响的书将成为美国环境保护运动的起点。我绕着梭罗的瓦尔登湖漫步，踩着厚厚的新雪。我穿行于约塞米蒂山间，默想着约翰·缪尔（John Muir）的话："要深入宇宙，最清晰的路途是穿过荒野莽林。"

最令人兴奋的，还要数我终于登上钦博拉索山顶的那一刻——那座在洪堡思想形成过程中起到关键作用的高山。我沿着荒芜的斜坡上行，空气如此稀薄，每一步都长如永恒——我的双腿像灌了铅一般，和身体的其他部分脱离了关系。每走一步，我对洪堡的敬意就又深了一层。他是在一只脚有伤的情况下爬上钦博拉索山的（而且不可能穿着我们今天这么舒服和结实的登山鞋），背着沉重的仪器，并且需要不时地停下来进行观测。

本书是探索所有这些地点、通信、思想和日记后得到的结晶。我试图在本书中重寻洪堡，并恢复他在自然与科学众神殿中应有的地位。与此同时，这也是一次理解我们今天为何会如此思考自然的旅程。

第一部

出发：新生的想法
Departure: Emerging Ideas

1
开 端

　　1769年9月14日，亚历山大·冯·洪堡出生于一个普鲁士贵族家庭。他们在柏林过冬，夏天则搬到归洪堡家族所有的泰格尔宫，位于城西北约10英里处。他的父亲亚历山大·格奥尔格·冯·洪堡（Alexander Georg von Humboldt）是一名军官，普鲁士宫廷的内务大臣，未来的国王腓特烈·威廉二世的亲信。亚历山大的母亲玛丽·伊丽莎白（Marie Elisabeth）是一位富有的实业家之女，她将财富与土地带给这个小家庭。洪堡家族在柏林备受尊敬，连未来的王储都成了亚历山大的教父。虽然养尊处优，亚历山大和哥哥威廉的童年并不快乐。他们热爱的父亲在亚历山大9岁时撒手人寰，而母亲从未给予儿子们多少关爱。父亲的性情友好而迷人，母亲则严厉、一本正经，在感情上比较疏远。代替温暖母爱的是当时普鲁士最好的教育：她安排兄弟二人接受私人教师的辅导，其中多有启蒙时期的思想者，他们深深地影响了孩子们，使兄弟二人从小就热爱真理、自由与知识。

　　威廉和亚历山大有时会在老师身上寻找父亲的影子，这使得师生之间的关系有些特别。对他们影响尤其深远的是一位名叫戈特罗布·约翰·克里斯蒂安·昆特（Gottlob Johann Christian Kunth）的老师，他统管洪堡兄弟学业多年，在教学中时时表达出不满与失望，却又同时试图培养学生对他的依赖。昆特耳提面命，督促洪堡兄弟练习算术、翻译拉丁文、学习法语词汇，并不停地纠正他们。对于学生的进步，他从未真正感到满意。每当他们犯了一个错误，昆特就摆出一副深深受到冒犯和伤害的样子。对兄弟俩而言，这比用手杖打屁股还难过。威廉日后回忆道，为了竭力取悦昆特，他们经常处在一种"持续的焦虑"当中。

　　和天资聪颖的兄长相比，学业对年幼两岁却要修习同样课程的亚历山大来说更困难。这最终使他固执地认为自己没有才华。威廉出色地掌

泰格尔宫和周围的庄园

握了拉丁文和希腊文，亚历山大却进度缓慢，深感自己的无能。后来，他对朋友坦陈，自己在学业上遇到的困难甚至让家庭教师们"怀疑这个孩子是否能发育出最基本的智能"。

威廉徜徉在希腊神话和古罗马史的世界中，乐而忘返；亚历山大却对书本没有耐心。他一有机会就逃离教室，漫游乡间，收集植物、动物和岩石标本并练习写生。每当他揣着装满昆虫和花草的衣兜回家，家人便开玩笑地称他为"小药店老板"，但他们并不把他的兴趣当回事。家族相传，普鲁士国王腓特烈大帝曾经询问年幼的亚历山大，问他是否想像同名的亚历山大大帝一样去征服世界。这位小男孩的回答是："当然，陛下，只不过是用我的头脑。"

亚历山大曾告诉一位好友，自己早年大都在爱他却不理解他的人们中间度过。教师们要求严格，母亲深居简出，甚至不理睬自己的儿子们。据昆特说，玛丽·伊丽莎白·冯·洪堡最大的心愿就是让威廉和亚历山大发展出"完美的智性和道德"——感情上的健全似乎并不重要。"我被迫接受千百种约束，"洪堡说，还要忍受孤独，躲藏在矫饰的高墙后面——因为在母亲严厉的注视下，他无法自由自在地生活。在洪堡家里，所有人都不被允许表达兴奋或者喜悦的心情。

兄弟二人性格迥异。亚历山大喜欢冒险和户外运动，威廉则严肃而满身书卷气。亚历山大经常受到丰沛情感的折磨，威廉则长于自律。二人都退居到了各自的小世界里：威廉埋头书中，亚历山大则独自在泰格尔宫附近的林中漫步，那里的大树都引种自北美。糖枫树到了秋天色彩鲜艳，白橡树则气派雍容，亚历山大在这里感受着自然的宁静与安慰。但他对于远方国度的向往，也始于这些来自另一片大陆的树木。

青年洪堡相貌英俊，身高5英尺8英寸，身姿挺拔、神气，因此实际看起来得更高一些。他瘦削而灵动，腿脚轻捷，手掌小而精致（曾有朋友说那像女人的手），眼神富有探询性，总是很警觉。他的外表符合那个时代的审美：凌乱的头发、饱满而富有表情的嘴唇、带酒窝的下巴。但他也常常抱病，饱受发烧和神经衰弱的烦扰：威廉认为弟弟的病多半出自想象，因为"那可怜的孩子不开心"。

为了掩盖自己的脆弱，亚历山大用机智和富有野心的外表构筑起一道屏障。早在童年时期，他就以言语刻薄出名，一位家庭友人唤他为"坏心肠的小鬼"。事实上，洪堡的一生都对得起这一称号，即便是最亲密的朋友都承认他惯于开恶意的玩笑。但威廉曾说，弟弟的性情并不恶毒——也许只是有点虚荣，急于出人头地而已。从青年时期开始，亚历山大就被这种虚荣和内心深处的孤独所折磨，一边渴望赞扬，一边希求独立。他不安却又深信自己智力超群，在寻求认可的需求与强烈的优越感之间进行长期的拉锯战。

洪堡与拿破仑·波拿巴同年出生，成长于日益全球化的时代，世界的另一端不再遥不可及。巧合的是，在他出生前几个月，来自十几个国家的天文学家进行了第一次国际合作：他们相互合作，分享各自对金星凌日现象的观测结果。计算经度的难题也已解决，在18世纪的世界地图 ¹⁵

中，空白区域被迅速填满。世界正在发生巨变。洪堡7岁那年，美国爆发独立战争，并随即宣告独立。1789年，临近洪堡20岁之际，法国大革命也拉开了序幕。

当时的德国还处在神圣罗马帝国的庇护之下——用伏尔泰的话说，那是一个既不神圣，也非罗马，更称不上帝国的存在。作为民族国家的德国还不存在：它由众多小国组成，包括一些极小的公国，以及另一些由实力强大的王朝统治的大国，诸如普鲁士的霍亨索伦王朝和奥地利的哈布斯堡王朝，这些家族仍在争夺疆域和霸主地位。18世纪中期，普鲁士在腓特烈大帝的统治下，成了奥地利最强劲的对手。

洪堡出生时，普鲁士就已经以庞大的常规军队和高效的管理而闻名。腓特烈大帝独揽大权，但也推进了一些新政，包括引入初等教育系统和初步的农业改革。在他当政期间，普鲁士在宗教宽容方面有了初步的松动。这位能征善战的君主喜好音乐、哲学和钻研各种学问。虽然当时的法国人和英国人常嘲笑德国人粗鄙且落后，德国境内却拥有比欧洲任何其他地方都多得多的大学和图书馆。出版业和期刊业蒸蒸日上，人们的文化水平迅速上升。

与此同时，英国经济正快速发展。如作物轮作和灌溉系统改进等农业革新增加了农业产量；英国人还陷入了"运河狂热"，现代化的交通网络布满了这座岛屿。工业革命带来了蒸汽驱动的织布机和其他机器，工业中心迅速成长为新兴城市。农民的耕作不再仅仅为了糊口，而是输出食粮去供给在新城市中工作的工人。

新技术如詹姆斯·瓦特（James Watt）发明的蒸汽机，以及如欧洲和北美等地接种牛痘预防天花等医学的新进展，都使人类得以控制自然。18世纪中期，本杰明·富兰克林（Benjamin Franklin）发明的避雷针驯服了本被看作神谴的雷电。拥有如此强大的力量，人类逐渐失去了对自然的敬畏。

在此之前的两个世纪里，西方社会一直尊奉这样一种思想，即把自然看作一台复杂的机器——"宇宙中最伟大而精密的仪器"，一位科学家曾这样形容。毕竟，既然人类都能制造精巧的钟表和自动机，那么上帝的造物将何等宏伟？法国哲学家笛卡尔及其追随者认为，是上帝给了这个机械世界最初的推动力；而牛顿则将宇宙视为神造的钟表，上帝正是那位钟表匠，持续地调试着宇宙的运行。

望远镜和显微镜的发明将新奇的大千世界展现在人们眼前。同时，它们也给予了人类去发现自然定律的信心。德国哲学家戈特弗里德·威廉·冯·莱布尼茨（Gottfried Wilhelm von Leibniz）曾在17世纪晚期推行一种以数学为基础的综合知识之观念。与此同时，牛顿在英国剑桥也以数学为工具，揭示了宇宙运行的力学规律。由此，世界开始变得可以预测，只要人类能够正确地理解这些自然定律，大家便可安心不疑。

数学、客观测量、对照实验等科学方法为理性开路，启蒙之风席卷了西方世界。科学家们自封为"知识共和国"（republic of letters）的公民，组成超越国界、宗教信仰和语言壁垒的知识社群。他们往来的信件辗转于欧洲及大西洋地区，不断传播科学发现和新思想。在这个没有国界的"知识共和国"里，理性而非君主主宰一切。亚历山大·冯·洪堡就在这个全新的启蒙时代中长大，见证西方社会以看似一往无前的信心蒸蒸日上。**进步**是18世纪的关键词，每一个世代都将艳羡下一个世代所能实现的新境界。没有人担心自然本身或许会崩坏。

年轻的亚历山大和威廉加入了柏林知识界，参与各种关于教育、宽容和独立思辨的讨论。兄弟二人频繁出入读书小组和哲学沙龙。泰格尔宫时代的学习生活与外界隔绝，现在学术却顿时成了社交的一部分。夏天，他们的母亲常常自己留守在泰格尔宫，把兄弟俩和家庭教师一起留在柏林的宅子里。但他们的自由并不长久。母亲明确表示，希望二人步入仕途。既然他们在经济上仍依赖母亲的资助，那也就必须从命。

玛丽·伊丽莎白·冯·洪堡将18岁的亚历山大送到奥得河畔法兰克福（Frankfurt an der Oder）去上大学。这座学校位于柏林以东70多英里处的乡下，只有200名学生。她选择这里多半是看中了它邻近泰格尔宫的便利，　17

而非其学术水平。在完成了一学期的政府管理和政治经济学课程之后，亚历山大被送到了威廉正在求学的哥廷根大学，那是当时德国各邦国中最好的一所大学。威廉在那里研习法律，亚历山大则专心于科学、数学和语言。虽然兄弟二人身在同城，却很少待在一起。"我们的性格相差太远。"威廉说。在哥哥努力学习的时候，亚历山大则向往着远方的热带和冒险。他渴望离开德国。早在童年时期，他就已经通读了库克船长和法国探险家路易·安托万·德·布干维尔（Louis Antoine de Bougainville）的航海日志，同时也想象着自己有朝一日可以去远方。他在柏林的植物园里见到热带的棕榈树时，就非常渴望在自然生境中与它们重逢。

洪堡与一位名叫格奥尔格·福斯特（Georg Forster）的老友周游欧洲4个月之后，少年时期盼远游的心情变得更为急切。福斯特是一位德国的博物学家，曾参加库克船长的第二次环球旅行。洪堡在哥廷根与他相识，常常与他谈论那次探险。福斯特绘声绘色地描述着南太平洋上星罗棋布的岛屿，这都使洪堡更加渴望旅行。

1790年春天，洪堡与福斯特启程前往英格兰、荷兰与法国。此番旅行的亮点无疑是伦敦，那里的一切都触动着洪堡对遥远国度的向往。他看见泰晤士河上拥塞着来自世界各地的船舶：每年，多达15 000艘商船到达伦敦，满载着来自东印度的香料、西印度群岛的糖、中国的茶叶、法国的美酒，以及俄国的木材。整片河面上桅杆林立，"如一片黑压压的森林"。在大型贸易商船中间，上百艘驳船、摆渡船和小艇往来穿梭。虽然拥挤不堪，可这番景象也正是大英帝国实力的生动写照。

在伦敦，洪堡被介绍给那里的植物学家、探险家、艺术家和学者。他结识了威廉·布莱（William Bligh）船长（此人曾在其指挥的"邦蒂"号遭遇叛变之后，带领十余名船员乘小艇从南太平洋航行3 600多海里抵达东帝汶，最终生还），以及约瑟夫·班克斯（Joseph Banks）——这位跟随库克船长进行首次环球航行的植物学家。班克斯时任英国皇家学会会长，管理着英国最重要的科学论坛。洪堡还欣赏了库克船长第二次环球航行随行艺术家威廉·霍奇斯（William Hodges）绘制的迷人画作和素描。不论走到哪里，洪堡都能见到新世界的景象：清晨醒来，一睁眼就能看到挂在卧室墙上绘有东印度公司船舶的铜版画。洪堡经常为自己无法实现的梦想而伤怀。"我的内心深处有股冲动，"他写道，"它折磨我，我觉得自己快要疯了。"

为了排解忧愁，他经常独自步行到很远的地方。有一次，他走过伦敦北郊哈姆斯特德的乡村，发现树干上钉着一纸招募年轻水手的告示。那一刻，他几乎以为自己要梦想成真了，却又不禁想起严厉的母亲。洪

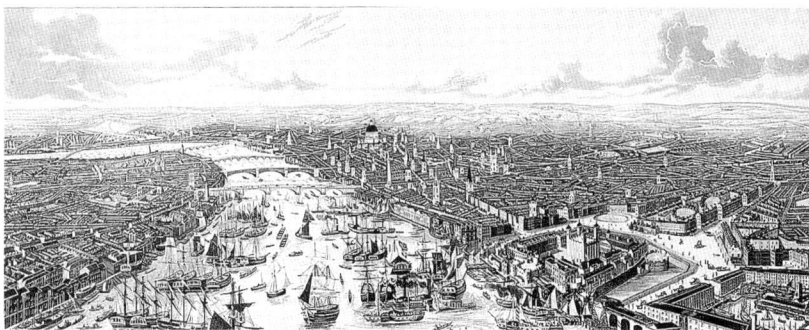

伦敦泰晤士河上的景象

堡被一种莫可名状的力量吸引向未知的事物——德国人把这种渴望远游的情感称作Fernweh——但他也不得不承认，自己是个"太听话的儿子"，无法违抗母命。

渐渐地，洪堡觉得自己快闷得发狂了，于是开始给故乡的友人写"疯狂的书信"。在离开英格兰前夕的一封信里，他写道："我不幸的处境迫使我向往自己不能得到的，却又同时迫使我去做自己不喜欢的事。"但从小在普鲁士精英阶层中成长起来的他，始终不敢直接挑战母亲对他的期待。

回到柏林，洪堡的痛苦转化成了一股狂热的能量。他写道，自己被一种"不息的冲动"驱使，就像"有一万头猪在追赶着我"。他左冲右突，从一个领域跳跃到另一个，不再怀疑自己的智力，也不再甘心居于兄长之下。他在向自己、朋友及家人证明自己的聪明与才能。福斯特认为，

年轻的洪堡"不幸地过度使用了自己的头脑"。很多人都赞同这一说法。就连威廉的未婚妻卡洛琳娜·冯·达赫略敦（Caroline von Dacheröden），虽然刚认识亚历山大不久，但也担心：虽然她喜欢这个年轻人，但害怕他会突然"崩溃"。不少朋友都经常谈起他不眠不休的工作，以及飞快的语速——"就像飞奔的赛马"。

19   1790年夏末，亚历山大开始在汉堡的贸易学校学习金融与经济。他讨厌这些满是数字和账本的科目。空闲时，他埋头于科学论文和旅行书籍，并学会了丹麦语和瑞典语——什么都比商科有意思。一有机会，他就走到流经汉堡的易北河边，望着商旅大船从美国载来烟草、米和靛蓝。他告诉友人："是港口商船的景象让我坚持下去的"——那象征着他的希望与梦想。他迫不及待地想要成为"自己运气的主宰"。

从汉堡结束学业时，亚历山大21岁。1791年6月，他又一次遵循母命，来到德累斯顿附近的小镇弗莱贝格，就读于那里有名的矿业学院。这算是一种妥协：既能够为他进入普鲁士政府矿产部门做准备——满足母亲的愿望——又至少能让他如愿地学习到自己感兴趣的科学与地质学。这是当时第一所这类的专科学校，会结合实际应用给学生教授最新的地质学理论。一个兴旺的科学社群在这里蓬勃成长，吸引了当时欧洲最好的教授与学生。

不出8个月，洪堡就完成了普通人通常需要3年才能完成的学习项目。他每天日出前起床，驱车前往弗莱贝格附近的一座矿山。在其后的5个小时里，他深入矿井，探究矿山的建筑结构、开采方式及岩石构造。他身形轻盈，体格精瘦，能自如地在狭窄的孔道和低矮的洞穴中出入，又钻又凿，将岩石样品带回家。他如此投入地工作，浑然不觉周围的潮湿与寒冷。日过正午，他爬出黑暗的矿井，拍净身上的尘土，赶回学校去参加矿物学与地质学的讨论课程与讲座。晚间，他埋首案头，常常就着烛光读书到深夜。空闲时，他还研究有光与无光环境对植物的影响，并收集了上千件植物标本。他测量、做笔记、分类收藏，不愧是启蒙运动时代之子。

来到弗莱贝格几周之后，亚历山大驱车向西100多英里，赶往埃尔福特去参加哥哥与卡洛琳娜的婚礼。一如既往地，洪堡试图将家庭聚会及社交活动与工作结合起来：他没有去去就回，而是趁机进行了一次长达600英里的地质考察，走遍了埃尔福特所在的图林根地区。卡洛琳娜对这位工作狂弟弟半是欣赏，半是担忧：她喜欢他的工作热情，有时也像姐姐一样开他玩笑。她对威廉说，亚历山大是有些怪癖，而它们理应得到尊重；但他的精神状况与内心的孤独实在让人放心不下。

洪堡在弗莱贝格唯一的朋友是当地房东的儿子，也是他的同学。两个年轻人昼夜形影不离，一起学习和谈心。"我从未对别人有过如此亲近的感觉，"洪堡承认，同时又为自己的感情之强烈而自责。他明白，自己有朝一日定会毕业离开这里，那时将更感孤独。

艰苦的学习最终有了回报：时年22岁的洪堡一毕业就获得了矿井监察员的职位，击败了不少更年长的竞争对手。他为自己青云直上的表现感到有些尴尬，却也不无虚荣地给朋友和家人写长信炫耀。更重要的是，这一职位允许他到上千英里外的地方去采集和评估土壤、矿井与矿石品质——从勃兰登堡的煤矿、西里西亚的铁矿，到菲希特尔山脉的金矿和波兰的盐井。

在这些公事旅行中，洪堡遇见过各色人物，却绝少开启心扉。他在信中写道，自己感到满足，却并不幸福。在矿上忙碌或乘马车风尘仆仆一天之后，他会在深夜思念自己曾经交往过的为数不多的几位友人。他慨叹道："可恶，总是如此孤独。"他经常沉默地在途中简陋的小饭馆或旅店独自用餐，累得连写信和说话的力气都没有。到了夜间，孤独变得难以忍受，必须诉诸笔端。他开始提笔写长长的信，思绪时而回环、时而跳跃，既有对自己工作、新近科学观察的详细描述，也有对蓬勃的情感、爱及友情的宣言。

在给弗莱贝格友人的信中，洪堡承认，他们一起度过了"生命中最甜美的时光"，为了保存这段回忆，他甘愿少活两年。这些深夜写就的信札经常饱含着这样强烈的感情，字里行间流露出近乎绝望的孤独。洪堡在信中倾诉心事，然后为自己的"愚蠢致信"道歉。清晨醒来，他又全心投入工作，忘记苦闷，直到几个星期甚至几个月后再重新提起笔。即便是最了解他的少数几个人，也觉得洪堡难以捉摸。

21　　与此同时，洪堡的事业一帆风顺，关注的问题也愈发广泛。他开始关注矿工的工作条件。他为这些每天早晨爬进矿道、深入地下的工人发明了一种呼吸面罩，以及能在矿井的低氧环境下工作的提灯。他惊讶于工人们缺乏科学常识的现状，于是为他们编写教材，并创立了一所矿工学校。他翻阅历史文献，发现当中经常提到丰富的矿藏和古老的发现，意识到这可能对开发和利用废弃矿山有价值，于是连日埋头解读16世纪的手稿。一些同事看到他惊人的工作与旅行节奏，都说此人一定长了"八腿四臂"。

　　所有这些高强度的事务最终把洪堡累得病倒了。他经常发烧，并饱受神经紊乱之苦。他推测这无非是因为长期劳累，以及在寒冷的矿井下停留太久的缘故。但即使在这样的身体条件下，洪堡仍然发表了他的第一批著作：一篇关于莱茵河两岸玄武岩分布的专业论文，还有一篇描述弗莱贝格地下生物的论文——奇特的霉菌和海绵状的植物，它们生长在矿井中潮湿的梁柱表面，呈现出精巧的形状。他将精力集中在自己能够测量与观察的事物上。

　　18世纪的"自然哲学"——我们今天称之为"自然科学"——是一门探讨形而上学、逻辑学、道德哲学的学问，之后，它逐渐演变为拥有特殊的技术手段与方法论的独立学科。随着该学科的发展，新的自然哲学问题继续涌现，逐渐发展出植物学、动物学、地质学和化学等各异的子学科。虽然洪堡同时在若干个领域中工作，他仍将这些课题按学科区分开来。这种专业化的趋势让人的视野变得狭窄，容易注重细枝末节而忽略整体，而"整体"将在未来成为洪堡独特的贡献。

　　这段时期，洪堡开始执着地研究所谓的"动物电"——又称伽伐尼电流，以发现这一现象的意大利科学家路易吉·伽伐尼（Luigi Galvani）的姓名命名。伽伐尼发现，用不同的金属接触裸露的动物肌肉时，肌肉会

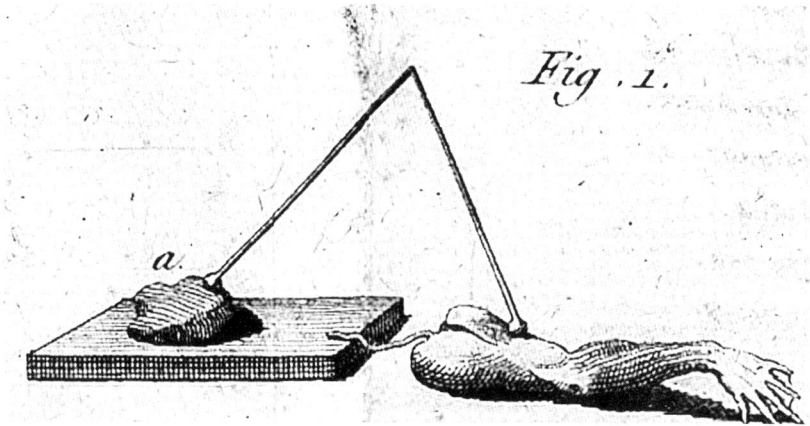

洪堡用蛙腿进行的"动物电"实验

自动收缩,神经纤维会剧烈抽搐。他猜想动物神经中含有电。这一可能性让洪堡着迷,他总共用青蛙、蜥蜴和小鼠进行了4 000多次实验:切开动物的身体,然后触碰、戳动和电击。但他不满足于动物实验,甚至开始利用自己的身体。在去往普鲁士各地的旅程中,他会随身携带实验器材。晚间,等公事结束以后,他就在租住的狭小卧室中架上电路器材,将金属棒、钳子、玻璃板、盛着不同化学试剂的瓶子和纸笔一起摆满桌面。他用一把手术刀在自己的手臂和躯干上划出小口,然后小心地将药剂和酸液滴在伤口上,用金属、电线和电极碰触皮肤表层或舌下,仔细地记录每一次痉挛、抽搐、烧灼或疼痛的感觉。有些伤口开始感染,皮肤上出现长长的血痕。他承认,自己的身体伤痕累累,像个"沿街乞讨的流浪儿",但同时坚定地宣称,虽然饱受剧痛,但实验进行得"非常完美"。

　　通过这些实验,洪堡参与了当时科学界最为热烈的讨论之一:有机与无机物质的概念,以及两者当中是否蕴含着某种"力"或者"活跃的要素"。牛顿认为,从根本上来说,所有物质都是惰性的,是上帝给予了它们其他附加的性质。与此同时,另外一些科学家则忙于改进植物与动物的分类学,并不那么关心动植物与非生命体是否被两套截然不同的定律支配,他们更希望让混沌多样的现象变得井然有序。

18世纪晚期，一些科学家开始质疑视自然为机械模型的观点，认为这不足以解释生命物质的存在。当洪堡进行"动物电"实验时，已经有更多的科学家相信，物质不是僵死的，必然存在一种激发其生命活动的力量。欧洲各地的科学家们逐渐抛弃了笛卡尔的主张，即认为动物本质上是机器。法国的医生们、苏格兰的外科医生约翰·亨特（John Hunter），以及洪堡在哥廷根的老师约翰·弗里德里希·布卢门巴赫（Johann Friedrich Blumenbach），都开始提出自己关于生命本质的新理论。洪堡在哥廷根时，布卢门巴赫将他的著作《论形成力》（*Über den Bildungstrieb*）修订再版。布卢门巴赫在该书中提出，动植物体内蕴藏着若干种力量，其中最重要的一种是"形成力"（Bildungstrieb），即塑造生命形式的力量。他认为，从人类到霉菌，每一种生物都具有这种"形成力"，它是生命起源所不可或缺的。

对洪堡而言，每进行一次实验，就意味着又向解开"生命过程的戈耳狄俄斯之结"[1]的目标迈近了一步。

---

1. Gordian Knot，比喻棘手的难题。

2

想象与自然：
歌德与洪堡

1794年，亚历山大·冯·洪堡暂时中断了他的科学实验和监察矿井的工作，去拜访哥哥威廉。威廉当时和妻子卡洛琳娜以及两个孩子一起，住在距柏林西南150多英里的耶拿。这座仅有4 000多人口的小城属于萨克森－魏玛公国的领地，统治者是开明的卡尔·奥古斯特（Karl August）。几年之后，这座学术与文学之城将成为德国唯心主义哲学与浪漫主义的发源地。耶拿大学已经是德语区最大和最著名的学府之一，其自由开放的风气吸引诸多进步思想者离开更为保守的邦国，来此居住和任教。正如本地诗人和剧作家弗雷德里希·席勒（Friedrich Schiller）所说的，没有任何其他地方能让自由与真理居于这样的主宰地位。

魏玛距离耶拿15英里，是公国的首府，也是伟大诗人约翰·沃尔夫冈·冯·歌德的家乡。那里居住着不到1 000户人家，人们基本上都互相认识。鹅卵石铺就的街道上时有牧人驱赶着牛群走过，而邮差只会不定期光顾；为了给在耶拿大学工作的友人席勒送信，歌德宁可让卖蔬果的妇人在送货时把信顺路捎去，因为这可比邮车快多了。

一位旅人曾说过，在耶拿和魏玛，人类智慧的光辉如同透过放大镜聚拢的阳光。威廉和卡洛琳娜于1794年春天移居耶拿，加入了歌德与席勒的友人圈。他们住在集市广场附近，与席勒家隔街相望，近得能直接透过窗口挥手示意、安排当天的会面。亚历山大到达后，威廉派人送信到魏玛，将歌德请到耶拿来。歌德欣然前来，照例下榻在公爵城堡的客房里，而城堡距离集市广场不过几个街区。

在亚历山大来访期间，他们天天聚会。这是一个活跃的小群体：通常，直到深夜还能听见大声的讨论和朗朗笑声。虽然年轻，但亚历山大经常领头挑起话题。歌德激动地回忆道，洪堡"迫使我们"讨论自然科学，从动物世界谈到火山以及植物学、化学与伽伐尼电流，"与洪堡谈话一小时，远远胜读八天书"。

1794年的12月异常寒冷，冰冻的莱茵河成了拿破仑麾下大军横扫欧洲的通畅大道，萨克森－魏玛公国全境被厚厚的大雪覆盖。但每天破晓之前，洪堡、歌德和几位友人就踏雪出门，走过耶拿的集市广场。他们裹着厚厚的羊毛大衣，路过建于14世纪但仍十分坚固的市政厅，去耶拿大学旁听解剖学讲座。他们登上建于中世纪的环形石塔，空旷的大教室里寒风刺骨——但严寒却也能让待解剖的尸体保持较长时间不腐坏。虽然歌德讨厌寒冷，更愿意待在温暖的火炉前，但此时的他也格外兴奋，说个不停：有洪堡在场，所有人都会受到感染。

此时40多岁的歌德已经是当时德国最著名的文坛大家：早在20年前，他便以《少年维特之烦恼》驰名各国。这个因情伤而自杀的少年故事是时代感性风潮的缩影，成为对那一代人而言最重要的一本书，众多读者都将自己想象成故事的主人公。这部作品被翻译成大多数欧洲国家的语言，广受欢迎，就连年轻的卡尔·奥古斯特公爵都将自己装扮成维特——黄马甲、半长马裤、蓝色燕尾服、褐色长靴，再加上一顶圆毡帽。人们谈论着"维特热"，就连遥远的中国都针对这一风靡的现象制作了维特主题的瓷器，出口销往欧洲。

遇见洪堡时，歌德已经不再是"狂飙突进"[1]时代的那个才华闪耀的年轻诗人。这一浪漫主义时期前夕的文学运动歌颂个体的独特性，以及人类的各类情感 ——从戏剧性的爱情到深沉的忧郁——浪漫主义的诗歌与小说中充满了强烈的抒情。1775年，歌德被当时年仅18岁的卡尔·奥古斯特公爵邀请来到魏玛，留下了一连串的风流韵事。他流连醉乡，惹是生非。歌德和公爵二人经常在魏玛的街道上招摇过市，有时甚至把白床单披在身上，吓唬那些相信鬼魂真实存在的人。他们曾经从当地商人那里偷来酒桶，踢下山坡；和农家姑娘调情更是不在话下——所有

26

---

1. Sturm und Drang，指18世纪60年代至80年代早期德国文学和音乐创作领域的变革，是从古典主义向浪漫主义过渡的阶段。

1787 年的歌德

这些都被冠以天才和自由的名义。当然，有年轻公爵在旁，旁人更不敢指责。但这些轻狂的年月早已过去，连同那些热烈的求爱、泪水以及摔碎酒杯和裸体游泳等为人诟病的行为。1788 年，也就是洪堡来访的 6 年前，歌德和没受过教育的纺织姑娘克里斯蒂安娜·乌尔皮乌斯（Christiane Vulpius）同居，又一次让魏玛上流社会大跌眼镜。不到两年时间，克里斯蒂安娜生下儿子奥古斯特。不顾社会习俗和流言蜚语，母子二人继续和歌德生活在一起。

　　洪堡所见的歌德性情沉静，略微发胖，有双下巴和肚腩——有人不客气地将之比作"到了孕晚期的妇人"。他的相貌也已不复当年"太阳神阿波罗"般的英俊，双眼眯缝到了"鼓胀的双颊"里。歌德仍然是萨克森－魏玛公爵的心腹和顾问，并被后者册封为贵族（因此他的姓名被写作约翰·沃尔夫冈·"冯"·歌德）。他指导宫廷剧团，同时身兼若干个 27待遇优厚的职位，包括总管公爵领地中的矿山和手工业生产。和洪堡一样，他对地质学（以及矿业）兴趣浓厚，甚至曾经让自己的儿子穿着矿工的工作服出席某些特定的场合。

歌德冠绝群才，已经成为德国知识界中天神宙斯一样的人物，但却"冷漠，惜字如金"。有人形容他看上去十分忧郁，有人说他傲慢、尖刻。如果谈话无法引起他的兴趣，他就会失去倾听的耐心，或突然转换话题。他对待年轻诗人和学者尤其粗鲁，常常逼得他们不得不灰溜溜地离开。但无论如何，崇拜者仍然蜂拥而至：一位英国来客曾说，在荷马、塞万提斯和莎士比亚之后，"诗歌的神圣之火"终于传递到了歌德手中。

但歌德并不幸福："那时，没有人比我更孤立了。"比起人类，他更着迷于自然——这位"伟大的母亲"。他位于魏玛城中心的大宅反映了主人的品位和社会地位：室内装潢优雅，陈列着画作、意大利雕塑，以

28

歌德在魏玛的大宅

及大量的岩石、化石与植物标本。宅子背后的一系列朴素的小房间都是书房和图书馆，俯瞰着歌德自行设计的、有科学研究用途的花园；花园一角的小楼则存放着数量庞大的地质标本。

歌德最喜欢的地方是位于老城墙外公爵领地上的一处花园别墅，那里毗邻伊尔姆河。从他城里的大宅出发，步行10分钟即可到达这间舒适的小屋——歌德刚到魏玛时的住所。现在，他在此躲避络绎不绝的访客，自在地写作、打理园圃、接待最亲密的友人。葡萄藤和忍冬爬满了墙与窗棂，园子里有菜地，草坪上有果树，一条长长的步道两边种满了歌德最喜爱的蜀葵。1776年他初到这里时，就亲手栽种了花园中的很多植物，还说服公爵将城堡中原有的旧式巴洛克花园改造成时髦的英式景观园林，其中错落有致的树林给人一种身处大自然之中的风味。

歌德有些"厌倦了世间的纷争"。1789年法国大革命最初的理想主义迅速被其后雅各宾专政[1]下的残酷现实取代，成千上万的"革命敌人"被处决。如此暴行，连同之后拿破仑战争给欧洲带来的劫难，都让歌德感到失望，同时陷入"深深的忧郁"之中。当各国军队在欧洲战场上厮杀，他时刻都在担心德国可能面临的威胁。他深居简出，像个隐士，唯有科学研究能让他专注其中。科学对他来说就像是"沉船后抓住的一块木板"。

今天，歌德以其文学作品闻名于世，但少有人知道，他对科学也曾全情投入，尤其着迷于地球的形成问题与植物学。他的岩石样本收藏最终超过了18 000件。欧洲的战火不断蔓延，他则静静地钻研比较解剖学与光学。洪堡初次到访那年，歌德刚刚在耶拿大学创建了一个植物园，之前还撰写了题为《植物之变形》（*Metamorphosis of Plants*）的论文。他在文中提出了这样一个观点：多姿多彩的植物世界实际上共享一种"原型"（Urform），或原始的形式；每一种不同的植物都是这一"原型"的一种变体。多样性的背后存在着统一性。歌德认为，叶片是最基本的"原型"，由它衍生出其他器官，如花瓣、花萼等。他写道："植物的里里外

---

1. 指1793年9月至1794年7月，法国大革命期间由罗伯斯庇尔领导的雅各宾派统治法国的暴力时期。

外都由叶片组成。"

这些想法令人兴奋，但歌德缺少一个旗鼓相当的谈话对象来进一步
29 推演他的理论。洪堡的到来改变了一切，他们的思想碰撞出了久违的火
花。有洪堡在场，歌德的思维变得更加活跃：他翻出旧时的笔记、书籍
和素描，将各种纸张成堆地摆在书桌上。他们讨论动物学和植物学理论，
时而埋头写写画画，时而大声朗读。歌德对分类学不感兴趣，但着迷于
形塑生物体的力。他将内在的力（生物体的"原型"）与外在的力（影
响生物本身的环境）区分开来。例如一头海豹，它有适应海洋生境（外
在的力）的身体，但与此同时，它的骨骼呈现出与陆地上的哺乳动物相
同的样式（内在的力）。歌德认识到，植物和动物都与其生境相适应，
这一点与法国自然学家让－巴蒂斯特·拉马克[1]和后来的查尔斯·达尔文的
看法类似。他写道，"原型"出现在所有生命体的不同发育阶段，甚至
也能在动物与人类之间找到共性。

洪堡听着歌德兴奋地讲述自己的想法，建议他将自己的理论写成一
篇比较解剖学的文章发表。于是歌德开始狂热地工作，每天清晨花几小
时在卧室里向助手口述。为了抵御寒冷，他半靠在床头，裹着毯子，头
脑飞速运转——这是多年未曾出现过的情形了。没过多久就到了上午十
时，洪堡准时到访，然后继续讨论。

从这些日子起，歌德散步的时候会同时摆动两条胳膊，引得邻居纷
纷注目。在众人的询问下，他终于解释道，这是因为他发现夸张地摆动
手臂是从四足动物继承来的遗存，也就是人与动物有共同祖先的明证。
他说："我这样走路更自然。"毫不在乎魏玛上流社会评价他的怪样子太
粗野。

此后几年中，洪堡一有机会就到耶拿和魏玛拜访歌德。他们一起散
步、用餐、开展科学实验，并参观耶拿的新植物园。歌德精神焕发，不
停地变换话题，"早上先推敲诗句，然后解剖青蛙"是洪堡来访期间歌

---

1. Jean-Baptiste Lamarck（1744—1829），法国博物学家，提出了以用进废退与获得性遗传为法则
的拉马克学说。

德日记中的典型记载。他对友人说，洪堡让他不断地产生新想法，甚至
头晕目眩——他从未碰到过如此全能的人。洪堡的勤奋"鞭打着科学的
事物"飞速前行，有时一不注意就难以跟上他的思路。

距初次到访过去3年后，洪堡又来到耶拿，在此停留了3个月。歌
德从魏玛赶来和他见面。为了省去在两个城市之间奔波的劳苦，歌德住
进了耶拿的老城堡。洪堡计划进行一系列"动物电"实验，并试图完成
一部相关的书稿。洪堡几乎每天——经常和歌德一起——都从威廉的住
所走到耶拿大学。在那里，洪堡会在解剖演示室里工作上六七个小时，
并以此为专题举办讲座。

在一个温暖的春日，耶拿地区降下一场雷雨。洪堡冲到室外，架设
起仪器，想以此来测量大气中的电量。大雨滂沱，雷声滚滚，远处的农
田上空被一道闪电照亮——洪堡找到了真正属于自己的实验场。次日，
他听说附近的一位农夫和他的妻子被闪电击中身亡。洪堡连忙赶去，要
来了他们的尸体。在耶拿大学圆形解剖学教室塔楼的大桌上，他仔细
地分析他们的尸体，并兴奋地发现：农夫的腿骨看上去像"被鸟枪的子
弹击穿"，但最重的伤口却在生殖器上。他以为是毛发燃烧导致的烧伤，
但死者腋下却完好无损，这让他否定了这一猜想。虽然需要面对烧焦的
肉体和尸体的恶臭，洪堡却怡然自得。他说："如果不做实验，我就不
能活。"

和歌德合作实验中的一个偶然发现让他津津乐道。一天早晨，洪
堡将一条解剖下来的青蛙腿放在玻璃板上，用不同的金属将它的肌肉
和神经连接起来；他尝试了银、金、铁、锌等，但只能让蛙腿轻微地动
一动。他俯身想去检查装置的连接情况，却意外地发现蛙腿开始剧烈
收缩，甚至直接从桌面上跳了下去。二人都惊讶莫名。洪堡后来意识到，
一定是他呼吸产生的水汽触发了这一反应：微小的水滴碰触到金属，形
成了触动蛙腿的电流。洪堡认定这是他生平做过的最神奇的实验，好
像在呼吸间将"生命的气息"吹进了青蛙死去的躯体。全新的生命科
学呼之欲出。

31　　与此相关，他们也讨论了洪堡先前的老师布卢门巴赫关于生物体内"形成力"的学说。歌德相当兴奋，并将这些理论应用到了自己关于"原型"的想法中。他写道，一定是"形成力"触发了"原型"中某些部分的发育。例如蛇的脖颈如此之长，一定是因为"没有把物质或力"浪费在手臂和腿的发育上；而蜥蜴的脖颈如此之短，是因为它同时长了四条腿；青蛙的脖颈更短，因为它的腿更长。不同于笛卡尔把生物体看作机器，歌德坚信，生物有机体由各部分组成，但只有合为一个整体时才会运转。简单地说，机器可以拆开重组，但生物有机体的各个器官只有相互依存才能运行。在机械系统里，部分形塑整体；而在有机体内部，整体形塑部分。

　　洪堡进一步拓宽了这一观念。虽然他自己关于"动物电"的理论最终被证明是错误的，但这些经历却也给他未来关于自然的新观念打下了基础。[1] 布卢门巴赫等其他科学家将"力"的观念应用在生物体内，洪堡则将目光转向更宽泛意义上的自然——将整个自然界解释为一个有机的整体，认为其中有相互关联的动力。这种新想法改变了他的研究手段。如果事物都相互关联，那么在研究它们之间的异同时，不应失去整体观。比较（comparison）成了洪堡理解自然的首要工具，而非抽象的数学或数字。

　　歌德对这位年轻的朋友心服口服，称他智慧超群，令人仰慕。大家认为：洪堡在耶拿停留期间，正好也是歌德多年以来创作力最旺盛的时期之一。他不仅和洪堡一起进行解剖学实验，还着手创作史诗《赫尔曼和多罗泰》（*Hermann and Dorothea*），并重温了自己先前关于光学与颜色的理论。他观察昆虫，解剖蠕虫和蜗牛，并继续地质学的研究，夜以继日地工作。他们的"小学院"异常忙碌：威廉·冯·洪堡用德文以诗体形

---

1. 意大利物理学家亚历山德罗·伏打（Alessandro Volta）证明洪堡和伽伐尼是错误的，动物的神经本身并不充满电。洪堡的动物实验中出现的肌肉收缩实际上是通过与金属的接触而引发的。这一发现让伏打在1800年发明了最初的电池。——原注

式翻译了一部埃斯库罗斯[1]的希腊悲剧，并与歌德讨论；亚历山大则协助 32
歌德架设起一套光学试验设备，用它来分析光的成分，并探究磷燃烧时
发出荧光的现象。下午和晚间，他们有时在威廉和卡洛琳娜的家中见面，
但他们更多聚集在弗雷德里希·席勒毗邻集市广场的家中：歌德引述他
的诗歌，其他人也分享各自的近作，直到深夜。在给友人的信中，歌德
承认自己太累了，甚至有些盼望回到魏玛的家中"休养"。

亚历山大·冯·洪堡对知识的追求极富感染力，甚至重新唤起了歌德
对科学的兴趣。席勒则有些担忧歌德的精力被牵扯到诗与美学之外太远，
认为这都是洪堡的错。席勒还觉得这个年轻人涉猎太杂，将来未必能成

席勒与威廉和亚历山大·冯·洪堡以及歌德（从左至右），在席勒耶拿别墅的花园中

---

1. Aeschylus（前525—前456），与索福克勒斯和欧里庇得斯并称为古希腊最伟大的悲剧作家，并
被誉为"悲剧之父"。

大器。洪堡只对测量感兴趣，虽然知识丰富，但他的工作"意趣贫乏"。在这一点上，席勒孤掌难鸣：就连听他私下议论的朋友都认为，对科学测量的热情恰恰为洪堡对自然形成更宏观的理解埋下了基石。

在耶拿停留一个月之后，歌德返回魏玛，但迅即开始怀念新近获得的智性刺激，于是去信邀请洪堡来访。5天后，洪堡到达魏玛，停留一周。第一天，歌德在自己家里待客；次日请洪堡到公爵的城堡与卡尔·奥古斯特共进午餐，然后在自己的住处举办盛大的晚宴。为了让客人饱览魏玛的景致，歌德带他参观了公爵的风景画收藏，以及一些刚刚从俄国运来的岩石标本。他们几乎每天都到城堡用餐，公爵让洪堡演示一些科学实验娱乐宾客。洪堡必须从命，但他认为自己在宫廷里纯粹是浪费时间。

在此后的一个月中，直到洪堡离开耶拿之前，歌德频繁往来于自己在魏玛的家与耶拿城堡之间。他们一起阅读博物学书籍、散步、晚餐之后则讨论最新的哲学文本。席勒新近购入了一处花园别墅，坐落在耶拿城外，那儿成了他们的聚会新场所。在那里，一条小河流过花园后院；他们在一处凉棚下小憩，石头圆桌上摆放着酒杯、餐盘，以及书籍和纸稿。初夏的傍晚温度怡人，夜幕降临之后，只听得见潺潺流水声，还有夜莺的歌唱。歌德在日记中写道，他们谈论"艺术、自然与心灵"。

和他们一样，全欧洲的科学家与思想家都在探索同样的问题：如何理解自然。大致有两个相互争锋的学派：理性主义与经验主义。理性主义者倾向于认为一切知识都来源于理性及理性思考，而经验主义者认为人只能通过感官经验来认知世界；后者坚持认为，人类大脑中的一切认识都来自身体感官。有些人甚至大胆宣称，人在出生时就像一张白纸，上面并没有预先写好任何概念；人的一生不断地通过感观体验来获得知识，最终写满这张纸。在科学领域，这意味着经验主义者总是用观察和实验来检验理论，而理性主义者则用逻辑与理性思考来给出论断。

在洪堡遇见歌德的若干年前，德国哲学家伊曼纽尔·康德（Immanuel Kant）掀起了一场哲学革命，其影响力与250年前哥白尼给天文学带来的革新同等震撼。康德在理性主义与经验主义之间找到了立足点。在著

名的《纯粹理性批判》中，康德指出，我们所理解的自然定律之所以存在， 34
是因为我们的心灵认知了它们。正如哥白尼发现太阳并不围绕我们运转，
康德则指出我们必须改变理解自然的方式。

上千年来，哲学家们一直在思考将外在世界与内心一分为二的问
题。这实际上是在问：我在花园里所见的那棵树，究竟是那棵树的概念，
还是真实的树？对于洪堡这样想要理解自然的科学家来说，没有比这更
重要的问题了。人类就像同时栖居在两个世界中："物自体"（Ding an
sich）的外在世界，以及心灵感知的内在世界（事物在个人维度上的呈现）。
康德认为，"物自体"永远无法被真实理解，而内在世界则永远主观。

康德的贡献在于引入了先验层面的概念：当我们体验到（experience）
一个物体时，它便成了"我们观察到的现象"。感官和理性都是我们用
以认知世界的有色眼镜。虽然我们理解自然的方式——分类学、运动
定律等——看上去像是基于纯粹的理性，但康德认为，这些秩序仍被我
们的心灵——透过那些有色眼镜——所形塑；是我们自己将秩序加之于
自然，而非相反。于是，这样的"自我"（self）成为具有创造性的主体、
自然立法者——虽然与此同时，这也意味着我们永远无法得见"物自体"
的真实面目。这也意味着，"自我"（即人自身）得到了越来越多的重视。

让洪堡感兴趣的还不止这些。康德在柯尼斯堡大学（当时在普鲁士
境内，柯尼斯堡现名加里宁格勒，位于俄罗斯境内）最受欢迎的讲座系
列之一是地理学。在40多年中，康德教了48次"自然地理学"（Physische
Geographie）。他反复强调，知识具有系统性的结构，每个单独的事实都
应该嵌入到更大的框架中来理解。如果将人类知识比作一座大厦，那么
在添加一砖一瓦之前，我们心中必须先有一张整体的蓝图。康德关于系
统的论述将成为洪堡后期思想的关键所在。

在耶拿，任何人都无法避开这些思想。一位英国访客评论道，这座
小城是"新哲学最时兴的地盘"。歌德崇敬康德，遍读了他的著作；威
廉·冯·洪堡也读《纯粹理性批判》到入迷，以至于亚历山大担心哥哥会 35
"苦学致死"。康德的一位门生在耶拿大学教书，他对席勒说，其师在下

一个世纪会和耶稣基督齐名。

耶拿知识界最感兴趣的还是内在与外在世界的关系。最终将引至这个问题：是什么让知识成为可能？在启蒙运动中，内在与外在世界曾被认为是完全分开的。此后，如诗人柯勒律治这样的英国浪漫主义者与如爱默生这样的美国超验主义者，都坚持认为：在失落已久的黄金时代，人与自然曾经是合为一体的；所以他们要努力通过艺术、诗歌与情感来恢复这一和谐的整体。对浪漫主义者而言，只有回到内心，自然才能被理解。

亚历山大·冯·洪堡沉浸在康德的理论中，并在书房里放了一尊这位伟大哲学家的胸像。半个世纪后，他仍然认为外部世界只有在我们"内心中"认知到的意义上才存在。外在事物经心灵塑造，也同时影响我们对自然的认识。外在世界、理念与感情"相互融为一体"，洪堡将会这样写道。

歌德也在琢磨这些关于自我与自然、主观与客观、科学与想象的问题。比方说，他发展出一套色彩认知理论，认为眼睛的作用至关重要，因为它将外在世界带入内在世界。他指出，只有借由主观经验（例如用眼睛来看）加上观察者的理智力量，才能获得客观真理。"五官不会骗人，"他说，"但判断会。"

随着对主观性的不断强调，洪堡的思想也开始发生深刻的改变。在耶拿期间，他从执着于纯粹的经验性研究转向他自身对自然的解释，将精确的科学数据与对眼前景象的情感反应结合起来。长期以来，他都对仔细观察与严格测量的重要性深信不疑（这深受启蒙思想的影响），但现在，他慢慢开始学会重视个人的感知与主观性。就在几年前，他还抱怨道，"那栩栩如生的幻象让我迷惑"；而现在，他相信想象力与理性思维一样，也是理解自然世界的必要工具。"自然必须通过感情来体验，"他在给歌德的信中写道。洪堡认为，那些只知道把万物简单划分成植物、动物和岩石的人"永远都不会真正接近自然"。

也是在这一时期，歌德和洪堡读到了伊拉斯谟·达尔文（Erasmus

Darwin，查尔斯·达尔文的祖父）的著名诗篇：《植物之爱》（*Loves of the Plants*）。伊拉斯谟是一位医生、发明家和科学爱好者。在诗中，他在卡尔·林奈（Carl Linnaeus）依据植物生殖器官分化而提出的分类法上进行发挥，描写了"害相思病"的紫罗兰、"嫉妒心重"的黄花九轮草，以及"双颊羞红"的玫瑰；另外，诗行间还点缀着长角的蜗牛、翕动的树叶、银色的月光以及"遍布苔藓的床褥"上的缠绵情事。《植物之爱》成为英国文坛轰动一时的诗歌。

40 年后，洪堡将给查尔斯·达尔文写信，谈到他曾非常崇拜伊拉斯谟·达尔文，因为其诗歌表明，对自然和想象力的热爱可以是"强大而有益的"。而歌德并不欣赏伊拉斯谟·达尔文的诗才：虽然想法不错，但写法太过啰唆和教条。他对席勒说，这首诗全无任何"诗意"的痕迹。

歌德相信艺术与科学结合的力量。他对科学重燃的热情并未如席勒所预言的那样让他疏远艺术。他认为太久以来，科学与诗歌都被认为是"莫大的仇敌"，而他要做的是将两者融为一体。在他最著名的剧作《浮士德》中，不安于现状的学者海因里希·浮士德与魔鬼梅菲斯特达成了一项交易，以换取无限的知识。《浮士德》的第一部和第二部依次于 1808 年和 1832 年问世，而歌德集中创作此剧的时间往往和洪堡来访的时间重合。和洪堡一样，浮士德被寻求知识的不间断冲动所困扰，他在第一幕中称自己为一种"胸中的簸荡"[1] 所苦。歌德写作《浮士德》时曾经这样描述洪堡："我不知道还有谁能够同时拥有极为专注的行动力与广收博取的头脑"——这些话也可以用来描述他笔下的浮士德。浮士德与洪堡都相信，狂热的工作与探求欲能够带来对事物的理解，他们也都从自然界中获得力量，并且相信自然的统一。像洪堡一样，浮士德试图发现"大自然的力量"。同样在第一幕中，浮士德这样描述自己的野心："使我洞悉整个宇宙，那最内在最微妙的机构"——完全如同出自洪堡之口。早在 1808 年此剧最初发表时，很多人就注意到，歌德在

---

1. 摘自梁宗岱译的《浮士德》，华东师范大学出版社 2016 年版，下同。

塑造浮士德的时候，加进了不少洪堡的形象；又毋宁说，洪堡的性格有
37 几分像浮士德。[1]

歌德将艺术与科学融合在一起的努力还不止于此：他曾将自己关于
植物"原型"的论文转写为一首题为《植物变形记》（*Metamorphosis of
Plants*）的诗歌；而关于婚姻与恋情的小说《亲和力》（*Elective Affinities*）
的书名，同时也是当时的一个科学术语——形容不同化学元素之间结合
的难易程度。因为促进化合物之间结合的"亲和力"是自然固有的，这
同时也给讨论有机物生命本质的学者们提供了一种重要的理论。例如法
国科学家皮埃尔－西蒙·拉普拉斯（Pierre-Simon Laplace，他也是洪堡非
常崇拜的一位人物）曾说过："所有化合反应都是物质间的相互吸引力
造成的结果。"拉普拉斯认为，这就是解开宇宙形成之谜的关键。歌德
在小说中用化学键的性质来比喻人与人之间的关系，以及四位主人公之
间变化无常的情感，这就相当于将化学研究转写成了文学作品。自然、
科学与想象力愈走愈近。

正如浮士德所言，我们不能仅靠观察、仪器与实验从大自然那里"夺
取"知识：

> 在光天化日中充满了玄奥，
> 大自然并不让人揭开她的面幕，
> 而她所不愿泄露给你的秘窍，
> 你决不能用螺丝钉和杠杆强夺。

洪堡相信，歌德在其剧作、小说与诗歌中对自然的描写，与最优秀
科学家的发现同样真实可信。他将牢记歌德如何鼓励自己将自然与艺术、
事实与想象结合起来。这种对主观性的重新强调，让洪堡将先前莱布尼

---

1. 也有人将洪堡与梅菲斯特联系起来。歌德的侄女说，"洪堡之于她就像梅菲斯特之于纺织女
格蕾辛"——这并不是句恭维话，因为浮士德的情人格蕾辛在剧中意识到梅菲斯特的身份是魔鬼，
于是转向上帝，离开了浮士德。——原注

茨、笛卡尔和牛顿等人推崇的机械宇宙观和浪漫主义诗学相连通。洪堡让我们能够理解历史上两种看似矛盾的观念之间的联系：一种是牛顿在《光学》中写到的，彩虹是光通过雨滴折射形成的现象；另一种则是浪漫主义诗人约翰·济慈（John Keats）所发出的批评，牛顿"毁尽了彩虹的诗意，说它不过是一块棱镜"。

　　日后回忆起在耶拿的时光，洪堡都称其"对自己的影响至为深远"。与歌德的交游赋予了他观看与理解自然世界的"全新感官"，而他也将带着这样的感知力踏上去往南美洲的旅程。

3

寻找目的地

当洪堡在普鲁士各地忙于勘查矿井、结交科学界同道的时候，他对远方的向往也从未停歇。然而他明白，母亲对他的冒险梦想毫无耐心。玛丽·伊丽莎白·冯·洪堡期待儿子在普鲁士的官方机构中步步高升，而洪堡感到自己被她的愿望牢牢"束缚"。1796年11月，她在与癌症搏斗了一年后去世。这改变了一切。

母亲的死去并没有给威廉和亚历山大带来太多哀痛，这恐怕并不令人惊讶。威廉告诉妻子卡洛琳娜，母亲总是抱怨儿子们的表现，无论他们在学习与工作中多么成功与优秀，她总能找出不尽人意的地方。在她病倒以后，威廉就从耶拿搬回泰格尔宫和柏林来照顾她，但没过多久就非常怀念耶拿令人兴奋的智性生活。在母亲阴郁的情绪笼罩下，他无法阅读、工作甚至思考。威廉在给席勒的信中抱怨道，自己完全麻木了。亚历山大短暂地回家探访，旋即离开，留下哥哥总管一切。过了15个月，威廉再也无法忍受单调的守候，于是便回到了耶拿。两个星期之后，母亲病逝，没有一个儿子陪伴在侧。

兄弟二人甚至未能出席她的葬礼。其他事务似乎更重要：亚历山大正为他发明的矿井照明灯所受到的好评而兴奋不已，还包括自己业余时间进行的"动物电"实验。母亲去世四个星期后，亚历山大就宣布，自己在为"伟大的旅行"做准备。为了掌握自己的命运，他等候已久，终于在27岁时挣脱了所有的枷锁。他对弗莱贝格的老友承认，母亲的死并未触动他，因为母子二人多年以前就已经"形同陌路"。在过去的几年中，他尽量避免回家，即使不得不回去，也总在离家的时候倍感释然。一位友人来信写道："她的离世……恐怕是你极为乐见的吧！"

不出一个月，洪堡就辞去了矿井监察员的职务。威廉稍微等待了一些时日，但数月后也搬到了德累斯顿，之后又和卡洛琳娜一起迁往巴黎。

他们的新家成了作家、诗人和艺术家经常光顾的沙龙。母亲去世后，兄弟二人突然变得非常富有，亚历山大名下就有十万塔勒[1]。他炫耀道："我有这么多钱，多到可以给自己的鼻子、嘴巴和耳朵镀满金子。"事实上，他想去哪里就能去哪里。亚历山大向来生活俭朴、不喜奢华——除了购买印制精美的书籍和最新的科学仪器——也没有高贵的服饰和入时的家具，但现在，他愿意将一大部分继承到的财产作为远航的费用。他兴奋不已，甚至无法决定到底要去哪里：希腊和芬兰北部的拉普兰地区、匈牙利、西伯利亚……或者去西印度群岛，又或是菲律宾。

具体的远行目的地暂时还不重要，因为洪堡希望首先做好充足的准备，并且马上开始热火朝天地购置行装。他需要购买并且测试所需的仪器，游历欧洲的其他学术中心，尽可能多地学习地质学、植物学、动物学和天文学。他早期发表的研究成果和逐渐发展起来的人脉为他广开方便之门。他已经给一种新发现的植物冠上了自己的名字：*Humboldtia laurifolia*。这是一种来自印度的"美妙的树"。洪堡兴奋地给朋友写信说："这真不可思议！"

在后面的几个月中，他拜访了弗莱贝格的地质学家，并且到德累斯顿学习如何使用六分仪。他攀登阿尔卑斯山——以便和新大陆的山峰进行比较（他是这样告诉歌德的）。在耶拿，他进行了更多的电学实验。在维也纳皇家花园的温室中，他观察了那里的热带植物，并说服年轻的总管约瑟夫·范·德·肖特（Joseph van der Schot）随他一起踏上征途，共享未来"甜美"的旅行。他在莫扎特的故乡萨尔茨堡度过了一个寒冷的冬天，测量了奥地利境内阿尔卑斯山的高度；冒着冻雨试用了他的气象学仪器，就像他曾经在暴雨中高举测量仪器探测大气中的电量。他搜寻一切旅行游记反复玩味，并如痴如醉地翻阅植物学手册。

在这段游历欧洲最高学府的日子里，洪堡的信件流露出令人屏息的精神力量。"我就是这样的人，做自己想做的事情，干脆利索。"他写道。

---

1. Thaler，公元15世纪至19世纪德意志各邦发行的一种银币。又译"达勒"或"台娄尔"。

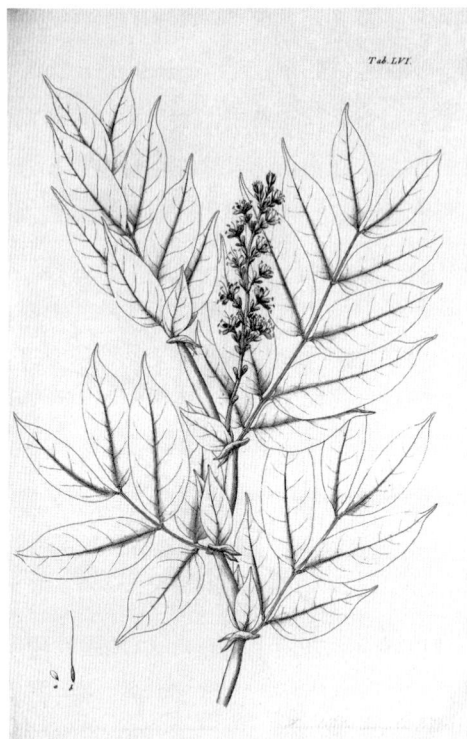

Humboldtia laurifolia

40 没有一个地方或一个人能提供所有他想学习的东西。

　　行前准备的忙乱持续了一年左右。洪堡意识到，正当自己的行囊塞满仪器、头脑中也装满了最新的科学知识之时，欧洲的政治局面突变，旅行的梦想濒临破灭。法国大革命之后引起的战争席卷欧洲大部分地区。1793 年 1 月，法国国王路易十六被处死，这促使欧洲各国联合起来反对法国革命者。几年之内，法国接连对奥地利、普鲁士、西班牙、葡萄牙和英国宣战。战局反复拉锯，胜负参半，停战条约签了又作废，直到 1798 年——拿破仑指挥法国军队占领了比利时、普鲁士的莱茵省、当时受奥地利控制的尼德兰，以及意大利的大部分领土。因为战事，洪堡的行程四处受阻；拜拿破仑所赐，甚至连意大利的维苏威火山与埃特纳火山都变得可望而不可即了。

　　洪堡迫切需要找到一个能够准许他出海旅行的国家，哪怕只是一个通向其海外殖民地的许可。他向英国、法国与丹麦的官员求助。他正在 考虑前往西印度群岛的可能性，却发现海战的打响打破了希望。他继而接受了加入英国布里斯托尔伯爵一行前往埃及的邀请，尽管传言中这位上了年纪的贵族脾气古怪。谁知伯爵不久就被法国人以间谍罪逮捕，洪堡的计划再次落空。

　　1798 年 4 月末，距离母亲去世已经过去一年半，洪堡决定去巴黎探望威廉和卡洛琳娜，他有一年多没有见过哥哥了。况且，既然法国人在战场上节节胜利，那也许应该找他们碰碰运气。在巴黎期间，除了和哥哥一家共处外，洪堡还不停地写信与人联络，软磨硬泡，在笔记本上记满了科学家们的地址；同时，洪堡也继续购买书籍和仪器。"我生活在科学的中心。"他兴奋地写道。周游各地时，他见到了童年偶像，曾于 1768 年率先登上塔希提岛的探险家路易·安托万·德·布干维尔。这位 70 岁高龄的老人仍然壮心未泯，正在准备一次环球航行，目的地是南极。他十分欣赏这位年轻的普鲁士学者，并邀请洪堡同行。

　　也是在巴黎，洪堡在临时租住的房屋走廊里遇见了年轻的法国科学家艾梅·邦普兰（Aimé Bonpland）。这位肩上挎着破旧植物标本盒的住客，显然也是一位植物学爱好者。他曾受教于法国最顶尖的博物学家，很有才华。洪堡在交谈中很快发现他还擅长比较解剖学，并曾在法国海军担任外科军医。25 岁的邦普兰来自海港城市拉罗谢尔的一个航海世家，从小热爱旅行，身体里流淌着冒险家的血液。二人在走廊里畅谈，一拍即合，并立刻捕捉到彼此共享的对植物与异域旅行的热情。

　　和洪堡一样，邦普兰向往远方的世界。洪堡发现他找到了一个理想的旅伴：不仅精通植物学与热带风物，并且性情温和、谈吐文雅。邦普兰体格魁梧，遇事沉着，健康而可靠，在很多方面都像是洪堡的反面。洪堡做事风风火火，而邦普兰踏实、温顺。他们将成为绝好的搭档。

　　行期将近，洪堡在百忙中似乎时时闪过愧对母亲的念头。席勒告

艾梅 邦普兰

诉歌德，有传言说"亚历山大没法摆脱母亲魂灵的纠缠"。显然，她时时刻刻都好像在洪堡身边。他们的一位共同好友向席勒透露，洪堡在巴黎参加某些形迹可疑的由灵媒举行的降神会，试图召唤母亲的鬼魂。几年前，洪堡曾经向一位朋友承认自己"十分怕鬼"，现在情况更严重了。无论如何将自己塑造成一位理性的科学家，他仍然感到母亲在注视着自己的每一步。是时候逃离了。

　　眼前更紧要的问题是，布干维尔把航行的指挥权交给了一位更年轻的船长，尼古拉·博丹（Nicolas Baudin）。虽然洪堡一再收到准许他参与旅行的保证，但整个计划还是由于缺少一部分政府资金支持而中断。洪堡拒绝放弃。时值 1798 年 5 月，他甚至想过赶往土伦港，和另外 200 名学者一起跟随拿破仑出征埃及。但怎么才能到达那里呢？他不得不承认，自己"面临着少见的挑战"。

　　洪堡继续寻找合适的船只。他联系上了瑞典驻巴黎的公使，后者答应给他从马赛出发到北非海岸阿尔及尔的许可，他可以从那里经陆路前往埃及。他还向在伦敦的相识约瑟夫·班克斯求助，想给邦普兰办一本护照，以防途中与英国战舰狭路相逢。他做好了应对一切突发事件的准备。洪堡自己的护照是由巴黎的普鲁士大使签发的。除了姓名和年龄，护照上还颇为详细地描述了他的长相，虽然并不一定客观：灰眼睛、大嘴巴、显眼的大鼻子，以及"形状端正的下巴"。洪堡风趣地在旁边批注道："嘴巴太大、鼻子太肥，但下巴尺寸刚刚好。"

10月底，洪堡和邦普兰赶到马赛，准备立即出发。然而他们的旅程再次受阻。整整两个月，他们每天爬到山顶的守护圣母院，眺望港口。每次看到地平线上出现一叶白帆，他们的心中就又燃起希望。最终消息传来，他们等待的护卫舰在一次风暴中严重受损。洪堡决意凭一己之力包下一艘船，但很快发现，无论他出多少钱，都没有船愿意在战事正酣之时出海。"所有希望都破灭了。"他在给柏林的老朋友的信中写道。他感到绝望：手上资金充裕，脑袋里装满了最前沿的科学知识，可终究无法出行。他感叹道，战争与政治让一切停滞，"世界封闭了起来"。

终于，在1798年底——母亲去世整整两年后——洪堡对法国人丧失了信心，他转而前往马德里碰碰运气。虽然西班牙政府向来不愿让外国人进入他们的海外领地，但洪堡凭着与西班牙廷臣过硬的交情，获得了珍贵的通行证。1799年5月初，西班牙国王卡洛斯四世给他颁发了前往南美洲与菲律宾殖民地的护照，但前提是洪堡需要自己出钱完成航行；另外，洪堡答应向西班牙皇家珍宝阁与御花园发送旅行中收集到的植物与动物。这开了从未有过的先例，很多西班牙人都惊讶于国王居然肯让一个外国人如此自由地进出他们的海外殖民地。

洪堡不会再浪费时间。收到护照5天后，洪堡和邦普兰离开马德里，前往西班牙西北角的港口城市拉科鲁尼亚，登上了正在等候他们的护卫舰"皮萨罗"号。1799年6月初，启航的准备一切就绪，虽然有传言警告说，有人看见英国战舰正在附近出没。加农炮和可怕的敌人都不能让洪堡放弃，他写道："我快乐得飘飘欲仙。"

从望远镜、显微镜到大型摆钟和罗盘，洪堡的42件科学仪器都被单独包裹在底部铺着丝绒的箱子里，一同装上船的还有用来储存种子和泥

特内里费岛和泰德峰

土样本的玻璃瓶、成卷的纸张、天平，以及数不清的工具。洪堡在日记中记下了自己的好心情："正如开始一项伟大工作时所必须拥有的。"

出发前夜，洪堡在信中讲述了他的计划。和此前的探险家一样，他打算收集植物、种子、岩石以及动物标本。他想测量山峰的高度，确定其经纬度坐标，并且测定水体和大气的温度。但这次旅行更真实的使命在于，发现"自然的所有力量是如何相互交织起来的"——有机生命与无机物在自然中如何互动。"人必须向往善和崇高、伟大的事物，"洪堡在离开西班牙前的最后一封信中写道，"其余的则交给命运。"

在驶往热带的途中，洪堡越来越兴奋。他们捕捉并仔细观察了海里的多种鱼类、水母和海藻，以及沿途碰到的鸟类。他试着用自己的各种仪器来测量温度以及太阳的高度。一天夜里，海水被片片磷光点亮，如同着了火一般，"像是布满了有机颗粒的、可以饮用的液体。"洪堡在日

记中描述道。两星期后，他们停靠在特内里费——加那利群岛中最大的
一座岛屿。登陆的时候，整座岛屿被浓雾笼罩，并没有什么特别的景致；45
但当雾气散开，泰德峰的雪顶赫然闪耀在日光之下。洪堡冲到船头，屏
息欣赏眼前的这幅景象：这将是他在欧洲之外登上的第一座山峰。但由
于他们仅计划在特内里费岛停靠两三天，因此时间紧迫。

次日清晨，洪堡、邦普兰和一些当地的向导一起出发，向火山走去。
他们没有帐篷和厚外套，只带了一些轻便的"冷杉火炬"。峡谷中非常
热，但越往上攀登，温度就下降得越快。到达海拔 12 000 多英尺的顶峰时，
狂风吹得他们几乎站不住脚。他们脸颊冰冷，但脚底却饱受火山内部蕴
藏着的热力灼烫。洪堡毫不介意这些疼痛和不适。空气中似乎有一种透
明的"魔力"物质，预示着美好的未来。虽然他恋恋不舍，但最终还是
不得不回到船上去。

"皮萨罗"号起锚了，航程继续展开。洪堡心情愉快，除了抱怨夜
间不能点灯或蜡烛（因为怕引起远方敌船的注意）。洪堡每天仅需要几
小时的睡眠，让他在黑暗中假寐、不能阅读、不能动手做实验或进行研
究简直是巨大的折磨。越向南行，白昼时间越短，渐渐地，傍晚六点就
无法工作了。于是他开始观察夜空。正如无数曾经穿过赤道的前人一样，
洪堡惊喜地注视着新的星星，看它们逐一浮现——那些只有在南半球才
能看到的星座，每夜都提醒着他：已经离家很远了。在首次观测到南十
字星座的当晚，洪堡意识到，自己"年轻懵懂时代"的梦想已经实现。

1799 年 7 月 16 日，离开拉科鲁尼亚 41 天后，新安达鲁西亚[1]的海岸
出现在地平线上。望向新大陆，首先映入眼帘的是绿意葱茏的棕榈树和
香蕉树丛，它们沿着岸边生长；再向远处看，依稀可见的高耸山峰直入
云端。距离海岸一英里处的是被可可树环绕的库马纳城，由西班牙人建
于 1523 年。1797 年，也是洪堡来访的两年前，一场地震几乎摧毁了整
座城市。洪堡一行将在这里停留数月。天空是最澄清的蓝色，空气纯净

---

1. 现为委内瑞拉的一部分。

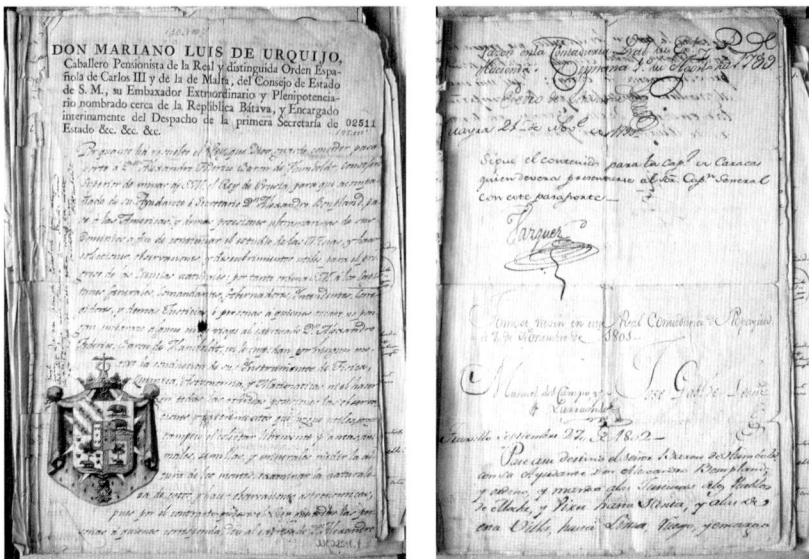

洪堡西班牙护照的其中两页，上面有若干个殖民地管理者的签名

得没有一丝薄雾；烈日炎炎，白昼耀眼。洪堡走下船，顺手掏出温度计
插入脚下的白沙中，"37.7℃"，他在笔记本上记道。

西班牙殖民帝国的领地北至加利福尼亚，向南一直延展到智利的最
南端。新安达鲁西亚是委内瑞拉总督区的一个省，库马纳是它的首府。
所有西班牙殖民地都听命于王室和位于马德里的西印度理事会，在这个
专制统治的体系内，各地的总督直接向马德里汇报情况。如果没有明确
的批准，各个殖民地之间不能相互交易，信息来往也受到严密管控。要
出版书籍和发行报纸，必须获得执照；出版社与工厂不允许在殖民地当
地运营。只有在西班牙出生的人才能在殖民地拥有店铺或矿山。

18世纪70年代以来，席卷北美洲英属殖民地的独立战争和法国革
命战争使得西班牙海外殖民地的居民们受到更严密的控制。他们需要向
西班牙缴纳高额的税金，并且不允许参政。所有不是来自西班牙的船只
都被自动当作敌人，而且所有人——即便是西班牙人——都必须持有国
王颁发的许可才能进入殖民地。民怨日益积聚。看到殖民地与西班牙之

间的关系如此紧张，洪堡明白自己必须小心行事。虽然他有国王颁发的护照，但地方官员随时可能找他麻烦。可以想见，如果不能成功地让当地管事的人"对他的工作产生兴趣"，他在新大陆将"举步维艰"。　　47

　　然而，在向库马纳总督交付自己的研究工作之前，洪堡饱览了热带风光。一切事物都如此新鲜、壮美。每一只鸟儿、每一棵棕榈树、每一波海浪都"宣告着自然最宏大的面相"。这是他新生的开始。在此后的5年中，他将从一个聪颖、好奇的少年成长为那个时代最杰出的科学家。洪堡将用头脑和心灵去审视自然。　　48

第二部

到达：收集想法

Arrival: Collecting Ideas

4

南美洲

在库马纳的头几个星期，洪堡和邦普兰走到哪里都能发现新事物。洪堡称，这里的风景令人迷醉。棕榈树下点缀着绚丽的红色花朵，鸟儿和鱼儿似乎在比赛谁的色彩更斑斓，就连小虾都披着天蓝色和黄色的外衣。粉红色的火烈鸟单腿伫立在岸边，棕榈树蒲扇般的叶片在洁白的沙滩上投下玲珑的影子。有那么多种蝴蝶、猿猴和植物需要一一记录，洪堡在给威廉的信中这样写道："我们像傻瓜一样跑来跑去。"就连做事一向有条不紊的邦普兰都说："如果这些神奇的生物再不停止出现，我就要疯了。"

洪堡一向为自己处理问题的系统性而自豪，但现在，他发现很难用一种理性的方式去研究周围事物。他们的行囊很快就装满了，以至于需要购买更多压平植物标本用的纸张。有时候收集的标本太多，几乎无法一次运回住处。不像其他的博物学家，洪堡并不热衷于填补分类学上的空白——他收集的是想法，而不只是标本。他写道，"整体的印象"比任何一件东西都更让他着迷。

洪堡认真地将所见的事物与在欧洲的所见所学相比较。每当收集到一种植物、岩石或昆虫，他马上就会追忆起曾在故乡观察到的类似的存在。库马纳附近的平原上生长着一种树，树冠像支开的阳伞，这让他想起了意大利石松。从远处看，密布仙人掌的地表像欧洲北部沼泽里成片的草海。这里的一道山谷使洪堡回想起英格兰比郡的地貌，有些洞穴也能在德国弗兰肯地区或东欧的喀尔巴阡山脉找到。一切都似乎有内在的联系：这一想法将对他后半生对自然世界的思考产生决定性影响。

洪堡从没像现在这样开心、健康过。炎热的气候很适合他，在欧洲时常发作的热病和神经紊乱全都消失了，他甚至还长胖了一点。白天，

洪堡在南美洲

他和邦普兰一起去野外考察和采集标本，晚上则进行天文观测。一天深夜，他们观看了一场格外壮观的流星雨——千百颗拖着尾巴的白色光点划过天穹；他们看得如痴如醉，甚至忘记了时间。洪堡的家信洋溢着兴奋之情，将奇妙的新世界带到了巴黎、柏林和罗马上流社会的沙龙中。他描述巨大的、捕食蜂鸟的蜘蛛，以及30英尺长的巨蟒。与此同时，他的科学仪器让库马纳的人们着迷不已：通过望远镜，他们发现月亮离自己那么近；透过显微镜，他们看到毛发上的跳蚤像头巨大怪兽。

唯有一件事情扫了洪堡的兴：位于他们住所对面的库马纳城中心的奴隶市场。从16世纪早期开始，西班牙人就将奴隶输入南美洲殖民地，现在依旧如此。每天早上都有年轻的非洲男人和女人待价而沽，被迫将椰子油抹在自己身上，好让皮肤显得黝黑、光亮。他们被带着走来走去，让买家观看，并撬开嘴巴检查牙齿，就像"市场上待售的马匹"。这番景象使得洪堡在之后的一生中都主张废除奴隶制。

1799 年 11 月 4 日，抵达南美洲还不到 4 个月的时间，洪堡头一次碰到了攸关自身性命和工作计划的危险。那是一个闷热而潮湿的日子，乌云从正午开始聚拢；下午 4 点，隆隆的雷声笼罩全城。大地忽然开始摇晃，正在案头观察植物标本的邦普兰几乎跌倒在地，躺在吊床里的洪堡也被剧烈的震颤惊醒。街旁的房屋倒塌，人们惊惶奔走，而洪堡则镇定地爬下吊床，开始架设他的仪器。没有什么能够阻止他工作，地震也不例外。他记录了每一次震动的时间，注意到震波由北至南传播，还测量了电场。虽然外表镇静，洪堡内心却动荡不安。他后来写道，这次地震经历颠覆了他一直持有的一种幻想：运动的元素是水，而非土地。像突然痛苦地从梦中惊醒一般，他不能再欺骗自己，无法再对自然世界的稳定性抱有坚定的信心："很久以来，我们一直立足在这片土地上，然而现在，我们再也不能信任它了。"不过他仍旧决定继续旅行。

经过多年的等待，他终于能够周游世界。即便知道这意味着巨大的危险，他仍然想要看到更多的东西。地震过后两个星期，洪堡终于成功地用他的西班牙信用票据兑换到了现金（在焦急等待的过程中，当地的总督出钱资助了他），二人离开库马纳，前往加拉加斯。11 月中旬，洪堡和邦普兰，以及一位名叫何塞·德拉克鲁斯（José de la Cruz）的印第安仆人在当地雇了一艘 30 英尺长的敞篷商船，一路向西航行。他们携带了仪器和行李箱，里面已经装满了 4 000 多种植物和昆虫标本，还有多本笔记和丰富的数据记录表。

位于海拔 3 000 多英尺以上的加拉加斯拥有 40 000 多名居民。这座由西班牙人建于 1567 年的城市，现在是委内瑞拉总督区的首府。在这里，99% 的白人居民都是克里奥尔人（Criollos，洪堡称他们为"西班牙裔美洲人"），他们是西班牙殖民者的后裔，但生于美洲。虽然克里奥尔人占多数，但他们数十年来都被排挤在高层行政和军事职位之外。西班牙王室直接从本土派来白人处理殖民地事务，但其受教育程度往往比不上克里奥尔人。要受这些从遥远母国而来的商人的指使，这让富有的克里奥尔殖民地领主们非常恼火。一些人抱怨说，西班牙当局对待他们就像对待"卑贱的奴隶"。

　　加拉加斯坐落在一条深谷里，临近海岸，四周群山环绕。洪堡照例租下一处房舍，作为短途旅行的基地。从这里出发，洪堡和邦普兰开始攀爬有两座顶峰的拉西亚山（La Silla）——从他们的住处就可以望见。洪堡惊奇地发现，他在加拉加斯没有遇到过一个曾经登上过这座山顶的人。有一天，他们骑马在山脚下穿行，看到无比清澈的泉水互相击撞着从亮晶晶的岩石堆上湍泻而下，一群女孩正在那里取水。一瞬间，洪堡想起了家乡。当晚，他在日记中写道："维特的记忆、歌德以及国王的女儿们。"（歌德曾在《少年维特之烦恼》中描写过相似的景象。）树木或山峰的特殊形状都会让他产生一种骤然的熟悉感，唯有仰望南方天空中的星斗或看到地平线上的仙人掌，洪堡才意识到自己已离家万里。然而，只要听到放牧牛羊的颈铃一响，又或是听到公牛低沉的哞叫，洪堡便又如同置身在泰格尔的原野中。

洪堡在画面右侧的树丛间，正在给拉西亚山画速写

　　"任何地方的自然都以同一种声音向人类诉说，"洪堡写道，"我的灵魂对此并不陌生。"这些声音仿佛来自大洋彼岸，让他的心灵得以自由往返东西半球。素描册上有些迟疑的笔触表明，他那基于科学观测与情感的自然观开始逐渐浮现。他意识到，记忆与情感的回应永远是人类体验和理解自然的一部分。他写道，想象力是"具有奇妙治愈力的灵药"。

　　没过多久，他们又要再次出发——这次的目的地是神秘的卡西基亚雷河（Casiquiare River），洪堡曾经读过关于它的故事。半个多世纪以前，一位耶稣会传教士在报告中称，这条水路连接了南美洲最重要的两条河流：奥里诺科河与亚马孙河。奥里诺科河发源于南方，接近今天委内瑞拉和巴西之间的国境线：其河道呈一道巨大的弧形，流至委内瑞拉东北部的海岸，在那里形成一片三角洲，最终流入大西洋。从该入海口沿岸向南 1 000 多英里，就到了亚马孙河的入海口：这条洪流浩荡的大河发源于西部，即距太平洋海岸不到 100 英里的秘鲁安第斯山脉；其后向东奔流，几乎横穿整个大陆，最终流至巴西境内汇入大西洋。

　　传说中连接这两条大河的卡西基亚雷河深藏在热带雨林中，位于加拉加斯以南 1 000 多英里处。它的存在还未经证实，很少有人相信这两条重要的水系实际上是相互连通的。当时，科学界的共识是奥里诺科河与亚马孙河之间必然存在分水岭，因为没有证据支持这两片流域之间能够形成一条天然的、连通彼此的水道。地理学家们还没有在世界上的任何一个地方找到过这样的例子。事实上，该地区最新绘制的地图上就标注了一道山脉——那道被推测存在的分水岭正好画在传闻中卡西基亚雷河所在的地方。

　　需要准备的行前事宜不少。他们必须挑选体积足够小且轻便的仪器，这样才能把它们装进狭窄的独木舟中。他们需要准备足够的钱和商品来付给向导，以及购买在丛林最深处考察时所需的食物。出发前，洪堡往欧洲和北美洲发去一些信件，并请求收信人将它们发表在报纸上。他懂得公众宣传的重要性：早在出发前，洪堡就从西班牙的拉科鲁尼亚发出了 43 封信。万一不幸在旅行中丧命，他至少不会被世界遗忘。

　　1800 年 2 月 7 日，洪堡、邦普兰和仆人何塞从加拉加斯出发，只带了 4 头骡子，将其他大部分的行李和收集来的物品留在身后。想要到达奥里诺科河，他们必须先笔直向南行进，穿过空旷的、面积相当于一个法国那么大的洛斯亚诺斯平原。他们的计划是先抵达加拉加斯以南约

55 200英里处的阿普雷河——奥里诺科河的一条支流。到达那里之后，再想办法弄到一艘船，以及足够支持他们航行到阿普雷河畔的圣费尔南多（San Fernando de Apure，一个嘉布遣会[1]的据点）的必需补给品。但在此之前，他们会先向西前行，绕路100多英里去探查阿拉瓜地区美丽的山谷——那里是殖民地最富饶的农业产区之一。

雨季结束了。天气炎热，所到之处大多土地干旱。他们翻山越岭，经过七天的艰苦跋涉，终于望见了"阿拉瓜微笑着的山谷"[2]。再往西则是一望无际的农田，整齐地种着玉米、甘蔗和木蓝，点缀其间的是小片树林、村落、农舍和花园。农场间由小道连接，开花的灌木沿着道旁生长；农舍傍依着高大的爪哇木棉，树上开满了金黄色的花朵。刺桐的花则呈张扬的朱红色，两种树木的枝叶交织错落。

巴伦西亚湖位于阿拉瓜谷地中部，周围群山环抱。湖上有十余座岩石嶙峋的岛屿，有些岛屿大到可以放牧山羊及耕种农田。日落时，数千只鹭、火烈鸟和野鸭为天空注入一片生机：它们掠过湖面，到岛上栖息。这景象看上去好似田园牧歌，但当地人告诉洪堡，巴伦西亚湖的水位近

56 年来急速下降。20年前还在水下的大片土地，现在都已经成为耕地；湖岸线不断后退，一些曾经的岛屿成了裸露在旱地上的土堆。巴伦西亚湖的生态系统极为独特：它没有入海水道，而汇入其中的水源都是细小的溪流，所以其水位几乎完全由蒸发速度决定。当地人认为，是湖底出现的漏洞让水位降低的，但洪堡有不同的看法。

他测量、研究并且提出质疑。当在岛屿高处发现细微的沙粒时，他意识到，它们曾经全部都没在水下。他还比较了从法国南部到西印度群岛的其他河流和湖泊的年均蒸发量。通过调查，他得出以下结论：湖水水位的下降是由周围森林的砍伐以及大量引水灌溉农田造成的。近年来，

---

1. 罗马天主教方济各修会。"嘉布遣"为意大利文 Cappccio 的音译，原意为"尖顶风帽"，因该会会服附有尖顶风帽，故名。

2. Smiling Valleys of Aragua，语出洪堡的《旅行故事》（*Personal Narratives*）。因为该山谷遍布花园、农田、森林、农场和村庄，所以十分富饶，也是"微笑"的含义来源。

阿拉瓜谷地中的巴伦西亚湖

谷地农业发展迅速，种植者会截断或分流一些本来注入湖泊的小溪，去灌溉自己的耕地。再加上伐木造田，林下原本生长着的苔藓、矮林和根系也随之消失。土壤暴露在外，无法涵养水分。在库马纳郊外，当地人已经告诉洪堡，随着原生植被的消失，土地越发干裂。从加拉加斯到阿拉瓜的路上，洪堡也注意到干燥的土表，哀叹早期殖民者"鲁莽地破坏了森林"。土壤越贫瘠，土地的收成就越少，也就会迫使人们继续向西去破坏植被、开辟荒野。洪堡在日记中写道："森林十不存一。"

　　仅仅几十年前，阿拉瓜谷地和巴伦西亚湖周围的山麓仍然遍布植被。过去，树冠遮蔽土壤，避免阳光直射和水分的过度蒸发。现在，树木遭受砍伐，暴雨冲走表层泥土。洪堡归纳道："一切都环环相扣。"

　　就是在这里，就是在巴伦西亚湖，洪堡提出了人类活动造成气候变化的想法。他在自己发表的观察报告中非常明确地写道：

来自欧洲的种植者以非常鲁莽的速度到处破坏美洲的森林，使得泉水完全枯竭或流量大大减少。一旦有暴雨倾泻在地势较高的地方，那么一年中保持一段时间干燥的河床就会洪流大作。山麓失去了地表的草皮、苔藓和灌木丛，再没有什么可以阻挡横流的雨水：降到地表的雨水无法逐层下渗，河流水位也由此而无法逐渐缓慢上升；取而代之的，降水在短时间内犁过山麓侧坡，冲走松散的泥土，使得当地极易形成突发性泥石流，进而造成巨大的破坏。

数年前，当他还在担任矿井监察员时，洪堡就已经注意到开采原木和收集燃料对德国拜罗伊特附近菲希特尔山脉中的森林造成的过度破坏。他当时的报告和信件里满是关于如何减少矿井和铸造厂对木材消耗量的建议。他并不是最早提出这一观点的人，但此前的这类意见多出于经济上的考量，而非对环境的关注。森林为工业生产提供动力，木材不仅广泛用于房屋建筑，更是帝国海上扩张所必需的造船原料。

木材可以说是17—18世纪的石油。和今天的石油一样，任何短缺都会在能源、生产和交通运输方面造成恐慌。早在1664年，英国园艺家、作家约翰·伊夫林（John Evelyn）就写了一本关于林业的畅销书——《森林志，关于林地树木的论说》（*Sylva, Or a Discourse of Forest-Trees*），书中将木材短缺视为严重的国家危机。"没有木材比没有金子更糟糕。"他写道。因为没有木材就没有铸铁和烧制玻璃的燃料，严冬寒夜的房屋无法得到供暖，保卫英格兰海岸的海军也无法战斗。

5年后，即1669年，法国财政大臣让–巴普蒂斯特·科尔贝（Jean-Baptiste Colbert）下令禁止村民随意取用当地公共森林木材，并考虑到海军的未来所需而预先种下大批树木。他在推行这一严酷政策时称："法国会因为木材短缺而灭亡。"就连广袤的北美殖民地都出现了一些类似的声音：1749年，美国农民、植物收集者约翰·巴特兰姆（John Bartram）哀叹道："原木很快就要采伐完了。"他的友人本杰明·富兰克林也害怕"失去木材的供给"，并为此发明了一种节省燃料的壁炉。

现在，在巴伦西亚湖，洪堡开始对滥伐森林的后果有了更广义的理解，并通过对当地个案的分析向未来发出警告：当下的农业生产技术和模式可能导致毁灭性的后果。人类在全球各地的行为将影响未来的子孙后代。之后，他将在其他地方看到与巴伦西亚湖相似的境况：从意大利的伦巴第到秘鲁南部，以及几十年后的俄国。当洪堡描述人类行为正在改变气候时，他无意中成了未来"环境保护运动先驱"。

洪堡首次详细解释了森林在生态系统和气候形成中发挥的基本功能：树木能够涵养水土，增加大气湿度，并适当降温。[1]他还提到了植物释放氧气对气候的影响。他坚持认为，人类活动的干预已经造成了"不可估量"的后果，如果继续这样"残酷地"干扰自然，未来会面临更大的灾难。

洪堡将一再目睹人类对自然生态平衡的干扰。就在几周之后，他深入奥里诺科河流域的热带雨林，在一个偏远的传教士据点，发现一些西班牙僧侣从乌龟蛋中提取油脂点灯，以此来照亮他们简陋的教堂。这导致当地乌龟的种群密度急剧降低：它们每年都会在河滩上产卵，但由于很多都被传教士捡走，成功孵化并存活下来的个体数量很少。当地的原住民告诉洪堡，他们越来越难见到乌龟了。早先在委内瑞拉的海岸附近，洪堡也注意到，不加管制的珍珠采集已经几乎使当地的牡蛎绝种。这些都是生态链对人类行为做出的反应。洪堡后来说："一切事物都相互作用，有往必有还。"

上千年来，人类对于自然的态度都是以自我为中心的，这种立场上可追溯到亚里士多德的"自然万物为人而生"，下可延伸至2 000多年后的1749年：植物学家林奈认为，"所有事物都是为人的利益而创造的"。长久以来的通行看法是，上帝给了人类支配自然的权力。毕竟《创世纪》中明确写着，人类应该繁衍后代，"神就赐福给他们，又对他们说：'要生养众多，遍满地面，治理这地；也要管理海里的鱼、空中的鸟和地上

58

---

1. 洪堡后来有更简明的叙述："林地的降温作用有三重机制：清凉的树荫、蒸发水分吸热，以及（减少）辐射。"——原注

各样行动的活物'"。17世纪，英国哲学家弗朗西斯·培根宣称："世界为人而造。"同时代的笛卡尔主张，动物实际上是自动机（automata）——可以有很复杂的构造，但没有理性思考的能力，因此劣于人类；他写道，人类是"自然的拥有者和主上"。洪堡却与这种以人类为中心的思想渐行渐远。

18世纪的西方思想充斥着自然可以被改造得更完美的想法。人们相信，耕作和生产可以让自然变得更好，"改进再改进"成为流行的口号。他们还认为，整齐的耕地、单一的次生林和整洁的村庄将蛮荒之地转化成美好和富饶的风景。相形之下，新大陆的原生森林就成了"呼啸的荒野"（howling wilderness），注定被人类征服。混乱必须转化为秩序，原始邪恶必须被人为的正义击倒。1748年，法国哲学家孟德斯鸠写道，人类已经用双手和工具"使地球变得更适宜居住"。那时理想的自然景象是结实累累的果园、整洁的菜圃和牛羊闲步放牧的草地，这一模式将统领西方世界很长一段时间。在孟德斯鸠提出该主张约100年后，法国历史学家亚历西斯·德·托克维尔（Alexis de Tocqueville）于1833年访问了美利坚合众国，他认为是"破坏"（destruction）——人类砍向美洲荒野的利斧——给这里的风景注入了"最动人的可爱"。

一些北美思想家甚至认为，自最早的开垦者到达之后，当地的气候变得更好了。他们宣称，每从原始森林中砍伐一棵树，空气就变得更健康、更温和。缺乏具体的证据也不妨碍他们高谈阔论。一个典型的例子：来自北卡罗来纳州的医生和政治家休·威廉森（Hugh Williamson）于1770年发表了一篇文章，庆祝清除大片林地，并认为这将极大地改善气候。其他人相信，砍伐森林能带来更多的风，从而带来更新鲜、更健康的空气。在洪堡访问巴伦西亚湖的6年前，一位美国人建议更多地砍伐内陆的树木，认为这将有助于加快沿岸"沼泽的干燥"。只有一小部分人在私人信件和谈话中发出担忧之声。总体而言，大多数人都同意——"征服荒野是未来繁荣的基础"。

对此观点做出最多"贡献"的，莫过于法国博物学家乔治–路易·勒克莱尔，布丰伯爵（Georges-Louis Leclerc，Comte de Buffon）。18世纪中期，布丰在其著作中将原始森林描绘成一个可怕的地方：满是腐烂的树木与枝叶、寄生植物、死水塘和有毒昆虫。他认为，荒野是扭曲的、不正常的形态。虽然布丰于法国大革命爆发的前一年去世，但他对新大陆的认识仍发挥着巨大的公共影响力。美就等同于实用性，每一英亩[1]从荒野中开辟出来的土地，都是人类文明成功驯服野蛮自然的象征。布丰写道："经耕作改造的自然才美丽！"

然而，洪堡警告道，人类需要理解自然中各种作用力运行的原理，以及事物之间是如何相互关联的。人类不能为了追求自己的利益而随心所欲地改造自然。他在后来的著作中写道："人类必须先理解自然之规律，才能通过行动来将她的力量化为己用。"他告诫道，人类拥有破坏环境的力量，后果不堪设想。

60

---

1. 1英亩=4 046.8平方米

5

亚诺斯平原与奥里诺科河

在巴伦西亚湖和周围山谷紧锣密鼓地工作了三周后，洪堡结束了他的考察。是时候继续向南朝着奥里诺科河进发了。不过，他们首先要穿越亚诺斯平原。1800年3月10日，距离从加拉加斯出发整整一个月，洪堡一行进入了这片荒凉、野草丛生的大草原。

地上积了厚厚的一层尘土。平原坦坦荡荡，看不到边界，地平线在热浪中微微颤动。除了成堆的干枯野草和成片的棕榈树林，其他什么都看不到。烈日无情地炙烤着大地，土壤干硬龟裂。洪堡将温度计插入土中，读数飙升至50℃。刚刚从人烟稠密的阿拉瓜山谷离开，洪堡觉得突然"跌入了巨大的孤独"。他在日记中写道，有些时候空气完全停滞，没有流动，"一切事物都像是完全静止了"。没有云彩的遮蔽，他们在晒干的土地上艰难行进，把树叶塞到帽子里，以此来隔绝毒辣的日照。洪堡穿着宽松的裤子、齐腰马甲和朴素的亚麻衬衣。他还带了一件外套，以备在较冷的时候穿，另外还一直戴着一条白色的软布领巾。这是当时欧洲最舒适的穿着，轻便、容易洗涤——但即便如此，他还是觉得酷热难耐。

在亚诺斯，他们遇到过沙尘暴。频繁出现的蜃景残酷地将清凉新鲜的水源展现在他们面前，然而可望而不可即。有时他们选择在夜间赶路，以躲避白天的高温。又饿又渴是常有的事。有一天，他们经过一个小农庄——那里只有一间农舍，另外有几幢小茅屋环绕周围。尘土满身，日照灼热，他们急切地想要洗个澡。农庄的主人不在，领头的伙计把他们领到一个附近的小水塘。虽然水体浑浊，但至少比地上凉快些。洪堡和邦普兰兴奋地脱掉脏衣服，但刚踏进水塘，就发现一条原本在对岸趴着不动的鳄鱼旋即决定加入他们。说时迟，那时快，二人狼狈地跳出水塘，抓起衣服，拔腿就跑。

虽然亚诺斯环境恶劣，但洪堡仍然为这里广阔的地势着迷。他写道，

洪堡一行在亚诺斯

这里平坦的地貌及其令人生畏的体量"让心灵充满对永恒的体悟"。行程过半时，他们到达了小市镇卡拉沃索（Calabozo）。洪堡从当地人口中得知，附近的很多浅水洼都备受电鳗侵扰。这简直是难以置信的好运气！从在德国进行"动物电"实验的时候起，洪堡就一直盼望有机会研究这种非凡的鱼类。传言这种体长5英尺的奇怪生物能够发出高达600伏的电击。

问题在于如何抓住这些电鳗：它们潜伏在水底的淤泥中，无法用网捕捉，而且触碰它们可能有生命危险。当地人想了一个主意：他们从亚诺斯平原圈来30匹野马，将它们一齐赶入水塘；马蹄搅动了塘底的淤泥，电鳗受到巨大的惊扰而出动，放出强力电击。洪堡望着这番残酷的奇观，目眩神驰：野马受痛，高声嘶叫；跳动的电鳗抽打马腹，水面波澜翻腾；62

野马与电鳗的搏斗

一些野马不支倒下，被同类踩踏，最终溺亡。

终于，电击的强度逐渐减弱，精疲力尽的电鳗缩回泥中[1]，洪堡得以用干燥的木棍将它们拉出来——但他等得还不够久。当他与邦普兰试图解剖电鳗时，仍遭到了强烈的电击。在四个小时的时间里，他们进行了一系列危险的实验，包括用两只手同时接触电鳗、一只手触摸电鳗而另一只手触摸一块金属，或洪堡同时握住电鳗和邦普兰的手（于是电击传到了后者身上）。他们一会儿站在干燥的地面上，一会儿站到有水的地面上；他们接通电极，用浸湿的封口蜡蜡棒触碰电鳗，或者用潮湿的黏土和棕榈叶纤维等能获得的一切材料做成绳索，将它们提起来。毫不意外，一天下来，二人都已筋疲力竭。

电鳗也使洪堡重新思考电力和磁性这一普遍现象。在目睹野马与电

---

1. 电鳗释放高电压会消耗大量的体力，因此只能持续很短的一段时间。

鳗的残酷搏斗时，洪堡联想到了制造闪电、使金属相互吸引以及转动罗
盘磁针的无形力量。这是他典型的思考模式：从一处具体细节或观察出   63
发，逐渐推广到更广泛的范围中进行考量。他写道，这一切都"同出一
源，并在同一永恒、无所不包之力量的作用下融为一体"。

　　1800年3月底，离开加拉加斯近两个月后，洪堡和邦普兰终于到达
地处阿普雷河畔圣费尔南多的嘉布遣会驻地。他们将从此地划船沿阿普
雷河东行，穿过热带雨林，抵达奥里诺科河下游。这段路程的直线距离
大约为100英里，但蜿蜒的水道增加了一倍多的距离。找到阿普雷河汇
入奥里诺科河的河口之后，他们计划沿着奥里诺科河南行，途经阿图雷
斯急流和麦普雷斯急流，深入白人探险家鲜少涉足的内地。他们期待在
那里找到卡西基亚雷河，那条传说中连接了伟大的亚马孙河与奥里诺科
河的水道。

　　3月30日，他们从阿普雷河畔圣费尔南多雇到的船只正式启航，满
载着够用四周的补给品——并不够维持全部行程，但小船装不下更多东
西了。他们从嘉布遣会的僧侣那里买到了香蕉、木薯、鸡、可可豆，以
及酸角树结的荚果——据说它的汁液可以将河水变成新鲜可口的酸甜饮
料。其余的食物就要靠自己获得了：鱼类、乌龟蛋、鸟或其他野味，也
可以用囊中的酒从当地的原住民部落那儿换取更多的食物。

　　和其他欧洲探险家相比，洪堡和邦普兰并没有携带大批随行人员：
只有4名当地人负责划船，另一个人掌舵。他们从库马纳带来的仆人何塞，
还有本省殖民地总督的妻弟决定加入他们。洪堡并不在意孤独，正相反，
现在没人打扰他的工作，更何况大自然已经为他提供了足够多的兴奋。
并且，邦普兰一直陪着他，既作为研究上的同事，也作为朋友。过去的
几个月已经让他们成为相互信任的同伴，洪堡在巴黎遇到他时的直觉是
正确的。邦普兰是一位出色的植物学家，善于野外考察，并且毫不在意
冒险中遇到的困难，在最惊险的情形下也能保持冷静。更重要的是，不
管发生什么，他总是那么乐天开朗。

奥里诺科河上的一艘船

　　划着小船在阿普雷河上航行，继而前行在奥里诺科河之上，一个新世界在他们面前展开。船上的视野绝好：他们看到几百条鳄鱼在河岸上晒太阳，张着大嘴——其中很多条都长达15英尺，甚至更长。它们一动不动，看上去像是一段树桩，直到突然悄无声息地钻入水中。鳄鱼的种群庞大，几乎每时每刻都能见到一两条。望着它们粗大且布满鳞片的尾巴，洪堡想起儿时在书中看过的龙。途中还不时有巨大的红尾蚺从船边游过，但他们仍然冒着危险轮流下水洗澡，其他人负责监视周围动物的动向。在水上旅行的日子里，他们还碰见大群水豚——世界上最大的啮齿动物，以亲缘关系为基础群居，像狗一样用前足击水游泳。水豚看上去像体型更大、鼻吻部形状圆钝的豚鼠，每只可能重达50千克。比它更大的是貘，体形像猪，害羞而独来独往；它们用厚实的短鼻翻弄水边的灌木丛，寻找能食用的叶子。但附近也同时出没着它们的天敌——拥有漂亮斑纹的美洲豹。夜间，洪堡有时能在昆虫不息的嗡鸣声中听到淡水豚透过喷气孔发出的声音。他们经过一些岛屿，上面栖息着数千只火烈鸟、白鹭，以及嘴呈扁平刮板状的粉红琵鹭[1]。

洪堡一行白天赶路，晚上在河边的沙地上扎营——他们总是把仪器和收集来的标本放在中间，在周围架上吊床，并点上好几个火堆，构成一个保护圈。如果有可能，他们就把吊床系在树干上，或者把桨竖直地插在地里，再把吊床挂上去。在湿漉漉的雨林中，经常难以找到足够干燥的树枝，但为了防备美洲豹和其他动物，他们必须想办法生火。

雨林中危机四伏。一天夜里，一名印第安划桨手突然惊醒，发现一条蛇正盘在他所躺的兽皮下面。另一晚，所有人都被邦普兰突然的惨叫惊醒：他正在吊床上熟睡时，一只毛茸茸的锐利爪子突然悄无声息地落在他的肚皮上——一定是美洲豹，邦普兰想到这里就害怕得全身僵硬。但洪堡爬过去查看，发现那不过是附近部落饲养的一只驯化了的野猫。数天后，洪堡自己却几乎和一只隐藏在重重树影里的美洲豹狭路相逢。他吓得魂飞天外，想起向导曾经教过他的方法——不要跑、不要摆动手臂，慢慢地向后挪步，终于脱离了危险。

动物并不是唯一的威胁。有一次，洪堡不小心让一种箭毒从瓶子里漏了出来，自己差点误触沾在衣服上的箭毒，几近丧命。这种剧毒物质一旦与血液接触，就会麻痹人体致死。这种毒药的烈性让洪堡叹为观止。他从当地部落获得了一点样品，毒药从瓶子里漏出来沾在了袜子上。他是第一个描述其制作过程的欧洲人，却也差点因此而丢了性命。如果他把因昆虫叮咬而布满血痕的脚穿进袜子里，那么毒药就会麻痹他的横膈膜和肌肉，最终令他在万般痛苦中窒息而亡。

虽然险象环生，洪堡仍然为雨林的神奇而着迷。夜间，他喜欢聆听猴群的鸣叫，辨认不同物种的独特声线——震耳欲聋的啸叫来自吼猴，它们会弹跳着在雨林中穿行极远的距离；其他猿类的声音轻柔，"像长笛发出的乐音""抱怨似的哼鸣"。雨林中充满生机。洪堡写道,这里有"那么多种声音都在告诉我们,自然中的一切都在呼吸"。和巴伦西亚湖附

65

---

1. *Platalea ajaja*，又名玫瑰琵鹭。

近的农业区相比，这里才是"人类不曾打扰自然之道"的太初世界。

在雨林中，他能够实地观察到很多欧洲只存有博物学标本的动物。他们把捕捉到的鸟类和猿猴养在芦苇编成的大篮子里，或者用长绳索拴住，希望最终把它们带回欧洲。洪堡最喜欢的是伶猴：身形小、尾巴长、毛色灰而柔软，面部有一块白斑，像是戴了一副心形面具。它们身姿美好，可以优雅地在树枝间跳跃，不费吹灰之力；这也为它们赢得了一个德语名称 Springaffe，意为跳跃的猴子。伶猴极难活捉，唯一的办法是用装有毒箭头的气枪杀死母猴，等它从树上坠落下来，然后将抱住母亲不放的小猴从母猴身上拉开。其中一只被他们捕获的小猴非常聪明，总是试图伸手去抓洪堡藏书中印有的蚱蜢和黄蜂。洪堡非常惊讶，小猴竟然只对画有它喜欢的食物（比如昆虫）的内容感兴趣，对人体和其他哺乳动物的骨骼图完全置之不理。

没有什么地方能比这里更好地观察动物与植物了。洪堡置身在地球上最壮观的生命之网中，这张由"活跃的有机力量"构成的网络。他狂热地追寻着每一条线索。他在家信中自信地写道：一切事物都是自然之力量与柔情的见证，从大得可以"吞下一匹马"的红尾蚺，到轻巧地悬飞在一朵花上的小蜂鸟。这是一个充溢着生命脉动的世界，人类在其中"无足轻重"。

一天夜里，当他再一次被野兽们此起彼伏的尖叫声吵醒时，洪堡决意剥开其中的层层原委。印第安向导曾告诉他，这些叫声不过出自动物们对月亮的崇拜。洪堡认为这是无稽之谈。他意识到，这场宏伟的大合唱来源于动物之间"一场持久而愈演愈烈的战争"。美洲豹在夜间捕猎，追逐在茂密灌木丛中逃奔的貘，从而又惊动了睡在树顶的猿猴；当猿猴发出凄厉的哀鸣，这声音又惊动了鸟群，进而唤醒了整个动物世界。每丛灌木里、每条树皮裂缝中、每块泥土里都有生命的脉动。洪堡说，这场骚乱完全是雨林深处"某种角力"的结果。

在旅行中，洪堡一次又一次地见证了这些角力的场景。水豚从河里跳窜出来，奋力逃脱鳄鱼的致命大嘴，却不巧撞上了等在丛林边缘的美

66

洲豹。同样地，在海上航行时，他目睹飞鱼受到海豚尖利牙齿的威胁而跃出海面，却在空中被信天翁逮了个正着。洪堡在笔记中写道：人类的缺席使动物得以繁衍生息，但其规模"仅受限于自身"，即受到彼此构成的生存压力的限制。

洪堡认为自然是一张充满了残酷斗争的生命之网，这不同于当时的主流观点：当时，更多人将自然视为平稳运转的机器，每个物种都有神所赋予的特定地位。林奈曾论述过类似食物链的观念：鹰捕食小鸟，小鸟捕食蜘蛛，蜘蛛捕食蜻蜓，蜻蜓捕食马蜂，马蜂捕食蚜虫——但他把这条链条看作和谐的平衡。每一种动物和植物的存在都有神赐的目的性，它们以正确的数量繁殖，从而使这一平衡保持恒定。

然而洪堡见到的并不是这样的一座伊甸园。他写道："黄金时代早已结束。"动物之间相互忌惮，并通过搏斗求得生存。不只是动物，他还曾目睹凶猛的攀缘植物将雨林中的大树紧紧缠住。在这里，不是"人类具有破坏性的双手"，而是植物对光照与养分的竞争左右了它们的生命过程与生长状况。

洪堡与邦普兰继续溯着奥里诺科河而上。他们的印第安船员每天都冒着酷暑划船 12 个小时以上。水流湍急，河面至少有 2.5 英里宽。从阿普雷河起航三个星期之后，也就是在奥里诺科河上航行的第 11 天，河面开始收窄，他们接近了阿图雷斯急流和麦普雷斯急流。在这处位于加拉加斯以南 500 多英里的地方，奥里诺科河冲过层层峰峦，形成一系列仅有 150 码¹宽的险滩。周围环绕着花岗岩巨石，上方则是浓密的森林。几英里以内，急流步步跌落，击跃过数百块礁石；河水呼啸回旋，激起盘桓不散的水雾弥漫在空气中。每一块礁石和每一片岛屿上都覆盖着茂盛的热带植物。洪堡为这些"壮美的自然景象"而惊叹：虽然如同幻境，却也暗藏杀机。

某日，他们的小舟险些被一阵狂风掀翻，船的一头开始下沉。洪堡

---

1. 1 码 =0.9411 米。

在危急关头抓住了他的日记本，但书籍和植物标本还是掉进了水里。他几乎肯定这次要没命了：想到鳄鱼和巨蟒四伏的河水，所有人都惊慌失措。只有邦普兰还保持冷静，并且开始用掏空的大瓢把水从船里舀出去。"别担心，我的朋友，"他对洪堡说，"我们会没事的。"日后，洪堡将回忆起邦普兰遇事沉着的品质。最后，他们仅丢失了一本书，并且将捞上来的植物和记录重新晒干。掌舵的印第安人既觉得惊讶，又觉得好笑："这些白人"（他称洪堡他们为 blancos）把他们的书籍和收集来的标本看得比命还重要。

蚊子是最讨厌的滋扰。无论洪堡多么迷恋这个陌生的世界，都没法68 不为这无休止的缠斗分神。他们想尽一切办法，但穿上防护衣或用烟熏都没有用，挥舞手臂或者扇动棕榈树叶更是徒然费力。洪堡和邦普兰被咬得全身是包，皮肤上出现了奇痒的肿块，甚至连说话都变得十分困难，因为蚊子会直接钻进他们的嘴和鼻孔，引起剧烈的咳嗽。解剖植物或者用仪器观测天象成了一种苦刑：洪堡盼望自己长出"第三只手"来驱赶蚊子，因为他总是不得不放下手中的叶片或者六分仪，这样才能腾出手来。

邦普兰决定放弃在室外处理植物标本，而是躲进印第安人砌起的"奥尔尼托"（hornito，西班牙语）——当地人用做烤箱的密闭小室。他手脚并用地从前方下部的开口处爬进这个没有窗户的空间，用打湿的树枝在里面点燃一小堆火，以此制造浓烟——这是防蚊的绝好屏障。但在里面的人可不轻松：邦普兰关上狭窄的入口，展开采集到的植物，冒着酷热和浓烟开始工作。不过，什么都比被蚊子活吃了强。洪堡写道，这可不是什么"愉悦的游轮之旅"。

此次航行中经过的这段奥里诺科河如今已是委内瑞拉与哥伦比亚之间国境线的一部分，这里雨林茂密，人烟稀少。他们行经一处教会据点，遇见驻守在那里的贝尔纳多·泽亚（Bernardo Zea）神父。神父兴奋不已，主动要求与他们同行，并担任向导。洪堡欣然接受。还有几位半路加入的"成员"：一条迷路的獒犬、八只猴子、七只鹦鹉、一只巨嘴鸟、一

只身披紫色羽毛的金刚鹦鹉，以及其他一些鸟类。洪堡称他们的小船为
"移动的动物园"。这艘摇摇晃晃的小船空间有限，为了给这些小动物提
供住处以及安置其他仪器和行李，他们把树枝交错相架，搭建了一个延
伸到船舷外的平台，还在上面盖上了用茅草编成的屋顶。洪堡和邦普兰
经常平躺在这个额外多出的幽闭空间里，只能把腿露在外面，日晒雨淋，
还要遭受昆虫的叮咬。"感觉被活埋了一样。"洪堡在日记中写道。对一
个精力充沛的人来说，这也是莫大的折磨。

　　他们继续沿河深入雨林腹地。森林渐渐与河面直接相连，河岸越来
越窄，因此很难找到夜间露营的空地。食物所剩不多，他们用亚麻布过
滤浊臭的河水，吃捕来的鱼和捡到的乌龟蛋，有时也会吃采来的水果，
以及碾碎后拌在木薯粉中的烟熏蚂蚁（泽亚神父称这为上好的蚂蚁肉
酱）。实在饥饿难忍时，就嚼一小口晒干的可可粉。沿奥里诺科河向南　69
划行三个星期后，他们继续南行，在两条支流（阿塔瓦波河与内格罗河）

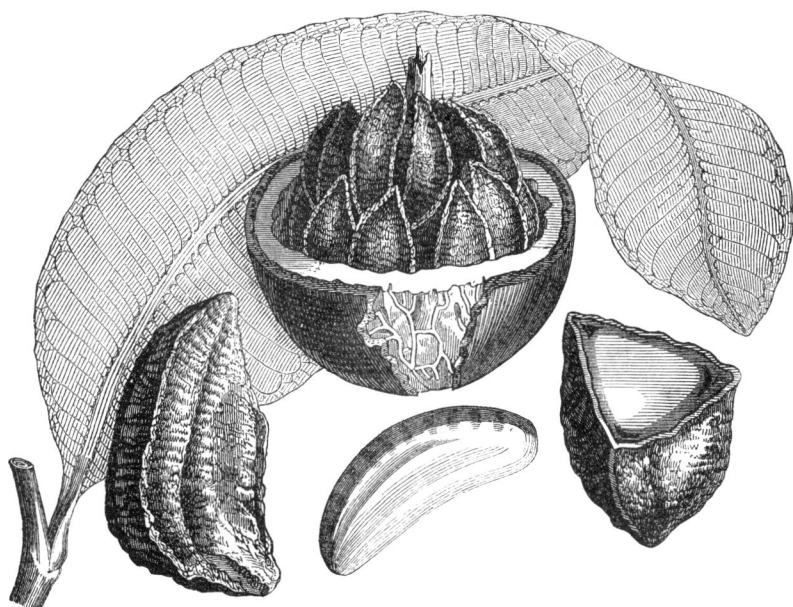

巴西果（ *Bertholletia excelsa* ）

组成的水道网络上又走了两个星期，然后到达了此次河流探险的最南端。在食物储备几乎告罄时，他们发现了一种巨大的坚果——敲开后，里面是营养丰富的种子。洪堡后来将这种美味的巴西果引入了欧洲。

虽然食物短缺，但这里的植物资源却无比丰富，随处都可以见到新的物种。然而，采集标本非常艰难：雨林地表触手可及的物种固然容易采集，但高悬树冠的诱人花朵却可望而不可即；更何况空气如此潮湿，费尽力气采集来的标本经常在他们眼前霉变分解，邦普兰在"奥尔尼托"中辛苦烘干的标本大半都无法保存。他们听到鸟儿和野兽的叫声，却常常难以一睹真容，更别提捕捉了，就连详细地描述都很难做到。洪堡想，欧洲的科学家们大概要失望了。他在日记中抱怨道，为什么猴子们不肯在小船经过时配合地张开嘴巴，好让他们"数一数有几颗牙齿"。

植物、动物、岩石、河水，洪堡对一切事物都感兴趣。他像品酒师一样，从不同的河流中取来水样加以品尝：奥里诺科河的河水有一种特别的味道，格外恶心；阿普雷河的河水在流经不同地区时味道各异；阿塔瓦波河的河水则"十分好喝"。他观测星空、描述自然景观，并且对遇到的当地原住民十分好奇，想要更多地了解他们的文化。他赞叹印第安人对自然的崇拜，并称他们为"杰出的地理学家"：他们能在最浓密的雨林深处自如地探路前行，是洪堡遇到过的最好的自然观察者；他们熟稔于林中每一种动物和植物，并且单凭树皮的味道就能辨别出树木的种类。洪堡也想尝试，却甘拜下风：在咀嚼了15种树皮之后，他感觉每一种味道似乎差不多！

和大部分欧洲人不同，洪堡并不认为这些原住民是野蛮人；相反，他十分着迷于他们的文化、信仰和语言。在目睹了殖民者和传教士对原住民的粗暴举止之后，他把这种行为称为"文明人的野蛮性（barbarism）"。他会把这种对"野性（savages）"的全新描述带回欧洲。

唯一令他沮丧的是，印第安人常常无法回答他的许多问题。他们之间通常需要多人翻译，从一种当地语言翻译成另一种，直到传给一个既懂其中一种当地语言又懂西班牙语的人。谈话内容经常在层层传递中丢失，最后听到问题的印第安人也只是笑着点头，表示赞成。洪堡感到失望，斥责他们"懒惰且漠不关心"，虽然他也承认这些人大概已经"厌倦我们的问题"。洪堡写道，在这些生活在部落社会的原住民眼中，欧洲人大概总是匆匆忙忙的，"好像有恶魔在背后追赶他们"。

某夜，大雨倾盆，洪堡躺在拉在两棵棕榈树之间的吊床里，看着藤蔓和攀缘植物在自己头顶高处形成一顶天然的保护伞。他仰望着这天然的棚架，赫蕉垂下长长的橙色花苞，其他奇花异草点缀其间。燃起的篝火照亮了这个自然形成的拱顶，跳动的火焰照亮了高约60英尺的棕榈树干，那些花朵就在这闪烁的光影间忽隐忽现。篝火烘出的白烟飘摇直上，最终消失在重重树叶之上的夜空里。洪堡默念道："一切都如魔幻般美丽。"

洪堡这样描述奥里诺科河上的急流：在"夕阳的照耀下"，"河床上方好像悬浮着"另一条云雾之河。虽然他总是认真地记录与测量，但也会记下这样的描述：湍急的河流上，"多彩的虹"如何"闪现、消失又重现"，月亮周围有"多彩的环晕"。他还欣喜地发现，颜色深黯的河面像一面镜子，白天能够完美地映出岸边缀满花朵的植物倒影，晚上又能倒映出南半球夜空中的星座。从未有科学家如此讲述过自然。"那些直接向灵魂诉说的东西，"洪堡说，"无法通过测量捕捉。"这样的自然并非一套机械系统，而是一个惊心动魄、充满奇迹的新世界。洪堡用歌德给他的全新视角凝望着南美洲的一切，深深地感到喜悦。

他们从途中遇到的传教士那儿得到了不那么悦人的消息：据说，早在几十年前，当地人就已经知道卡西基亚雷河连接了亚马孙河与奥里诺科河。洪堡的任务就只剩下准确地测绘出它的航道。1800年5月11日，他们终于找到了卡西基亚雷河的河口。空气中的水汽过于饱和，他们甚至看不清太阳和星辰。这样一来，洪堡就无法确定河流的地理位置，绘出的地图也就不可能精准。然而，印第安向导推测某日会是晴天，于是他们决定继续向东北方向行进。夜里，他们试图在河岸上拉吊床露营，却几乎无法休息：一次是有成群结队的蚂蚁沿着绳索爬上了吊床，另一次则是蚊子的滋扰。

越往前划行，两岸的植被就越茂密。洪堡描述道，河岸好像树起了天然的栅栏，活像覆盖着树叶和藤蔓的绿墙。不久，他们就完全无法找到合适的空地休息了，更不用说离开小舟上岸。但至少天气正在转好，洪堡得以采集必要的观测数据来绘制地图。进入卡西基亚雷河十天后，他们又一次到达了奥里诺科河——传教士说得没错。没有必要再向南到亚马孙河去了，因为洪堡已经成功地证明了卡西基亚雷河是连通奥里诺科河和内格罗河的天然水道。既然内格罗河是亚马孙河的支流，那么显然，这两条大河（即奥里诺科河和亚马孙河）之间也是相通的。虽然洪堡并没有"发现"卡西基亚雷河，但他对这一地区错综复杂的支流系统进行了详细的测绘，最终绘制出了一张大大改进此前已知信息的地图。洪堡说，这地图看上去很奇怪，好像"是有人在马德里凭空想象出来的"。

72

他们沿奥里诺科河顺流而下，先向北前行，继而向东，历时三个多星期，最终于 1800 年 6 月 13 日到达了安戈斯图拉（今天的玻利瓦尔城）。这是位于库马纳以南不到 250 英里处的一座集市小镇。河畔人群熙攘，十分繁忙。在经历了为时 75 天、长达 1 400 英里的艰苦旅程后，拥有 6 000 人口的安戈斯图拉在洪堡和邦普兰眼中俨然是个大都市了。再简陋的住宅都显得如此豪华，再细小的便利都成了奢侈的享受。他们清洗衣装、整理标本，为再次穿过亚诺斯平原的返程做准备。

经受过蚊子的叮咬、美洲豹、饥饿和其他的危险考验之后，洪堡和邦普兰都以为最坏的情况已经过去，可他俩却在临行前被高烧击倒。洪堡迅速痊愈，但邦普兰很快就病得奄奄一息。两个星期之后，高烧才刚退去，邦普兰又罹患痢疾。彼时正逢雨季，邦普兰的身体状况不允许他立即踏上前往亚诺斯平原的漫长旅程。他们在安戈斯图拉停留了一个月，等邦普兰的身体康复之后，才出发朝沿海方向而去。他们打算从那里搭船去古巴，然后再到墨西哥的阿卡普尔科港口。与来时相比，骡子背上

曲叶矛榈（*Mauritia flexuosa*）

的行李还加上了装猴子的笼子，鹦鹉则倒挂在两边休息。他们收集的物品给行李加上了不少分量，所以只能以极慢的速度行进。1800年7月底，他们终于离开雨林，进入了亚诺斯的空旷地带。这像是一种启示：在雨林中只能透过层层遮蔽才能看到星空，如同坐井观天。现在的洪堡仿佛重获自由，恨不得奔跑着拥抱这宽广的平原。能够"看到周围一切事物"的感觉是那么新鲜！他写道："无限的空间反映在各人心中——就像诗人们用一切语言写过的那样。"

距离他们初到亚诺斯已经过去四个多月的时间，雨季将荒原变成了海景：成片的新鲜草地环绕着巨大的湖泊和新涨满水的河流。但空气湿度高得"像随时能拧出水一样"，天气比他们初到时还热。满眼都是无边无际的花草，芳香扑鼻；高高的草丛里隐藏着美洲豹，每天清晨都有几千只鸟儿齐声歌唱。唯一打破亚诺斯平坦地势的是偶尔可见的曲叶矛榈：这种棕榈树高挑、苗条，细长分叉的叶片张开时像一把把巨大的扇子。树上结满了光亮发红、可以食用的果实，这让洪堡想起冷杉树的球果。
73 随行的猴子特别喜欢这种果实，经常从笼子里伸出手来抓着吃。洪堡在雨林中见过这种棕榈树，但它们在亚诺斯平原扮演着更为独特的角色。

　　他写道："我们惊讶地观察到，一种植物的生存维系着如此多的事物。"曲叶矛榈的果实吸引鸟儿，树叶遮挡住厉风，树下的土壤因此比其他地方的更湿润，这也为昆虫和爬虫的生息提供了庇护。看到这种树，人就会感到清凉。洪堡说："它在荒漠中将生命播撒在自己周围。"200年后，他的发现才被正式命名为"关键种"（keystone species），即一个物种对它所在的生态系统而言是如此重要，就如圆拱正中的拱心石（keystone）一般。对洪堡而言，曲叶矛榈是一种"生命之树"——是自
74 然作为一个有机整体的绝好例证。

6

穿越安第斯山脉

深入雨林，穿越亚诺斯平原，洪堡和邦普兰结束了为期六个月的艰险之旅，满身疲惫地于1800年8月底返回库马纳。然而他们很快便重新振作起来，整理完收集来的标本，再次踏上征途。11月底，他们启航向北，于12月中旬到达古巴。1801年初，在哈瓦那的一个早晨，洪堡翻开报纸读到了一篇报道，立即改变了继续前往墨西哥的计划。报道称，尼古拉·博丹船长，也就是三年前洪堡曾经试图联系的那位探险家，终于得以开始进行环球航行。1798年，法国政府无法资助博丹的船队，也使洪堡没能如愿离开欧洲；但现在，博丹已经得到了足够的经费，装备了两艘船只（分别名为"地理学家"号与"博物学家"号），此刻正在前往南美洲的途中，并打算从那里进入南太平洋，然后再到澳大利亚去。

洪堡猜想，博丹最有可能取道利马。如果一切顺利，"地理学家"号与"博物学家"号大约会在1801年底到达那里。虽然时间紧迫，但洪堡决定赶往秘鲁去与博丹碰头，然后加入他的船队前往澳大利亚，而非墨西哥。事已至此，洪堡没有办法提前通知博丹约好见面的时间和地点，也没办法确定船长是否真的会途经利马，甚至不知道船上是否还能再容纳两名随行的科学家。但面前的困难越多，他就越"急切地想要解决它们"。

拖着笨重的行李进行环球旅行显然不现实。安全起见，洪堡和邦普兰开始紧张地抄录他们的笔记和手稿，把此前一年半内囤积的物品分类、装箱、寄回欧洲。洪堡给柏林的一位友人写信，说自己"并不确定，甚至感到不太可能"与邦普兰能够活着完成环球旅行。所以他们需要确保至少有一部分宝藏能够完好地回到欧洲。洪堡带在身边的只有一个小型植物园——夹有压平标本的一本书，以便与后面新发现的物种相比较。更完整的一套植物标本被留在哈瓦那，静候他们归来。

欧洲战火未息，海上航行仍然充满危险，洪堡担心他珍贵的标本会被敌船截获。为了分散风险，邦普兰建议将物品分为两份：一份运往法国；另一份则经由英国运往德国，并附上说明：如果货物被敌船截住，就将其转交给伦敦的约瑟夫·班克斯。自从30年前随同库克船长的"奋进"号航行归来后，班克斯逐步建立了遍及全球的植物收藏渠道，来自各国的船长都知道他的名字。班克斯还长期致力于帮助法国科学家获得前往国外的护照——尽管英法两国在拿破仑战争中相互为敌，但他相信科学家的国际社群应该超越战时的国家利益。班克斯曾经说过："两个国家的科学可以和平共处，尽管它们在政治上剑拔弩张。"把标本交给这个人最安全。[1]

洪堡致信家中亲友，向他们保证自己比以往更加开心和健康。他详细地描述冒险的细节，从美洲豹与蟒蛇的威胁讲到壮美的热带景观和奇丽的花朵。在给一位亲密友人的妻子的信中，他忍不住以这样的问题收尾："那么您呢，最亲爱的人，您那单调的生活最近如何？"

信件甫一寄出，收藏品也顺利离港，洪堡和邦普兰于1801年3月中旬从古巴出发，并于两周后，也就是3月30日，抵达新格拉纳达总督辖区[2]北部沿海城市卡塔赫纳（位于今天的哥伦比亚境内）。洪堡再次决定绕道而行：他不但要赶在12月底之前到达利马与博丹的船队碰面，还要舍弃相对容易的海路而改走陆路。途中，洪堡和邦普兰将穿越、攀登并考察安第斯山脉——它包含若干道山脊，从北向南纵贯南美洲大陆，北至委内瑞拉和哥伦比亚，南抵火地群岛，长达4 500多英里，是世界上最长的山脉。洪堡想攀登钦博拉索山。这座美丽的雪顶火山位于今日厄瓜多尔的首府基多以南，高近21 000英尺。在当时，它被认为是世界上

76

---

1. 早在1800年11月，洪堡就已经从库马纳给班克斯寄去了两包种子，供英国皇家植物园（邱园）使用，并附上了他的天文学观察。班克斯也继续帮助洪堡。此后，一位英国船长俘获了一艘法国船舰，班克斯从那儿取回了好几箱岩石标本，都是洪堡从安第斯山脉采集来的。——原注
2. 西班牙帝国在南美洲的殖民地被分为四个总督辖区和若干个自治区，例如委内瑞拉大总督区。新格拉纳达总督辖区包括南美洲北部大部分地区，囊括了今日巴拿马、厄瓜多尔和哥伦比亚的国土，以及巴西西北部、秘鲁北部的领土和哥斯达黎加。——原注

最高的山峰。

从卡塔赫纳到利马的 2 500 英里将是极为艰苦的路程。他们将穿越难以想象的险恶地势，挑战自己的生理极限。但穿越这片从未有科学家踏足的区域，又是莫大的诱惑。洪堡后来说，"当人年轻又有活力的时候"，不太会多想行动所涉及的不确定性和危险。如果想要在利马与博丹碰面，他们只有不到九个月的时间了。首先需要从卡塔赫纳出发，沿马格达莱纳河到达今天哥伦比亚的首都波哥大。从那里，他们将穿越安第斯山脉去往基多，然后再一直向南行进，直到利马。洪堡告诉自己："一切困难都能用强大的力量征服。"

在向南行进的途中，洪堡还想去波哥大拜访著名的西班牙植物学家何塞·塞莱斯蒂诺·穆蒂斯（José Celestino Mutis）。4 年前，66 岁的穆蒂斯从西班牙来到这里，已经领头进行了多次对当地的探险考察，世界上恐怕没有比他更熟悉南美洲植物的人了。洪堡希望将自己所获的标本和穆蒂斯穷其一生之力所积累起来的收藏进行比较。虽然传言穆蒂斯性情古怪、戒备心强，但洪堡仍希望能争取到他的帮助。"穆蒂斯，我离你已经这样近！"洪堡在到达卡塔赫纳时想道。他从这里给这位年老的植物学家寄去了一封"非常做作的信"，信里写满了称赞和恭维。他还在信里宣称，自己之所以不走海路，而选择更艰难的陆路去往利马，唯一的目的就是能够经过波哥大，与穆蒂斯见面。

4 月 6 日，洪堡等人离开卡塔赫纳去往马格达莱纳河，他们需要向东跋涉 60 英里。点点萤火照亮了途经的密林，洪堡称它们为黑暗中的"路标"。若干个夜晚，他们一行人不得不和衣睡在硬邦邦的地上。两个星期后，他们将独木舟推入马格达莱纳河，乘舟向南，朝波哥大行进。在此后将近两个月的行程中，他们都要驾船溯游而上。一路上水流湍急，沿岸蜿蜒着茂密的林带。当时正逢雨季，鳄鱼出没，蚊虫扰人，天气湿热得难以忍受。6 月 15 日，他们到达了河港小城翁达。此地大约有 4 000 名居民，位于波哥大西北方向不到 100 英里处。他们从这里弃舟登陆，沿河谷山坡陡峭的小径往上爬——波哥大就坐落在海拔 9 000 多英尺的一片高原上。邦普兰被稀薄的空气折磨得非常痛苦，感到阵阵恶心，好像发烧一样。虽然路途艰辛，但他们二人终于在1801年7月8日抵达波哥大，等待他们的是英雄凯旋般的荣耀。

穆蒂斯与其他当地名流带头迎接，随之而来的是一场接一场的盛宴。波哥大已经有数十年没有举行过如此隆重的欢庆活动。对于繁文缛节，洪堡向来毫无兴趣，但穆蒂斯劝他别表现出来，因为总督和其他的重要人物都在场。等到应酬结束后，年迈的植物学家终于打开了他的橱柜。穆蒂斯还拥有一间画室，包括一些印第安人在内的32名画家总共绘制了6 000多幅当地植物的水彩画。洪堡后来向威廉描述道，穆蒂斯的收藏规模仅次于班克斯在伦敦的私人图书馆。这对洪堡而言是绝好的机会：离开欧洲两年，他终于能够再次随心所欲地翻阅书籍、查询资料，并将自己的观察与书中的记载进行比较与对勘。同样，穆蒂斯也大有收获：一位欧洲科学家历尽艰险远道而来，只为了与他见上一面，这真是莫大的恭维，也让他在本地人面前有了更多光彩。

正当二人准备离开波哥大的时候，邦普兰热病复发，再次病倒，几个星期后才痊愈。翻越安第斯山脉到利马的时间愈发紧张。9月8日，也就是到达波哥大整整两个月之后，他们终于与穆蒂斯作别，而后者赠予了大量的食物补给，多到用三匹骡子都差点运不过来。其余的行李需要另外八头骡子与牛来驮运，但最精密的仪器则交给五位挑夫、当地的背工[1]，以及从最初到库马纳时便一直跟随着他们的仆人何塞。他们为穿越安第斯山脉做好了一切准备，但天气实在不能更糟。

离开波哥大之后，他们必须经过金迪奥隘口才能翻越第一道山链——这个隘口海拔将近12 000英尺，被公认为是安第斯山脉中最危险、难度最高的山道。洪堡一行顶着惊雷、暴雨和飞雪在泥泞的路上前行，有些地段仅有八英寸宽。洪堡在日记中写道："在安第斯山中，我们必须将自己全部的手稿、仪器和藏品交托给这些险境。"他惊讶地目睹骡

---

1. cargueros，西班牙语。特指穿行在安第斯山脉间、背负用柳条编制的椅子的搬运工，常被殖民地官员和探险者们征用来搬运行李和人。

与背负重荷的骡子一起穿越安第斯山

子们如何巧妙地保持平衡，虽然前进的步态"跌跌撞撞"，并非一直都 78
在很平稳地行进。途中还打碎了一些玻璃罐，这也意味着从马格达莱纳
河收集来的鱼类和爬行动物标本已全军覆没。几天之内，他们的鞋底就
被泥土中钻出的笋芽撕裂，所有人不得不赤脚继续前行。

　　翻山越岭，他们缓慢向南，朝基多而去。地势忽高忽低，他们时而
遭遇暴雪，时而下降至高温炎炎的热带森林。有时峡底的小道十分深幽、
不见天日，必须摸索着岩壁才能探到路；有时走出山谷，豁然开朗，穿
行在遍洒阳光的草原上。某些早晨，他们能见到白雪覆盖的山峰在纯蓝
的天穹下闪耀；另一些时候则云雾弥漫，伸手不见五指。巨大的安第斯
神鹫张开宽达三米的双翼，在高空中孤独盘旋——它们全身乌黑，只露
出颈边一圈项链般的白羽与翅膀末端流苏般的白边，在正午的太阳下"像
镜子一样闪亮"。行程近半时的某个晚上，在深黯的夜空下，他们远远
地望见帕斯托火山口喷发出明亮的火舌。

洪堡觉得自己与家的距离从未像现在这样远过。如果他不幸身故，
79 欧洲的亲友们恐怕要在几个月甚至几年之后才能得到消息。对于家人的
近况，他也一无所知：威廉是否还住在巴黎？又或许他和卡洛琳娜已经
搬回普鲁士？他们现在有几个孩子了？从西班牙出发以来的两年半内，
洪堡只收到过一封哥哥的来信，以及两封一位老朋友的来信——即便是
这些，也是一年前收到的了。在波哥大与基多之间的某地，洪堡感到极
端的孤独。他提笔给威廉写了一封长信，仔细地描述了在南美洲历险的
种种情状，开头第一句便是："我从不厌倦写信寄回欧洲。"他明白，这
封信顺利寄到的可能性并不高，但这并不重要。那天夜里，他们投宿在
一个坐落在安第斯山脉中的偏远村落，写信是洪堡与哥哥最亲近的交流
方式。

次日，他们一早起身，继续赶路。在某些地段，小道两旁便是直下
数百英尺的悬崖，装有贵重仪器的包裹悬在骡子身旁晃荡。仆人何塞对
这类情况特别警觉：他负责看管的气压计是这次旅程中最重要的仪器，
洪堡需要用它来测量山峰的高度。气压计的主体是一根长木棍，当中插
着一根玻璃管，里面装有水银。虽然洪堡专门为这台旅行用的气压计做
了一个保护匣，但玻璃极易碰碎。当初买这台仪器用了12塔勒，根据洪
堡的计算，等到5年探险结束时，加上雇用专人安全运送的费用，总共
的花销实际高达800塔勒。

洪堡本来拥有若干个不同的气压计，但目前只剩下这一个还完好无
损。几星期前，倒数第二个气压计在从卡塔赫纳到马格达莱纳河的路上
摔碎了。为此，洪堡极为沮丧，当众瘫倒在一个小镇的中心广场上。他
躺在地上，仰望天空，想起自己离家如此遥远，更别提欧洲那些制造仪
器的能工巧匠了。"那些不用带着易碎仪器旅行的家伙可真幸运！"他
嘟囔道。没有工具，他可如何测量和比较世界上所有的高山呢？

1802年1月初，他们终于抵达基多。在离开卡塔赫纳9个月、跋涉
1 300多英里后，他们却得知此前关于博丹船长的消息是错误的。博丹

基多全景。洪堡以此为基地停留了数月

并没有取道南美洲前往澳大利亚，而是绕过非洲的好望角进入印度洋。 80
换作其他人都会因此而绝望，但洪堡不会。他想，至少不需要急着赶往
利马了，现在反而有充足的时间去攀登每一座自己想要考察的火山。

洪堡对火山主要有两点兴趣：其一，想确定火山活动是否为"局部"
现象，抑或是经由地下相互关联的。如果真的存在相隔遥远，却成组、
成群喷发的火山，那么它们也许是通过地心联系在一起的。其二，洪
堡认为，通过研究火山，我们也许可以间接地探究地球的成因及其形
成过程。

18世纪末，有科学家开始提出这样一种假设，即地球的存在可能比
《圣经》中记载的更久远，但他们无法就地球的成因达成共识。"水成论"
（Neptunists）的拥护者相信，岩石由水体中的物质沉积而成，山峰、矿
物层以及其他地质构造都是从原始海洋中缓慢诞生的。另外一些人相信
"火成论"（Vulcanists），认为一切都起源于个别的灾难性事件，如火山

81 喷发。在洪堡考察美洲时，这两派的意见仍然针锋相对，没有定论。欧洲科学家面临的一大问题在于，他们的知识全部来源于欧洲境内的两座活火山——意大利的埃特纳火山和维苏威火山，而洪堡现在有机会考察的火山数量超过此前所有学者考察的总和。他为之兴奋不已，并将对火山的研究视为理解地球形成机制的关键。在后来给洪堡的一封信中，歌德开玩笑地向他介绍了一位女性朋友："既然你是一位相信一切都由火山创造的博物学家，现在请允许我介绍你认识一座'女火山'，她所到之处一片焦土，寸草不留。"

既然等待博丹船长的计划落空，洪堡便以基多为基地，不惧艰险，系统地考察了附近所有的火山。他太过忙碌，基多当地上流社会的社交圈对此十分不悦。这位英俊的年轻人获得了数位未婚女性的青睐，但本省总督的女儿罗莎·蒙图法尔（Rosa Montúfar）小姐抱怨道：他在晚宴或其他社交场合"从不多作停留"。罗莎容貌出众，可洪堡似乎并无兴趣与美人相伴，他更喜欢待在野外。

然而罗莎的兄弟，俊美的卡洛斯·蒙图法尔（Carlos Montúfar）却成了洪堡的同伴。这一情形在洪堡一生中反复出现：他终身未娶（事实上，他曾评论道，男人一旦结婚就永远地"迷失了自己"），也似乎从未与任何女子有过亲密关系。然而洪堡却经常对男性友人产生依恋之情，常在书信中倾诉自己"不息、狂热的爱"。虽然男性相互宣告柏拉图式的亲密友情在当时并不罕见，但洪堡的告白仍算得上措辞强烈。他曾在给一位友人的信中称，"受到您感情的羁縻，如同身系铁链"；又在离开另一位友人之后连续哭泣数个小时，完全不能自已。

在出发前往南美洲之前，洪堡曾有过几段炽热的友情。在他的一生中，洪堡不但多次对友人表达自己的深情爱意，而且会表现出与他一贯性格不符的顺从。"我完全从属于您的计划，"他写道，"您可以命令我，像命令一个孩童，并且可以期待我毫无怨言的顺从。"然而洪堡与邦普兰的关系却并非如此。从西班牙出发前夕，洪堡给一位友人写信，称邦普兰是"一位好人"，但"在过去的六个月中，他待我非常冷淡，也就是说我们之间只是科学研究上的合作关系"。洪堡对"邦普兰只是一位科学事业上的同事"的强调,可能意味着他对其他男性友人持有更为特殊的情感。

82

当时的舆论也注意到,洪堡"对女人缺乏真正的感情"。此后,一家小报曾暗示他也许是同性恋,并指出他在一篇文章中曾提到"睡在一起的同伴"。卡洛琳娜·冯·洪堡认为:"没有什么能对亚历山大产生强烈影响,除非是通过男人。"甚至在洪堡去世25年后,德国诗人特奥多尔·冯塔内(Theodor Fontane)抱怨道,他刚读完的一部洪堡传记里竟然对传主"不寻常的性取向"只字不提。

22岁的卡洛斯·蒙图法尔比洪堡小10岁,有着黑而卷的头发,深色的眼睛,身姿高大而挺拔。他将在此后的几年中一直陪伴在洪堡身边。虽然蒙图法尔没有受过科学教育,但聪颖好学,并且邦普兰明显不介意这位新成员的加入。其他人却不免有些嫉妒这段友情。何塞·德·卡尔达斯(José de Caldas)是一位南美洲的植物学家和天文学家,他几个月前曾在洪堡前往基多的途中与他们相遇,并提出同行的请求,却被礼貌地拒绝了。德·卡尔达斯恼火地给波哥大的穆蒂斯写信,称蒙图法尔成了洪堡的"阿多尼斯"[1]。

洪堡从未公开解释过他与男性友人之间的关系。但他曾经承认自己"不知道什么是感官上的需求",因此这些友谊很可能只是柏拉图式的精神爱恋。他逃遁荒野,投入到艰苦的工作中。他说,身体的疲惫让他愉快,而自然能够平息"对情欲的狂热诉求"。在基多,他再次挑战自己的极限:有时和邦普兰与蒙图法尔一起攀登火山,有时独自前往,只带着小心翼翼保护着气压计的何塞。在接下去的五个月中,洪堡登遍了附近所有力所能及的十几座火山。

其中就有位于基多以西的皮钦查火山。在那里,何塞不幸失足跌倒,差点掉进一条被雪桥覆盖、下面却深不见底的岩缝。幸好他挣扎着爬

---

1. Adonis,希腊神话中掌管植物生死的神,现常被用来形容俊美、极有吸引力的年轻男子。

了出来，保全了自己（以及气压计）。他们继续前行，攀登到峰顶。一条狭窄的岩架在火山口上部形成一块天然的露台。洪堡走过去，趴在上面，每隔两三分钟就能感觉到下面传来的剧烈震动。他毫不在意，继续爬向边缘，窥探皮钦查火山口深处的情形。他看到蓝色的火焰在其中跳动，扑面而来的硫黄味令人窒息。洪堡说："没有人能想见我们眼前的景象——邪恶、哀伤、充满死亡气息。"

科托帕希峰是厄瓜多尔境内的第二高峰，海拔19 000多英尺，山顶呈完美的圆锥形。洪堡开始攀爬，但积雪和陡坡让他止步于14 500英尺处。虽然没能登顶，但白雪皑皑的山顶矗立在湛蓝的天穹之下，这是他此生见过的最壮丽景观之一。他在日记中写道，科托帕希峰的形状如此完美，山体表面如此光滑，就好像是木匠用车床旋出来的。

在另一次远足中，洪堡一行沿着古老的山道前行。这条山道是岩浆填满山谷后凝结而成的，上方则是海拔18 714英尺的安蒂萨纳峰。越往高处攀登，树木和草丛就变得越矮小。他们最终到达林木线以上，进入冻原。这里生长着成簇的褐色针茅草，看似十分荒凉；但仔细观察便可以发现地上开满了细小、多彩的花朵，紧紧地包裹在莲座般的绿叶中。他们还找到了娇小的羽扇豆和龙胆草，这些小家伙成片地生长，形成了如同苔藓般柔软的绿毯。放眼望去，绿草上到处都是蓝色和紫色的花朵。

但这里极其寒冷，山高风劲。邦普兰弯腰去采集植物时，被风吹倒了好几次。扑面而来的狂飙中卷着冰针。登顶之前，他们不得不扎营过夜。最终，他们找到了一间为当地人所有的低矮小茅屋，位于海拔13 000英尺处，被洪堡称为"世界上最高的憩息之处"。高原地势起伏，小屋地处其间，背后是高耸的安蒂萨纳峰雪顶，景色摄人心魄。然而他们为高山缺氧反应、严寒、缺少食物甚至照明用的蜡烛所苦，可算是旅途中最艰险的一夜了。

当晚，卡洛斯·蒙图法尔病倒了。与他同睡一榻的洪堡焦急万分，整夜起身为他倒水、敷冰袋。次日早晨，蒙图法尔恢复了足够的体力，能够跟随洪堡和邦普兰完成最终的登顶。他们爬到了将近18 000英尺处，超越了18世纪30年代曾经到此地考察地球形状的两位法国科学家夏尔 – 马利·德拉孔达米纳（Charles-Marie de la Condamine）和皮埃尔·布盖（Pierre Bouguer）。洪堡特别开心地指出，那两位只爬到了海拔15 000英尺处而已。

　　对洪堡而言，山峰永远都有着特别的吸引力。除了对体力的挑战和获取新知识的诱惑以外，还有更深层的原因：当他站在峰顶或高处的山脊上时，周围的景色深深地打动他的内心，想象力似乎能够带他去到更高的地方。洪堡说，正是这样的时刻，想象力抚平了纯粹"理性"有时会给人带来的深深的伤痕。 84

7

钦博拉索

到达基多五个月后，洪堡于1802年6月9日再次启程。虽然博丹船长不在那里，洪堡仍然打算前往利马，然后从那里找船前往墨西哥，继续他的考察。但在此之前，他要去攀登钦博拉索峰——那座梦寐以求的高山绝顶。这座雄伟的死火山位于基多以南约100英里处，高近21000英尺[1]，洪堡形容其为"狰狞的巨人"。

洪堡、邦普兰、蒙图法尔与何塞一行朝火山行进，路遇茂盛的热带植被。山谷里，曼陀罗花盛开，硕大的橙色花朵像高扬的小号；他们还欣赏了倒挂金钟花艳红色的花瓣，它们形状精致，如同人工雕琢而成。一路下坡，花丛被开阔的草原取代，成群的小羊驼低头咀嚼。再往前，巍峨的钦博拉索便浮现在地平线上，像宏伟的穹顶一般，独自伫立在高原之上。湛蓝的天空中没有一丝云彩。离山脚越近，它摄人心魄的轮廓就越清晰。每次停步休息，洪堡都兴奋地拿出望远镜四处张望：他看到山坡上覆盖着厚厚的积雪，而火山周围的地貌贫瘠且荒凉。视线所及之处，只看到千万块巨岩和石头堆满地面。景象奇崛，不似人间。虽然他已经遍历多座火山，登山经验也恐怕举世无人能及，但面对钦博拉索峰时，依然望而生畏。洪堡后来解释道，越是不可及的事物，对他越"有一种神秘的吸引力"。

6月22日，他们到达火山脚下，在一个小村子里度过了兴奋不安的一晚。次日清晨，一行人与在当地雇用的挑夫们一起登山。他们骑着骡子，穿过荒草丛生的平地，沿山坡上行，直至海拔13500英尺处。岩石陡峭，骡子留在后面，其余人继续步行。天气开始与他们作对：前一天夜里下了雪，十分寒冷；前几日一直都很晴朗，那天的峰顶却笼罩在云

85

---

1. 虽然钦博拉索峰并非世界上最高的山，而且在安第斯山脉之内也不算第一高峰，但因为它离赤道如此之近，以至于其峰顶离地心距离最远。——原注

钦博拉索峰的雪顶

雾中；时而刮起一阵风，短暂地吹散浓雾，让他们得以瞥见顶峰的模样。这一天注定漫长难熬。

　　到达海拔 15 600 英尺处时，挑夫们拒绝再往前走。洪堡、邦普兰、蒙图法尔与何塞分别带上一些仪器，继续朝着浓雾中的峰顶走去。没过多久，他们就不得不手脚并用地沿着一道窄长的山脊爬行——最窄处仅宽两英寸，左右两侧都是陡峭的悬崖。难怪西班牙人称此地为 cuchilla，意为"刀锋"。洪堡坚定地望向前方。糟糕的是，严寒已经冻僵他们的手脚，而且他此前登山时受过伤的一只脚又开始发炎肿胀。在这个高度，迈出的每一步都如灌铅般沉重；高原反应引发恶心和头晕，他们的眼睛布满了血丝，牙龈也出血了。洪堡后来承认，那种持续的眩晕"在我们当时所处的情形下极其危险"。在攀登皮钦查峰时，洪堡就曾因为严重的高原反应晕倒；在这里，行走在"刀锋"之上，一步之差就可能意味着死亡。

86

　　虽然困难重重，但洪堡仍然每走几百步就停下来架设仪器。严寒下，铜质器件十分冰冷，而用冻僵的手指操作精细的螺丝和杠杆更是难上加难。他将温度计插入地表以下，从气压计上读数，并收集空气样本，以便日后分析其化学组分。他测量湿度以及水在不同海拔下的沸腾温度；他们还将石块踢下悬崖，听其回声，以此推算悬崖的高度。

　　极其艰苦的攀爬持续了一个小时。后面的山脊变得平缓一些，但尖利的岩石仍会刺穿鞋底。他们的脚掌开始流血。刹那间，云开雾散，钦博拉索峰在日光下露出白雪皑皑的峰顶——在他们上方 1 000 多英尺处闪耀着光芒；与此同时，他们发现前方的山路戛然中断，一道巨大的裂缝横亘面前。要想绕过它就必须踏过一片厚厚的积雪，但此时已是午后一点，在太阳的照射下，表面的冰层已经开始融化。蒙图法尔尝试着踩上去，结果几乎整个人都陷进了积雪中。没有办法再向前行了。在他们停步小憩的时候，洪堡又拿出了气压计，测出他们已身在海拔 19 413 英尺处。虽然无法登顶，但仍能体会到身临世界之巅的喜悦。就连欧洲最早使用热气球飞行的旅行家们都不曾到过这样的高度。

　　洪堡俯瞰着钦博拉索峰的山麓以及远处起伏的峰峦，此前一年中所见的事物渐渐拼合成一幅完整的画面。他的哥哥威廉早就说过，亚历山大天生擅长"将想法联系起来，发现事物之间的隐秘链条"。站在钦博拉索峰顶，洪堡沉浸在眼前的景象中，同时回忆起此前在阿尔卑斯山脉、比利牛斯山脉以及特内里费岛见过的各种植物、岩石构造，以及进行过的各种观测。他感到万事万物都有其本来的位置。他意识到，自然是一张生命的大网，是一股覆盖全球的力量。后来，一位同事评论说，洪堡是阐述事物之间存在"千丝万缕联系"的第一人，这种全新的自然观念将改变人们看待世界的方式。

　　从欧洲到南美洲，他发现"在相隔如此遥远的地区，气候条件竟如此惊人地相似"。例如，眼前这种生长在安第斯山脉上的苔藓，让他想起了千万里之外德国北部森林中的另一种苔藓。在加拉加斯附近的山中，他仔细观察了那里类似杜鹃花的灌木丛，发现与生长在瑞士阿尔卑斯山的一种树（他称其为"阿尔卑斯玫瑰树"）十分相似。后来在墨西哥，他将那里的松树、柏树与橡树和加拿大的树种进行比较。高山植物生长在瑞士、芬兰的拉普兰区以及安第斯山脉：一切都相互关联。

对洪堡而言，从基多出发直到攀登钦博拉索山的旅程好像一场植物学冒险：从赤道到极地，整个植物世界被分成若干个植被带，沿海拔向上层层叠进。从山谷中的热带花草到雪线近旁的地衣，无所不有。直到晚年，洪堡仍时常提起如何"高屋建瓴"地理解自然，以便让隐秘的联系浮现。而他自己获得这一启示的契机就发生在此地，在钦博拉索峰的绝顶之上。"一瞥之间"，他看到了整个自然。

他们从钦博拉索峰返程之后，洪堡已经准备将他对自然的崭新理解付诸文字。穿行在安第斯山麓途中，他开始起草一幅"自然之图"（Naturgemälde 是个很难翻译的德文词，字面意为"自然之图"，但同时强调自然统一的整体性）。洪堡后来解释说，他想"在一页纸上展现微观的宇宙"。此前，科学家们忙于将自然划分成紧凑的分类学单元，构建出等级严密的系统，将五花八门的品类填入密密麻麻的表格；而洪堡给出的只是一幅画。

"自然是一个有机的整体，"洪堡说，"它不是僵死的拼合之物。"灌注于岩石、植物、动物与人类体内的是同样的生命之源，这种"令生命到处繁衍的普世力量"让洪堡着迷，就连流动的空气都运载着孕育未来生命的微粒：花粉、虫卵、种子。他写道，生命无处不在，"有机的力量运作不息"。与其寻找相互孤立的发现，洪堡对如何将这些新的事实联系在一起更感兴趣。他解释道，个别现象"唯有通过与整体关联才变得重要"。

"自然之图"描绘了钦博拉索峰的纵剖面，以一张维系万物的大网将自然呈现在我们眼前。洪堡标示了不同海拔高度的植物分布，其中包括深埋地底的菌类，以及雪线之下的地衣等多种植物；山脚是热带棕榈树的地盘，再往上是喜欢温和气候的橡树和类似蕨类的灌木。洪堡根据

洪堡绘制"自然之图"的初稿

88 亲眼见到的每一种植物的所在地，将它们排布在图中。

　　洪堡在南美洲完成了"自然之图"的初稿，后来进行了改进，最终以长3英尺、宽2英尺的形式发布。他在画面的左右两侧排布了几列文字栏，提供一些细节信息。只要在左边栏中选择某个海拔高度，就可以在图中找到这一高度下相互关联的事物，了解此处的温度、湿度和气压，以及生活在这里的动物和植物。洪堡描绘了不同的植被带，以及海拔高度和温度等因素造成的影响。他还在钦博拉索山的轮廓旁标注了世界上其他主要山脉的高度，以便相互比较与联系。

　　以如此简练的形式传递这般丰富的信息，这在当时是史无前例的。在洪堡之前，从没有学者在视觉上以如此直观的形式展示大量的数据。"自然之图"首次揭示了全球各大陆间相互对应的气候带。洪堡特别着意的是"多样性中的统一性"。他通过气候与地理位置，而非按照每个物种的分类学归属来理解植被。这一新颖的想法于我们今天对生态系统的理解而言，仍然至关重要。

洪堡一行离开钦博拉索，向南1 000英里到达利马。从动植物到印加帝国的建筑，洪堡对一切事物都感兴趣。在穿越拉丁美洲的旅行中，他经常为古老文明的辉煌成就而惊叹，动手抄下当地的手稿、临摹印加石碑，并收集当地语言的词汇。他发现原住民的语言十分精深，无论用哪一种都完全能够翻译任何一本欧洲的书籍；就连抽象的概念，如"未来""永恒""存在"等，都有对应的词汇。在钦博拉索山以南地区，他拜访了一个原住民部落，他们保存着描述火山爆发的手稿。幸运的是，已经有人将这些手稿翻译成了西班牙语，洪堡得以将全部内容抄录在笔记本中。

在途经洛哈（今天厄瓜多尔境内）的金鸡纳树林时，洪堡再次见证了人类活动对环境的破坏。金鸡纳树的树皮中含有奎宁（当时治疗疟疾的药物），但被剥去树皮的树木很快就会死去，而西班牙人已经将大片野生树林采剥殆尽。洪堡发现，已经很难在那里找到生长多年且比较粗壮的树了。

洪堡的探寻精神几乎是无穷尽的。他既研究岩石构造、气候现象以及印加庙宇的遗迹，还着迷于地磁现象——在翻山越岭的时候不忘架起仪器，测量地球的磁场。和跨越大陆的植被带、地震现象类似，地球磁场是一个相互关联的复杂全球网络，这引起了洪堡的好奇。17世纪以来，科学家们就已经知道地球本身是一块巨大的磁铁；他们还发现罗盘的指针并不指向正北，因为地球磁场的北极与地理学意义上的北极并不重合。更令人困惑的是，地磁场的南北两极会移动，这给航海带去了极大的困难。此外，当时并不清楚地球磁场强度在世界范围内的变化究竟是随机的，还是具有一定规律的。

洪堡沿着安第斯山脉向南旅行，从波哥大到基多，越来越接近赤道。一路上，他通过测量发现，地球磁场强度越来越弱。令他吃惊的是，即使当他们跨越了基多附近的赤道之后，地磁场的强度竟然还在继续减弱；直到他们到达秘鲁境内荒芜的卡哈马卡高原时，地磁场的强度才逐渐停止减弱。这里地处南纬7°，距离地理学意义上的赤道将近500英里远。在此处，磁针相对于地面的水平倾斜角度发生了反转：实际上，洪堡发现了磁倾赤道。[1]

90

1802年10月底，洪堡一行抵达利马，此时距离从基多出发已经过去四个半月的时间，离开欧洲也已经三年多了。他们从利马搭船向北行进，到厄瓜多尔西海岸的瓜亚基尔去，打算再从那里去往墨西哥的阿卡普尔科。在从利马到瓜亚基尔的航行途中，洪堡检测了他们正身处其中的寒流：它沿南美洲西岸流动，一直从智利南端延伸到秘鲁北部。寒冷的洋流携带着大量营养成分，滋育了无数海洋生物，是世界上最富生命力的海洋生态系统。多年以后，这股寒流将被命名为洪堡寒流。虽然洪堡觉得这一命名是莫大的荣耀，但他也提出了抗议：沿岸的渔民早在几世纪前就已经知道洋流的存在，自己所做的只不过是探测它的性质，并发现这是一股寒流。

为了理解作为一个整体的自然，洪堡逐步收集所需的数据。如果自然是一张庞大的生命之网，那么他不能仅仅以一位植物学家、动物学家或是地质学家的眼光看待它。他从各处收集关于一切事物的信息，因为"我们必须将在这个星球上相隔最远的区域中观察到的事物进行比较"。洪堡积攒了丰富的实验结果，提出了众多的问题，两者的数量之庞大使

91

人们认为他在很愚蠢地追寻"似乎显而易见"的答案。一位向导注意到，洪堡像小男孩一样，在外套口袋里装满了植物、石头、纸片。没有什么是过于琐碎或不值一提的，因为在自然这张宏伟的挂毯上，一切事物都有自己的位置。

1803年1月4日，他们到达港口城市瓜亚基尔。就在同一天，位于瓜亚基尔东北方向200多英里处的科托帕希火山突然开始喷发。洪堡已

---

1. 地球表面磁倾角为零的各点的连线。

科托帕希峰及其火山口附近的烟雾

经勘查了附近安第斯山脉中所有的火山，等的就是这一刻。但这个突如其来的新挑战就发生在他准备前往墨西哥的当口，这让他十分为难。在返回欧洲之前，他希望务必能够游历墨西哥。在夏季的飓风季节到来之前，他必须尽快地找到航船，否则接下去的一整年都会被困在瓜亚基尔。但考察一座正在喷发的火山又是充满诱惑的难得机会——也许来得及去科托帕希，再及时赶回来乘船离开？可实际情况是，从瓜亚基尔到科托帕希的路程极其危险，洪堡需要再次翻越安第斯山脉，并且这次是朝着火山活动剧烈的地段而行。

虽然的确很危险，但这个机会实在难得，不能放弃。1月底，洪堡和蒙图法尔再次启程，将邦普兰留在瓜亚基尔，让他继续寻找前往墨西哥的船只。洪堡二人向东北方向走去，科托帕希火山的怒吼声不时地从远处传来。他简直无法相信自己的好运气。再过几天，他们就将重新见到八个月前曾经攀登过的这座火山，但这次的它将从沉睡中觉醒，被自身的火焰照亮。然而5天后，一位信使带着邦普兰的信从瓜亚基尔赶来：好消息是，邦普兰找到了一艘去往墨西哥阿卡普尔科城的船，但两个星期后就要启航。这意味着他们必须马上返回瓜亚基尔。洪堡无比沮丧。

1803年2月17日，洪堡一行乘船离开瓜亚基尔港。离港时，他们还能够听到从科托帕希峰传来的轰响。此时，这座苏醒了的火山活像一个怒吼的巨人。火山的合鸣为洪堡奏响了送行的小夜曲，却也忧伤地提醒他那未能企及的精彩。每天晚上，航船一路北上，变幻的星空意味着他与南半球渐行渐远。仰望夜空，南半球天空中的星座从望远镜的视野里慢慢消逝。洪堡在日记中写道："我每天都变得更加凄惶。"愈来愈接近北半球，愈来愈远离身后的那个世界——那个他将终生怀念的世界。

1803年2月26日，洪堡人生中最后一次跨过赤道。

洪堡时年33岁。在南美洲3年多的考察期间，他穿过热带雨林，登
92 上冰峰雪顶，采集了数千份植物标本，开展了无数次科学观测。虽然几度经历生死攸关的险境，他仍十分享受自由与探险带来的愉悦。更重要的是，他带着一种新的自然观离开瓜亚基尔。那幅描绘钦博拉索峰的"自然之图"静静地躺在行囊中——这幅图以及其中的想法与观念，都将永
93 久地改变未来世代看待自然的方式。

8

政治与自然：
托马斯·杰斐逊与洪堡

　　大海似乎马上就要将他们吞噬：巨浪拍打着甲板，海水沿着舷梯冲进船舱，洪堡的四十箱行李随时可能被淹没。航船与一场飓风狭路相逢，连续六天六夜狂风不息，船上的人们感受着巨浪的拍击，无法入睡，亦无暇思考。海水冲走了厨房里的大小锅子，厨师的脚都没地方放了，只能在灶间游泳；食物短缺，鲨鱼在船边环伺。位于船尾的船长室积水太深，他们不得不游进游出。就连最有经验的水手都跌倒在甲板上，滚来滚去、东倒西歪。船员们害怕死亡，要求提供更多的白兰地，因为他们想在沉醉中不知不觉地被水淹没。每一波扑面而来的巨浪都像一块坚硬的岩石。洪堡从来没有想过自己会如此地接近死亡。

　　1804年5月，洪堡、邦普兰、蒙图法尔与仆人何塞从古巴出发，向美国东海岸航行。如果死在这里，那实在太荒唐了，洪堡想道。毕竟，在南美洲的5年艰苦旅行中，他都安然无恙。自1803年2月离开瓜亚基尔后，他们在墨西哥停留了一年，洪堡大部分时间都住在墨西哥城——新西班牙总督区的行政首都。这片广阔的殖民地包括了今天的墨西哥、加利福尼亚、中美洲的部分地区以及佛罗里达。他广泛地阅读殖民地档案库和图书馆中的资料，研究之余只进行了几次考察矿井、温泉和更多火山的旅行。

　　是时候回欧洲了。在极端气候条件下和荒野中度过的5年已经损坏了很多精巧的仪器，它们大都已无法正常工作。因为太疏于联系故乡的学术群体，洪堡也担心会错过新近的重大进展。他给友人去信，感叹自己远离尘世，仿佛生活在月球上。1804年3月，他们从墨西哥城乘船到古巴作短暂停留，取回了3年前存放在哈瓦那的物品。

　　和以往一样，洪堡又一次临时改变计划，决定推迟几个星期再回国。

94

洪堡从墨西哥带回了详细的野外观测记录，也还有大量通过阅读档案而留下的笔记，以及一些纪念品，例如这张墨西哥历法图。这是洪堡眼中古老文明之发达程度的写照

他想途经北美洲，与美利坚合众国的第三任总统托马斯·杰斐逊见面。在漫长的5年中，他已经目睹自然最壮美、丰盛和摄人心魄的一面；现在，现在他想见识新大陆最灿烂的人类文明，一个建立在自由原则上的共和国。

95　　　洪堡从小就深受启蒙思想家的影响，这些浸染使他种下了对自由、平等、宽容以及教育之重要性的信念，并贯彻终生。但在洪堡20岁前夕，也就是1789年，法国大革命的爆发决定了他的政治倾向。当时的普鲁士还处在专制王权的统治之下，而法国却已开始宣扬人人生而平等。自那之后，洪堡就将"1789年的理念"珍存心中。1790年夏天，他到访巴黎，见证了纪念大革命爆发一周年的准备活动。他被人们的热情所感染，加入到为建造一座"自由神殿"搬运沙子的行列中。现在，也就是14年后，他想要见一见这个在美洲建立起来的共和国，以及生活在这片土地上"深知自由来之不易"的人们。

海上的风暴持续了一周，终于慢慢平息了下来。1804年5月底，也就是从哈瓦那离开四周后，洪堡一行在费城登陆。这座美利坚合众国当时最大的城市拥有75 000位居民。到达当晚，洪堡给杰斐逊写了一封长信，希望能在新近落成的首都华盛顿特区与他见面。洪堡写道："我自小便仰慕您的言行与所持的自由主义之见解。"并且提到了自己从拉丁美洲带来的丰富见闻，包括植物标本、天文观测、在雨林深处发现的古老文明、象形文字，以及从墨西哥城殖民政府档案库中获得的重要资料。

洪堡还给杰斐逊的得力助手、国务卿詹姆斯·麦迪逊（James Madison）去信，表达自己的心愿："在见证了安第斯山脉的雄伟奇观和自然的壮美之后，希望能再睹人类建成这样一个自由国度的奇迹。"政治与自然紧密相连——洪堡将一再地与他的美国友人谈到这个理念。

61岁的杰斐逊腰板笔挺，"直如枪杆"。这个高高瘦瘦、举止有些笨拙的男人，有着农夫特有的红润脸颊和钢铁般结实的体魄。他既是一个年轻国家的总统，又是蒙蒂塞洛庄园的主人。庄园占地广阔，位于弗吉尼亚蓝岭山脉的山麓中，在华盛顿西南方向约100英里处。虽然他的妻子早在20年前去世，杰斐逊仍享有亲密的家庭生活，尤其喜欢和他的七个小孙子、小孙女待在一起。朋友们注意到，杰斐逊谈天时经常让孩子们爬到他的膝上。洪堡到达美国时，杰斐逊正在为几周前去世的小女儿玛丽亚哀悼：她于1804年4月诞下一名女婴后去世。他的另一个女儿玛莎长期居住在白宫，后来带着她的孩子们搬到蒙蒂塞洛定居。

杰斐逊讨厌荒废时间。他每天黎明起身，同时翻阅若干本书籍，处理大量通信。为了备份通信记录，他专门买了一台复印信件的机器。他没有一刻能够安闲下来，还曾经告诫女儿：空虚无聊是"生活中最危险的毒药"。18世纪80年代，独立战争结束后，杰斐逊作为美国驻法国大使在巴黎生活了5年。利用这一机会，他广泛游历欧洲，带回了大量新书、古籍与新观念。他称自己为"嗜书如狂"所苦，会不停地购买和阅读书籍。在欧洲期间，他还在公务之暇参观了英国最精巧的花园，以及考察比对了德国、荷兰、意大利与法国的农业技术。

1804年是杰斐逊政治生涯中的巅峰时期。他起草过《独立宣言》，当选了美国总统，并于1804年年底以决定性优势再次当选，开始他的第二届任期。在他的主持下，美国从法国手中购买了路易斯安那地区，为国家未来向西扩张奠定了基础。[1] 只花了1 500万美元，杰斐逊就将国家的地盘扩大了一倍：西起密西西比河，东至落基山脉，北起加拿大，南至墨西哥湾，80万平方英里的土地被纳入新的国家版图。杰斐逊刚刚派遣梅里韦瑟·刘易斯（Meriwether Lewis）和威廉·克拉克（William Clark）进行首次横跨整个北美洲大陆的陆路考察。考察的任务将囊括杰斐逊所有感兴趣的领域：他亲自写信指导他们收集植物、种子与动物；探险家们还将土壤情况与印第安人的耕作方式报告给他，并测绘土地与河流。

洪堡来得正是时候。美国驻古巴领事文森特·格雷（Vincent Gray）已经照会麦迪逊，力主他与洪堡会面。因为洪堡了解很多关于墨西哥的有用信息，而在路易斯安那购地计划成功后，墨西哥就成了美国南面的新邻国。

97 到达费城后，洪堡就与杰斐逊总统通过信件建立了联系，杰斐逊邀请他前往华盛顿。杰斐逊在信中说，自己受到了激励，因为一直都"对这个新世界寄托了更特别的希望，愿它能呈现人类境况得到改良后的一面"。于是，洪堡、邦普兰和蒙图法尔于5月29日乘坐运送邮件的马车离开费城，向西南方向前进，去往150英里外的华盛顿特区。

沿路尽是修葺整齐的农田。庄稼成行，农庄散落在田间，周围是果

---

1. 在此的前一年，拿破仑放弃了在北美洲建立法国殖民地的计划。他所派遣到海地去镇压奴隶起义的25 000多名士兵大量死于疟疾。拿破仑原本计划将这支军队从海地转移到新奥尔良，但在惨败之后，士兵所剩无几。他放弃了这一战略，转而将路易斯安那转卖给了美国。——原注

园和精巧的菜圃。这幅景象正是杰斐逊对美国政治与经济发展设想的缩影：独立的自耕农拥有小型的、自给自足的农庄，由此组成一个国家。

当欧洲因为拿破仑战争而四分五裂时，美国经济开始腾飞：因为作为一个中立国——至少眼下如此——它开始大量运送环球贸易的商品。美国的商船装满了香料、可可豆、棉花、咖啡和蔗糖，穿行在全球各大洋之上，从北美洲到加勒比海，再到欧洲和东印度群岛。美国本土的农产品出口市场也在扩大。种种情势都显示，杰斐逊正带领这个国家走向繁荣和幸福。

然而美国在独立战争结束后的30年中也经历了不少改变。曾经同仇敌忾的革命战友因为政见不同而反目，恶性党派斗争愈演愈烈。不同派系的成员就美国社会的理想面貌产生了强烈分歧：国家应该以农耕，还是以商业为本？在杰斐逊等人的设想中，美国是一个农业共和国，强调

洪堡到访时的华盛顿特区

个人自由与各州的权利；而另一些人则偏爱贸易，希求一个强有力的中央政府。

新首都的设计方案最生动地体现了这一重大分歧。华盛顿哥伦比亚特区是一座全新的城市，它将从波托马克河两岸布满沼泽的荒野中诞生。各党派人士认为首都的设计应该表现出联邦政府的角色以及彰显其权力（或隐去权力）。第一任总统乔治·华盛顿是强力联邦政府的支持者，他希望首都庄严宏伟，宽阔的林荫大道在城中交错，最好还有一座宫殿般的总统官邸以及华贵的花园。与此对立的是杰斐逊与其他共和党人；他们坚持认为中央政府的权力越小越好，因此希望首都可以设计得小一98 些——就像一个乡间的共和党小镇。

虽然最终采纳的是乔治·华盛顿的意见（从设计图纸上看，首都非常壮观），但直到1804年夏天洪堡到达时，实际完成的部分与设想的还有很大的差距。那时的华盛顿特区只有4 500位居民，和洪堡与歌德初次见面时的耶拿差不多大。这并不是外国人想象中疆域辽阔的美国应该拥有的首都。道路状况极差，路上布满了石子和树桩，马车因此经常倾覆。赤红的泥土粘在车轮和轮轴上，行人经常要小心路上及膝深的水坑。

1801年3月，杰斐逊宣誓就职总统，而后搬进白宫——那里当时还只是片建筑工地。洪堡到访时并没有多大改观，总统的花园里还立着工棚，到处都是尘土。白宫的地界与周围的农田只隔着一道摇摇欲坠的围栏，杰斐逊的洗衣女工将总统的衣物悉数晾在上面。室内的情况并没有更好，很多房间的家具都不齐全。一位访客评论道，杰斐逊总统只占据99 了这座大宅的一角，其余部分都"脏兮兮的，一片荒凉"。

但杰斐逊并不介意。从就任第一天起，他就致力去除笼罩在总统这一角色头顶的神秘光环，革除新政权中的陈规与无用的排场，以一个简朴的农民形象示人。他请客不办正式宴席，而是邀请宾客亲密地围坐在圆桌边共进晚餐，避免任何形式的等第之分和优先权。他刻意选择朴实的着装，其不修边幅的外表还引起了一些议论。他的旧拖鞋破了口，脚趾露在外面；外套"磨得开了线"，亚麻衬衫"并不干净"。一位英国外交官称，这位美国总统看上去像个"魁梧的农夫"，而这正是杰斐逊追求的效果。

杰斐逊认为自己首先是一个农夫和园丁，而非政治家。他说："没有什么比翻耕泥土更让我愉快的事了。"在华盛顿的时候，杰斐逊每天都驱车去往附近的郊野，从而可以从烦琐的政务通信与会议中透口气。而他最渴望的还是重返蒙蒂塞洛庄园。在第二届任期末尾，他表示："挣脱了权力的束缚，我觉得比一个刚刚解开锁链的囚犯还自由。"这位美国总统喜欢在沼泽地区徒步跋涉、攀岩、采集树叶或种子，讨厌参加内阁会议。一位朋友称他不会错过仔细观察任何一种植物的机会，"从最不起眼的野草到最高大的树木"。杰斐逊对植物学与园艺的热爱尽人皆知，驻外大使们甚至纷纷从世界各地为白宫寄来奇花异草的种子。

园艺学、数学、气象学……杰斐逊对一切科学都感兴趣。他迷恋化石拼成的骨架，特别是乳齿象的——这种已经灭绝的巨兽，一万年前曾漫步在美洲内陆之上。杰斐逊总统的图书馆有数千册藏书，包括他自己的著作《弗吉尼亚州小记》(*Notes on the State of Virginia*)。书中描述了当地的经济与社会、自然资源与植物种类,全书更是对弗吉尼亚风景的礼赞。

像洪堡一样，杰斐逊博通各门学问，对各类知识了如指掌。他热衷测量，编订了大量列表，其中包括在蒙蒂塞洛种植的几百种植物，还有每日的气温记录。他记下楼梯的阶数，为孙女们写给他的信编定了一本"登记簿"，总会在衣兜里装一把尺子。他的头脑似乎一刻都不停歇。这样一位多才多艺的总统使得杰斐逊时代的白宫成了一个科学中心，植物学、地理学与野外考察成为晚餐时的热门话题。他还兼任美国哲学学会的主席，那是富兰克林于革命前建立的，是当时美国最重要的科学组织。在当时人们的眼中，杰斐逊"是一位开明的哲学家、杰出的博物学家、地球上的第一位政治领袖、科学的挚友与荣光……我们的国父、自由的忠实守护者"。他急切地期待与洪堡见面。

　　从费城出发三天半之后，洪堡一行于 6 月 1 日晚到达华盛顿。次日早晨，洪堡在白宫见到了杰斐逊。总统在自己的书房欢迎了这位 34 岁的科学家。这间私人书房中还存有一套木工用具，因为杰斐逊喜爱机械和制作小物件，从发明旋转书架到改造锁、钟表和科学仪器，无所不能。窗前摆放着的花盆里盛开着玫瑰和老鹳草，都经由杰斐逊悉心照料。墙上装饰着地图和表格，书籍满架。二人一见如故。

　　在此后的几天中，他们安排了若干次见面。一天傍晚，黄昏刚刚降临，白宫上下点亮了蜡烛。洪堡走进客厅，发现总统正与孙子孙女们嬉戏，孩子们欢笑着相互追逐。过了一会儿，杰斐逊才发现站在一旁静静注视着这一切的洪堡，笑着说："您正好撞见我在扮演傻瓜的角色，但对您而言，我应该无须道歉！"洪堡欣慰地发现，他心目中的英雄过着"哲学家般俭朴的生活"。

　　在接下去的一周中，洪堡与邦普兰穿梭在诸多会议与晚宴之中，每个人都期待认识这两位勇敢的探险家，听他们讲述旅行中的故事。一位宾客说，洪堡成了"所有人关注的对象"。帮忙安排此次行程的费城画家查尔斯·威尔逊·皮尔（Charles Willson Peale）准备了很多洪堡（还有邦普兰）的剪影，分发给众人，还给了杰斐逊一份。美国财政部长艾伯特·加勒廷（Albert Gallatin）在结识洪堡后称，聆听洪堡的故事有如享受"一场精彩绝伦的知识盛宴"。次日，洪堡参观了位于首都以南 15 英里处的维农山庄，那是乔治·华盛顿的庄园。虽然华盛顿已于四年半前去世，但维农山庄已成为旅游胜地，连洪堡都想一睹独立战争领袖的家园。国务卿麦迪逊在那里举办了一场欢迎洪堡到来的宴会，他的夫人多莉·麦迪逊（Dolley Madison）坦言，自己为洪堡的魅力所倾倒："在场的所有女士都爱上了他。"

　　见面时，杰斐逊、麦迪逊和加勒廷急切地向洪堡询问墨西哥的情况，提出一个又一个问题。他们三人都没有去过这片西班牙殖民地。对照着地图、统计数据和笔记本，洪堡向他们讲述南美洲的民众、庄稼与气候。通过反复计算精确的地理位置，洪堡极大地改进了现有地图的精度。他对这些新朋友说，旧地图上标错了一些地方，纬度上的偏差高达2°（约140英里）。加勒廷兴奋不已，他对妻子说，洪堡一个人对墨西哥的了解已经超出某些欧洲国家所掌握的信息。而且，洪堡允许他们抄写自己的笔记、复制他绘制的地图。美国政治家们赞赏洪堡"惊人"的博学程度，并毫无保留地回答他关于美国的问题。

几个月来，杰斐逊已经尽可能地收集了关于新收购的路易斯安那地区以及墨西哥的信息，现在却一下子获得了他不曾料想到的丰富情报。西班牙人对他们的领地监视严密，几乎不准许外国人在殖民地旅行。洪堡到来之前，杰斐逊几乎一无所获。位于墨西哥城和哈瓦那的殖民地档案馆对美国人防范有加，驻华盛顿的西班牙大使更是守口如瓶——但现在，洪堡将足够的信息带到了他们面前。

加勒廷注意到，洪堡的语速"是普通人的两倍"。他讲英语带有德语口音，还能讲德语、法语和西班牙语，"讲话时混杂了这几种语言，滔滔不绝"，就像"喷涌着丰沛水流的知识源泉"。两小时内，他们从洪堡那里学到的东西比读两年书学到的还要多。加勒廷认为，这是一位"十分杰出的人物"。杰斐逊也同意，称他为"我们时代最具科学精神的人"。

对杰斐逊而言，最急迫的事务莫过于美国与墨西哥的边境问题。西班牙人将边界定在萨宾河，也就是今天得克萨斯州的东缘，而美国人坚持认为边界应该定为得克萨斯西侧的格兰德河。因此，两河之间的广袤土地（包括今天得州全境）成为争夺的焦点。当杰斐逊问起"在那两条线之间"的原住民人口、土壤及矿藏时，洪堡毫不犹豫地贡献出了自己在西班牙王室保护下、持有特别准许而获取到的观察结果。他相信应该慷慨地探讨学术，自由地交流信息。他坚持科学研究高于国家利益，并奉上重要的经济情报。杰斐逊称他们同属于"知识共和国"，并借用约瑟夫·班克斯的话，"即便他们的国家彼此为敌"，科学界永远是和平的。当然，这样的共识正合杰斐逊总统之意。

洪堡告诉杰斐逊，如果西班牙人满足美国的要求，把这片领土交出

102

来，那美国就会增加相当于2/3个法国的国土面积。但这并不是地球上最富饶的地区，只有一些分散的小农场、大片的热带草原，并且沿岸没有已知的港口。那里有若干矿藏，以及一些原住民部落。杰斐逊急需这样的情报。次日，他给一位友人写信称，自己刚刚收到了一笔"信息宝藏"。

洪堡将19页密密麻麻的摘记交给杰斐逊，按小标题整理内容，包括"统计年表""人口""农业、手工业、商贸""军事"等。他还附上了两页关于墨西哥边境区域的信息，尤其针对杰斐逊的兴趣，介绍了处于萨宾河与格兰德河之间那块有争议的土地。杰斐逊已经有很多年没有迎来过如此令人激动且带着丰厚礼物的来宾了。不到一个月，他便召集内阁会议，讨论美国对西班牙的战略，而他们从洪堡处获得的情报数据将左右谈判桌上的进程。

洪堡之所以乐意帮忙，是因为他颇为仰慕美国。他认为这个国家正在不断地接近一个"完美的社会"，而欧洲仍然被君主制度和专制政权笼罩着。他甚至不在乎华盛顿夏天令人难耐的潮湿，因为"呼吸自由的空气最美好"。他反复说明，自己热爱这片"美丽的土地"，希望以后再回来进行更多的考察。

在华盛顿的这一周里，他们谈论自然与政治——从庄稼、土壤谈到左右国家命运的力量。洪堡和杰斐逊一样，相信唯有一个以农业为本的共和国才能带来幸福与独立。与此相对，殖民主义只会带来破坏和灭亡。西班牙人为了黄金和木材而来到南美洲——"通过暴力或者交换"而获得；洪堡认为其中的动机只是"没有餍足的贪婪"。西班牙人毁灭了古老的文明、原住民部落和庄严的森林。洪堡描绘的南美洲充满了残酷现实的生动细节，一切都有事实、数据和统计结果作支撑。

在墨西哥考察矿井时，他不仅调查了当地的地质条件和产量，更注意到矿业如何使当地的大量居民陷入困境。他在考察一处矿井时震惊地发现，原住民工人被迫在一次轮班中肩挑巨石，登上23 000多级台阶。他们被当作"人肉机器"来使用，虽无奴隶之名，却有奴役之实。这种特定的劳役制度（所谓的 repartimiento¹）可以让西班牙雇主支付极少的工资，甚至分文不给。与此同时，劳工还不得不从殖民当局手中购买物价飞抬的商品，从而陷入负债与人身依附的恶性循环。西班牙国王甚至垄断了基多、利马和其他殖民地城市的雪，只为给富裕的精英阶层制作沙冰。"从天而降"的东西居然也要归西班牙王室所有，洪堡认为这实在太荒谬。在他看来，殖民政府的政治与经济运转的根基是"不道德的"。

在旅行中，洪堡常感到很惊讶，因为殖民地官员（以及他们的向导、旅店老板和传教士）总是劝说他去寻找珍贵的金属和宝石。作为一个曾经的矿井监察员，洪堡费尽口舌地解释那不是他的目的：脚下的土地"只要稍加耕作就有丰厚收获"；他问道，那这样的话，要金子和宝石有什么用呢？这是唯一一条通向自由与繁荣的道路吗？

洪堡已经目睹了太多饥饿的人群，也目睹了许多曾经肥沃的土地因过度使用而变得贫瘠。例如，他在阿拉瓜山谷中的巴伦西亚湖地区发现，世界上的其他地方对颜色鲜艳的衣物的追求，导致了当地的贫穷与对外界的依赖，因为木蓝（生产靛蓝的植物）取代了玉米和其他作物。他注意到，木蓝会比其他作物更快地"耗尽土壤中的养分"。土地已经变得贫瘠。他预测，再过几年，这里将寸草不生。土地被不断地开发，就像被逐渐掏空的矿井一样。

后来在古巴，洪堡又发现，这片岛屿的大部分原始植被已经被蔗糖种植园取代。无论走到哪里，都可以看到经济作物取代了"能为土壤补充营养的蔬果作物"。除了蔗糖，古巴几乎不生产任何东西，这也就意味着如果不从其他殖民地进口食物，"整座岛屿就会陷入饥饿"。这就会导致依赖性和不公正的产生。与此类似的是库马纳地区的情况。当地的居民种植了太多蔗糖和木蓝，因而不得不从海外进口本来可以自己种植生产的食物。洪堡认为，单一栽培经济作物无法创造一个幸福社会，真正需要发展的是自给自足的农耕模式，以粮食为本，杂植其他类作物，

104

---

1. 西班牙语，字面意为"分配、划分"。

例如香蕉、藜麦、玉米和马铃薯。

　　洪堡第一次揭示了殖民主义对环境造成的破坏。他的思绪总是回溯到作为复杂生命网络的自然，但也会将人类扮演的角色放在其中考量。在阿普雷河的时候，他目睹了西班牙人试图控制每年都会泛滥的洪水而修筑堤坝，却因此造成了更大的破坏。他们还砍伐河岸上原本"紧密相连的树林"，奔涌的河水却因此每年都冲刷掉更多泥土。在墨西哥城所在的高原上，他观察到，补给当地灌溉系统的湖泊慢慢缩成了一个浅浅的水塘，谷地部分也进而变得荒芜。洪堡总结道，在世界的各个角落，几乎总是水利工程师所做的愚蠢且短视的决定造成了相似的灾难。

　　他将自然、生态问题、帝国的权力与政治放在一起权衡轻重。他批评不公平的土地分配、过于单一的栽培方式、针对原住民部落的暴行，以及当地人所处的恶劣工作环境——这些至今是我们需要面对的重要问题。此前在矿井工作的经历使洪堡对开掘自然资源有着独特的见解，尤其是矿业对环境和经济的双重影响。例如在墨西哥，他发现当地经济几乎完全依赖单一经济作物与矿业，从而使整个国家都受制于浮动不定的国际市场价格。他认为："唯一随时间变化而不断增加的，是农业生产积聚的资本。"他确信，殖民地所面临的种种问题都来源于"欧洲人不明智的举动"。

　　杰斐逊也曾提出过类似的论点。"在之后的数百年中，我们的政府都将是一个有德行的政府，"他曾说，"只要我们继续以农业为本。"对他而言，美国的西进正展开了这样一幅共和国图景：千百个独立自耕农户像战士一样为这个新生国家开疆拓土，并守卫它的自由。他相信，广袤的西部土地将为美国农业的自足提供保障，更能为"千百万尚未出生的人民"奠定未来的福祉。

　　在当时的美国，杰斐逊可算是最追求进步的农民之一了。他试验轮作、不同的施肥方式以及新的作物品种，收集所有能买到的农业书籍，甚至发明了一种能更有效翻动表层土壤的新式犁板。可以说，与国家大事相比，他对农业实践更有兴趣。例如有一次，他从伦敦订购了一台新

式脱粒机，马上兴奋地告诉麦迪逊："我每天都翘首以待。"时而又像个 105
孩子一样失望地抱怨："怎么还没收到我的脱粒机？"最后，他雀跃地
欢呼："它终于运抵纽约啦！"在蒙蒂塞洛，他试种新的蔬菜、粮食和
水果品种，将自己的农田和花园变成实验室。他相信"每添加一种新的
有用作物，都是对一个国家所能做的最大贡献。"在意大利的时候，他
偷偷地将生长在高山上的稻米种子揣进衣兜，带回美国（冒着被判死刑
的风险）；还曾经试图劝说美国农民种植糖枫树，以期结束本国对英属
西印度进口糖浆的依赖。在蒙蒂塞洛，他一共拥有99种蔬菜和草药，共
330个品种。

"只要一个人拥有自己的一片土地，他就是独立的。"杰斐逊对这一
点坚信不疑。他甚至曾经提议，唯有农民才有资格当选国会议员，因为
与"没有祖国"、只知道追逐利益的商人相比，农民才是"美国最重要
利益的真正代表"。工厂的工人、商人和股票交易者永远不会像翻耕土
地的农民一样对一个国家产生归属感。他坚持认为，"小户土地拥有者
是一个国家最珍贵的组成部分"；在为弗吉尼亚州草拟的宪法中，他还
拟定为每一个自由人提供50英亩土地(这一条最终未获通过)。詹姆斯·麦
迪逊，他政治上的重要盟友，也认为一个国家拥有的农夫比例越高，"社
会本身就一定越自由、独立且幸福"。二人都同意，农业是共和政体的
崇高事业，也是建设国家的重要途径。耕犁土地、播种蔬菜与设计作物
的轮作能培养人的自我独立意识，让一户人家自给自足，从而引向政治
上的自由。洪堡也同意这一观点，因为他在南美洲见到的小型农户确实
产生了"关于自由与独立的强烈意识"。

虽然他们在多数事务上持有一致观点，但却在一个问题上产生了重
大分歧：那就是奴隶制度。对洪堡而言，殖民主义与奴隶制度基本上是
同一回事，都与人对自然资源的开发密不可分。当西班牙人（也包括北
美洲殖民者）将蔗糖、棉花、木蓝和咖啡引入殖民地时，他们也同时引
进了奴隶制度。例如在古巴，洪堡亲眼看见，"每一滴蔗糖汁液都包含
着鲜血与痛苦的呻吟"。他认为，正是欧洲人所谓的"文明"与"对财

富的渴望"导致了奴隶制度的大行其道。

据说，杰斐逊最初的童年记忆，便是躺卧在一位黑奴怀中的枕头上。成年以后，他的生活亦仰仗奴隶的劳力。虽然他声称憎恨奴隶制度，但他只从自己拥有的200多名奴隶之中解放了少数的几个，其余的大部分奴隶仍然在他弗吉尼亚的庄园中生活和劳作。杰斐逊曾希望小规模农业能够解决蒙蒂塞洛的奴隶问题。在出使欧洲期间，他曾与勤劳耕作的德 106 国农民交谈，发现他们"完全不受金钱诱惑"。杰斐逊考虑将这样高尚的人引入蒙蒂塞洛庄园，将他们与奴隶安顿在一起，授予每人50英亩土地。对杰斐逊而言，这些勤劳而诚实的德国人代表了理想的、富有美德的农民。现有的奴隶仍然依附于他，但奴隶的孩子们将在这些德国人的周围成长起来，可以成为自由人和"优秀的公民"。当然，这一计划从未付诸实施。与洪堡见面时，杰斐逊已经完全放弃了解放奴隶的想法。

洪堡却从未停止对这一"最邪恶的制度"的谴责。在访问华盛顿期

在种植园劳作的黑奴

间，洪堡虽然不敢直接批评总统，但曾对总统的友人、建筑师威廉·桑顿（William Thornton）提过，奴隶制度是"不光彩的"。当然，他明白废除奴隶制度会减少美国的棉花产量，但公众福利"不能单纯用出口数额来衡量"。正义与自由远比账本上的数字以及少数人的富有更重要。

英国人、法国人和西班牙人居然可以就谁对奴隶更仁慈进行争论，洪堡认为这就像是在比较"剖腹与剥皮哪个更好过些"一样荒谬。奴隶制度本身就是暴政。在南美洲旅行期间，洪堡在日记中详细记载了奴隶的凄惨生活：加拉加斯的一个种植园主迫使奴隶吃自己的粪便，还有一个会用尖针折磨奴隶的种植园主。无论去到哪里，他都能见到奴隶们背上累累的鞭痕。印第安原住民的遭遇并没有更好：在奥里诺科河畔的传教士据点，洪堡听说原住民儿童被拐卖成奴隶，还有其他令人发指的暴行，包括一个传教士为了惩罚在他厨房干活的原住民男孩——因为他亲吻了一个姑娘——竟生生地咬掉了男孩的睾丸。

也有一些例外。在穿过委内瑞拉、去往奥里诺科河的路上，洪堡对在巴伦西亚湖招待他们的人家印象深刻。这户主人推动农业的进步，并将自己的庄园划分成小型农庄，以促使财富的重新分配。他不经营大型种植园，而是将自己的大部分土地分给赤贫的农户——有些是重获自由的奴隶，有些则是穷困到无力购买土地的农民。这些家庭现在拥有了独立和自由，虽然并不富裕，但已可以自给自足。与此相似，在波哥大和翁达之间，洪堡见到了一些小型种植园：他们不用奴隶，父亲和儿子们一起在田间劳作、生产蔗糖，同时种些供自家食用的作物。"我反复流连于这些细节。"洪堡说，因为这些事实证明了他的信念。

洪堡认为，奴隶制是反自然的，而"所有反自然的事物都不公正、败坏、无效"。杰斐逊相信，无论是从身体还是心灵上说，黑人都是比白人更低劣的种族。而洪堡却坚持种族无优劣之分，无论国籍、肤色和宗教信仰，所有人类同归一源。他解释道，就像植物分类，不同的植物适应了各自的地理和气候条件，但也都显示出"同样的类型特征"，人类所有成员亦同属一个大家庭。人人生而平等，没有哪个种族天生优越，

107

因为"所有人都为自由而生"。

　　自然是洪堡最好的老师，它教给洪堡最重要的一课便是自由。洪堡说，"自然是自由之域"，因为自然的平衡要靠多样性来维持，而这可以看作是政治与道德真理的蓝图。一切事物——从最不起眼的苔藓或昆虫，到大象或高耸的橡树——都扮演着各自的角色，而它们又会共同作用，组成一个整体。人类在其中只占了极小的一部分，自然本身就是一个自由的共和国。

第三部

归途：整理想法
Return: Sorting Ideas

9

欧　洲

1804年6月底，洪堡乘法国护卫舰"法弗利"号离开美国，于8月抵达巴黎，受到英雄凯旋般的欢迎。当时离他35岁的生日还有几周时间。经过5年多的历险，洪堡带回了数十本笔记、数百张素描以及成千上万条天文、地理以及气象学的观测数据。满载的行囊内还有约6 000个物种的60 000件植物标本，其中大约有2 000个物种是欧洲植物学家从未见过的。考虑到在18世纪末，已经经过分类和定名的物种一共只有6 000种左右，洪堡的收获无疑是相当惊人的。他自豪地宣称，从未有人像他那样收集过这么多物种。

两年前，洪堡从利马给友人写信，他在信中慨叹："如果能再次回到巴黎那该多好！"但如今，巴黎已经不是他1798年离开时的模样。当时的共和国正笼罩在独裁者的统治之下：1799年11月的一次兵变后，拿破仑成为第一执政官，迅速掌握法国军政大权。就在洪堡到达的几个星期之前，拿破仑宣布自己将加冕为皇帝。工具的钉凿声回荡在巴黎的大街小巷，拿破仑对这座城市的宏伟构想开始破土动工。洪堡在给一位老友的信中称："我觉得自己像个新来的人，我需要先搞清楚方向。"为了为拿破仑12月的加冕礼做准备，人们正在重新翻修巴黎圣母院，还拆除了整座城市中世纪以来的木结构民居，以腾出空间来建造公共广场、喷泉和林荫大道。另外，巴黎还重新开凿了一条100千米长的运河，给这座城市带来新鲜的水源；塞纳河边新建了奥赛码头，以此来控制泛滥的河水。

洪堡此前所知的大部分报纸都被关停或是换了忠于新政权的编辑，讽刺拿破仑及其统治的文章全部遭到查禁。拿破仑建立了一支新的警察力量，并创立了法国银行，以此来控制国家的货币政策。他的政权高度集中，以巴黎为中心，国家政治生活受到了全方位的严格管控。唯一没

刚刚回到欧洲的洪堡

111　有改变的，似乎是欧洲的战事仍没有结束。

　　洪堡把新家安置在巴黎的理由很简单：没有哪个地方比这里具有更浓厚的科学氛围了。在这里，思考与研究被准予最大的自由，这是欧洲其他城市难以企及的。大革命之后，天主教会的影响大大削弱，法国科学家不再受到宗教教规和正统教义的束缚，他们的实验和猜想不再受到偏见的左右，可以对一切事物提出疑问。从前的皇家花园（Jardin du Roi）改名为植物园（Jardin des Plantes），崭新的玻璃温室伫立其中；拿破仑的军队更是在征战欧洲之后获取大量收藏（包括丰富的动植物标本、化石，甚至还从荷兰带回了两头活的大象），充实了自然博物馆的馆藏。洪堡在巴黎找到了众多兴趣相投的学者、铜版画雕刻师以及无数科学社团、研究组织和非正式的沙龙。总而言之，洪堡希望整理并公开他的新想法，而这个欧洲的出版中心正是最佳之选。

　　整座城市熙熙攘攘，充满活力，真是名副其实的大都市。巴黎拥有 50 万人口，是仅次于伦敦的欧洲第二大城市。在大革命后的十年间，巴黎曾遭受重大的破坏和严酷的统治，但现在，愉快和轻松的气氛又开始占据主流。女性被称为"女士"或"小姐"，而非"公民"；成千上万的流亡者被准许回到巴黎。到处都是咖啡馆，饭馆的数目也从大革命时的 100 个多猛增到 500 个。外国访客常常惊讶于公共生活对于巴黎人的重要性。英国浪漫派诗人罗伯特·骚塞（Robert Southey）评论道，所有的巴黎人似乎永远都过着公共的生活，"好像他们的住处只是用来睡觉的"。

112

　　洪堡在塞纳河畔圣日耳曼区租了一间小公寓。近旁，数百名洗衣女工挽起袖子，搓洗亚麻床单，不时地眺望着桥梁上来来往往的众人。街道两旁布满了小店，叫卖牡蛎、葡萄、家具等各式商品的声音不绝于耳。鞋匠、磨刀匠和小贩大声地沿街叫卖；街上还有动物杂耍、变戏法的艺人以及当众演讲或展示科学实验的"哲学家"。这边有位老人在弹

巴黎街景

竖琴，那边有位男童在敲打铃鼓，还有一条狗在用爪子踩动踏板、弹奏风琴。小丑们想尽办法，扮出极古怪的鬼脸；烤栗子的香味与其他不那么好闻的气味混在一起。用一位游客的话说，整座城市都像是在"全心全意地致力于享受"。即使在半夜，街上仍然人群扰攘，音乐家、演员和魔术师都忙着娱乐大众。还有人评论道，巴黎似乎"永远都处在激动不安的情绪中"。

113

外国游客深深地惊讶于这样一个事实：在巴黎，各阶层都住在同一屋檐下——楼可能是某位公爵的华丽公寓，而五楼的阁楼里却住着仆人和制帽工匠。文化素养也似乎超越了阶级，卖花或小饰品的女孩们常常在没有顾客的时候埋头于书本。街上随处可见大小书摊，饭馆和咖啡馆外的露天餐桌旁流溢着关于美与艺术的话题，或者是一场"关于高等数学疑难问题的对话"。

洪堡热爱巴黎，也热爱街巷、沙龙和实验室中涌动的知识大潮。法国科学院[1]是各路研究的总汇，除此之外也有不少其他场所。医学院的解剖演示教室能够容纳1 000名学生，天文台装备了最先进的仪器，植物园以园圃之外的动物园、庞大的自然志标本收藏以及附属的图书馆为傲。这里有太多事情可以做，有太多人需要见。

25岁的化学家约瑟夫·路易·盖伊–吕萨克（Joseph Louis Gay-Lussac）刚刚用一次大胆的热气球升空试验震惊了整个科学界。他想在高空中研究地磁场。1804年9月16日，也就是洪堡抵达巴黎的3周后，盖伊–吕萨克在23 000英尺的高空进行了磁学观察，并测量了温度和气压。这比洪堡在钦博拉索峰登上的最高处还要高3 000多英尺。洪堡当然非常迫切地希望将盖伊–吕萨克的结果与自己在安第斯山脉的测量进行比较。几个月后，二人便在法国科学院共同授课。他们成了亲密的朋友，经常一起旅行，几年后还在巴黎综合理工学院的阁楼上共享一间书房和一间

---

1. 大革命之后，原本的皇家科学院被并入国家科学与艺术学院。1816年，它恢复科学院的名称，但仍为法兰西学会的一支。本书出于前后一致性的考虑，一律使用科学院的名称。——原注

巴黎上空的热气球

狭小的卧室。

　　无论到何处，洪堡都能发现令人激动的最新理论突破。在植物园的自然历史博物馆，他见到了博物学家乔治·居维叶[1]和让－巴蒂斯特·拉马克。通过对骨骼化石的研究，居维叶发现它们不属于现存的任何一种动物，从而证明了此前饱受争议的"物种灭绝"的概念。拉马克刚刚提出物种渐变的理论，为未来的演化论思想打下了基础。著名的天文学家、　114
数学家皮埃尔－西蒙·拉普拉斯则致力于研究地球和宇宙的形成，并对洪堡想法产生了不少影响。巴黎学术界群星闪耀，他们推动着最前沿科学思想的发展。

---

1. Georges Cuvier（1769—1832），法国博物学家、比较解剖学家、动物学家，首先提出了"灭绝"（extinction）的概念，并建立了"灾变论"。

所有人都因洪堡的安全归来而兴奋不已。歌德致信威廉·冯·洪堡，称亚历山大已经离开了如此长的时间，此次归来就像"死而复生"一般。其他人提议洪堡出任柏林科学学会主席，但他本人并没有返回柏林的打算。那里连一个家人也没有了：父母双亡，威廉目前定居罗马，担任梵蒂冈的普鲁士外交大臣。故乡对他来说并没有吸引力。

然而他惊讶地发现，威廉的妻子卡洛琳娜正居住在巴黎。1804年6月，她带着两个儿女离开罗马前往法国。当时的她正怀有身孕，即将诞下她和威廉的第六个孩子。前一年夏天，他们9岁的儿子因病身故。也许巴黎温和的天气对同样患有热病的两个孩子有些好处，总胜过在酷热的罗马度过夏天。威廉因为公事无法脱身，只能写信给妻子询问兄弟归来的所有细节：他看上去还好吗？未来有什么打算？有什么样的变化？人们
115 是否像看"神话中的怪物"一样看着这位归来的探险家？

卡洛琳娜在复信中写道，亚历山大看上去好极了。探险的艰难旅程并没有让他变得衰弱，正相反，他从未像现在这样健康过。也许是频繁的登山让他变得强壮而敏捷，这位兄弟似乎一点也没有变老，"好像两天前才刚刚离开我们一样"。她告诉威廉，亚历山大的举止、姿态和面容都和以前一样，唯一的改变是变得结实了一些，另外说话的语速更快了——能想象到的最快速度。

然而卡洛琳娜和威廉都不同意亚历山大留在法国的计划。他们认为，回到柏林是一个爱国者应尽的义务，并且应该留下来居住一段时间。他们提醒洪堡，他毕竟是个德国人，身上有着德国性（Deutschheit）。威廉在信中写道："一个人必须为祖国尽责。"而亚历山大决定完全不采纳他哥哥的建议。早在离开古巴去往美国之前，他就已经写信给威廉，说明自己再也无意返回柏林。卡洛琳娜发现，每当提到威廉想要让他回去时，亚历山大都只会"做个鬼脸"。他在巴黎过得太开心了。"我正享有前所未有的荣耀，"他对哥哥吹嘘道。

到达法国之后，邦普兰先回大西洋岸边的家乡——拉罗歇尔小城——探望亲人。洪堡和陪伴他们回到法国的卡洛斯·蒙图法尔则直奔

巴黎，投入法国首都的新生活。洪堡迫不及待地想将他的发现公之于众，三个星期后就开始在科学院对着满堂听众发表一系列演讲，飞快地从一个话题跳跃到下一个话题，快到没人能跟上他的思路。一位化学家宣称，洪堡"一个人统括了整个科学院的所有研究领域"。学者们聆听他的讲座、阅读他的手稿并检视他的收藏，全都惊讶于他如何能以一人之力通晓这么多不同学科的知识。洪堡骄傲地给威廉写信，说就连那些过去曾经看不起他的人们现在也变得热情起来了。

与此同时，他继续开展实验，写下关于游历的文章，并与新朋友们讨论他的科学理论。一位来访巴黎的美国人注意到，洪堡的工作安排十分紧凑，甚至把"夜晚和白天融为一体"，工作、睡觉和吃饭之间没有明显的分界。为了赶上进度，他只能尽量缩短睡眠，而且只在不得不睡时才睡。如果半夜醒来，他就披衣起身工作；如果不感到饥饿，就不按时进餐；如果感到疲惫，就喝更多咖啡。

116

无论洪堡造访哪里，都会激起热烈的反响。法国经度测量委员会使用了他提供的精准的地理学坐标，其他人则复制了他的地图；铜版画雕刻师忙着复制他的手绘插图，植物园专门为他的收藏品开办了一场特别的展览。来自钦博拉索峰的岩石标本引起的轰动可以与20世纪人类从月球带回的岩石相媲美。洪堡不打算将藏品据为己有，而是将它们寄给居住在欧洲各个地方的学者，因为他相信，唯有分享才能促成更新、更伟大的发现。为了答谢邦普兰忠诚的友谊，洪堡通过自己在法国政府中的联系人，为邦普兰谋得了一份每年3 000法郎的津贴。他说，邦普兰为这次成功的探险做出了卓越贡献，并且描述和记录了大部分植物标本。

洪堡虽然颇享受巴黎带给他的荣耀，但终究觉得自己是个外人。更何况，他即将迎来在欧洲度过的第一个冬天——也许正因为如此，他才逐渐去接近一群客居巴黎的拉丁美洲年轻人，很可能是通过蒙图法尔联系到的。这些年轻人中有一位名为西蒙·玻利瓦尔的青年，时年21岁。这个委内瑞拉人未来将成为南美洲革命风潮的领袖人物。[1]

1783年，玻利瓦尔出生在加拉加斯城最富有的一户克里奥尔人家里。他们的祖先可以追溯至另一位西蒙·玻利瓦尔：他于16世纪末来到委内瑞拉建立家业；100年后，该家族已经拥有若干种植园、矿山和几处优雅的住宅。现在这位年轻的西蒙·玻利瓦尔才结婚数月，爱妻就因黄热病不幸去世，他因此决定离开加拉加斯。为了消解痛失爱妻的哀愁，他开始周游欧洲，大约与洪堡同时到达巴黎。在那里，他沉迷酒精、赌博，出入风月场所，但也时而与人谈论启蒙哲学思想到深夜。他拥有褐色的皮肤、长长的黑色卷发、洁白的牙齿（他对自己的牙齿倍加呵护），总是穿着最时髦的服饰。他还擅长跳舞，令无数女人着迷。

玻利瓦尔造访了洪堡的住所，发现屋里满是书籍与从南美洲带回的
117 记录本和写生册。这位年轻人对自己的祖国感情深厚，一谈起那片大多数欧洲人一无所知的大陆所蕴藏的宝藏就滔滔不绝。聆听洪堡讲述奥里诺科河上的急流、安第斯山脉中直入云霄的高峰、参天的棕榈树和跳动的电鳗，玻利瓦尔意识到，从未有任何一个欧洲人将南美洲描绘得如此生动。

他们也谈论政治与革命。那年冬天，他们在巴黎目睹拿破仑为自己加冕成为皇帝。玻利瓦尔十分震惊，自己心目中的英雄竟然蜕变成了一个专制、"伪善的暴君"。但与此同时，他注意到西班牙正竭力抵抗拿破仑在军事上的进逼，从而进一步预测欧洲局势转变对海外西班牙殖民地的影响。在讨论南美洲未来的命运时，洪堡认为，或许殖民地的革命时机已经成熟，但缺少合适的领导人物。玻利瓦尔却相信，一旦人民决定起来斗争，他们将"如神一样坚强"。他开始认真考虑在殖民地发起一场革命的可能。

---

1. 多半是卡洛斯·蒙图法尔将洪堡介绍给这群客居在巴黎的南美青年的，但洪堡与玻利瓦尔本身已经有若干位共同的友人。例如玻利瓦尔的儿时好友费尔南多·德·托罗（Fernando del Toro），他是洪堡在委内瑞拉结识的德·托罗侯爵之子。在加拉加斯，洪堡还遇见了玻利瓦尔的姊妹们，以及他的家庭教师，诗人安德烈斯·贝略（Andrés Bello）。——原注

　　二人都怀着将西班牙人赶出南美洲的深切愿望。洪堡仰慕美国独立战争和法国大革命，因此支持拉丁美洲的解放。他认为，殖民地这一概念本身就不道德，而殖民当局事实上是一个"缺乏信任的政府"。旅行途中，他惊讶地发现到处都有人称赞乔治·华盛顿和本杰明·富兰克林。当地人告诉他，美国的独立使他们相信自己的未来有了希望。但与此同时，南美洲社会亦饱受种族隔阂的困扰。

　　三个世纪以来，西班牙人在殖民地挑起种族和阶级之间的相互猜疑。洪堡认为，富有的克里奥尔人更希望接受西班牙人的统治，而非与印欧混血后裔、奴隶和原住民共享权力。他害怕由克里奥尔人主导的革命只会重新建立一个建筑在奴隶制之上的"白色共和国"。在洪堡看来，种族差异已经如此深刻地印在了西班牙殖民地社会的基本组成之上，以至于阻碍了革命的发生。邦普兰却更加积极地鼓励玻利瓦尔去追求其新生的想法，而洪堡觉得邦普兰和这个浮躁的克里奥尔年轻人都昏了头。很多年后，洪堡将不无欣喜地怀念起与玻利瓦尔的相遇，那个"我们争相为新大陆的独立与自由立下誓言"的年代。

　　虽然整日被社交活动包围，洪堡仍保持着自己情感上的疏离。他总是很快地判断一个人——连他自己都承认，有时太过仓促，并且有些轻率。他生来喜欢幸灾乐祸（Schadenfreude），以及指出别人的过错；有时，他也会因为自己的机智而做出出格的举动，比如给人起讽刺绰号，或在背后议论别人。例如，西西里国王在他那里变成了"通心粉国王"；一位保守的普鲁士大臣则被冠上了"冰川先生"的名头——洪堡抱怨那人冷冰冰的做派，还说这让他的左肩得了风湿病。然而威廉相信，在弟弟所有的这些野心、奔忙和尖刻的评论后面，隐藏着一颗博大、温柔且十分脆弱的心。很少有人注意到这一点。他告诉妻子卡洛琳娜，虽然亚历山大追逐荣耀和赏识，但这些永远无法给他真正的幸福。在探险过程中，大自然与体力上的疲累让他感到充实；回到欧洲以后，洪堡反而重新感受到了孤独。

118

洪堡不知疲惫地试图发现自然界中所有隐藏的关联，他的个人生活却惊人地单调。例如，当得知一位好友在他远游期间去世时，他动笔给那位朋友的遗孀写了一封信，但信中并没有表达吊唁之情，而是大谈哲学问题；他在信中讨论犹太人与希腊人对于死亡的见解比提到亡友的篇幅还要长，并且故意用那位女士看不懂的法语来写。到达巴黎几星期后，卡洛琳娜和威廉三个月大的女儿在接种天花疫苗后去世，这是他们在一年多内失去的第二个孩子了。卡洛琳娜陷入深深的忧郁之中。孤身一人在巴黎，丈夫远在罗马，她本希望能从弟弟那里得到一些情感上的支持，但忙碌的亚历山大只给了一些泛泛的表示，而非深切的同情。

虽然卡洛琳娜自己需要克服巨大的痛苦，但亚历山大的情况更令她担心。他虽然在九死一生的探险中安然生还，却没有能力处理更为实际的日常生活事务。比如，洪堡似乎并不清楚5年的远征花去了他多少财产。卡洛琳娜不得不让威廉写一封严肃的长信给亚历山大，说明他名下的财产所剩无几。1804年秋天，卡洛琳娜本来准备返回罗马，却无法放心地把亚历山大一个人留在巴黎。"让他独自生活，没有任何限制，"她给威廉写信道，可能会有糟糕的后果，"我担心他的内心无法平静下来"。见她如此忧虑，威廉建议她再留一段时间。

119　　卡洛琳娜告诉威廉，亚历山大和以往一样闲不下来，一直在准备新的旅行计划。希腊、意大利、西班牙……"所有欧洲国家都像走马灯似地在他脑中旋转"。几个月前的费城与华盛顿之旅也使他深度探索北美大陆的渴望变得更加热切。他给美国的朋友写信，说想去西部看看，并认为托马斯·杰斐逊会是他"最合适的帮手"。他有太多想去探索的地方。"我已经决定去密苏里、北极圈，以及亚洲，"他写道，"必须好好利用青年时代的大好时光。"但在开启下一次冒险之前，他必须先详尽地记录上一次旅行的成果。可是，该从哪里开始呢？

洪堡可不止计划写一本书。他设想制作一系列附有大型插图的书籍，在书中描绘安第斯山脉宏伟的山峰、奇异的花朵、古老的文字以及印加帝国的遗迹。他还想写一些更专业的著作：精细且科学地描述拉丁美洲的动植物，以及天文学和地理学的论文。他还想绘制一幅巨大的地图，在其中再现植物，的全球分布、火山和山脉的位置、河流的分布等。但洪堡也知道应该写一些通俗易懂、价格低廉的书，从而将他关于自然的新视野分享给更多的读者。他把撰写植物学著作的任务交给邦普兰，自己揽下了剩下的所有任务。

洪堡的思维是发散的，经常难以跟上自己头脑中的所有想法。写作的时候，洪堡随时会冒出新点子，然后密密麻麻地挤在面前的纸张上——页边的空白部分经常会出现一幅小画或者一些计算公式。实在写不下的时候，他就将想法刻写在大桌子上，整张桌面很快便布满了数字、线条和单词，最后不得不请一位木匠来将它重新刨平。

写作并没有妨碍他继续旅行，只要目的地是欧洲的某个学术中心。如果需要的话，洪堡能够在任何地方工作——即便是在马车的后舱中，他也会将笔记本摊在膝盖上，急速地记下一些潦草的笔记。他想去罗马探望威廉，顺便游历阿尔卑斯山和维苏威火山。1805年3月，也就是回到巴黎七个月后，洪堡和新朋友盖伊－吕萨克一起向意大利进发。而就在几星期前，卡洛琳娜终于离开巴黎，回到罗马。现在，26岁的盖伊－吕萨克和洪堡形影不离。年初，卡洛斯·蒙图法尔搬到马德里，盖伊－吕萨克似乎取代了他，成了洪堡最亲密的朋友。[1]

120

洪堡和盖伊－吕萨克首先到达里昂，然后去往法国东南部的小城尚贝里，边走边可以望见阿尔卑斯山从地平线上缓缓升起。和煦的春风吹拂过法国乡间，树木都在抽枝展叶，披上春季的第一抹嫩绿。鸟儿忙着筑巢，乡间道路两旁尽是盛开的鲜艳野花。二人携带着最先进的科学仪器，时不时地停下脚步进行气象观测，这样之后就能与拉丁美洲的数据进行比较。他们从尚贝里继续向东南行进，穿过阿尔卑斯山，进入意大利。洪堡热爱重回山间的感觉。

---

1. 蒙图法尔于1810年返回南美洲，加入革命军；1816年，他被捕入狱，最终被处死。——原注

4月的最后一天，他们到达罗马，住在威廉和卡洛琳娜的家中。自从两年半前搬到罗马，威廉家便成了艺术家与思想家的聚会场所。他们会在每个星期三与星期天举办午餐会，也经常邀请多位客人晚间小聚。欧洲各地的雕刻家、考古学家和科学家纷纷来访，这里的大门永远都对大名鼎鼎的学者、旅行中的贵族或生计窘迫的艺术家敞开，并对所有人都一视同仁。亚历山大在这里找到了一群热情的听众，他们认真地听他讲述雨林和雪山的故事。无论洪堡的速写多么潦草，都有出色的艺术家将其改画成精美的插图，而这些作品日后都将用在他的著作中。洪堡还安排与弗莱贝格矿业学院时期的好友利奥波德·冯·布赫（Leopold von Buch）的见面，他现在是欧洲最受尊敬的地质学家之一。碰头之后，他们计划一同考察维苏威火山和阿尔卑斯山脉。

洪堡在罗马还见到了更多朋友。7月，西蒙·玻利瓦尔从法国归来。去年冬天，寒冷的天气像一块巨大的灰色毛毯，把巴黎包裹得严严实实，也让玻利瓦尔陷入了深深的忧郁。玻利瓦尔昔日的老师西蒙·罗德里格斯（Simón Rodríguez）也从加拉加斯来到巴黎，他建议玻利瓦尔出去散散心。4月，他们驾马车去往里昂，然后开始步行，穿过农田和森林，享受开阔的乡间景色。他们交谈、唱歌、阅读，慢慢地，玻利瓦尔感到自己由内到外焕然一新，一扫此前几个月的损耗。终其一生，他都喜爱户外运动，新鲜的空气、运动和大自然能让他精神百倍。见到慢慢升出地平线之上的阿尔卑斯山时，他便想起青年时代走过的原野，群山环抱中的加拉加斯——他的思绪已经无法离开自己的国家。5月，他攀越萨伏依地区的群山，一路步行，最终抵达罗马。

在罗马的时候，玻利瓦尔与洪堡再次就南美洲与革命进行长谈。虽然洪堡希望西班牙属殖民地能够获得自由，但是无论是在巴黎还是在罗马，他都不曾想到玻利瓦尔会成为未来的革命领袖。当玻利瓦尔狂热地谈论着解放他的人民时，洪堡只看到一个充满光辉幻想的年轻人："一个梦想家"，还远远不够成熟。虽然洪堡并未被说服，但他们的一位共同朋友后来提到，洪堡的"伟大智慧和成熟谨慎"帮助了年轻而野性未驯

121

维苏威火山爆发

的玻利瓦尔。洪堡的朋友冯·布赫虽然是位有名的地质学家,但性格内向,行为鲁莽。这位朋友大为恼怒,因为原本说好的科学考察之旅被政治搅了局。冯·布赫断定玻利瓦尔是个只会煽风点火的"空想家"。7月16日,他迫不及待地离开罗马,前往那不勒斯与维苏威火山,与洪堡和盖伊-吕萨克同行,但没有带上玻利瓦尔。

再也没有比此行更好的机会。一个月后,8月12日晚,那不勒斯的一群德国游客正兴致勃勃地听洪堡讲述途经奥里诺科河与安第斯山脉的见闻,维苏威火山就在他们眼前喷发了。洪堡简直无法相信自己的好运。一位科学家评论道,好像"维苏威决定向洪堡先生致以声势浩大的问候"。从旅馆的阳台上,洪堡亲眼看到红热发光的岩浆从山顶蜿蜒而下,吞没了葡萄园、村庄和森林。那不勒斯笼罩在一种奇异的光线中。几分钟后,洪堡已经做好准备,骑马赶向还在喷发烟雾的火山,尽可能近距离地进行观察。此后的几天内,他6次登上维苏威火山。他在给邦普兰的信中

122

写道：一切都令人印象深刻，但完全比不上南美洲；与科托帕希相比，维苏威就像"土星近旁的一颗小行星"。

与此同时，身处罗马的玻利瓦尔、罗德里格斯和另一位来自南美洲的朋友，在8月一个酷热的日子登上萨科罗山，俯瞰整座城市。在那里，罗德里格斯讲述了古罗马平民如何在这座山顶发动暴动，以从共和国分裂出去相威胁，抗议贵族的不公正统治。听到这个故事，玻利瓦尔双膝跪倒，抓住罗德里格斯的手发誓，一定会解放委内瑞拉。他立志：在"打碎镣铐之前"，自己绝不会放弃。这一天成了他生命中的转折点：自此之后，祖国的自由成了指引他人生方向的火炬。两年后，当玻利瓦尔回到加拉加斯，他不再是那个声色场中的花花公子，而是一个拥有坚定自由信念的革命者。解放南美洲的种子就从这时萌芽。

当洪堡8月底返回罗马时，玻利瓦尔已经离开。洪堡也感到难以安处一地，于是决定继续游历欧洲，到柏林去。他疾行向北，在佛罗伦萨、博洛尼亚和米兰作短暂停留。他们无法前往维也纳，因为奥地利仍在与法国交战，这对与他同行的法国人盖伊-吕萨克而言太过危险。洪堡抱怨道，在这样动荡的时局中，科学不再是有效的护身符。

事实上，洪堡绕过维也纳的决定非常明智。此时的法国大军已经跨过莱茵河，穿过德国西南部的施瓦本地区，于11月中旬直取维也纳。三个星期后，拿破仑在奥斯特利茨（布尔诺附近斯拉夫科夫，今天位于捷克共和国的小镇）击败了奥地利与俄国联军。这一决定性的胜利宣告了神圣罗马帝国的灭亡，欧洲长时间以来的政治格局就此重写。

10

柏　林

　　洪堡不顾一切地想要避开战场，于是决定改变去往柏林的路径。途经意大利北部的科莫湖时，他见到了亚历山德罗·伏打，这位意大利科学家刚刚发明了电池。恰值初冬时节，翻越阿尔卑斯山的途中风雪交加，洪堡和盖伊－吕萨克需要冒着雨雪和冰雹前行。一路向北，洪堡在德国各州拜访了一些老朋友，并在哥廷根见到了他旧日的师长，约翰·弗里德里希·布卢门巴赫。1805 年 11 月 16 日，即他返回欧洲一年多之后，亚历山大·冯·洪堡和盖伊－吕萨克一起到达柏林。

　　在巴黎和罗马生活过之后，柏林对洪堡而言就显得狭小而偏僻，周围平坦的乡间地势也给人单调乏味之感。已经习惯雨林湿热气候的洪堡选择了最坏的季节回到家乡。初冬的柏林寒气逼人，不出几个星期，洪堡就病倒了，浑身都出现了麻疹般的肿块，高烧不断、虚弱无力。1806年 2 月初，他给歌德写信，抱怨天气坏得令人难以忍受。他已经具有"热带体质"，不再适应德国北部潮湿寒冷的气候。

　　从到达的第一天起，他就想要离开。在这里如何能够工作并找到志趣相投的朋友呢？城中连一所大学都没有，走在路上，地面好像在烧灼脚底，令他焦躁难耐。然而国王腓特烈·威廉三世却为这位普鲁士名人的回归而欣喜不已，因为这位驰名欧洲的勇敢探险家将为宫廷增添光彩。国王慷慨地为洪堡提供一年 2 500 塔勒的薪水，并且没有附加任何义务。这在当时可是一笔不小的收入，手艺高超的木匠或者细木工匠每年的收入不过 200 塔勒。但与威廉·冯·洪堡作为普鲁士大使的每年 13 400 塔勒相比，这又算不上什么。国王还任命亚历山大为总管大臣，并且不需应允任何条件。洪堡几乎花光了他继承到的财产，因此需要这笔钱；但与此同时，他又抱怨国王的恩宠"令人窒息"。

　　腓特烈·威廉三世性格阴沉而节俭，并不是一位善于鼓舞人心的君王。不像他的父亲腓特烈·威廉二世，他既不寻欢作乐，对艺术也缺乏兴趣，更没有其伯叔祖父腓特烈大帝在军事和科学上的雄才。据说，拿破仑曾经这样评论腓特烈·威廉三世：他应该当一名裁缝，因为他"对为一名战士制作军装需要多少码的布料了解得一清二楚"。

洪堡为宫廷琐事的牵绊而感到尴尬，要求朋友们不要公开他的王室职务。这或许是明智的，因为很多人都很震惊，这位热衷追求自由，并且支持革命的洪堡先生竟然愿意屈膝成为国王的臣仆。利奥波德·冯·布赫抱怨道，洪堡现在待在宫里的时间比那些真正的廷臣还长；还批评他不踏踏实实地进行科学研究，而是醉心于宫廷的飞短流长。这样的指责颇不公平，因为洪堡对科学的倾注远胜过对王室事务的关注。虽然他必须经常出现在宫中，但他仍然找机会在柏林科学院演讲、写作以及继续自己始于南美洲的地磁观测，并将新旧数据进行比较。

一位旧日的家族老友、富有的酿酒坊主让洪堡住在他的花园别墅里。别墅地处施普雷河畔，往南走几百码就是著名的菩提树下大街。这座小房子设施简朴，但洪堡十分满意。这不仅能为他省去开销，还能有助于他专心地进行磁学观测。他专门在花园中建了一间小屋，全部通过木结构连接，不使用一片金属和一枚钉子，彻底排除可能对测量造成的影响。在一段时间内，他和一位同事连续几天记录数据，每半小时一次。他们夜以继日，只能抽空打个盹。这次实验共收获了6 000多笔数据，可把他们累坏了。

1806年4月初，和洪堡一起待了一年的盖伊-吕萨克返回巴黎。留在柏林的洪堡郁郁寡欢，十分孤独。几天后，他给友人写信，抱怨自己过得"与世隔绝，像个陌生人"。普鲁士于他而言更像是一个陌生的国度。洪堡还在为邦普兰负责的植物学著作焦虑。这部描述他们从拉丁美洲获得的植物标本的专业书籍将以科学家为主要目标读者。作为一名专业的植物学家，邦普兰比洪堡更合适写作此书。然而邦普兰却在尽可能地拖延：他从未真正地喜爱过描述植物标本的枯燥工作，与漫长的案头写作相比，他更喜欢去丰茂的雨林探险。洪堡对此很失望，一再催促邦普兰

125

加快进度。而当邦普兰终于将一些样稿寄到柏林时，洪堡又生气地发现了很多错误。他认为邦普兰太不重视表达的精确性，"特别是在拉丁文解释以及数字方面"。

但邦普兰拒绝赶工，而且宣布将离开巴黎，去往下一次探险。洪堡感到绝望：他已经将自己的植物标本分送给欧洲的藏家，并且还在为手头的其他图书项目忙碌奔波。他迫切需要邦普兰集中精力来完成植物学报告，但他也逐渐失去了耐性。然而别无他法，他只有接连给这位老朋友去信，在信中百般哄劝、抱怨和恳求。

洪堡自己对待工作则勤奋得多。他已经完成了《去往新大陆赤道地区的旅行》（*Voyage to the Equinoctial Regions of the New Continent*）的第一册（最后共计34卷），该册题为《植物地理学随笔》（*Essay on the Geography of Plants*），发表了法文和德文版本。其中收录了那幅壮丽的"自然之图"。这幅图包含了他关于自然之内部关联性与整体性的新想法，草绘于南美洲的旅途中。正文中的大部分都旨在解释这幅图，类似于批注或一条很长的说明。洪堡在序言中写道："本书的大部分写作都在它所描述的事物近旁完成——在钦博拉索峰的山脚下，在南太平洋岸边。"

"自然之图"最终被制成长三英尺、宽两英尺的铜版画折页，手工上色。图中展示了根据纬度与海拔高度分布的气候带和各类植被的相互对应关系，其底本是洪堡离开钦博拉索峰后所画的草图。洪堡已经准备好向世界呈现一种全新的看待植物的方式，他决定通过一幅图来达成这一愿景。"自然之图"将钦博拉索峰分为几个横截带，分别描述了从山脚到雪线的植物分布。在旁边空白的天空部分，他注明了其他山峰的高度：勃朗峰、维苏威火山、科托帕希峰，以及盖伊－吕萨克在巴黎乘坐热气球所达到的高度。他还标出自己和邦普兰、蒙图法尔在钦博拉索峰所攀登到的最高处，并不能自已地在下面注明了德拉孔达米纳和布盖于18世纪30年代到达的位置。山峰左右两侧的若干列栏目提供了详细的数据，例如重力、温度、空气的化学组成以及水的沸点，都按海拔高度加以整理。洪堡以清晰的结构解释与比较了一切数据。

洪堡对一位友人说，他采用这种富有视觉冲击力的呈现方式，是为了唤起读者的想象力：因为"世人喜欢眼见为实"。《植物地理学随笔》将植物放在更宽广的视野中进行观察，将自然看作大千现象相互作用所形成的整体。他说，自己采用了"疏阔的线条"去描绘这个世界。这是有史以来第一部生态学专著。

在此之前的几个世纪中，植物学研究被分类系统所主导。人们曾经按照各类实用角度对植物进行分类——例如药用价值或装饰性，又或是根据它们的气息、味道和可食用性。在17世纪的科学革命中，植物学家试图找到更理性的分类方式，即根据不同结构中的共性与特性来界定物种，例如种子、叶片和花等。事实上，这是一种将秩序加于自然之上的尝试。18世纪上半叶，瑞典植物学家卡尔·林奈在分类学上取得了革命性突破，即按照生殖器官（柱头和雄蕊）的数量来对被子植物进行分类。18世纪末，一些继起的分类方法得到了更多关注，但植物学依旧以分类系统为最根本的研究手段。

《植物地理学随笔》（下称《随笔》）则推崇另一种理解自然的方式。洪堡的旅行给了他独特的思考角度：他认为，南美洲是世界上最能体现"自然中的联系"的地方。他还将前几年接受到的想法整理成更普适的观念。例如，他的老师约翰·弗里德里希·布卢门巴赫提出过关于"生命之力"的理论，认为一切生命共同构成一个有机的整体。洪堡将这一想法应用于整个自然，试图呈现植物、气候与地理环境之间的联系，而并不仅仅关注单个的有机体。他按照分布地带和区域对植被进行分组，而不是将它们分入某个特定的分类学单元；他在书中解释了植被带的概念，称它们为"在全球范围内铺展开来的'长条形带'"。[1]他为西方科学界提供了一种全新的看待自然世界的视角。

---

1. 洪堡在书中极其详尽地讲解了植物的分布。他将墨西哥高海拔地区的针叶林与加拿大的进行比较，另外又比较了安第斯山脉的橡树、松树和开花灌木与北方（与南美洲相比）的植被。他还提到，在马格达莱纳河的河岸上，有一种苔藓与挪威的另一种极其相似。——原注

洪堡给"自然之图"加上了详细的注释，并辅以大量表格、统计数 ⟨127⟩
据和引用文献。他将人类的文化活动与生物圈和物理环境交织在一起，
绘制出一幅展示全球模式的图。

数千年来，庄稼谷物和蔬菜水果都跟随着人类的脚步传播，它们跨
过大洲，远渡重洋。人类将植物带到新的家园，也改变了地球的面貌。
农业将植物与政治和经济挂钩，无数战争因抢夺植物资源而爆发，茶叶、
蔗糖和烟草等商品左右了庞大帝国的发展进程。有些植物在向洪堡启示
自然规律的同时，也向他揭示了人类的活动；另一些植物则让他认识到
地理变迁，标识出大陆漂移的轨迹。洪堡写道，沿海植被惊人的相似性
提示了非洲与南美洲之间的"远古"联系，并表明某些相互孤立的岛屿
可能曾经一度相连。这一结论无疑是石破天惊的：100年后，科学家们
才开始讨论大陆板块漂移现象以及其中的原理。洪堡像阅读书本一样地
"阅读"植物，从中发现了塑造自然的全球性因素，以及文明和陆地的
迁移。从未有人这样研究过植物学。

《随笔》所揭示出的那些极难想象的相似性，以及书中所附的精
美"自然之图"，都照亮了一张长久以来都不为人知的生命之网。建
立联系是洪堡思考的根本。他写道，自然是"整体的体现"，科学家
必须以整体的眼光来看待全球的植物、动物以及岩石圈，否则就会犯
下短视的错误，就像宣称"已经按照自己近旁小山的形状"重构了整
个世界的地质学家一样荒谬。科学家应该走出阁楼，去探索真实的
世界。

同样具有革命性的，是洪堡对于"唤醒我们的想象力与灵魂"的期
许。在德文版的前言中，他反复地强调了这一点，并提到弗雷德里希·谢
林的自然哲学。1798年，23岁的谢林出任耶拿大学的哲学教授，并迅速
成为歌德小圈子中的重要成员。他的"自然哲学"成为德国唯心主义和
浪漫主义的理论基石。谢林主张"整体把握自然之必要性"，拒绝在内
在与外在、自我的主观世界与自然的客观世界之间划出一道不可逾越的
鸿沟。谢林强调人与自然通过生命的力量相连通，认为自我与自然之间

存在有机的联系。他宣称："自身即等同于自然。"这一信条将为浪漫主
义者去荒野自然寻找自我本心打下基础。洪堡相信，唯有到了南美洲，
他才找到了真正的自我。因此，谢林的理论对他无疑具有巨大的吸引力。

　　洪堡对谢林的引用还说明他在过去十年中发生的巨大变化。他认
为谢林的思想有助于揭开科学的另一面。虽然并没有彻底偏离启蒙时
期的理性方法，但洪堡已经悄悄地为主观世界开启了一扇大门。一位
友人致信谢林，称洪堡这位"实证主义王子"已经发生了彻底的转变。
虽然很多科学家都对谢林的自然哲学不以为然，认为这与实证研究和
科学方法背道而驰，但洪堡坚持认为启蒙思想与谢林的学说并不是"争
吵不休的两极"。恰好相反——谢林对统一性的强调成了洪堡理解自然
的基石。

　　谢林提出，"有机体"的概念应该是理解自然的起点。自然不是一
个机械系统，而是具有生命的整体。就像一台机械钟表与一只动物的区
别：前者的部件可以拆开重组，而动物不行——自然是统一的整体，各
个部件唯有合而为一才能运转。洪堡曾致信谢林，表示这一转变不亚于
科学中的一场"革命"，从"堆砌起来的枯燥事实"和"粗糙的实证主义"
转向了别处。

　　当然，最早向他提及这些想法的还是歌德。洪堡没有忘记耶拿的时
光，以及歌德的自然观念对他产生的深远影响。他后来告诉歌德，将自
然与想象力交织起来，是源于"您作品的影响"。为了感谢他，洪堡将
《植物地理学随笔》题献给这位老朋友。《随笔》的封面绘有阿波罗——
这位诗歌之神正在揭开自然女神的面纱。诗歌是理解神秘的自然世界所
必需的钥匙。作为回报，在小说《亲和力》中，歌德让其中一位主要人
物奥蒂莉（Ottilie）说出这样的台词："我多么希望能够亲自聆听洪堡的
言辞！"

　　1807年3月，歌德收到《随笔》后立即"狼吞虎咽地"读完，并且
在数日内重读了若干次。洪堡的新想法如此富有启示，歌德迫切希望和

洪堡《植物地理学随笔》的封面图，以及他给歌德的题献

别人讨论。[1] 两周后，他以《随笔》的内容为基础，特地在耶拿举办了一场关于植物学的演讲。歌德写道："洪堡用这阵美学的微风，为科学吹亮了闪耀的火炬。"

　　《随笔》于1807年初在德国问世，而洪堡当时返回巴黎的计划又再次受到战争与政治的阻挠。自1795年4月签订《巴塞尔和约》（Peace of Basle）以来，普鲁士已有超过十年的时间没有参与过拿破仑与欧洲联军的战争。腓特烈·威廉三世决意在这场僵局中保持中立。当时的舆论认为，这一决定等于示弱，而国王也因此受到欧洲各国的冷落。但是，在1805年12月的奥斯特利茨战役之后，神圣罗马帝国解体，拿破仑于1806年夏天建立了所谓的莱茵邦联，十六个日耳曼州与拿破仑结盟，承认其为

130

---

1. 歌德的唯一抱怨在于那幅关键性的"自然之图"没有附在书中一起寄到。他于是决定自己创作一幅画，寄给了洪堡，"一半玩笑，一半严肃"。七个星期后，歌德终于收到了丢失的"自然之图"，他兴奋地将它带在身边，在度假的时候都将它钉在墙上，不时观看。——原注

他们的保护人。事实上，这成了法国与中欧之间的一道缓冲地带。没有参与这一邦联的普鲁士则日益为法国对其领土的步步进逼而忧虑。在法国军队挑起若干起边界冲突之后，普鲁士终于在1806年10月向法国宣战。然而，此时的他们已经没有可以相互依仗的盟友。这是灾难性的一步棋。

10月14日，拿破仑的军队在耶拿和奥尔施泰特歼灭了普鲁士军，他们在一日之内就将普鲁士的领土削减了一半之多。两周后，拿破仑抵达柏林，战败的普鲁士人与法国签订《提尔西特条约》，将易北河以西和东边的部分土地割让给法国。除了将部分区域直接并入法国，拿破仑也创立了一些新的邦国——名义上独立，实则受法国控制——例如威斯特法伦王国，其统治者是拿破仑的弟弟，战略上完全依附于法国。

普鲁士失去了欧洲大国的地位。法国在《提尔西特条约》中索要了巨额赔款，进一步使普鲁士的经济停滞不前。丢失的大片疆土中还包括原有的大部分学术中心，例如位于哈雷的规模宏大且最为著名的大学，当时被划定归威斯特法伦王国所有。普鲁士只剩下两所大学：一所在柯

131

1806年，在耶拿－奥尔施泰特会战后，拿破仑以胜利者的姿态，从勃兰登堡门进入柏林

尼斯堡，该校最有名的教授伊曼纽尔·康德刚于1804年去世；另一所地方学府则位于勃兰登堡的奥得河畔法兰克福，洪堡18岁时曾在那里度过一个学期。

洪堡致信友人，称自己像被"埋葬在祖国郁郁不欢的瓦砾中"。"为何我没有在奥里诺科河畔的雨林中或安第斯山巅住下来？"忧郁的他埋首于工作，藏身于柏林的小花园别墅中：案头是成堆的笔记、在拉丁美洲记下的日记以及大量书籍。洪堡同时在推进若干部书稿，但其中帮助他度过最艰难时刻的还属《自然之观点》（*Views of Nature*）。它将成为洪堡最受欢迎的著作，被翻译成11种语言，畅销各国。洪堡在该书中创立了一种新的体裁，将生动的文字、丰富的景物描写与科学观察结合起来，是今日自然文学的范本。在自己所有的著作中，《自然之观点》也是他最喜爱的一部。

《自然之观点》重现了安第斯山巅的寂静，以及雨林生境的丰润与富饶；书中还展现了流星雨的魅力，还有在亚诺斯平原捕捉电鳗的残酷奇观。在他的笔下，"地球闪耀的子宫""珍宝点缀的河岸"洋溢其中；沙漠是"流沙之海"，舒展的树叶"迎向初升的太阳"，猿猴的"长声哀鸣"回荡在密林之间。洪堡回忆道，奥里诺科河的急流激起一阵阵水雾，彩虹在其间跳动，如同捉迷藏般的"光学魔法"。他乐于创造一个个富有诗意的生动场景，例如，他会这样描写某种奇特的昆虫："将它们发红的磷光浇注到芳草覆盖的土地上，地面荧荧发光，好像是富有生命的火焰在燃烧，又仿佛天上的星幕沉降到了地表。"

这是一部不回避诗意抒情的科学著作。对洪堡而言，文笔和内容一样重要。他不允许出版商更动哪怕一个音节，这么做也是为了保证文字的"旋律性"不受破坏。公众可以略过那些更为详细的科学解释，因为这些占据大量篇幅的细节藏在每章末尾的注释里。[1]

在《自然之观点》中，洪堡展示了自然对人类想象力的影响。他写　132

---

1. 这些注释本身也极其优美：有些是小型散文，另一些是散碎想法，或指向未来的可能发现。比如洪堡就是在注释中讨论了演化的概念，远远早于达尔文的《物种起源》。——原注

道，自然以神秘的方式与我们的内心情感沟通。例如，仰望晴朗的蓝天时所激发起的情感反应，完全不同于看到阴云密布时的心情；满是香蕉和棕榈树的热带景象也不同于开阔的白桦林。我们今天对于情绪与外界环境的关联早已习以为常，然而对洪堡那个时代的读者而言，这却是全新的发现。诗人或许早就知道这些，但从没有科学家这样尝试过。

《自然之观点》再次将自然比作一张生命之网，植物与动物相互依赖，世界生机勃勃。洪堡强调"自然力量的内部联系"，将非洲的沙漠与委内瑞拉的亚诺斯平原以及欧洲的荒原相比较：虽然它们相隔万里，但可以合为"一种自然图像"。从"自然之图"开始的思考变得更加宽泛，他开始用"自然之图"的概念解释自己的新想法。那已经不仅仅是一幅图了，它可以扩展为《自然之观点》这样的文章、一场演讲，又或是一个哲学观点。

《自然之观点》写成之时，普鲁士的政治局势十分堪忧。洪堡在柏林也郁郁寡欢。他邀请读者"与我一起，愉快地走进雨林深处，徜徉在一望无际的草原上，登上安第斯山脉的山脊……在山中等待诸位的是自由！"他希望把读者带到一个远离战争和"生活中的惊涛骇浪"的魔幻世界中去。

歌德告诉洪堡，这种全新书写自然的手法如此引人入胜，甚至让他感觉已经"跟着你潜入了最荒僻的地带"。无独有偶，另一位友人，法国作家弗朗索瓦–勒内·德·夏多布里昂（François-René de Chateaubriand）也赞扬了这部超凡的著作，称它能让人"相信自己正与他一起乘风破浪，或与他一同迷失在丛林的迷踪险境之中"。在之后的几十年中，《自然之观点》将启发好几代科学家与诗人。亨利·大卫·梭罗和拉尔夫·沃尔多·爱默生都读过这本书，后者曾称，洪堡一举将"布满蛛网"的天空清扫干净。查尔斯·达尔文写信给兄弟，请他寄一本到乌拉圭，这样自己就能在"小猎犬"号航行到那里时收到。19世纪下半叶，科幻作家儒勒·凡尔纳（Jules Verne）以《雄伟的奥里诺科河》（*The Mighty Orinoco*）向洪堡致敬，并在《格兰特船长的儿女》（*Captain Carant's Children*）中安排了一位法国探险家：这位探险家坚持认为没有必要再攀登特内里费岛上的泰德峰，因为洪堡已经到过那里。"我还能做些什么呢，"这位帕加奈尔先生问道，"在那位伟人之后？"所以，也不难理解《海底两万里》中的尼莫船长为什么收藏了洪堡的全部著作。

滞留在柏林的洪堡仍然渴望冒险，他想要偷偷地逃离柏林。在他看来，装点这座城市的不是知识，而是"繁盛的马铃薯田"。1807 年冬，政治上的风云变幻给了他一手好牌。腓特烈·威廉三世请洪堡协同普鲁士和平使团前往巴黎，国王的弟弟威廉王子将代表普鲁士就提尔西特条约造成的沉重财政负担重新与法国方面进行谈判。他需要一位熟悉法国高官的人士来沟通外交上的门路，而人脉广达的洪堡正是最佳人选。

洪堡开心地接受了这一任命，并于 1807 年 11 月中旬离开柏林。在巴黎，他尽力协调，但拿破仑不愿意妥协。几个月后，威廉王子两手空空地回到普鲁士，而洪堡决定留在巴黎。他在行前就做好了准备，把自己所有的笔记和手稿都一并带到了法国。在普鲁士和法国成为兵戎相见的敌国当口，洪堡却选择忽略政治和爱国主义，把巴黎当作自己的家。他的普鲁士朋友们都十分惊慌，包括威廉：他无法理解弟弟的决定，认为这是不爱国的自私行为。他对卡洛琳娜说："我不同意亚历山大留在巴黎。"

而洪堡并不介意。他致信腓特烈·威廉三世解释道，柏林缺乏科学家、艺术家和出版商，这使得他的工作无法继续，也无法发表旅行的成果。意外的是，洪堡被允许留在巴黎，并继续默默地收下作为普鲁士总管大臣的薪水。而他再次回到柏林则是 15 年后的事了。

134

11

巴　黎

在巴黎，洪堡很快就恢复了不眠不休的旧习惯，夜以继日地抓紧工作。他写信给歌德，称自己苦于进度不够快。他同时在写很多部书稿，因此经常错过给定的交稿期限。他开始用一些无望的借口搪塞出版商，从没有钱支付制作插图的铜版画雕刻师，到"忧郁症"甚至"痛苦的痔疮"。植物学专著的出版也被推迟，因为邦普兰现在成了拿破仑妻子约瑟芬的首席园艺师，驻留在她巴黎郊外的庄园马尔梅松城堡。邦普兰花八个月的时间才描述了十种植物。洪堡抱怨道，欧洲任何一位植物学家都能够在两周内轻松地完成这项任务。

1810年1月，也就是回到法国两年多，洪堡终于写完了《美洲山系一览及原住民部落古迹》（*Vues des Cordillères et monumens des peuples indigènes de l'Amérique*）的第一部分。这将是他所有著作中规模最大的一部——大型对开本、包含69幅精美的铜版画，画上绘有钦博拉索峰、火山、阿兹特克手稿以及墨西哥历法等。每幅插画都伴有若干页解释文字，但铜版画无疑是全书的重中之重。这是一部颂扬拉丁美洲的自然世界、古老文明和原住民的书籍。洪堡在一张便条上写道："自然与艺术在我的工作中紧密相连。"也正是写下这句话的当天，即1810年1月3日，他让一位普鲁士信使将新书送给正在魏玛的歌德。一周后，歌德收到此书，爱不释手。连续几天，不管多晚回到家中，他都会翻开《一览》，进入洪堡的新世界。

著作之余，洪堡继续开展科学实验，并将结果与其他科学家的进行比对。他的通信数量惊人，并在信中频繁地向同事、朋友甚至陌生人连珠炮似的发去问题，从将马铃薯引种至欧洲、奴隶贸易的详细统计数据，一直到西伯利亚最北端村庄的纬度坐标。洪堡的通信对象遍及全欧洲，但也有一些居住在南美洲的联系人。洪堡从他们那里得知，针对西班牙的殖民统治早已民怨载道。杰斐逊寄来了关于美国交通系统的最新进展报告,并将洪堡尊为"全世界最伟大的人之一"。作为回报,洪堡将自己最近的著作寄给杰斐逊。英国皇家学会会长约瑟夫·班克斯与洪堡于20年前在伦敦相识,至今仍保持着稳定的联系。洪堡将来自南美洲的植物标本和自己发表的作品赠送给他,班克斯也利用自己在世界各处的联系人为洪堡提供各式各样的信息。

在巴黎,洪堡匆匆忙忙地奔走各地。一位来访的德国科学家回忆道,他同时住在"三幢不同的房子里",以便可以随时随地开始工作或休息。一天夜里,他睡在巴黎天文台,在观测星空和记笔记之间抽空打了个盹;次日,他便到巴黎综合理工学院去找约瑟夫·路易·盖伊-吕萨克,或到邦普兰的新住所投宿。[1]从早晨8点到中午11点,洪堡轮番拜访全巴黎的年轻学者。一位同事开玩笑地称这为"阁楼之旅":因为这些学者通常囊中羞涩,只能租住在便宜的阁楼间里。

在这些学者中,有一位名叫弗朗索瓦·阿拉戈(François Arago)的新朋友。他是一位才华耀眼的年轻数学家、天文学家,在巴黎综合理工学院的天文台工作。和洪堡一样,阿拉戈喜欢冒险。1806年,20岁的阿拉戈自学成才,被法国政府派往地中海的巴利阿里群岛进行科学观测,却被怀疑为间谍,落入了西班牙人的手中。他在西班牙和阿尔及尔的监狱里待了一年,终于在1809年夏天越狱逃脱——将珍贵的科学数据藏在衬衣夹层里。洪堡听说阿拉戈的大胆冒险经历后,立刻给他写信,要求马上见面。阿拉戈迅速成了洪堡最亲密的朋友——此时正逢盖伊-吕萨克结婚,这恐怕不是什么巧合。

洪堡和阿拉戈几乎天天见面。他们一起工作,分享结果,进行激烈的讨论,有时还会以打架告终。阿拉戈说,洪堡心胸坦荡,但有时过于"尖牙利齿"。他们的友情像暴风骤雨。据一位同事观察,他们二人中经

136

---

1. 1810年,洪堡搬进了一间新公寓,与卡尔·西吉斯蒙德·昆特(Karl Sigismund Kunth)合住,卡尔是洪堡儿时老师昆特的侄子,现在是一位德国植物学家。在若干讨论和争吵之后,洪堡将撰写植物学著作的任务交给了昆特,让邦普兰得以解脱。——原注

常会有一人突然愤然离开，"委屈得像个孩子"。但通常，不快马上就会消散。阿拉戈是洪堡无条件信任的几个人之一，他会在阿拉戈面前表现出自己的恐惧和自我怀疑。洪堡后来写道，他们就像连体双胞胎兄弟，与阿拉戈的友情是自己"生命中最愉快的收获"。二人的亲密关系甚至引起了威廉·冯·洪堡的忧虑。"你知道他的热情只能专注在一个人身上，"他对卡洛琳娜说，现在亚历山大有了这位阿拉戈，"大概再也不愿意与他分离"。

这并不是威廉对弟弟唯一的抱怨。对于亚历山大留在敌国首都巴黎的决定，他仍然无法释怀。威廉自己已于1809年初从罗马返回柏林，就任教育大臣。那时，亚历山大已经搬到巴黎。当威廉看到他们位于泰格尔宫的家宅已在耶拿之战后被法国士兵抢劫一空，不禁大发雷霆。弟弟居然连整理财产、保护家园的心思都没有。他向卡洛琳娜抱怨道："亚历山大本可以保住所有的东西！"

威廉对弟弟十分不满。他自己可是在为祖国尽心服务：首先，他离开了心爱的罗马，回到柏林，对普鲁士的教育系统进行了全面整顿，并建立了柏林的第一所大学。其后，即1810年9月，他迁往奥地利，出任普鲁士驻维也纳大使。威廉尽到了一个爱国者应尽的责任。他希望能将奥地利拉拢为普鲁士和俄国的盟友，以期在对抗法国的战争中卷土重来。

威廉认为，亚历山大"已经丢失了德国人的品质"。亚历山大的大部分著作都用法语写成，并首先以法文出版。威廉屡次试图引诱弟弟回家。当他刚被派往维也纳任大使时，他建议任命亚历山大继任教育大臣的职位；亚历山大的回复非常简单：威廉可以尽情在维也纳逍遥自在，但他无意滞留柏林。亚历山大开玩笑地写道：就连威廉你自己也似乎更喜欢待在国外嘛！

对洪堡的去留产生不满的不止威廉和其他普鲁士人士，连拿破仑都感到担忧。早在洪堡从南美洲归来与他第一次见面时，拿破仑就语出嘲讽地问道："你对植物学感兴趣是吗？我知道，我太太也沉迷于这些事。"一位友人后来评论道，拿破仑不喜欢洪堡，因为他的"意见无法被左右"。

一开始，洪堡试图用自己的著作来平复拿破仑的不悦，但却受到了冷落。　137
他私下说："拿破仑恨我。"

对大部分学者而言，拿破仑主政时期是法国的好时光，因为他大力支持科学。理性继续主导大时代的思潮，科学也成了政治的中心议题。知识即力量，科学从未处于过如此核心的政治地位。大革命以来，很多科学家都担任大臣级别的政府职位，包括洪堡在科学院的同事们，例如博物学家乔治·居维叶、数学家加斯帕尔·蒙日（Gaspard Monge）以及皮埃尔－西蒙·拉普拉斯。

虽然拿破仑对科学的热爱近似于对军事的执着，但他对洪堡几乎毫无帮助。可能是出于嫉妒，因为洪堡的多卷本巨著《去往新大陆赤道地区的旅行》无形中与他自己引以为傲的《埃及述记》(Description de l'Égypte)形成了直接竞争。1798年，近200名科学家随同拿破仑的大军一起出征埃及，希望尽可能地收集那里的资料。《埃及述记》是此次征战的成果，与洪堡的著作一样规模宏大，最终形成长达23卷的巨著，内附1 000多张插图。然而洪堡既没有强大军队的护佑，又无帝国雄厚财力的支持，却取得了更高的成就——他的《旅行》篇幅更长，附有更多彩图。拿破仑确曾读过洪堡的著作，据说甚至在滑铁卢战役前夕仍随身携带。

洪堡从未在任何公开场合获得过拿破仑的支持。拿破仑一直怀疑他的忠诚，认为他是间谍，还让秘密警察检查他的信件，并贿赂洪堡的车夫收集情报，甚至还命令搜查他的房间。洪堡从柏林归来后不久，便提起去亚洲考察的可能，拿破仑命令科学院的一名学者提交一份秘密报告，调查这位野心勃勃的普鲁士科学家。1810年，拿破仑突然下令，洪堡必须在24小时内离开法国。拿破仑并没有给出明确的理由，而是任性地行使自己掌握的权力。拿破仑告诉洪堡，他不再被允许留在这里。最终，经由国会财政部长、化学家让·安托万·沙普塔尔（Jean Antoine Chaptal）出面调解，洪堡才未被遣送出境。沙普塔尔称，让名人洪堡继续留在巴黎是法国的荣耀，他的离开将使法国失去一名最伟大的科学家。

虽然拿破仑猜忌重重，但巴黎仍给予洪堡无限的敬爱。他的著作和　138

演讲在学术界反响热烈，书中的冒险故事得到作家们的推崇，巴黎时髦的上流社会更是为他的魅力和机智所倾倒。洪堡在无数的会见和晚宴之间周旋。他名声远扬，以至于每次在奥德翁剧院附近的普洛寇普咖啡馆吃早饭时，都会引来一小群人围观。马车车夫只要听到"去洪堡先生那儿"就明白怎么走了，不需要更多解释。一位美国访客评论道：洪堡是"巴黎社会的偶像"。他一晚上会出席五个不同的沙龙聚会，在每处停留半小时，飞快地交谈，然后消失。一位普鲁士外交官说，在任何场合都会碰见洪堡。而来访的美国哈佛大学校长注意到，洪堡"对任何话题都应对自如"。一位熟悉他的人感叹道，洪堡"沉醉在对科学的热爱中"。

在沙龙聚会上，洪堡与科学家见面，更结识了同时代的艺术家和思想家。英俊且未婚的洪堡总能引起女士们的注意。其中一位女士陷入了单相思，但却绝望地发现他一直面带微笑的面孔后面"有一层坚冰"；当她问洪堡是否曾坠入情网时，他回答道：是的，"曾像火焰一样热烈地坠入情网"，但只有"科学"这一位情人——"我最初、唯一的爱"。

洪堡不停地更换谈话对象，语速比任何人都快，但声音轻柔。他从不作过久的停留，一位女主人称其难以捉摸，前一分钟还在周围，下一分钟就不知去向。他"瘦削、高雅而灵活，像个法国人"，有着一头凌乱的头发和一双生动的眼睛。洪堡一在聚会中出现，就好像开启了"谈话的闸门"。威廉有时不得不忍受弟弟一连串的讲演。在一次冗长的谈话后，他向卡洛琳娜抱怨道："我只听见各种词语嗖嗖地飞过，耳朵都累坏了。"另一位友人则将洪堡比作"上足了发条的八音盒"，无法停止演奏。而洪堡这样其实只是在"大声地说出自己的思考"。

另有一些人惧怕他的尖刻，所以会特别留意不在他退场前离开聚会，以防成为他在背后嘲讽的对象。还有人描述洪堡像一颗流星，呼啸着划过整个房间。在晚餐会上，他会主导谈话，从一个话题跳跃到下一个。某次，他正说起头颅变小的奇特现象，等一位客人轻声地请邻座把盐递过来时，他已经开始就亚述楔形文字发表另一场演讲。人们说，洪堡的谈吐总是激动人心，因为他思维清晰，毫无偏见。

这些年来，富有的巴黎居民很少觉察到仍在延续的欧洲战争对自己的影响。拿破仑的军队横扫大陆，已经远至俄国；而洪堡及其同事和朋友们的生活却没有什么变化。法国军队节节胜利，巴黎也日益繁荣。城市不断扩大，就像一座巨大的建筑工地。新的宫殿开始兴建，凯旋门已经奠基，虽然要等到20年后才最终建成。当洪堡于1804年从拉丁美洲回来时，巴黎的人口刚过50万，而10年后已经增至70万。拿破仑在欧洲东征西讨，从各国带回整车的艺术品，丰富了巴黎的艺术馆馆藏；抢来的成果包括希腊雕塑、罗马珍宝、文艺复兴时期的油画，以及埃及的罗塞塔石碑。高达42米的旺多姆广场柱仿照罗马帝国图拉真皇帝的凯旋柱而建，是拿破仑辉煌武功的纪念碑。12 000件从敌军俘获的武器熔铸成从基座螺旋而上的浅浮雕，高居顶上的是身着罗马皇帝衣饰的拿破仑雕像——俯瞰着他的城市。

1812年，法国军队在俄国惨败，损失了50万士兵。俄国人的焦土政策让拿破仑大军损失惨重，他们烧毁村庄和农田，令法国人的军队无处获取粮食。俄国的冬天开始了：已经疲惫不堪的大军最后只剩下不到3万名士兵。这成了拿破仑战争的重要转折点。残废的伤兵开始返回巴黎，如同孤魂野鬼般游荡在街头。巴黎人意识到，法国形势不妙。拿破仑的前任外交部部长夏尔－莫里斯·德·塔列朗（Charles-Maurice de Talleyrand）后来说，这标志着"一场结束的开始"。

1813年底，英国军队在威灵顿公爵的指挥下，将法国人赶出西班牙。奥地利、俄国、瑞典和普鲁士四国联军也在德国的领土上击败了拿破仑。大约60万士兵参与了1813年10月的莱比锡会战——所谓的"民族会战"，第一次世界大战前欧洲最残酷的一场战役。俄国的哥萨克战士、蒙古骑兵、瑞典预备役士兵、奥地利边境部队和西里西亚民兵联合起来，彻底击溃了法国军队。

5个半月后，也就是1814年3月底，各国联军浩浩荡荡地行进在香榭丽舍大道上。哪怕是最虚荣的巴黎人也不能再继续无视新现实了。大约17万奥地利、俄国和普鲁士士兵占领了巴黎，他们将旺多姆广场上的拿破仑雕像推翻，换上了一面白旗。英国画家本杰明·罗伯特·海登（Benjamin Robert Haydon）当时正在巴黎，他这样描述当时的乱象：半裸的哥萨克骑兵在腰带上别满了枪，紧挨着的是高大的俄国皇家卫兵——"腰束得紧紧的，像只胡蜂。"街上还有仪容整洁的英国军官、体型庞大的奥地利人和制服笔挺的普鲁士战士，以及身穿锁子甲、背着弓箭的鞑靼人。这些胜利者趾高气扬，惹得每一个巴黎人都"从牙缝里挤出词来诅咒他们"。

1814年4月6日，拿破仑被流放到地中海的厄尔巴岛。然而不出一年，他就秘密出逃，重返巴黎，集结了一支大约20万人的军队。这是他孤注一掷的努力，试图重新征服欧洲。但几个星期后，即1815年6月，英国和普鲁士联军在滑铁卢战役中击败了拿破仑。这一次，他被流放到了遥远的圣赫勒拿岛。那里地处浩瀚的南大西洋，距非洲大陆1 200英里，距南美洲1 800英里。他再也没有回到欧洲。

洪堡目睹了1806年拿破仑击溃普鲁士的经过，而现在，8年以后，他又见证了凯旋的盟军进入法国——他的第二故乡。在一封写给詹姆斯·麦迪逊（已经接替杰斐逊成为美国总统）的信中，他痛心地写道：法国大革命的理念——个人与政治上的自由——似乎成了泡影。洪堡的个人处境也颇为尴尬。作为普鲁士驻维也纳大使的威廉也随盟军到达巴黎，他发现弟弟看上去不像德国人，更像一个法国人。亚历山大感到不快，抱怨着"阵发的忧郁"和慢性胃炎，然而仍然留在巴黎。

他必须面对一些公开的指责：德国的《莱茵水星报》（*Rheinischer Merkur*）刊登了一篇文章，批判洪堡偏爱与法国人的友谊，罔顾祖国人民的荣耀。洪堡深受伤害，愤怒地写了一封回信给作者，但仍没有离开法国。虽然他左右支绌，但仍为科学做出了自己的贡献。联军到达巴黎时抢掠和洗劫了很多地方，其中的部分行为可以说是正当的，因为他们只是把拿破仑抢来的文物从博物馆中取出来物归原主而已——但在大多数情形下，这些行为无非是不加克制的、极具侵略性的暴力。

乔治·居维叶向洪堡求助：普鲁士军队打算将法国植物园改造成一

巴黎植物园。园中有园圃、动物园和自然历史博物馆

处行营。洪堡利用他的关系，说服普鲁士统帅另外选址驻扎军队。一年后，当普鲁士军队在滑铁卢战役后再次回到巴黎时，洪堡又一次保住了植物园中的珍贵藏品。居维叶发现2 000名士兵在花园附近扎营，便又开始担忧起来。他告诉洪堡，士兵们滋扰了园中的动物，并随意触碰珍贵的花草。洪堡拜访普鲁士指挥官，后者保证园中的动植物将安全无恙。

　　到达巴黎的不仅是士兵们，还有接踵而至的各路游人，特别是来自英国的游客——漫长的拿破仑战争已使两国隔绝太久。很多人慕卢浮宫之名而来，因为欧洲其他任何一个博物馆都比不上那里的艺术品收藏。学生们兴奋地在著名的画作和雕塑前临摹，但他们得抓紧时间，因为之后工人们会带着推车、梯子和麻绳而来，将一些藏品带走，归还给原来的主人。

　　英国科学家也开始造访巴黎，很多人刚下榻便去拜访洪堡。来访的包括英国皇家学会前任秘书查尔斯·布莱格登（Charles Blagden），以及未来的皇家学会主席汉弗莱·戴维（Humphry Davy）。尤其是戴维，他可称得上是实践了洪堡推崇的理念——他既是一位诗人，又是一名化学家。在他的笔记本中，同一张纸的一面记录着对实验结果的客观描述，另一面则写有自己的感受和情感反应。他在皇家研究院（Royal Institution）的演讲大受欢迎，在他开讲的日子里，周围的街道都会被围得水泄不通。诗人柯勒律治——另一位洪堡的崇拜者——经常去听戴维的演讲，按诗人自己的说法，这是为了"扩充头脑中的比喻储备"。和洪堡一样，戴维相信想象力以及理性是哲学思想得以臻于完美的必要条件——它们是"孕育发现的创造源泉"。

洪堡乐于与科学家见面、交换彼此的想法和手中的资料，但欧洲的生活让他日渐烦恼。这些年的政治风波让他无法安心；整个欧洲四分五裂，他找不到继续吸引自己的东西。他对歌德说："我对世界的看法日益惨淡。"洪堡怀念热带，或许只有等到"再次前往炎热地带生活"的那一天，他才能真正地开心起来。

12

革命与自然：
西蒙·玻利瓦尔与洪堡

　　我从洪流奔涌的奥里诺科河——这个向水神致祭的地方而来，迈步向前，浑身裹在虹霓的斗篷里。我去探访过亚马孙流域具有魔力的泉眼，竭尽全力地攀登宇宙的瞭望塔。我寻找着德拉孔达米纳[1]和洪堡的足迹，大胆地追随他们。没有任何事物可以阻拦我。我攀登到冰川的高处，感受到那里的稀薄空气，不得不屏住呼吸。在这座位于崇高的安第斯山脉之上的庄严庙宇之中，永恒之手放置了一顶钻石王冠——未曾被人类的足迹玷污。我对自己说：虹霓女神的彩衣将成为我的旗帜。我已经披着它穿越了炼狱般的区域。而它将继续穿越河流和海洋，在安第斯壮阔的巨肩上冉冉升起。快到达哥伦比亚时，地势已经变得平缓，就连时间都无法羁绊自由前行的步伐。战争女神贝罗娜在虹霓的光辉面前低下了头。我为何迟迟没有踏上这位寰宇巨人冰雪般洁白的发梢？我当然要踏出这一步！在从未经历过的灵魂震颤中，我感到一股神圣的狂热。我将洪堡的足迹留在身后，在环绕钦博拉索峰顶的永恒冰晶上，我留下了自己的脚印。

　　　　　　　　　　——西蒙·玻利瓦尔，《钦博拉索峰顶的呓语》，1822

　　回到南美洲的不是洪堡，而是他的朋友西蒙·玻利瓦尔。他们于1804年在巴黎初遇，3年后，玻利瓦尔离开欧洲，胸中燃烧着倡导自由、三权分立与人民和统治者之间订立社会契约的启蒙思想。刚刚踏上南美洲的土地，玻利瓦尔便信守自己在罗马萨科罗山顶立下的誓言，决意解　144

---

1. Charles-Marie de La Condamine（1701—1774），法国探险家、地理学家、数学家，曾经花十年时间在今天的厄瓜多尔测量赤道附近的纬度，并筹划了第一幅根据天文观测所绘制的亚马孙流域的地图。

放自己的国家。但与西班牙统治者的战斗注定漫长，无数爱国者会流血牺牲；亲密的朋友将在这场反叛中反目成仇，相互背叛。面对残忍、混乱和随之产生的巨大破坏，他们花了将近20年的时间才将西班牙人彻底赶出这片大陆。最终，玻利瓦尔将成为新的独裁统治者。

其实，洪堡的著作也为这场斗争注入了活力，他笔下的南美洲自然与人文似乎让殖民地的人民意识到这片大陆的独特及其富饶。洪堡的著作和思想将为拉丁美洲的解放提供精神食粮——从他对殖民主义和奴隶制的批判，到对自然风景的描绘。1809年，《植物地理学随笔》在德国出版两年后被翻译成西班牙文，波哥大一位曾经见过洪堡的科学家弗朗西斯科·何塞·德·卡尔达斯将这本书发表在他自己创立的一份科学刊物中。玻利瓦尔后来称，洪堡用一杆笔唤醒了南美洲，并充分说明了南美洲人民为这片大陆感到自豪的诸多理由。至今，洪堡的名字在拉丁美洲的驰名度仍远高于在欧洲或美国的影响力。

在他的革命生涯中，玻利瓦尔屡次以自然的景象来解释自己的信念，犹如手执洪堡之笔。他将目前的形势比作"风暴中的海洋"，而革命者正"驾驶孤舟行进在海上"。为了唤起同胞们的革命意识，他时常提起南美洲的壮阔地貌——这片绝美的大陆处在"宇宙的中心"——提醒他

今日厄瓜多尔境内的钦博拉索峰与卡里瓦伊拉索火山——洪堡《美洲山系一览》中最引人注目的插图之一

们一切都值得为之奋斗。受困于乱局的时候，玻利瓦尔总是去荒野中找寻意义：在野性未驯的自然中，他发现了人类残酷本性的写照。虽然这并不能改变战局本身，但却有着奇特的安慰效果。玻利瓦尔的目标是将殖民地从西班牙殖民的枷锁中解放出来，而自然界的图像、比喻和寓言都充实了他描述自由的语言。

森林、山峰与河流点燃了玻利瓦尔的想象世界。一位部下评论道，这位领袖"真心热爱自然"。玻利瓦尔自己也说："原始的自然使我的灵魂目眩。"他一直热爱户外活动，年轻时便喜爱乡居生活与农事。在加拉加斯附近的故宅圣马提奥周围，他骑马穿越山野，在这里度过了大把青年时光，而这也孕育了他与大自然的紧密联系。每当看到高山的时候，玻利瓦尔尤其会想起故乡。1805 年春天，当他从法国步行前往意大利时，阿尔卑斯山的景象让他的思绪返回祖国，瞬间远离了充斥着赌博与酗酒的巴黎生活。同年夏天在罗马与洪堡见面时，他已开始认真地筹划一场起义。1807 年，他回到委内瑞拉，心中"燃烧着解放祖国的火焰"。

拉丁美洲的西班牙殖民地分为四个总督辖区（viceroyalty），统辖1 700 万人口。其中新西班牙总督辖区包含墨西哥、加利福尼亚和中美洲局部，而新格拉纳达总督辖区则囊括南美洲北部（包括今天的巴拿马、厄瓜多尔和哥伦比亚，以及巴西西北部和哥斯达黎加）。再往南是秘鲁总督辖区和拉普拉塔总督辖区，后者的首府是布宜诺斯艾利斯，相当于今天阿根廷局部、巴拉圭和乌拉圭。另外还有所谓的都督辖区（captaincy general），例如委内瑞拉、智利和古巴。都督辖区是给予该地区自治权的行政区划，和总督辖区平级，只是名目各异。三个世纪以来，这个庞大的帝国都供给着西班牙的经济发展，但帝国看似完固的表面已经开始出现裂痕：原本属于新西班牙总督辖区的路易斯安那首先被法国人夺走，然后于 1803 年卖给美国。

西班牙殖民地在拿破仑战争中普遍受到沉重的打击。英法海军的封锁让贸易停滞，随之而来的是财政收入的大幅度下滑。与此同时，富有

146

的克里奥尔人（如玻利瓦尔）意识到，西班牙在欧洲地位的削弱是一个可乘之机。1805年，英国人在特拉法加海战中击毁了多艘西班牙战船，取得了拿破仑战争中最具决定性的海战胜利；两年后，拿破仑入侵伊比利亚半岛，逼迫西班牙国王斐迪南七世退位，勒令其将王座让给拿破仑的哥哥。西班牙不再是全盛时期的煊赫帝国，而是沦为法国手中的一枚棋子。国王退位，母国被邻国占据，一些南美人开始想象未来的另一种可能。

1809年，也就是斐迪南七世退位的次年，第一声呼唤独立的号角在基多吹响，克里奥尔人从西班牙官员手中夺取大权。一年后，即1810年5月，布宜诺斯艾利斯的殖民地居民继之而起；同年9月，在墨西哥城西北方向200英里处的小城多洛雷斯，一位名为米格尔·伊达尔戈－科斯蒂利亚（Miguel Hidalgo y Costilla）的神父号召人民起来抗争。这支力量团结了克里奥尔人、混血族裔、印第安原住民和重获自由的奴隶，一个月内就聚集起了6万人的军队。暴乱和动荡席卷了西班牙所属的各大总督辖区，委内瑞拉的克里奥尔人精英也于1811年7月5日宣布独立。

九个月后，天意似乎又站在了西班牙人一方。1812年3月26日，玻利瓦尔的故乡加拉加斯正在举办复活节的布道活动，人们如潮水般涌进教堂。就在这时，一场大地震突然袭来，城市变成废墟，数千人因此罹难。大小教堂纷纷坍塌，虔诚的教徒们被压在瓦砾之下，最终丧命。空气里弥漫着厚厚的尘埃，大地仍在震颤。玻利瓦尔在绝望中检视灾后的废墟现场。很多人将地震看作上帝对他们叛变的惩罚。牧师们严厉地斥责那些"罪人"，宣布"神的正义"已经惩罚了他们的革命。然而卷起袖子站在废墟中的玻利瓦尔仍不肯低头。"即便自然决定与我们作对，"他说，"我们也要抗争到底，直到她屈服为止。"

八天之后，另一场大地震袭来，死亡人数上升至两万人，这可占了加拉加斯全城一半左右的人口。巴伦西亚湖以西的种植园里，奴隶们发动暴乱；他们抢劫庄园、杀死奴隶主，委内瑞拉陷入了无政府状态。玻利瓦尔当时负责驻守委内瑞拉北方的沿海重镇卡贝略港（位于加拉加斯以西100英里处）。面对从海上袭来的西班牙皇家军队，他手中只有5名军官和3名战士，完全无法抵抗；几周内，革命军就向西班牙军队缴械投降。在克里奥尔人宣布独立仅一年多后，所谓的第一共和国便宣告灭亡。西班牙国旗重新飘扬在城市上空。玻利瓦尔于1812年8月底逃离那里，最后藏身在加勒比海的库拉索小岛。

在拉丁美洲革命风起云涌之际，美国前总统杰斐逊向洪堡提出了一连串问题：假如革命成功，他们会建立什么样的政府？会建立一个平等的新社会吗？独裁主义会占上风吗？"没有人比您更合适回答这些问题，"杰斐逊在信中写道。作为美国的开国元勋之一，杰斐逊对西班牙殖民地的命运深表关注，并且极为担心南美洲新政权不采用共和制度。与此同时，杰斐逊也对一个独立的南美洲大陆将对美国经济造成的影响颇为忌惮。在西班牙的控制之下，美国向南美洲出口大量麦子等谷物；一旦这些国家改变单一经济作物的种植模式，那么，杰斐逊向驻美西班牙大使坦言："他们的出产和商贸将对我们构成竞争。"

与此同时，玻利瓦尔筹划着他的下一步行动。1812年10月底，也就是逃亡两个月后，他到达新格拉纳达总督辖区北面的沿海港口城市卡塔赫纳。玻利瓦尔想联合所有殖民地的力量，共同为南美洲的独立而战斗，不再像以前一样单兵作战，虽然他只有一支小规模的军队，但据传其手中拥有洪堡绘制的精确地图。玻利瓦尔在离家数百英里的地方展开了一场大胆的游击战。虽然他并没有受过多少正规的军事训练，但在从卡塔赫纳向委内瑞拉进军的途中，无论是登上高山、潜伏于密林之中，还是踏过蛇与鳄鱼频繁出没的河流，他常常能在艰苦的环境中出奇制胜。最终，玻利瓦尔获得了马格达莱纳河的控制权。十几年前，洪堡曾乘船沿着这条河流从卡塔赫纳向波哥大进发。

行军途中，玻利瓦尔向新格拉纳达人民发表了热情洋溢的演说。"西班牙人的统治延伸到哪里，"他说，"哪里就遍布死亡与荒凉！"越来越多的新兵加入他的队伍。玻利瓦尔相信，南美洲各殖民地必须联合起来；因为如果一处地方的人民遭到奴役，其他地方也难免其殃。西班牙殖民

西蒙·玻利瓦尔

148 统治就像"一个痈疽"，如果不能下定决心截断被感染的肢体，那么全身都会坏死。他认为，正是殖民地的内部分歧导致了革命的失败，而非西班牙人的武力。殖民者像"蝗虫"，咬噬着"自由之树的种子与根系"，唯有集中力量才能将其歼灭。他试图用自己的魅力去感染新格拉纳达人民，有时也动用威胁与武力——鼓励他们和他一起去委内瑞拉，解放加拉加斯。

不顺利的时候，玻利瓦尔常常很急躁，而且口不择言。当一个军官拒绝跨入委内瑞拉境内时，他吼叫道："前进！要么你开枪打死我，要么上帝保佑，我一定会开枪打死你。"另一次，他说："马上给我一万支枪，否则我就要疯了！"他的决心极富感染力。

玻利瓦尔是个充满矛盾的人。他可以在密林中挂上吊床酣睡，也能在拥挤的舞池中自如畅玩；他会划着独木舟沿奥里诺科河而下，在途中急不可耐地为自己的国家起草第一部宪法，也愿意为了等待情人的到来而推迟与自己利益攸关的军事行动。他热爱跳舞，称它为"动作之诗"；却也能在下令处决几百名囚犯时毫不留情。心情愉快时，他极富魅力；但若被冒犯，则暴跳如雷。他的情绪阴晴不定。一位部下曾这么评论：他的心境变换之快，令人难以置信。

这位强调行动的革命家，同时也相信书面文字具有改变世界的力量。 149 革命后期，他在安第斯山脉中跋涉和穿过广袤的亚诺斯平原时都随身带着印刷装置。他的思维清晰而敏捷，经常向几位秘书同时口授若干封信件，并以不假思索地做决定而著称。他说，有些人需要独处才能思考，"但我能在舞会的欢愉和喧闹当中做出最好的判断、反思，并慢慢定夺"。

玻利瓦尔带领着他的军队，从马格达莱纳河向东行军，翻山越岭，在与西班牙皇家部队的作战中接连取胜。1813年春天，登陆卡塔赫纳六个月后，玻利瓦尔解放了新格拉纳达全境。但委内瑞拉仍在西班牙人手中。1813年5月，玻利瓦尔军沿高山而下，迫近山谷中的梅里达（委内瑞拉的城市）。西班牙守军听到风声，弃城而逃。玻利瓦尔带领军队入城时，军中战士个个衣衫褴褛，饱受饥饿与热病的折磨，但当地人仍把他们视为凯旋的英雄。梅里达的民众称玻利瓦尔为"解放者"（El Libertador），600名新兵加入了他的队伍。

三个星期后，即1813年6月15日，玻利瓦尔颁布了一道残酷的命令：向西班牙人挑起"死亡之战"。居住在殖民地的所有西班牙人都被判处死刑，除非他们加入玻利瓦尔的军队。这一冷酷无情的命令十分有效。第一批西班牙人被处决之后，忠于王室的士兵们开始大规模投诚，加入共和国军。越接近加拉加斯，投降的人数越多。8月6日，玻利瓦尔军抵达首都，西班牙人已经逃尽，于是他们不战而胜。玻利瓦尔对当地居民说："你们的解救者已经来了！他们从马格达莱纳河洪水泛滥的岸边出发，来到阿拉瓜鲜花盛开的山谷。"他提到行军途中经过的广袤高原和高耸的山峰，把自己取得的胜利与南美洲崎岖壮丽的荒野联系在一起。

玻利瓦尔的战士们在"死亡之战"的旗帜下驰骋委内瑞拉，几乎见到西班牙人就杀。与此同时，另一支号称"地狱军团"的力量异军突起。这支军队的主力是亚诺斯平原上粗野的居民、梅斯蒂索人[1]和奴隶们，他们的指挥官是残忍、暴虐的西班牙人何塞·托马斯·博韦斯（José Tomás Boves）。博韦斯曾在亚诺斯以贩卖牲口为生，在他的指挥下，手下军团杀死的共和国军多达 8 万人。他仇恨玻利瓦尔代表的富有的克里奥尔人，并宣扬他们比西班牙人更可怕。玻利瓦尔的革命迅速沦为一场无情的内战，一位西班牙军官将委内瑞拉描述为"死亡之域"："原本有数千人居住的城镇现在只剩下几百人，甚至几十人。"村庄在燃烧，未埋葬的尸体暴露在街道上和田野间，最终化为一具具枯骨。

150

洪堡已经预见，南美洲的独立道路势必会导致巨大的牺牲，因为殖民地社会本身存在根深蒂固的隔阂。他告诉杰斐逊，三个世纪以来，欧洲人想尽一切办法鼓动和固化各种族之间的仇恨。克里奥尔人、梅斯蒂索人、奴隶和原住民不是一个联合的整体，而是充满分歧和互不信任的。对玻利瓦尔而言，这一警告将构成深深的困扰。

与此同时，西班牙终于从拿破仑的控制下解放出来，可以腾出手来对付殖民地的叛乱。斐迪南七世夺回王位，派遣由 60 艘船组成的战斗舰队，一共率领 14 000 多名兵士向南美洲进发。在西班牙有史以来派往新世界的部队中，这是规模最大的一支。1815 年 4 月，当西班牙军队抵达委内瑞拉时，玻利瓦尔共和国军的军力已经在同博韦斯的缠斗中大大削弱，完全无力抵抗。5 月，西班牙皇家军队夺回加拉加斯，革命似乎就此告终。

玻利瓦尔又一次逃亡。他来到牙买加，试图为革命寻求国际上的支持。他致信英国前任国务大臣理查德·科利·韦尔斯利（Richard Colley Wellesley）爵士寻求帮助。"地球上最美丽的一半面临着化为焦土的危险，"玻利瓦尔警告说。如有必要，他甚至愿意步行前往北极——但这仍无法打动英国和美国，他们都不愿直接插手干预局势多变的西班牙殖民事务。

---

1. Mestizo，欧洲人与美洲原住民的混血族裔。

美国第四任总统詹姆斯·麦迪逊宣布，所有美国公民都不得加入任何针对"西班牙统治区"的军事行动。前总统约翰·亚当斯认为，在南美洲实行民主的想法实在荒唐可笑——就好比要在"鸟儿、野兽和鱼群中"建立民主制度一样。杰斐逊也再三强调对专制暴权的担心。他在给洪堡的信中问道：一个"由牧师统治"的社会如何能够建立自由的共和国政府？杰斐逊坚持认为，300年的天主教统治已经将殖民地的人们变成了愚钝的儿童，并"给他们的心灵锁上镣铐"。

洪堡在巴黎焦急地关注着南美洲的局势。他给美国政府高官写信，敦促他们帮助南方的同胞，并抱怨他们回复得太慢。一位住在巴黎的美国将领建议杰斐逊将洪堡的请求当作紧急事务来处理，因为他的影响力"超过其他任何一位欧洲人"。

在当时的欧洲和北美洲，没有人比洪堡更了解南美洲——他是这一方面的绝对权威。关于这片当时不为人所知（"令人羞愧的无知。"杰斐逊语）的大陆，他的著作中蕴藏了丰富的信息。其中格外受到关注的是一部名为《关于新西班牙王国的政治随笔》（*Political Essay on the Kingdom of New Spain*）的书稿。全书共5卷，于1808—1811年间陆续问世，刚好赶上举世瞩目的南美洲独立运动。

洪堡定期将刚出版的新书寄给杰斐逊。这位前总统仔细地通读全书，尽可能地增进对发生起义的殖民地的了解。他告诉洪堡："我们关于他们的知识几乎全部拜您所赐。"杰斐逊和他的政治盟友们陷入了两难境地：他们希望看到自由的共和国制度传播到更远的地方去；但与此同时，给一个立足未稳的南美洲新政权提供官方支持要冒极大风险，何况那可能意味着一个强有力的经济竞争对手将在南半球崛起。杰斐逊相信，与"实际可行的选择"相比，美国并不期望南美洲的局势如此发展；他不希望殖民地联合起来成为一个国家，而更希望保留现有的格局，分为多个小国——因为"倘若形成一大片国土，那么他们就会成为一个可怕的强邻"。

杰斐逊并不是唯一一个从洪堡书中获取情报的人：玻利瓦尔也急迫

地翻阅着这些书，因为关于这片他想要解放的大陆，绝大部分是他完全不了解的。在《关于新西班牙王国的政治随笔》中，洪堡不厌其烦地将他对地理、植物、种族冲突、西班牙人所作所为的观察与殖民统治对环境的影响联系起来，并交代了手工业、矿业和农业的劳工处境。他提供了财政收入、军事防御以及道路和港口的相关信息，并附上大量的数据表格，从银矿产量到农田收成，以及各殖民地商品进出口的总额。

洪堡在这部书中清晰地陈述了若干观点：殖民主义对民众和环境造成了灾难；殖民地社会建筑在人与人的不平等关系之上；原住民不是野人，也不是野蛮人；和欧洲人一样，殖民地居民完全有能力进行科学研究、艺术创作和手工业生产；南美洲的未来将基于自给自足的农业，而非单一经济作物的栽培或采矿。虽然讨论的范围仅及于新西班牙总督辖区，但洪堡总是将他的数据与欧洲、美国和其他南美西班牙殖民地进行对比。正如将植物放在更大的生态环境中研究，进而去发现遍及全球的分布规律，他揭示了殖民主义、奴隶制与经济生产之间的联系。《关于新西班牙王国的政治随笔》并非一部普通的游记，也不是频繁赞美壮丽风景的旅游指南，而是一部充满事实、数字并附有翔实数据的手册。因为考虑到该随笔详尽而令人压抑的严谨，该书英文版的译者在前言中写道：这本书"可能会让读者感到疲劳"。不过不出意外，洪堡为此后的著作更换了另一位英文译者。

这位受到卡洛斯四世特许进入西班牙南美洲殖民地的访客，现在却回过头来对殖民统治发表激烈的批评。洪堡告诉杰斐逊，他的书中充满了"个人独立情感的表达"。他指责西班牙人在种族之间挑起仇恨，例如传教士残酷地对待印第安原住民，并对"原住民应该受到谴责"表现出一种"狂热的态度"。帝国统治从殖民地榨取原材料，每到一处都极大地破坏了当地的环境。他认为欧洲殖民地政策残酷且不正当，南美洲已经被其征服者破坏殆尽。欧洲人对财富的渴求给拉丁美洲带来了"权力的滥用"。

洪堡的批评基于自己的观察，辅以殖民地学者提供的信息；此外，他还从墨西哥城与哈瓦那的政府档案中获取了大量统计资料和人口数据。返回欧洲之后，洪堡重新审视这些成果，并逐步发表。《关于新西班牙王国的政治随笔》是第一步，接下去便是《关于古巴岛的政治随笔》。洪堡对殖民主义和奴隶制的强烈谴责揭示了事物之间的联系：气候、土壤、农业与奴隶制度、人口、经济密切相关。洪堡称，唯有等到"打破可憎的垄断制度的那天"，殖民地才能获得真正的自由，并达到自给自足的水平。他坚持认为，是"欧洲人的野蛮行径"催生了这个不公正的世界。

1815 年 9 月，玻利瓦尔在所谓的"牙买加书简"中提到了老朋友洪堡，称赞他对新大陆的了解有如百科全书般全面、透彻，是南美洲问题当之无愧的权威。四个月前，西班牙舰队抵达南美洲，玻利瓦尔逃亡到牙买加。在这些书简中，他阐述了自己的政治思想和对未来的展望。他十分赞同洪堡对殖民主义造成的破坏的批评，并写道：这里的人民遭受奴役，囿于经济作物的栽培和矿产的开采，一切都只为满足西班牙人无休止的贪欲；但即便是最富饶的土地和最丰富的矿井，也"永远无法满足那个贪婪的国家"。他警告道，西班牙人已经对大面积的土地造成了破坏，"这片土地正在变成荒漠"。 153

洪堡在书中写道，有些农场的土壤极其肥沃，只需稍微耙一耙便能获得极好的收成。玻利瓦尔以近乎一致的方式质问道，那么为何这片天然资源如此丰富的土地，竟会长久地陷于压迫和受支配的地位。同样，在《关于新西班牙王国的政治随笔》中，洪堡认为封建制度的罪恶正从北半球传播到南半球。玻利瓦尔也在书简中将西班牙对殖民地的控制比作"一种封建的所有制"。但他坚持认为，革命者们会继续抗争到底，因为那条捆缚他们的锁链已经被击碎。

玻利瓦尔同时意识到，奴隶制度是牵动冲突进程的中心。与博韦斯及其"地狱军团"进行的艰苦内战给了他一个重要的教训：自己所代表的克里奥尔种植园主集团，其财富建筑在奴隶的劳力之上；因此，如果不能将奴隶们争取过来，那么他们将继续与他为敌；而没有奴隶们的帮助就不会有革命。在一场针对他的刺杀行动失败后，玻利瓦尔继续流亡海地。在那里，他与海地共和国的第一任总统亚历山大·佩蒂翁（Alexander Pétion）讨论了相关问题。

海地原本是法国殖民地。1790 年初，奴隶们发起暴动，并于 1804 年宣告独立。海地共和国的开国元勋之一佩蒂翁是混血族裔，其父亲是一位法国富商，母亲拥有非洲血统。他是唯一答应帮助玻利瓦尔的国家领导人和政治家。佩蒂翁保证提供武器并派出战船，但条件是必须解放奴隶。玻利瓦尔同意了，他说："奴隶制是黑暗的女儿。"

在海地停留三个月后，玻利瓦尔带领一支佩蒂翁派遣的小型舰队向委内瑞拉进发，上面满载着弹药、武器和兵士。他们于 1816 年夏天登岸。登岸后，玻利瓦尔马上宣布，所有的奴隶将获得自由。这是非常重要的第一步，但他花了不少力气去劝说克里奥尔精英阶层接受这一计划。3 年后，他仍感到奴隶制度如同一层黑纱笼罩着整个国家。他再一次以自然现象作为比喻写道："乌云密布，暗无天日，一切都预示着将有烈火从天而降。"玻利瓦尔解放了自己庄园的奴隶，并承诺凡是加入军队的奴隶都可获得自由。但是等到 10 年后，也就是 1826 年，他才将完全废除奴隶制度写入玻利维亚宪法。不过，即使是当时公认开明的美国政治家杰斐逊与麦迪逊，他们自家的庄园尚且还拥有数百名奴隶，因此玻利瓦尔的决策可谓大胆。洪堡在南美洲目睹了库马纳附近奴隶市场的悲惨景象，之后便成了坚定的废奴主义者。他十分欣赏玻利瓦尔的决定，在此后的一部著作中称赞玻利瓦尔为世界树立了榜样，与美国的态度形成了鲜明的对比。

此后数年，洪堡都在巴黎关注拉丁美洲的动态。革命形势起起落落：玻利瓦尔慢慢地将各地反抗西班牙人的武装组织联合起来。革命军控制了部分区域，但各地相隔遥远，并且缺乏统一的调度。例如在亚诺斯平原，博韦斯于 1814 年去世，一位名叫何塞·安东尼奥·派斯（José Antonio Páez）的领袖继之而起，赢得了亚诺斯人民的支持，却倒向了共和国军一边。1818 年初，他带领 1 100 名勇猛的亚诺斯骑兵与徒手带着弓箭的印第安原住民，在开阔的草原上击败了4 000多名训练有素的西班牙军人。这些久经风雨、不修边幅的大汉是最有战斗力的骑士。在城市中长大的克里奥尔人玻利瓦尔并不是他们理想中的领袖，但他们最终还是给予他足够的尊重。身高五英尺六英寸的玻利瓦尔，体重只有130磅[1]，可算是十分瘦弱；但他在马背上表现出的惊人耐力和力量，为其赢得了"铁骑"的绰号。无论是将双手缚在背后游泳，还是从马头方向一跃下马（看到亚诺斯人这样做之后，他也开始练习），玻利瓦尔的英勇表现都让派斯的部下对他刮目相看。

洪堡大概已经认不出玻利瓦尔了：那个身着时髦衣饰、毫无顾忌地游荡在巴黎的年轻人，现在却习惯穿着简朴的外套和黄麻鞋。虽然才30多岁，但他的脸庞已经有了皱纹，皮肤暗黄，不过目光炯炯有神，讲话时拥有鼓舞人心的力量。几年内，玻利瓦尔失去了他的种植园，并数次被迫流亡；他对部下不留情面，但对自己也一样。他经常裹着斗篷直接睡在地板上或整日骑着马在崎岖的山路上跋涉，即使这样，他晚间仍有精力阅读一些法国哲学家的著作。

加拉加斯所在的委内瑞拉北部，以及新格拉纳达总督辖区的大部分仍由西班牙人控制，但玻利瓦尔在东部省份与奥里诺科河沿岸取得了不少胜利。革命的进程不像他想象的那样顺利，但他相信，在已解放的地区实行选举与制定一部宪法的时机已经成熟。国会在奥里诺科河畔的安戈斯图拉（今天委内瑞拉的玻利瓦尔城）召开；这里也是20年前，洪堡和邦普兰在探寻卡西基亚雷河的艰苦旅行后患上热病的地方。既然加拉加斯仍被西班牙人占据，安戈斯图拉便成了共和国的临时首都。1819年2月15日，26位与会代表在一幢原政府所在地的简朴砖房中集会，聆听玻利瓦尔关于未来计划的报告。他公布了自己在奥里诺科河上航行时起草的宪法，并再三强调种族与阶级、各殖民地团结的重要性。

在安戈斯图拉的演说中，玻利瓦尔提醒他的同胞们，这是在为一片

155

---

1. 1磅≈453.59克

"壮美而充满活力"的大陆而奋斗，世界上再没有其他地方拥有如此丰富的自然资源。他谈到自己的灵魂升上高空，从而可以纵览这片广袤土地的未来景象——一个将西岸与东岸团结在一起的整体。玻利瓦尔说，自己只不过是"革命飓风中的一介玩偶"，但他决心继续追逐自由南美洲的梦想。

1819年5月底，也就是对国会发表演讲的三个月后，玻利瓦尔调动全部兵力，下定决心开始一场横跨大陆的远征：从安戈斯图拉出发，解放新格拉纳达。他的麾下有派斯的骑兵、印第安人、被解放的奴隶、梅斯蒂索人、克里奥尔人，还有妇女和儿童。此外，不少英国退役军人在拿破仑战争结束时加入玻利瓦尔的军队——成千上万的士兵从欧洲战场返回家乡，却找不到合适的工作。玻利瓦尔派驻伦敦的非官方使节不仅努力地在国际上争取对革命的支持，更积极地招募这些失业老兵。5年内，多达5 000名军人——所谓的英国军团——从英伦三岛抵达南美洲，一并带来50 000支来复枪和毛瑟枪，以及数百吨军火。有些人出于政治理念而决定前来，有些则是为了钱。但无论怎样，玻利瓦尔的运气正在慢慢好转。

这支奇特的混合军队在其后的几星期内实现了不可能的任务：他们冒着倾盆大雨一路向西，穿过洪水泛滥的亚诺斯平原，向安第斯山脉行进。当他们从小镇皮斯瓦翻过壮观的山脊时，鞋底已经磨破，很多人的裤子也被磨破，只好裹着毯子继续前进。他们赤脚走路、饥寒交迫，最156 终战胜了坚冰和稀薄的空气，登上了13 000英尺的高峰，然后下山向敌人的核心营盘迎去。数日后，也就是7月底，他们出其不意地袭击了西班牙皇家部队，挥舞着长矛的亚诺斯人与冷静而坚决的英国军团让敌人闻风而逃。玻利瓦尔有如神助一般，随时出现在任何需要他的地方。

他们相信，如果能够活着翻越安第斯山，那么就一定能击败西班牙军队。于是他们真的这样做了。1819年8月7日，为几天前的胜利所鼓舞，玻利瓦尔军在博亚卡战役中取得了决定性胜利。当他们沿着山坡冲锋而下时，西班牙皇家军队闻风丧胆，转身奔逃。扫除了通往波哥大的障碍，玻利瓦尔指挥军队"如闪电般"进军首府。一位军官这样形容当时的玻利瓦尔：策马飞奔，衣襟敞开，袒露胸膛，长发在风中飞扬。他们占领了波哥大，也意味着新格拉纳达获得独立。同年12月，基多、委内瑞拉和新格拉纳达宣布合并，成立大哥伦比亚共和国，由玻利瓦尔出任总统。

在此后的几年中，玻利瓦尔继续征战。1821年夏天，他收复了加拉加斯；1822年6月，他以胜利者的姿态进入基多。20年前，就在同样的路线上，巍峨崎岖的景致极大地激发了洪堡的想象力。玻利瓦尔从未到过南美洲的这片土地。山谷里的肥沃土壤滋养了无数大树，树上开满了奇异花朵，香蕉树上也结满了果实。更高处的平原上有小群羊驼，神鹫在高空中借着风势轻盈地盘旋。基多以南，火山一座接一座矗立在山谷两旁，如同一条天然大道。玻利瓦尔感叹道，从未在其他地方见过"自然如此丰厚的馈赠"。虽然眼前的风景十分美好，但他也意识到自己多年来所放弃的安逸农场生活，回归田园，享受美景。他被这番雄伟的景观深深地打动，并将自己的情感付诸文字，写下了一首抒情诗，题为《钦博拉索峰顶的呓语》。在这首诗中，解放拉丁美洲的历程化作了一个寓言。

在这首诗中，玻利瓦尔想象自己跟随洪堡的足迹，一步步地登上雄伟的钦博拉索峰，并将这座火山比作与西班牙殖民者进行的斗争。到了高处，他将洪堡的足迹留在身后，踏着更高处的积雪继续前行。在稀薄缺氧的空气中，每走一步都需要付出巨大的努力，玻利瓦尔眼前出现了时间扭曲的幻觉。他发着高烧，在近乎昏晕时看到过去和未来似乎都在自己面前涌现。高高的苍穹之上是永恒，他大喊道："我用双手抓住永恒，脚下是滚烫的炼狱牢笼。"玻利瓦尔俯瞰大地，借钦博拉索峰比喻自己的人生，称它嵌入了南美洲的历史时空。他就是大哥伦比亚共和国——这个自己亲手建立起来的崭新国家，大哥伦比亚就是他自己。他是殖民地的救赎者，将命运掌握在自己手中。在钦博拉索玄冰覆盖的山坡上，玻利瓦尔以这句话作为诗的终结：哥伦比亚用洪亮的声音在我耳边呼喊。

钦博拉索峰成了玻利瓦尔赋予革命和自身命运的重要隐喻，这并不令人惊讶——直到今天，这座山峰还在厄瓜多尔的国旗上。玻利瓦尔又

157

一次从自然界中汲取灵感，借此来说明自己的思想与信念。3年前，他曾对安戈斯图拉的国会成员说，自然给了南美洲如此丰厚的宝藏。他们将让旧世界看到新世界的威仪。而钦博拉索峰（不久前刚因为洪堡的著作而驰名世界）恰好成了革命精神的最好象征。玻利瓦尔致信自己旧日的老师西蒙·罗德里格斯，邀请他"来钦博拉索峰"，亲眼看一看这架通往神界的阶梯，这个新世界中神圣不可侵犯的天然堡垒。玻利瓦尔说，站在山顶可以让人不受遮蔽地看见过去和未来。钦博拉索峰是"自然界的王座"，万夫莫开，永恒屹立在天地之间。

1822年，也就是创作《钦博拉索峰顶的呓语》时，玻利瓦尔的声望到达了顶峰。他统领着南美洲将近100万平方英里的国土，其领土面积甚至比拿破仑帝国最盛时还要大。南美洲北部的各殖民地——相当于今天的哥伦比亚、巴拿马、委内瑞拉和厄瓜多尔的大部分地区——已经解放，只有秘鲁还处在西班牙的控制之下。但玻利瓦尔还有更深远的设想：他梦想建立一个泛美洲联邦，从巴拿马的地峡一直到秘鲁总督辖区的最南端，西起太平洋海岸的瓜亚基尔，东至委内瑞拉的加勒比海岸。他表示，这样的联邦就像"一个巨人"，"一个眼神就能让大地颤抖"。这样强大的邻国正是杰斐逊所忌惮的。

一年前，玻利瓦尔给洪堡写了一封信，强调其对南美洲自然界的描述有多么重要。洪堡动人的文字将他和其他革命者从无知中"连根拔起"。他写道，这些文字让他们从此为自己出生的大陆感到自豪。他坚持认为，洪堡称得上是"新世界的发现者"。事实上，玻利瓦尔呼唤同胞们团结158 起来进行抗争的宣言，也很可能受到了洪堡痴迷火山的影响："一座伟大的火山躺在我们脚下……奴役的枷锁即将打破！"

玻利瓦尔继续频繁地使用自然界的隐喻。自由就像"一棵珍贵的植物"。而当新生国家的内部出现混乱和分裂时，他警告道：革命"正跟跄地行走在深渊的边缘"，可能"在无政府的汪洋大海里溺亡"。火山仍然是他最钟爱的意象。发起革命和站在"即将爆发的火山边缘"一样危险；南美洲人民正沿着一片"密布火山的地带"迤逦前行，正如安第斯山脉本身——既壮丽，又危险。

洪堡对玻利瓦尔的判断是错误的。他们于1804年夏天在巴黎初见时，以及一年后在罗马再次碰面时，他曾把这位情绪容易激动的克里奥尔人当作一个纯粹的梦想家。但眼见老朋友取得的胜利，洪堡改变了自己的想法。1822年7月，洪堡致信玻利瓦尔，称赞他"为您美丽的祖国奠定了自由和独立之基础"。洪堡还提醒他，南美洲也是自己的第二故乡。"我要重申自己为美洲人民之荣耀所立下的誓言。"洪堡写道。

自然、政治和社会形成三角格局，一角的变化必然会影响到其他部分。人类社会会受到所处环境的影响——自然资源可以给国家带来财富，又或如玻利瓦尔所经历的，荒野的不羁景象能给人带来毅力和信念。但有些欧洲科学家却以另一种方式看待这个问题：自18世纪中叶以来，一些学者提出了"美洲退化论"的观点，其中最著名的例子当属法国博物学家乔治－路易·勒克莱尔，布丰伯爵。布丰在1760—1770年间的著作中写道：在美洲，一切事物"都在狭小的天空下缩小而衰弱"。布丰的自然志是18世纪下半叶最受广泛阅读的作品，而他坚持认为新世界在本质上劣于旧世界，并认为那里的植物、动物和人种都更加矮小而脆弱。布丰称，那里没有大型哺乳动物，也没有人类文明，就连野蛮人都"孱弱无力"。

在过去的几十年中，布丰的理论和看法广泛流传，自然世界也变成了美国政治与文化特性的一种隐喻——如何解读全都取决于各自的立场。除了经济实力、军事行动与科学发展，自然也成了衡量一个国家地位的指标。在美国独立战争期间，杰斐逊对布丰的偏见十分恼怒，一直试图加以驳斥。如果个头大小是布丰用来衡量强壮和优越性的指标，那么只要证明新世界的一切事物都拥有更大的个头，杰斐逊便可以将自己的国家置于欧洲各国之上。1782年，在独立战争如火如荼之际，杰斐逊出版了《弗吉尼亚州小记》，书中将美国本土的动植物都比拟成参加爱国战争的士兵。本着"越大越好"的原则，杰斐逊列举了熊、野牛和猎豹的体重来证明自己的观点。"即便是黄鼠狼的个头都比欧洲的同类更大。"他写道。

4年后，杰斐逊出任美国驻法大使。他向布丰吹嘘道，斯堪的纳维亚的驯鹿只能算是小个子，"小到几乎可以从我们的驼鹿肚皮下面走过去"。随后，他自费将一头驼鹿标本从佛蒙特州运抵巴黎。然而最后的结果不如人意，因为标本在运输途中腐败变质，皮毛变秃，还散发出阵阵臭气。但杰斐逊没有放弃，他继续敦促友人，令他们将"从老鼠到猛犸象的所有关于美国本土最大最重的动物的细节"寄给他。后来，时任总统的杰斐逊派人将北美乳齿象的巨大化石骨架与牙齿送到巴黎科学院，以证明北美洲存在如此庞大的动物。他经常幻想，乳齿象还在某片未经勘探的原野上驰骋，有朝一日终能找到它们。山川、河流、植物和动物都成了政治角力场中的重要砝码。[1]

洪堡也通过相似的方法重塑了南美洲的形象。他不仅描绘了这片大陆举世无双的美景、丰饶和壮丽，更对布丰提出了直接批评。"布丰的观点是完全错误的。"他写道，并质问这位博物学家如何敢在从未目睹过真实情形的条件下描述美洲大陆。原住民根本不是什么孱弱的野人，只要看看委内瑞拉的卡里布部落，就能完全驳斥欧洲科学家的空想。从奥里诺科河回到库马纳的途中，洪堡遇见了这一部落：他们是他见过的最高大、强壮、美丽的人，如同青铜塑就的朱庇特雕像。

洪堡同时也反驳了布丰认为南美洲是片"新大陆"——晚近才从海底升起，因而毫无历史与文明——的观点。他亲眼所见并通过绘图加以描述的古代纪念碑就证实，南美洲存在过高度发达的文明社会，能够建造宫殿、水道、雕塑和庙宇。在波哥大，洪堡发现了一些古老的前印加

---

1. 杰斐逊并不是第一个加入这场辩论的美洲人。1780年间，时任驻法使节的本杰明·富兰克林曾出席一次晚宴，在场的还有持"美洲退化论"的学者阿贝·雷乃尔（Abbé Raynal）。富兰克林见长桌一侧坐的都是美国宾客，而另一侧都是法国人，便抓住机会，提议进行一次挑战赛："两边的宾客同时起身，然后让我们看看是哪一侧的自然本质发生了退化。"至于结果，他日后告诉杰斐逊，美国人有着"最优雅的身姿"，而法国人大都身材矮小——特别是雷乃尔佝偻的样子，"活像一只小虾"。——原注

时代的手稿（并阅读了西班牙文译本），其中的内容表明，美洲先民已具备复杂的天文学与数学知识。同样，卡里布语十分精深，可以表达抽象的概念，如"未来""永恒"等。南美洲的原住民语言并非如前人所说的那样贫乏，它集合了人类语言的丰富性、优美、有力、温柔。

欧洲人三个世纪以来所想象和描述的野蛮人并不存在。熟悉并收藏了若干部洪堡著作的玻利瓦尔在读到《关于新西班牙王国的政治随笔》时应该会感到喜悦：洪堡在书中写道，布丰的"美洲退化论"之所以风行一时，是因为它"迎合了欧洲人的虚荣心"。

洪堡继续向全世界传授关于拉丁美洲的知识。在各国的文章和报刊中，人们都争相引用"洪堡先生的观察"或"洪堡先生授予的见解"。玻利瓦尔认为，洪堡"对美洲所作的贡献比所有征服者的还要巨大"。洪堡将那里的自然世界当作南美洲自身认同的写照：一片强有力的、富有蓬勃生机且美丽的大陆。这正是玻利瓦尔所做的——将自然的意象频繁地用在动员人民参与革命的演讲中，或用于解释自己所持的政治观点。

摒弃了抽象理论与哲学的影响，玻利瓦尔鼓励他的同胞向森林、河流和山川学习。他在波哥大的一次国会演讲中说道："从高峻的安第斯山脉到奥里诺科河火热的河岸，我们国家的自然无所不包，你将从中发现指导自己行动的重要启示。"他敦促各位国会代表"仔细地体悟，从而明白为了哥伦比亚人民的福祉，国会可以做些什么"。在他眼里，自然是"人类绝对可靠的老师"。

13

伦 敦

当西蒙·玻利瓦尔在反殖民斗争中浴血奋战时,洪堡正努力说服英国人准许他前往印度。为了完成一幅全球尺度的"自然之图",他想考察喜马拉雅山脉,从而对这两大主要山系进行比较。此前,从未有科学家试图攀登喜马拉雅山。英国人进驻南亚次大陆以来,甚至从未想过勘探这座雄伟的高峰。洪堡说,英国人只是"漠然旁观,而不问问自己,这座巨大的山峰到底有多高"。他想确定喜马拉雅山脉的海拔高度,并进一步了解那里的地质构造以及植被分布——正如他在安第斯山脉所做的那样。

从1804年回到法国的那天起,洪堡就一直渴望再次离开欧洲。去远方漫游的冲动是他最忠实的精神伴侣。他相信,不能仅仅从书本中获得知识。为了理解世界,科学家必须到自然中去——去感受,去体验。歌德曾在《浮士德》中探索过这一想法,他将海因里希·浮士德的助手瓦格纳设定为一个单调而平面化的角色,只知道研读书本,不懂向自然学习:

> 幽林和田野我很快就看厌,
> 对飞鸟的翅膀我从不欣羡。
> 精神所赐的悦乐却多么两样,
> 当你埋头于一页一页的书章!

歌德笔下的瓦格纳代表了某些眼界狭窄的学者:将自己反锁在实验室里,或埋头于书堆当中。洪堡则正好相反。他属于这样的一类科学家:不仅想从智性上理解自然,还希望能够切身地体验自然。

唯一的问题在于,当时控制着印度大部分地区的是东印度公司,所

喜马拉雅山远景

以洪堡需要得到它的许可。东印度公司创立于 1600 年，最初是一个商人 162
联盟，其成员将自己手中的资源合并起来，垄断贸易。从那以后，公司
开始利用私募的军队在次大陆上扩张自己的地盘，并在 100 年内从一家
专营进出口贸易的商业组织蜕变为一支可观的军事力量。19 世纪初，当
洪堡开始考虑前往喜马拉雅考察时，东印度公司已经富可敌国，俨然成
了英国的"国中之国"。洪堡得以进入南美洲是因为获得了西班牙国王
颁发的通行证，而他现在必须获得东印度公司高层的许可。

《关于新西班牙王国的政治随笔》于 1811 年发行了英文版，洪堡对
西班牙殖民主义的犀利攻击在伦敦引起了注意。这样一个大谈"欧洲人
残酷暴行"的学者会获得什么样的评价呢？更不利的是，洪堡曾多次将
西班牙在拉丁美洲的统治与英国对印度的殖民统治进行比较，以便建立
关联。在《关于新西班牙王国的政治随笔》中，洪堡将"征服南美洲与
征服印度的历史"相提并论，认为其本质是一场"不公平的斗争"，南
美洲和印度人民"已经在民事与军事的暴政之下长久地发出痛苦呻吟"。
批评的矛头又一次指向英国。当东印度公司的主管们读到这些话时，大
概谁都不会热情支持洪堡的旅行计划。

早在 1814 年夏天，洪堡就试图获取前往印度的许可。当时，他正陪
同普鲁士国王腓特烈·威廉三世访问伦敦，参加盟军战胜拿破仑后的庆
典。短短两周内，洪堡会见了政治人物、各路爵士、贵妇、科学家与思

163 想家——总而言之，见了所有可能帮助他的人——但最终仍空手而归。他得到了一些期许和热情的款待，以及出面帮忙的口头承诺，但离得到那一纸至关重要的护照还差得很远。

3年后，即1817年10月31日，洪堡再次来到伦敦，试图向东印度公司递交申请。他的哥哥威廉刚搬到那里，出任普鲁士驻英国大使，正在位于波特兰广场的宅邸等他到来。威廉并不喜欢这个新家——伦敦太大，而天气又太糟糕。街上塞满了马车、推车以及行人；游人们经常抱怨在城里走路极其危险，特别是周一和周五，成群的牛马被驱赶着穿过狭窄的巷子。燃煤生成的黑烟以及浓雾让伦敦的空气格外压抑。美国驻伦敦公使理查德·拉什（Richard Rush）抱怨道，英国人是怎么"在日照如此稀缺的条件下"建立起一个伟大的国家的？

威廉新家所在的波特兰广场附近拥有伦敦最时髦的街区。那年冬天，附近大兴土木，建筑师约翰·纳什（John Nash）正将他宏大的城市规划变成现实。未来，位于圣詹姆斯公园的摄政王公卡尔顿府邸将与新建的摄政公园联通，摄政街将穿过伦敦苏活区密如蛛网的街巷，与波特兰街相连。工程开始于1814年，旧建筑被推倒以建设宽阔的新马路，到处都是噪声和飞扬的尘土。

亚历山大的房间已经安排妥当，威廉很期待弟弟的到来。但和以往一样，亚历山大又带了一位同行的男性友人，这次是弗朗索瓦·阿拉戈。威廉对弟弟的这类亲密友情十分不悦，多少是出于嫉妒，但同时也担心这些关系有些不那么妥当的成分。威廉拒绝接待阿拉戈，亚历山大便和伙伴一起搬到附近的一家旅馆。这可不是一个好的开端。

威廉抱怨道，和弟弟见面的时候总是有别人在场，两个人从来没有机会单独在家里好好吃顿饭。然而他也承认，亚历山大的每次出现都让人精神振奋，气氛也会随之活跃起来。威廉仍然觉得弟弟的作风太像法国人，并经常被他滔滔不绝的演讲惹恼。于是，大多数时候他就静静地听着，不试图打断。但即便二人有众多分歧，威廉仍然很高兴见到弟弟。

　　虽然波特兰广场附近嘈杂混乱，但除此之外都很合亚历山大之意。
他可以步行几分钟就到达北边的田野和蜿蜒的乡间小道，离英国皇家学
会的总部也近，乘马车很快就到。只要步行20分钟，他就可以到达大英
博物馆，那里是当年最热闹的地方之一：上千人蜂拥而至，争相一睹著
名的埃尔金大理石雕刻——那是埃尔金伯爵在一次饱受争议的行动中从
希腊雅典卫城弄到手的，几个月前才运抵大英博物馆。威廉告诉卡洛琳
娜，埃尔金大理石美得震撼人心，但"从来没有人这样疯狂地掠夺过其
他文化的遗产"！他还说，看到这些巨大的雕塑，就好像见到了整个雅典。

　　伦敦繁荣的商业气息也迥异于巴黎。这里是世界上最大的都市，英
国的经济实力在伦敦西区的店铺橱窗中一览无余；帝国势力遍及全球，
满眼尽是瑰宝。拿破仑被流放到圣赫勒拿岛，法国的威胁不再，一段大
不列颠帝国独霸全球的漫长时期已经拉开序幕。游人评论道："商品和
货物以惊人的速度与数量在这里积聚起来。"无论走到哪里都是嘈杂、
混乱而拥挤的状况。

　　正如琳琅满目的商品彰显着英国的商业实力，东印度公司位于利
德贺街的总部更是雄伟壮观。入口处，六根刻有浅槽纹的巨柱排成一
列，撑起一道气势恢宏的门廊，其顶部的三角楣饰上刻有一位伸出手
来的不列颠女神——俯视着屈膝跪拜的印度，静候他们为她进献宝藏。
进入内部，各个房间都富丽堂皇。在主管们的议事厅内，壁炉台上方
的浮雕极其直白地炫耀着公司的财富和权力：这幅浮雕题为"不列颠
女神接受东方之宝"，刻画了来自亚洲的珍宝，如珍珠、茶、瓷器和
棉花等；不列颠女神身旁还有伦敦的象征——泰晤士河的化身。墙上
挂着巨幅油画，描绘的都是公司在印度的驻地，例如加尔各答、马德
拉斯和孟买等地。东印度公司的主管们正是在这里就军事行动、船只、
货物、雇员和财政进行讨论，当然也处理申请进入他们领地的旅行
许可。

　　除了想办法得到进入印度的许可，洪堡的伦敦之行排得很满。他与
阿拉戈一起访问了位于格林尼治的皇家天文台，还去苏活区拜访了班克

斯，另外还给住在伦敦郊外斯劳区的德裔天文学家威廉·赫舍尔（William Herschel）当了两天研究助手。年近八旬的赫舍尔有着传奇人生：1781年，他发现了天王星，并通过自制的巨大望远镜拉近了宇宙和地球的距离。洪堡慕名而往，想要一睹那台四十英尺长、当时被尊为"世界奇观之一"的望远镜。

165 　　赫舍尔认为，宇宙在不断地演化——不是按照固定的数学定律，而是像一个生命体——周而复始，既有变化，又有新生。洪堡对这一想法十分感兴趣。在赫舍尔的著作中，他用花园比喻宇宙，用"萌芽、开花、长叶、成熟、衰落、枯萎和腐败"来解释恒星和行星的形成。若干年后，洪堡将再次使用这一意象去描写"伟大的宇宙花园"，在他的笔下，星星的不同生命阶段就像"一棵大树的荣枯"。

　　阿拉戈和洪堡还去皇家学会参加各类会议。皇家学会始建于1660年，致力于"通过实验来增进对自然的认识"，并迅速成为英国科学研究的中心。每逢星期四，学会成员会集会讨论最新的科学研究进展。他们进行激奋人心的实验，学习最新款望远镜的使用方法，以及交流关于彗星、植物学和化石的研究成果。学者们在会上互相辩论，交换结果，朗读志同道合的友人和外国学者的来信。

　　没有比这里更适合进行科学交流活动的地方了。洪堡在一次会议后说："所有学者都是兄弟。"两年前，皇家学会的会员们将洪堡选为外国成员，这是一项特殊的荣誉。当皇家学会会长约瑟夫·班克斯当众称赞他新近发表的植物学著作为"迄今为止最精美、最宏大"的一部作品时，
166 洪堡无法掩饰自己的得意之情。班克斯还邀请洪堡参加更私密的皇家学会晚餐俱乐部。洪堡在那里再次见到了化学家汉弗莱·戴维等人。吃惯了巴黎的美食，洪堡对这里的食物印象一般，他抱怨道："我在皇家学会吃饭的时候，有人在那儿食物中毒了。"虽然饭菜并不可口，但只要洪堡在场，出席晚餐的学者人数就会显著上升。

　　在洪堡周旋于各种会面时，阿拉戈常伴其侧。但到了晚上，阿拉戈就放弃社交活动回去睡觉，留下不知疲倦的洪堡继续奔赴下一轮访问。

皇家学会会议厅

48岁的洪堡并没有丢失年轻时的冲劲，他最不喜欢伦敦的一点就是僵化的社交礼仪。"这实在太可恨了，"他对一位朋友抱怨道，"九点钟的时候要把领带系成这样，而十点钟又要换成那样，十一点钟再换一个样。"虽然规矩烦冗，但想见他的人太多了，因此也算值得。无论去到哪里，洪堡都会受到最隆重的欢迎。洪堡发现，"所有位尊权重的人士"都赞许他的研究和考察印度的计划。然而这一切并没有让东印度公司的高层改变主意。

在伦敦停留一个月后，洪堡头昏脑涨地回到巴黎，仍未获得去往印度的许可。今天，洪堡递交的申请文书已经不复存在，我们无法得知东印度公司用了何种理由来拒绝他。但若干年后，《爱丁堡时评》（*Edinburgh Review*）刊登了一篇文章，称这一拒绝背后的原因是某种"登不上台面的嫉妒"。很可能是因为东印度公司不希望冒这个风险，让一个持自由主义观点的普鲁士人到印度去捣乱、调查殖民地的不公正行为。眼下，洪堡无法去到任何一个靠近印度的地方。

与此同时，洪堡的著作正畅销英国。《关于新西班牙王国的政治随笔》的英文版于1811年发行，而更为成功的一部是《旅行故事》（*Personal Narrative*）（全套7卷，第一卷于1814年被翻译成英文）。《旅行故事》是一部面向大众读者的游记，但附加了详细的科学笔记；全书以时间为线索，讲述了洪堡和邦普兰于1799年从西班牙启程的旅行。[1]正是这本书，未来将鼓舞查尔斯·达尔文登上"小猎犬"号的旅程。达尔文曾经说过："我几乎可以一字一句地把这本书背出来。"

《旅行故事》不同于其他任何一部科学探索日志。洪堡解释道，大多数人只知道忙着测量、采集植物或收集交易中心的经济数据，但没有人将精准的观察与"画家描绘风景的手法"结合起来。洪堡的文字将读者带入加拉加斯拥挤的街道，穿过亚诺斯尘土飞扬的平原，深入奥里诺科河畔的热带雨林。他所描述的大陆是英国读者完全不熟悉的，但也因此激发了他们的想象力。《爱丁堡时评》称，洪堡的文字太生动，读者们"好像在与他一起经历危险、恐惧、成功与失望"。

几则针对《旅行故事》的负面评论大都出现在对洪堡的自由派政治观点抱有敌意的报刊上。保守的《书评季刊》认为洪堡对自然广收博览的态度不可取，因为他并没有遵从某一种特定的理论；评论称，他"想享受一切事物……迎着所有的风起帆，在所有的河流中游泳"。但几年后，即便是《书评季刊》也不得不称赞洪堡将科学研究与"温暖的感受力与强大的想象力"结合起来的独特才能。评论者称，洪堡像一位诗人那样写作。

---

1. 1814年，《旅行故事》英文版的第一卷出版，洪堡的另一部著作《美洲山系一览》英文版也于同年出版。在英国，他的著作由一群出版家组成的协会代理，其中包括约翰·默里，伦敦当时引领风潮的出版家。在默里代理的所有作者中，诗人拜伦是取得最大商业成功的一位。——原注

此后几年，洪堡对拉丁美洲的描述及其对自然的新见解开始对英国文学和诗歌产生影响。玛丽·雪莱（Mary Shelley）的小说《科学怪人》发表于1818年，也就是《旅行故事》第一卷出版4年后。书中，"科学怪人"弗兰肯斯坦的人造怪物表达了想要逃亡到"南美洲的广袤荒野中"的愿望。不久，拜伦在长诗《唐璜》中提到了洪堡的名字，并对他发明的"测蓝计"进行了嘲讽：

> 韩伯特[1]，引最近的报导来说，
> 那"空前的旅行家"，但非绝后，
> 他发明了——我忘记叫什么名字，
> 或那伟大的发明在什么时候；
> 总之是一种测空器[2]，对着蓝天
> 可以推算天时的变化和气候，
> 它妙在能把"蓝色的深度测量"，
> 我但愿能测一测你，达芬姑娘！

同时代的浪漫主义诗人塞缪尔·泰勒·柯勒律治、威廉·华兹华斯和罗伯特·骚塞也注意到了洪堡的作品。骚塞甚至于1817年专门到巴黎去拜访这位令他印象深刻的作者，盛赞洪堡用"画家的眼睛和诗人的感受"将广博的知识融为一体。骚塞还将洪堡作为旅行家的诗意与享誉诗坛的华兹华斯相提并论。华兹华斯听说之后，便向骚塞借来刚发行不久的《旅行故事》。当时，华兹华斯正在坎布里亚郡的达顿河畔创作一组十四行诗，其中的部分作品就有洪堡的影子。

洪堡的《旅行故事》成了华兹华斯诗作的取材源泉。洪堡在书中讲述了这么一段：有一次在奥里诺科河上游，他向一个原住民部落询问河岸巨石高处刻画着动物和星辰的岩画的由来；"他们微笑着回答我，就

1. 即洪堡。译文摘自查良铮译《唐璜》，人民文学出版社2007年版。
2. 即测蓝计。

好像在讲述一个只有陌生人（一个白人）才不知道的事实，'在大洪水时代，他们的祖先就曾经乘船到过那高处'"。

华兹华斯在诗中将洪堡的原文加以化裁：

> 那位颔首微笑的印第安人，
> 想要解答白人访客的无知疑问，
> 讲述那滔天洪水如何上涨，
> ……
> 他的父祖辈急迫地催促
> 浮上陡峭山梁，那从未企及的高处；
> 在岩壁不令人恐惧的一面，刻上
> 日月星辰，以及追猎的野兽。

华兹华斯的好友柯勒律治同样在洪堡的作品中找到了灵感。柯勒律治于1805年底访问罗马，刚刚落脚便去拜访了"那位伟大旅行家的哥哥"威廉和卡洛琳娜·冯·洪堡。威廉的家宴上总是传诵着亚历山大从南美洲带回来的故事，以及关于自然观念的讨论。回到英国后，柯勒律治开始阅读洪堡的著作，并部分地抄录在笔记中，作为日后思考科学与哲学问题时的参考——他也在努力地表达类似的想法。

华兹华斯和柯勒律治都是喜爱漫游的诗人，不仅经常到大自然中去，更常常在户外写作。正如洪堡坚持认为的那样，科学家必须离开实验室才能真正地理解自然，华兹华斯和柯勒律治相信，诗人应该走出书斋，徜徉在草坪上、山丘间与河流侧畔。柯勒律治表示，自己最喜欢在起伏有致的小路上或树荫交错的林间构思。据一位友人估计，华兹华斯60岁时大概总共已经步行了18万英里。他们融入自然，成为它的一部分，在其中探寻内心与天人之际的整体性。

像洪堡一样，柯勒律治尊崇康德的哲学思想，称他是"一位真正伟大的哲人"，也很早就热衷于谢林自然哲学中所崇尚的"探寻自我与自然的统一"。谢林相信，具有创造性的"我"（作为认知的主体），在理解自然的过程中扮演了重要角色。这与柯勒律治的观念不谋而合。正如谢林所说，科学必须与人的想象力相融合，"为物理学重新安上想象的双翼"。

柯勒律治精通德文，并熟读大量德国文学与科学著作。[1]他曾向洪堡的出版商约翰·默里建议，请他们翻译出版歌德的巨著《浮士德》。这部作品比任何当代戏剧都更好地探讨了柯勒律治所热切关心的问题。海因里希·浮士德发现，一切事物之间都互相关联。在第一幕中，他便吟唱道："看万有怎样凝结成完整！众元怎样相克又相应……"这句话同样可能出自洪堡或柯勒律治之手。

柯勒律治哀叹，生活在这个"割裂与分离的时代"，一切都四分五裂，人们正在丧失"关联万物的理解力"。他认为，问题出在像笛卡尔和林奈这样的哲学家与科学家身上，是他们将对自然的理解转化成了狭隘且机械的操作——收集、分类、用数学进行抽象的表达。柯勒律治在给华兹华斯的信中写道："机械的哲学敲打着死亡的钟。"华兹华斯也认同这一观点，认为只追求分类学的博物学家如同"十指劳碌的奴隶／在自己母亲的坟冢之上／还忙着窥探和采集花草"。柯勒律治与华兹华斯反对用"杠杆和螺旋"（浮士德语）从自然中强取知识；他们反感牛顿式的宇宙，那是一个由无生命的原子组成的世界，机器人般地遵从自然定律。他们也因而赞同洪堡对自然的认识——动态、有机、生气蓬勃。

170

柯勒律治希望在丧失"自然精神"的时代里，唤起另一种科学探索方式。他们并不是反对科学本身，而是不赞同当时占主导地位的"显微镜视角"。和洪堡一样，他们认为把科学无限细分为特化的小领域是错误的。柯勒律治称这些学者为"小学家"（Little-ists），华兹华斯在《漫游》

---

1. 柯勒律治可能在洪堡著作英文版问世之前就已读过德文版，因为他曾在德国旅行、学习很长时间。洪堡曾就读于哥廷根大学，十年后（1799年），柯勒律治也成为那里的一名学生，从游于洪堡的旧日老师约翰·弗里德里希·布卢门巴赫，他曾以其关于生命之力的思想给洪堡以启迪。
——原注

（1814年）中写道：

> "是否我们注定要
>
> 埋头苦读，在苦读中精力日衰
>
> 永日苦读，在微光中窥探微细的事物
>
> 孤立的物件，仍然被看作
>
> 失去了关联的东西，僵死而无神，
>
> 而要继续细分又细分
>
> 将一切辉煌的印象打破……"

　　洪堡笔下的自然是富有生命力的有机整体，这一想法在英国得到了热情的回应，成为浪漫主义运动的指导原则和重要隐喻。《爱丁堡时评》写道，洪堡的作品证明，连接一切知识、情感和道德原则的"秘密纽带"真的存在。万事万物都相互关联，"相互映照"。

　　但无论他的著作在英国诗人、学者和思想家中受到多么热烈的欢迎，洪堡仍然没有从殖民地管理者那里获得进入印度的许可，东印度公司固执地拒绝与他合作。然而洪堡继续完善旅行计划。他对威廉说：打算在印度待四五年，等再回到欧洲的时候，就会离开巴黎。他想用英文来记录自己在印度的旅行见闻，也因此会在伦敦安家。

171

802 年亚历山大·冯·洪堡到来时，钦博拉索峰是当时公认的世界最高山峰。西蒙·玻利瓦尔从这里汲取灵感，为拉丁美州西班牙殖民地的解放撰写了一首诗歌

亚历山大·冯·洪堡和艾梅·邦普兰在钦博拉索峰山下收集植物标本

前往波哥大途中，洪堡与一位图尔瓦科
（现位于哥伦比亚境内）原住民交谈

洪堡一行途经基多附近的卡扬贝火山

这幅画作完成于1856年，描绘的是雨林小屋中的洪堡和邦普兰。洪堡并不喜欢这幅画，因为他认为其中对仪器的描绘不精确

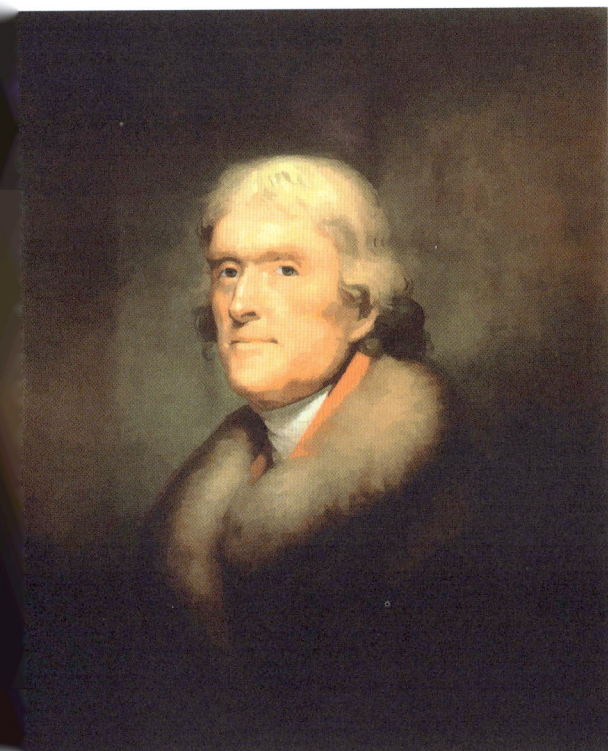

1805年，托马斯·杰斐逊。此时的他不久前刚在华盛顿会见过洪堡。不像乔治·华盛顿的肖像所表现出来的庄重，杰斐逊特意选择了略带乡土气的朴素形象

洪堡壮观的"自然之图"，长 3 英尺，宽 2 英尺。该图选自他的《植物地理学随笔》

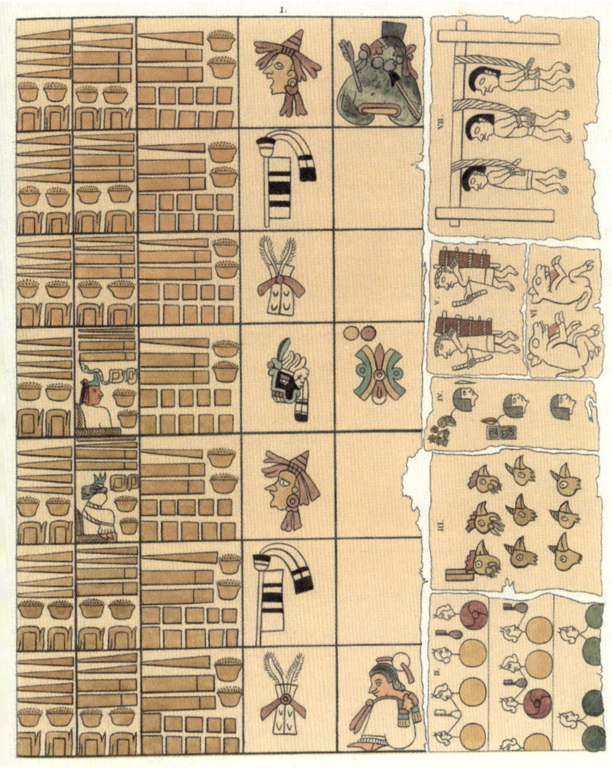

洪堡在墨西哥购得的古代
阿兹特克手稿断片

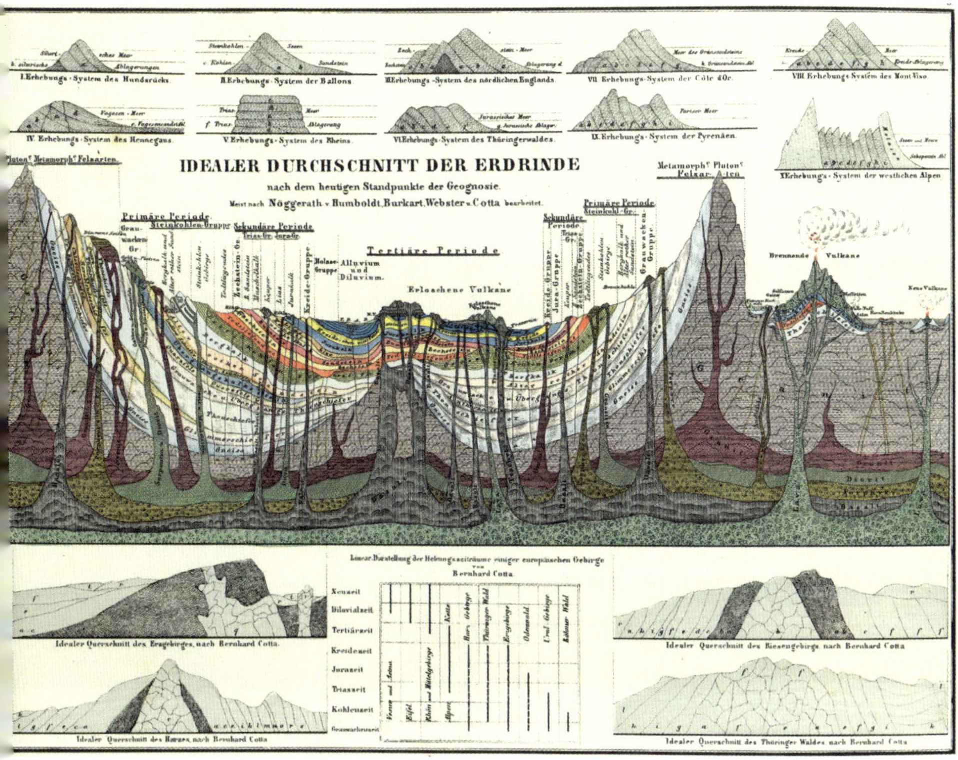

自未曾获得正式授权的《宇宙》地图集；图中展示了各地质年代中的化石带，以及火山在地下相连的方式

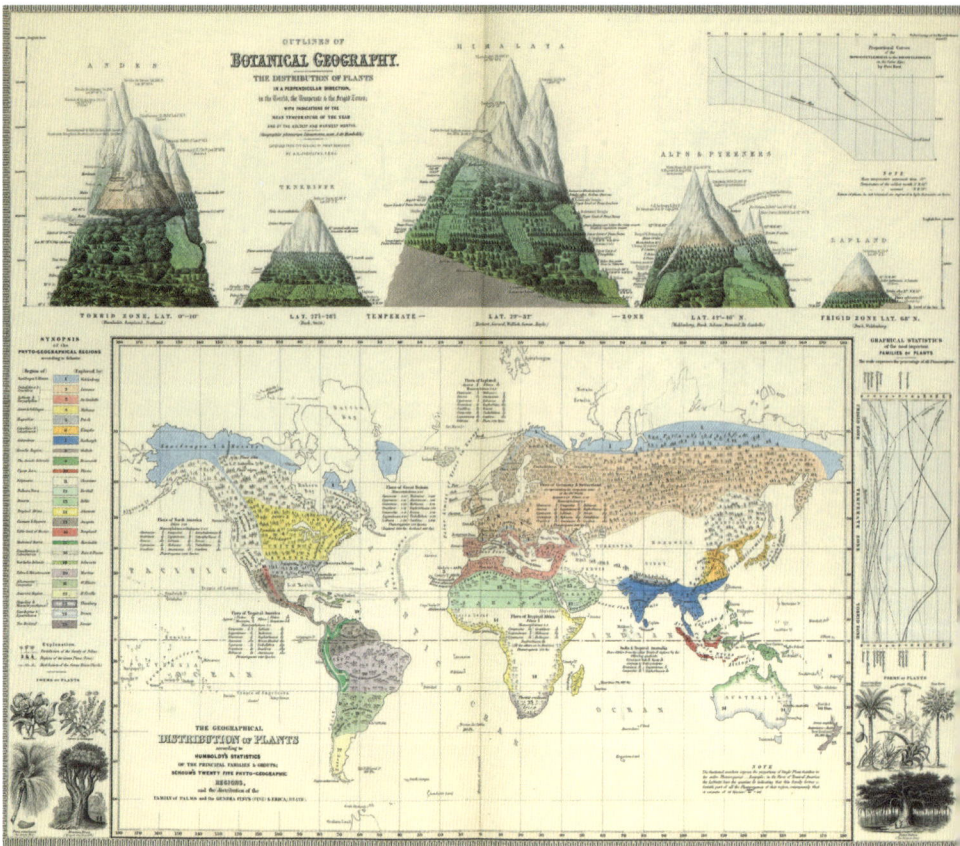

《宇宙》所附地图集中的一张折页，展示了植被带和各科属植物的全球分布

美国艺术家弗雷德里克·埃德温·丘奇追随洪堡的足迹前往南美洲，将科学的细节与壮阔的自然之景融为一体。完整的《安
第斯山之心》长10英尺，高5英尺，一经展出即引起轰动。当丘奇准备将这幅画寄到柏林时，却收到了洪堡刚刚去世的
消息

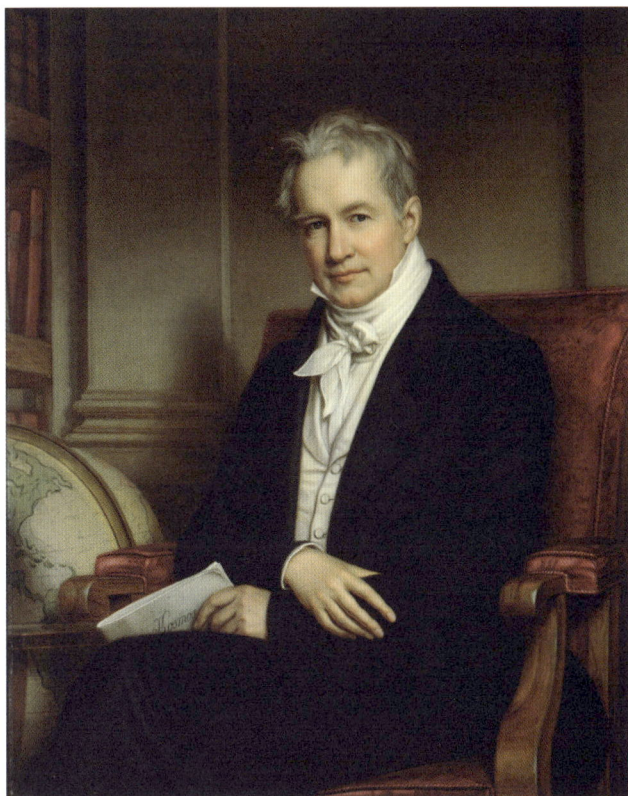

1843 年的洪堡，此时距离《宇宙》第一卷出版还有两年时间

幅画作忠实再现洪堡在柏林奥拉宁堡大街公寓的图书馆，其还原度得到了洪堡本人的认可。他在这里或书房（通过开的门可见）接待过很多来访者

恩斯特·海克尔绘制的美杜莎水母。他以亡妻安娜·泽特（Anna Sethe）的名字命名了中间最大的水母：*Desmonema Annasethe*。海克尔还在这幅画作的标题中写道：她赐予他"一生最幸福的时光"

加利福尼亚州，约塞米蒂谷。约翰·缪尔将内华达山脉称为"光之山系"

14

兜兜转转：
偏离中心的病症

　　1818 年 9 月 14 日，也就是洪堡 49 岁生日的那天，他从巴黎登上马车，再次出发前往伦敦。这是他 4 年内第三次前往英国了。5 天后，他于深夜到达威廉位于波特兰广场的宅邸。现在，他的名字已经无人不晓，伦敦各大报纸都在"抵埠时尚人士"的专栏中争相宣布他的到来。他仍然希望能够前往印度考察，威廉也利用伦敦外交界的关系找到了一些门路。例如，他安排亚历山大与摄政王公单独见面，后者保证将支持这次探险。英国政府总管东印度公司事务的大臣、管理委员会理事长乔治·坎宁（George Canning）也表示会帮助洪堡。在此之后，洪堡几乎确信，东印度公司所有可能妨碍他计划的借口应该都已经消除。在将近十年的软磨硬泡之后，印度终于不再遥不可及。他很确定公司总管会让步，于是将自己的注意力转向了普鲁士国王腓特烈·威廉三世：若干年前，这位国王曾经表示愿意出资赞助他的旅行。

　　巧合的是，普鲁士国王正好在艾克斯拉沙佩勒（今天德国的亚琛）出席一场重要的高层会议。1818 年 10 月 1 日，组成反法联盟的普鲁士、奥地利、英国和俄国的四国首脑在亚琛举行会谈，讨论从法国撤军的安排，以及未来的欧洲战略格局。亚琛位于法国加莱以东 200 英里处，因此，洪堡不必强迫自己去柏林（他已经有 11 年没有回到那里了），还能省下 1000 多英里的路程。

　　10 月 8 日，到伦敦还不满三个星期，洪堡又再次启程，身后紧跟着一连串谣言。有些英国报纸议论道，洪堡如此急匆匆地跑去参加亚琛和会，是想要"就南美洲问题给出自己的意见"；法国秘密警察也怀疑他随身带有一份叛乱殖民地的详细报告；西班牙派出一名大臣前往亚琛，希望争得欧洲各国的帮助，镇压西蒙·玻利瓦尔的军队。但当洪堡到达亚琛时，局势已经很明朗：各盟国无意干涉西班牙海外殖民的野心，他们更担心如何在后拿破仑时期的欧洲维持力量的平衡。据《泰晤士报》报道，洪堡得以专注于他的"个人事务"——向普鲁士人寻求去印度考察的资金支持。

在亚琛，洪堡告诉普鲁士首相卡尔·奥古斯特·冯·哈登贝格（Karl August von Hardenberg），阻挠自己成行的困难几乎全都克服了。洪堡说，在"对我的行动拥有十足把握"之前，唯一欠缺的是资金支持。结果不到24小时，腓特烈·威廉三世便允诺资助他。洪堡狂喜不已。14年后，他终于可以再次离开欧洲。他想攀登雄伟的喜马拉雅山，将全世界都囊括到"自然之图"中。

洪堡一从亚琛返回巴黎，就开始筹备行装。他购买书籍和仪器，与曾去过亚洲的旅行家通信，并计划自己的路线。他想先去君士坦丁堡，然后考察白雪覆盖的死火山阿勒山（位于今天的伊朗和土耳其边境）。从那里折而向南，从陆路穿过波斯全境，然后在波斯湾畔的阿巴斯港登船前往印度。他开始学习波斯语和阿拉伯语，并在卧室的墙上挂了一张巨幅的亚洲地图。然而，和以往一样，每件事情的进展都比他想象的更缓慢。

他仍然没有发表完拉丁美洲之行的全部收获。最终，这套著作将成为34卷的《去往新大陆赤道地区的旅行》——其中包括长达数卷的《旅行故事》，但也有更加专业的植物学、动物学和天文学论著。其中《旅行故事》和《关于新西班牙王国的政治随笔》只含有少量插图，有的甚至没有，普通读者也买得起。而《美洲山系一览》则附有极其精美的插图，详细记述了拉丁美洲的风景和文物；该书制作恢宏，价格也惊人。如果把所有的费用加起来，那么《去往新大陆赤道地区的旅行》将成为一位科学家以个人之力出版的最昂贵的著作。多年以来，洪堡一直雇用各类地图绘制人员、艺术家、铜版画雕刻家和植物学家，代价高昂，自己也濒临破产。他仍然接受普鲁士国王的薪俸，并从卖书的收入中分成，但也不得不严格控制生活开销。他已经用完了继承到的全部遗产：旅行本身花去了5万塔勒，而在出版上花去的金额与在巴黎的生活开销则大约是这个数目的两倍。

所有这些困难都不足以让洪堡止步。他向朋友和银行借钱，并在大多数时候试图忽略自己财务上的困境，然而债台慢慢高筑。

洪堡一边写作，一边继续为印度之行作准备。他把卡尔·西吉斯蒙德·昆特派往瑞士去调查阿尔卑斯山脉的植被，以便将来与阿勒山和喜马拉雅山进行比较。昆特是洪堡儿时教师戈特罗布·约翰·克里斯蒂安·昆特的侄子，也是接手了邦普兰迟迟未完成的植物学专著的年轻学者，他计划和洪堡同行。旧日搭档艾梅·邦普兰却无法加入他们。自约瑟芬·波拿巴于1814年5月去世后，邦普兰便离开了马尔梅松城堡的花园。他厌倦了巴黎的生活。他在给姐姐的信中写道："我太循规蹈矩了。"他渴望开始新的冒险，但对洪堡一再延迟的计划渐渐失去了耐心。

邦普兰一直想回南美洲。他去伦敦约见了西蒙·玻利瓦尔的手下和其他来到英国、试图为反抗西班牙的斗争寻求支持的革命人士。邦普兰甚至为他们提供了书籍、一台印刷机，以及走私了部分武器。很快，南美众人就开始竞相争取邦普兰的帮助。弗朗西斯科·安东尼奥·泽亚（Francisco Antonio Zea）也是一位植物学家，他将成为玻利瓦尔领导下的哥伦比亚副总统。当时，植物学家何塞·塞莱斯蒂诺·穆蒂斯已经去世，泽亚请求邦普兰到波哥大继续穆蒂斯的工作。与此同时，布宜诺斯艾利斯的代表也希望邦普兰为他们建立一个植物园。邦普兰所掌握的各类有用植物知识将为新成立的国家提供潜在的经济效益。正如英国人在加尔各答建立植物园是为了筹建大英帝国的仓库、储存优良的作物，阿根廷人也想效仿这种方式。邦普兰将帮助他们从欧洲引进"最新的实用农业技术"。

当时，革命者们争相吸引欧洲科学家们到拉丁美洲去。科学就像一个无国界的超级国家，能够让不同地方的人们联合在一起。他们希望借助科学家的力量让独立的拉丁美洲和欧洲平起平坐。当泽亚出任哥伦比亚驻英国的全权公使时，他收到指令，不仅要在欧洲寻求对拉丁美洲政 174

治斗争的支持，更要促成科学家、手工业者和农民的移民请求。泽亚被告知："与外交努力相比，伟大的富兰克林在法国通过自然科学为他的国家做了更多事情。"

考虑到邦普兰所拥有的关于拉丁美洲的广博知识，他移民的可能性让革命者们感到特别兴奋。其中一位对邦普兰说，所有人"都在急不可耐地等待您的到来"。1815 年春天，皇家军队重新占领新格拉纳达总督辖区马格达莱纳河沿岸的大部分领土，革命军损失惨重：有的逃亡，有的病死，最终只剩下十分之一的兵力。但即便是在这样的时刻，玻利瓦尔仍抽空写信，将穆蒂斯在波哥大的职位授予邦普兰。然而新格拉纳达和委内瑞拉所经历的残酷内战让邦普兰感到不安，他最终选择于 1816 年底离开法国，前往布宜诺斯艾利斯。

于是，与洪堡结束南美洲探险的 12 年后，邦普兰又一次航向新大陆——这次满载着果树幼苗、蔬菜种子、葡萄和药草，打算开始新的生活。在布宜诺斯艾利斯生活了一两年后，他厌倦了大城市。邦普兰从来不乐于从事严谨细致的学者工作，对整理和分类标本束手无策；他的性情更适合参与野外考察，去发现稀有的植物。短短几年内，他积攒了两万多件压片标本。但他的标本室一片混乱，木箱散落一地，里面堆着只经过粗粗装订的标本，有些甚至没有贴在纸上。1820 年，邦普兰搬到巴拉那河畔的圣安娜，那里地处阿根廷与巴拉圭接壤的边境。他在那里采集植物，并种植巴拉圭冬青（*Ilex paraguariensis*）——这种植物的叶片干燥后可以用来泡茶，是南美洲很受欢迎的饮品。

1821 年 11 月 25 日，也就是邦普兰离开法国 5 年后，洪堡给他寄去一些钱，顺便在信中抱怨，很久没有收到这位曾经共历艰险的老友的消息了。但邦普兰没能收到这封信。1821 年 12 月 8 日，就在洪堡的信寄出两周后，400 名巴拉圭军人越境进入阿根廷，袭击了圣安娜的邦普兰农场。受巴拉圭独裁统治者何塞·加斯帕尔·罗德里格斯·德·弗朗西亚（José Gaspar Rodríguez de Francia）的指示，他们杀死了农场的工人，给邦普兰戴上镣铐并带走了他。弗朗西亚指责邦普兰从事农业间谍活动，声称他兴旺的农场会对巴拉圭的冬青贸易造成威胁。邦普兰被强行带到巴拉圭，关进监狱。

老朋友们试图施以援手。当时正在利马的玻利瓦尔正要将西班牙人赶出秘鲁。他给弗朗西亚写信，要求释放邦普兰，并威胁要带兵进入巴拉圭解救他。玻利瓦尔说，弗朗西亚可以把他当作可靠的盟友，但前提是"那个我所热爱的无辜之人不会成为不公正待遇的牺牲品"。洪堡也试图通过欧洲的关系施加影响：他收集附有著名科学家签名的请愿信寄往巴拉圭，并请求伦敦的老相识乔治·坎宁（时任英国外交大臣）通过布宜诺斯艾利斯的英国领事馆提供帮助。但弗朗西亚仍然拒绝释放邦普兰。

与此同时，洪堡自己的旅行计划也再次陷入停滞。虽然摄政王和坎宁都支持他的申请，但东印度公司继续拒绝洪堡进入印度的申请。在过去这几年中，他似乎一直在几个地方来回打转。在拉丁美洲和刚返回欧洲时，洪堡的生活充实而忙碌，具有一往无前的气概；现在，他处处受阻，几近窒息。他不再是那个意气风发、充满英雄气概的年轻冒险家，而是一位年过五旬、备受尊敬的知名学者。其他人到了这个年纪恐怕已满足于后辈的崇敬与追捧，但洪堡却不愿意安定下来。还有太多事情想做！他如此焦灼，一位友人把这种状态称为他与生俱来的、"偏离中心的病症"。

洪堡感到挫败、恼怒与失望，认为人们都在欺骗他、不重视他。于是他宣布永远离开欧洲，打算搬到墨西哥去，并计划在那里建立一所科学研究机构。1822年，他告诉哥哥威廉，自己要在墨西哥聚集一大群学者，享受"思考的自由"。在那里，他至少有把握受到"极大的尊重"。他几乎确信自己的余生将在欧洲以外的地方度过。几年后，他还告诉玻利瓦尔，自己打算迁往拉丁美洲。没有人知道洪堡到底想要什么或者想去哪里。威廉总结道："亚历山大总是把事情想象得很重大，然而真正发生的大概连一半都不到。"

东印度公司也许固执不化，但在英国，似乎其他所有人都对洪堡极

为热情。很多在伦敦结识的英国科学家到巴黎去拜访他。著名的化学家
汉弗莱·戴维再次来访，天文学家威廉·赫舍尔的儿子约翰·赫舍尔（John
Herschel）也登门问候。被后世尊为计算机之父的数学家查尔斯·巴贝奇
说：无论来访者是大名鼎鼎还是默默无闻，洪堡都"非常乐于提供帮助"。
牛津大学的地质学家威廉·巴克兰（William Buckland）也为能在巴黎见
到洪堡而感到十分兴奋。他在信中写道，自己从未听过一个人说话说得
这么快，同时又如此绝顶聪明。洪堡一如既往地慷慨相助，他打开橱柜
和笔记本，与巴克兰分享自己的知识和收藏。

最意义深远的一次是英国地质学家查尔斯·莱尔（Charles Lyell）的
到访，他的研究将帮助查尔斯·达尔文构建演化理论。莱尔迷恋研究大
地的形成，曾于1820年间游历欧洲各地，考察山峰、火山和其他的地质
构造，并以此为基础写就了一部极具革命性的著作——《地质学原理》
（*Principles of Geology*）。1823年夏天，也就是邦普兰被捕的消息传到玻利
瓦尔耳中的同时，时年25岁且激情洋溢的莱尔到达巴黎，行囊里塞满了
介绍他与洪堡见面的信函。

自从离开拉丁美洲，洪堡的研究项目之一就是收集全球岩层的数据，
并进行比较。将近20年后，他终于将结果发表在题为《岩石层积的地质
认知》（*Geognostical Essay on the Superposition of Rocks*）的著作中，在莱尔来
访的几个月前刚刚出版。这正是莱尔希望得到的信息。他后来写道，《岩
石层积的地质认知》对他而言是"最具影响力的一课"。他认为，不算
其他成就，单凭这一部著作，洪堡就可以跻身世界最顶尖的科学家行列。
在此后的两个月中，二人经常在下午见面，他们谈论地质学、洪堡对维
苏威火山的观测以及共同认识的英国朋友。莱尔发现，洪堡的英语极为
流利；他在给父亲的家信中写道，"胡姆波"先生——根据洪堡的法国仆
人的发音——提供了充足的资料和有用的数据。

他们还讨论了洪堡发明的等温线概念，即我们在今天的气象图中看
到的线条，它们是全球同一水平面上大气温度相同的不同地理位置之间

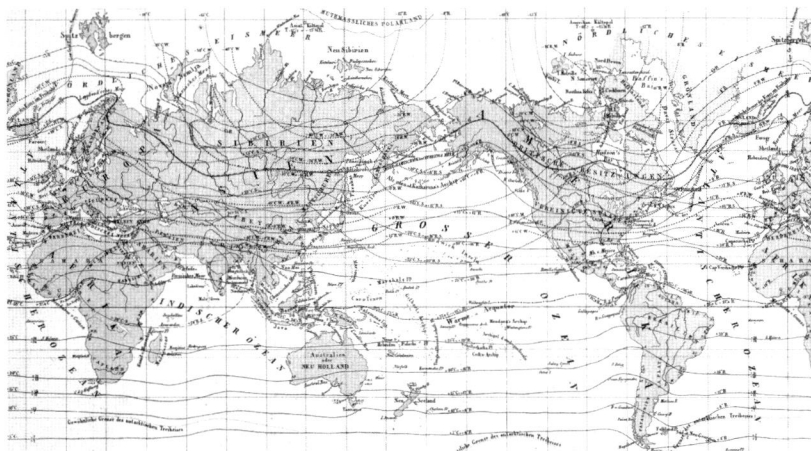

标有等温线的地图

的连线。[1]洪堡在一篇题为《论等温线和地球表面热量的分布》（1817）的论文中首次提出这一设计，想通过可视化的方式将全球气候分布的规律体现出来。这篇论文将帮助莱尔形成自己的理论，也标志着一种全新理解气候的方式已经诞生，它将成为后续所有关于热量分布研究的基石。

在洪堡发明等温线以前，人们都通过长长的温度表格来整理气象信息。冗长的清单列举了不同的地理位置及其天气状况，虽然表格中记录的温度数据十分精确，却很难进行比较。洪堡用直观的图形来统览同样的数据，既新颖又简洁。不需要阅读烦琐的表格，只需看一眼等温线地图，就能发现不少规律模式：波浪状的条带环抱地球。洪堡相信，这是"比较气候学"的开端。他的预见极具前瞻性。直到今天，科学家们还在用等温线来理解和描述气候变化与全球变暖等现象。等温线让洪堡与后继的学者们能够以全球眼光来寻找规律，莱尔则应用这一概念去研究气候变化与地质变迁的关系。

莱尔《地质学原理》的中心论点是，地球是由一系列微小的变化逐渐积累形成的，而非其他科学家猜想的那样起源于剧烈的、突发的灾难

---

1. 还有等压线，代表不同地点有着相同的大气压。——原注

事件，如地震或洪水。莱尔相信，这些缓慢的力量今天仍然在发挥作用，因此必须从当下的状况入手去理解过去。为了证明渐变论，并把讨论从启示录式的地球起源理论上引开，莱尔必须解释：行星表面是如何慢慢冷却下来的。莱尔后来向友人回忆道，在构建自己的理论时，他"饱读了"洪堡的著作。

洪堡细致的分析指向了一个令人惊讶的结论：不同于以往的假设，实际上，处于同一纬度的地表，其温度并不相同。海拔高度、陆地面积、离海洋的远近程度以及风力都会影响热量的分布。陆地的气温比海洋的更高，而且会随海拔高度的增加而降低。莱尔认为，这意味着地质力量抬升地表时，温度也相应下降。长期以来，这一抬升过程在全球范围内制造了冷却效果——地球在发生地质变迁的同时，气候也跟着变化。多年后，一位评论家追问莱尔《地质学原理》中理论形成的"起始时刻"，莱尔答道，是在读到洪堡关于等温线的论述时。莱尔称，"应该归功于洪堡的优美文章"，他还说，自己的工作只不过是将洪堡的气候理论"应用到了地质学中"。

洪堡尽其所能地帮助年轻的科学家，不管是分享想法还是解囊相助。他的财务状况并不乐观。卡洛琳娜曾经担心那些所谓的朋友是在利用他的好意："他自己吃干面包，却让那些人吃肉。"但洪堡似乎并不介意。他处在滚动的巨轮中心，一直向前，总是乐于建立联系。

他曾经向玻利瓦尔推荐了一名计划前往南美洲考察的法国年轻学者，并将自己的仪器送给这位学者作为装备。另一次，他将一位想要移民去美国的葡萄牙植物学者介绍给托马斯·杰斐逊。德国人尤斯图斯·冯·李比希（Justus von Liebig）是发现氮元素为植物必需营养成分的化学家，他曾回忆道，与洪堡在巴黎的见面"奠定了我未来工作的基础"。美国财政部长艾伯特·加勒廷在华盛顿与洪堡初次见面，二人之后又在伦敦和巴黎重逢；受到洪堡的启发，他致力于对美国印第安原住民的研究，今天被公认为美国民族学研究的开创者。加勒廷后来写道，自己的兴趣源于"一位尊贵友人的请求，那就是亚历山大·冯·洪堡男爵"。

洪堡不遗余力地帮助其他人推进事业和旅行，而自己前往印度的希望却已经基本破灭。他在欧洲四处游历，以排遣自己远行的渴望：瑞士、法国、意大利、奥地利……但毕竟不可相提并论。他并不快乐，向普鲁士国王解释自己继续留在巴黎的理由也变得越来越困难。从他20年前返回欧洲开始，腓特烈·威廉三世就反复要求他回柏林，并且在此期间无条件地发放每年的俸禄。洪堡一直坚称自己需要沉浸在巴黎的科学氛围中才能完成自己的著作，但法国的政治格局也在不断转变。

1815年，在拿破仑被流放到圣赫勒拿岛之后，波旁王朝复辟，路易十八——大革命期间被送上断头台的路易十六的弟弟——加冕成为国王。[1]虽然专制统治并没有恢复，但曾经高举自由和平等火炬的法国变成了一个君主立宪制国家，全国只有百分之一的人有权参与下议院的选举。虽然路易十八尊重某些自由主义的政见，但与他一同回归法国的是一群尊奉王权的流亡精英，这些人希望复辟革命前的旧政权时代。洪堡眼见着这些人重掌大权，心中燃起恨意和愤怒的火焰。查尔斯·莱尔从巴黎给父亲写信称："他们已经无可挽救地选择了专制王权。"

1820年，国王的侄子贝里公爵（排位第三的王位继承人）被一名波拿巴党人刺杀。从那之后，保王党人更加肆无忌惮，对舆论的审查变得极为严厉，不经审判便可实行逮捕，而富人们则获得了双重投票权。1823年，极端保王党人在下议院的选举中获得了多数席位。洪堡非常失望，对一位美国访客说，只要看看1789年法国大革命期间创立的《论辩报》(*Journal des Débats*)，就知道现在的出版自由已限制到何种程度。他还忧虑地注意到，宗教重新掌控法国社会，这进一步限制了科学的自由思辨。在保王党人上台后，天主教会也时来运转。19世纪20年代中期，巴黎的天际线上又增添了不少新建教堂的尖顶。

洪堡致信一位日内瓦友人，称巴黎"比任何时候都更不适合"作为

---

1. 在拿破仑统治期间，路易十八流亡于普鲁士、俄国和英国等地。——原注

科学研究的中心。运营实验室、开展研究和教学的经费被大幅削减；科学家们被迫争相取悦新国王，实验探究精神也遭扼杀。1823年，洪堡对莱尔说，学者们成了政客和贵族手中"听话的工具"，就连伟大的博物学家乔治·居维叶都牺牲了自己的研究天分，去追逐"缎带、十字架、头衔和恩宠"。在巴黎，政治角力风波迭起，政府官员像走马灯似的不断更换。洪堡觉得自己周围不是部长，就是前任部长。他对莱尔说："他们像秋天的落叶堆叠在一起，还没等下面的腐烂，新的一批又堆了上来。"

法国科学家们担心，巴黎将失去其在创新与科学思想领域的中心地位。科学院里的学者们无所事事，仅有的一点讨论也经常演变成争吵。更糟的是，一个由学者组成的秘密委员会成立，他们要将图书馆的收藏"清扫干净"：宣传自由思想的书籍，如让-雅克·卢梭和伏尔泰的著作都将被移除出去。1824年9月，没有子嗣的路易十八去世的弟弟查理十世——极端保王党人的领袖——继任为国王。所有之前还相信自由和革命精神的人们都明白，这意味着巴黎的思想环境将变得更加压抑。

洪堡自身也发生了不少变化：年过五旬，他原本栗色的头发已经变成银灰色；右臂饱受风湿之苦，几乎完全麻痹难以转动。他对友人们解释道，这是当年在奥里诺科河沿岸、在雨林中潮湿的地面上露宿落下的病根。他仍保留着法国大革命前夕的过时风格：合身的条纹马裤、黄色马甲、蓝色外套、白色领巾、长靴和一顶破旧的黑帽子。巴黎已经没有人这样打扮了。洪堡这么做既是为了节俭，也是为了表达自己的政治观点。他早已花光继承到的遗产，租住在塞纳河边一间简朴的小公寓里。卧室中没有几件家具，另外只有一间书房。洪堡既没有钱，也毫无兴趣去购买昂贵的时尚服装和奢华家具。

1826年秋，腓特烈·威廉三世的耐心已经耗尽。20年过去了，他致信洪堡："你应该已经发表完所有著作了吧，那些你认为只有在巴黎才能做好的东西。"他不愿意让洪堡继续留在法国，怒斥道："每个真正的普鲁士人都应该憎恨那个国家。"国王期待洪堡"速速归来"。毫无疑问，这是一道命令。

洪堡确实需要国王付给他的俸禄，因为多年来出版自己的作品已经让他"穷得像只教堂里的老鼠"。他必须量入为出，但又实在不擅长理财。其著作的英文版译者曾经这样评论道："天地之间，洪堡先生唯一不能理解的，就是做生意这件事。"

20多年来，巴黎一直是他的家，所有最亲近的朋友都在这里。做出 181这个决定十分痛苦，但洪堡最终同意搬回柏林，条件是允许他经常到巴黎小住几个月，以便继续自己的研究。1827年2月，他在给德国数学家卡尔·弗雷德里希·高斯的信中写道，放弃自己的自由和科学事业并不轻松。他刚刚指责过居维叶背叛了革命精神，自己现在却也必须回去当一名廷臣，小心翼翼地在自由主义的政治信仰与宫廷义务之间寻找微妙的平衡。他有些害怕，因为在这些"左右摇摆的意见之间"，几乎不可能保持中立。

1827年4月14日，洪堡离开巴黎，迁往柏林。但和以往一样，他又一次选择绕道而行。他取道伦敦，可能是想把握最后一次机会，试图说服东印度公司准许他去印度考察。距他上次来访已经过去9年，当时还可以住在威廉家中，自那之后，威廉被调离大使职位，搬到柏林。[1]然而洪堡很快与老朋友们取得联系，他希望尽量好好地利用在伦敦的这三个星期。

洪堡马不停蹄地与人见面，所见的人里包括政治家、科学家和"一群贵族"。他在英国皇家学会见到了老朋友约翰·赫舍尔和查尔斯·巴贝奇，并出席了一次会议。会上有一套东印度公司定制的全新印度地图，一位学会成员展示了其中10幅。这让洪堡想到自己错过的机会，颇为感伤。他与玛丽·萨默维尔（Mary Somerville）共进晚餐，她是当时欧洲

---

1. 威廉早在1818年就离开了伦敦。他之后短暂地在柏林担任部长的职位，但很快对普鲁士保守的政治风气感到失望。1819年底，威廉退出政治舞台，搬回了由他继承的祖宅泰格尔宫。——原注

182 为数不多的女科学家。[1]他还到地处伦敦西郊的皇家邱园拜访植物学家罗伯特·布朗（Robert Brown）：布朗是约瑟夫·班克斯的植物收集者之一，刚结束了在澳大利亚的考察。洪堡急切地想要了解澳洲和新西兰一带的植被。

洪堡还被邀请去参加一场由皇家学会举办的高级晚会，与旧相识乔治·坎宁共进晚餐。坎宁两星期前刚刚出任英国首相。席间，洪堡还惊喜地见到了来自华盛顿特区的老朋友艾伯特·加勒廷，后者现在是美国驻伦敦大使。只有和英国贵族打交道时，洪堡才会不耐烦。他在给友人的信中写道：和"这里的煎熬相比"，巴黎简直就像个懒洋洋的小镇；在伦敦，所有人都想争夺我的一部分时间。他抱怨道，每次交谈都以这样的形式开始："您必须看一看我郊外的宅子再离开，那里距伦敦只有40英里！"

洪堡在伦敦度过的最精彩的一天并不是和科学家或政治家在一起。一位年轻的工程师伊桑巴德·金德姆·布鲁内尔（Isambard Kingdom Brunel）邀请洪堡观摩泰晤士河底第一条隧道的建设现场。这一尝试在当时看来既大胆又危险：此前从未有人成功地在河底挖通过一条隧道。

泰晤士河的周边条件实在恶劣，因为河床和底下的土壤是由沙子和松软的黏土构成的。布鲁内尔的父亲马克·布鲁内尔（Marc Brunel）发明了一种建筑隧道的巧妙方法：按照隧道管线的宽度和高度制作一个铸铁模具。之前，马克·布鲁内尔发现了一种小虫（*Teredo navalis*，又称蛀船虫），其头部周围生有硬壳，能够钻透十分坚硬的木板。受此启发，他设计了一台巨大的机器，在向前掘进的同时，能够为掘进机本身提供临时支撑，将松软的黏土留在原位。在河床之下，工人们慢慢地往前推动金属盾，然后转向身后已经开掘过的部分，用砖头砌好隧道内壁。隧道在河底一

---

1. 玛丽·萨默维尔当时46岁，是一位卓有成就的数学家、博学者。1827年，她正在翻译拉普拉斯《天界运动的机制》（*The Mechanism of the Heavens*）一书。她的文字洗练晓畅，也从而使此书得以畅销英国。拉普拉斯曾说，她是"能够理解并纠正我的工作的唯一的一位女性"。其他人则称她为"科学女王"。日后，她将出版一本题为《自然地理学》（*Physical Geography*）的著作，书中有诸多与洪堡探究科学与自然世界的手段相似的地方。——原注

寸一寸、一尺一尺地慢慢延伸。这项工程开始于两年前，总长 1 200 英尺。洪堡到达伦敦时，布鲁内尔的工程队已经完成了大约一半的建设工作。

　　修筑隧道的工作条件十分艰苦。马克·布鲁内尔的日记中充满了焦虑和担心："每天都过得更加忧虑""情况一天比一天糟糕"，或者"我每天早上都会说：又一个危险的日子过去了"。马克年仅 20 岁的儿子伊桑巴德于 1827 年 1 月出任驻地工程师，这位年轻人将无限的精力和自信带到工作当中，但面对的任务仍然艰巨。4 月初，就在洪堡前来参观前不久，越来越多的水渗入隧道内部。伊桑巴德需要同时派 40 个人不停地泵，才能控制住渗入的水量。马克·布鲁内尔担心，隧道顶部只有淤涨的黏土，隧道随时可能坍塌。伊桑巴德想从隧道外部检视现场，并邀请洪堡一同参加。虽然要冒不小的风险，但洪堡毫不介意——怎么能放过这样难得的机会？他还想测量河底的气压，并与在安第斯山脉获得的数据进行比较。

　　4 月 26 日，一艘船上搭载的吊车将一个重达两吨的巨大金属潜水钟

洪堡与布鲁内尔探查泰晤士河底隧道建设现场所乘坐的潜水钟

缓缓降下。看热闹的人们乘着小船，挤满了水面。洪堡和布鲁内尔乘坐潜水钟，降到水面以下 36 英尺处。一根皮管插在潜水钟顶上供他们呼吸，两扇厚厚的玻璃窗让他们可以透过浑浊的河水看到外面的情况。在下降过程中，洪堡感到耳膜受到了极大的压力，痛苦难忍，但几分钟后就慢慢习惯。后来他写信给在巴黎的弗朗索瓦·阿拉戈，说自己穿着厚厚的大衣，看上去像"因纽特人"。他们下降到河床表面，底下是已建成的部分隧道，上面只有水；四周一片黑暗，十分诡异，只有他们的灯闪烁着微光。他们一共在水下停留了 40 分钟。上升过程中，猛然升高的压力使洪堡鼻子和咽喉中的毛细血管破裂。在之后的一整天中，他咳嗽和打喷嚏都会带出鲜血，简直和攀登钦博拉索山时一模一样；布鲁内尔却安然无恙。洪堡开玩笑地称自己备受的折磨是"普鲁士人的特权"。

两天后，隧道的部分地段发生坍塌。5 月中旬，隧道上的河床全部垮塌，并冲出一个大洞，河水哗哗地涌入隧道。但那时洪堡已经离开伦敦，到达柏林。

现在，洪堡可称得上是全欧洲最著名的科学家了，受到无数同道中人（包括诗人和思想家）的倾慕。但有一个人尚未读到他的作品，那就是 18 岁的查尔斯·达尔文。在洪堡周游伦敦时，达尔文刚刚放弃了自己在爱丁堡大学的医学学业。他的父亲罗伯特·达尔文十分恼怒。"你什么都不关心，只知道打猎、养狗和观察老鼠，"他在给儿子的信中抱怨道，"你真给自己和全家人丢脸。"

第四部

影响：传播想法
Influence: Spreading Ideas

15

返回柏林

亚历山大·冯·洪堡于 1827 年 5 月 12 日抵达柏林。他已经 57 岁，可还是像 20 年前一样讨厌这座城市。他知道往后的人生将全然不同，一天之中的大部分时间都要被"无聊而一刻不停"的宫廷生活占据。腓特烈·威廉三世有 250 名廷臣，其中大部分人只是顶着一个荣誉称号罢了。洪堡必须陪侍内廷，却不能影响政治决策。他的任务是为国王提供知识上的消遣，以及在晚餐后朗读书籍。洪堡戴上微笑而健谈的面具，试图保全自己的个人尊严。30 年前，他曾写下这样的话：宫廷生活剥夺了最杰出智者的天才与自由。现在的他却也不得不遵从王室的日常起居。洪堡所谓的"钟摆式"生活开始了：他追随国王，从一座城堡搬到另一座夏宫，然后再回到柏林，带着大批手稿与装满书籍和笔记的行李奔波在路上。一天中唯一能够留给自己的工作时间是午夜到凌晨三点。

洪堡发现，普鲁士变成了一个警察国家，言论审查成了日常生活的一部分。公众集会——哪怕是科学上的探讨——都会招惹嫌疑，学生团体则被强制解散。普鲁士没有宪法、没有国会，只有一些地方上的议会可以向政府提供建议，但它们却不能立法或制订税则。每一项决议都在严密的王室监督下进行。整座柏林城透着军事化的气息，每栋公共建筑前面都有哨兵巡逻。旅客们还注意到，城中出现频繁的击鼓声和士兵演习，军人好像比普通市民还多。一位旅客回忆道，这里时刻进行着阅兵，"各式各样的制服出现在各个公众场合"。

虽然没有参与内廷政治决策的权力，但洪堡下定决心，至少要努力地将开展智性探索的好奇心注入柏林的生活。这里亟须这样的空气。洪堡年轻时曾以矿井监察员的身份为矿工们建立一所学校，并私人出资维持它的运营。20 年前，他的兄长威廉几乎以一己之力建立了一套全新的教育体系。亚历山大也同样相信，教育是自由和幸福社会的根基。但在

189

柏林城市宫（普鲁士王宫）

很多人看来，这是个危险的想法。例如在伦敦，有人发放小册子警告民众，穷人们会因为拥有知识而"妄自尊大，背离他们卑微而劳苦的工作"。

洪堡相信学习的力量，并为大众撰写如《自然之观点》这样的书籍，而不是一味地面向象牙塔里的科学家。一到柏林，他就尝试在大学中建立化学与数学学部；他和同事们积极通信，讨论实验室的可能安排，以及一所综合性理工学院的优势。他还努力说服国王在柏林建造一个装备最新仪器的天文台。虽然有些人视洪堡为"阿谀奉承的廷臣"，但正是他在宫廷中所处的地位给了他支持科学家、探险家和艺术家的机会。他在一封致友人的信中写道，必须看准国王"空闲的时候"博取他的注意，坚持反复劝说。没过几星期，他就忙着将自己的想法付诸实施。一位同事认为，洪堡具有"令人嫉妒的才能"，到哪都能成为知识与科学探讨的中心。

190　　几十年来，洪堡一直批评政府的作为，公开发表自己的异见。但回到柏林时，他对政治已经心灰意冷。年轻时，他曾被法国大革命的精神所鼓舞；但近年来，他在法国目睹极端保王党人对旧政权的复辟，历史的时钟倒转，欧洲其他地区的政治气氛也日趋保守和动荡。放眼望去，改变的希望似乎处处碰壁。

　　最近这次访问英国，他与旧日相识乔治·坎宁见面，后者刚刚出任英国首相。他发现坎宁所在的托利党正就社会和经济改革问题产生严重分歧，导致新的政府班子很难组建起来。1827年5月底，也就是洪堡到达柏林10天后，坎宁不得不向站在对立面的辉格党人请求支持。洪堡从柏林的报纸中读到，英国的局面日益恶化。所谓的谷物法（Corn Laws）是改革争辩的焦点，该法律允许政府对进口粮食征收高额关税。不久前，英国上议院做出决定：搁置一项针对这部充满争议的法律的修正案，不予表决。这意味着从美国等地进口的廉价粮食会因为重税而变得极为昂贵，这样便为富裕的英国地主阶级消除了一切可能的竞争对手，并让他们获得垄断权，可以任意控制粮食价格。其结果将是面包价格居高不下，最终受苦的仍是穷苦大众。富人更加富裕，穷人仍然贫穷。坎宁预言："我们正在面临一场产权持有者与大部分人口的拉锯战。"

　　欧陆局势也同样动荡。1815年拿破仑战争结束，维也纳会议召开，德国诸邦进入了一段相对和平的时期，但改革措施也被搁置。在奥地利外交大臣克莱门斯·冯·梅特涅的组织下，维也纳会议决定建立德意志邦联，将40个邦国松散地联系在一起，以取代业已解体的神圣罗马帝国和拿破仑建立的莱茵邦联。梅特涅希望德意志邦联的成立能够重新平衡欧洲的格局，并遏制其中任何一个国家的势力膨胀。这个邦联没有个人首脑，位于法兰克福的邦联议会与其说是一个行使统治权的国会，不如说是各成员国使节的集会，分别代表各自国家的利益。拿破仑战争结束后，普鲁士恢复了部分经济，又扩张了领土，吞并了拿破仑建立的短命诸侯国威斯特法伦、莱茵河两岸以及萨克森的部分领地。此时的普鲁士西至荷兰，东达俄国。

　　德国诸邦对改革持怀疑态度，认为那是导致革命爆发的导火索。梅

191

特涅曾说，民主是"一座火山，必须浇熄"。洪堡曾经在巴黎和维也纳与梅特涅见过数次，并对近期的态势感到失望。虽然二人曾就科学进展有过通信，但他们相互足够了解，因此对政治避而不谈。奥地利首相在私下里说洪堡的"头脑在政治上走了歪路"，而洪堡则因梅特涅的政策陈旧而称其为"木乃伊的石棺"。

　　洪堡的故国正处在反自由主义的漩涡当中。由于缺乏政治权力，以及自由主义思想再次受到钳制，普鲁士的中产阶级选择转而向内，将精力集中在私人领域上。音乐、文学与其他艺术创作成为表达个人情感的主要方式，而任何曾经回荡在人们心中的革命情怀都已消失殆尽。洪堡所了解的1789年精神已经不复存在。

　　世界上的其他地方并没有处在更乐观的境况之中。西蒙·玻利瓦尔意识到，建立国家比打仗更难。洪堡搬回柏林的时候，已经有若干个殖民地成功推翻了西班牙的统治。墨西哥宣告成立共和国，中美洲联邦共和国、阿根廷、智利、玻利瓦尔领导下的大哥伦比亚（包括委内瑞拉、巴拿马、厄瓜多尔和新格拉纳达）、玻利维亚和秘鲁也陆续成立。但旧日盟友纷纷转而与玻利瓦尔为敌，他在拉丁美洲建立一个自由联盟的梦想已近破碎。

　　1826年夏天，玻利瓦尔主持召开的泛美洲国会只有四个拉丁美洲共和国出席。可是他设想的北起巴拿马、南至玻利维亚的安第斯联邦不仅没有就此诞生，反而彻底终结。曾经的殖民地国家对联合彼此毫无兴趣。更糟糕的是，1827年春，玻利瓦尔得知自己在秘鲁的军队叛变。此时，他的老朋友、哥伦比亚副总统弗朗西斯科·德保拉·桑坦德（Francisco de Paula Santander）不仅没有支持"解放者"玻利瓦尔，反而赞许了这次兵变，要求将玻利瓦尔赶下总统之位。一位玻利瓦尔的亲信后来称，这次事件标志着他们进入了"一错再错的年代"。洪堡也认为，玻利瓦尔太过独揽大权。他向一位哥伦比亚科学家兼外交官表示，南美洲当然要感谢玻利瓦尔立下的功劳，但他的专制统治仍然是"非法的、违宪的、拿破仑式的"。

　　就连北美洲的局势也让洪堡感到担忧。杰斐逊和亚当斯恰巧同时在美国建国50周年之际——也就是1826年7月4日——去世，美国建国元勋的世代就此凋零。洪堡一直敬仰杰斐逊，并对他建立的国家抱有深厚的感情，但也始终为迟迟不能废除奴隶制而感到焦虑。1820年，美国国会通过所谓的"密苏里妥协"（Missouri Compromise），为奴隶主开启了一扇方便之门。当时，美国正在加速西进，不断有新的州成立并加入联邦，关于奴隶制在新成立的州是否合法便成了热门议题。"密苏里妥协"承诺，凡是北纬36°30′以南新成立的州（大约与田纳西和肯塔基州界平齐）都可以引入奴隶制度。洪堡大失所望。直到去世之前，他一直在向美国访客、记者和报界表达自己的惊讶：奴隶制竟然在这个国家愈演愈烈。

　　对政治和革命均感失望的洪堡，转而将全部精力投放在科学上。某天，他收到墨西哥政府代表的来信，请他在墨西哥和欧洲的贸易谈判中给予协助。他毫不犹豫地拒绝了。"我已经淡出政治。"他写道，因此不能再插手这类事务。从现在开始，他将专注于自然、科学和教育。他想帮助人们释放智性的潜能。"知识带动思考。"他说，而思考给人以力量。

　　1827年11月3日，洪堡回到柏林已过去将近半年的时间，他在大学中举办了多达61次的系列讲座，并取得了巨大的成功。于是从12月6日起，他又在柏林的音乐厅（歌唱协会所在地）另加了16场演讲。在此后的六个月内，他每周会举办若干次讲座，每次都有数百位听众前来聆听。洪堡不是照本宣科地演讲，而是生动地讲述令人振奋的全新内容。他试图将科学大众化，不收取分文入场费：挤在台下听讲的有王室成员、马车夫、大学生、仆人、学者和建筑工人，听众中有一半是女性。

　　威廉·冯·洪堡称，柏林从未有过如此盛况。每当报纸发布最新的讲座信息，人们就蜂拥而至，奋力争抢一个座位。演讲当天会造成市内的大规模交通拥塞，骑在马背上的警察必须十分费力地维持秩序。在洪堡登上讲台的一个小时前，礼堂里已经座无虚席。范妮·门德尔松·巴托尔迪（Fanny Mendelssohn Bartholdy，作曲家菲里克斯·门德尔松·巴托尔迪

193 的姐姐）回忆道，"推挤的场面十分吓人"，但一切都是值得的。当时，女性不能进入大学学习，甚至无法出席科学社团的聚会；现在，她们终于获得了学习的机会，可以"聆听充满智慧的言语"。范妮对一位朋友说："那些绅士们可以尽管嘲笑，但听讲的经历实在太美好。"有些人并不欢迎新来的女性听众，甚至嘲笑她们对科学的热情。歌唱协会的主席写信给歌德，说一位女士十分倾心于洪堡描述的天狼星——夜空中最明亮的一颗星，甚至将这种对天文学新近生发的热情投射到了她的衣橱中：她要求裁缝把裙子的袖子做成"天狼星宽度的两倍"那么宽！

洪堡用柔和的语调带领听众穿行在天空与海洋之中，跨越整个地球，登上最高的山峰，然后聚精会神地考察一块岩石上星星点点的苔藓。他谈论诗歌、天文学，也介绍地理学和风景画，还着重讲解气象学、地球的历史、火山和植被的分布。他从化石谈到北极光，从磁力谈到动植物世界以及人类的迁徙。这些讲座像万花筒一般，描绘了贯穿整个宇宙的关联性。卡洛琳娜·冯·洪堡描述道，所有这些加在一起便构成了亚历山大"那幅伟大的自然之图"。

洪堡为演讲准备的笔记揭示了他的思考方式：从一个想法跳跃到另一个想法。开头总是符合常规，按照顺序在一张纸上写下若干个题目；往后推进，新想法不断涌现，只能挤在纸张的空白处：有的斜着，有的靠在页边，互相之间用曲线和框框分开。他越花时间思考，加入的内容就越多。

写满一页之后，他会加上无数张小纸条：密密麻麻地写满字，然后把它们粘在自己的笔记上。他毫不犹豫地从厚重的书中撕下个别页张，然后用红色和蓝色的黏胶（19世纪的即时贴）粘在一起。一张纸条上往往又会贴上更多张纸条，有时下面的一层完全被新的覆盖，而有些则通过折叠重新翻到最上面。笔记中还满满地写有他向自己提出的问题，另外还有小幅素描、统计数字、参考文献和简要的提醒。最后，原本的稿194 纸变成了多层结构的拼贴，包含了丰富的想法、数字、引文和笔记，除了洪堡之外，谁也看不出它们之间的次序。

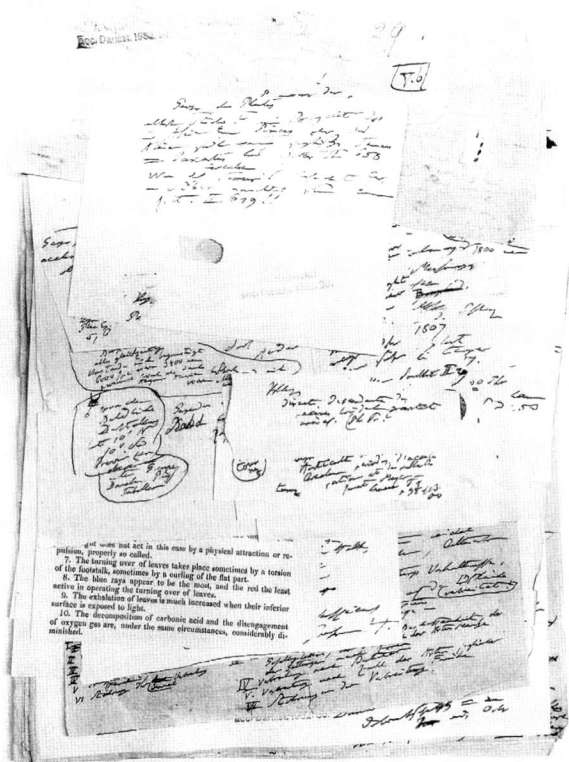

洪堡关于植物地理学的演讲笔记

195

　　所有人都听得如痴如醉。新闻报纸评论道，洪堡演讲和思考的"新方法"将看似不相干的学科和事实联系在一起，让听众感到新奇。一家社评称："听众们像被不可抗拒的力量拴在了那里。"这些讲座包含的内容，可以称得上是洪堡过去30年工作的集大成之作了。一位学者告诉自己的妻子："我从没有听过任何人能在一个半小时之内表达出这么多的新想法。"无论是多么复杂的自然之网，洪堡都能解释得极其清晰。卡洛琳娜·冯·洪堡对此印象深刻，她说：唯有亚历山大能把如此"精妙的深度"举重若轻地讲出来。舆论认为，洪堡的系列演讲标志着一个新时代的开始。他的德文出版商约翰·格奥尔格·冯·科塔（Johann Georg von Cotta）听说演讲获得巨大成功时，马上开始招募人员去现场做笔记，打算将其出版。冯·科塔愿意出 5 000 塔勒，但遭到了洪堡的拒绝。他另有打算，不想被迫加快进度。

在洪堡的推动下，科学界正在发生极具革命性的变化。1828 年 9 月，他邀请数百名来自德国和欧洲其他各地的科学家到柏林参加一次会议。[1]不像以往那样让科学家们逐一朗读冗长的文章来陈述自己的工作，洪堡对会议议程进行了修改：与其让所有人坐着听讲，不如让他们互相讨论。会议期间安排了热闹的宴会和丰富的外出活动，例如举办音乐会和组织参观波茨坦孔雀岛上的皇家动物园。会议室所在的房间陈列着植物、动物和化石标本，另外还借用了大学和植物园的空间。洪堡鼓励学者们进行跨学科的小组讨论，确保来访的科学家能够对彼此建立起更亲近的了解，以友情来推动更紧密的联系。在他的设想中，不同学科的科学家们应该组成一个兄弟会，自由地交换和分享知识。"如果没有多样化的意见，就不可能发现真理，"他在开幕致辞中这样说道。

与会的大约有 500 名学者。洪堡给还在巴黎的阿拉戈写信，称这是"游离各地的博物学家们聚集起来的大爆发"。客人们来自剑桥、苏黎世、佛罗伦萨，甚至更遥远的俄国。其中有被公认为现代化学之父之一的瑞典人约恩斯·雅各布·贝尔塞柳斯（Jöns Jacob Berzelius），还有若干位英国科学家，包括洪堡的老朋友查尔斯·巴贝奇。来自哥廷根的天才数学家卡尔·弗雷德里希·高斯在洪堡的公寓借住了三个星期，他觉得这次会议如同"纯净的氧气"。

虽然忙于生活中的各种事务，但是洪堡仍会腾出时间，恢复与歌德的联系。歌德当时已经年近八旬，住在 200 英里以外的魏玛，其健康状况不允许他前往柏林。洪堡特地去魏玛看望他。歌德羡慕那些在柏林可以定期见到洪堡的友人们，他一直在追踪洪堡的动向，频繁地向共同的

---

1. 洪堡为德国博物学家与医师协会组织了这次会议。——原注

朋友询问其近况。歌德说，他在精神上"一直陪伴着"这位老朋友，并且始终认为结识洪堡是人生中"最闪光的时刻"之一。20年来，他们一直保持通信；每次收到洪堡的来信，歌德的精神都会为之一振。洪堡无论何时发表新的著作，歌德都会马上寻来阅读。当然，他更怀念那些热烈的当面讨论。

年迈的歌德觉得自己与最新的科学进展日益疏远。他抱怨道，在巴黎，所有法国学者都在同一座伟大的城市中融为一体，而德国的所有人都独居一隅：一位学者在柏林，另一位在柯尼斯堡，还有一位在波恩——距离窒息了思想的交流。见到洪堡之后，歌德感叹道，他们如果能住得近一些，人生将会多么不同；与洪堡度过一天，胜过自己踽踽独行数年。

见到旧日共同切磋学术的老朋友无疑令人十分欣喜，但他们二人却在一个关系重大的问题上持不同意见——这个问题就是地球的创生。在弗莱贝格担任矿井监察员时，洪堡服膺他的老师亚伯拉罕·戈特利布·维尔纳（Abraham Gottlieb Werner）的学说。维尔纳是"水成论"的主要推广者之一。他相信，山脉和地壳是原始海洋中的物质逐渐沉积形成的。然而根据自己在拉丁美洲的观察，洪堡现在更相信"火成论"，即地球是在诸如火山爆发与地震这样的灾难性事件中形成的。

洪堡认为，一切事物都在地表之下相互连接。他在安第斯山脉攀登过的火山都在地下连为一体，就好像一个"巨大的火山熔炉"。火山在广袤的区域内成群、成链地分布，这证明它们的存在并非个别现象，而是成形于一种包罗全球的力量。他举的例子既鲜明又令人恐惧。1811年 197 1月30日，在北大西洋的亚速尔群岛附近忽然出现了一座新的岛屿，洪堡大胆地指出，这一现象与其后一年内撼动全世界的一系列地震相关。那场地震起源于西印度群岛，一直延伸到俄亥俄和密西西比平原，并在1812年3月对加拉加斯城造成毁灭性的打击。1812年4月30日，西印度群岛中的圣文森特岛发生火山爆发——就在同一天，委内瑞拉西南方阿普雷河（洪堡曾经从那里开始去奥里诺科河探险）沿岸的居民们听到脚下的大地深处传来巨大、雷鸣般的轰响。洪堡认为，这一切都是一条巨大链式反应的一部分，环环相扣。

虽然大陆漂移学说直到 20 世纪中期才被证实，但洪堡早在 1807 年便在《植物地理学随笔》中讨论了非洲与南美洲大陆一度相连的可能。后来，他猜想大陆漂移的内在动力可能源于某种"地表以下的力量"。坚定的"水成论"者歌德对此感到震惊。他抱怨道，所有人都被洪堡的疯狂理论吸引，就像"野蛮人聆听传教士的布道"。歌德认为，像喜马拉雅山和安第斯山脉这样巨大的山系，如此"坚定而骄傲"地耸立在那里，怎么可能是突然从地球内部升出地表的？这太"荒谬"了。他开玩笑地说，如果要让他相信洪堡，那就得把自己"全部的大脑系统"重新组装一次。但除了在这些科学问题上存在分歧以外，歌德和洪堡仍然是好朋友。歌德写信给威廉·冯·洪堡，感叹自己也许是老了，因为"连我自己都觉得自己越来越具有历史感了"！

与歌德的重逢让洪堡感到快乐，但更让他开心的是能够和威廉共度一段时光。兄弟二人过去有过分歧，但现在威廉是他唯一的亲人。亚历山大在信中写道："我知道我的幸福在哪里——在你的近旁！"威廉已经退休，举家搬到了柏林郊外的泰格尔宫。自青年时代以后，兄弟二人第一次比邻而居，并且频繁地见面。在柏林和泰格尔宫，他们终于能够"共同致力于科学工作"了。

威廉一直热衷于语言学习。早在童年时期，他就醉心于希腊和罗马神话。在他的职业生涯中，他利用每一次出任外交官的机会学习更多的语言，而亚历山大也寄给他不少关于拉丁美洲原住民语言词汇的笔记，包括印加与前印加时代的手稿副件。在亚历山大回到欧洲后不久，威廉就提出"所有语言之间存在神秘和伟大的内在联系"。几十年来，威廉一直为没有时间仔细研究这个问题而感到遗憾，现在终于有了余暇。退休六个月后，他就在柏林的科学院进行了一次关于比较语言学的演讲。

亚历山大将自然看作一个内部相连的整体。与此类似，威廉也将语言当作一个生命有机体来研究。他相信，和自然一样，语言必须放在环境、文化与人类社群的宽泛情境下考量。当亚历山大在各个大陆寻找相似的植被时，威廉则试图确定相近语言构成的语组，以及各民族语言的共同起源。他不仅开始学习梵文，还广泛涉猎中文、日文、马来－玻利尼西亚语族[1]。对威廉来说，这些都是建构其理论所必需的基础材料，正如亚历山大收集的植物标本和进行的气象观测一样。

虽然兄弟二人专长不同，但探究的前提和方法极其相近。他们甚至经常使用同样的名词概念。例如，亚历山大在自然中寻找促使形态生成的力量，而威廉也写道：思想形态经由语言生成。自然远大于每一种植物、岩石与动物的总和，语言亦是由词汇、语法和声音等构成的大于局部的整体。在威廉的新颖理论中，不同的语言反映了各异的世界观；语言不仅是表达思想的工具，更可以通过语法、词汇、时态等方式形塑思想。语言不是单个语素构成的机械结构，而是有机的生命体，是一张与行动、思想等交织在一起的庞大网络。像亚历山大的"自然之图"一样，威廉想把一切联系在一起，形成一幅"有机的整体图像"。他们二人的工作都涵盖了整个世界。

对亚历山大来说，这意味着他必须继续努力实现自己的旅行梦想。自30年前从拉丁美洲归来，新的探险计划屡屡受挫，很多研究都因此而无法得出定论。洪堡认为，如果自己真的想以全球性的整体眼光来看待自然，那么就需要去考察更多的地方。在拉丁美洲奠定的想法需要更多的数据支撑，生命之网必须涵盖尽可能多的地方。与其他人相比，他有更好的理由去尽可能地考察更多的大陆，以此来完成对气象、植被和地理成因的比较研究。

中亚地区的高山是他多年魂萦梦牵的地方。他梦想攀登喜马拉雅山峰，从而可以与在安第斯山脉的观察互为参照。洪堡无数次请求英国当局允许他进入南亚次大陆。大约20年前，他甚至向一位驻巴黎的俄国外交使臣询问，是否有可能从俄国进入印度或藏区，并可以避开边境地区的动乱。

199

---

1. 南岛语系之下的一个分支，散布于印度洋、南太平洋及北太平洋南部地区。

然而，洪堡的这一诉求多年以来一直未得到任何回复。不过，1827年秋天，正当洪堡在为柏林的系列讲座做准备时，他忽然收到一封来自俄国财政部部长、生于德国的乔治·冯·康克林（Gorge von Cancrin）的信函。康克林来信询问把铂金作为俄国未来通行货币的可能性。5年前，俄国人在乌拉尔山脉发现了铂金矿藏，康克林希望洪堡告诉他哥伦比亚以铂金作为货币的使用情况。他知道洪堡仍与拉丁美洲保持着密切的联系。洪堡马上看到了一种新的可能性。他在复信中非常详细地回答了康克林的问题，洋洋洒洒数页，然后附上了一则简短的后记，表达了自己访问俄国的"热切希望"。他解释道，乌拉尔山、阿勒山和贝加尔湖是他心目中"最甜美的风景"。

虽然不比印度，但如果他能够看到俄国在亚洲的领土，那么大概已经可以收集足够的数据来完成"自然之图"了。洪堡向康克林保证，虽然自己已经两鬓斑白，但仍有足够的体力来完成艰苦的长途旅行，并且可以连续走九到十个小时不休息。

洪堡回信后不到一个月，康克林就向沙皇尼古拉一世转达了洪堡的请求。沙皇立即邀请洪堡访问俄国，并为其负担所有费用。普鲁士和俄国王室的密切关系也是一个有利因素：腓特烈·威廉三世的女儿亚历山德拉是沙皇尼古拉一世的皇后。洪堡终于可以前往亚洲了。

俄 国

天空晴朗，天气温煦。一直伸展到遥远地平线的空旷平原，经受着夏日艳阳的烘烤。三辆马车行驶在西伯利亚大道上，这条大道始于莫斯科，一直向东延伸数千英里。

那是1829年6月中旬，亚历山大·冯·洪堡于两个月前离开柏林。这位59岁的学者眺望着马车窗外不断闪过的西伯利亚风景：低矮的草原与一望无际的森林间隔出现，林中主要有柏树、桦树、椴树和落叶松等。深绿色的刺柏会间或在桦树林白色斑驳的树干中间闪现。除了可以看到正在盛开的野玫瑰，还可以注意到兜兰¹小小的花朵，以及其上小兜状的唇瓣。虽然这里风景优美，但却不像洪堡想象中的俄国，未免也太像泰格尔宫附近的乡村了。

连续几周，洪堡见到的都是似曾相识的景色。和英国一样，俄国的道路也由黏土和碎石铺就，植被和动物也多少显得有些"普通"。能见到的动物很少，有时会跑过一只野兔或松鼠，偶有两三只飞鸟。一切都显得非常寂静，连鸟鸣都很少听到。洪堡不禁感到有些失望。西伯利亚的考察似乎完全不如南美洲的探险那么令人兴奋，但他至少暂时摆脱了柏林憋闷的宫廷生活。这已经足够接近他所想要的状态——"生活在狂野的自然中"。

他们飞速地在乡间穿梭，每行进10到20英里就在道旁小村的驿站换一匹马。道路十分宽敞，路面也维护得很好，可这也使得马车的行驶速度快到令人心惊。途中少有旅店或酒馆，所以他们夜间也继续赶路，而洪堡就在行进的车上昏沉入睡。

不像在拉丁美洲时，在俄国旅行的洪堡有了更多的随行人员。同

---

1. 英文俗名为 lady's slippery orchid，又称仙履兰。

洪堡的马车在俄国境内飞驰

行的有古斯塔夫·罗斯（Gustav Rose），来自柏林的矿物学教授，年仅29岁；还有34岁的克里斯蒂安·戈特弗里德·埃伦伯格（Christian Gottfried Ehrenberg），一位经验丰富的博物学家，刚完成了一次中东地区的探险。另有负责狩猎、收集动物标本的约翰·塞弗特（Johann Seifert），日后他将在柏林继续以忠诚的仆人和管家身份陪伴洪堡多年。此外还有一位在莫斯科加入他们的俄国矿务官员、一个厨子以及一支哥萨克护卫队。最后还有阿道夫·波利尔伯爵（Count Adolphe Polier），他是洪堡在巴黎的旧相识，这位法国人娶了一位富有的俄国伯爵夫人，在乌拉尔山西侧、距离叶卡捷琳堡不远的地方拥有一片领地。从圣彼得堡向东南行进700多英里便是下诺夫哥罗德，波利尔与洪堡在那里会合，因为他想顺路到妻子的属地去。三驾马车满载着乘客、仪器、行李与日益充实的收藏。洪堡作了万全的准备：带了一件厚实的大衣、气压计、成卷的纸张、玻璃瓶、药物，甚至还有一顶没有铁制零件的帐篷——供磁学观测所用。

202 　　数十年来，洪堡一直在等待这一刻。1827年底，尼古拉一世发来入境准许，洪堡收到后便开始进行周密的准备。几番信件来往之后，他和康克林一致认为，最好在1829年早春启程考察，这也意味着他们确定了离开柏林的时间。可是等到出发前夕，他们却又不得不再次推迟几周，因为威廉的妻子卡洛琳娜罹患癌症，健康状况急剧恶化。洪堡一直都很欣赏这位嫂子，并且也希望能在这艰难的时刻陪伴威廉。卡洛琳娜在她写的最后一封信中称，亚历山大十分"关心和爱护她"。3月26日，卡洛琳娜去世，与她结婚将近40年的威廉哀恸欲绝。亚历山大陪哥哥度过了两个半星期，最终离开柏林，登上前往俄国的旅程。他向哥哥保证，会定期来信。

　　洪堡计划从圣彼得堡到莫斯科，然后向东行进，去到西伯利亚的叶卡捷琳堡和托博尔斯克，再绕一圈返回。他想避开黑海地区，因为俄国正在那里与奥斯曼土耳其帝国开战。这场战争爆发于1828年春天，虽然洪堡非常想考察里海和位于今天伊朗和土耳其边境的死火山阿勒山，但俄方人员告诫他这不可行。任何"轻率地窥探高加索山脉与阿勒山"的计划，都只有在更和平的时期才可能实现。

　　因此，洪堡的计划几乎都无法如愿，整趟旅途就像一次巨大的妥协。沙皇尼古拉一世出钱资助了这次考察，他希望知道如何在自己广袤的帝国中更有效地开采金子、铂金和其他贵重矿物。虽然名义上是为了"促进各类科学的进步"，但沙皇的真正兴趣在于发展商贸。俄国在18世纪成为欧洲最大的矿石出口国之一，产铁量也处于世界前列，但此后就被工业化的英国超过。可以说，俄国的问题在于封建劳动制度与陈旧的生产方式，以及部分矿井的枯竭。洪堡作为矿井监察员的经历及其丰富的地质学知识让他成为沙皇的最佳顾问人选。这次出行对科学研究来说并不理想，但洪堡看不到其他可以帮自己达成目标的方法。他已年近六旬，剩下的时间不多了。

　　在穿越西伯利亚的途中，他按照与康克林的协议，兢兢业业地调查矿井的情况。与此同时，他也为辛苦的工作增加了一些刺激。他有一个想法，可以证明用比较的视角来探究世界是多么奇妙：经过多年的观察

积累，洪堡注意到若干种矿物经常会在同一个地方出现。例如在巴西的
山脉中，经常在金矿和铂金的沉积带附近发现钻石。带着他对南美洲地
质构造的丰富知识，洪堡转而关注俄国的情况。既然乌拉尔山也有金矿
和铂金矿，那么应该也能在这里找到钻石。他信心十足，在圣彼得堡面
见亚历山德拉皇后时，他甚至大胆地保证，一定会找到并带回几颗钻石。

于是，每到一处矿山，洪堡就动手寻找钻石。他把手臂插入沙中，
反复筛选细沙，然后手握放大镜，相信一定会看到闪光的宝藏。他坚信
一切都只是时间问题。旁人都认为他疯了，因为没有人在热带以外的地
区找到过钻石。一位随行的哥萨克人甚至称呼他为"疯狂的普鲁士王子，
洪堡先生"。

洪堡的热情最终还是感染了一些人，包括他的老朋友波利尔伯爵。
几个星期以来，波利尔一路上都目睹了洪堡寻找钻石的过程。他于7月
1日离队，去查看妻子在叶卡捷琳堡附近的领地——在那里，他们也拥
有金矿和铂金矿。为洪堡的精神所感染，波利尔立刻指示手下在附近寻
找钻石。出乎意料的是，几个小时后，他们就找到了乌拉尔山一带的第
一颗钻石。波利尔马上发表文章宣告了这一发现，消息很快传遍了整个
俄国乃至全欧洲。一个月内，俄国全境总共发现了37颗钻石。洪堡的判
断是正确的。虽然他根据坚实的科学证据才做出了这一猜测，但这件事
情对很多人来说都太过神秘，他们认为洪堡一定精通魔法。

洪堡激动地写信给康克林，称乌拉尔山是"真正的金山"（El
Dorado）。对洪堡而言，这次精确判断体现了科学类比之美，但俄国人
更看重由此带来的商机。洪堡试图忽略这一点——在这次考察中，他不
止一次地试图淡化一些细节，不加评论。在拉丁美洲，他直白地批评西
班牙殖民统治的各个方面，从开采自然资源带来的环境破坏、森林的消
失，一直到殖民统治者对原住民的不公正对待以及奴隶制下的暴行。那
时的他坚持认为，目睹了惨痛和压迫现状的旅行家有义务"将劳苦人民
的悲叹传到那些有能力救助他们的人的耳中"。在赶赴俄国的几个月前，
他曾激动地告诉康克林，自己非常想去俄国东部"比较穷困的省份"看

看那里的农民。这显然不是俄方愿意看到的。康克林在回信中严厉地指 　204
出，本次考察的唯一目的在于科学和商贸上的发现，至于对俄国社会或
农奴制度发表评论，则不在洪堡的职责范围内。

　　沙皇尼古拉一世统治下的俄国是一个专制的国家，社会贫富差距悬
殊，对自由主义思想和开放的批评抱有很深的敌意。1825 年 12 月，沙
皇登基当天就发生了一场暴动，为此，尼古拉一世发誓要在俄国实行严
厉的管控政策。间谍和情报收集者构成的网络渗透到了国家的每个角落；
政府大权高度集中，最终归于沙皇。强大的审查制度过滤从诗歌到新闻
报道的所有出版物，一切自由主义思想都被严密的监控扼杀，敢于批评
沙皇或政府的人们被迅速流放到西伯利亚——尼古拉一世将自己视为防
止革命发生的守护者。

　　这是一位崇尚严格秩序、纪律和拘谨礼节的领导者。在洪堡结束俄
国之行的若干年后，尼古拉一世将把"正统、独裁和民族主义"正式确
立为俄国的意识形态教义：东正教教会、罗曼诺夫王朝的统治以及对俄
国传统的强调将成为抵抗西方文化影响的三驾马车。

　　洪堡很清楚俄国当局对他的期待，并且向康克林承诺，自己只关注
自然，会尽力避免对任何政府事务和"底层阶级的现状"发表评论。不
管看到农民生活得多么困苦，他都不会公开批评俄国的封建制度。他甚
至多少有些违心地告诉康克林，不会俄文的外国人很容易对当地的情况
产生误解，继而向世界传播错误的见解。

　　旅途中，洪堡很快发现康克林对他的监控极其严密：每到一处都有
地方官员列队迎接，然后向圣彼得堡汇报。虽然远离莫斯科和圣彼得堡，
但周围并没有未经驯服的荒野。位于莫斯科以东 1 000 英里处的叶卡捷
琳堡是通往俄国亚洲领土的门户，这座大型工业城市大约有 15 000 名居
民，大部分受雇于附近的矿山以及制造业；区域经济包括金矿、炼铁厂、
锅炉、磨石工坊以及铸造和锻造业，丰富的自然资源包括金矿、铂金、铜、
宝石和其他珍贵的矿物。西伯利亚大道将这些工业和矿业城市与广袤的
领土相连。每到一处，地方上的省长、市长和其他官员都会佩戴勋章出

205 面欢迎洪堡。晚宴总是十分冗长，穿插着演讲和舞会，几乎没有独处的时间。洪堡非常讨厌这些繁文缛节，因为每一步都有人监视。他给威廉写信，抱怨走路都有人搀扶，觉得自己"像个残废之人"。

7月底，也就是离开柏林三个多月后，洪堡到达了位于圣彼得堡以东1 800英里处的托博尔斯克，也是计划行程的最东端，但周围仍不是完全的荒野。洪堡极不满意：自己远道而来，不想就这样踏上返程的归途。于是，他开始筹划打破返回圣彼得堡的协议，将康克林的指示搁置在一旁，重新增加2 000多英里的行程。他想去东边的阿尔泰山，以此作为安第斯山脉的对照。

既然不能去喜马拉雅山，那么阿尔泰山便是洪堡能在中亚找到的最相近的山脉了。整趟俄国之旅的收获在于这些比较与对照。为了去阿尔泰山，洪堡很多天都乘坐颠簸的马车连夜赶路，为的就是节省时间，从而能在不招惹太多麻烦的情况下适当延长旅途。他从叶卡捷琳堡写信给威廉说明自己的计划，但对其他人守口如瓶。直到离开托博尔斯克的前一天，他才告诉康克林，他们将给旅程加上一段"小小的延伸"。他明白，远在圣彼得堡的康克林已经来不及阻止他。

为了平复康克林的不悦，洪堡承诺，自己将探访更多的矿山，并且说明自己希望找到更多的稀有植物和动物。他还加上了一段忧郁的独白，称这是自己"去世前的最后一次机会"。洪堡没有即刻返程，而是继续向东行进，穿过巴拉巴草原，朝着巴尔瑙尔城和阿尔泰山西麓而去。当康克林一个月后收到这封信时，洪堡早已到达目的地。

直到离开托博尔斯克、放弃别人强加给他的行程后，洪堡才终于感到自在和快乐。年岁的增长并没有让他安静下来。随行人员惊讶地发现，这位59岁的先生能够连续步行数小时而"没有任何疲惫的迹象"。他总是穿一件黑色长礼服，系一条白色领巾，戴一顶圆帽。他走路很小心，但同时也很自信、稳健。旅程越艰苦，洪堡就越珍惜这一次经历。最初，这次探险并没有南美洲的行程那么令人兴奋，但现在他们终于进入了更
206 原始的荒野。洪堡在艰险的途中跋涉，距离欧洲各大学术中心已几千里

之远。从托博尔斯克到阿尔泰山麓的巴尔瑙尔，他们途经的草原宽达1 000英里。他们继续沿西伯利亚大道前行，村庄更加稀少，相隔的距离也更加遥远——虽然仍然满足他们更换马匹的需求——但村庄之间常常只有荒无人烟的原野。

不过，空旷的景象自有它的美丽之处。夏天，草原成了红色和蓝色的花海，洪堡认出了有着矛尖状微红茎干、像蜡烛一样细高的柳叶菜（*Epilobium angustifolia*），还看到了翠雀（*Delphinium elatum*）天蓝色的花朵，以及皱叶剪秋罗（*Lychnis chalcedonica*）鲜红色的花朵——就像在草原上燃起的闪闪火光。不过洪堡仍然没有见到很多野生哺乳动物和鸟类。

温度计显示夜间只有6℃，白天则攀升至30℃。像30年前在奥里诺科河上一样，洪堡和同伴们再次为蚊子所困扰，不得不戴上厚重的皮制面具来保护自己。这种面具只在眼睛的位置开一条小缝，里面还有用马尾编成的细网——虽然这样能防蚊虫，但是空气无法流通，因此面具内部酷热难耐。但对洪堡来说这些都不算什么。终于挣脱了俄国官方的控制，他的心情格外舒畅。他们日夜兼程，仍然在颠簸的马车上睡觉；洪堡写道，这感觉像是"在陆地上航海"，周围草原单调的景色令他们仿佛置身在浩荡大洋之中。他们平均每天赶100多英里路，有时候能在24小时之内走将近200英里。即使和欧洲最好的道路相比，西伯利亚大道也一点儿都不差。洪堡骄傲地宣称，他们比欧洲递送特快信件的信使走得还快。

1829年7月29日，也就是离开托博尔斯克5天后，旅程突然陷入停滞。当地人告知他们，一场炭疽传染病正在巴拉巴草原上蔓延——这就是德国人所谓的"西伯利亚瘟疫"。炭疽通常先感染食草动物：牛、羊的食物中带有炭疽杆菌的活性孢子，吞食后即会得病。一旦传染给人类，就会造成奇高的死亡率，并且没有有效的治疗手段。然而除了通过瘟疫蔓延的地区，没有其他通往阿尔泰山的路了。洪堡很快决定：炭疽病也好，别的灾难也罢，他们都必须继续前进。"以我现在的年纪，"他说，"不应该再耽搁任何事情。"所有仆人都被要求坐在马车里，不要暴露在外面。

洪堡一行穿行在巴拉巴草原上

同时，他们准备了足够的干粮和水，避免接触外界可能已经受到感染的人群和食物。然而他们必须继续定期更换马匹，因此时刻都冒着换到一匹病马的风险。

一行人沉默地坐在车里，小小的马车窗户紧锁，内部拥挤而闷热。他们穿行在死亡的地界上。与洪堡同行的古斯塔夫·罗斯在日记中写道："瘟疫的足迹"到处可见。村庄的出入口都燃着熊熊篝火，以此来"清洁空气"。他们还看到临时搭起的医院，以及横陈在田野里的动物尸体。据说，仅一个小村子就有500匹马死于炭疽病。

经过几日极端不适的旅行，他们到达了鄂毕河畔，也就是草原的尽头。这也意味着，只要渡过河去，他们就离开了炭疽病肆虐的地区。然而正当他们准备渡河时，大风忽起，一场狂暴的雷雨席卷而来；风浪太大，运载马车和乘客的渡轮只能停摆。这次洪堡不介意再等一天：过去几日紧张的旅行已近尾声。他们用火烤鱼吃，享受清凉的雨水，蚊虫也销声匿迹，终于可以摘下令人窒息的面具了。高山在对岸等待着洪堡。雨势渐小，他们成功地渡过鄂毕河，于8月2日抵达繁荣的矿业城镇巴尔瑙尔。

洪堡的目的地近在咫尺：从托博尔斯克出发9天后，他们已经走了1 000英里。洪堡计算了一下，他们现在身处柏林以东3 500英里处，大约与加拉加斯距柏林西面的距离相等。

8月5日，洪堡第一次见到从东方地平线上缓缓升起的阿尔泰山。他们首先探访了山脚下的矿井和炼铁厂，然后继续前行，一直到达乌斯季－卡缅诺戈尔斯克城堡（位于今天哈萨克斯坦的厄斯克门市）。但从那里出发再向上的话，要面对十分陡峭的山路，他们不得不将马车和大部分行李留在城中，换上当地人常用的较为轻巧的平板车。越往上爬就越难借助交通工具，最终不得不徒步行进。洪堡检视了周围巨大的花岗岩峭壁和岩洞，观察了此处的岩层，并迅速作了笔记和素描。当同行的科学家古斯塔夫·罗斯和克里斯蒂安·戈特弗里德·埃伦伯格忙着收集植物和岩石标本时，洪堡有时会耐不住性子，奋力跑到前面，爬到更高处探路，或去探查一处洞穴。埃伦伯格经常因为过于专注地收集植物而迷路，为此，随行的哥萨克人经常四处找他。一次，他们发现埃伦伯格全身都湿透了，只见他站在一片沼泽中，一只手举着一把草，另一只手攥着一丛类似苔藓的样本——这位精疲力竭的学者大声宣告：这些植物和"覆盖红海海底"的一模一样。

洪堡重新回到大自然的风雨雷电之中。他爬进深深的矿洞，凿下岩石样本，压平植物标本，手脚并用地攀登；他将这里的矿脉与南美洲新格拉纳达的进行比对，还通过比较的方法研究了阿尔泰山和安第斯山，以及西伯利亚草原与委内瑞拉的亚诺斯平原。洪堡后来说，尽管乌拉尔山的矿藏具有重要的商业意义，但这次探险"真正的快乐"是到了阿尔泰山才开始体会到的。

山谷中草深林茂，哪怕近在咫尺，也经常看不见彼此的身影。但山的高处却光秃秃的，毫无植被覆盖。罗斯在日记中写道，这座巨大的山体如同"雄伟的穹顶"。海拔将近15 000英尺的别卢哈山，比钦博拉索峰矮6 000英尺，但已是阿尔泰山脉的最高峰。他们已经可以看到别卢哈山顶并峙的双峰，以及其上覆盖着的皑皑白雪。8月中旬，他们进到山区深处，最高的山峰已经近在眼前。但问题是他们来得太迟了，积雪太厚，无法继续向上攀登：每年5月，部分积雪融化，但到了7月便会覆盖上新的雪层。虽然别卢哈山近在眼前，但却不能登顶，洪堡倍觉遗憾，但也不得不止步于此。在这样的天气条件下，他们不可能继续攀爬——事实上，直到20世纪20年代才有第一支登山队伍顺利登上别卢哈山。中亚最高山峰可望而不可即，虽然洪堡看到了别卢哈山，但却无缘测量它的顶峰。季节以及年龄都不允许他实现这一心愿了。

209 虽然有些失望，但洪堡觉得已经看到了足够多的东西。行囊里装满了压干的植物标本和长长的测量数据表，还有岩石和矿物的样本。他还发现了一些温泉，并将其与附近发生的轻微地震联系在一起。不管白天走了多远，洪堡晚上总还有精神架起仪器，观测夜空。他觉得自己强壮而健康。他在信中告诉威廉："我的身体状况好极了。"

洪堡决定继续前行。他们派一名哥萨克骑兵先行前往，并通知在该地区巡逻的官员。8月17日，洪堡一行到达巴图（Batyr）。他们发现，额尔齐斯河的右岸是清朝驻防军。那里有若干顶毡房、几头骆驼、成群的山羊和大约80名衣衫褴褛的粗犷兵士。

洪堡先去拜访清军哨所，在毡房中会见驻地军官。他们坐在铺着毯子和坐垫的榻上，洪堡向主人呈交自己的礼物：布匹、糖、铅笔和葡萄酒。友好的交谈经由多重翻译：从德语到俄语，再从俄语到蒙古语，最终由蒙古语译成中文。虽然兵士们有些不修边幅，但几天前刚从北京远道而来的军官却十分精神，他身着长长的蓝色绸褂，帽子上装饰有几根漂亮的孔雀翎。

几小时后，洪堡乘船渡河，去会见河对岸毡房中的蒙古人。围观的人渐渐增多。蒙古人对外国客人十分好奇，不时用手碰碰戳戳洪堡以及同行的欧洲人。他们捅捅肚皮，撩开上衣，推推搡搡——这次，洪堡自己成了神秘的异国风物，但他十分享受这次奇特的相遇。他在家信中写道，自己到过中国了，那个传说中的"天朝"。

返程的时间到了。既然康克林事先并未准许他从托博尔斯克继续向东远行,洪堡也就希望能够确保按时返回圣彼得堡。他们先回到乌斯季－卡缅诺戈尔斯克城堡,取回马车,然后沿着俄国南部与中国接壤的边境转而向西,途经鄂木斯克、米阿斯和奥伦堡,总计行程 3 000 英里。这条 2 000 英里长的边境线穿过哈萨克草原,遍布着驿站、哨楼和哥萨克人驻守的小型城堡。这里还是游牧民族吉尔吉斯人的故乡。[1]

210

9 月 14 日,洪堡在米阿斯庆祝了自己的 60 岁生日,前来庆贺的还有当地的药剂师——他将以弗拉基米尔·列宁(Vladimir Lenin)的外祖父的身份被记入历史。次日,洪堡给康克林发去一封信,说自己走到了一个人生的转折点。虽然没能在年老气衰前达成自己所有的心愿,但他已经见过了阿尔泰山和中亚草原,得到了需要的数据,获得了莫大的满足。"30 年前,"他写道,"我还身处奥里诺科河两岸的雨林和南美洲的山系之中。"现在,他终于可以着手将余下的"庞大思想体系"整合起来。1829 年是他"忙碌不息的一生中最为重要的一年"。

离开米阿斯,一行人继续向西前往奥伦堡。从那里,洪堡再次决定不走预定路线。他认为,与其转向西北回到莫斯科,再到圣彼得堡,还不如折而向南到里海去——可这又是一次未经批准的长途绕行。出发的当天早晨,他给康克林写信,称自己从童年时代起就梦想着去里海看看,现在机会难得,再等下去恐怕就太迟了。

事实上,多半是因为俄国对战奥斯曼帝国所取得的胜利,洪堡才临时改变了计划。康克林一直派遣特使随时向洪堡通报战事情况:在过去的几个月内,俄国军队从黑海两侧同时向君士坦丁堡进发,连连击败奥斯曼军队。随着土耳其一个又一个军事重镇的失陷,苏丹马哈茂德二世意识到俄方胜局已定。9 月 14 日,双方签订《阿德里安堡条约》,同意停战。自此,一大片曾因战事危险而无法接近的区域便向洪堡敞开了。10 天后,洪堡告诉威廉,说自己计划到阿斯特拉罕城去——伏尔加河的洪流在那里从里海的北端注入其中。他致信康克林,称"君士坦丁堡的城下之盟"

---

1. 哈萨克草原是世界上最大的干草原之一,从东面的阿尔泰山直到西面的里海。——原注

是无比振奋人心的消息。

10月中旬，洪堡一行到达阿斯特拉罕，登上一艘汽船，开始探索里海和伏尔加河。里海以其浮动的水位线著称，这让洪堡十分着迷，就像30年前在委内瑞拉看到的巴伦西亚湖一样。后来，他向圣彼得堡的学者们建议，应该在里海周边设立观测站，以记录水位的涨落，并调查陆地211的移动情况。他认为，可能是火山和其他地下力量导致了水位的变化。后来他还猜测，里海盆地的出现——里海北部周边地区的海拔低于海平面九十多英尺——可能是与中亚地区的高原和喜马拉雅山脉的升起同时发生的地质事件。

今天，我们已经了解到，里海水位的涨落受多重因素影响。其一是伏尔加河注入里海的水量，而这又受到其上游集水区域降雨量的影响——最终，北大西洋的大气条件是影响降水的重要因素。多数科学家相信，里海水位的涨落反映了北半球气候变化的趋势，这一地区也因此成为研究气候变化的重要基地。另一些理论认为，水位的升降受到大陆板块运动的影响。这些正是洪堡感兴趣的猜想，因为它们都在某种程度上揭示了遍及全球的相关性。他在给威廉的信中写道，看到里海是自己"人生中的一大快事"。

时至10月末，俄国的冬天马上就要来临。洪堡需要先前往莫斯科，再去圣彼得堡汇报本次考察的成果。他心情很愉快，因为见到了幽深的矿井和积雪覆盖的高山，以及世界上最大的干草原和里海。他曾和清朝军官对坐饮茶，也曾与吉尔吉斯牧民一起喝下经过发酵的马奶。从阿斯特拉罕去往伏尔加格勒的途中，博学的卡尔梅克大汗为了迎接洪堡的到来，特意组织了一场音乐会：由卡尔梅克人组成的合唱团演唱了莫扎特的序曲。洪堡曾在哈萨克草原上遥望奔跑的高鼻羚羊，在伏尔加河的小岛上观察晒太阳的蛇，还在阿斯特拉罕遇到过一位赤身修行的印度法基尔修士。他正确预言了西伯利亚的钻石矿藏，违背指令地与流放的政治犯交谈，甚至还在奥伦堡遇到了一位被驱逐出境的波兰人——那人骄傲地给洪堡看自己带在身边的《关于新西班牙王国的政治随笔》。几个月以来，洪堡在一场炭疽瘟疫中幸存了下来，并且因为西伯利亚的食物难以消化而消瘦了不少。他用温度计测量深井中的水温，背着仪器横穿俄国的疆土，进行了数千次观测。他的考察队带回了岩石、植物标本和填充好的动物标本，还用瓶子装回了一些鱼类，并为威廉找到了古代的手稿和书籍。

和以往一样，洪堡不仅对植物学、动物学和地质学感兴趣，还关注农业与林业的发展。他注意到，矿井附近的森林正在快速消失，于是便提醒康克林注意木材的短缺情况；他反对大规模使用蒸汽机从矿井中抽水，因为那会消耗过多木材。在炭疽病肆虐的巴拉巴草原上，洪堡发现过度发展耕地对环境造成的影响：当时，这里是（现在仍然是）西伯利亚的农业中心，农民抽干沼泽和湖泊，将草原变成农田和牧场。洪堡总结道，这使原本湿润的平原变得干旱而贫瘠，并为以后带去更加严重的影响。

洪堡孜孜以求地找寻"能将一切现象和自然力量连接起来"的链条，而俄国是其中的最后一环。他开始重新整理、排查过去几十年收集的数据，并在其中建立关联。他的工作主题是比较，而非发现。他将把俄国之旅的结果发表在两部著作[1]中，并着重强调人类活动对森林的破坏以及给环境带去的长期影响。他将人类行为影响环境的方式分为三类：砍伐森林、不当的灌溉、（颇具有预言性的）工业中心所产生的"大量蒸汽和燃气"。在此之前，从未有人这样考虑过人类与自然的关系。[2]

1829年11月13日，洪堡终于回到了圣彼得堡。人们惊叹于他的耐力。从5月20日出发以来，他们一行在六个月内完成了长达10 000英里的旅行，途经658个驿站，更换了12 244匹马。历经长时间的户外活动，洪

---

1. 这两部著作是《亚洲地质学与气象学的部分见解》（*Fragmens de géologie et de climatologie asiatiques*, 1831）与《中亚：山系与比较气象学的研究》（*Asie centrale, recherches sur les chaines de montagnes et la climatologie comparée*, 1843）。——原注
2. 洪堡的观点如此新颖，甚至与当时的一般信仰相左，以至于他的译者也会对书中的论点提出怀疑。译者在德文版中加了一条脚注，称洪堡所论述的砍伐森林的负面影响"值得商榷"。——原注

堡觉得自己的精力比以往更加充沛，并且为冒险的机会兴奋不已。所有人都想聆听他们的见闻。几天前在莫斯科，他已经快招架不住类似的热情，好像整座城市一半的人都出来迎接他了：人们身着宴会盛装，城里张灯结彩。不管是在莫斯科还是圣彼得堡，人们都为他的成功归来而举办盛大的庆祝宴会，各路名流在演讲中称赞他是"这个时代的普罗米修斯"。似乎没有人在意他自作主张地改变了原定的路线。

这些正式场合让洪堡浑身不自在。他不能畅谈对气候的观察和地质勘探的结果，却被迫去称赞一条由彼得大帝的头发编成的发辫。虽然皇室成员对发现钻石的细节更感兴趣，但科学家们却急切地想一览他收集

213 到的物品。于是，洪堡在人群中周旋，保持着自己的耐心和风度；没有人知道他实际上多么厌烦这些应酬。俄国诗人亚历山大·普希金对洪堡一见倾心。"迷人的语言从他口中自然地涌出，"普希金说，就好像圣彼得堡皇宫里的大型喷泉，汩汩清泉从大理石狮子的口中激涌而出。洪堡常私下抱怨这些繁复的礼节，他给威廉写信，说自己"几乎快被各种义务责任压垮"。然而他也试图利用自己的盛名和影响力做一些事情。虽

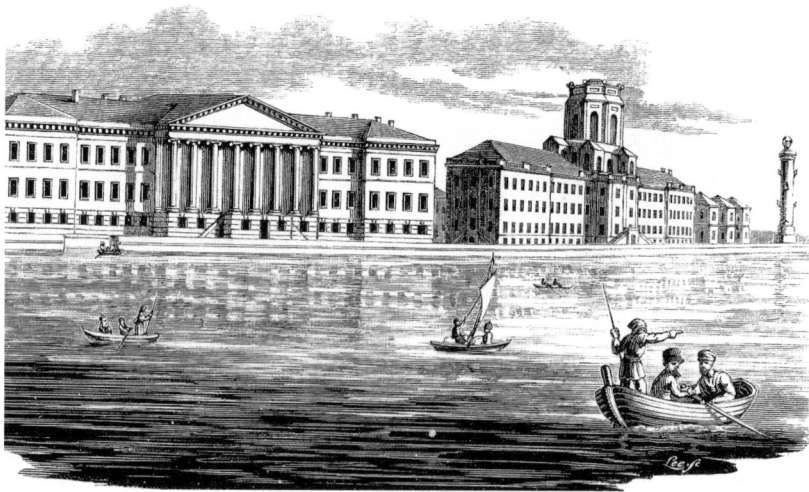

圣彼得堡的皇家科学院

然必须避免就农奴和工人的境况发表任何公开的批评，他仍然当面请求沙皇赦免一些自己在途中遇到的流放者。

洪堡还在皇家科学院进行了一场演讲，这将在未来促成更大规模的国际科学合作。几十年来，洪堡一直对地磁现象充满兴趣，甚至不亚于他对气候的痴迷，因为二者都是跨越全球的自然现象。为了更好地了解他所谓的"地球磁针的神秘巡游"，洪堡建议在俄国境内建立若干处观测站，组成一道链条：其目的在于确定地磁场的变化是源于地球本身（例如环境变化），还是源于太阳活动。地磁现象是理解天文与地理之间有何关联的一把钥匙，洪堡说：它可以向我们揭示，"在我们的星球内部深处或大气高处正在发生什么"。他很早就展开了对地磁现象的研究：在安第斯山时，他发现了磁倾赤道；1806年滞留柏林时，他曾与一位同事昼夜不息地观测地磁现象，每小时一次——1827年重返柏林后，他又重复了一遍同样的实验。俄国之行后，洪堡建议德国、英国、法国和美国的科学家们联手合作，收集更多的全球数据。他呼吁各国联合起来，像一个"伟大邦联"中的成员一样协作互助。

几年内，地磁观测站就如雨后春笋般出现在全球各地：圣彼得堡、北京、阿拉斯加、加拿大、牙买加、澳大利亚和新西兰、斯里兰卡……甚至遍及南大西洋中偏远的圣赫勒拿岛（拿破仑曾在那里度过囚禁中的余生）。这些观测站三年内就收集了多达两百万笔数据。像今天研究气候变化的科学家们一样，这些全新的观测站会收集全球数据信息，是我们今天所熟知的"大科学"的前身。这样大规模的国际合作，还获得了"地磁学远征"（Magnetic Crusade）的称号。

洪堡还在圣彼得堡的演讲中鼓励科学家们在俄国的广袤土地上开展气象学研究。他想为证明"破坏森林会影响气候"收集更详细的数据——这是最早的对人类行为导致气候变化的大规模研究。洪堡说，科学家有责任去检测"自然系统"（economy of nature）中不断变动的各个因素。

两周后，也就是12月15日，洪堡离开圣彼得堡。行前，他将自己所收旅费的三分之一退回，要求康克林用这笔钱去资助下一位探险家——获取新的知识比为自己积累财富更重要。他的行李中装满了为普鲁士国王收集的藏品,浑如"车轮上的自然志陈列馆"。车上还装载着仪器、笔记本和沙皇送给他的一个高达七英尺、带着底座的大花瓶[1],以及昂贵的紫貂皮。

　　赶回柏林的途中,天气极其寒冷。接近里加(今天拉脱维亚的首都)时,洪堡的马车夫忽然在结冰的路面上失去了对缰绳的控制,马车以全速冲向一座桥梁,撞出了桥栏。其中一匹马跌进了八英尺之下的河流中,行李也被拖带了下去,马车的一侧尽毁。洪堡和其他乘客被弹射出去,掉在了距离桥沿仅四英寸的地方。神奇的是,除了马略有受伤之外,其他人均安然无恙。但修复马车又耽搁了数日。洪堡仍然心绪昂扬,他开玩笑地说,一行人挂在桥边的景象"看上去一定像一幅别致的画"。他还和车中的另外三位学者打趣道,他们肯定已经为这次的马车失事事件想出了各种"相互矛盾的假说"。他们在柯尼斯堡度过了圣诞节,然后于 1829 年 12 月 28 日抵达柏林。一位友人向歌德报告,洪堡整个人都充满新想法,好像"一个装满了沸水的锅子"。

　　这是洪堡的最后一次远行。自此之后,他将不再周游世界。不过,他关于自然的思索却好像以一种一往无前的力量,在欧洲人和美国人的心智中播下了千万颗种子。

---

1. 洪堡将花瓶转赠给了柏林的旧博物馆。今天,它归柏林旧国家美术馆收藏。——原注

17

演化与自然：
查尔斯·达尔文与洪堡

"小猎犬"号乘风破浪，平稳地行驶在波涛汹涌的大海上。风吹动鼓胀的船帆，猎猎作响。1831 年 12 月 27 日，这艘船离开英格兰南部的朴次茅斯港，开始了她的环球航行。此番目的是测绘海岸线和各个海港的准确地理位置。4 天后，22 岁的查尔斯·达尔文在船上坐立不安，"无精打采"。这并不是他想象中冒险的样子。"小猎犬"号经过比斯开湾，向马德拉群岛驶去。达尔文没有兴奋地站在甲板上眺望大海。因为深受晕船所苦，他只能蜷缩在自己的船舱里，窝在吊床内，饿了就嚼几块饼干。

达尔文和两名船员共用一间狭小的船尾舱。当船员们研究航海图时，达尔文的吊床就悬空挂在桌子上方。船舱大约十英尺见方，墙边堆满了书柜、储物柜和抽屉橱柜，中间又放了一张测绘用的大桌子。身高六英尺的达尔文基本上没办法站直。船的后桅杆立在屋子正中央的桌子旁，像一根大柱子；地板上则装有船的转向控制器。所以，要走到房间另一头，就必须爬过转向器的巨型木制横梁。房间里没有其他窗户，只开了一扇小小的天窗：达尔文躺在吊床上，透过这里仰望月亮和星空。

吊床旁的小书架上摆满了达尔文最宝贵的财产：经过精心挑选带在身边的书籍。其中有若干本植物学和动物学参考书、一部最新的西班牙语词典、几部探险家的旅行日记，以及查尔斯·莱尔的《地质学原理》第一卷——这部革命性的著作于一年前刚刚出版，紧邻着的便是亚历山大·冯·洪堡的《旅行故事》——这部长达七卷的游记记述了洪堡在拉丁美洲的探险，也是达尔文决定登上"小猎犬"号的理由。[1] 他后来说："出

---

1. 达尔文担心尾舱太小、储物空间不够，行前特意问船长是否能带上自己的那套《旅行故事》。"当然没问题，尽管带上你的洪堡。"船长十分确定地回答道。——原注

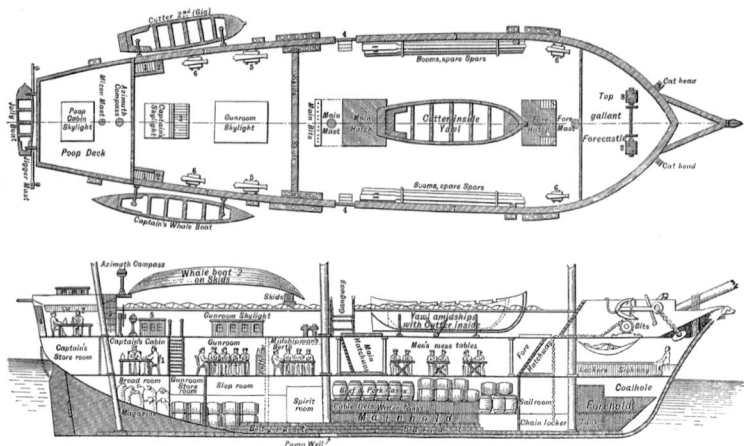

"小猎犬"号内部全图；达尔文的舱位位于船尾

于对这部著名游记的仰慕之情（甚至能背诵其中的部分内容），我决定去游历那些遥远的国度，并最终志愿登上女王陛下的"小猎犬"号，成为随行的博物学家。"

在晕船的折磨下，达尔文开始怀疑自己的决定是否明智。1832年1月4日，"小猎犬"号途经马德拉群岛，他甚至病得无法起身到甲板上去看看外面的景象。他待在房间里，读着洪堡笔下的热带风光，没有比这更能"安慰一个在海上晕船的人"了。两天后，他们到达特内里费岛。达尔文从几个月前就开始期待这一站：他想在修长的棕榈树下散步，眺望高达 12 000 英尺的泰德峰——30 多年前，洪堡登上过这座火山。然而当"小猎犬"号试图登陆时，一艘来船阻止了他们：特内里费岛的官员听说英国最近正在暴发霍乱，所以担心船员们会将这种流行病带到岛上。领事已经下令，任何来自英国的船只都必须经过 21 天的隔离。"小猎犬"号的船长决定不作耽搁，继续前行。达尔文十分沮丧，他在日记中写道："唉，痛苦啊，实在是痛苦！"

218　　离开特内里费岛的当晚，大海的波涛渐渐平静，海水轻摇船尾，暖风吹拂船帆。达尔文的晕船症状终于减轻了一些。天空一片清朗，夜月星光倒映在暗沉的海面上。这个瞬间有如梦幻。达尔文写道："我可以理解洪堡对热带夜晚的迷恋了。"次日清晨，他遥望泰德峰直入云端的锥形山顶，看它披着橙色的曙光慢慢地从地平线上消失。达尔文觉得，虽然备受病痛折磨，但一切都值得。他在《旅行故事》中读到过太多关于这座火山的描述，离开的时候就"好像在与一位朋友依依惜别"。

就在几个月前，达尔文想作为随行博物学家到热带旅行的梦想还如虚无缥缈的空中楼阁。遵从父亲的意愿，他按部就班地踏上了专业训练的道路，在剑桥修习学业，准备未来当一名乡村牧师。放弃爱丁堡的医学学业后，达尔文选择了神学，主要是为了安抚父亲。他相信自己未来一定会继承丰厚的遗产，"过上足够舒适的日子"，因此并没有在事业上寄予十足的野心。在爱丁堡，他发现自己更喜爱研究海洋无脊椎动物，而非专心学医；在剑桥的时候，他积极地旁听植物学讲座，荒废了神学必修课。他开始迷恋收集甲虫，经常长时间地出去散步，翻开路边的石头和树桩，在包里装满捉来的昆虫。一天，达尔文的双手已经抓满了战利品，却又不愿意放弃新的收获，于是干脆将一只甲虫叼在嘴里。甲虫对这一极不寻常的待遇十分不满，喷出一股酸性汁液，逼得达尔文只好把它吐了出来。

在剑桥的最后一年，达尔文读到了洪堡的《旅行故事》。他后来写道，这本书"点燃了我心中的热情"。他抄写下自己最喜爱的段落，并在植物学野外采集的路上，大声读给植物学老师约翰·史蒂文斯·亨斯洛（John Stevens Henslow）和同学们听。1831年春，达尔文已经反复熟读了洪堡的著作。他告诉自己的表兄，"我每天挂在嘴边、每天日思夜想的都是前往加那利群岛的探险计划"。

他设想的是和亨斯洛以及一些同学一起到特内里费岛去，并为此"兴奋得不能安坐一处"。为了做好充足的准备，他每天早上都急匆匆地跑到剑桥植物园温室去"看看那里的棕榈树"，然后再跑回家自学植物学、地质学和西班牙语。他向往茂密的树林、耀眼的平原和山顶，更是把洪

查尔斯·达尔文

堡的游记读了又读。剑桥的同学们已经听他无数次说起这趟计划中的旅行，而且因为实在是听得厌烦了，他们甚至希望他已经去到那里。达尔文开玩笑地对表兄说："他们被我所谈论的热带景象烦得够呛！"

1831年7月中旬，达尔文在给亨斯洛的信中提醒他阅读更多洪堡的著作，并称它们"可以使你燃起对加那利群岛的热望"。他在信中流露出期待，并夹杂了不少新学的西班牙语。他告诉自己的姐姐："我已经把自己写进了热带的光辉里。"然而，正当他们准备出发的时候，亨斯洛迫于工作压力以及妻子怀有身孕的现实，不得不临时取消了行程。同时，达尔文也意识到，很少有船只从英国出发前往加那利群岛，仅有的几艘已经都在初夏时离港了。一切都太晚了，只能将计划推迟到下一年。

一个月后，也就是1831年8月29日，达尔文收到亨斯洛的一封信，人生就此改变。亨斯洛告诉他，一位名叫罗伯特·菲茨罗伊的船长正在为"小猎犬"号招募一位绅士，最好同时是一位博物学家——这艘船会

于四周后出发环游世界。这比前往特内里费岛的计划更精彩！然而达尔 220
文的兴奋却被父亲的拒绝浇灭了，而他的确需要家里的经济支持才能完
成这次旅行。罗伯特·达尔文告诉儿子，这个计划太离谱了，并且"毫
无用处"。如果未来要当一名乡村绅士，那么环球旅行似乎不是一个必
要的先决条件。

达尔文觉得希望破灭了。旅行费用不菲，但他知道家里出得起这笔
钱。父亲是一位成功的医生，并通过精明的理财投资赚了不少钱；祖父
辈则已经给家族奠定了良好的名声和丰厚的家业。他的外祖父乔赛亚·威
治伍德（Josiah Wedgwood）是一位著名的陶艺家，开发了科学的制陶技
术，首次实现了瓷器生产的产业化。威治伍德生前备受尊敬，十分富有。
达尔文的祖父伊拉斯谟·达尔文是一位医生、科学家和发明家，同样声
名卓著。1794年，他在题为《生物学》（Zoonomia）的著作中提出了相
当激进的生物演化说。他认为，动物和人类是从原始海洋中微小的、具
有生命的纤维繁衍而来的。他还将卡尔·林奈的植物分类学写成了一首
诗——《植物之爱》——洪堡与歌德曾在18世纪末读到过它。达尔文家
族中的后人一直为先辈的成就而自豪，并对达成同样伟大的事业抱有期
许。查尔斯·达尔文的成长也定然受到了这种影响。

最终，一位舅舅出面说服了老达尔文，让他认可这次旅行的价值。
乔赛亚·威治伍德二世给姐夫写信说，"如果查尔斯现在正专心接受职业
教育"，那么当然不应该打断他；但现在的情况显然不是这样，"并且我
想他大概永远也无法安于接受那一套教育了"。舅舅的结论是，既然查
尔斯只对自然志感兴趣，那么这次航行对他的科学事业而言将是一次绝
好的机会。次日，老达尔文最后同意资助儿子旅费。达尔文终于要去周
游世界了。

"小猎犬"号一路向南，最初的三个星期十分平静。离开特内里费
岛之后，达尔文的健康状况也逐渐好转。天气渐暖，他换上了更轻便的
衣服。他捕捉海蜇和其他无脊椎动物，专注地解剖这些样本。这段时间

也是他与其他船员熟络起来的好机会。与他同舱的有一位19岁的助理测量员和一位14岁的海军官校学生。船上共有74名成员，包括水手、木匠、测量员和一位仪器工匠、一位艺术家和一名外科医生。[1] 26岁的菲茨罗伊船长只比达尔文年长4岁：他来自贵族家庭，成年后便一直在海上度日；这是他第二次率领"小猎犬"号航行了。船员们很快发现，船长有时脾气很坏，近乎乖僻——特别是在清晨的时候。菲茨罗伊的一位叔叔是自杀身亡的，他担心自己也会有类似的倾向。在达尔文的眼中，船长有时会陷入深深的忧郁之中，"近乎失去理智"。菲茨罗伊经常在精力充沛和沉默忧郁之间摇摆。但总体而言，他极其聪明，对自然志拥有浓厚的兴趣，工作起来一刻不停。

菲茨罗伊的这次旅行由英国政府资助，目标是环游世界，并在途中测量全球经度——从始至终都使用同样的仪器以避免误差，预想的成果便是绘制出更标准、更便于导航的地图。他还得到指示，需要对南美洲最南端的海岸进行完整测绘，因为大英帝国希望在那里对新近独立的南美洲国家建立经济上的支配权。

"小猎犬"号全长仅90英尺，算不上一艘大船，但载满了货物——从数千个肉罐头到最新的测绘仪器，应有尽有。菲茨罗伊坚持带上22台用来精确测量时间和经度的航海天文钟，另外还带上了保护船只的避雷装置。船上载有蔗糖、朗姆酒、干豌豆和当时常见的对抗坏血病的食物，如腌菜和柠檬汁等。达尔文惊叹于船上货舱的紧凑布置："再多一片面包恐怕就装不下了。"

"小猎犬"号第一次登岸是在大西洋中的圣地亚哥岛——佛得角群岛中最大的岛屿，距离非洲西海岸500多英里。达尔文踏上热带的土地，四周所见都是新奇事物，一切都充满异国风情，令人既困惑，又激奋。随处可见的棕榈树、香蕉树和酸豆树，还有那圆鼓鼓的猴面包树，都在

---

1. "小猎犬"号上还载有一名传教士和三名火地岛原住民。菲茨罗伊在此前的一次航行中俘获了他们，并将他们带到英国。现在，他们将返回故乡，菲茨罗伊希望他们能帮忙让其他火地人皈依基督教，并在那里建立一个传教点。——原注

争夺他的注意力。他聆听陌生鸟儿的歌唱，看到奇特的昆虫伏在更奇特的花朵上。如同1799年洪堡和邦普兰初到委内瑞拉时，达尔文的心情就像裹挟在一场"交织着喜悦和惊讶的完美飓风"中：他检视火山岩、压平植物标本、解剖动物、将飞蛾钉在标本盒里。达尔文试图收集所有事物：翻开岩石、刮破树皮，寻找更多的昆虫；贝壳、巨大的棕榈树叶、扁形虫，乃至更纤巧的小飞虫，无一不在他的搜罗之列。每天晚间，他便带着丰富的收获回到船上，感到无比幸福。菲茨罗伊船长笑道：达尔文先生就像一个找到了新玩具的孩子。

222

达尔文在自己的日记中写道：这些日子，自己好像一位忽然重见光明的盲人。他在信中向家人解释：要好好地描述热带几乎是不可能的，因为一切都那么不同和奇妙；自己甚至无法决定如何开始一句话，也不知道如何结束它。他建议表兄威廉·达尔文·福克斯读一读洪堡的《旅行故事》，从而来体会他正在经历的事情。他还告诉父亲："如果真想对热带地区的国家有所了解，请研读洪堡。"达尔文通过洪堡的著作来观察这个新世界，他的日记中频繁地出现"我为洪堡某次观察的正确性而惊叹"或者"正如洪堡所说的那样"。

要论对达尔文产生深邃影响的，唯一可与洪堡媲美的是查尔斯·莱尔及其《地质学原理》。不过，这一巨作同样受到洪堡思想的浸润。莱尔在书中十几次引用了洪堡的观点——从气候和全球植被分布到安第斯山脉的情况。莱尔在《地质学原理》中解释道，在一段漫长得难以想象的时间中，地表经历一系列沉降和抬升运动，受侵蚀沉积作用形塑，期间还会不时地遭遇剧烈的火山爆发和地震。达尔文在圣地亚哥岛的峭壁下观察岩石分层，觉得莱尔所说的一切都很有道理。他几乎可以从海边的岩壁上读出岛屿诞生的过程：在旧火山的遗存之上，便是积满白色贝壳和珊瑚的条带，再往上则是又一层火山岩。火山熔岩覆盖在长有贝类与珊瑚的地层表面，而这一分层形成之后，岛屿继续因为某些地下力量的作用而缓慢上升。白色贝壳条带波动、不规则的边缘还表明，莱尔所说的地质力量仍在发挥作用。达尔文赶到圣地亚哥岛后，便迫不及待地尝试通过洪堡的视角来研究动植物，同时借鉴莱尔的眼光来观察岩石。结束考察回到"小猎犬"号上后，达尔文给父亲写信，自信地宣布：我在岛上所见的事物"一定能够让我在自然志领域开启一些极富原创性的工作"。

几周后，"小猎犬"号于2月底抵达巴西的巴伊亚（今天的圣萨尔瓦多）。达尔文的惊叹还在继续：一切事物都如梦如幻，犹如《一千零一夜》中的魔幻场景。他再次认定，只有洪堡近乎成功地描述了热带地区的一切。"越重读他的书，我就越崇敬他，"他在家信中写道，"我之前只是景仰他，现在快要崇拜得五体投地了！"到达巴西的第一天，他就意识到，洪堡超凡脱俗的文字背后，是其"将诗与科学结合起来的非凡能力"。

达尔文行走在一个新世界里。"我现在最热衷于蜘蛛，"他告诉父亲，并且这里的花卉足以让"任何一位园丁为之疯狂"。他不知道应该从哪里开始观察——花哨的蝴蝶、爬上花柱的昆虫，还是一种从未见过的异域花朵？他在日记中承认，"现在我只能重新开始读一读洪堡"，因为"他就像另一个太阳，照亮我眼前的一切事物"。洪堡好像一位引路人，递给达尔文一条绳索，让他紧紧地抓住，不至于被无数令人眼花缭乱的新事物扰乱思绪。

"小猎犬"号继续向南，分别在里约热内卢和乌拉圭首都蒙得维的亚停靠，然后依次驶向马尔维纳斯群岛、火地岛和智利。在此后的三年半中，他们经常调头返航，以确保对海岸的测绘结果足够精确。达尔文定期离船登陆，在内陆进行长时间的考察，一去便是好几个星期（但会与船长商量好重新登船的地点）。他穿行在巴西的热带雨林中，与潘帕斯草原的高乔人[1]结伴而行；他在尘土飞扬的巴塔哥尼亚高原上遥望绵长的地平线，并在阿根廷海岸上的巨大化石骨架前驻足观察。他致信福克斯表兄，说自己成了"一个了不起的漫游者"。

达尔文在"小猎犬"号上的生活很有规律。早晨，达尔文和菲茨罗

---

1. Gauchos，拉丁美洲民族，由印第安人和西班牙人长期结合而成，主要以打猎和放牧为生。

伊船长共进早餐，然后开始各自的工作：船长忙于测绘和处理文书，达尔文则继续研究他的标本，详细地记录笔记。他在尾舱测绘用的大桌子上工作，旁边还摆放着助理测绘员绘制的地图；桌子的一角架着显微镜，笔记本摊放在桌面上。他在这里解剖、做标签、对标本进行防腐和干燥处理。虽然空间拥挤，但对一位博物学家来说刚刚好，因为"所有东西都触手可及"。

　　达尔文必须把化石骨架放在甲板上进行清洁，有时也要去打捞更多海蜇。晚间，他通常会和船长一起吃饭，但有时也会被邀请去最热闹的食堂与其他船员共进晚餐，对此他也十分享受。"小猎犬"号沿着海岸线巡回测绘，因此他们一直有充足的新鲜食物来源。饭桌上有金枪鱼、海龟、鲨鱼，还有鸵鸟肉饺子和犰狳——达尔文在家信中写道：剥去外面的硬壳，犰狳的肉就像鸭肉，味道也差不多。

　　他全心全意地热爱着自己的新生活。船员们喜欢他，称呼他为"学者（philos）"和"鹟"[1]。他对自然的热情极富感染力，很多同伴也开始帮忙收集标本，希望更加丰富他的收藏。一位军官戏谑地说，达尔文在甲板上堆了那么多化石骨架、木箱和装满"倒霉的野兽玩意儿"的木桶，如果自己是船长的话，"早就把你和这些乱七八糟的东西扔下船了"。每当他们抵达一处有开往英国船只的通商港口，达尔文就将装满化石、鸟兽毛皮和压制好的植物标本的箱子寄给剑桥的亨斯洛，一并捎上家信。

　　他们的航行还在继续，达尔文更加急迫地想要阅读更多洪堡的著作。1832年4月，他在里约热内卢写信给哥哥，请他将洪堡的《自然之观点》寄到蒙得维的亚，这样就能在航程的下一站取到了。哥哥如约将书寄来，但不是《自然之观点》，而是洪堡基于俄国之旅写成的最新著作——《亚洲地质学与气候学的部分见解》，以及《关于新西班牙王国的政治随笔》。

　　在"小猎犬"号的整趟旅途中，达尔文都在内心与洪堡进行一场对话——他用铅笔在《旅行故事》中重重地圈点勾画，好像在亲历洪堡描

224

---

1. flycatcher，捕食时有来回飞行的特性，船员们以此来比喻活力十足的达尔文。

述的一切。当他第一次看到南半球的星空，抑或是后来在热带雨林中跋涉数日，终于见到开阔的智利高原，达尔文都能在洪堡的笔下找到强烈的共鸣。洪堡谈过对星空的"新感知"，以及走出茂密雨林，进入亚诺斯平原时得以"重见天日"的喜悦，达尔文同样感慨"在重重林木间窒闷多日后，眼前的景象令人精神爽朗"。

1835 年 2 月 20 日，达尔文在智利南部的瓦尔迪维亚经历了一场地震，而他对这次地震的描述与洪堡 1799 年在库马纳遇到的第一次地震经历如出一辙。洪堡写道，剧烈的震动"只一瞬间，就震碎了长久的幻梦"，而达尔文则在日记中记述了"这样的一场地震破坏了最古老的联系"。[1]

这样的例子还有很多。在火地岛，达尔文注意到海藻位于当地食物链最核心的位置，与洪堡在亚诺斯平原发现曲叶矛榈扮演的重要角色极为相似——洪堡认为曲叶矛榈"传播了生命"。达尔文写道，由海藻组成的"水下森林"维系着多种生命形式——从微小的水螅到软体动物、小型鱼类和蟹类，而这些生物又会成为鸬鹚、海獭、海豹的美餐，最终，这条食物链会延伸至当地的原住民部落。达尔文对自然生态系统的理解深受洪堡的影响。他总结道，就像破坏热带森林一样，清除海藻将导致无数物种消失，并很可能危及火地岛原住民的生存。

达尔文以洪堡为榜样进行写作，将科学与诗意的描述完美地结合在一起。他在"小猎犬"号航行期间写下的日记，无论是文风还是内容，都与《旅行故事》极为相似。1832 年 10 月，达尔文的姐姐收到弟弟旅行日记的第一部分，回信抱怨道："你大概读了太多洪堡，已经学会用他的口吻写作了。""花哨的法式长句"也让姐姐不禁皱眉。其他人的评价则更积极，日后更对他笔下"生动的洪堡式场景"为他们带来的愉悦而赞不绝口。

---

1. 达尔文的整段关于地震的记载都与洪堡的文字十分相似。例如洪堡的"大地最古老的根基被撼动了，我们曾以为它无比稳固"，在达尔文那里的表达则是"那一切坚固东西的象征——世界——在我们脚下移动了"；洪堡写道："我们头一次觉得自己错误地信任了土地——曾那么久地伫立其上，不疑有他。"达尔文则回应道："一秒钟的瞬间让心灵感到一阵陌生的不安全感。"——原注

洪堡给达尔文提供了一种研究自然世界的典范：不是把自己封闭在地质学家或动物学家的视角中，而是既置身其中，又跳脱其外。二人都有把握和聚焦最微小细节的天赋——从一小片地衣的痕迹到一只小甲虫——然后再通观全局，在全球范围内比较相似的模式。这种灵活的视角使他们以一种全新的方式理解世界：兼具望远镜式和显微镜式的思维，既纵观全局又洞悉纤微——从久远的地质年代穿越时空，一直到原住民未来的生计问题。

1835年9月，离开英国近4年后，"小猎犬"号终于离开南美洲，继续它的环球之旅。他们从利马扬帆出海，到达厄瓜多尔海岸以西600英里处的加拉帕戈斯群岛。这些奇特的岛屿非常荒芜，岛上的鸟类和爬行动物十分温顺：它们不熟悉人类的行为方式，所以很容易被捕获。达尔文在那里考察了岩石和地质构造，收集了各类雀和嘲鸫，并测量了漫步岛上的巨大陆龟的身长。然而，直到返回英国重新整理收藏时，他才意识到加拉帕戈斯群岛的巨大重要性——它在达尔文演化理论的形成中起到了决定性作用。这里将成为达尔文命运的转折点，虽然他当时并未察觉。

在加拉帕戈斯度过五个星期后，"小猎犬"号驶向广阔的太平洋，朝塔希提岛而去。他们会从那里出发前往新西兰与澳大利亚，然后再从澳大利亚西海岸出发，横穿印度洋，绕过南非南端的好望角，横渡大西洋，回到南美洲。旅行的最后几个月对所有人而言都十分煎熬。达尔文写道："从没有一艘船载过这么多思乡的英雄。"无论在哪里遇到商船，他都感到一阵"危险的冲动"：想冲过去，跳上那艘船。他们离乡已近5年——这段时间如此漫长，他甚至开始频繁地梦见英格兰乡间的青葱绿野。

1836年8月1日，在横穿印度洋和大西洋后，他们短暂地停靠在巴西的巴伊亚，也就是"小猎犬"号于1832年2月首次登陆南美洲的地方。从这里再向北，便是本次航行的最后一段旅程。重返巴伊亚，达尔文的情绪十分低落。初到此地时，他迷恋巴西热带雨林中的奇异花朵；而现在，他迫不及待地想重见英国园林中高大庄严的七叶树。思乡之情越来越浓烈。他在家信中写道：受够了东奔西走的航行，"我憎恨大海，我讨厌大海，连在上面航行的所有船只都一并讨厌"。

9月底，他们经过北大西洋的亚速尔群岛（Azores），继而向英国驶去。达尔文待在自己的船舱里，和启程时一样，因晕船而痛苦不堪。即便经历了这么多年，他仍不习惯海浪的节奏，哀叹道："我讨厌海上的每一道波浪。"他躺在吊床里，在厚厚的日记本上记下最后的观察结果，并将5年来的想法归总起来。他在最后几页写道，第一印象经常受到脑中已有想法的影响，"而我的想法则全部来源于《旅行故事》中的生动描写"。

1836年10月2日，暌违近5年后，"小猎犬"号终于驶进了康沃尔郡南岸的法尔茅斯港。为了完成测绘任务，菲茨罗伊船长还需要在普利茅斯港进行最后一次经度测量，而那里也正是他开启首次远航的地方。达尔文却在法尔茅斯就下了船，他等不及要搭上邮车去什鲁斯伯里探望家人。

向北疾行的马车咯咯作响。达尔文望着窗外起伏的风景，看着农田和树篱交替着掠过眼前，他觉得田野比往常更青翠。但当问起同车的乘客是否有相似的感受时，回应他的只有茫然的眼神。赶了四十八小时路，达尔文于深夜抵达什鲁斯伯里。为了不吵醒父亲和姐妹们，他悄悄地溜进家里。次日早晨，他径直走到早餐桌旁。大家简直难以相信自己的眼睛：他回来了，并且一切完好，虽然姐姐认为他"看上去瘦了不少"。有太多事情可以分享，但达尔文不能多作久留，因为他必须赶往伦敦，去"小猎犬"号取回自己的行李。

达尔文归来时，英国还在威廉四世的统治之下。但在他周游世界期间，国会通过了两项重要的法案。1832年6月，经过漫长的争论，充满争议的《改革法案》正式生效。这是通向民主的重要一步：在工业革命中迅速成长起来的城市首次得到了下议院的席位，选举权从富有的地主阶级扩展到了中产阶级中较为富裕的一部分人手中。达尔文全家都支持这一改革，并在信件中尽量详细地向达尔文通报国会的最新战局。另一

个令人兴奋的消息是，英国于1834年8月开始正式旅行《废除奴隶制法案》
（达尔文当时正在智利）。虽然英国已于1807年将奴隶贸易列为非法行为，
但这项新法案还是更进了一步。该法案规定，英国的大部分地区都禁止
蓄奴。达尔文和威治伍德家族投身废奴运动已久，他们很高兴能见证这
一胜利。当然，远在德国的洪堡同样感到喜悦。自拉丁美洲之旅后，他
就一直致力于批判奴役人类同胞的行为。

　　不过，对达尔文来说，最重要的是科学界的新闻。他手中已拥有足
够出版若干本书的材料，成为神职人员的想法早已不见踪影。行李中装
满了各类标本——鸟类、其他哺乳动物、昆虫、植物、岩石和巨大的化
石骨架——笔记里密密麻麻地记录着自己的观察和想法。达尔文想在科
学界站稳脚跟，为此，他早在返乡的几个月前就从遥远的圣赫勒拿岛给
老朋友亨斯洛写信，请其帮忙引荐进入地理学会。他急切地想向别人
展示自己的宝贝，而英国科学家们也一直通过刊登信件的报纸跟踪"小
猎犬"号的历险，十分期待与这位随行的博物学家见面。达尔文后来
写道："'小猎犬'号的航行是我一生中迄今为止最重要的经历，它决定
了我的全部事业。"

228

　　在伦敦，达尔文急匆匆地赶往皇家学会、地理学会和动物学会参加
会议，并开始积极地发表论文。他请最优秀的解剖学家、鸟类学家和分
类学家（包括化石、鱼类、爬行类和哺乳类的专家）来鉴定他的收藏。[1]
最紧要的一项任务是将自己的日记加以编辑并发表。1839年，《乘小猎
犬号环球旅行》（*Voyage of the Beagle*）正式出版，达尔文声名鹊起。在书
中，他不仅谈论动物、植物和地质学，还描述天空的颜色、对光线的感觉、
静止不流动的空气和大气中的云雾；他笔触生动，有如一位画家。像洪
堡一样，达尔文将自己对自然的情感反应记录下来，同时提供丰富的科
学数据和关于原住民的可靠信息。

　　1839年5月中旬，达尔文拿到第一批成书，立即要给在柏林的洪堡

---

1. 达尔文还拿到了一笔政府资助，用于发表《小猎犬号航海旅行的动物学报告》（*Zoology of the Voyage of H. M. S. Beagle*），称这是"谦卑地模仿"洪堡辉煌的动物学著作。——原注

寄去一本。但他不知道具体的地址，只好向一位朋友求助，说自己"不知道是否应该直接写信给普鲁士国王、统领俄国全境的皇帝"。要将自己的作品寄给心目中的偶像，达尔文十分紧张。他先在信中恭维了洪堡一番，称自己是受其南美洲游记的激励而踏上环球之旅的。他还告诉洪堡，自己曾摘抄《旅行故事》中的长篇段落，以便"能够时刻印记在我的头脑中"。

其实，达尔文没必要担心。洪堡收到书后当即回复了一封长信，大力称赞这一部"杰出而令人钦佩的著作"。他表示，如果自己的书能够为《乘小猎犬号环球旅行》这样的作品带去启发，那可以算是最大的成功了。"您的未来不可估量，"洪堡写道。这位当世最著名的科学家亲切地告诉30岁的达尔文，科学发展的火炬已经传到他的手中。虽然比达尔文年长40岁，但洪堡很快就看到了一个相似的灵魂。

洪堡的回信并不是泛泛的恭维。他仔细地评论了达尔文的观察：引用准确的页码，列出证据，并讨论具体的论点。洪堡认真阅读了每一页。

229 他还致信英国地理学会——这封信被发表在学会杂志，供会员阅读——称赞达尔文的书："在我漫长一生有幸见证其发表的作品里，这是最出色的一部。"达尔文喜出望外。"再没有什么能比这更让我高兴的了，"他说，"年轻的作者没办法一口吞下这么多赞许。"他给洪堡回信，感谢他给予自己公开的称赞，称这是莫大的荣誉。后来，在洪堡的策划下，《乘小猎犬号环球旅行》被翻译成德文。达尔文在给友人的信件中写道："我现在必须向您进行一番无可救药的自夸了！"

达尔文风风火火地投入工作。他同时开展多个领域的研究：从珊瑚礁、火山到蚯蚓。"我舍不得离开自己的工作，哪怕半天也不行，"他对亨斯洛说。过度的劳累让他频繁地心慌气短，特别是遇到让自己特别兴奋的事情时。其中特别激动人心的是从加拉帕戈斯群岛带回的鸟类标本：当达尔文仔细分析这些发现时，他开始思考物种演化（evolve）的可能性——即当时很多学者所说的"物种之演变（transmutation）"。

与达尔文最初想象的不同，他们在各个岛上收集到的雀类和嘲鸫并

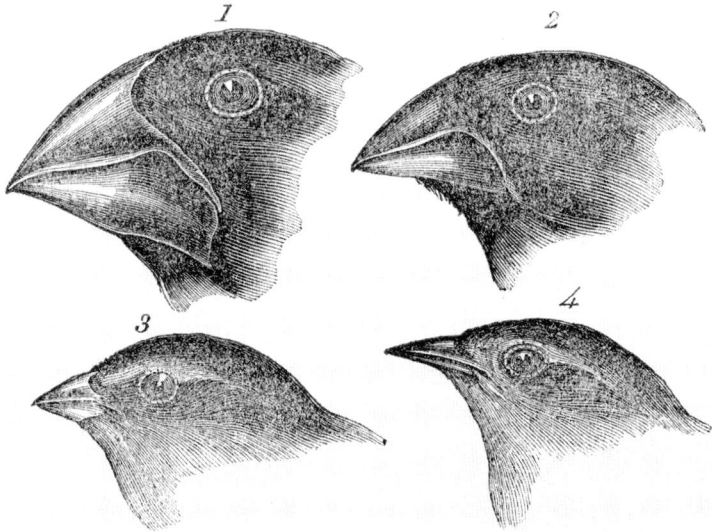

1. Geospiza magnirostris.
3. Geospiza parvula.

2. Geospiza fortis.
4. Certhidea olivacea.

加拉帕戈斯群岛上的达尔文雀

不是陆地上常见鸟类的变种。"小猎犬"号返回英国后，英国鸟类学家 230
约翰·古尔德（John Gould）对带回的鸟类标本进行了仔细的鉴定，宣布
这些鸟类都是不同的物种。达尔文继而发现，每个岛屿都有自己当地的
特有种。这些岛屿都起源于较近期的火山爆发，因此只有两种可能的解
释：一是上帝特地为加拉帕戈斯群岛创造了这些独特的物种；二是这些
特有种都演化自同一种迁徙到群岛地区的鸟类，因为地理隔离而变成了
不同的种。

　　这一设想意义深远。如果最初是上帝创造了动物和植物，那么物种
的继续演化是否意味着上帝一开始就犯了错？类似地，如果有些物种灭
绝了，而上帝不断地继续创造新的物种，那是否表明他在不断地改变自
己的主意？对很多学者而言，这一可能性令人战栗。物种发生演变的可
能性早已在各种讨论中被提及。达尔文的祖父伊拉斯谟就在自己的著作
《生物学》中提过这一想法，而洪堡在巴黎植物园的老朋友让–巴蒂斯

特·拉马克也提出过类似的观点。

早在19世纪的最初十年间，拉马克就提出：生物会受到环境的影响，并可能就此沿着一条不断优化的轨迹变化。1830年，就在达尔文出海之前，关于物种是固定不变的还是可能发生演变（transmutation）的辩论已经在巴黎科学院升级为公开的激烈争论。[1]洪堡从柏林赶去，参与了这一场辩论，当场就向邻座学者小声抱怨和批评物种固定论一方的观点——早在20多年前，洪堡就在《自然之观点》中提到过"物种的逐渐转化（transformation）"。

达尔文也确信，认为物种静止不变是一种错误的观点。一切事物都变动不居，或者如洪堡所说的：如果连大地都在变形，山和海都在移动，温度在长时间内会降低或升高——那么一切生物"必定也在经历类似的变化"。如果环境确实对生物的发育产生了影响，那么科学家们必须更仔细地研究气候和环境。因此，达尔文开始关注整个地球的生物分布情况，而这正是洪堡所擅长的——至少就植物研究而言。达尔文说："植物地理学是研究生命创生规律的关键。"

在研究来自不同大陆和生长在不同气候条件下的植物种类时，洪堡提出了植被带（vegetation zone）的概念。他发现，相似的环境通常含有近缘的物种，虽然它们相互之间可能远隔重洋或层层山脉。但这同时令人困惑，因为虽然跨大陆的相似性确实存在，但相似的环境并不总是，也不一定会产生相似的植物或动物。

在阅读《旅行故事》时，达尔文圈出了不少类似的例子。[2]洪堡曾提问：为何印度的鸟类不如南美洲的鲜艳多彩？为何老虎只存在于亚洲？为何奥里诺科河下游有如此多的巨鳄，但上游却全然没有？达尔文被这些例

---

1. 赞同固定物种的一方认为，动物和植物时常灭绝，然后上帝则定期创造新的物种。反对的一方则争辩道，不同的物种之间存在内在的统一性或"蓝图"（歌德所谓"原型"的概念），每个物种都会去适应自己特定的环境。例如，他们认为蝙蝠的双翅和江豚的鳍肢都是前肢的不同变形。——原注

2. 达尔文的手稿中，有几百处对洪堡的引用；他在洪堡的著作上直接用铅笔画圈，在日记中记下自己的批注，例如"洪堡在植物地理学方面曾经发现……"，等等。——原注

子深深吸引，经常在页边加上自己的注解："就像巴塔哥尼亚的情况一样""在巴拉圭也是这样""类似的还有美洲原驼"；有时候只有一句简单的"正是如此"或一个"！"。

查尔斯·莱尔等人认为，相隔遥远却彼此相似的植物是在不同的地点独立起源的。上帝接连创造了这些相似的物种，将它们放在不同的区域，构成一系列"多重创造"。达尔文不同意这种观点，并开始为自己的见解收集物种迁徙和分布的证据。洪堡的《旅行故事》成了他的参考资料之一。他圈点、评论并为洪堡的著作制作索引，还在书的末页粘上字条，在上面写下提醒自己的"等开始研究加那利群岛上的植物地理分布时，重读这一段"，或在笔记本上反复地记下"研究洪堡的看法"或"参考《旅行故事》第六卷"。当发现第六卷并没有包含更多例子时，他会补上"没有关于物种理论的资料"。

物种的迁徙成为达尔文演化思想的主要支柱之一。相互关联的物种如何在全球范围内迁移？为了回答这一问题，达尔文进行了不少试验，例如检测植物种子在咸水中的生存能力，以此来判断植物是否可能漂洋过海。洪堡提到，特内里费岛的泰德峰上生长着一种橡树，其形态与西藏地区的一种相似。达尔文问道，"橡树的果实是如何传播的……鸽子将谷物带到诺福克郡，将玉米带到北极圈"。当读到洪堡对啮齿动物如何打开坚硬的巴西果，以及猴子、鹦鹉、松鼠和金刚鹦鹉如何争夺作为食物的种子的记述时，达尔文在页边写道："于是就这样播散开了。"

洪堡倾向于相信，植物的迁移谜题是无法解开的，但达尔文决定迎难而上。洪堡在《旅行故事》中写道，研究动植物地理学并不是为了"探寻事物的起源问题"。达尔文在这句话下重重地画了一条线。至于他为何这样做、当时在想些什么，我们大概永远无法得知，但可以明确的是，达尔文后来恰恰这样做了：他想去探寻物种的起源。

达尔文开始思考关于共同祖先的问题，洪堡也为这一领域提供了丰富的例证。奥里诺科河的巨鳄相当于放大版的欧洲蜥蜴，而如果放大常见的家养小猫，那么它们和老虎、美洲豹也相差无几。但物种为何会发

232

生变化？是什么触发了它们的可变性（mutability）？法国科学家拉马克（也是物种演变论的主要支持者之一）认为，是环境的变化使某些物种的前肢变成了翅膀。但达尔文认为这一观点是"纯然无用的废话"。

达尔文的答案在一种名为"自然选择"的机制中。1838年秋，他读到一本进一步形塑了自己想法的书：英国经济学家托马斯·马尔萨斯（Thomas Malthus）的《人口学原理》（*Essay on the Principle of Population*）。马尔萨斯在书中悲观地预测，地球人口的增长速度将超过粮食供应的增长速度，除非有类似于战争、饥荒和流行病这样的"限制因素"将人口总数控制在一定范围内。马尔萨斯认为，物种存续的关键在于超量繁殖后代。洪堡在《旅行故事》中也提到过，乌龟一次会产下很多蛋，从而保证至少有一些能存活下来。自然中有大量的种子、鱼卵以及鸟蛋，但只有极少数能够萌发、孵化，乃至活到成年。毫无疑问，是马尔萨斯为达尔文提供了他设想"推动演化之机制的灵感"。不过，早在阅读洪堡的著作时，达尔文就已经构思出了"自然选择"的雏形。

洪堡谈到了动植物如何"限制彼此的数量"，以及为了争夺空间和养分而"进行漫长、持久的竞争"。这是一场残酷无情的战斗。他注意到，丛林中的动物"相互畏惧"，"很少在力量型的生物身上发现善意"。这一思想将成为达尔文自然选择理论中的核心组成部分。

在奥里诺科河上，洪堡观察了世界上最大的啮齿动物——水豚——的种群数量变化。他发现水豚的繁殖速度极其惊人，但它们在陆上会遭遇美洲豹的袭击，在水中又容易被鳄鱼吞噬。洪堡写道，如果没有"这两个可怖的敌人"，水豚的数量会急剧攀升。他还目睹了美洲豹捕猎貘的过程，在一旁围观的猴群"受到这一缠斗场面的震慑"，发出凄厉的尖啸。

"在热带丛林看似静谧、美好的表面下，时刻都上演着残酷的血肉之战，"达尔文在洪堡的《旅行故事》第五卷页边写道，"动物们以彼此为猎物，真是一种正向的限制啊！"在这里，达尔文第一次写下了他自己发现的"推动演化的机制"。

1838年9月，达尔文在笔记中写道，一切动植物都"通过复杂的相互作用而彼此联结"。这就是洪堡的生命之网——达尔文则更进一步，把它转化成了一棵生命之树，一切生物都起源、生发于此：有些枝条通向灭绝，有些则演化出新的物种。早在1839年，达尔文演化论的大部分基本观念已经成形；但他又继续工作了20年，直到1859年才正式出版《物种起源》。

《物种起源》的终章也可以看作是受到了洪堡《旅行故事》的启发。达尔文在洪堡的记述中圈出了对密林中的昆虫、鸟类和其他生命的生动描写，[1]进而提炼出"纷繁的河岸"（entangled bank）这一著名比喻：

> 凝视纷繁的河岸，覆盖着形形色色茂盛的植物，灌木枝头鸟儿鸣啭，各种昆虫飞来飞去，蠕虫爬过湿润的土地；复又沉思：这些精心营造的类型，彼此之间是多么地不同，而又以如此复杂的方式相互依存，却全都出自作用于我们周围的一些法则，这真是饶有趣味。[2]

达尔文站在了洪堡的肩膀上。

---

1. 洪堡在《旅行故事》中写道："丛林中的走兽隐伏到树丛里；鸟儿藏在茂密的树叶背后或岩缝之中。然而，在这表面的静谧下，如果我们仔细倾听空气中最细微的声响，就会听到一种沉闷的振动、不停歇的细语以及昆虫的哼鸣——可以说，这些声音充溢在底层的大气中。没有什么比这更能让一个人感到有机生命的尺度和力量。千万种昆虫在土壤里爬行，也有一些围绕着暴晒在烈日之下的植物飞舞。每一丛灌木、每一段朽木、每一条岩缝和每一方被蜥蜴、蜈蚣以及无足目占据的地下世界，都会发出令人迷惑的声音。那么多的声响都在告诉我们，自然的一切都在呼吸；生命以一千种不同的形式弥散在裂开成尘的土壤、水体的怀抱以及环绕我们的空气中。"——原注

2. 《物种起源》，苗德岁译，译林出版社，2013年10月。

18

洪堡的《宇宙》

1834年10月，洪堡宣布："疯狂攫住了我，我将在一部书中重现整个物质世界。"他想包罗万象，将一切事物聚拢在一起：从遥远的星云到苔藓的分布，从风景画、人类不同种族的迁徙到诗歌。他写道，这样一部"关于自然的书，应该让人在阅读过程中想到自然本身"。

于是，65岁的洪堡开始着手写作自己留下最深远影响的一本书：《宇宙：对世界的简要物理描述》（*Cosmos: A Sketch of the Physical Description of the Universe*）。书的内容大致基于他在柏林的讲座，但俄国之旅提供了最后一部分必要数据。这将是一项浩大的工程。洪堡说：《宇宙》就像"插在我胸口的一把剑，必须将它拔出来"，这将是"我一生的终极之作"。书的标题来源于希腊语 χόσμος，意为"美"与"秩序"，同时也体现了宇宙是一个有规律的系统。洪堡现在用它来涵盖和表达"天空与大地"这个整体。

同年，"科学家"（scientist）一词首次出现，[1]象征了科学专业化的开端。与此同时，不同学科之间的界限越来越分明。也正是在同一年，洪堡开始写作一部著作，倡导另一种完全不同的精神：当科学逐渐远离自然而进入大学和实验室，并分离出无数各异的子领域时，洪堡想在一部著作中将所有被刻意分离的知识熔于一炉。

因为《宇宙》涵盖的门类如此庞杂，所以洪堡能够在一切可以想见的方向上展开自己的研究。他明白自己未曾，也不可能掌握一切知识，于是招募了一群助手：其中有科学家、古典学家和历史学家，都是各领域的专家。见多识广的英国植物学家们周游诸国，很乐意将大量植物

---

1. 1834年，博学的英国学者威廉·休厄尔（William Whewell）在《书评季刊》上为玛丽·萨默维尔的著作《论物理科学的关联性》（*On The Connexion of the Physical Sciences*, 1834）撰写书评，造出了 scientist 一词。——原注

列表寄给洪堡。天文学家与他分享观测数据，地质学家提供地图，古典学家则为他解答古文献中的疑问。他在法国的老朋友也非常支持这一研究计划。一位法国探险家给洪堡寄来关于波利尼西亚植被的手稿，弗朗索瓦·阿拉戈等昔日密友更是有求必应。洪堡有时会请教某些具体问题，有时也会就应该查询某本书中的哪页而请教他人，甚至会给人寄去长长的问卷。每完成一个章节，他就将留有空白的清样寄给他的通信圈子，请他们填入相关的数字或事实证据，或修正他的草稿。

洪堡负责总体把握书稿，助手们则提供他所需的具体数据和信息。他从宇宙的视角看待问题，每个人的知识都是这一宏大计划中的必要工具。他极其仔细，极力追求精确性，总是就同一个问题请教若干位专家。他对事实的渴求是无止境的，甚至曾向在中国的传教士询问中国人是否不爱吃奶制品，或写信讨教尼泊尔棕榈树的种类数目。他承认，"在同一个话题上刨根问底，直到解释清楚"是自己的执念。他经常会发出数千封信件，并饶有兴趣地询问来访者。例如，一位刚从阿尔及尔回到欧洲的年轻小说家发现，洪堡连珠炮般地问起那里的岩石、植物和地层情况；小说家不禁感到恐慌，因为自己对这些一无所知。洪堡可不会轻易放过谁。他对另一位访客说："这回您可跑不掉了，因为我必须尽量从您这里搜刮信息。"

各地的回信纷至沓来，一波接一波的新知识和数据涌向柏林。每个月，洪堡都需要阅读、理解、区分和整合收到的新材料，工作量迅速增加。洪堡对出版商解释道，新知识像洪水一样奔涌而来，自己眼看着手上的资料越来越多。他承认，《宇宙》确实是"一项不可能完成的工程"。

唯一的办法就是以更清晰的架构开展研究。洪堡将材料收在箱子里，每个箱子再按照话题收入不同的文件夹。每收到一封信，他就将重要的信息剪下来，连同任何可能用到的只言片语——报纸、书页、写有几个数字的纸条、一则引文或一幅速写，一起放入对应的文件夹。比如，其中一个箱子专门收集与地质学相关的资料，洪堡在里面收集了记录有山峰高度的数据表格、地图、讲稿、老朋友查尔斯·莱尔的来信、另一位 236

英国地质学家绘制的俄国地图、化石骨架的铜版画以及古典学家提供的古希腊的地质记录。这套系统的优势在于，他可以连续地收集材料，写作时只需拿起对应的箱子或信封。虽然洪堡的书房一片凌乱，财务收支也混乱不清，但他在研究上一丝不苟，务求精准。

有时，他会在一则笔记旁标注"非常重要"或"重要，在《宇宙》中待续"。另一些时候，他将写有自己想法的纸条黏在来信上，或从书里撕下一页。一个箱子中可能收有报刊文章、一块干燥的苔藓，以及喜马拉雅山的植物列表。其他箱子里收有一个写有"空气海"（Luftmeer）的信封——这一迷人的词是洪堡用来称呼大气层的——还有关于上古的文献资料、浩大的温度数据表格、引用了希伯来诗歌中提到鳄鱼和大象的文字。此外，还有专门收集关于奴隶制、气象学、天文学和植物学资料的箱子。一位同事惊叹道，只有洪堡能够如此熟练地将科学研究的很多"散碎线头"抓在一起，打成一个巨大的结。

洪堡通常都非常感激别人给予的帮助，但有时他也管不住自己那张出了名的刻薄嘴。例如，柏林天文台的台长约翰·弗朗兹·恩克（Johann Franz Encke）就遭遇过不公平的对待。恩克极为刻苦地工作，曾连续几周为《宇宙》收集天文数据，而洪堡却在私下里对别人说，恩克"变得冷冰冰的，好像他母亲子宫里的冰川"。就连威廉也没能逃过洪堡时而爆发的讥讽。当威廉试图建议弟弟出任柏林一所新博物馆的馆长，以缓解他窘迫的财务状况时，亚历山大倍感愤怒。他告诉哥哥，这个职位与他的地位和名誉不相称，自己可不是为了出任一个区区的"图画展览厅"的领导才离开巴黎的。

洪堡已经习惯了仰慕与恭维。一位柏林大学的教授注意到，围在他身边的年轻人俨然组成了一个洪堡的"王廷"。当洪堡走进一个房间，气氛骤变，好像一切都以他为中心进行了重置，"所有人都朝他转过身去"。年轻人怀着崇敬之情，静静地聆听他吐出的每一个音节。几乎可以肯定地推测，这位柏林最负盛名的人士无论走到哪里，都会是其他人注意的焦点。一位德国作家抱怨道，洪堡讲话时，没有人可以插进一个

字。他的滔滔不绝闻名天下，就连法国作家巴尔扎克都把他写进了一个 237
讽刺故事：故事中有一个盛在罐子里的大脑，人们会从中汲取想法；还
有一位"普鲁士学者，以其滔滔不绝的流利演讲而著称"。

　　一位年轻的钢琴家收到为洪堡演奏的邀请。他本来觉得十分荣幸，
但迅速发现这位老者有时候十分粗鲁（并且对音乐毫无兴趣）。当他坐
下开始弹琴时，房间里一时安静了下来，但洪堡又马上开始大声讲话，
导致别人都不能专心聆听音乐。洪堡像以往一样口若悬河，并且会随着
音乐的渐强和渐弱改变自己的声调——使嗓音总是比琴声响亮。这位钢
琴家后来说："这是一场二重奏，而我没能坚持多久。"

　　对很多人而言，洪堡是个谜。虽然他可以十分傲慢，但与此同时，
他又极其谦虚地承认，自己仍然需要学习。柏林大学的学生们惊愕地看
见他走进课堂，揣着一个文件夹——不是来讲课，而是来聆听某位年轻
教授的课程。洪堡旁听了希腊文学的讲座，称这是为了弥补自己年轻时
落下的教育。在写作《宇宙》的过程中，他旁听了化学系一位教授和地
质学家卡尔·里特尔（Carl Ritter）的课，以便跟进最新的科学进展。他

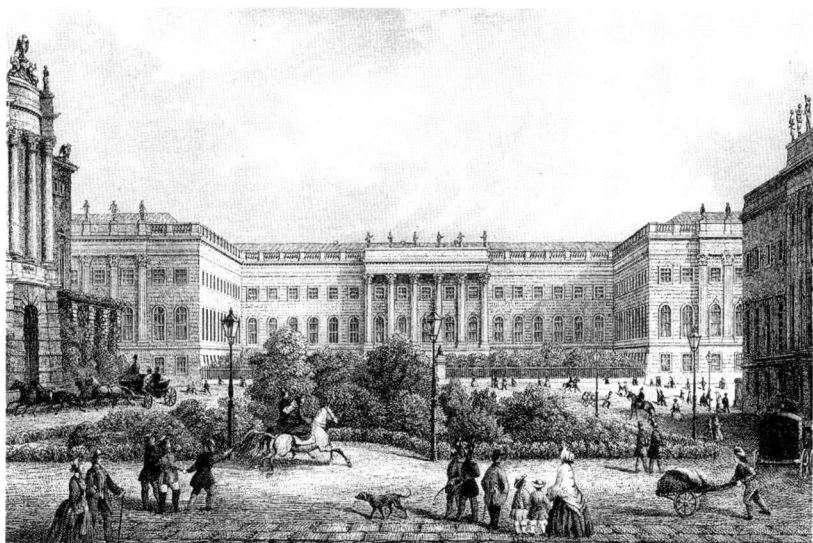

威廉·冯·洪堡于1810年创立的大学，亚历山大·冯·洪堡曾在此听课

238 总是静静地坐在讲堂的第四或第五排靠窗的座位，和旁边的年轻学生一样认真地记笔记。不管天气多坏，这位老人总是按时而至，唯有国王要求他陪侍左右时才会缺席。同上一节课的学生经常打趣道："亚历山大今天翘课了，因为他要和国王共进下午茶。"

洪堡从未改变过对柏林的看法，坚持认为这是一座"狭隘、没有文化、恶意满满的城市"。威廉是他生活中的主要安慰之一。在过去的几年中，兄弟二人变得更加亲近，并尽可能多地共度时光。1829年春，卡洛琳娜去世以后，威廉退隐到泰格尔宫，而亚历山大则尽量抽空去看望他。虽然只比亚历山大年长两岁，但威廉日益衰老，看起来完全不止67岁，精力也一日不如一日。他的一只眼睛已完全失明，双手剧烈颤抖，再也无法书写，瘦弱的身躯日益佝偻。1835年3月底，威廉在泰格尔为卡洛琳娜扫墓后，回到家就开始发烧。次日，亚历山大一直陪在哥哥床边。他们谈到死亡，威廉表达了想葬在卡洛琳娜墓边的愿望。4月3日，亚历山大给威廉朗读了一首弗雷德里希·席勒的诗。5天后，威廉在弟弟的陪伴下溘然长逝。

遭逢丧事，洪堡觉得被整个世界抛弃了，感到无比孤独。在此之前，他给一位老友写信说："我从来没想过这双老眼还能流下那么多泪水。"威廉的去世让他失去了唯一的亲人，以及"一半的自己"。在给法国出版商的信中，洪堡表达了自己的心情："怜悯我吧，我是最不幸的人了。"

在柏林，洪堡倍感凄凉。威廉去世一年后，他写道："周围的一切都如此凄惨，如此凄惨！"幸好，在与国王协商的雇用条件中，他每年都被允许去巴黎几个月——为《宇宙》收集最新的研究资料。他承认，想想巴黎是唯一能让自己开心的事了。

一到巴黎，洪堡就投身到紧张的工作中，连人际往来和晚间的消遣都安排得十分紧凑。每天早晨，他会喝一杯黑咖啡——洪堡称其为"浓缩的阳光"——然后工作一整天；晚上则穿梭在各个沙龙之间，直到凌晨两点。他到处拜访科学家，探询他们最新的研究进展。巴黎纵然令人振奋，但他一想到要回柏林就十分沮丧——那个"墓地中的跳舞嘉年华"。

每次来到巴黎，洪堡就会更进一步地拓展自己与国际上的联络。他总是带着装满最新材料的行囊回到柏林，然后将它们逐步整合到《宇宙》中。然而，每一项新发现、每一个新测量结果或每一笔新数据，都不免再次推迟《宇宙》的完成和出版。

在柏林，洪堡必须在不耽误宫廷义务的同时开展科学研究，为此他十分痛苦。他入不敷出，因此需要这份内务大臣的薪水来维持生存。他必须跟随国王从一座城堡去往另一处行宫。国王最喜欢的莫过于波茨坦的无忧宫（Sanssouci），距离洪堡在柏林的公寓约20英里。这意味着洪堡必须带着自己的二三十箱资料——写作《宇宙》时要用到的"移动资源库"——来回奔波。有时，他在路上花费的时间比在其他地方花费的都多得多，"昨天在孔雀岛，然后到夏洛滕堡用茶，再到无忧宫观看喜剧和用晚餐；今天在柏林，明天再到波茨坦"，这都不是什么超乎寻常的日程安排。洪堡觉得自己像一颗不停沿轨道运转的行星，不能停下来歇息片刻。

宫廷事务占据了太多时间。他必须陪同国王用餐，然后为国王朗读，而晚间又会被国王的私人信件占据。1840年6月，腓特烈·威廉三世去世，他的儿子腓特烈·威廉四世登基。新国王向他的内务大臣索取更多的时间，亲切地称他为"我最好的亚历山德罗（Alexandros）"。据一位访客观察，洪堡在宫廷相当于一部"活字典"，因为他可以随时回答从山峰高度、埃及历史到非洲地理的任何问题。他为国王提供的信息包括世界上最大的钻石尺寸、重要朝代的起止年份以及土耳其士兵的薪水。他还为皇家图书馆和收藏提供采购建议，并推荐王室赞助一些探险考察——通常都是利用国王的好胜心，提醒他普鲁士不能落在别国后面。

洪堡也试图间接地对国王施加一些影响——"尽力而为，但更类似于营造一种潜移默化影响国王的氛围"，尽管国王对社会改革和欧洲政治都没有兴趣。普鲁士正在走回头路，洪堡感叹道，就像英国探险家威廉·帕里（William Parry）所说的：以为自己正在朝北极行进，而事实上，自己所在的浮冰正朝着远离极点的方向漂去。

大多数情况下，洪堡回到自己在奥拉宁堡大街的住处时已经是午夜了，这里距离国王在城里的宫殿不到一英里。但即使在这里，他仍然不得安宁，因为不断有访客拉响门铃。洪堡抱怨道，自己的公寓好像被当成了"酒馆"。为了至少能够完成一些写作，他通常都工作到深夜。出版商已经开始怀疑《宇宙》是否有完成的一天，而洪堡保证：不工作到凌晨两点半决不睡觉。然而他一再推迟发表的计划，因为自己总是在发现新材料，并想整合到书稿中。

1841年3月，也就是他宣布开始写作《宇宙》的6年多后，洪堡允诺交付第一卷书稿，然而再一次没能如期完成。他与出版商开玩笑道：和"一个行将就木的人"打交道很危险。然而，无论对方怎么催稿，洪堡依旧按照自己的步调继续写作。他坚持认为，《宇宙》太重要了，这是他倾注毕生心血的作品。

每过一段时间，当洪堡感到太过沮丧时，他便将手稿和书籍留在桌上，不去翻开它们；然后驱车两英里，前往自己协助建立的柏林天文台。在那里，他通过高大的望远镜凝望夜空，看到壮阔的宇宙展现在眼前。他注意到月球上暗淡的陨星坑，美丽的双星则似乎在向他眨眼，遥远的星云散布在天穹上。新型望远镜让他能够以前所未有的清晰度观察土星，那圈神秘的环带好像是人工所绘。洪堡告诉出版商，正是因为捕捉到这些凝聚着深切之美的瞬间，他才有了继续工作的动力。

在写作《宇宙》第一卷的几年间，洪堡数次搬到巴黎小住。1842年，他陪同腓特烈·威廉四世访问英国，参加威尔士亲王（未来的爱德华七世）在温莎城堡的洗礼仪式。行程总共不到两周，颇为匆忙。洪堡抱怨自己没有时间留给科学上的事务，甚至没能抽空去一次格林尼治的天文台或皇家植物园。不过，他还是想办法安排了与查尔斯·达尔文的见面。

洪堡请他的老朋友、地质学家罗德里克·麦奇生（Roderick Murchison）组织一次聚会，麦奇生欣然从命（虽然正逢行猎季节，他将因此"错过本年度的最好一击")。最终，聚会定在了1月29日。马上要被引见给洪堡的达尔文十分紧张。他一大早就从家里出发，赶往麦奇生在贝尔格雷夫广场的住所，那里距白金汉宫仅数百码之遥。达尔文心里装满了想要和洪堡讨论的问题。他正在发展一套自己的演化理论，并且还在仔细地考虑植物分布和物种的迁徙问题。

过去，洪堡曾用植物的分布来探讨非洲与南美洲之间可能存在的联系，但他也注意到沙漠和山脉等阻碍了植物的迁移。他曾描述过，"在北方冰封的土地下"发现过热带的竹子，继而指出：地球本身也在运动，并带动了植物分布的变化。 241

32岁的达尔文到达麦奇生家时，见到的是一位老者：顶着一头蓬松的银灰色头发，穿着深色燕尾服配白领巾，就像在俄国考察时的装束一样。洪堡称其为"万能着装"，无论面见国王还是与大学生交谈，都很适用。72岁的洪堡走路更加小心、缓慢，但仍然十分忙碌地在房间里转来转去。当他出席一处聚会时，通常会先在房间里走一圈，微微颔首，频频朝左右点头打招呼，同时大步向前。在这一出场式中，他一直不停地讲话。他一进房间，其他所有人都安静下来。如果此时有人发表一句评论，那只会激发起洪堡另一番冗长的哲学演讲。

达尔文震惊了。他几次试图发言，但最终还是放弃了努力。洪堡心情不错，给予达尔文"极其慷慨的赞扬"，但这位老人太能滔滔不绝了。在连续三个小时的时间里，洪堡一直说个不停。达尔文认为这种喋喋不休已经"超出常理"，与他设想的第一次见面大相径庭。作为洪堡多年来的崇拜者及其著作的忠实拥趸，达尔文有些泄气。后来他承认，自己"可能预期过高了"。

洪堡漫长的独白使得达尔文无法和他进行任何有意义的对话。他一边听着洪堡的演讲，一边任由自己的思绪游移。忽然，他听洪堡讲到西伯利亚的一条河流，虽然土壤和气候条件完全相同，但河岸两边的植被"迥然不同"。达尔文只听到了其中的只言片语，大感好奇：如洪堡所说，河岸这边的植被多为亚洲的物种，而另一边的则是类似欧洲的物种。他没有听清楚大部分细节，但又不敢打断洪堡如暴风骤雨般的语速。回到家后，达尔文马上将听到的所有内容记在本子上，虽然并不确定自己是否正确理解了洪堡的意思。他写道："难道两个不同的植物世界各自独立演变，然后在此处相遇了？多么奇特的情况。"

242　达尔文在思考自己的"物种理论"，不断为其积攒材料。在外人看来，他的生活规律得如同上了发条的钟表，每天的工作、用餐与家庭时间都十分固定。1839年，也就是从"小猎犬"号返回英国两年多后，他与自己的表姐爱玛·威治伍德（Emma Wedgwood）结婚，现在带着两个孩子一起住在伦敦。[1]与此同时，他心中却在酝酿一些最具革命性的想法。他体弱多病，经常头痛、胃痛、容易疲劳，脸上常过敏，但仍然坚持发表文章和出版著作，并一直认真地思索演化问题。

此时，之后将在《物种起源》中呈现的大部分论断已经基本成形，但谨慎的达尔文不想急于发表任何没有足够证据支撑或未经确实的理论。在向爱玛求婚前，他曾在一张纸上列出结婚的诸多好处和坏处，对待演化论也一样：在将研究结果公之于世之前，他需要仔细评估一切证据。

如果洪堡和达尔文能在见面的那天好好聊一聊，也许洪堡会分享自己关于世界的新想法——主宰世界的不是平衡和稳定，而是动态的变化。这些想法将被写进《宇宙》的第一卷。洪堡会写道，任何一个物种都是整体的一部分，同时连接过去与未来，充满变化的可能，并不是固定不变的。他还会在《宇宙》中讨论化石记录缺失的演化环节，以及"中间步骤"。他将讨论"循环的变化"、过渡阶段和不断的更新——总而言之，洪堡的自然一直处在变化之中。所有这些思想都是达尔文演化论的前身，正如后世的科学家对洪堡的称呼：一位"前达尔文时代的达尔文主

---

1. 同年晚些时候，1842年9月，查尔斯和爱玛·达尔文搬到了肯特郡的唐宅（Down House）。——原注

义者"。[1]

然而事实上，虽然那条西伯利亚河流的故事继续深深地吸引着达尔文，但他从未和洪堡谈起过这些想法。1845年1月，洪堡访问伦敦的3年后，达尔文的密友、植物学家约瑟夫·道尔顿·胡克（Joseph Dalton Hooker）因公务前往巴黎。达尔文知道洪堡当时也在巴黎从事研究工作，所以就请胡克当面向洪堡请教关于那条河流的难题。他坚持请胡克转告洪堡，自己一生的事业都受到《旅行故事》的影响。恭维话说完之后，胡克便问起了"那条位于欧洲东北部的河流，其两岸的植被相差悬殊"的事情。

胡克也预订了洪堡下榻的酒店——圣日耳曼区的伦敦酒店。洪堡一如既往地慷慨相助，而胡克也向他提供了关于南极的信息。一年多前，胡克刚刚完成了一次长达4年的航行。他加入詹姆斯·克拉克·罗斯（James Clark Ross）船长领衔的船队，踏上这次被称为"地磁远征"的探险，志在找到地磁场的南极点。这次航行也可以看作是英国对于洪堡呼吁建立全球观测站网络的回应。

和达尔文一样，27岁的胡克视洪堡为传奇英雄。当他在巴黎首次见到这位75岁的老人时，一开始有些小小的失望。胡克后来说，"我吓了一跳"，见到的是一个"硬朗的德国小个子"，而不是想象中的那个意气风发、身高六英尺的探险家。胡克的反应颇为典型。很多人都觉得，这位传奇的德国人应该更加威风凛凛才是，"像朱庇特[2]一样"。洪堡从来都不具备高大敦厚的体格，随着年纪增长，他逐渐有些佝偻，并且比以前更瘦了。胡克感到不可思议：这位瘦小的老人竟然曾经登上过钦博拉索峰！但他迅速回过神来，并且很快就被老人的魅力所俘获。

他们谈论共同的英国朋友，也谈到了达尔文。胡克觉得洪堡频繁引

---

1. 洪堡没能读到《物种起源》，在该书于1859年11月首次出版前就去世了。但他却曾经对另一本书发表过评论——罗伯特·钱伯斯（Robert Chambers）匿名出版的《生命起源的自然志遗迹》（*Vestiges of the Natural History of Creation*, 1844）。此书不像达尔文的《物种起源》那样有那么多的科学证据，但却就演化和物种演变问题给出了类似的极具革命性的言论。1845年底，英国科学界流传着这样一则谣言，洪堡"几乎支持这套理论的每一处具体细节"。——原注
2. Jupiter，古罗马神话中的众神之王。

用自己著作的习惯颇为好笑，但又对他的思维之敏锐印象深刻。洪堡的记忆力和"概括能力"仍然惊人。胡克多么希望达尔文也在，这样就可以一起回答洪堡所有的问题了。当然，洪堡仍然滔滔不绝，精神依旧健旺，这从他对达尔文的答复就可以看出来。胡克转述洪堡的话，告诉达尔文那条河流名为鄂毕河（Obi）。当时，洪堡他们快速穿过炭疽病肆虐的草原，渡河去往巴尔瑙尔。他兴致勃勃地讲述着自己所知道的西伯利亚植物，尽管距离俄国的考察已经过去了 15 年的时间。胡克在给达尔文的信中写道："我不认为他在二十分钟内停下来喘过气。"

然后，让胡克震惊的是，洪堡给他看了《宇宙》第一卷的清样。像

244　很多人一样，胡克已经放弃了对《宇宙》的期待，因为洪堡已经写了十多年的时间。胡克马上告知达尔文，因为他知道，达尔文会和自己一样兴奋不已。

两个月后，即 1845 年 4 月底，《宇宙》的第一卷终于在德国出版。漫长的等待是值得的。德文版的《宇宙》迅速成为畅销书，在一开始的几个月内就卖出了两万多本。几星期内，洪堡的出版商就开始加印，几年内就被译成了英语、荷兰语、意大利语、法语、丹麦语、波兰语、瑞典语、西班牙语、俄语和匈牙利语等多个版本——洪堡称这些为"我在德国以外的《宇宙》之子"。

《宇宙》不同于此前任何一本关于自然的书籍。洪堡带着读者们从外太空旅行到地球，然后从星球的表面深入地下核心。他讨论彗星、银河系和太阳系，以及地磁现象、火山和山顶的雪线。他描写人种的迁徙、植物、动物，以及生活在一潭静滞的水中和受到侵蚀的岩石表面的微生物。其他人都在强调人类已经揭开自然最深层的秘密，因而为自然祛魅，洪堡的信念却刚好相反。我们生活在这样的一个世界中——极光的五彩光芒"与海面闪耀的波光融而为一"，洪堡试问道，这样的魔力怎么可能消失呢？知识永远不能"杀死想象本身所富有的创造力"；相反，它只会带来更多激动、惊奇和妙不可言的感受。

长达百页的引言是《宇宙》中最重要的部分。洪堡在其中讲述了他的愿景：一个充满生命脉动的世界。洪堡写道：一切事物都是"生命力永无止境之跃动"的一部分；自然是一个"活着的整体"，有机生命体在其中以"精妙的网络纹路"交织在一起。

书的主体由三部分组成：首先是天文；然后是地球，其中包括地磁现象、海洋、地震、气象学和地理学；第三部分则是对植物、动物和人类等有机生命的探索。《宇宙》一书探索的是"造物之博大尺度"，所涵盖、集合的学科远超之前的任何一部著作。与德尼·狄德罗[1]的《百科全书》（*Encyclopédie*）不同，这本书远远不止是事实与知识的简单集合，因为让洪堡更感兴趣的是其中的关联。他对气候的讨论最能代表其方法取径的不同：当其他学者专注于温度和天气等气象数据时，洪堡率先以大气、海洋和陆地之间因复杂的相互作用而形成的系统来理解气候。在《宇宙》中，他谈到了空气、风、洋流、海拔和陆地植被密度之间"永恒的相互关联"。

《宇宙》的广博程度令其他书籍望尘莫及。更惊人的是，在这部关于宇宙的巨著中，"上帝"这个词竟然一次都没有出现。他的确曾将自然的律动归功于"同一种呼吸——从北极到南极，灌注于岩石、植物、动物甚至人类鼓胀的乳房中"，但这种呼吸来自地球本身，而非由某位神祇策动。对于了解洪堡的人来说，这并不奇怪，因为他从来不是一个虔诚的教徒，相反地，他一生都在强调宗教狂热的可怕后果。他曾猛烈地批评南美洲传教士以及普鲁士教会。洪堡从不谈论鬼神，他只反复述说"有机生命的奇妙之网"。[2]

整个世界都为《宇宙》疯狂。一位评论家写道："如果知识共和国要改变其宪法、选择一位君主，那么智性的王杖理应交到亚历山大·冯·洪

---

1. Denis Diderot（1713—1784），法国启蒙思想家，百科全书派代表。
2.《宇宙》出版后，一所德国教堂认为这是一本亵渎神灵的书。他们在表达震惊之余，还在自己的报纸上发表评论，谴责洪堡"与恶魔作了交易"。——原注

堡的手中。"这部书的受欢迎程度在整个出版史上都具有"划时代"意义。洪堡的德国出版商从未见过数目如此巨大的订单——甚至连歌德的巨著《浮士德》在出版时都不能与之相提并论。

学生们争相阅读《宇宙》，学者、艺术家和政治家也不例外。奥地利首相梅特涅曾在改革和革命的立场上与洪堡意见相左，现在也放下政治上的偏见，感叹唯有洪堡才能完成如此伟大的作品。诗人和音乐家也仰慕他。法国浪漫主义作曲家埃克托·柏辽兹（Hector Berlioz）称赞洪堡是一位"才华耀眼"的作者。这本书在音乐家当中也拥有众多拥趸。柏辽兹曾听说，一位乐师在演出歌剧期间利用空闲的间隙把《宇宙》"读了又读，努力思索与理解"，浑然不顾乐队其他人还在继续演奏。

在英国，维多利亚女王的丈夫阿尔伯特亲王订购了一部《宇宙》，达尔文则公开表示自己正在焦急地等待英文版的面世。在德文版和法文版问世后的几周内，一部未经授权的英文版开始在市面上流传——翻译的文句十分蹩脚，洪堡甚至担心它会"严重损坏"自己在英国的名誉。在这个版本里，"可怜的《宇宙》"被拆分得七零八落，不堪卒读。

不知情的胡克购买了盗版翻译的《宇宙》，并借给了达尔文。1845年9月，达尔文写信给胡克："您真的确定可以暂别《宇宙》吗？我太想读到它了！"不到两周时间，他便读完了全书。达尔文对书中"糟糕的英文"感到绝望，但仍为其中"作者对自己想法的精准表达"印象深刻。他急于和胡克见面讨论，还告诉查尔斯·莱尔：这部书的"活力和所涵盖的内容之广泛"令人震惊。他觉得其中一些部分像是对《旅行故事》的简单重复，因此稍稍有些令人失望，但其他部分"绝妙无比"。他还惊喜地发现洪堡引用了自己的《乘小猎犬号环球旅行》。一年后，《宇宙》正式的英文版由约翰·默里公司出版，达尔文争先购入了一本。

虽然《宇宙》大获成功，洪堡仍然十分不安。每一则负面评论都令他介怀。和《旅行故事》面世时一样，英国保守的《书评季刊》对《宇宙》进行了批评。胡克告诉达尔文："《书评季刊》对《宇宙》的评论让洪堡十分生气。"两年后，即1847年，《宇宙》第二卷面世，洪堡恳求出版商如实地告诉他一切反馈。不过,洪堡完全不必担忧。出版商记述道,为了抢到一本《宇宙》,人们"动真格地打了起来",他们的办公室像被洗劫过一般。有人甚至贿赂出版商,而其他供应商则不惜拦截寄往伦敦和圣彼得堡书商的包裹,然后再把书卖给汉堡和维也纳的如饥似渴的读者。

在第二卷中,洪堡引领读者踏上了一趟从古代文明到当代社会的心灵之旅。没有任何科学著作曾作过类似的尝试,也没有科学家能够如此自如地谈论诗歌、艺术与园林、农业和政治,以及人类的感受与情绪。《宇宙》第二卷"诗意地描述了自然的历史",绘就了一幅从古希腊和波斯时代直迄近代文学与艺术的壮阔画卷。它也是一部关于科学、发现与探索的历史。书中无所不谈,从亚历山大大帝延伸到阿拉伯世界,从克里斯托弗·哥伦布漫谈到伊萨克·牛顿。

如果第一卷考察的是外在世界,那么第二卷则聚焦于内在世界:即外在世界"在内在情感上投射下的印象"。他强调感官的重要性,这既是向1832年去世的歌德致敬,也是对他们早年在耶拿友谊的纪念——当时年长的诗人给予了他看待自然的"全新感官"。洪堡这样写道:眼睛是观照世界(Weltanschauung)的器官,我们同时也通过眼睛来阐释、理解和定义世界。在一个想象力被严格排除出科学的时代,洪堡坚持认为,理解自然别无他途。只要抬头仰望天空,便可以理解这一点:璀璨群星"愉悦感官,启迪心灵",然而与此同时,它们也按照精准的数学定律运行。 247

《宇宙》的前两卷太受欢迎,四年之内竟然出现了三个不同且相互竞争的英文版本。洪堡告诉自己的德国出版商,英国因《宇宙》而掀起了"纯粹的疯狂",不同译者之间剑拔弩张。截至1849年,一共售出了大约四万部英文版《宇宙》,还不包括销往美国的另外数千部。[1]

当时,很少有美国人读过洪堡的著作,而《宇宙》改变了这一切。"洪堡"迅速成为北美洲家喻户晓的名字。拉尔夫·沃尔多·爱默生就在

---

1. 洪堡没有从这些译本中获利,因为当时还没有为版权立法。直到1849年新的法规生效后,洪堡才得以从该年之后出版的著作中获得一些收益。——原注

最先购得《宇宙》的读者之列。他在日记中写道："神奇的洪堡，用他广博的胸怀和展开的翅膀，像一支军队一样前行，沿路将所有事物收入囊中。"没有人比洪堡更了解自然。另一位热爱洪堡作品的作家是埃德加·爱伦·坡，他把最后一部重要的作品——发表于1848年、长达130页的散文诗《尤里卡》（*Eureka*）——题献给了洪堡。这部长诗本身也是对《宇宙》的直接回应。爱伦·坡试图在《尤里卡》中遍历宇宙中的一切"灵魂和物质"，这与洪堡探讨外在和内在世界的方式相呼应。宇宙，爱伦·坡写道，是"最壮美的诗歌"。同样受到启发的还有沃尔特·惠特曼：在创作著名的《草叶集》（*Leaves of Grass*）时，他的案头就放着一部《宇宙》。惠特曼甚至专门创作了一首题为《宇宙》的诗，并在著名的《自我之歌》（*Song of Myself*）中称自己为"一个宇宙"。

洪堡的《宇宙》影响了美国两代科学家、艺术家、作家和诗人。而其中最重要，而且深受《宇宙》启示的，或许是美国最负盛名的自然文学家：亨利·大卫·梭罗。

19

诗歌、科学与自然：
亨利·大卫·梭罗与洪堡

1847 年 9 月，亨利·大卫·梭罗离开瓦尔登湖畔的小屋，搬回了自己在马萨诸塞州康科德镇的住所。他当时 30 岁，已经在林中的一间小木屋连续住了两年两个月又两天。之所以做出这样的选择，他说是因为"想要从容不迫地活着，只面对生活中最本质的实事"。

梭罗自己动手建造了这座覆有木瓦房顶的小屋：长十五英尺、宽十英尺，其中一侧的墙上开了一扇窗，有一个带灶的壁炉可以取暖。房间里只有一张床、一张小木桌和三把椅子，坐在门口就可以看到阳光下波光粼粼的湖面。梭罗说，湖水是"大地之眼"，冬天结冰之后则是"合上了眼帘"。沿湖岸步行一周只有两英里，陡峭的堤岸上生长着巨大的北美乔松，披着长长的、成簇的墨绿针叶，宛如高贵的王冠；此外还有山胡桃木和橡树，如同"修长的睫毛，装饰着大地之眼"。春天，细巧的花朵如地毯般铺满林间；5 月，蓝莓的灌木上挂满了悬铃状的小花。夏天，最明亮的色彩来自一枝黄花；入秋后，盐肤木的果实带来一抹深红。深冬，大雪吞没了一切声音，梭罗独自追寻着野兔和鸟儿的足迹。秋日，他漫步林间，用力踢动厚厚的落叶，伴着沙沙作响的自然之声纵声歌唱。他观看、倾听、行走，足迹遍布瓦尔登湖周围的秀丽乡间。他以探险家的视角为所到之地命名：忧愁山、画眉小道、蓝鹭岩，等等。

梭罗将把在林中的两年独处时光写成美国自然文学中最著名的篇章之一：《瓦尔登湖》。该书发表于 1854 年，也就是梭罗返回康科德的 7 年之后。他在写作过程中遇到了一些困难，然而正是在洪堡的《宇宙》中发现一片新天地之后，才创作出了为我们今天所熟知的《瓦尔登湖》。洪堡的自然观给予了梭罗将科学与诗歌融为一体的信心。梭罗后来如是说："诗人收集的事实为真理的种子插上双翼。"《瓦尔登湖》是梭罗对《宇

瓦尔登湖畔的梭罗小屋

宙》的回应。

梭罗出生于1817年7月。他的父亲从事贸易和铅笔制造业，但他们的家境并不富裕。故乡康科德位于波士顿以45英里处的郊区，是一个拥有约2 000人口的热闹小镇。梭罗童年时内向、害羞，喜欢独处。当同学们喧闹游玩时，他总是站在一旁，盯着地面，寻找一片树叶或一只昆虫。因为不合群，梭罗的人缘一般，被大家戏称作"大鼻子学者"。然而他能够像松鼠一样轻盈、敏捷地爬树，在户外更觉自在。

16岁时，梭罗赴哈佛大学读书，那里距康科德东南郊只约10英里。在校期间，他修习了希腊文、拉丁文和包括德文在内的现代语言，并选修了数学、历史和哲学课程。他成天泡在图书馆里，特别喜爱旅行文学，梦想自己也有一天能去往遥远的国度。

1837年，梭罗毕业后回到康科德，短暂地教了一段时间书，偶尔也会帮助父亲经营制笔生意。在这里，梭罗遇到了三年前搬到康科德的作家和诗人拉尔夫·沃尔多·爱默生。年长14岁的爱默生鼓励梭罗尝试写作，并向这位年轻人开放自己收藏丰富的图书馆。[1]梭罗在瓦尔登湖修建小屋的土地也是属于爱默生的地产。当时，梭罗正为自己唯一的兄弟约翰的意外去世而哀痛不已：他眼看着约翰因伤口感染破伤风而在自己的臂弯中死去。因为过于伤恸，梭罗甚至产生了一些类似"通感"的症状，如牙关紧咬、肌肉抽搐。他觉得自己的生命如同"一片枯叶"——悲惨、无用、荒凉。一位朋友建议他："给自己建一间小屋，在那里郑重地将自己活活吞噬。就你的状态而言，我看不到任何别的选择和希望！"

自然帮助了梭罗。他领悟到，没有必要为一朵落花悲伤，也无须感叹秋天大地上积起的厚厚一层朽叶——因为，来年一切都会重焕生机。他告诉爱默生，死亡是自然循环的一部分，因此也孕育着健康与活力。"对一个生活在自然中的人来说，不可能真会经历什么阴郁的忧闷。"梭罗说。他尝试将自己置于自然之中，以此来领会大千世界与心灵深处的奥义。

与洪堡和杰斐逊于1804年在华盛顿见面时相比，梭罗视为家园的美国已经发生了深远的变化。自那时起，梅里韦瑟·刘易斯和威廉·克拉克从圣路易斯出发，横穿大陆到达太平洋海岸，带回了关于那片富饶、辽阔土地的考察报告。对一个扩张中的国家而言，这无疑是极具诱惑的前景。40年后，即1846年，美国已经从英国人手中获得了俄勒冈地区的大部分土地，包括今天的华盛顿州、俄勒冈州和爱达荷州，以及蒙大拿和怀俄明的部分地区。此时，美国刚刚将蓄奴的得克萨斯州并入其中，正在与墨西哥鏖战。梭罗搬出小屋时，恰逢美国最终获得全胜。墨西哥割让出一大片土地，即未来的加利福尼亚州、内华达州、新墨西哥州、犹他州和亚利桑那州的大部分土地，以及怀俄明、俄克拉荷马、堪萨斯

---

1. 梭罗甚至在爱默生家借宿过两年。在爱默生出游进行巡回演讲期间，梭罗通过修理房屋、整葺花园来换取免费的住宿。——原注

和科罗拉多州的局部。在詹姆斯·诺克斯·波尔克（James K. Polk）的总统任期内，也就是1845—1848年间，美国的领土拓展了100多万平方英里。1848年1月，加州发现金矿；次年，约有4万人收拾行囊奔赴西部，梦想在那里发家致富。

与此同时，美国在技术上也取得了长足进步。1825年，伊利运河开通；5年后，巴尔的摩—俄亥俄铁路第一期完成通车。1838年4月，第一艘跨渡大西洋的蒸汽船"伟大的西部"号（Great Western）从英国出发抵达纽约；1847年冬，梭罗返回康科德，此时的首都华盛顿首次启用煤气灯照明。

波士顿仍然是一个重要的港口，梭罗的故乡康科德也因紧临波士顿而得到了相应的发展。这里有一家棉纺织厂、制鞋厂和铅管厂，还有若干间库房和银行。每周都会有40辆马车从镇上经过。这里还是米德尔塞克斯县政府的所在地。来自波士顿的货车满载商品，沿着主商业街前行，一路向北，赶往新罕布什尔州和佛蒙特州的集市。

经过农垦，附近的荒野早已变成开旷的耕地、牧场和草场。梭罗在日记中写道，路过康科德附近的树林，很难不听到斧头伐木的丁丁声。新英格兰的环境在过去200年中发生了巨变，很少有古树遗存下来。森

马萨诸塞州康科德镇

林首先供给农业发展和燃料需求；铁路出现后，木材又要供给蒸汽发动机。1844年，康科德迎来了第一条铁路，其轨道从瓦尔登湖西侧绕过。梭罗经常沿着铁道散步。荒野正在不断退去，而人类与自然也日益疏离。

瓦尔登湖的生活很适合梭罗。他可以连续数小时出神地阅读一本书或凝望一朵花，浑然不知周围动静。他早已赞美过简单朴实生活的快乐。在《瓦尔登湖》中，他又写道："简化，再简化。"作为一名哲学家，应该亲自践行简单的生活。他很享受独处，不需要社交寒暄、女人或金钱。他的外表也反映了他的内心：衣服常常是不合身的，裤子太短，鞋上满是尘土。他肤色红润，鼻子硕大，胡子拉碴，一双蓝眼睛极富表情。一位友人曾这样描述梭罗：他"可以惟妙惟肖地模仿豪猪"；另一些人则抱怨他"好斗"且刚愎自用。有些人评价他"有礼貌，有风度"，但不修边幅，有些土气；另一些人则认为他很风趣、幽默。可是就连作家纳撒尼尔·霍桑（Nathaniel Hawthorne）——既是他的邻居，也是朋友——都禁不住要抱怨，说梭罗是一个"令人难以忍受的、乏味的家伙"，还称每次见他都让人为拥有金钱、房屋或愿意写一本迎合别人的书而感到羞愧。梭罗固然行止怪异，但另一位朋友却觉得每次见他都令人精神爽朗，"如同给大热天里快被烤干的行人递去一杯冰水"。

不过所有人都同意，与人际交往相比，梭罗更能自如地面对自然和文字世界。和孩子相处却是例外。爱默生的儿子爱德华曾开心地回忆道，梭罗任何时候都愿意花时间陪他们玩，给他们讲两只动胸龟在河里"决斗"的故事，或变戏法似的让铅笔消失又重新出现。村里的小孩子经常去瓦尔登湖畔的小屋找他玩，梭罗就带着他们在林中散步。当他通过口哨吹出奇怪的声音时，小动物们就会一只接一只地出现——土拨鼠从林下的灌木丛下探出头来，松鼠朝他奔来，鸟儿也愿意停栖在他的肩膀上。

霍桑说，梭罗似乎是"被自然收养的特殊的孩子"。动物和植物好像都会和他说话，而没人能够解释其中的奇妙纽带。老鼠从他的手臂上跳过，乌鸦停在他的身上，蛇蜿蜒爬过他的双腿，而他也总能找到最隐

亨利·大卫·梭罗

253　蔽的第一朵春花。自然向梭罗倾诉，而他也报之以自己的心声。他种下
一畦豆子，问道："我应该如何了解豆子，或者豆子如何了解我？"日
常生活的快乐像是"偶然落入手中的一缕星尘"，或"掌中的一段彩虹"。

　　梭罗在瓦尔登湖畔近距离地观察自然。他早晨沐浴，然后坐在阳光
下；他穿过树林，或静静地卧在空地上，等待动物们来到他的身边；他
仰观天象，任命自己为"暴风雪和雷雨观测员"。夏天，他搬出自己的
小船，一边悠荡在湖面上，一边吹着笛子；冬天，他伸开四肢，趴在冻
结的冰面上，将脸紧贴着观察湖底的景象，"像隔着一层玻璃的画"。入
夜，他静静地聆听树枝摩擦屋顶瓦片发出的轻微声音；清晨，鸟儿会为
他献上一支晨曲。一位朋友感叹，梭罗俨然是一位"林中仙子"，拥有
森林之魂。

　　虽然他享受独处，但并不像隐士一般生活。他经常去村里和家人或
爱默生一家一起吃饭；他在康科德中学教课，也在瓦尔登湖畔接待来客。

1846年8月，康科德反奴隶制协会在梭罗的小屋门口召开了一年一度的会议；他还曾短暂地访问过缅因州。然而他也写作。在瓦尔登湖的两年间，梭罗写满了两大本笔记：一本记录了自己的林中体验（这部分内容将成为初版的《瓦尔登湖》），另一本则是《康科德和梅里马克河上的一周行纪》（*A Week on the Concord and Merrimack Rivers*，下称《一周行纪》）。在后一本书里，梭罗描述了自己早年与已经逝去的兄弟一起坐船旅行的经历，他至今仍深深地思念着约翰。

254

梭罗搬出小屋回到康科德后，在很长的一段时间内都无法找到出版《一周行纪》的机会。没有人对这部一半描写自然景物、一半记述个人回忆的稿件感兴趣。最后，一位出版商同意由梭罗自费印刷和发行此书。然而不出意外，销量十分惨淡。没有人愿意购买，很多评论家都发表了十分尖刻的批评，其中一位甚至指责梭罗拙劣地抄袭爱默生。只有少数几人给予了好评，称其为一部"非常美国"的书。

这次经历让梭罗负债几百美元，手头还积压了很多本卖不出去的《一周行纪》。他自嘲道，现在自己拥有一座藏有900本书的图书馆，"其中七百多本是我自己写的"。这次失败还导致了梭罗和爱默生之间的不和。梭罗觉得这位昔日恩师让人失望：爱默生虽然当面称赞《一周行纪》，实际却并不喜欢。梭罗在日记中写道："当我的朋友还是我的朋友时，他总是恭维我，我也从未听到过真相；但当他成为我的敌人时，却将真相化为一支毒箭射向我。"另外，梭罗开始暗恋爱默生的妻子莉迪安，这只会让事情变得更糟。

今天，梭罗的作品广为流传，他也成为最受爱戴的一位美国作家。他的朋友和家人们都曾担心他缺乏野心：爱默生称他为康科德"唯一的一位闲人"，在本地"声名不著"；梭罗的姑姑认为，这位侄子应该做些比"时而离家出走"更有价值的事。对于他人的评价，梭罗从未介怀。他满心想着的都是《瓦尔登湖》的手稿，不知道该如何收尾。"这些松树、鸟儿到底和什么相关？这片湖泊呢，它在做些什么？"他在日记中写道："我必须去了解更多的东西。"

梭罗仍在努力地了解自然。他继续漫步乡间，步履如飞，腰杆笔挺得像一棵松树。他还接受了一份土地测绘员的工作，从而获得了一笔微薄的收入，并得以在户外待上更长时间。爱默生说，梭罗用自己行走的步数，就可以比别人用测绘标杆测量的更准确。他也为哈佛大学的植物和动物学家收集标本，还会测量溪水和湖泊的深度和温度，练习压制植物标本。春天，梭罗记录候鸟到达的时间；冬天，他细数湖面冰层中冻结的气泡数量。与其"拜访一些学者"，梭罗更愿意在林中步行几英里，去赴一场植物的约会。他慢慢摸索，试图理解这些松树和鸟儿究竟是怎样的生命。

梭罗和爱默生都在探寻自然的统一性，但最终选择了不同的路径。梭罗追随洪堡的脚步，相信唯有把握其中的关联、对应和细节，才能理解"整体"。爱默生则认为不能仅由理性思维来发现"整体"，更需要通过直觉或某种神启。与英国浪漫主义诗人柯勒律治和德国唯心主义思想家谢林类似，爱默生以及美国的其他超验主义者都反对与演绎和实证研究联系在一起的科学方法。爱默生说，这样支离破碎地研究自然会让视线变得模糊不清，人类需要从自然中寻找具有灵性的真实。在他的眼中，科学家们只不过是一群唯物主义者——认为灵魂只不过是"一种轻飘飘的物质"。

超验主义者的思想受到德国哲学家伊曼纽尔·康德的启发，尤其来自他对人类如何理解世界的解释。爱默生指出，康德曾描述了一类不来源于感官经验的知识或思想。当时，康德的本意是驳斥如英国的约翰·洛克（John Locke）这样的实证主义者——这一派于17世纪末提出：一切知识都来源于感官获得的体验。爱默生和其他超验主义者则坚信，人类具有"由直觉来感知真理"的能力；对他们来说，事实与自然的表象如同一道窗帘，需要拉开它才能发现隐藏在后面的神圣法则。然而梭罗越来越无法将这种世界观与自己对科学的痴迷融合在一起，这位超验主义者想要通过细数花瓣或树桩年轮来追寻宏大的真理。

梭罗已经开始用科学家的眼光观察自然了。他不停地测量、记录，对细节的兴趣日益浓厚。1849 年秋，也就是离开小屋两年后，《一周行纪》的失败已成定局。梭罗做出了一个改变自身命运的决定，而这一决定也使我们有幸读到今天的《瓦尔登湖》。他按照新的日常规律，重新安排自己的生活：每天早晚都进行严肃的研究，下午则在户外散步。从这一刻起，他开始从一位单纯喜爱自然的诗人转变为美国最伟大的自然作家。也许是因为受到《一周行纪》不愉快经历的刺激，或是因为与爱默生的疏远，又或许是因为梭罗终于找到足够的信心，可以将精力倾注到自己喜爱的事物中去。不管真正的原因究竟是什么，一切都彻底改变了。

新的工作计划标志着梭罗科学研究的开端。他每天都会定时记下大量日记，记下他在散步途中见到的事物。从前，他写的东西大多是偶然拾得的观察片段，以及散文和书稿中的草稿段落；现在，这些新记录具有了规律和时间次序，详尽地描写了康科德季节转换的一切细节。梭罗不再从日记中剪下片段粘到文学稿件中，而是完整地保留这些日记本。以往的零散文集现在变成了他的"田野笔记"。

出门散步时，梭罗会把帽子当作植物标本收藏匣，手拿一本用来压平植物的厚厚的乐谱，另外还会带上望远镜和用作测量尺的手杖。梭罗试图通过一切细节来探索自然。在户外时，他会把所见所思记录在小纸条上，晚上再在日记中加以整理和扩展。他的植物学观察详细精确，今天的科学家们甚至都还可以查询梭罗日记中记录的野花开花日期或树木抽芽的时间，然后与近年的数据进行比较，以此来衡量气候变化的影响。

梭罗写道："我忽略那些不寻常的事件——如飓风和地震——而去描述那些常见的事物，它们才是诗歌真正的主题。"在这些漫步、测量和调查中，梭罗逐渐远离了爱默生那种恢宏、直击灵魂的自然观，转而去关注行路过程中观察到的丰富细节。也是在这些年里，梭罗逐渐摆脱爱默生的影响，同时第一次沉浸在洪堡的著作中。他在日记中写道："我觉得一些想法已经成熟。休耕了这么长时间，是时候播种了。"

梭罗翻阅了洪堡最受欢迎的几部书：《宇宙》《自然之观点》和《旅

行故事》。对梭罗而言，关于自然的书籍不啻为"某种灵丹妙药"。他一边阅读，一边记录；一位友人回忆道，"梭罗读书的时候从来笔不离手"。257 洪堡的名字开始频繁地出现在他的日记和笔记本里，也常出现在他公开发表的作品中。某日，湛蓝的天空格外明亮，梭罗想精确地测量当时天空的蓝度，他急切地召唤："我的测蓝计在哪里？"那是洪堡曾在旅行中用于测量钦博拉索峰顶天空蓝度的仪器。他还在《旅行故事》中读到：夜间，奥里诺科河的波涛声比白天的更响亮。于是，他在日记中记下了类似的现象，只不过把奥里诺科河的雷霆巨浪换成了康科德的淙淙小溪。在梭罗的心目中，不远处新罕布什尔州彼得伯勒市附近的山丘就好比安第斯山，而大西洋俨然是"放大版的瓦尔登湖"。他写道："站在康科德的峭壁之上"，自己的心灵"与洪堡同在"。

洪堡在全世界周游、观察，梭罗则选择立足家乡。一切事物都相互交织在一起。冬天，当工人们来瓦尔登湖切割冰块并搬运到远方时，梭罗想到的是那些在炎热的南方享受这些冰块的人们，他们也许在南卡罗来纳州的查尔斯顿，也许在孟买或加尔各答。梭罗写道：他们"从我的井中取水饮用"，瓦尔登湖纯净的湖水将与"恒河的圣水混合在一起"。为什么非去遥远的国度考察不可，为何不在家乡旅行呢？梭罗在日记中写道：重要的不是一个人去过多远的地方，而是"如何活着"。他建议每个人都去做"溪流和海洋的探索者"、思想上的哥伦布，而不是为贸易或帝国扩张的野心而活着。

梭罗经常在阅读过程中与书籍对话，同时直面自己的内心，不停地询问、督促、挑剔、质疑。在一个冷冽的冬日，当他发现一朵彤红色的云彩低悬在地平线之上时，便开始责怪自己过于冷峻、理性的一面："你告诉我这只不过是一团吸收一切光线的蒸汽。"他觉得这个解释不够好，"因为这番彤红色的景象让我兴奋、热血沸腾"。他既是想要理解云朵形成原理的科学家，同时也是为天穹上喷薄而出的、山岳般的彩云狂喜不已的诗人。

什么样的科学，梭罗问道，"能够丰富人的理解，却抢掠走了想象力"？这正是洪堡想要在《宇宙》中处理的问题。洪堡认为，必须通过科学来精确地描述自然，但这并不意味着必须剥夺"想象力的生动气息"。知识不会"冷却感情"，因为感官和智性相互连接。梭罗比其他任何人都更热切地追随着洪堡的理念，探寻将知识与诗歌合二为一的"内心深处的纽带"。洪堡使得梭罗能够将科学与想象、个别与整体、真实与奇幻编织在一起。

梭罗继续寻找着这一平衡。几年来，内心的挣扎渐渐平息，但他仍有些担心。一天夜里，他整理完当日在河畔观察野生动植物的笔记，在末尾写了一句话："每位诗人都曾在科学的边缘颤抖过。"然而一旦投入洪堡的著作，梭罗便慢慢地不再害怕。《宇宙》教给他，个人观察的集合能够为自然创造一幅整体的肖像，其中的每处细节都像自然这张挂毯中的一缕丝线。梭罗像洪堡一样，在参差多样的现象中找到了和谐。细节通往统一的整体。用梭罗的话说："对实在事物的真诚描写，就是最上乘的诗歌。"

这一转变最为形象的例证，莫过于梭罗不再用两本日记来分别记录"诗歌"和"事实"，而且越来越难以明确区分这两者，因为"最有趣和最美丽的事实也就是最好的诗歌"。《瓦尔登湖》正体现了这一思想。

1847年9月，梭罗离开瓦尔登湖畔的小屋时，身边就带着《瓦尔登湖》的初稿。自那之后，他又陆续修改了几个版本。1849年中旬，他将其暂时搁置。直到三年后，他才重新投入到这部手稿中。在此期间，他变成了一位严肃的博物学家、谨慎的记录者和洪堡著作的崇拜者。1852年1月，梭罗打开尘封已久的手稿，准备彻底重写《瓦尔登湖》。[1]

在此后的几年中，他将书的篇幅增加了一倍，添入了自己的科学观察记录，使《瓦尔登湖》变成了一部与他最初构想大异其趣的书稿。梭罗说，自己已经准备尝试一些文学写作，而且"异乎寻常地胸有成竹"。

1.《瓦尔登湖》一共有七份草稿。第一稿完成于在湖畔居住期间，第二、三稿于1848年春季至1849年期间写就。1852年1月，梭罗重新开始修改；截至1854年春季，他又完成了四稿。——原注

通过关注季节转换的每一处细节，梭罗具备了对自然循环与事物关联性的深刻洞察力。当他注意到蝴蝶、花朵和鸟儿每年春天都会重新出现时，一切事物都有了意义。1852 年 4 月，梭罗写道："一年就是周而复始的一个圆。"他开始按季节整理发芽和开花时间的详细表格，没有人曾像他259 这样注意过如此精微的差别。他写道，自己的日记将成为一部"季节之书"，同时也引用了洪堡的话。

在《瓦尔登湖》早期的几版草稿中，梭罗都在集中精力批评美国文化与社会中的贪婪现象，以及他所见到的金钱崇拜与追逐都市时尚的风气。他将自己在小屋中的生活当成与所批评之事对抗的武器。在新版文稿中，春夏秋冬的流转成为引领全书走向的灯塔。"我珍爱季节给予的友谊。"他在《瓦尔登湖》中写道。梭罗开始"以全新的眼睛看待自然"，而这双眼睛正是受到了洪堡的启示——他像洪堡一样探索、收集、测量和建立关联。1853 年，梭罗告诉美国科学促进会（AAAS）[1]，自己的治学方法和观测体系是基于对《自然之观点》的仰慕而建立起来的。在那部书中，洪堡将典雅的文句和生动的描写与科学分析结合了起来。

《瓦尔登湖》中的伟大篇章都源于梭罗的日记。在日记中，他自由地从一个话题跳跃到下一个，屏息凝视自然；大地是"活着的诗歌"，青蛙"在河中鸣叫"，鸟儿在春天欢快歌唱。日记是他的"爱之记录"，见证了他在诗歌与科学上的双重狂喜。就连梭罗自己都怀疑是否能写出比日记更好的文字：如果将这些词句比拟成花朵，那么应该将它们摘下、聚成一束插在瓶中（比作书），还是任由它们自在地生长在草地上（比作日记）？现在，梭罗可以十分自豪地说，自己对康科德的自然环境了如指掌。如果有人找到了一株他不认识的植物，他便会十分沮丧。爱默生在一封给弟弟的信中得意地写道："亨利·梭罗难以掩饰自己的恼怒，因为他竟然没有见过我带给他的某种浆果。"

这种新方法并未完全打消梭罗的疑惑，他继续追问自我。1853 年，

---

1. 全称为 American Association for the Advancement of Science，创立于 1848 年 9 月 20 日，是世界上最大的非营利科学组织之一。

他写道："我被太多观察耗散了精力。"他担心自己的知识变得过于"细节化和科学化"，害怕自己错过仰望天空的广阔视野，而只一味地去孜孜追寻显微镜下的狭小世界。他绝望地自问："只依据这些科学知识，你能说明光何以照亮灵魂吗？"然而在同一则日记中，他仍然一丝不苟地记录着花朵开放、鸟儿啁啾、蝴蝶飞舞以及浆果的成熟过程。

梭罗不再写诗，而是投入到探究自然的事业中——这些观察将成为写作《瓦尔登湖》的材料。他说："自然将成为我充满诗性的语言。"在他的日记中，奔涌而出的清泉被形容为"自然的纯净血液"；几行之后，他又会对自我与自然的对话提出疑问，然而得出的结论却是："像洪堡－达尔文似的近距离观察自然——这样的科学研究手段应该长久保持。"梭罗将科学与诗歌编织在了一起。

为了赋予观察以意义，梭罗一直在寻找一种能够一以贯之的视角。爬山时，他不仅能看到面前岩石上的地衣，也能望见远处的树冠。正如洪堡在钦博拉索峰体察到的，梭罗所见的也是自然万物之间的关系，而这一切都可以"集结在一幅画中"——这正是对洪堡"自然之图"想法的重现。1月的一个寒冷清晨，暴风雪来袭，雪花在梭罗身边飞舞。他观察着精巧的冰晶图案，将它与花瓣完美的对称结构进行对比，不禁感叹道：同一种法则既形塑了大地，也生成了雪花。接着，他郑重宣告："这就是秩序；这就是宇宙。"

洪堡从古希腊语中选择了"宇宙"一词，其原意就是"秩序"与"美感"，但秩序和美感也是由人类的双眼观照得来的。通过"宇宙"一词，洪堡将外在的物理世界与内在的精神世界连接起来。《宇宙》所探讨的是人类和自然之间的关系，而梭罗正是将自己稳稳地放置在这一宇宙之中。他在瓦尔登湖畔写道，"我拥有一个属于自己的小世界"——拥有自己的太阳、月亮和星辰。"我还会感到孤独吗？难道我们所处的行星不在银河之中吗？"他并不比草地上的一朵花或一只熊蜂更孤独，因为和它们一样，他也是自然的一部分。他在《瓦尔登湖》中问道："我的一部分难道不是树叶？菜蔬难道不曾影响了我的模样？"

《瓦尔登湖》中最著名的段落概括了梭罗受洪堡影响后发生的变化。每年春天，他都会在瓦尔登湖畔观察流沙从铁路沙土路基处流下来的情形。当太阳的热力让大地回暖，坚冰逐渐融化，紫色的流沙便随着融雪的渗出而流动，并会在路基上形成树叶的图案：在这片沙地上，你会看到流沙形成的"叶子"，它比春天的大树和灌木更早发芽。

在小屋里写就的初稿中，梭罗只花了不到 100 个词来描述这"蔓生的沙子"。现在，那一部分长达 1 500 多字，并且成了《瓦尔登湖》全书最核心的段落之一。他写道：在这沙地上，你会看出叶子的形状；而这里提到的"叶子的形状"（prototype）即歌德所说的"原型"（Urform）。在初稿中，梭罗只赞叹了这个过程中"无可名状的趣味和美感"，现在

261 却将它作为"自然中一切作用原理"的写照。

寥寥几页，梭罗的成熟便跃然纸上。1851 年 12 月的最后一天，他一边阅读洪堡的著作，一边描述这一天的景象，笔下的一切都成了宇宙的一种隐喻。他写道，烘暖河岸的阳光就像温暖自己血液的思想；大地并不僵死，它"且生且长"。1854 年春，在《瓦尔登湖》的终稿接近完成时，他再次目睹了这一景象。梭罗在日记里写道：地球是"一首活生生的诗歌……不是一个化石的地球，而是鲜活的样本"。这些字句几乎都原样出现在书中。"大地一片生机"，自然的内部"烧得正旺"。这也是洪堡的自然，充满了生命的律动。梭罗写道：春天的到来，就像是"宇宙从混沌中创生"。这既是生命与自然，也是诗歌。

《瓦尔登湖》可以说是梭罗为一方水土写就的一部小型《宇宙》。它揭示了自然万物相互关联的事实，充溢着对动物行为、植物开花规律和冰层厚度的细节描写。梭罗在快完稿时写道：完全客观、纯粹的科学探讨并不存在，因为其中总是交缠着主观认识和感官感受。"事实如同成熟的种子，从诗意的观察者那儿脱落。"观察是一切知识的根本。

"我向天地汲取乳汁。"梭罗写道。

第五部

新世界：想法的演化
New Worlds: Evolving Ideas

20

大洪水后最伟大的人物

在《宇宙》第二卷出版一年后，洪堡越来越难在自由派的政治观点与为普鲁士宫廷应尽的义务之间保持脆弱的平衡。1848年春，欧洲全面爆发政治动荡。在保守政治持续了几十年后，一波革命的巨浪重新席卷这片大陆。洪堡再也无法在双方之间周旋。

在巴黎，经济衰退和当局对政治集会的镇压引发了暴力抗议，国王路易–菲利曾惊惶之下于2月26日宣布退位，逃往英国。两天后，法兰西第二共和国宣告成立；几周内，继之而起的革命风潮蔓延到了意大利、丹麦、匈牙利和比利时等国。在维也纳，保守派首相梅特涅亲王试图控制由学生和工人联合发动的暴动，然而以失败告终。3月13日，梅特涅宣布辞职，同样流亡伦敦。两天后，奥地利皇帝斐迪南一世向人民保证将出台一部宪法。全欧洲的统治者们都陷入了恐慌。

整个春天，报纸接连报道席卷欧洲各地的革命。普鲁士人在柏林的咖啡馆里大声朗读新闻。慕尼黑、科隆、莱比锡、魏玛和其他数十个德国城市和城邦都出现了人民针对统治者的抗议活动；他们要求一个统一的德意志、选举全国议会，并制定宪法。3月，巴伐利亚国王退位，巴登大公爵也向人民做出让步，承诺保证出版自由并选举议会。在柏林，抗议者也组织集会、呼吁改革，但普鲁士国王腓特烈·威廉四世并不打算轻易退让，他命令军队做好准备。当抗议者在一场聚集了两万多人的集会中发表极具煽动性的演讲时，国王命令军人占领柏林街道，保卫他的城堡。

普鲁士的自由派人士长期以来都对新国王很失望。和其他人一样，洪堡曾寄希望于腓特烈·威廉四世，希望他的登基能够使极权统治走上末途。1841年初，在这位国王即位后的最初几个月内，洪堡曾对友人说，腓特烈·威廉四世是位开明的君主，只需要"去除一些中世纪的迷信"。但他判断错了。两年后，洪堡告诉同一位友人，腓特烈·威廉四世"只任凭自己的好恶行事"。国王热爱建筑，只关心兴建壮丽的新楼宇、盛大的园林建筑以及收藏艺术品。洪堡抱怨道，至于如外交政策、普鲁士人民的福祉或经济发展这样的"凡俗事务"，国王"几乎从不放在心上"。

1847年4月，国王在柏林召开了第一届普鲁士议会，然而改革的希望很快破灭。虽然人民呼吁立宪，但腓特烈·威廉四世十分明确地表示反对。在议会的开幕演讲中，他告诉国会代表：国王凭神赐的权力统治，而非人民意愿。普鲁士不会成为一个君主立宪制国家。两个月后，议会解散，所有议题都毫无进展。

1848年春，受到欧洲各地革命的鼓舞，普鲁士人民决定不再忍耐。3月18日，柏林人民将木桶推上街头，用箱子、木板和砖头砌成街垒；他们撬起铺在路上的卵石，把它们带上屋顶，决心一战。暮色四合之时，冲突旋即爆发。人们从屋顶上投掷下石头和瓦片，街道上回荡着最初的枪声。洪堡待在自己位于奥拉宁堡大街的公寓里，听着士兵手里的军鼓声响彻全城；和许多人一样，他也彻夜难眠。冲突持续了一整夜，妇女们给革命者送来食物、酒和咖啡。大约有几百人丢掉了性命，但国王的军队并没能重新控制住局面。当晚，腓特烈·威廉四世颓然坐倒在椅子上，哀叹道："上帝啊，上帝，你难道全然抛弃我了吗？"

洪堡相信改革是必需的，但并不喜欢民众暴动和警察的残酷镇压。他曾幻想过一种开始得更早、进展得更和缓，同时也更和平的改革。和其他自由主义者一样，他希望看到一个统一的德国，以民众的意愿和议会制度为基础进行统治，而非建筑在血与恐惧之上。然而现在，已经有几百人死在柏林的街道上。洪堡觉得自己进退维谷。

柏林的革命者们逐渐控制了城市，腓特烈·威廉四世无奈之下只好让步，承诺立宪和选举国会。3月19日，国王同意撤回军队。当晚，柏林全城灯火通明，人民庆祝着他们的胜利，歌声和欢呼声取代了枪声。3月21日，也就是冲突发生的三天后，国王象征性地公开承认自己的失败：

他身着黑、红、黄三色长袍——革命者崇尚的颜色——骑马走上柏林街头。[1]回到宫中，国王登上露台。洪堡沉默地站在他身后，向底下的民众鞠躬。次日，洪堡不顾宫廷义务的羁绊，坚决加入为牺牲的革命者送葬的队伍，并走在最前列。

腓特烈·威廉四世从未在意过这位内务大臣的革命倾向。他欣赏洪堡的博学，并避免谈论"相左的政治意见"。其他人对洪堡的立场可没那么客气。有人称他为"极端的自由主义者"，一位部长形容他是"备受王廷恩宠的革命者"，而国王的弟弟威廉王子（后来的皇帝威廉一世）则认为洪堡对现有的统治秩序构成威胁。

洪堡很清楚应该如何在不同的政治观点之间安身立命。25年前在巴黎，他就娴熟地周旋于保守派和革命派之间，从未危及自身的处境。"他十分明白自己何时可能表现得太过激进，"查尔斯·莱尔曾写道，"他从未冒险丢掉自己与生俱来的地位和优势。"

私下里，洪堡以其惯常的讽刺口吻批评欧洲的君主们。维多利亚女王到访德国时邀请洪堡见面，他则讥讽她用"硬邦邦的猪排和冷冰冰的鸡肉"作为早餐待客，并且批评她没有任何哲学上的追求。洪堡在腓特烈·威廉四世的无忧宫面见了符腾堡王子，以及未来的丹麦、英国和巴伐利亚的国王们，他向一位友人描述：在这群未来的王位继承者中，"一个是没骨气的苍白家伙，一个是醉醺醺的冰岛人，一个是盲目的政治狂热分子，还有一个是固执的弱智"。他取笑道，看来这就代表着"王权世界的未来"。

有些人仰慕洪堡，因为他能在侍奉国王的同时，还拥有"坚持自己意见的勇气"。汉诺威国王恩斯特·奥古斯特一世却曾这样评价洪堡："总是这么一副样子——永远支持共和国，永远待在前廷。"然而，或许恰

---

1. 德国国旗上黑、红、黄三色的确切起源并不清楚；1813—1815年，一支极其独立的普鲁士军队曾与拿破仑军作战。他们当时身着镶以红边和配有黄铜纽扣的黑色制服。后来，德国诸邦国禁止进步学生组织的活动，这三种颜色便成为争取统一和自由的象征。1848年革命期间，三色旗被广泛使用。后来，它成了德国国旗。——原注

恰是洪堡在两个世界中居处自如的本领，给了他最大限度的自由。他自己也承认，如果不是这样，或许早就因为是"革命者和渎神的《宇宙》的作者"而被驱逐出境了。

洪堡目睹革命在德国各地蔓延，似乎在那么一瞬间看到过革命成功的曙光，但很快又陷入黑暗。德国诸邦决定指定国会讨论德意志统一的可能性。但1848年5月底，也就是柏林第一声枪响的两个多月后，洪堡开始疑惑，自己究竟对谁最失望：是对国王、普鲁士官员，还是对聚集在法兰克福的各路民众？

即便是那些认为改革势在必行的人们，也无法就新德国的领土范围达成一致。洪堡相信，德国的统一必须以联邦制为原则。他解释道，各邦国将保留一部分自己的权力，不以牺牲"整体的有机组织和统一性"为前提。事实上，他在用描述自然的语言陈述自己的政治观点。

有些人选择支持联邦纯粹是出于经济目的——统一的德意志将取消各邦国之间的关税和打破彼此之间的贸易壁垒；然而另一些人则以民族主义的热情来鼓吹一段共有的、浪漫化的日耳曼历史，并为此感到无上光荣。即便这些人能够达成某种共识，他们在划定边界的问题上仍争执不下，也无法决定应该把哪些邦国囊括进德国的版图。一派人主张大德意志（Grossdeutschland），将奥地利也囊括其中；另一派则偏爱小德意志（Kleindeutschland），由普鲁士主导。这些无休止的争论让谈判陷入僵局，双方不断抛出各式论点，继而又迅速推翻。谈判毫无进展。而与此同时，保守派赢得了重整旗鼓的时间。

1849年春，也就是柏林发生暴动的一年后，一切革命成果被全盘推翻。在洪堡看来，这个国家前途堪忧。历经反复谈判，法兰克福国民国会终于决定将皇冠授予腓特烈·威廉四世，希望他能领导建立一个君主立宪制的统一德国。但该设想却遭到了国王的断然拒绝。一年前还身披三色旗、对民众暴动心有余悸的国王，现在有足够的信心拒绝这一提议。腓特烈·威廉四世宣称，这些议会成员手里根本没有一顶真正的王冠，因为只有上帝才有权决定谁当国王。他对一位议员说，你们的王冠是由"泥土捏成的",根本不是"象征神圣王权的珠冠"。国王愤恨地认为,民众想用一道"狗项圈"把他和革命拴在一起。德国统一的时机还远未成熟。1849年5月,国会议员们各自打道回府,谈判几乎没有取得任何实质进展。

洪堡对革命与革命者都感到深深的失望。在他的一生中,美国人虽然获得了独立,但仍在继续传播"奴隶制的瘟疫"。在1848年欧洲革命爆发前夕,洪堡关注美国与墨西哥之间的战争进展,深为美国的帝国主义行径震惊,不禁想起"昔日的西班牙征服者"。年轻时,他见证了法国大革命,也目睹了拿破仑加冕成为皇帝。后来,他眼看着西蒙·玻利瓦尔把南美洲殖民地从西班牙的暴政下解放出来,然而这位"解放者"却很快成了自命不凡的独裁者。现在,他自己的国家也经历了类似的惨痛失败。1849年11月,他写道,80岁的自己,只心存一点"微小的希望",即民众对改革的希望没有被完全抹杀。虽然现在看似风平浪静,但他仍期待,推动改变的意愿"如同阳光下闪耀的电磁风暴,能永恒存在"。也许,这一愿望能在下一代人的手中实现。

和以往一样,洪堡再一次全心投入工作,以逃避"无止境的左右摇摆"。一位法兰克福国会议员向他提出疑问:如何能在如此动荡的时局下继续工作? 他简短地回答道,在自己漫长的一生中,已经见过太多场革命,所以新鲜劲和兴奋感很快就会褪去。更重要的是,他必须专注地完成《宇宙》。

1847年,《宇宙》第二卷出版后,洪堡原本打算写到这里为止,却很快发现自己意犹未尽。不同于前面两卷,第三卷将关注更为特别的"宇宙现象":从恒星、行星到光的传播速度和彗星。洪堡努力跟上科学前进的步伐,掌握所有材料,也从不吝于承认自己没有很好理解某个最新理论。他决意将所有最前沿的发现收入书中,一再请求别人为他解释,并要求他们快速回复——因为自己剩下的时间不多了。用他的话说:"半死之人跑得最快。"《宇宙》就像"蹲在他肩头的小精灵"。

在《宇宙》前两卷取得的巨大成功之外，洪堡扩充并再版了自己最
心爱的著作——《自然之观点》。德文版首先面世，继之而来的是两种
相互竞争的英文译本。此外，还有一版全新的、未经授权的《旅行故事》
英文译本出现在市面上。为了多挣一些钱，洪堡试图劝说德文出版商考
虑推出一套"微宇宙"，即篇幅短、价格亲民的缩简本。出版商没有听
取他的意见。

1850 年 12 月，洪堡将《宇宙》第三卷上半部分完稿付印，又于一
年后完成了下半部分。他在序言中写道："这是第三卷，也是最后一卷，
是为补充此前已出版部分的缺憾而作。"然而不久以后，他便开始了第
四卷的创作，这次的主题是地球，包括地磁现象、火山和地震。看来洪
堡永远不打算停下来了。

年岁并没有降低他的工作效率。除了写作和宫廷职务之外，洪堡还
接待了无穷尽的来访者。其中一位是丹尼尔·奥莱里（Daniel O'Leary）
将军，曾经担任过玻利瓦尔的侍从官。1853 年 4 月，奥莱里去洪堡位于
柏林的住所谒见他，二人畅谈一下午，回忆种种革命往事，以及 1830 年
死于肺结核的玻利瓦尔。洪堡盛名远扬，很多美洲来客都把与他见面当
作一种成年礼式的荣誉。一位美国旅行文学家说，他到柏林不是为了参
观博物馆和美术馆，而是"为了面见世界上最伟大的人，并与他交谈"。[1]

洪堡也继续帮助年轻的科学家、艺术家和探险家，经常不顾自己
负债而慷慨接济他们，例如后来远渡美国的瑞士人路易·阿加西（Louis
Agassiz）。他是一位地质学家和古生物学家，曾多次受惠于洪堡的"慷
慨资助"。还有一次，洪堡资助了一位年轻数学家 100 塔勒；另外还在柏
林大学为皇家咖啡生产商的儿子组织免费午餐。他将艺术家引荐给国王，
并鼓励柏林新美术馆的馆长购入油画与素描。洪堡告诉一位朋友，虽然
自己没有组建家庭，但这些年轻人就像是他的孩子。

---

1. 洪堡喜爱美洲人，总是亲切地欢迎他们。一位访客回忆道，"如果你来自美洲，那么几乎就
等于拥有了面见洪堡的护照"。在柏林流传着这样一种说法，即倾向于自由派的洪堡宁可接待一
位美洲客人，也不愿意多见一位王子。——原注

数学家弗雷德里希·高斯曾说过，洪堡帮助和鼓励别人的热情是"他皇冠上最明亮的珍珠"。这也意味着，洪堡可以在一定程度上左右全世界科学家的前程，因此，成为洪堡的门生无疑可以带来一份好工作。甚至有传言说，洪堡控制着巴黎科学院的选举结果，候选人需要先去洪堡位于柏林的公寓接受一轮考察，然后才能去科学院面试。洪堡的推荐信可以决定这些人的未来，而与他意见不合的学者则十分恐惧他的尖刻批评。一位年轻学者评价道，洪堡研究过南美洲的毒蛇，并且"从它们那里学到了不少东西"。

270

虽然偶尔喜欢嘲讽人，但洪堡大部分时候都很慷慨，受益最多的莫过于那些探险家。他鼓励达尔文的朋友、植物学家约瑟夫·道尔顿·胡克前往喜马拉雅山，并动用自己在伦敦的关系劝说英国政府资助这次考察，并给胡克很多关于测量、观察和收集工作的建议。此后，洪堡又于1854年帮助德国三兄弟——被他称为"三叶草"的赫尔曼、鲁道尔夫和阿道夫·施拉京特魏特（Hermann, Rudolph and Adolf Schlagintweit）——前往印度和喜马拉雅地区研究地球磁场。这些探险家成了洪堡派往世界各地的研究特遣员，为他完成《宇宙》提供了必不可少的资料。他十分清楚，自己年事已高，不可能亲眼见到喜马拉雅山，虽然心中仍然很难放下这一遗憾。他说："此生再没有比这更让我后悔的事。"

他还鼓励艺术家们去到地球最偏远的角落，帮助他们争取资金支持，并亲自提议路线。有时，如果建议没有被采纳，他还会嘟囔抱怨。洪堡的指示既精准又详尽。一位德国艺术家收到一份植物清单，洪堡请他代为绘图，并要求他"如实地描绘风景"，而非像过去的艺术家那样绘制理想化的山水。他甚至告诉画家应该在一座山峰的什么地方落脚，以便捕捉到最好的视野。

洪堡写过的推荐信多达几百封。当一封信到达收件人的手中，"破译密码"的工作就开始了。洪堡承认，自己字迹不佳，写得就像"需用显微镜才能看清的象形文字"；随着年岁渐长，他的字迹就更加难以识别。洪堡的信往往需要在若干位友人中传阅，因为每个人都只能分别看懂些许字词或句子。即便使用放大镜，破解洪堡的纤微字迹也往往需要花上几天的时间。

271 　　至于收到的信，那就更多了。19世纪50年代，每年大约有2 500到3 000封信寄抵洪堡的住处。他抱怨道，位于奥拉宁堡大街的公寓已经成了交易通信地址的场所。他并不介意讨论科学问题的信件，但对那些"荒唐的通信"不胜其烦——有希望得到皇家奖章的中学老师和助产师的，又有读者请求签名。有一次，一群女士反复来信，试图劝他皈依她们所在的宗教组织；还有人询问热气球的原理、请他帮忙移民，或自告奋勇要来照护他。

　　但也有一些特别的信件会给他带来莫大的喜悦，特别是来自昔日探险同伴艾梅·邦普兰的问候。自从1816年重返南美，邦普兰再也没有回过欧洲。他被关押在巴拉圭的监狱中近十年，于1831年突然获释。然而他决定留在自己的第二故乡。这位同样年逾八旬的老人在毗邻巴拉圭的阿根廷境内耕种自己的农场，过着简朴的生活：栽种果树，偶尔到野外采集植物。

　　两位老友在通信中谈论植物、政治与共同的友人。洪堡寄去自己新近的著作，并通报欧洲最近的政治时局。他向邦普兰保证，普鲁士

272 的宫廷生活并未改变自己的自由派立场，自由和平等的信念仍然活跃于心中。二人都年事已高，信中的口吻也越来越柔和，时常相互提及他们长年的友谊以及共同经历的历险。洪堡写道，他没有一个星期不想念邦普兰。逝去的岁月一个接一个地带走了他们共同的朋友，两位老人也愈发珍惜对方。他们学术上的三位同事——包括洪堡的密友阿拉戈——在三个月内相继去世。洪堡写信给邦普兰，感叹道："我们还侥幸地活着，然而巨大的海洋分隔了我们！"邦普兰也十分想念洪堡，他回信写道，每个人都需要一位极其亲密的朋友，从而可以分享"内心深处最隐秘的感受"。1854年，81岁的邦普兰还打算回欧洲和洪堡相聚。然而，1858年4月，邦普兰在巴拉圭去世；在家乡法国，他的名字几乎已被众人遗忘。

艾梅·邦普兰

　　与此同时，洪堡已经成为当世最著名的科学家。他的名字不仅传遍欧洲，在全世界范围内也广为人知。他的肖像被陈列在伦敦的展览会上，还被悬挂在曼谷暹罗国王的宫殿里。在中国香港，人们把他的生日作为节日加以庆祝。一位美国记者表示："去问任何一个小学生'洪堡是谁'，他准能马上给出答案。"

　　美国陆军部长约翰·弗洛伊德（John B. Floyd）给洪堡寄来9张北美洲地图，上面标出了所有以洪堡名字命名的城镇、县郡、山峰与河流。弗洛伊德写道，洪堡的名字在美国"家喻户晓"。过去，曾经有人提议将洛基山脉重新命名为"洪堡安第斯山脉"；直到今天，美国境内若干个县和城镇、一条河流、数个海湾、湖泊和山峰的名字中还带有"洪堡"二字。旧金山有洪堡旅店，加州的尤里加有《洪堡时报》。洪堡既觉得受宠若惊，又有些尴尬。听说又有一条河流以自己的名字命名时，他自嘲道：自己长达350英里，只有几条支流，但"里面有好多鱼"。以洪堡命名的船只更是数不胜数，他称它们为自己的"海军舰队"。

全世界的新闻媒体都在关注这位耄耋老人的健康和近况。当有谣言说洪堡病倒后，一位德累斯顿的解剖学家竟来信索要他的头骨；洪堡开玩笑地回复道："我还需要我的头颅一段时间，但之后我乐于从命。"一位女性崇拜者询问洪堡，是否可以在死前给她发一封电报，好让她赶来，在病榻前亲手合上他的双眼。名誉也带来种种流言蜚语。法国报纸纷纷报道，洪堡的情妇是瑞典化学家约恩斯·雅各布·贝尔塞柳斯的遗孀、"丑陋的贝尔塞柳斯男爵夫人"，这让洪堡十分气愤。不知道什么令他更恼怒：是不实的花边新闻，还是人们对他品位的胡乱揣测。

洪堡已经80多岁了。他觉得自己像个"行将就木的珍奇物件"，然而仍保持着对一切新事物的兴趣。虽然他热爱自然，但也格外迷恋新技术带来的可能性。他追问来客乘坐蒸汽船旅行的感受，惊讶于从欧洲到波士顿或费城竟然只要十天时间。他感叹道，铁路、蒸汽船和电报"缩小了空间"。几十年来，他一直试图说服北美和南美洲友人在巴拿马狭窄的地峡开通运河，称这是一项可行的工程，并将创造出一条重要的贸易通道。早在1804年，他就在美国向詹姆斯·麦迪逊提出了这一建议，后来更说服玻利瓦尔派两名工程师对这一区域进行测绘。直到晚年，他仍不时描述这条想象中的运河。

洪堡对电报的赞赏众所周知，甚至有友人从美国给他寄来一小段电缆——"太平洋海底电报的一部分"。自从在19世纪30年代的巴黎见到电报装置的展览后，洪堡一直和美国发明家萨缪尔·摩尔斯（Samuel Morse，著名的摩尔斯电码的发明者）保持通信。1856年，摩尔斯致信洪堡，向他汇报了自己在爱尔兰和纽芬兰岛之间建立一条地下电缆的试验。不出预料，洪堡给出了十分热情的回应：因为这样一条通信线路将使大西洋两岸的科学家能够进行即时通信。以后，他就可以更方便地向美国的同事查询《宇宙》中需要核实的某

著名的菩提树下大道，右侧是大学和科学院

处细节了。[1]

　　虽然受到外界的密切关注，洪堡仍常常有与世隔绝之感。孤独是他一生的忠实伴侣。邻居们看到：清晨，这位老人会走到街上去喂麻雀；夜晚，他则会在书房里挑灯夜读，窗户上总是映出孑然的剪影。洪堡夜以继日地工作，试图尽快完成《宇宙》第四卷。他每天仍然喜欢散步，低着头蹒跚走过柏林热闹的菩提树下大道——道旁高大的椴树浓荫蔽日。在波茨坦陪同国王时，洪堡喜欢登上旁边的小山——他亲切地称呼其为"我们波茨坦的钦博拉索"，前往上面的天文观测台。

　　1856年，洪堡87岁生日前夕，查尔斯·莱尔到柏林看望他。莱尔发现洪堡"还像自己三十多年前认识的那个人一样，对众多领域中的进展都了如指掌"。他的思维仍然敏锐，脸上皱纹不多，满头白发。另一位访客也说，洪堡"脸上没有一点衰颓的痕迹"。虽然上了年纪后的洪堡

274

1. 仅仅两年后，即1858年8月，英国和美国之间的第一条电报信息通过太平洋海底电缆进行传输，但一个月内就出现了故障。新的电缆要等到1866年才最终开通运行。——原注

显得更瘦小了，但只要一开口讲话，他整个人就立刻精神抖擞，甚至能让周围的人浑然忘记他的真实年龄。一位美国来客说，洪堡的身体里还住着一个30多岁的他自己，"充满精神和激情的火花"。他似乎永远不可能长时间地安坐不动：一会儿站起来到书架前找书，一会儿俯身桌前铺开一幅画。他夸下海口：如有需要，自己还能连续站立八小时不休息。唯一让他服老的一点是，自己已经不能登梯爬到书架顶端去取书了。

洪堡仍然住在位于奥拉宁堡大道上租来的公寓里，财务状况并不乐观。他甚至没有一整套自己的著作——因为书价太贵，自己完全买不起。275 洪堡过着入不敷出的生活，却继续资助年轻科学家。每月10日左右，他手头便开始拮据，有时不得不问忠实的仆人约翰·塞弗特借钱。塞弗特已经为洪堡效力了30年，曾陪同他前往俄国，现在则与妻子一起，管理着奥拉宁堡大街的家用。

很多来访者都为洪堡居住环境的简朴而深感惊讶：这座不起眼的房子位于威廉·冯·洪堡创建的大学附近，洪堡租住了其中的一间公寓。来访者一到，塞弗特就在门口欢迎，将他们带到公寓所在的二楼。他们会穿过一个堆满鸟类、岩石标本和其他博物学藏品的房间，然后通过图书馆进入书房，四壁都是书柜。所有房间都满是手稿、素描、科学仪器、各种动物标本，以及夹着植物标本的册子、地图卷轴、胸像、肖像画，甚至还有一条宠物变色龙。简朴的木地板上铺着一张华丽的豹皮；架上的鹦鹉则喜欢打断谈话，重复洪堡最常发出的指令："很多糖、很多咖啡，塞弗特先生。"地上堆着箱子，案头全是书。书房的一张侧几上立着一台地球仪，每当提到某座山、某条河流或某座城市，他就会起身旋转地球仪，找到那个地方。

洪堡讨厌寒冷。他将自己的公寓维持在令人难以忍受的热带温度，很多访客只好默默受苦。和外国人交谈时，他经常频繁地在若干种语言之间转换，在一句话中从德语跳到法语、西班牙语、英语。虽然听力逐渐减退，但他的机智不减当年。洪堡自己打趣道，先是变聋，然后就该变笨了。他告诉别人，自己的名人效应完全来源于长寿。很多访客都对

他孩子般的幽默印象深刻，例如他经常开自己宠物变色龙的玩笑，说它
跟"很多神职人员一样"，能够一只眼望天，一只眼看地。

　　他会给旅行家提出建议、推荐读物，以及列出他认为应该拜访的人
物。自然、科学、艺术与政治，他无所不谈，并且不厌其烦地询问美国
来客关于奴隶制的情况，以及印第安原住民受到的压迫。他认为，这是
美国国家名誉上的一处"污点"。[1]令他十分恼怒的是，1856年，美国一 ┃ 276
位支持蓄奴的南方人出版了洪堡的《古巴岛政治随笔》的英文版，但删
去了其中所有批评奴隶制的章节。洪堡决定在美国各大报纸上发表声明，
公开谴责这一行为，并宣布被删去的部分才是书中最重要的内容。

　　访客们惊讶于这位老人的精神之矍铄，有人描述他"滔滔不绝地传
授极为丰富的知识"。但这些应酬也分散了他的精力：每年，他平均会
收到4 000封来信，并亲自回复2 000封左右；洪堡觉得自己"被这些通
信紧紧追赶着"。幸运的是，近年来，他的体质十分强壮，只是偶发胃痛、
感冒及某种发痒、令人不适的皮疹。

　　1856年9月初，即洪堡87岁生日前夕，他对一位友人说，自己的身
体日益衰弱。两个月后，洪堡去波茨坦参观一场展览，中途不幸被一幅
从墙上坠落的画砸中，险些受了重伤；好在他那顶结实的帽子承受了不
少冲击力。1857年2月25日深夜，塞弗特听到一阵响动后赶忙起身，发
现洪堡躺在地上。塞弗特火速叫来医生。医生赶到后仔细检查，判断
这是一次轻度中风，没有多少痊愈的可能。然而此时躺在病床上的洪堡
照旧认真地记录着自己所有的症状：暂时麻痹、脉搏跳动正常、视力正
常……在此后数周内，洪堡都必须卧床，为此他十分苦闷。3月的某天，
他写道，躺在床上无所事事，自己变得"更加悲伤和厌世"。

　　令所有人惊讶的是，洪堡奇迹般地恢复了部分健康，虽然大不如
前。他自己说，到了这个年龄，身体"这台机器的各个部分已经锈迹斑

---

1. 洪堡无法左右美国政治，但他推动了一部法案的诞生。该法案规定，凡是踏足普鲁士领土的
奴隶，都自动成为自由人——这是他为数不多的政坛成就之一。1856年11月，草拟法案完成。
该法案最终于1857年3月正式通过。——原注

斑"。朋友们注意到，他的步伐有些不稳，但出于骄傲，仍拒绝使用拐杖。1857年7月，腓特烈·威廉四世也因中风倒下，无法继续处理朝政。国王的弟弟威廉成为摄政王。洪堡终于可以从宫廷职位上正式退休了。他经常去探访腓特烈·威廉四世，但不需要长时间陪侍左右。

12月，《宇宙》第四卷终于问世。这部书主要讨论了与地球相关的现象，其副标题颇为冗长，"观察地球现象后取得的特别结果"。该卷内容深奥，和洪堡早年的风格大相迥异。虽然首印发行了15 000本，但销量远远落后于更加浅显易懂的前两卷。不过，洪堡觉得还需要再添一卷续集，因为他认为需要继续补充关于地球和植物分布的资料。他承认，第五卷的写作相当于在和死神赛跑，所以也不断地向皇家图书馆员发出急迫的索书请求。然而，他对自己目前的状态还是太过乐观。洪堡的短期记忆正在衰退，他发现自己经常需要反复检查笔记，有时候还会把书籍放在错误的位置上。

同年，施拉京特维特三兄弟中的两位从喜马拉雅山考察归来，他们震惊地发现洪堡已经如此苍老。他们本来满怀兴奋，想告诉洪堡此次考察证实了他极富争议的假设，即对喜马拉雅山南坡和北坡的永久雪线高度不同的解释。然而，洪堡竟然坚持认为自己从未发表过类似的看法。惊讶的施拉京特维特兄弟只好走进洪堡的书房，从书架上找出他于1820年发表的文章，以此来证明给他看。他们意识到洪堡已经完全丧失了这些记忆，不禁落下悲伤的泪水。

与此同时，信件仍如雪片般飞来，洪堡继续承受着"无情的折磨"。当年，他一共收到将近5 000封信，却拒绝让别人代为处理。他不喜欢秘书，因为口述信件"过于正式和公事公办"。1858年12月，他再次卧床不起——这次是患上了流感，十分痛苦。

1859年2月，洪堡精神稍稍转好，能够出门和70位美国宾客一起庆祝乔治·华盛顿的诞辰。他仍然有些虚弱，但决意完成《宇宙》第五卷。1859年3月15日，也就是洪堡90岁生日的六个月前，他终于在报纸上刊登了一则启事："由于信件数量日增，我只能在极度忧郁的精神状态

1857年的洪堡

下工作。"他"试着劝说两大洲的人们，不要再为我浪费时间"，他希望大家能允许他"享受一点闲暇的时间，并且有空继续工作"。一个月后，也就是4月19日，他将《宇宙》第五卷的手稿递送给出版商。两天后，洪堡终于不支病倒。

时间一天天过去，洪堡的病情丝毫没有好转的迹象。柏林各家报纸开始发布每日简报：5月2日，洪堡"十分衰弱"；次日，病情"高度不稳定"；之后"陷入病危"，伴随着剧烈的咳嗽和艰难的呼吸；5月5日，身体"日益衰弱"；5月6日，病人的生命正"一小时一小时地流逝"。当天下午两点三十分，阳光照在卧室的墙面上，洪堡最后一次睁开眼睛说出最后一句话："这阳光多么光彩照人！像是在召唤地球仰望天堂。"说完，这位89岁的老人就此与世长辞。

这一令人震惊的消息席卷了世界各地：从欧洲各大城市到美国，从巴拿马城和利马到南非的小城镇。美国驻普鲁士大使向国务院发去简报："那位伟大、好心又广受尊敬的洪堡已经不在人世。"十几天后，消息抵

达华盛顿。从柏林发出的电报在几小时后就到达了伦敦的新闻中心，传
递着"柏林陷于悲痛之中"的消息。就在同一天，还不知道这一消息的
279 查尔斯·达尔文从肯特郡的家中给伦敦的出版商写信，说很快将寄出《物
种起源》的前六章。巧合的是，在洪堡日益衰弱的年月里，达尔文正加
紧工作，完成了一部即将震惊科学界的著作。

　　洪堡去世两天后，英国各大报纸纷纷刊登了长篇讣告和纪念洪堡的
文章。《泰晤士报》登出长文，开头便是这样的一句话："亚历山大·冯·洪
堡去世了。"同一天，当英国人打开报纸读到这一消息时，纽约正有数
百人排队参观一幅深受洪堡启发而创作的壮丽画作：年轻的美国画家弗
雷德里克·埃德温·丘奇（Frederic Edwin Church）所绘成的油画——《安
第斯山之心》（*The Heart of the Andes*）。

　　这幅画的展出引发了轰动：热切观画的人们在街上排起长龙，等上
好几个小时，然后再付25美分入场费，才能一睹这幅长十英尺、高五英
尺的巨幅画作。丘奇描绘了安第斯山的壮丽风景，画面中心的激流险滩
传神至极，观者如同身临其境，仿佛真的能感受到往外飞溅的水花。画
家如实地摹画了森林、树叶和花朵，植物学家甚至能够据此鉴定出具体
的物种。画作背景中庄严矗立着为白雪覆盖的山顶。丘奇比任何人都更
忠实地回应了洪堡"将艺术与科学合而为一"的号召。他十分崇拜洪堡，
最终也真的追随前辈的足迹前往南美洲。他有时步行，有时骑骡，游历
了很多地方。

　　《安第斯山之心》将美感与严谨的地质学、植物学等科学细节结合
起来，在画布上完美呈现洪堡对事物之间相互关联的阐述。画作将观者
带入南美洲的荒野。《纽约时报》认为，丘奇称得上是"新世界艺术领
域的洪堡"。5月9日，尚未得知洪堡已于三天前去世的丘奇对友人说，
他计划将这幅画送往柏林，让年事已高的洪堡能再次一睹"六十年前曾
让他无比欣喜的风景"。

　　次日清晨，柏林的上万民众参加了为洪堡举行的国葬。他们从那间
公寓出发，沿菩提树下大道走向柏林大教堂。黑色的旗帜在风中飘动，

街道两旁挤满了人。国王的马车拉着灵柩，里面是朴素的橡木棺材，装饰着两个花环；随行的是手持棕榈叶的大学生。柏林的民众从未见过如此盛大的私人葬礼。大学教授、科学院成员悉数到场，另外还有士兵、外交官和政治家。除此之外，送葬队伍中还有手工业者、商人、店主、艺术家、诗人、演员和作家。灵柩缓缓前行，洪堡的亲属以及管家塞弗特跟在后面，整个送葬队伍长达一英里。教堂的钟声在街道上回响，王室成员在柏林大教堂等候，与洪堡作最后告别。当晚，灵柩被运往泰格尔，下葬在家族墓园中。

　　5月中旬，蒸汽轮船载着洪堡去世的消息抵达美国，那里的艺术家和科学家也陷入了沉痛的哀悼。弗雷德里克·埃德温·丘奇如同失去了一位挚友。洪堡曾经的门生路易·阿加西在波士顿的艺术与科学院发表了

泰格尔宫的洪堡家族墓地

一篇悼词，称美国每一个学龄儿童都"从洪堡的智性耕耘中"汲取着营养。1859 年 5 月 19 日，美国各大报纸报道了这位"最卓越人物"去世的消息，有报道称，人们应该为自己曾经生活在"洪堡的时代"而深感幸运。

281　　洪堡在此后几十年中持续发挥着影响。1869 年 9 月 14 日，世界各地的人们都在庆祝洪堡的百年诞辰，纽约、柏林、墨西哥城和澳大利亚的阿德莱德等地都举办了纪念集会。洪堡去世 20 多年后，查尔斯·达尔文仍然称他为"古往今来最伟大的科学旅行者"。达尔文从未停止翻阅洪堡的著作。1881 年，72 岁的达尔文再次翻开《旅行故事》第三卷，之后在卷末写上"1882 年 4 月 3 日读毕"一行字。16 天后，也就是 4 月 19 日，达尔文溘然长逝。

　　达尔文并不是唯一一个仰慕并受益于洪堡著作的人。一位德国科学家称，洪堡播撒了新科学的种子。他的自然观更传播到其他学科中，深深地影响了艺术与文学。他的思想渗透在沃尔特·惠特曼的诗歌以及儒勒·凡尔纳的科幻小说里。奥尔德斯·赫胥黎（Aldous Huxley）在自己 1934 年的旅行纪事《去往墨西哥湾之外》（*Beyond the Mexique Bay*）中提及了洪堡的《关于新西班牙王国的政治随笔》；直到 20 世纪中期，洪堡的名字还出现在埃兹拉·庞德[1]和奥地利诗人艾里希·弗里德（Erich Fried）的诗作中。洪堡去世 130 年后，哥伦比亚作家加夫列尔·加西亚·马尔克斯在《迷宫里的将军》（*The General in His Labyrinth*）中重构了西蒙·玻利瓦尔最后的岁月，洪堡亦出现在故事里。

　　在很多人心目中，普鲁士国王腓特烈·威廉四世的评价最简单，也
282　最恰当：洪堡堪称是"大洪水后最伟大的人物"。

---

1. Ezra Pound（1885—1972），美国著名诗人、文学家，意象主义诗歌的主要代表人物。

21

人与自然：
乔治·珀金斯·马什与洪堡

当洪堡去世的消息传到美国时，乔治·帕金斯·马什正准备离开纽约，回到位于佛蒙特州伯灵顿市的家中。两周后，也就是1859年6月2日，纽约曼哈顿的美国地理与统计学会将举办一场纪念洪堡的演讲，作为会员的马什无法出席。这位58岁的学者手头有太多工作要做。他从伯灵顿给友人写信，说自己已经成了"基督教世界里最乏味的一只猫头鹰"。马什还濒临破产，为了重新攒钱，他试图同时完成若干项工作，其中包括将几个月前在纽约哥伦比亚学院所做的关于英语语言学的演讲整理成书稿，根据佛蒙特州各大铁路公司的运营情况撰写一份报告，以及为某部选集创作几首诗歌，此外还需要为某份报纸撰写几篇文章。

从纽约回到伯灵顿后，马什觉得自己"像被捉回牢房的逃犯"。他埋头于书斋中成堆的文件、书籍和手稿，几乎足不出户，也很少与人交谈。他"全力以赴"地写作，陪伴他左右的只有书籍。他的私人图书馆收藏有5 000多册来自世界各地的图书，并有专门一处存放洪堡著作的区域。马什相信，德国人"为拓展现代知识边界所作的贡献，远大于基督教世界其余国家的总和"。与其他外语出版物相比，马什尤为重视德文书籍。他认为这些书籍质量上乘，洪堡的著作更是重中之重。当马什妻子的妹妹嫁给了一位名叫弗雷德里克·威斯里采努斯（Frederick Wislizenus）的德国人时，马什出于对洪堡的崇拜而感到十分兴奋，因为威斯里采努斯的名字曾出现在洪堡最新版的《自然之观点》中。至于这位威斯里采努斯先生是否是一名好丈夫，马什可一点儿都不在乎。

马什通晓20种语言，包括德语、西班牙语和冰岛语。他学习语言，就像别人打开一本书。他自信地说："对一位丹麦语和德语学者来说，掌握荷兰语只需要一个月的时间。"德语是他最喜爱的语言。他经常会

乔治·珀金斯·马什

在信件里夹杂德文单词，例如Blätter（报纸）、Klapperschlangen（响尾蛇）。一位朋友抱怨道，秘鲁多云，看不到日食；马什回复道，洪堡曾在书里提过"秘鲁的天空不适合开展天文学研究"（unastronomischer Himmel Perus）。

在马什的心目中，洪堡是"自然界最伟大的牧师"，因为他可以通过人与自然的相互作用来理解这个世界。这一关联也将奠定马什自己的工作基础。他正在收集资料，试图解释人类对环境的破坏。

马什从小自学成才，求知若渴。1801年，他出生于佛蒙特州伍德斯托克镇，父亲是一位信仰加尔文教宗的律师。马什很早熟，5岁时就已经能记诵父亲的字典。他的阅读速度飞快，而且能同时阅读若干本书，其过目不忘的本事令众亲友惊叹。马什终生都将以惊人的记忆力著称，甚至被朋友称为"行走的百科全书"。但他不只埋头于书本，也热爱户外运动。马什生于山林，"汩汩小溪、树木、花朵和野兽"都是他的好朋友，而非冷冰冰的物件。小时候，他就喜欢和父亲一起出门远足，由父亲带他辨认不同种类的树木。马什告诉他的朋友："我的年少时光真的是在森林中度过。"从小养成的对自然的深厚感情，将影响他的一生。

虽然求知欲强烈，但马什却出人意料地难以决定从事哪项职业。他学习过法律，但不能当好一名律师，因为他觉得客户们都很粗野、没有教养。他是一位出色的学者，却讨厌教学。他试图做生意，却频频做出糟糕的商业决定，因此，他为处理自己的财务状况而出庭的次数，远多于为客户的事务奔波。他甚至试图经营一处牧场、饲养绵羊，然而却因为羊毛价格下跌，最终血本无归。他拥有的毛纺工厂先是遭遇大火，后来又被浮冰破坏殆尽。他还投资过房地产，经营过木材和采石场——全部都是亏本的买卖。

与经商相比，马什显然更适合当一名学者。19世纪40年代，他协助史密森尼学会（Smithsonian Institution）在华盛顿成立，这是美国第一个国家博物馆。他编纂并出版了一部北欧语词典，还被公认为英语词源学的专家。他当选为佛蒙特州的众议员，但即便是最忠于他的妻子卡罗琳也不得不承认，马什并不是一位富有感染力的政治家。卡罗琳·马什说，他"在演说方面毫无魅力"。马什尝试了太多种职业，一位朋友讽刺他："您如果活得足够久的话，最后大概就不得不自己发明新的职业了！"

然而马什心里很清楚一件事：他想出去旅行，去看看这个世界。唯一的问题在于没有足够的钱。1849年春，马什决定寻找一份外交工作，最理想的当然是被派往洪堡的故乡柏林。但一位印第安纳州的参议员捷足先登，寄了几箱香槟酒去贿赂华盛顿有决定权的政客们。一位友人向马什报告，这些先生们几小时内就"酩酊大醉"，甚至还手舞足蹈地唱起歌来。当晚，醉醺醺的政客们就宣布，将派印第安纳州的议员前往柏林。

马什决意去国外生活一段时间。在众议院待了这么多年，他有信心在华盛顿拉到足够的支持，为自己谋得一个职位。既然去不了柏林，那么其他地方都无甚差别。几周后，也就是 1849 年 5 月底，马什幸运地得到了美国驻土耳其大使的职位，将去往君士坦丁堡负责拓展两国贸易往来的任务。虽然不比柏林，但地处欧、亚、非三块大陆交界处的奥斯曼帝国足够令人兴奋。马什告诉朋友，行政任务应该相当轻松，"我每年大概可以离开君士坦丁堡相当长一段时间"。

情况确实如此。在此后的四年内，马什和妻子卡罗琳频繁地去往欧洲和中东部分地区。他们是一对幸福的夫妻，卡罗琳的智识水平与丈夫相当。她像马什一样热爱阅读，发表过自己的诗集，并负责编辑丈夫的所有论文、随笔和书籍。她和马什都坚定地维护妇女权益，呼吁给予妇女投票权和受教育的权利。卡罗琳活泼且喜爱社交，谈吐风雅。她经常打趣容易陷入忧郁的马什，说他像一只"老猫头鹰"或"呱呱叫的乌鸦"。

卡罗琳一生体弱多病，经常因为剧烈的背痛而不能迈步行走。医生给她开了各种药方，从海水浴、镇静剂到补充铁元素，但都于事无补。在出发前往土耳其前夕，一位医生宣布她的怪病已经无药可救。马什在途中倾心照顾妻子，经常抱着她赶路。卡罗琳尽可能坚持和丈夫一同出游，有时会请当地向导背着她，有时则不得不躺在骡子或骆驼驮着的担架上。但她一直精神昂扬，并且决心陪同马什考察各地。

在从美国前往君士坦丁堡的途中，马什夫妇在意大利停留了几个月，但他们第一次真正的远行是去往埃及。1851 年 1 月，到达君士坦丁堡一年后，他们出发前往开罗，然后溯尼罗河而上。他们站在甲板上观望四周，看到的是一个奇异的世界：成排的海枣树生长在水边，鳄鱼在沙岸上晒太阳。鹈鹕和成群的鸬鹚与他们做伴，临水照影的鹭则是马什的最爱。他们得到了一只"刚走出沙漠"的小鸵鸟，它喜欢把头靠在卡罗琳的膝盖上。河水蜿蜒流过成片的农田，田里种着水稻、棉花、豆类、麦子和甘蔗。灌溉用的水车日夜不停，轧轧运转；耕牛牵动长长的链子，上面挂着罐子和水桶，从尼罗河中汲取河水浇灌周围的农田。途中，他们还游览了底比斯古城。马什背着卡罗琳，穿行在壮丽的古代神庙遗迹

努比亚地区尼罗河畔的田野和台地

中。之后，他们继续南行，最终到达努比亚地区的金字塔群。

这是一个弥漫着历史气息的地方。纪念碑无声地述说着过往王朝的辉煌过去，但这里的地貌则布满了人类耕种和铲挖的痕迹。荒芜的台地将乡间区隔为几何状的拼盘，每一片被翻过的草皮、每一棵惨遭砍伐的树木都在地表留下了难以消除的痕迹。目睹着几千年来人类农业活动所造就的地貌，马什感叹道，从裸露的岩石到光秃秃的山丘，"这片土地本身"就是人类辛劳的见证。在他眼中，古老文明的遗产不仅体现在金字塔和神庙中，更刻蚀着脚下的土地。

和自己年轻的祖国相比，这里的世界显得如此苍老和饱经风霜。马什在信中询问一位英国友人："我想知道，当欧洲人见到美国如此崭新的一切时，他们的惊讶是否不亚于古老的东方大陆带给我们的冲击？"他注意到，自然风景的样貌和人类行为密切相关。沿尼罗河上行，马什可以看到大型灌溉系统将沙漠变为良田的过程，但同时也发现周围没有任何野生植物——因为自然"早已被漫长的耕耘所驯化"。

他默想从洪堡的书中读到的一切内容，忽然发现了新的意义。洪堡曾经这样写道："数量庞大的人群早就通过鲁莽的行为逐渐将地球表面抢掠一空。"这正是马什目睹的情形。洪堡还说，从掠夺殖民地作物的帝国主义野心，到沿着古代文明路径传播的植物品种，自然界与"人类的政治与道德历史"息息相关。他还描述过古巴甘蔗种植园和墨西哥银矿对森林造成的严重破坏。贪婪同时影响着人类社会与自然。洪堡说，"人类每到一处"，都留下了破坏的痕迹。

马什在埃及各地漫游，对植物和动物的兴趣日益浓厚。他给一位朋友写信，说自己如此羡慕他"精通自然所用的多种语言"。虽然没有受过科学训练，但马什开始尝试测量和记录。他骄傲地称自己为"自然的学生"，自告奋勇开始为植物学家友人收集草木，为费城的一名昆虫学家捕捉昆虫，还向新成立的史密森尼学会提供了数百件标本。在给史密森尼学会的博物馆员斯潘塞·富勒顿·贝尔德（Spencer Fullerton Baird）的信中，马什报告，"还没到蝎子出没的季节"，但已经做好了蜗牛和20种小型鱼类的标本。贝尔德开出的清单里还包括骆驼、胡狼和鬣狗的头骨，各种鱼类、爬行类和昆虫，还有其他"一切能找到的自然之物"；后来，他还给马什紧急订购了十五加仑[1]酒精，用于保存标本。

无论走到哪里，马什都一丝不苟地记录笔记，甚至直接把纸铺在膝盖上写字。当纸张被风吹散的时候，哪怕冒着沙尘暴，他也会努力把它们追回来。这位以过目成诵著称的学者竟然这样说："千万不要相信自己的记忆力。"

马什和卡罗琳在埃及停留了八个月，然后骑着骆驼穿过西奈半岛的沙漠，取道耶路撒冷前往贝鲁特。在约旦古城佩特拉，他们瞻仰了雕刻在淡红色大理石岩壁上的壮观楼宇。当骆驼驮着卡罗琳行进在窄道和悬崖边缘时，马什紧张得不敢睁眼。行进在希伯仑和耶路撒冷之间时，他注意到，经过几千年的时间，被开发成耕作梯田的山丘多半"已遭废弃，土地几近荒芜"。旅程快结束时，马什开始相信，"数百世代以来的勤勉耕作"让这片地区变得"没落而贫瘠"。这成了他人生中的

---

1. 1加仑≈3.785升

重要转折点。

1853年底，马什从君士坦丁堡被召回美国。此时，他已经游历了土耳其、埃及、小亚细亚以及中东的部分地区，还有希腊、意大利和奥地利。回到佛蒙特州的家，他开始透过对旧世界的观察来重新看待周围熟悉的乡间风景。他意识到，美国正朝着同样的环境破坏之路走下去。马什发现佛蒙特州的自然景观在第一批白人开拓者到来后发生了剧烈的变化，剩下的只有"光秃秃、残破的自然——人类进步的结果"。

美国的自然环境开始加速恶化。工业废物污染了河流，树木遭到砍伐，大批木材被用作燃料、生产及建设铁路，森林正在整片整片地消失。马什感叹道："人类在任何地方制造麻烦。"而作为曾经的磨坊主和牧羊人，他意识到自己也参与了这种破坏。佛蒙特已经失去了大约四分之三的树木；随着定居者向大陆深处迁移，中西部的自然环境也在迅速发生变化。芝加哥已经成为美国最大的原木和谷物集散地之一。马什说，单是看着密歇根湖水面布满的"从各州森林漂来"、装载着原木和木材的皮筏，便已足够触目惊心。

与此同时，美国的机械化农业生产效率第一次超过了欧洲。在1855年的巴黎国际博览会上，人们惊讶地得知，一台美国收割机能够在21分钟内收割完一公顷燕麦地，速度是欧洲同类收割机械的3倍。美国农民更是首先将蒸汽动力应用到了农业机械上，粮食价格也随着农业生产的机械化而下跌。美国的工业产品出口量稳步攀升，到了1860年，美国已经成为世界第四大工业国家。同年春天，马什翻开笔记本，开始写作《人与自然》。他将在书中重申洪堡对滥伐森林的警告，并进一步拓展论述。《人与自然》述说的是一个关于破坏和傲慢、灭绝与剥削，以及贫瘠的土地和肆虐的泥石流的故事。

在大多数人看来，自然已经在人类的掌控之中，没有什么比从一片泥泞中拔地而起的芝加哥更有说服力了。芝加哥全城的地基与密歇根湖齐平，从一开始就受到湿软地基和传染病的困扰。城市规划者想出了一

个大胆的解决方案：将整片街区和高层住宅的地基架高几英尺，在下面
铺设新的下水道管线。在马什开始写作《人与自然》时，芝加哥的工程师们正在奋力克服重力的牵引：他们用数百台液压螺旋千斤顶，将已经建成的房屋、店铺和酒店平地抬起——里面的人们则如往常一样生活、工作。

人类的能力似乎是无限的，贪婪也是。曾经多有鱼群出没的湖泊、池塘和河流变得死气沉沉，而马什正是第一个公开揭示其中原因的人。过度捕捞现象确实存在，但工业和手工作坊排放的污染物也难逃其咎。化工污染毒死了鱼类，工厂所筑的大坝更阻挠了鱼群溯游而上的迁徙，还有微细的锯末堵住鱼鳃，令它们窒息而死。重视细节的马什以翔实的证据支持自己的观点。他并不满足于简单地陈述鱼群消失或铁路蚕食森林的事实，更附上了全世界水产品出口量的详细统计数据，以及每铺一英里铁轨需要消耗木材数量的准确计算结果。

和洪堡一样，马什认为，对烟草和棉花等经济作物的过度依赖在一定程度上导致了环境的衰败。然而也有其他因素。当美国普通家庭的收入慢慢提高，他们对肉类的消费需求也逐渐增长，这会对自然环境造成很大的影响。马什通过计算得知，与种植拥有同样营养价值的谷物和蔬菜相比，喂养这些家畜所需的土地面积要大得多。他总结道，与食肉相比，食素对环境更负责。

马什警告道，伴随着财富与消费而来的是毁灭。然而当时，他对环境破坏的忧虑被淹没在一片崇尚进步的嘈杂声中——工厂车间的机器声、蒸汽机车的咝咝声、树林中顿挫的锯木声以及发动机的尖声长啸……

然而，马什的财务状况越来越糟糕。在土耳其的薪水入不敷出，名下的工厂也化为乌有；商业上的合作伙伴背弃了他，其他方面的投资也少有回报。马什濒临破产，急需寻求"报酬丰厚、责任不重"的新工作。1861年3月，他终于收到了好消息：新上任的总统亚伯拉罕·林肯（Abraham Lincoln）让他前往刚刚成立的意大利王国，担任美国驻意大利王国大使。

和德国一样，意大利此前也由诸多独立的小国组成。经历漫长的内

战后，除了罗马仍受教皇控制以及北部的威尼斯处在奥地利的统治下，意大利诸邦终于走向统一。自10年前初访意大利，目睹变化历程的马什为这个国家终于走向统一感到兴奋。他在给友人的信件中写道，"但愿我年轻三十岁，并且刀枪不入"，从而可以加入这场斗争。马什自然为这一任命激动不已，更何况这意味着一笔稳定的收入。马什说："如果继续像之前那样生活的话，我大概撑不过两年。"他计划迁往意大利北部的临时首都都灵，那里刚召开了首届国会的第一次会议。时间紧迫，任务繁重。不出三周，马什就出租了自己在伯灵顿的房屋，并将家具、书籍和衣物等打包装箱，其中当然还包括《人与自然》的笔记和草稿。

290

马什离开美国时，恰逢内战爆发前夕。1861年3月4日林肯就职以前，南部的七个州已经宣布退出联邦，组成新的美利坚联盟国（Confederacy）。[1] 4月12日，也就是马什接到林肯任命后不到一个月，联盟国袭击了驻扎在查尔斯顿港口萨姆特堡的联邦部队，内战的第一枪就此打响；之后将有多达60万名美国军人在这场战争中死去。6天后，马什在伯灵顿市政厅与前来的1 000多名家乡人民告别，并发表了一场热情洋溢的演说。他表示，为联邦贡献财力和人力支持是每个人的义务，必须与联盟国和奴隶制度战斗到底。这场内战比1776年的独立战争更重要，因为关系到所有美国人的平等与自由。演讲结束半小时后，马什夫妇登上前往纽约的火车，他们将从那里乘船前往意大利。

马什离开了一个濒于分裂的国家，前往另一个正在走向统一的国度，他希望尽己所能从远方为内战做些贡献。在都灵，他试图劝说著名的意大利军事领袖朱塞佩·加里波第（Giuseppe Garibaldi）向联邦军施以援手；他还展开外交上的调度，为联邦军购买武器。除此之外，他仍在构思《人与自然》，并收集了更多资料。在与意大利首相贝蒂诺·里卡索利男爵（Baron Bettino Riscasoli）见面时，马什向这位以用创新手段经营家

---

1. 首先脱离联邦的七个蓄奴州：南卡罗来纳州、佛罗里达州、密西西比州、佐治亚州、得克萨斯州、路易斯安那州和亚拉巴马州。截至1861年5月，又有四个州跟随它们的脚步：弗吉尼亚州、阿肯色州、田纳西州和北卡罗来纳州。——原注

族庄园著称的政治家讨教农学方面的知识，特别是托斯卡纳马雷马地区的灌溉系统。里卡索利答应为他提供一份详细的报告。

291 　　这份新的外交工作比马什之前预想的繁重很多。迫于都灵的社交礼仪，他需要不时地拜访各路人士，另外还不得不与很多美国游客打交道——他们把这位大使当成出国旅行的私人秘书，让他代为寻找丢失的行李、办理护照，甚至还要求他提供观光建议。马什不断地受到打扰。他在给故乡友人的信中写道："我已经完全不指望获得什么休息和放松了。"找到一份责任轻微而报酬丰厚的工作几乎是不可能的。

　　偶尔有一两个小时的空闲时间，马什就会前往都灵的图书馆或植物园。都灵位于波河河谷，周围环绕着壮丽的阿尔卑斯山。马什夫妇得空就去周边的乡间旅行。马什喜爱山岳和冰川，称自己为"冰雪狂人"。他还得意地表示，考虑到自己的年龄和腰围，能保持这样的状态也算是爬山好手；如果坚持下去，100岁时大概就能登上喜马拉雅山了。

　　冬去春来，都灵周围的乡间风光变得更加美丽诱人。波河河谷成了鲜花的海洋。1862年3月，卡罗琳在日记中写道，"我们偷偷用一个小时"，观赏了数千朵紫罗兰和黄色报春花争奇斗艳的场景。杏树也开花了，低垂的柳枝抽芽展叶，满溢青翠。卡罗琳喜欢采摘野花，但她丈夫认为这是对自然的犯罪。

　　马什每天清早起身，抓紧时间写作。1862年春天，他又开始撰写《人与自然》，但只持续了很短的一段时间；同年冬天，他们前往热那亚的海边休假，其间马什仍继续写作。1863年春天，马什夫妇搬到位于都灵西南方向12英里处的小村——皮奥贝西。当时，《人与自然》已经完成过半。在一处年代久远的破旧庄园（其后有一座建于10世纪、可供人眺望山景的塔楼）中，马什终于有时间来完成这部书稿了。

　　他的书房面向塔楼旁边洒满阳光的阳台，抬头便可以看到上千只燕子栖息在古老的墙上。房间里堆满了箱子、手稿、信件和书籍，拥挤的空间有时让他感到十分压抑。多年以来收集到的数据就在这里，包括各种需要整合到手稿中的内容、有待建立的联系，以及需要进一步推敲的事例。马什一边写，卡罗琳一边帮他阅读和编校，她也承认，有时"快累垮了"。马什的情绪让她担心丈夫会绝望得"因书而死（libricide）"。他怀着焦急的情绪连日赶工，因为深感把地球从耕犁和斧斤之下拯救出来的紧迫，所以要求人类必须迅速做出改变。"我这样做是为了摆脱长久以来一直萦绕在自己大脑中的幽灵。"马什这样告诉《北美评论》（*North American Review*）的编辑。

到了夏天，天气愈发炎热难忍；苍蝇到处乱飞，不时落在马什的眼皮和笔尖上。1863年7月初，他终于完成了最后的修订，将手稿寄给美国的出版商。他原本拟定的题目是《扰乱自然和谐的人类》（*Man the Disturber of Nature's Harmonies*），但出版商担心这会影响销量。经过协商，双方同意采用《人与自然》（*Man and Nature*），最终于一年后，也就是1864年7月出版。

《人与自然》是马什过去十几年阅读与观察的总结。动笔前，马什曾开玩笑地对他的朋友贝尔德说："我得剽窃不少内容，但我自己也懂得不少事情。"他在图书馆中搜集前人的手稿，并找来了数十个国家的出版物，再从其中摘录信息和事例。他阅读古典文献，以此来了解古希腊和古罗马时代对自然风景和农业的描述；在此基础上，他还加上了自己在土耳其、埃及、中东、意大利及欧洲各地的亲历见闻。马什搜集德国护林人的报告，引用当代新闻报纸上的报道，从工程师那儿采集数据，还摘抄了法国散文和援引自己童年时的经历偶闻。当然，其中少不了洪堡的著作。

洪堡教给马什的是，对人类活动与自然环境相互关联应该加以关注。在《人与自然》中，马什密集列举了一个又一个人类活动干扰自然节律的例子：当一位巴黎的女帽商推出丝绸帽后，毛皮制的帽子便失去了时尚地位，而这使加拿大快被捕杀殆尽的河狸种群数量得以慢慢恢复。为了保护庄稼，农民们大量捕杀野鸟，却又不得不与随后爆发的虫灾斗争——它们本来是鸟儿嘴中的美食。在拿破仑战争期间，狼群重新出现在欧洲部分地区，因为猎人们几乎都被派上了战场。而即便是微小的水生生物，也能在大自然的平衡中起到关键作用：波士顿的下水道清洁得过于频繁，大量微生物被杀死，种群失去平衡，这反而使水体变得十分浑浊。"大自然中的一切事物都存在隐形的联结，"马什写道。

人类早已忘记，地球不是供他们不断消损的存在。马什指出，地球上的造物正在遭受无情的杀戮：人类为了得到毛皮而杀死野牛，为了获得羽毛而捕捉鸵鸟，因为贪图象牙而猎杀大象，还为了榨取鲸油而围捕鲸鱼。马什写道，人类的所作所为令大量动植物惨遭灭绝，毫无节制地消耗水资源也是一种贪婪的表现。[1] 灌溉取水减少了河水储量，导致土地盐碱化，反而降低了土壤的生产力。

马什为未来描绘了一幅惨淡的图景。他相信，如果一切照旧，地球将陷入"支离破碎的地表、极端天气主宰……甚至人类本身也濒临灭绝"的局面。他在旅途中见到了美国自然环境问题的升级版：从君士坦丁堡附近博斯普鲁斯海峡两岸过度放牧的山顶到希腊的荒芜山麓，雄伟的大河、原始的森林和肥沃的草原都已经消失不见，欧洲的土地已经在农耕开发下变得"如月球表面一样荒凉"。马什认为，连罗马帝国的衰落都可以归结为罗马人对森林的破坏，因为他们的这种做法影响了自己赖以为生的土地。

新世界必须以旧世界为警示。1862年通过的《宅地法》（Homestead Act）[2] 规定，每个前往西部的拓荒者都可以获得160英亩土地，只需交付一小笔申请费。在这样的时代背景下，上百万英亩公共土地置入私人手中，等待斧头和耕犁的"改良"。"让我们理智一些，"马什呼吁道，"从我们兄长的错误中学到些教训吧！"人类行为的后果难以预计。马什写

---

1. 洪堡预见了这一危险。他警告道，从巴伦西亚湖挖掘运河引水去灌溉委内瑞拉的亚诺斯平原是不负责任的做法。虽然短期内，这可能在亚诺斯造就一片良田，但长此以往，这片土地将变成"贫瘠的荒漠"。周围山地上的森林早已被砍伐殆尽，阿拉瓜谷地也将变得和它们一样荒凉。——原注

2. 任何年满21岁、没有参与过针对美国战争的人都可以申请；条件是申请者必须在这片土地上住至少5年，并对其加以"改良"。——原注

道："即便将一颗小小的卵石投入充满有机生命的大海，我们也无法得知它会在多大程度上破坏自然的和谐。"然而可以确定的是，"欧洲人"已经到达美洲，东半球的灾难已经蔓延到了西半球。

其他人也得出了相似的结论。在美国，第一个采纳洪堡思想的人要数詹姆斯·麦迪逊。麦迪逊于1804年在华盛顿与洪堡见面，此后更是尽可能地遍读了他的著作。他将洪堡对南美洲的观察应用到美国。1818年5月，卸任总统一年后，麦迪逊出席了美国农业协会在弗吉尼亚州阿尔伯马尔召开的会议，发表了影响深远的演讲。在演讲中，麦迪逊重复了洪堡对滥伐森林的警告，并指出大规模烟草种植已经对弗吉尼亚州曾经肥沃的土壤造成了灾难性的影响。这篇演讲可以称得上是美国环境主义的精神内核。麦迪逊称，自然并不臣服于人类。他号召美国公民行动起来，保护环境。但他的警告在当时几乎被完全忽略了。

西蒙·玻利瓦尔最先将洪堡的想法写进法律。1825年，他颁布了一项具有前瞻性的命令，要求玻利维亚政府种植100万棵树。征战期间，玻利瓦尔明白贫瘠的土地会给国家的未来带来何等灾难性的后果。玻利维尔的新法令还旨在保护水道，在新兴的共和国各地培植树林。4年后，他也为哥伦比亚制定了"保护与合理利用国家森林资源的措施"，并特别强调，需要控制收割金鸡纳树树皮来提取奎宁的做法。[1]洪堡在旅行中已经注意到，树皮具有保护作用，剥离树皮会对树木造成致命伤害。

在北美洲，亨利·大卫·梭罗早在1851年就呼吁保护森林。他认为："保留荒野就是保存世界。"1859年10月，也就是洪堡去世几个月后，梭罗进一步主张，他认为每个城镇都应该保有几百英亩"永远不得剥夺"的林地。麦迪逊和玻利瓦尔将保护树木看作一项必要的经济措施，梭罗更是坚持"国家保护地"应该成为民众休闲活动的公共空间。马什在《人与自然》中总结了种种思潮，用整本书阐释了一个专门的主题，并清楚

1. 玻利瓦尔将擅自移除任何国有森林中的树木或木材定为一项罪名；他还担心野生小羊驼种群可能灭绝。——原注

地列举证据证明：人类活动正在破坏地球。

"洪堡是伟大的使徒，"马什在动笔写作《人与自然》时曾这样说过。马什在全书中都征引了洪堡的观点，并加以拓展。洪堡的警告星星点点地散布在众多著作里，在更宽泛的语境下很容易遭到忽视；马什则将这些点滴想法集中起来，编织成一个强有力的论点。一页又一页，他讨论砍伐森林的恶果，并解释森林如何涵养土壤和持存天然泉水。一旦树林消失，土壤便裸露在风雨日晒之下，不再像一块湿润的海绵，而会变成干燥的尘土堆。马什总结道：泥土被雨水冲走后，一切美好的事物都会
295 逐渐消失，"大地将不再适宜人类居住"。《人与自然》读来令人心情沉重。只消两三代人的时间，人类造成的破坏便可以与一场火山喷发或地震相提并论。他预言道："我们正在拆毁自己住所的地板、护墙板、大门和窗框。"

马什告诉美国公众，必须马上采取行动，否则就为时过晚了。环境危机已迫在眉睫，得启动"迅速的应对措施"。必须保护和恢复森林：有些可以保留下来，供人休闲游乐、给人以精神上的启迪，还可以为动植物提供适宜栖居的生境——是属于全体公民、"不可割离的财产"；其他地区则需要计划造林，并对木材进行可持续开采。马什写道："我们已经砍伐了太多森林。"马什关注的不止是法国南部或埃及的某块干旱的土地，又或是佛蒙特州某片竭泽而渔的湖泊，他想论证的是整个地球的前途。《人与自然》的影响力来源于书中的全球性视野，即马什将世界各地作为一个统一整体来进行比较与理解的写作视角。该书超越地方性的个别事件，对环境的关注就此提升到一个新高度，也更加震撼人心。这颗星球正处在危险之中。马什这样写道："对于这个世界上最高贵的居民而言，地球正在迅速沦为不宜居住的家园。"

《人与自然》是首部影响美国政治的自然志。美国作家、环境主义者华莱士·斯特格纳（Wallace Stegner）后来说，这部书给当时洋溢在美国社会中的乐观主义"粗暴的当面一拳"。19世纪中期，美国正快步走

在工业化的道路上，粗暴地掠夺自然资源，将森林化为焦土。马什想让美国人停下来，认真反思。令他失望的是，《人与自然》最初销量不佳，几个月后渐渐有了起色，卖出一千多本后，出版商决定加印。[1]

直到几十年后，《人与自然》才显现出它的全部意义。但这么多年来，它已经影响了很多美国人的思维方式，而其中的不少人都将成为参与环境保护运动的重要人物。"国家公园之父"约翰·缪尔会读到它，美国林务局第一任局长吉福德·平肖（Gifford Pinchot）称它为"划时代之作"。马什在《人与自然》中对森林砍伐的观察记录，一定程度上推动了1873年《林木涵养法》（Timber Culture Act）的通过——该法案鼓励北美大平原上的开拓者们多多植树。它还为1891年《森林保护法》（Forest Reserves Act）的出台奠定了基础：该法案不仅从马什的书中借鉴了不少措辞，更汲取了洪堡的早期思想。

《人与自然》在国际上也引起了反响。在澳大利亚，它成为公共讨论的热点，并启发了法国林业工作者和新西兰的立法者，还鼓励南非和日本的环境主义者为保护树木而抗争。意大利的森林法案引用了马什的论述，印度的环保主义者甚至将这本书带到了"喜马拉雅北麓、克什米尔地区和中国西藏"。《人与自然》影响了新一代的社会运动家，并在20世纪上半叶被尊为"环境保护运动之源"。

马什相信，数千年来的人类活动在地球上刻下了累累伤痕，其中埋藏着重要的教训。他认为："未来比过去更不确定。"马什把目光投向过去，把心意指向将来。

296

297

---

1. 马什将《人与自然》的版权捐给了帮助内战伤兵的一家慈善机构。幸运的是，他的兄弟和侄子在销量回升后又迅速购回了版权。——原注

22

艺术、生态学与自然：
恩斯特·海克尔与洪堡

　　得知洪堡去世消息当天，25岁的德国动物学家恩斯特·海克尔十分苦闷。海克尔在给未婚妻安娜·泽特（Anna Sethe）的信中写道："啊，我心中活着两个灵魂。"此处，他借用了歌德《浮士德》中的著名意象：浮士德在对尘世的眷恋和对飞升天界的渴望之间踟蹰徘徊，而海克尔则在艺术与科学之间左右为难。他不知道自己应该以心灵感知自然，还是以一位科学家的视角去探究自然世界。洪堡的著作给予了海克尔最初的启发，引导他从小热爱自然、科学、探索与绘画。这位伟人的去世在海克尔的心灵深处引发了一场危机。

　　海克尔当时正在意大利的那不勒斯，试图取得一些动物学上的新发现，从而帮助自己进入德国学术界。然而科学上的研究进展十分不顺：他本想研究海胆、海参和海星的解剖学结构，但无法在那不勒斯湾找到足够的活体样本。与海洋生物学上的丰富收获相比，意大利的优美风景更让他心旌动摇。自然向他呈现了"一场诱人的盛宴"（如其所言），犹如东方国度的盛大集市。所以，为何还要努力成为一名科学家，去从事那些整天幽闭在室内的研究工作？海克尔告诉安娜，自己十分苦闷，好像听到"魔鬼梅菲斯特的大声嘲笑"。

　　在这封信里，海克尔通过洪堡的自然观来审视自己的迷茫。他该如何协调自己细致的科学观察与"以整体来把握自然"的冲动？他该如何让自己对自然的艺术欣赏和科学真理结合在一起？洪堡曾在《宇宙》中写道，知识、科学、诗歌与艺术感受之间存在一以贯之的纽带；海克尔不确定该如何在自己的动物学研究中应用这些思想。动物和植物世界挑起他的好奇心，邀请他来解开其中的奥秘，但他不确定应该通过什么来探究谜题：是一杆画笔，还是一台显微镜？如何才能找到确定的答案？

对海克尔来说，洪堡的去世标志着自己生命中一段布满不确定性的时光之开端。在接下去的一段日子里，他将开始寻找自己真正的志业。同时，这也是他充满愤怒、危机和悲痛的职业生涯的开始。在海克尔的一生中，死亡将成为驱使他不断前行的力量，但并不是引他走向静止和停滞，而是鞭策他更加努力地工作、更加勇猛地追寻，不顾后世对他的评价。死亡还让海克尔成为那个时代最卓越，也最富争议的一位科学家[1]——一位在艺术界和科学界都留下深远影响的人，并将洪堡的自然观带入20世纪。

洪堡带来的深远影响贯穿了海克尔的一生。1834年，也就是洪堡开始撰写《宇宙》的这一年，海克尔在波茨坦出生，童年时期便开始阅读洪堡的著作。海克尔的父亲供职于普鲁士政府，但对科学很感兴趣，经常晚上和家人一起阅读科学刊物，并相互读诵。虽然从未见过洪堡本人，但海克尔自小便沉浸在洪堡笔下的自然当中。他很欣赏洪堡对赤道地区的描述，并且也梦想着成为一名探险家，但父亲计划让他走上一条更传统的职业道路。

遵循父亲的意愿，18岁的海克尔进入位于巴伐利亚地区维尔茨堡的医学院，准备成为一名医生。在那里，他常常思乡，倍感孤独。结束白天漫长的课业后，他就回到自己的房间，如饥似渴地阅读《宇宙》。每天晚上他都会翻开久经摩挲的书页，沉浸在洪堡笔下的奇妙世界里。如果没在阅读，他就在林中漫步，追寻独处的时光，并寻找与自然亲密接触的机会。这位高高瘦瘦的英俊少年有一双闪亮的蓝眼睛。他每天跑步、游泳，和洪堡年轻时一样，喜爱运动。

---

1. 海克尔的名声在20世纪下半叶受到了沉重打击；历史学家们责怪他为纳粹党人的种族计划提供了理论基础。罗伯特·理查兹（Robert Richards）在为海克尔撰写的传记《生命的悲剧意义》（*The Tragic Sense of Life*）中则认为，去世于纳粹上台前十几年的海克尔并不是一个反犹主义者。事实上，海克尔在他极富争议性的"干系之树"（stem-tree）上，将犹太人放在高加索人近旁。海克尔的种族理论描述了一条从"野蛮人"到"文明人"的进步之路，虽然这在今天看来是一种完全错误的理论，但在当时却是为达尔文和很多其他19世纪的科学家所共享的认识。——原注

恩斯特·海克尔和他的渔具

    海克尔从维尔茨堡给父母写信，信中提到"大自然中的赏心悦事简
299 直令我开心得难以言表……所有忧虑都瞬间消散"。他描写鸟儿的温柔
歌唱、微风轻拂树叶；他仰望天空中的霓虹，俯瞰云影离合下的山丘。
有时，散步归来的他会带回一大把常青藤，然后把它们编成花环，挂在
房间里的洪堡肖像上。他多么希望搬到柏林去，离心目中的英雄近一些。
1853年5月，刚到维尔茨堡几个月的他就给父母写信，说想参加柏林地
理学会的年度晚宴，因为洪堡应该也会出席。哪怕只能远远地望上洪堡
一眼，海克尔"最热切的愿望"也就实现了。

    次年春天，海克尔被安排去柏林修习一个学期。虽然没能见到洪堡，
但他却找到了新的崇拜对象。海克尔选修了当时德国最著名的动物学家
约翰内斯·穆勒（Johannes Müller）开设的比较解剖学课程。穆勒当时正
在研究鱼类和海洋无脊椎动物，常常在课堂上生动地讲述在海边采集标

本的故事。海克尔听得如痴如醉，当年夏天就去了位于北海的黑尔戈兰岛。白天，海克尔在户外游泳，捕捉海洋生物。他仔细地欣赏自己捕捞上来的水母：它们透明的身体上有着浅浅的有色径向水管，长长的触须优雅地在水中漂动。当他网到一只特别美丽的水母时，海克尔决定选择它们作为自己最心爱的动物，同时，他也找到了自己真正倾心的学科：动物学。

　　虽然海克尔遵从父命继续攻读医科，却再也不打算成为一名医生。他喜爱植物学和比较解剖学，也喜欢海洋无脊椎动物和显微镜、登山、游泳、绘画、素描，但就是不喜欢医学。他越广泛地阅读洪堡的著作，就越欣赏和喜爱这位伟大的人物。在探望父母的时候，海克尔随身带了一本《自然之观点》，并请母亲代为购买一套《旅行故事》，以满足自己的"执念"。他从维尔茨堡的大学图书馆借出十几本洪堡的著作，涵盖了植物学专著和附有壮观铜版画的大开本《美洲山系一览》（书中描述了拉丁美洲的风景与历史遗迹）——海克尔称其为"豪华、珍贵的版本"。他还央求父母将和《宇宙》配套出版的地图册作为圣诞礼物寄给他，因为与语言相比，自己更容易理解和记忆图像。

　　有一次去柏林游玩，海克尔拜访了洪堡家族的故居——泰格尔宫。尽管洪堡并不在附近，但晴朗的夏日令人心旷神怡。海克尔在洪堡童年时曾经嬉戏的湖中游泳，静静地坐在岸边，一直等到月亮缓缓升起，看着如练的银光洒满湖面。这是他距离洪堡最近的一次经历。

　　他想跟随洪堡的足迹到南美洲去。这也许是妥善协调他心灵中两个相互冲突的灵魂的唯一出路——"理性人"和听从"感觉与诗意"的艺术家。海克尔确定，当一名探索自然的博物学家大概是唯一能让他将科学与情感和冒险结合起来的志愿。他日日夜夜都梦想着踏上一次伟大的旅行，并着手开展具体的计划。首先，他需要拿到医学学位，然后找一份随船医生的工作。一到达热带地区，他就离船开始"鲁滨孙式的冒险"。海克尔告诉为他日益担忧的父母：这一计划的好处在于，他不得不首先完成在维尔茨堡的学业。只要能"跃入世界、越远越好"，他可以为此去做任何事情。

　　海克尔的父母却不这么想，他们坚持认为，儿子应该在柏林做一名医生。一开始，海克尔听从了他们的安排，但不久就开始暗中背离父母的计划。他在柏林挂牌行医，登出不同寻常的看诊时间：病人只有在早晨五点到六点之间才能来见他。不出意外，开业第一年只有五六个病人登门求医。海克尔得意地宣布，自己没有治死过一个病人。

　　最终，海克尔对未婚妻安娜的爱让他重新考虑回到更加循规蹈矩的职业道路上去。海克尔称她是"真正的德国森林之子"。安娜对诸如衣服、家具和珠宝之类的物质享乐没有兴趣，更喜爱生活中简单的快乐，比如乡间散步，或在原野花丛中小憩。海克尔说她"纯真、超然脱俗"。仿佛是天意，安娜与洪堡的生日都是9月14日，也正是在这一天，海克尔与安娜宣布了订婚的消息。海克尔决定努力成为动物学教授，因为这是一份备受尊敬的职业，并且可以让他不必忍受自己"无法克服的反感"去和"病态的身体"打交道。为了在科学界留下自己的名号，他只需要确定一个研究课题。

　　1859年2月初，海克尔到达意大利，希望能够找到新的海洋无脊椎生物，无论是水母还是微小的单细胞生物，什么都可以，只要这一发现能够帮他开启新的职业道路。在佛罗伦萨和罗马游览了几周后，海克尔前往那不勒斯，开始全力以赴地工作，但事事不如他意：渔夫拒绝帮助他，城市肮脏、吵闹，街上全是骗子和小混混，物价高昂。天气炎热，尘土飞扬，海克尔却没有收获足够的海参和水母。

　　也是在那不勒斯，海克尔收到父亲的来信，得知了洪堡去世的消息。这不仅让他重新思考艺术与科学，也令他不得不重新审视自己的未来。高耸的维苏威火山俯瞰着蜿蜒如迷宫的那不勒斯街巷，海克尔再次感受到两个灵魂之间的斗争。6月17日，也就是收到洪堡死讯的3周后，他再也无法继续面对那不勒斯。他决定乘船出海，去往那不勒斯湾的伊斯基亚小岛。

301

在伊斯基亚，海克尔认识了一位德国诗人兼画家，赫尔曼·阿尔默斯。在接下去的一周里，二人一起在岛上漫游、作画、登山、游泳、交谈。这段经历十分愉快，他们甚至决定继续一起旅行一段时间。回到那不勒斯后，他们攀登了维苏威火山，然后再乘船前往另一个小岛卡普里。海克尔希望在那里看到"作为一个相互关联的整体"的自然。

海克尔带上画架和水彩，并为了更严谨地记录而带上了他的仪器和笔记本。然而，到达卡普里岛还不到一周时间，他就全情投入了波希米亚式的新生活。他向在柏林耐心等待的安娜承认，自己正过着梦想中的生活：显微镜沉睡在行囊里，自己无时无刻不在作画。他不想成为"蹲在显微镜后的小虫子"，更何况自然正披着最灿烂的光环召唤他："出来看看！出来看看！"只有"彻底顽固不化"的学究才能抵住这般诱惑。海克尔小时候读过洪堡的《自然之观点》，自那之后一直梦想着"在大自然中过上半野性的生活"。在卡普里岛，他终于目睹了"广阔宇宙中令人愉悦的光辉"。他告诉安娜，自己只需一支"忠实的画笔"，然后将自己的生命献给光与色彩的诗意世界。洪堡去世所触发的心灵危机使海克尔经历了一场全身心的蜕变。

海克尔的父母收到写有类似内容的信件，虽然信中并未过多提及新生活狂野的一面。海克尔强调，自己打算成为一名艺术家，并提醒自己的父母，洪堡曾经讨论过艺术与科学之间的紧密纽带。海克尔的艺术才能得到了卡普里岛的画家们的称赞，再加上深厚的植物学功底，他相信，没有谁比自己更适合迎接洪堡留下的挑战了。毕竟，风景画是"洪堡最钟爱的兴趣"之一。海克尔宣布，自己将成为一名画家，"带着画笔周游世界——从北冰洋一直到赤道"。

住在柏林的父亲收到来信后十分恼怒，立即提笔写下措辞严厉的回信。父亲一直关注着儿子多年以来不断变动的计划，他提醒海克尔，自己并不富有，"没办法供你整年整年地周游世界"。他不明白，为什么儿子凡事都要走向极端——工作、游泳、登山，为什么总是在做梦、怀揣无端的希望和自我怀疑？"你现在必须为一份真正的工作锻炼技能"，老海克尔写道。他完全看不到儿子的未来。

也还是出于对安娜的爱，海克尔再一次意识到，梦想终归只是梦想。为了和她结婚，他必须当一名"循规蹈矩"的教授，而不是拿着画笔周游世界。9月中旬，也就是洪堡去世四个多月后，海克尔收拾行囊和仪器，前往西西里岛的墨西拿，集中精神进行科学研究——但在卡普里岛度过的日子已经永远改变了他。西西里的渔民给他带来成桶的海水，里面装着数千种微小的生物。海克尔同时以科学家和艺术家的眼光来观察它们。他小心地将滴有几滴海水的载玻片放到显微镜下，看到的是前所未见的奇观：这些微小的海洋无脊椎生物简直就像"精巧的艺术品"，仿佛是由多彩的玻璃或宝石做成的。在显微镜后工作的日子不再令人生畏，他深深地为这些"海洋奇观"所吸引。

每天清晨，他都会起身游泳，看着海水被初升的太阳映得通红，沐浴在自然闪耀着的"绝美光辉"中。游完泳后，他便去渔市取回当天送来的海水，然后开始工作，从早晨8点一直到下午5点。之后，他很快吃完晚饭，然后去海边散步兜风，7点半再回到案头，记笔记直到午夜。辛苦的工作终于得到了回报。到了12月，在西西里住了三个月的海克尔非常确定自己找到了一个合适的题目，可以凭此步入科学界。让海克尔兴奋不已的，正是一类名为放射虫（radiolarians）的生物。

这些微细的单细胞海洋生物只有千分之一英寸那么长，放在显微镜下才能看到。放大以后，放射虫令人惊艳的身体结构一览无余：它们精巧的骨架由矿物质组成，呈现出复杂的对称结构，常生有放射状的刺——所以看上去像悬浮着一般。每个星期，海克尔都能发现新的物种甚至科属。截至2月初，他已经鉴定出超过60种此前不为人知的物种，而2月10日早晨的捕捞又为他带来了12个新物种。海克尔在信中告诉安娜，自己双膝跪倒在显微镜前，拜谢仁慈的海洋之神给予如此慷慨的馈赠。

海克尔宣布，这一工作简直是"为我量身打造的"。他可以将自己对户外运动的热爱、自然、科学与艺术结合起来——从早晨下海捕捞，到深夜完成最后一笔素描勾画。放射虫向他展现了一个全新的世界，一个秩序和奇观并存的世界——如此"富有诗意，令人愉快"！1860年3月底，他已经发现了超过100个新物种，准备回家将自己的成果出版成书。

海克尔为自己的动物学著作绘制插图，这些画作在科学上具有无可挑剔的准确性，同时又极其精美。海克尔具有一种独特的才能，可以一只眼睛盯着显微镜，另一只眼睛专注于素描。就连他旧日的教授们都表示，再找不出第二个这样的人了。对海克尔来说，绘画是了解自然最好的方法。只要手握铅笔和画笔，他就能"更深入地了解自然之美的秘密"，可以说，它们是他观察和学习的工具。海克尔心中的两个灵魂终于合而为一了。

304

在返回德国的途中，海克尔给旧日旅伴阿尔默斯写信，称赞放射虫的美丽，问他要不要用它们来装饰自己的画室，或创造一种"新的风格"！[1]他疯狂地工作，绘制插图，最终于1862年发表了一部精美的、由两卷本组成的图书——《放射虫》(*Rhizopoda Radiaria*)。凭着这部著作，他获得了耶拿大学副教授的职位——而50多年前，洪堡正是在这里初遇歌德。1862年8月，海克尔和安娜结婚，他觉得无比幸福。他说如果没有安娜，自己就会像"照不到阳光的植物一样"死去。

在撰写《放射虫》时，海克尔读到了另一本再次改变他人生轨迹的书：达尔文的《物种起源》。海克尔惊叹于达尔文的演化理论，称这部著作为"一本完全疯狂的书"。《物种起源》以宏伟的视角，为海克尔提供了有机生物形成之谜的答案，为他开辟了一片新天地。海克尔给达尔文寄去一封溢满仰慕之情的长信，赞扬他"为一切问题提供了解决方案，无论这些问题多么棘手"。在《物种起源》中，达尔文认为并非是上帝创造了万物，动植物和人类都是自然的产物——这一极具革命性的想法撼动了宗教教义的核心。

《物种起源》在科学界引起了轰动，很多人都指责达尔文是异端分

---

1. 阿尔默斯在回信中说，他的表亲已经将一幅放射虫的图画改成了一种"钩针图样"。——原注

子。如果按照达尔文的理论推衍，那么他的演化理论便是在论述，人类和其他一切物种都是同一棵生命之树上的不同部分。《物种起源》在英国发行几个月后，一场盛大的公开辩论就在牛津大学拉开了序幕：辩论一方是塞缪尔·威尔伯福斯（Samuel Wilberforce）主教，另一方则是达尔文的坚定拥护者、生物学家托马斯·亨利·赫胥黎（Thomas Henry Huxley）——他之后将当选为英国皇家学会主席。在英国科学促进会上，威尔伯福斯用极挑衅的口吻质问赫胥黎：是否能将一只猿猴与他自己的祖母或祖父方扯上血缘关系？赫胥黎则回答：宁认猿猴为祖先，也不想做主教的后代。这场辩论激起了很大的争议，两方剑拔弩张，提出的论点十分激进。

《物种起源》立刻在海克尔心中扎根生芽，因为他从小就受洪堡自然观的影响，《宇宙》一书更已包含了很多"前达尔文式的感悟"。在此后的数十年中，海克尔将成为达尔文在德国最热切的捍卫者之一。[1]安娜称他为"她的德国达尔文党人"，阿尔默斯更开玩笑地形容海克尔的生活"充满了甜蜜的爱情和达尔文主义"。

悲剧突然降临。1864年2月16日，也就是海克尔30岁生日的当天，他的《放射虫》获得了一项颇具声望的科学奖项。然而就在同一天，安娜突然病倒，并很快去世（很可能是因为得了阑尾炎）。他们结婚还不到两年，这个沉重的打击使海克尔陷入深重的忧郁之中。他告诉阿尔默斯："我的内心已经死去"，快被"苦涩的悲伤"压垮。安娜的去世让一切的幸福前景都灰飞烟灭，海克尔不顾一切地逃到工作中去。他写信给达尔文，说已经"打算将自己的全部生命"贡献给演化理论。

海克尔过起了隐士般的生活，心里只想着生物的演化。安娜的死让他"对任何赞赏和谴责都产生了免疫"。现在的他可以为捍卫演化论而不惜和整个科学界对立。为了忘记痛苦，他每周工作7天，每天工作18个小时，如此持续了一年。

305

---

1. 海克尔阐发达尔文演化理论的书籍被翻译成了十多种语言，其销量甚至远远高于达尔文的原著。更多的人是从海克尔的书里了解到演化理论的。——原注

深处绝望之中的海克尔撰写了两卷本的《有机生物的形态学大纲》（*Generelle Morphologie der Organismen*），于1866年出版。这部长达1 000页的巨著讨论了演化与形态学，特别是生物体的结构与形状。[1]达尔文称此书为《物种起源》收到过的"最华美的颂词"。这本书的论调火药味十足，海克尔在书中连续攻击了那些拒绝接受达尔文演化理论的人，称他们的著作笨重而"空洞"，还形容他们"总是半睡半醒地开展科研工作"——如同行尸走肉，"毫无思想"。就连人称"达尔文的斗犬"的托马斯·赫胥黎都认为，如果海克尔想发布英文版，那么必须将语调改得和缓一些。然而海克尔拒绝让步。

他告诉赫胥黎，如果想彻底改革科学界，就不能温和行事，必须亲自动手，把那些趾高气扬的学者"撂下马来"。他向达尔文承认，《有机生物的形态学大纲》是他深陷个人危机时所创作的，因此每句话都显露出他面对世界和生活的苦闷。安娜死后，他不再在乎个人名誉："但愿我的众多敌人都来狠狠地攻击我的工作。"无论他们如何反击，海克尔一点都不在乎。

海克尔不仅通过《有机生物的形态学大纲》为新的演化论吹响了战斗的号角，还将洪堡的研究方向首次命名为Oecologie（生态学）。海克尔把希腊语中的oikos（意为"家庭"）一词应用到自然中。地球上的所有物种都来自同一个大家庭，各有所居；和家庭成员一样，他们有时会产生冲突，但有时也会相互帮助。自然中的有机生命和无机物组成了"一个拥有活跃力量的体系"，海克尔在此处直接引用了洪堡的原文，借用的是其整体的自然观（其中包含各种复杂的相互作用），并给它取了一个新名字。海克尔说，生态学就是"研究有机生命与其所处环境之间关

306

1.《有机生物的形态学大纲》还在不同学科分野逐渐固化的背景下，提供了总揽全局的论述。海克尔写道，科学家已经丢失了对整体的把握，太多的独门专家让科学陷入了"巴比伦式的困惑"。植物学家和动物学家只知道收集个别物种，却看不到整体的蓝图。其结果是一个"巨大的、混乱的瓦砾堆"，没有人能看清局面——除了达尔文……当然还有他海克尔。——原注

系的科学"。[1]

发明"生态学"一词的同一年，海克尔追随洪堡和达尔文的脚步，动身前往遥远的海岸。1866年10月，距离安娜去世已过去两年多，海克尔登上了特内里费岛。自洪堡在《旅行故事》中用出神入化的文字描写它之后，这座岛屿便在科学家的心目中留下了神秘的印象。对海克尔来说，是时候实现自己"最久远、最心爱的旅行梦想"了。在洪堡扬帆出海近70年后，也是在达尔文登上"小猎犬"号30余年后，海克尔开始了自己的航海之旅。虽然分属三个不同的世代，但他们都相信科学不只是单纯动动脑就能做好的学问。他们的科学研究需要付出艰辛的体力，因为需要直接在自然生境中观察动物和植物——无论是棕榈树、地衣，还是藤壶、鸟类或海洋无脊椎动物。理解生态学，也意味着探索生机勃
307 勃的新世界。

在前往特内里费岛的路上，海克尔在英格兰停留了一站，特地前往肯特郡的唐宅拜访达尔文。他从伦敦乘火车出发，路上花费的时间很短。虽然从未见过洪堡，但这次海克尔至少可以和他心目中的另一位英雄面对面交谈了。10月21日是个星期天，上午11时30分，达尔文的马车夫从当地的布罗姆利火车站接上海克尔，把他带到乡间一处长满常青藤的老宅前。57岁的达尔文早已等在门首。海克尔十分紧张，连自己仅会的几句英文都忘光了。二人一见面便紧紧地握住双手，久久不放。达尔文反复地表达自己见到海克尔的喜悦之情。达尔文的女儿哈丽雅特（Henrietta Darwin）后来回忆道，海克尔看上去被震住了，陷入"一片死寂"。他们在花园中散步，那里的沙径是达尔文不断徘徊的思索之道；海克尔慢慢恢复镇定，带着浓重的德国口音开始与达尔文对话。虽然有

1. 海克尔在生态学思想中浸染已久。早在1854年，他还是维尔茨堡的一名年轻学生时，就已经在考虑砍伐森林对环境的影响了。在乔治·珀金斯·马什发表《人与自然》的十年前，海克尔就写道，古代先民砍伐完中东地区的森林，其结果是改变了那里的气候条件。他指出，文明与森林的破坏"环环相扣"。他预测，假以时日，欧洲会经历同样的过程，贫瘠的土壤、气候变化与食物短缺将促使大量人口去欧洲以外寻找更肥沃的土地。海克尔说："欧洲和她的超级文明很快就要灭亡了。"——原注

些结结巴巴，但海克尔可以清楚地表达自己的意思。二人高兴地就演化与海外旅行的话题谈了很久。

达尔文和海克尔想象中的一样：年长、语调轻柔、彬彬有礼，散发着智慧的光芒，就像他脑海中苏格拉底或者亚里士多德的模样。他告诉耶拿的友人，达尔文全家都热情地欢迎他，好像回到了家里。这次访问将成为海克尔一生最难忘怀的记忆之一。次日，他告辞离开，内心更加坚定：唯有将自然看作"一个统一的整体"，"一个环环相扣的生命王国"。

转眼就到了出海的时间。海克尔按计划在里斯本与他雇用的三名研究助手见面，其中一位来自波恩，另两位是他在耶拿的学生，他们将从那里乘船前往加那利群岛。当四人登陆特内里费岛后，海克尔迫不及待地冲上前去，想一览洪堡曾经描述过的景象，而且一定要追随洪堡的足迹登上泰德峰顶。当他们冒着大雪和寒风爬到高处时，海克尔因为高原反应晕倒了，下山的时候更是半走半跌。然而他还是做到了！海克尔在家信中写道：一睹洪堡曾经见过的风景，真是令人"无比满足"。他们从特内里费继续航行，一直前往加那利群岛东端的火山岛兰萨罗特岛，在那里开展为期三个月的动物学研究。海克尔专注研究放射虫和水母，三名助理则主要调查当地的鱼类、海绵、爬虫和贝类。虽然岛上比较荒芜，但海洋中充溢着各类生命。海克尔说：那是"一锅上好的动物汤"。

1867年4月，海克尔回到耶拿，情绪更加镇定与平和。安娜仍然是他一生的挚爱，即便多年之后他决定再婚，每逢安娜的祭日仍然悲痛不已。35年后，海克尔写道："在这悲伤的日子里，我惶惶不知所措。"然而他学会了接受安娜已经逝去的事实，继续好好地生活下去。 308

在此后的数十年中，海克尔频繁旅行，游历欧洲各地，也去过遥远的埃及、印度、斯里兰卡、爪哇和苏门答腊等地。他仍然在耶拿教学，但旅行时的快乐无与伦比，所以他从未停止对冒险的向往。1900年，时年66岁的海克尔加入一支爪哇考察队。朋友们注意到，从计划成形起，他就看起来年轻了不少。考察途中，他一边收集标本，一边作画。和洪堡一样，海克尔认为热带地区是研究生态学基本原理的最佳环境。

海克尔写道，爪哇热带雨林中的一棵树就能有力地说明动植物以及它们各自与环境的关系：附生兰用根系抱住树枝；昆虫完美地适应了传粉者的角色；攀缘植物爬上树顶，在光线争夺战中占得先机——这些都是生态系统多样性的写照。在热带，"生存竞争"的压力如此之剧烈，动植物都发展出了"极其丰富"的各式武器。海克尔写道：可以在这里十分清晰地看到动植物如何与"朋友和敌人、共生和寄生的物种"共存。这也正是洪堡的生命之网。

在耶拿任上，海克尔还参与创办了一份专门纪念洪堡与达尔文的科学杂志。该杂志专门讨论演化理论和生态学思想，而且就名为《宇宙》（*Kosmos*）。他继续创作并发表大量海洋生物学专著，涵盖了钙质海绵、水母和众多的放射虫。除此之外，他还出版了自己的旅行日志，以及更多宣传达尔文演化论的书籍。他的大多数著作都含有亲手绘制的精美插图，且多以系列组图，而非以单幅画作的形式呈现。海克尔通过这些图像来展示自然的运作方式，令演化过程一目了然，极具说服力。艺术成了海克尔传播科学知识的工具。

世纪之交时，海克尔发表了一系列小册子，均题为《自然界的艺术形态》（*Kunstformen der Natur*）。其中总共包括100幅精致的插图，它们深刻地影响了之后新艺术运动（Art Nouveau）的风格语言。海克尔对友人说，自己50多年来一直追随着洪堡的思想，但《自然界的艺术形态》进一步拓展了其影响：向艺术家和设计师介绍了以科学研究为母题的艺术创作。海克尔的大部分插图都描绘了微生物在显微镜下呈现出的惊人之美——他称其为"隐秘的宝藏"。为了更好地帮助手工业者、艺术家和建筑师正确使用这些"美丽的母题"，海克尔附上了一则后记，按照美学价值、以表格的形式对不同生物进行排序，并加上"极其丰富""非常多样和意义深远""可用于装饰设计"等按语。

《自然界的艺术形态》系列于1899年至1904年之间发表，甫一面世便引起了极大的轰动。当时，城市化、工业化和技术进步正使人们逐渐疏远土地；海克尔的作品为自然界的形态与母题提供了图板。对于那些试图在作品中重新将人与自然联系起来的艺术家、建筑师和手工业者来说，这些作品无疑是绝好的参考范本。

20世纪初，欧洲已经进入了所谓的机器时代。工厂实现了电气化，大规模的流水线生产驱动着欧洲和美国的经济发展。长时间落后于英国的德国正迎头赶上。1871年，在首相奥托·冯·俾斯麦的推动下，德国诸邦完成统一，普鲁士国王威廉一世加冕为德意志第一帝国皇帝。1899年，也就是海克尔发表《自然界的艺术形态》第一卷时，德国已经和英国、美国一起，跻身世界经济的领头行列。

当时，最早的汽车正行驶在德国的道路上，铁路网将位于鲁尔的工业中心与港口城市（如汉堡、不来梅等）连接起来。煤和钢铁产量连续上升，新兴城市如雨后春笋般在工业中心附近冒了出来。1887年，柏林建成了最早的发电站。德国的化学工业更成了最重要的经济命脉之一：领先世界，生产了大量合成染料、药物和化肥。和英国不同，德国拥有工业学院和附属于工厂的研究室，培养了新一代的科学家和工程师。这些机构更注重科学在实际生活中的应用，而非纯学术意义上的发现。

海克尔写道，迅速增加的城市居民正急于逃离"永无止境的喧嚣"与"工厂排放的浓重烟雾"。为了追寻自然，他们纷纷前往海滨、森林和层层山峦。兴起于世纪之交的新艺术运动试图从自然中获取美学灵感，以重新协调人与自然已经被扰乱的关系。一位德国设计师提出，现在他们"需要师法自然"，而非追随某一位人类宗师。将自然母题加入室内装潢和建筑设计当中，这相当于迈出了救赎的一步，即把有机生命带回日益机械化的现代世界。

著名的法国玻璃艺术家埃米尔·加莱（Émile Gallé）拥有一套海克尔的《自然界的艺术形态》。在他看来，这些从海洋中收获的发现已经将科学实验室转变成了装饰艺术的工作坊。1900年5月，加莱评论道，"水晶般的水母"给玻璃艺术带来了新的"微妙变化和曲线"。新艺术运动的风格便是将自然元素融入一切事物中：从摩天大楼到珠宝，从海报到

1900 年巴黎世界博览会上，比奈设计的纪念拱门

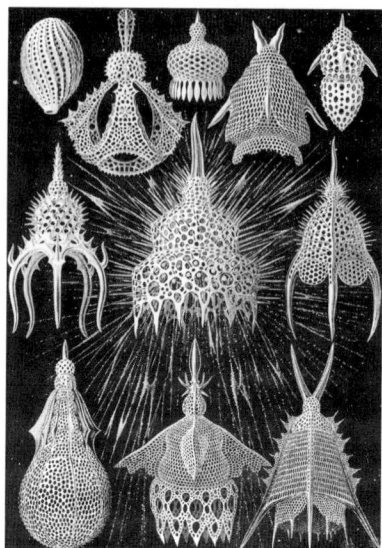

海克尔的放射虫是比奈的直接灵感来源——特别是中间一行的图案

烛台，从家具到纺织物。玻璃门上蚀刻着盘曲的装饰图案，描绘着花朵的卷须；家具设计师则在桌脚和扶手上下功夫，雕刻出树枝般的线条。

这些有机生命的运动和线条给予了新艺术运动独特的风格。在 20 世纪的最初十年中，巴塞罗那建筑师安东尼·高迪将海克尔的海洋生物放大为独特的栏杆和弧顶。他用海胆的图案装饰彩色玻璃，模仿鹦鹉螺的形状设计巨大的吊顶灯。高迪设计的房间、楼梯与窗户，其形状来源于大簇的海草，以及交缠其中的藻类与海洋无脊椎动物。在大西洋对岸，美国建筑师、人称"摩天大楼之父"的路易斯·沙利文（Louis Sullivan）也转向自然寻求灵感。沙利文拥有多部海克尔的著作，并相信艺术家的灵魂可以在作品中与自然合而为一。他的建筑立面装饰有高度风格化的动植物图案。美国设计师路易斯·康福特·蒂凡尼（Louis Comfort Tiffany）也受到海克尔的影响。海藻和水母那轻盈、透明的特质让它们成为玻璃制品完美的装饰元素。蒂凡尼设计的花瓶上常缠绕着多触足的美杜莎水母，他的工作室甚至推出了一款用黄金与铂金制成的"海藻"项链。

　　1900 年 8 月底，从耶拿前往爪哇的海克尔在巴黎短暂停留，他参观了在那里举办的世界博览会。他看到一只自己发现的放射虫：法国建筑师勒内·比奈（René Binet）借用海克尔的海洋微生物图案，创作了世界博览会入口处的纪念拱门———一座巨大的金属建筑。一年前，比奈曾致信海克尔，告诉他这座建筑的"一切细节都受您研究的启发"。新艺术运动在世界博览会上扬名四海，大约共有五千万人次从海克尔的巨大放射虫拱门下走过。

　　此后，比奈发表了一本题为《装饰草图》（*Esquisses Décoratives*）的著作。他在书中演示了如何将海克尔的插图转化为室内装潢的设计元素：热带水母变成了台灯，单细胞生物化身为电灯开关，显微镜下的细胞剖面图正好用作壁纸的图案。比奈呼吁建筑师和设计师"向伟大的自然实验室寻求帮助"。

　　珊瑚、水母和海藻就这样进入了现代家庭。想不到，海克尔 40 年前半开玩笑地向阿尔默斯提出的建议竟然成为了现实：他的意大利放射虫真的衍生出了一种新的风格。在耶拿，海克尔用心爱的水母来命名自己的住宅，称其为美杜莎山庄，[1] 并以相应的风格进行装修：例如，餐厅天花板上的花环状图案来源于他在斯里兰卡发现并加以描绘的一只美杜莎水母。

　　当时，人类正将自然拆解成越来越小的单元——细胞、分子、原子乃至电子，而海克尔相信，这个支离破碎的世界需要重新整合。洪堡向来强调自然的整体性，但海克尔更进一步，成了"一元论"的坚定支持者： 312 这种认识认为，有机世界与无机世界之间不存在明确的界限。一元论反对精神与物质的二分，用统一的整体观取代上帝的位置，也因此成为 20 世纪初最重要的替代（ersatz）宗教。

　　在《自然界的艺术形态》第一卷发表的同年，即 1899 年，海克尔还

---

1. 海克尔的别墅，恰好就位于 1810 年歌德为弗雷德里希·席勒勾画花园宅第的地方。海克尔可以从窗口望见露特拉小河对面席勒的旧宅——就在那里，洪堡兄弟、歌德和席勒共度了 1797 年初夏的无数个美妙夜晚。——原注

比奈设计的电灯开关，多取材于海克尔的画作

海克尔绘制的美杜莎水母，被复制到美杜莎山庄室内的天花板上

出版了另一部题为《宇宙之谜》（*Welträthsel*）的著作，该书主要阐释一元论宇宙观的哲学基础。这部书在国际上大获成功，单在德国就售出了45万部。《宇宙之谜》被翻译成包括梵文、中文和希伯来文在内的27种语言，成为世纪之交最具影响力的大众科学读物。海克尔在书中讨论灵魂、身体和自然的整体性，也讨论知识与信仰、科学与宗教。这本书成了一元论的圣经。

在海克尔的书中，真理女神居住在"自然的神庙"中。一元论"教堂"的高耸立柱是修长的棕榈树和藤蔓环抱的热带树木；这里不设神坛，只供奉水族箱，里面都是精巧的珊瑚和色彩缤纷的鱼类。他说，在"我们自然母亲的子宫"中，流淌着一条具有"永恒之美"的河流，它永不干涸。

海克尔还相信，自然的整体性可以通过美感来表达。他认为，浸润了自然影响的艺术可以唤起一个全新的世界。正如洪堡已经在"伟大的

《宇宙》"中写到的，艺术可以滋养对自然的热爱，因此是最重要的教育手段之一。海克尔认定，洪堡所谓的对自然的"科学与美学的凝视"，是理解宇宙的必经之途。而这般由衷的欣赏，之后也将成为一种"自然的宗教"。

在海克尔看来，只要有科学家和艺术家，这个世界就不再需要牧师与大教堂。

23

环境保护与自然：
约翰·缪尔与洪堡

从童年时在泰格尔的林中漫步，到成年后在安第斯山脉的艰苦跋涉，洪堡从未停止行走。即便到了60岁，他仍然可以凭着旺盛的精力连续步行或登山数小时，令他的俄国旅伴大为惊讶。洪堡曾说，徒步旅行教给他自然的诗意。他在不停的走动中感受自然。

1867年夏末，也就是洪堡去世8年后，29岁的约翰·缪尔收拾行囊，离开印第安纳波利斯——他刚在这里结束了为期15个月的工作。缪尔此行的目的地是南美洲。他只带了轻便的行囊：几本书、几块肥皂、一条毛巾、一个植物标本夹板、几根铅笔和一本本子，除了身上穿着的这一套衣服，还带了几件换洗内衣。缪尔着装朴素、整洁，高高瘦瘦、面容英俊，一头卷曲的褐色头发，清澈的蓝眼睛随时都在观察周围的环境。"我多么想成为洪堡那样的人！"缪尔急不可耐地感叹道。他想去看看那"白雪覆盖的安第斯山和生长在赤道上的花朵"。

离开印第安纳波利斯城后，缪尔在一棵树下小憩。他从口袋中掏出地图展开，开始计划前往佛罗里达的路线——他打算从那里找船去往南美洲。他掏出空白的本子，在第一页上写下这样一行字："约翰·缪尔，坐标：行星地球，宇宙"——由此可见，他将自己置身在了洪堡的宇宙之中。

约翰·缪尔出生在苏格兰东海岸的邓巴镇，童年时常常在附近的原野和岩石滩上玩耍。他的父亲是极为虔诚的宗教信徒，禁止家中出现任何图画、装饰品或乐器。缪尔的母亲则试图在屋外的花园中发现美好的事物，孩子们自由自在地游荡在乡间。缪尔后来回忆道："我喜欢一切具有野性的事物。"父亲强迫他背诵《旧约》和《新约》的全部章节，要求他"用心和酸痛的肌肉"来记忆。为此，他常常偷偷逃走。不在户外时，他就沉浸在亚历山大·冯·洪堡的旅行故事中，幻想自己有一天也能去到远方的国度。

缪尔11岁时，他们全家移民到了美国。父亲丹尼尔·缪尔对苏格兰教会越来越不满，希望到美国寻求宗教自由。他想遵循纯正的圣经教诲，而不是遵循那些被教会组织玷污了的教条而生活；他想担任自己的牧师。于是，缪尔一家在威斯康星州买下一块土地，定居了下来。一从农活中得闲，约翰就在周围的草地和森林中漫步，对流浪的向往将贯穿他的一生。1861年1月，22岁的约翰·缪尔开始在麦迪逊的威斯康星大学修习"科学课程"，并在那里遇到了珍妮·卡尔（Jeanne Carr），一位教授太太，也是富有才华的植物学家。卡尔鼓励缪尔修习植物学，并向这位年轻人开放她的图书馆。他们成了好友，并长时间地保持活跃的通信。

正当缪尔在麦迪逊投入地研究植物学时，整个美国因内战而陷入分裂。1863年3月，也就是萨姆特堡的枪声打响两年后，林肯总统签署了美国第一项征兵法案：单是在威斯康星州，就必须征到4万名成年男子。麦迪逊的学生们纷纷议论着枪、大炮和战争。缪尔被同学们"乐意去参与谋杀"的态度震惊了，他自己对此毫无兴趣。

一年后，即1864年3月，缪尔离开了麦迪逊。为了逃避征兵，他跨越国境，一直去到加拿大——对他而言，这就是一所全新的"荒野大学"。此后的两年间，他穿行乡间，一用完手头的钱就停下来打些零工。他极具发明灵感，可以为锯木厂制造机器和工具。但追随洪堡足迹的梦想一直萦绕着他。一有机会，他就去远足旅行，足迹遍布安大略湖一带，甚至还探访了尼亚加拉瀑布。缪尔涉水渡河，踏过沼泽和密林，继续收集植物，并将它们压平晾干，不断丰富自己的小型标本收藏。一次，缪尔借住在多伦多北面的一户农家，并在那里做了一个月的短工。主人注意到他对标本的精心整理，开玩笑地给他起了"植物学小子"的绰号。当缪尔手脚并用地爬过林中盘根错节的根系、避开低垂的树枝时，他想到的是洪堡笔下"奥里诺科河畔洪水泛滥的森林"。他感受到自己"与宇宙之间存在某种简单关联"，而这一内心的纽带将伴随他终生。

316　　1866年春天，缪尔正在加拿大休伦湖畔的米阿福德打工，一场突如其来的大火烧毁了那里的磨坊。受这一事件影响，他把自己的思绪转向了家乡。一年前，持续了5年之久的内战终于结束，缪尔准备回到美国。他简单地收拾好行囊，然后开始研究地图：该去哪里呢？他决定去印第安纳波利斯，因为那是一座铁路枢纽城市，应该有足够的工厂，他也就不愁找不到工作了。更重要的是，这座城市地处"北美大陆落叶硬木最丰富的林区之一"。在这里，他既能谋生，又能实现自己在植物学上的追求。

　　缪尔果然在印第安纳波利斯的一家生产车轮和马车零件的工厂找到了工作。这份工作只是暂时的，因为缪尔的计划是一旦攒够钱，就去南美洲采集植物。然而1867年3月初，当他试图缩短一台圆锯上的皮带时，这一计划被遽然打断：在解开将皮带和尖头金属锉绑在一起的线绳时，锉头不慎滑落，正朝着他的脑袋砸来，直扎进了右眼。他将手掌放在伤眼下面，感受到液体滴到掌心上：他失明了。

　　最初，缪尔只有右眼看不到光，几小时后，他的左眼也逐渐失明。黑暗笼罩了他，之前的那一刻改变了一切。多年以来，缪尔都沉浸在"对热带植物缤纷景象的想象中"，但现在，他大概要与南美洲的色彩永远告别了。在此后的数周内，缪尔躺在一间黑暗的小屋中休息，附近人家的男孩们来探望他，并给他朗读书籍。然而让医生极其惊讶的事情发生了：缪尔的双眼正在慢慢痊愈。他先是能够看到房间中家具的模糊的轮廓，然后可以认出人的面孔；休养4周后，他甚至可以辨认字母，并第一次出门散了步。当他的视力完全恢复后，再没有什么可以阻挡他前往南美洲的决心。他要亲眼见到"繁盛的热带植被"。9月1日，也就是事故发生6个月后，缪尔先回到威斯康星和父母兄弟告别。他把日记本拴在腰带上，肩上背着他的小包和压制标本的夹子，就此踏上了从印第安纳波利斯到佛罗里达长达1 000英里的征程。

一路向南，缪尔走过满目疮痍的国土。内战破坏了道路、工厂和铁路等基础设施，很多农场都已遭抛荒、废弃。南方的大部分财富都毁于战争，而南北矛盾仍然尖锐。1865年4月，距离内战结束还不到一个月时间，亚伯拉罕·林肯遇刺身亡，继任的安德鲁·约翰逊试图将国家重新带回统一的轨道。虽然奴隶制已经废除，但就在缪尔离开印第安纳波利斯的一个月前，黑人才第一次参与田纳西州州长的选举投票，重获自由的奴隶并未得到平等对待。 **317**

缪尔特意避开城市、乡镇和村庄，他想尽情地沉浸在自然中。有些夜晚，他露宿林中，醒来时能听到黎明时分鸟群的合唱；有时则会借宿在人家农场的谷仓里。在田纳西州，他登上了人生中的第一座高山：望着脚下铺展开去的山谷和林木葱郁的山坡，欣赏着起伏有致的风景。继续前行，缪尔开始用洪堡的眼睛来观察眼前的山峰和植被分布。他注意到，自己在北方见过的植物，到了南方则生长在海拔更高、温度较低的山坡上，谷底的植物更体现了南北差异。这些都是他前所未见的。缪尔意识到，山脉就像"宽阔的大道，北方植物通过它们向南方扩张地盘"。

缪尔花了45天的时间走过印第安纳州、肯塔基州、田纳西州和佐治亚州，最终到达佛罗里达州。在此期间，他的想法逐渐开始转变。好像每远离旧日生活一英里，他就越接近洪堡的思想。他收集植物，观察昆虫，躺卧在苔藓铺就的林地上，慢慢地以一种全新的方式来体会自然。以往他只为自己的植物标本收藏收集单个物种，现在却开始看到事物之间的联系。在这张巨大的生命之网中，每一环都十分重要。缪尔认为，没有什么能够孤零零地单独存在。微小的生物和人类一样，都是这张大网的组成部分。他问道："我们无非都是伟大造物中的一个微小单元，人类有什么理由认为自己更高贵呢？"在洪堡的"宇宙"中，人类当然是不可缺少的，但少了"只能在显微镜下才能看到的微小生物"也同样遗憾。

在佛罗里达州期间，缪尔患上了疟疾，体力不支病倒。但休整了几星期后，他便搭船前往古巴。对热带的"壮丽山峰和开满鲜花的原野"的向往帮助缪尔挨过了痛苦的高烧，但他的身体依旧十分虚弱。在古巴，他没有足够的精力探索这个洪堡曾经居住了若干个月的岛屿。耐不住反复发作的高烧，缪尔终于不情愿地放弃了南美洲计划。他决定前往加利福尼亚，希望那里较为温和的气候能帮助自己恢复健康。

1868年2月，在古巴停留了一个月的缪尔来到纽约，因为他在那里找到了便宜的前往加州的交通方式。当时，从北美洲的东海岸到西海岸，最快和最安全的路线不是横穿大陆，而是乘船。缪尔只用了四十美元就买到了一张普通舱船票，先从纽约向南折返到巴拿马加勒比海岸的科隆（Colón），再从那里乘火车行进50英里，跨过巴拿马地峡，到达太平洋海岸的巴拿马城。在那里，他第一次看到了热带雨林，但只是透过火车车窗遥望。[1]眼看着缀满紫色、红色和黄色花朵的树丛以"残酷的速度"从面前掠过，缪尔只能"从站台上望一望，然后哭泣"。他没有时间开展细致的植物学考察，因为必须加紧奔赴巴拿马城，去搭乘下一艘双桅船。

1868年3月27日，离开纽约一个月后，缪尔到达美国西海岸的旧金山。他十分讨厌这座城市。在过去的20年内，蜂拥而来的淘金者已经使曾经只有1 000多人的小镇变成了拥有15万居民的大城市，银行家、商人和企业家紧跟其后。街上是喧闹的酒馆和琳琅满目的商店，仓库里满贮货物，酒店住宿十分方便。在旧金山的第一天，缪尔就拦住一位行人，向其打听出城的道路。当那人问他想去哪里时，缪尔的回答是："哪里都行，只要是荒野！"

而他真的很快就置身在荒野之中了。在旧金山住了一晚后，缪尔离开城市，向内华达山脉进发。这道纵贯加利福尼亚州南北、长达400多英里（部分东面的山脉位于内华达州）的山脉与太平洋海岸大致平行，距海岸线约100英里。它的最高峰海拔近15 000英尺，位于旧金山以东180英里处的约塞米蒂谷则卧于其中部。约塞米蒂谷四周由巨大的花岗

---

1. 洪堡关于巴拿马运河的设想尚未被实现；不过，科隆和巴拿马城之间的狭窄地段修建了一条铁路。缪尔到达时，铁路刚刚完工13年（建成于1855年），但已经运送了成千上万奔赴加州淘金的人们。——原注

岩和奇崛的峭壁环抱，以瀑布和森林而著称。

为了去往内华达山脉，缪尔首先需要跨过中央谷地——一片位于山脚下的宽广平原。穿行在高高的野草和野花间，缪尔觉得这里完全"是另一个伊甸园"。中央谷地就像一块巨大的花毯，缤纷的色彩在他脚下延展。在此后的几十年中，这一切都将改变——农业和灌溉系统将中央谷地转化成了世界上最大的果园和蔬菜种植基地。日后，缪尔将悲哀地感叹，这片壮观的野生草场已经"在耕犁和放牧的影响下消失了踪迹"。 319

缪尔一路朝着高山走去，尽力避开道路和民居。他沐浴在甜美的颜色和空气中，"美好得可以让天使尽情呼吸"。远处，内华达山脉的雪顶闪耀着纯洁的光辉，"像天宫的城墙"。当他终于走进长达7英里的约塞米蒂谷时，不禁被眼前这般未经驯化的荒野之美所折服。

山谷周围高耸的灰色花岗岩壁十分壮观，最高的半月岩（Half Dome）高近5 000英尺，它傲然挺立，像俯视整片山谷的哨兵。这座岩石朝向山谷的一侧平整如削，另一侧则呈优美的圆弧形，像一道被劈成两半的拱门。酋长岩（El Capitan）同样令人惊艳，至今仍以其险峻吸引着无数攀岩爱好者。山谷两面尽是几乎与地面垂直的花岗岩山崖，仿佛是有人直接劈开了岩石。

缪尔到达时正值约塞米蒂谷最好的季节。融化的积雪流下岩坡形成瀑布，仿佛直接"从天空奔涌而下"。水花四溅，到处都可以看到彩虹。约塞米蒂瀑布通过一道狭缝，飞流直下约2 500英尺——它也是北美洲最高的瀑布。山谷中丛生着一片片松树林，还分布着一个个小小的湖泊——湖面如镜，能倒映出周围的景色。

可以与这番震撼人心的景象相媲美的，是位于山谷以南约20英里处马利波萨树林里的古老红杉树（*Sequoiadendron giganteum*）。这些高耸、直立、庄严的古代巨人仿佛来自另一个世界，它们只分布在内华达山脉西麓。这里的红杉树有些高近300英尺，有几棵的树龄甚至超过2 000年。它们既是地球上最巨大的独株树木，也是地球上最古老的生物。雄伟如巨柱的树干上覆盖着厚实的树皮，其上遍布着发红的纵向纹路，而树干低处完全不生侧枝。古老的树冠直入云霄，看起来比实际更高大。缪尔何曾见过这般景象。他兴奋地大声呼喊，绕完一棵再跑向另一棵。

320 缪尔时而趴在地上，微微抬起头，拨开草丛观察"地表的苔藓世界"与在其中忙碌奔波的蚂蚁和甲虫；时而又开始思索约塞米蒂谷的地质成因。他用洪堡的眼睛观察自然，同时注意到微小的细节和宏大的风景：正如洪堡既会被安第斯山脉的壮阔风景吸引，也会从雨林中某棵树上的花簇中数出 44 000 朵花。现在，缪尔在一码见方的范围内数出了"165 913 朵盛开的花朵"，并为"如光亮拱顶般的天空"欣喜不已。巨细融为一体，密不可分。

后来，缪尔在自己的第一本书《夏日走过山间》(*My First Summer in the Sierra*)中写道："当我们试图拾起某件东西时，总会发现它与宇宙中的其他事物勾连在一起。"他将一再回到这一主题，反复提到"千百条隐形的线索""无数牢不可破的线索"和"坚不可摧的事物"，而这些都指向一种自然观，即万事万物都相互关联。每一朵花、每一棵树、每一只昆虫鸟兽、每一条溪流和每一片湖泊，都在邀请他去"学习它们的历史和相互之间的联系"。这是缪尔在约塞米蒂谷度过的第一个夏天所获得的最大成就，即"关于整体与关联的一课"。[1]

此后数年间，缪尔一有机会就重返他钟爱的约塞米蒂谷，有时停留数月，有时几周。如果不在内华达山脉中攀登、行走和观察自然，他就在中央谷地或山脚下找些临时的工作。他在山中当过牧羊人，也在农场里帮过忙，还给约塞米蒂谷的一家锯木厂打过工。某年在约塞米蒂谷，缪尔给自己建造了一间小木屋，底下有小溪流过，夜间可以枕着淙淙流水声入眠。屋里还长着蕨类，门首有青蛙蹦跳，内外浑然一体。缪尔尽一切可能在山中度日，"在群峦间长啸"。

缪尔说，在山间走得越远、登得越高，世界就越来越清晰。他记下

---

1. 缪尔在他拥有的《自然之观点》和《宇宙》中，画出了洪堡讨论"各种力量的和谐协作"与"自然界一切生命力的统一性"的章节，以及洪堡著名的言论，"自然的确是整体的一种反映"。——原注

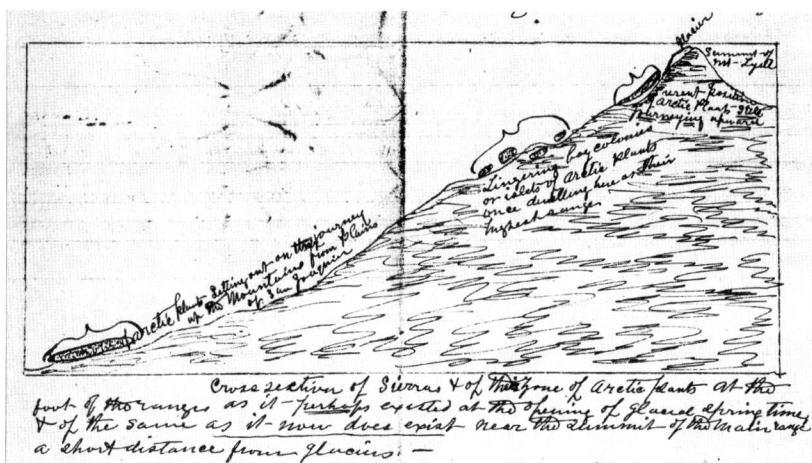

缪尔的草图展示了极地植物在数千年间的迁移过程。他标出了三个地点：平原，"开始向着山顶进发的征程"；半山腰，"有些还在这里徘徊"；接近顶峰，"极地植物最晚近的位置——还在向上移动"

自己的观察、描画速写、收集标本，并去攀登更高的山峰。他从山顶爬到峡谷，再返回向上，不断地测量、比较，为最终理解约塞米蒂谷的成因积累数据。

当时，有科学家正在对加利福尼亚州进行地质勘查，并认为约塞米蒂谷的形成源自某些灾难性的爆发事件。但缪尔第一个认识到，地表现在的模样是由缓慢移动的巨大冰川雕琢出来的。他开始从岩石上读出冰川的足迹与刻痕。当他发现现存的冰川时，就把木桩插入冰中，之后便发现它在46天内移动了若干英寸。由此，缪尔证明正是冰川移动造就了约塞米蒂谷。他自称变成了一个彻头彻尾的"冰人"。"我没有什么可以寄给你，除了那些被冰冻了的以及可以冻住的东西。"他在给珍妮·卡尔的信中写道。虽然缪尔仍然想要一睹安第斯山的风貌，但最终还是决定：只要内华达山脉"信任我，并且和我说说话"，"我"就不再离开加利福尼亚。

在约塞米蒂谷期间，缪尔也在思考洪堡的植物分布理论。1872年春天，也就是在这里住了3年后，缪尔画出了极地植物在数千年内从中央谷地的平原迁移到山脉冰川的路径草图。他解释道，图中标出了植物在

"冰川时代的早春"所处的位置，以及它们现在的生长位置（顶峰附近）。这幅草图直接承继了洪堡的"自然之图"，并揭示了缪尔的新观念，即认为植物学、地理学、气候与地质现象之间紧密关联。

缪尔对自然的欣赏既是智识上的，又诉诸情感和本能。他"无条件地"归降于自然，并对无处不在的危险毫不在意。某天晚上，他爬上约塞米蒂瀑布后方一块危险的石台，想要看看某道可能是冰川刻蚀留下的痕迹。忽然，他脚下一滑，直落了下去，幸而抓住了旁边一块凸出的岩石！他趴在500英尺高的石台上，前方瀑布的水花无情地将他逼退到后方的石墙处。他全身都湿透了，几近晕眩。等他终于手脚并用地爬下石台时，天已经完全黑了。但他精神昂扬，说好像经历了一场瀑布施予的洗礼。

一到山里，缪尔就感到格外自在。他跳过一个又一个陡峭的冰坡，一位朋友形容他"像山羊一样老练"。他还喜欢爬上最高的树，也会为冬天猛烈的风暴兴奋不已。1872年，大地强力震颤，撼动了整个约塞米蒂谷和他的小屋。缪尔跑到室外大呼："多么壮观的地震！"望着巨型花岗岩的颤抖，他看到的是自己山岳成因理论的现场演示。他说："毁灭即创生。"这才是像样的发现，人怎么可能在实验室里找到自然的真理呢？

在加利福尼亚的最初几年，缪尔给家中的朋友和亲人寄去热情洋溢的信件，并引导来访者参观约塞米蒂谷。大学时代的导师和老朋友珍妮·卡尔夫妇从麦迪逊搬到加州，珍妮介绍缪尔认识了不少科学家、艺术家和作家。缪尔写道，自己总是很好认的那个，"皮肤晒得最黑，肩膀最圆，又最害羞"。他欢迎来自美国各地的科学家。

来访的包括广受尊敬的美国植物学家阿萨·格雷（Asa Gray）和约翰·托里（John Torrey），以及地质学家约瑟夫·勒孔特（Joseph LeConte）。约塞米蒂谷吸引着越来越多的游客，来访人数很快达到数百人之多。1864年6月，也就是缪尔到达这里的三年前，美国政府将约塞米蒂谷授予加利福尼亚州政府，作为方便"公众使用、休闲和娱乐"的公园。在工业化步伐越来越快的时代，人们搬进城市，开始怀念生活中失去的自然。于是，他们来到约塞米蒂谷，牵着驮满了文明生活便利产物的马匹。缪尔写道，这些人身着华服，好像穿梭在岩石和树林间的多彩"甲虫"。

其中一位访客是梭罗的旧日师长，拉尔夫·沃尔多·爱默生。珍妮·卡尔鼓励他和缪尔见面。在二人见面的那几天内，刚满33岁的缪尔给年届七十的爱默生看了自己的草稿和植物标本收藏，并带他参观了山谷和自己钟爱的马利波萨林中的红杉树。但爱默生坚持在山谷中供游客租住的小屋里过夜，拒绝露天扎营。缪尔感到失望，他认为这为"了不起的超验主义记上了一笔悲哀的注脚"。

然而爱默生十分赞赏缪尔的知识和对自然的热爱，想邀请他去哈佛大学教书——那是爱默生的母校，他至今还偶尔前去演讲。缪尔拒绝了这一邀请。他已经浸染了太多野性，无法适应东海岸的名校圈子。按他自己的话说："老糊涂了，没法在他们那座热火朝天的、特制的教育锅炉里发光发热。"缪尔向往的是荒野。爱默生告诫他："独处固然是出众的情人，但作为妻子却令人难以忍受。"缪尔不为所动。他热爱远离尘世的生活，如果时刻都能与自然对话，那又怎么算得上孤独呢？

这样的对话在多个层面上进行。与洪堡和梭罗一样，缪尔相信，在理解自然的过程中，个人感受和科学数据一样重要。他起初只是通过收集标本来理解自然，却很快意识到这一方式的局限性。日后，他将在为没有受过科学训练的普通大众撰写的书中大量引用对事物纹理、颜色、声音和气味的描述。在约塞米蒂谷最初几年中写出的信件和日记里，每页纸上都洋溢着缪尔与自然之间深入的感官联系。"我在林子里——林子里——林子里，而它们也在我——我——我的里面，"他写道，又或是"我希望自己沉醉，并且像红杉一般（Sequoical）"——在这里，他将红杉树的强韧特质转化成了一个动人的形容词。

树叶在巨石上投下"飞舞的影子，它们跳着快速、欢欣的旋转华尔兹"，流淌的溪水仿佛正在"咏叹"。自然在与缪尔对话。山岳召唤他"去往更高处"；清晨，动物和植物们一起呼喊："醒来吧，醒来吧，欢悦吧，欢悦吧，来爱我们，加入我们的歌唱——来啊！来啊！"他还与瀑布和

323

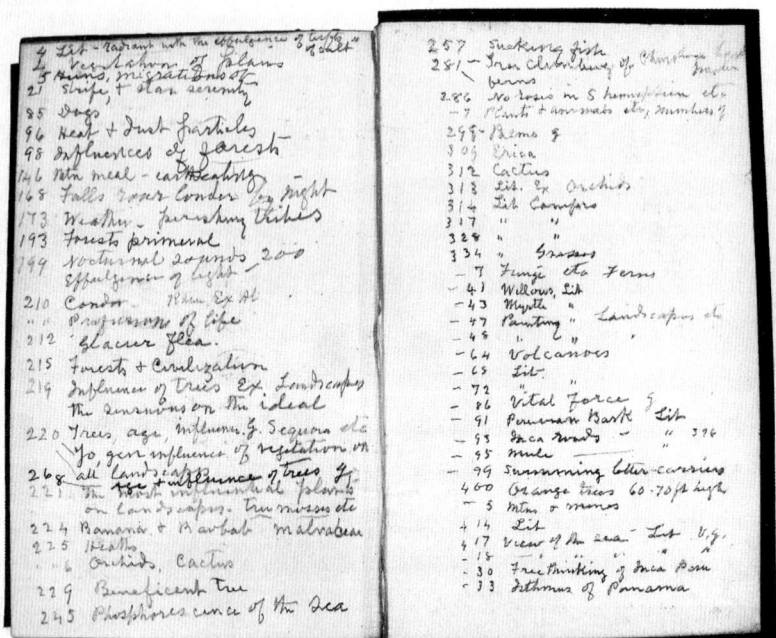

缪尔为洪堡的《自然之观点》制作的索引。他列出了诸如"森林之影响""森林与文明"等话题，并记下了书中论述的树木对气候、土壤和水分蒸发的影响，以及农业和砍伐林木所带来的破坏性影响的页码

花朵对话。在给爱默生的信中，缪尔描述了自己向两朵紫罗兰询问它们对地震之感受的有趣片段，他从花朵处得来的回复是——"那全都是爱啊"。缪尔在约塞米蒂谷发现了一个生机勃勃的世界，而这也正是洪堡眼中作为一个有机生命的整体的自然。[1]

缪尔描写"自然的呼吸"与"自然广博的心灵之律动"，而自己就是"荒野自然的一部分"。有时，读者甚至分不清他是在说自己还是在谈论自然："4月，四个万里无云的日子为每一个孔洞和每一条缝隙注入了未经软化、

---

1. 洪堡经常提到，一切事物中都充溢着生命——岩石、花朵、昆虫等。缪尔在自己拥有的那本《自然之观点》中，着重地在洪堡关于"宇宙无处不在的生命"与"永不停歇"的有机力量的论述下画上了标记线。——原注

不曾冲淡的阳光"——这里指的是缪尔身上的毛孔与缝隙，还是这片风
景中的角角落落？

洪堡对于自然的情感回应，到了缪尔这里成了一种灵魂层面的对话。
洪堡看到的是内在于自然的创造力，缪尔找到的则是神迹。他在自然中
发现了上帝，但这个上帝并不同于教堂讲坛上的神主。内华达山脉就是
他的"山形神庙"，岩石、植物与天空就是神的语言，可以作为天赐的
文字来解读。自然世界"给我们开启了一千扇窗户来展现上帝"，缪尔
在约塞米蒂谷度过的第一个夏天写道。每一朵花都像镜子一般地映出造
物主的手。他说，自己会像"使徒"般为自然传道。

缪尔不仅在与自然和上帝对话，更在回应洪堡的思想。他拥有《自
然之观点》《旅行故事》和《宇宙》——每一本都用铅笔写满了批注。
他对洪堡在南美洲遇见的原住民部落十分感兴趣，因为他们将自然视为
神圣的存在。洪堡描述道，这些部落会严厉地惩罚那些"侵犯自然庙堂"
之人，并且"除了自然的力量，不再崇拜其他神灵"。正如缪尔所信任
的那样，他们的神就在森林中。洪堡曾写到自然的"神圣殿堂"，而缪
尔则将其转化成了"内华达山脉，那座最高的圣殿"。

缪尔对洪堡极其痴迷，甚至在达尔文和梭罗的书中标出每一页提及
洪堡的内容。和马什一样，缪尔对洪堡关于砍伐林木与森林的生态学功
能特别感兴趣。

越观察周围，缪尔越觉得有必要为这个世界做些什么。整个国家都
在不断变化。每年，美国人都会新开垦 1 500 万英亩耕地；随着蒸汽动力
收割机、割捆机和联合收割机的出现，谷物的收割、脱粒和清洗都转为
机械化操作，农业也开始步入工业化时代。整个世界似乎都在越来越快
地运转。1861 年，第一条横跨北美大陆的电报电缆连接了美国的东西海
岸，通信第一次变得即时可达。1869 年，也就是缪尔在约塞米蒂谷度过
第一个夏天的这一年，全世界都在为洪堡的百年诞辰举办庆祝活动，而
第一条横跨北美大陆的铁路也建到了西海岸。在过去的 40 多年中，铁
路的兴起让美国发生了翻天覆地的变化：单是缪尔在加利福尼亚的最初

5年内，当地就新铺设了33 000多英里长的铁轨。1890年，美国的铁路线已合计长达16万英里，蜿蜒遍布整个国家。空间距离似乎被人为缩短了，但相伴而来的是荒野的退去。很快，美国西部就再也没有未被征服和未经探索的土地了，19世纪90年代也是美国宣布已完成边境拓荒的第一个十年。美国历史学家弗雷德里克·杰克逊·特纳（Frederick Jackson Turner）在1903年宣布："对荒野的艰苦征服已告完结。"

铁路不仅提供了快速抵达偏远地区的交通方式，还带来了标准化的"铁路时间"，美国也由此被划分为四个时区。标准的时钟和手表取代了太阳和月亮自然起落的报时，人们开始以这些机械的运转来测量生命的流逝速度。人类似乎正在全面控制自然，而美国正站在这一发展态势的最前沿：耕作土地，开发利用水资源，为能源所需而砍伐森林。整个国家都在建设、挖掘、烧炼和劳作。铁路的迅速普及让商品和粮食得以便捷地运输到这片大陆的各个角落。19世纪末，美国成为世界领先的工业
326 生产国；农民涌入城市和乡镇，自然渐渐远离了人们的日常生活。

到达约塞米蒂谷后的十年内，缪尔开始用写作"吸引人们觉察自然的可爱"。他参考了洪堡的著作，以及马什的《人与自然》、梭罗的《缅因森林》和《瓦尔登湖》，继而写出了自己的第一批文章。缪尔在《缅因森林》中着重圈出了梭罗关于设立"国家级保护区"的建议，并开始思索如何更好地保护荒野。洪堡的思想最终回归原点，好多位十分重要的思想家、科学家和艺术家不仅受到他的影响，更在互相汲取灵感。洪堡、马什和梭罗一起为缪尔提供了一种思想架构，帮助他以此来理解身边这个不断变化的世界。

缪尔的余生都在致力保护自然。虽然《人与自然》为部分美国人敲响了警钟，但马什主要从国家经济利益的角度出发来倡导环境保护，缪尔则通过十几部著作和300多篇文章来让美国大众爱上自然。他想让人们在山峰和巨树面前心怀敬畏。为了达到这一效果，他用时而诙谐、时而富有魅力的文字吸引读者。如果说洪堡首创了自然文学这一体裁，即

将科学思考与对自然的情感回应结合起来，那么缪尔则接过了这一类型写作的大旗。和很多人一样，他为洪堡的风格所倾倒，自己也继而成为这一领域的大家。"自然本身就是一位诗人，"缪尔说，他只需要让它的声音通过笔尖流淌出来。

缪尔的交流能力极强，其滔滔不绝的口才令很多人印象深刻。缪尔的话中似乎时刻都充溢着各种想法、事实、观察以及从自然中感受到的喜悦。"我们的额头似乎能感受到风吹雨打，"一位友人在听过缪尔的谈话后评论道。他的信件、日记和著作也一样充满热情，逼真的描述使读者仿佛亲临山林。一次，缪尔和负责哈佛大学阿诺德树木园的查尔斯·萨金特（Charles Sargent）教授一起登山，但他惊讶地发现这位拥有极广博的林木知识的人居然对眼前壮丽的秋日风景毫不在意。缪尔连走带跳，哼唱着"荣耀在一切之中"，萨金特则站在那里，"冷静得像块石头"。缪尔问他为何如此淡定，萨金特回答道："我不将自己的心脏别在袖子上。"[1]然而缪尔并不愿意就此罢休，他反唇相讥道："谁在意你把自己的小心脏别在哪里呢，伙计？你站在这片从天而降的景色之前，像个宇宙评论员，摆出这样一副架势：'来吧，自然，给我看看你有什么好东西，我可是从波士顿来的。'"

缪尔在自然中生息。一封早年给红杉树的情书是他用红杉树的汁液制成的墨汁写成的，笔迹至今还闪耀着美丽的红色。信笺抬头写着"松鼠镇，红杉公司，果壳时间"，正文则以"国王树和我发誓永远相爱"为开头。为了自然，他可以放下任何东西。他想对那个"枯燥无味的世界"施予关于森林、生命与自然的布道。那些被文明欺骗了的人们，他写道："那些生病或是成功的人们，来吮吸红杉树的汁水，来获得救赎吧。"

缪尔的书和文章都散发出一股调皮的快乐气息，启发了成千上万的美国人，并重塑了他们与自然的关系。他描写"荣耀的荒野，好像在用一千种如歌的声音呼唤"，暴风雨中的树木"充满了音乐与生命的脉动"。

327

---

1. 原文为 I don't wear my heart upon my sleeve，可引申为"我会隐藏自己的真实情感"。

缪尔的速写，描写自己将露伊推上约塞米蒂谷的一座山

他的语言既切中体验，又极富感情。他抓住读者的内心，带他们进入荒野，登上雪峰，遨游壮观的瀑布，穿过开满野花的草原。[1]

缪尔喜欢以"山中野人"自居，但在内华达山脉和加州郊野生活了5年后，他开始在旧金山和湾区过冬，同时写作。他从朋友和熟人处租了一个房间，虽然仍不喜欢城市中"荒芜、没有蜜蜂"的街道，但也在这里遇见了买下他最早作品的编辑。这些年来，他一直漂泊不定，当兄弟姐妹们不断从威斯康星寄信来，谈起他们的婚姻与新添的子女时，缪

---

1. 只有缪尔严厉的父亲对儿子的自然文学写作不以为然。丹尼尔·缪尔于1873年离开妻子，加入了一个宗教组织；他写信给约翰："你没法用那冰冷的雪山去温暖一位上帝圣徒的心。"——原注

尔也开始考虑自己的未来。

1874年9月，珍妮·卡尔介绍他认识了露伊·斯川泽尔。当时缪尔36岁，而露伊27岁，是一位波兰移民唯一健在的女儿。她的父亲在马丁内斯拥有一大片果园和葡萄园，位于旧金山东北方向30英里处。此后5年，缪尔和露伊保持通信，并经常到她家做客。1879年，二人最终订婚。1880年4月，在缪尔42岁生日的前几天，他们正式举办了婚礼。缪尔夫妇在马丁内斯的斯川泽尔农场定居下来，不过缪尔仍然时常逃遁到荒野中去。露伊明白，她必须在丈夫感到"失落并为农事累得焦头烂额"时让他离去。他最终总会精神抖擞地归来，和妻子共度一段时光。他们后来有了两个女儿，深得父亲的宠爱。露伊只陪丈夫去过一次约塞米蒂谷。那次，缪尔用手杖推着她的背帮她爬上山顶——虽然他认为这是一次出于好意的尝试，但此后再也没有这么做过。 328

缪尔可以为自己的农场担任经理，但他从未喜欢过这个身份。1890年，露伊的父亲去世，留给她一笔总价值约为25万美元的财富。他们决定卖掉一部分土地，雇缪尔的妹妹和妹夫来帮忙经营余下的地产。已经年过五旬的缪尔乐于从农场的日常事务中解脱出来，这样他就可以集中精力去做更重要的事情。

在经营马丁内斯的斯川泽尔农场的几年中，缪尔从未停止对约塞米蒂谷的热爱。在驰名美国的文学杂志《世纪》（*Century*）担任主编的罗伯特·安德伍德·约翰逊（Robert Underwood Johnson）鼓励缪尔，并使他最终决定开始为荒野而战斗。每次重回约塞米蒂谷，他都会看到更多变化。虽然这里是一处州立公园，但法规的执行极其松散，加利福尼亚州并没有很好地管理这片山谷。羊群的咀嚼让山谷的地面变得 329 荒芜，接待游客的设施遍布各处。缪尔还注意到，自他20年前初到内华达山脉以来，很多野花都消失了。山中处于公园地界以外的红杉树——缪尔钟爱的树种——都已经被砍伐用作了木材。缪尔为自己看到的浪费与破坏而震惊。日后，他将写道："这些经过锯床的树木无疑将成为上好的木材，就像乔治·华盛顿经一个法国厨子的手就可以变成一道上好

1903年，西奥多·罗斯福总统和约翰·缪尔在约塞米蒂谷的冰川点附近

的菜肴一样。"[1]

在约翰逊的不懈督促下，缪尔将自己对自然的热爱转化成行动，开始用写作来呼吁在约塞米蒂建立一座国家公园的计划——就像怀俄明州的黄石国家公园一样（后者建立于1872年，是美国当时最早和唯一的一座国家公园）。1890年夏秋之际，约翰逊开始在华盛顿游说众议院建立约塞米蒂国家公园，缪尔则在广受欢迎的《世纪》杂志上发表文章，确

---

1. 缪尔在梭罗的《缅因森林》中画出了一段相似的论述："但松树和人相比，并不更像木材。把树木切成木板、用来搭建房子等，都并不是它最真实和崇高的用法，正如人最真实的归宿并不是被切碎做成肥料……一段死去的松树不再是松树，正如一具死人的躯体不再是一个人一样。"
——原注

保这一议题能受到广泛关注。他的文字总是配有精美的铜版画，上面绘有约塞米蒂的峡谷、山峰与树木，一下子就能将读者带入内华达山脉的荒野之中。在缪尔的笔下，峡谷是"大山中的街道，充溢着生命与光"，花岗岩巨石矗立在青翠的草地上，"顶端高耸入云"；鸟儿、蝴蝶和蜜蜂扇动翅膀，"化空气的震颤为音乐"；逐级而下的小瀑布"涡旋着跳跃起舞"，壮观的大瀑布击打出无数泡沫，跌宕而下如九曲回环，溅起的云雾如"绽放的花朵"。

缪尔的文字将约塞米蒂谷的神奇之美带到无数美国家庭的厅堂之中。与此同时，他警告道，这一切都将被锯木厂和羊群毁尽。一大片土地需要保护，因为山谷的支脉和流入约塞米蒂谷的小溪密切相关，"如同手指之于手掌"。山谷并不是一块孤立的地界，而是属于自然的、伟大的"和谐整体"，牵一发而动全身。

1890 年 10 月，就在缪尔在《世纪》上发表文章仅仅数周后，将近 200 万英亩土地被划为约塞米蒂国家公园，由联邦政府管辖。然而新公园的中心圈出了一块地方，那就是约塞米蒂谷本身，仍然由疏忽职守的加州州政府管理。 330

这是重要的第一步，还有很多后续工作。缪尔相信，只有"山姆大叔"——也就是联邦政府——才有能力保护森林，不让它们遭到"傻瓜们"的破坏。单是将一片土地划为公园或保留林地还不够，必须配备相应的监管和执法力量。两年后，也就是 1892 年，缪尔参与创立了山峦俱乐部（Sierra Club）：这个以守护荒野为职责的民间团体至今仍是美国规模最大的草根环境组织。缪尔希望能够由此"为野生环境做些事情，让山岳感到喜悦"。

他继续写作，不懈地开展宣传活动。他的文章发表在全国各大刊物上，如《大西洋月刊》（*Atlantic Monthly*）、《哈泼斯新月刊》（*Harper's New Monthly Magazine*）以及约翰逊的《世纪》，影响的读者面逐渐扩 331 大。20 世纪初，他的声望达到了顶峰，连西奥多·罗斯福（Theodore Roosevelt）总统到约塞米蒂露营度假时，都特意要求缪尔陪同。1903 年

3月，罗斯福写信给缪尔："我不需要别人陪我，有您就足够了。"两个月后，这位同样热爱自然，但也喜爱围猎大型动物的高个子总统抵达了内华达山脉。

这二人站在一起的效果颇为奇特：65岁的缪尔瘦削结实，比他小20岁的罗斯福则壮实、粗犷。在四天的时间里，他们在三处不同的地方扎营："由巨型红杉树组成的庄严神殿"，高处有积雪覆盖的岩壁顶坡，以及位于酋长岩灰色峭壁之下的山谷底部。在雄伟巨石和高耸树木的环抱之下，缪尔说服总统：联邦政府应该从加州州政府处收回约塞米蒂谷，然后将它并入规模更大的约塞米蒂国家公园。[1]

洪堡看到并理解自然面临的威胁，马什将自己掌握的证据构建成一个令人信服的结论，而缪尔则将对环境的忧思播种到更广泛的政治视野中，并将其提升为公众心目中的重要议题。马什和缪尔之间存在重要的差异。马什反对破坏森林，希望节省自然资源保护（conservation）起来；他呼吁进一步规范对树木和水资源的利用，以便实现可持续的平衡。

而缪尔则以不同的方式阐释洪堡的思想。他提倡保存（preservation），即将自然隔离保护，使它们不受人类影响。他想尽量使森林、河流与山岳保持原始状态，并坚持不懈地朝着这一目标努力。"我没有什么救下森林的计划、系统或招式，"他说，"我只想尽己所能地敲击和捶打。"他还动员大众，激发他们的意愿，以此获得支持：成千上万的美国人读到他的文章，他的著作更是成了畅销经典。缪尔无畏的声音回荡在北美大陆的各个地方。他，成了美洲荒野最强硬的守护者。

缪尔参与的最重要的抗争之一，是反对赫奇赫奇山谷修筑水坝的计划。这座山谷并不是很出名，但也十分壮观，地处约塞米蒂国家公园范围内。1906年，一场地震和火灾过后，长期苦于水资源短缺的旧金山市向美国政府提出申请，希望在流过赫奇赫奇山谷的河流上修建大坝，从而给不断扩张的大都市建造一座水库。缪尔当即反对这一提议。他写信

332

---

1. 罗斯福信守承诺，于1906年将约塞米蒂谷和马利波萨林并入了约塞米蒂国家公园。——原注

给罗斯福总统，提醒他在约塞米蒂谷度过的露营时光，指出保护赫奇赫奇刻不容缓。与此同时，罗斯福也从他委任的工程师那里得到报告，称修建水坝是解决旧金山长期缺水问题的唯一方案。两方的立场都很鲜明，这是美国第一次就保护荒野与人类文明的需求，也就是在保护与进步之间产生争议。缪尔的这一抗争具有重要意义。如果连国家公园的一部分都可以因商业开发而挪用，那么还有什么是真正受到保护的呢？

缪尔写下了更多极富煽动性的文章。同时，山岳俱乐部也敦促民众给总统和政客们写信。围绕赫奇赫奇的抗争演变成了一场全国性的抗议活动。国会议员以及众议员们从忧心忡忡的选民那里收到数千封来信，山岳俱乐部的发言人在政府委员会面前举证，《纽约时报》更称其为"一场普世抗争"。相持多年之后，旧金山最终胜出，水坝开始动工。虽然缪尔十分失望，但他意识到整个国家"从沉睡中被唤醒"。虽然赫奇赫奇不复原貌，但缪尔和致力于保存自然的同道们也学会了如何去游说，如何开展全国性的宣传活动，以及如何在政治角力场上进行博弈——这些都为未来的环保行动树立了楷模。以自然之名发起全国性抗议行动的理念就此诞生，而他们也从中得到了沉痛的教训。缪尔说："无论怎么保护，任何可以转化为美元的东西都不是绝对安全的。"

虽然历经了风风雨雨，但缪尔从未停止过对南美洲的向往。初到加州时，他还坚信一定能成行，但总受到其他事情的羁绊。在给一位老朋友的信中，缪尔写道："我何曾忘记亚马孙，那条地球上最伟大的河流？永远、永远、永远不会。半个世纪以来，它一直在我的心中燃烧，并且会永远燃烧下去。"在爬山、务农、写作和参与政治活动之外，缪尔还抽时间前往阿拉斯加考察，然后又环游世界，还专程参与了考察树木的旅行。他到过欧洲、俄国、印度、日本、澳大利亚和新西兰，但没能前往南美洲。多年以来，缪尔的心中一直怀揣着洪堡的理念。他在柏林短暂停留，参观了洪堡百年诞辰后建起的洪堡公园，并在柏林大学门口的洪堡雕像下致敬。朋友们明白这位普鲁士科学家之于缪尔的意义，并把缪尔的这次旅行称为"洪堡之旅"。其中一位朋友甚至将缪尔的著作放在自己图书馆的"探索文学"分类下，"就在洪堡著作的下一排"。

缪尔执着地惦念着追随英雄足迹的梦想。随着年岁渐长，这一愿望变得愈加强烈，而且家庭的牵绊也减轻了不少。1905年，妻子露伊去世，两个女儿都相继结婚，组建了各自的家庭。1908年，70岁的缪尔早已到了退休年龄，但他仍未放弃旅行的梦想。他开始把全部精力都倾注到"洪堡之旅"上。1910年春天，他发表了《夏日走过山间》。也许正是因为写作这本书时引起的回忆，他才决意实现青年时代的梦想——毕竟，他受到"成为洪堡"的强烈愿望之驱使，于40多年前离开印第安纳波利斯，继而又去到加利福尼亚。缪尔买了一部新版的《旅行故事》，彻头彻尾地重读了一遍，不时圈点批注。没有什么可以阻拦他了。不管女儿和朋友们如何反对，他都坚持要去，"否则就太迟了"。他的固执尽人皆知。一位朋友说，缪尔如此频繁地提起这次远行计划，在见到南美洲之前，他恐怕无法开心起来。

1911年4月，缪尔离开加州，乘坐南太平洋铁路的火车，跨越大陆来到东海岸。他停留了数周，紧张地为若干本书打了草稿。8月12日，缪尔从纽约登上一艘蒸汽船，终于朝着"那条一直向往的、伟大的炎热河流"而去。在船离港的一小时前，他给越来越担心的女儿海伦发去一封短信："别为我发愁，"他安慰她道，"我一切都很好。"两周后，缪尔抵达巴西的贝伦，那是通向亚马孙河的门户。在离开印第安纳波利斯一路向南44年后，也正是在洪堡启航100多年后，缪尔终于踏上了南美洲的土地。当时的他，已经73岁了。

一切都始于洪堡和一次远足。"我只是出门走了走，却最终决定待到太阳落山，"缪尔归来后写道，"因为我发现，向外行走，其实即是向内回归。"

后　记

　　在英语世界里，亚历山大·冯·洪堡的名字几乎已经被遗忘殆尽。他是最后的通才之一，在一个科学各分野日益固化、壁垒日渐森严的时代去世。此后，他那套整体式的治学观——将艺术、历史、诗歌和政治与事实数据融入一体的科学方法——也便慢慢不受重视。到了 20 世纪初，已经很少有可以让一位兼通多个领域的学者施展身手的余地了。当科学家们爬进自己狭窄的专业领域（并且继续不断地细分），他们便丢失了洪堡的跨学科方法，以及他将自然看作一种全球力量的观念。

　　洪堡最伟大的成就之一在于让科学变得平易近人，甚至广受欢迎。所有人都可以从他那里学到东西：农民和工匠、学生和教师、艺术家和音乐家、科学家和政治家。1869 年，一位演说家在波士顿举办的洪堡百年诞辰集会上说，在西方世界，孩子们手中的教材或地图册没有一本不曾受到过洪堡思想的影响。不像哥伦布或牛顿，洪堡没有发现一片新大陆或物理学上的新定律。他不是以某一项事实或发现著称的，而是以他的世界观；他的自然之观点已经渗透到了我们每个人的意识之中。他的思想已经如此显扬，其人自身反而隐去了存在。

　　至少在英国和美国，洪堡从集体记忆中退去的另一个原因是第一次世界大战引起的反德情绪。在英国，就连当时的皇室成员都觉得有必要将他们来源于德文的姓氏"萨克森－科堡－哥达"（Saxe-Coburg and Gotha）改为"温莎"（Windsor），贝多芬和巴赫的作品也遭禁演。可以想见，德国科学家的声望也随之下降。同样，当美国于 1917 年决定参战时，德裔美国人随即开始受到虐待和骚扰。50 年前，克利夫兰曾有数千人上街游行庆祝洪堡的百年诞辰；而在美国参战后，全城的德文书籍被当众付之一炬。在辛辛那提，德文出版物被移除出公共图书馆，而"洪堡街"也被重新命名为"塔夫脱街"。20 世纪的两次世界大战投下了浓重的阴影，英国和美国都不再欢迎对一位伟大德国学者的纪念。

那么，我们今天为什么还要关注洪堡？在过去的几年中，很多人都曾问我，为何会对亚历山大·冯·洪堡感兴趣？答案并不唯一，因为有太多因素使洪堡在今天仍然显得重要且有趣：他的生活多姿多彩、充满各种冒险；他的故事更向我们揭示了今日之自然观的由来。洪堡指出，唯有通过想象才能真正理解自然。在一个越来越严格区分科学与艺术、主观与客观的世界里，这种观点具有重要的启示意义。

洪堡的追随者，以及这些追随者之后的追随者，都将他的遗产传承下去——静悄悄地、微妙地，有时是不经意间地。今天的环保主义者、生态学家和自然文学家仍置身在洪堡的视野之中，虽然很多人可能从未听过他的名字。无论如何，洪堡都可以算是以上众领域的鼻祖之一。

当科学家们试图理解和预测气候变化的全球影响时，洪堡的跨学科方法之于现代的意义，比任何时候都更重大。他相信信息的自由交换、科学家们应该联合起来进行跨领域合作，这些都已成为今日科学界开展研究的根基。他以全球性的视角来理解自然，这种做法仍在持续地影响我们今时今日的思考。

只要看看最新出炉的联合国政府间气候变化专门委员会[1]2014年度报告，便可以明白我们为何如此迫切地需要借助洪堡式的视野。这份报告由超过800名科学家和专家撰写，指出全球变暖将"对人类和生态系统造成严重、广泛和不可逆的影响"。今天，洪堡关于社会、经济和政治因素与环境问题紧密相关的洞见仍然掷地有声。美国农人兼诗人温德尔·贝里（Wendell Berry）曾经说过："事实上，土地和人类的命运，并没有任何分别。当一方受到不公正的对待，另一方也会跟着受苦。"加拿大社会活动家内奥米·克莱因（Naomi Klein）在《这改变了一切》（*This Changes Everything*，2014）一书中提到，经济系统正与环境相互为敌。

---

1. Intergovernmental Panel on Climate Change，简称IPCC。

正如洪堡意识到的，基于奴隶制、单一作物种植和剥削制度的殖民地促　336
生出了一个不公正的系统，并导致了灾难性的环境恶化。我们今天也必
须理解，经济力量与气候变化是同一个系统的不同部分，并非相互独立。

　　洪堡谈到"人类的妄为……扰乱了自然的秩序"。他在一生中的某
些时刻极其悲观，并为人类的未来描绘了一幅惨淡的图景：地球遭到破
坏，人类不得不向太空扩张，将罪恶、贪婪、暴力和无知的致命组合散
播到其他星球。早在1801年，洪堡就写过，人类这个物种可以使再遥远
的星球都变得荒芜和"残破"，正如他们已经对地球所做的那样。

　　也许我们已经回到了起点。也许，于我们和环保运动而言，现在正
是重新发现亚历山大·冯·洪堡——我们的英雄——的最好时刻。

　　歌德曾将洪堡比喻为"一座多头喷泉，各股泉水喷涌而出，清新、
源源不绝，而我们只需把容器放在下面盛接"。

　　我相信，这座喷泉从未干涸。　337

致 谢

2013年，我在大英图书馆担任埃克尔斯驻地作家。那是我写作生涯中最为丰产的一年，我珍爱在那里度过的每个时刻。感谢埃克尔斯中心的大家——尤其是菲利普·戴维斯（Philip Davis）、让·彼德罗维奇（Jean Petrovic）和卡拉·罗德韦（Cara Rodway），以及大英图书馆的马特·肖（Matt Shaw）和菲利普·哈特菲尔德（Philip Hatfield）。谢谢你们！

在过去几年中，很多人给予我慷慨的协助，这让我一直身怀谦卑的感恩之心。感谢你们，让本书的研究和写作过程成为那么美妙的经历。很多人向我分享他们的知识和工作、阅读章节草稿、翻开地址簿帮我建立联系、回复我的问题（很多次），并在世界各地欢迎我的到访——这一切都让我体验到真正洪堡式的全球网络。

在德国，我想要感谢柏林洪堡研究中心的英戈·施瓦茨（Ingo Schwarz）、埃伯哈德·克诺布洛赫（Eberhard Knobloch）、乌尔丽克·莱特纳（Ulrike Leitner）和雷吉娜·米科什（Regina Mikosch）；耶拿的恩斯特·海克尔故居的托马斯·巴赫（Thomas Bach）；慕尼黑科学日活动的弗朗克·霍尔（Frank Holl）；魏玛古典基金会下属歌德国家博物馆的伊洛娜·哈克－马赫特（Ilona Haak-Macht）；于尔根·哈梅尔（Jürgen Hamel）；以及卡尔－海因茨·维尔纳（Karl-Heinz Werner）。

在英国，我要感谢剑桥大学图书馆手稿和档案部的亚当·珀金斯（Adam Perkins）；肯特郡唐宅的安妮·肯姆卡兰－史密斯（Annie Kemkaran-Smith）；诺丁汉特伦特大学约瑟夫·班克斯爵士档案计划的尼尔·钱伯斯（Neil Chambers）；理查德·霍姆斯（Richard Holmes）；达尔文通信研究计划的罗斯玛丽·克拉克森（Rosemary Clarkson）；詹妮·瓦特鲁斯（Jenny Wattrus）提供了西班牙文翻译；大不列颠号蒸汽船基金会图书档案馆的埃莱妮·帕帕瓦西勒尤（Eleni Papavasileiou）；约翰·亨明（John Hemming）；

特里·吉福德（Terry Gifford）和他在巴斯大学的"阅读小组"；林奈学会的琳达·布鲁克斯（Lynda Brooks）；英国皇家学会图书档案馆的基斯·摩尔（Keith Moore）和其他工作人员；惠康基金会的克里斯蒂娜·福尔西娜（Crestina Forcina），以及大英图书馆和伦敦图书馆的工作人员。

在美国，我感谢太平洋大学图书馆霍尔特－阿瑟顿特藏馆的迈克尔·乌尔茨（Michael Wurtz）；太平洋大学约翰·缪尔中心的比尔·斯瓦格蒂（Bill Swagerty）；罗恩·伊伯（Ron Eber）；玛丽·阿拉娜（Marie Arana）；美国哲学学会的基斯·汤姆逊（Keith Thomson）；纽约公共图书馆的工作人员；康科德免费公共图书馆的莱斯利·威尔逊（Leslie Wilson）；瓦尔登森林梭罗学会的杰夫·克雷默（Jeff Cramer）；瓦尔登森林项目的马特·伯恩（Matt Bourne）；康科德博物馆的大卫·伍德（David Wood）、阿德里安娜·多诺胡埃（Adrienne Donohue）以及玛格丽特·伯克（Margaret Burke）；金·布恩斯（Kim Burns）；威斯康星大学密尔沃基分校附属美国地理学会图书馆的约婉卡·里斯蒂克（Jovanka Ristic）和鲍勃·耶格（Bob Jaeger）；桑德拉·勒伯克（Sandra Rebok）；佛蒙特大学贝利－休图书馆特藏处的普鲁登斯·多尔蒂（Prudence Doherty）；史密森尼美国艺术博物馆的埃莉诺·哈维（Eleanor Harvey）；华盛顿学院C. V. 斯塔尔美国经验研究中心的亚当·古德哈特（Adam Goodheart）。还有，在蒙蒂塞洛，杰斐逊国际研究中心、杰斐逊卸任后文书库以及杰斐逊图书馆的安娜·伯克斯（Anna Berkes），恩德里娜·塔伊（Endrina Tay），克丽斯塔·迪尔科舍德（Christa Dierksheide），以及丽莎·弗兰卡维拉（Lisa Francavilla）；弗吉尼亚大学麦迪逊卸任后文书库的大卫·马特恩（David Mattern）；康奈尔大学的阿龙·萨克斯（Aaron Sachs）、欧内斯托·巴锡（Ernesto Bassi）以及"历史学家也是作家"写作小组的成员。

在南美洲，我要感谢波哥大哈维里亚那天主教大学的阿尔韦托·戈麦斯·古铁雷斯（Alberto Gómez Gutiérrez）；我们在厄瓜多尔的向导胡安弗·杜兰·卡索拉（Juanfe Duran Cassola），以及基多文化与遗产部档案处的工作人员。

339

我要感谢以下档案馆和图书馆，他们允许我从馆内收藏的手稿中引用原文：剑桥大学图书馆理事会；英国皇家学会；康科德免费公共图书馆；普鲁士文化遗产基金会－柏林州立图书馆；太平洋大学图书馆的霍尔特－阿瑟顿特藏馆（加利福尼亚州斯托克顿），缪尔－汉纳基金会（©1984）；纽约公共图书馆；大英图书馆；佛蒙特大学特藏处。

我要感谢约翰·默里出版社出色的团队，包括乔治娜·莱科克（Georgina Laycock）、卡罗琳·威斯特摩尔（Caroline Westmore）、尼克·戴维斯（Nick Davies）、朱丽叶·布莱特摩尔（Juliet Brightmore）和林赛·阮（Lyndsey Ng）。

在克诺夫出版社，我要同样感谢他们杰出的团队，包括爱德华·卡斯滕迈耶（Edward Kastenmeier）、艾米莉·吉格里拉诺（Emily Giglierano）、杰西卡·珀塞尔（Jessica Purcell）和莎拉·伊格尔（Sara Eagle）。

向我最棒的朋友和代理人帕特里克·沃尔什（Patrick Walsh）致以深切的特别谢意，他十余年前就向我提出写一本关于亚历山大·冯·洪堡的书，十年前又带我去了委内瑞拉。为了这本书，你付出了惊人的努力，细致到每一行文字。如果没有你，这本书将会全然不同。也要感谢你对我的信任和照顾。生活中如果没有你，将缺少很多欢乐，更何况我将失去这份工作。

非常感谢我的亲友和家人，耐心地忍受我的"洪堡热"：

利奥·霍利斯（Leo Hollis）一如既往地将我的想法引导到正确的方向，并用一句话来概括它们。这本书的标题来自你的贡献！

我的母亲，布丽吉特·武尔夫（Brigitte Wulf）再次帮我翻译了法文资料，并帮我从德国的图书馆把书搬来搬去；而我的父亲赫伯特·武尔夫（Herbert Wulf）读过了好几版草稿的全部章节。还要感谢你们到魏玛和耶拿来。

康斯坦策·冯·翁鲁（Constanze von Unruh）再次审读了全部稿件，以诚实、聪慧和鼓励引导我完成了这部书。为了一切和所有那些晚间时光，感谢你。

340

　　不少家人和朋友都读过了部分章节草稿，帮我编辑、给我评论和建议；感谢你们，罗伯特·罗兰·史密斯（Robert Rowland Smith），约翰·永克劳森（John Jungclaussen）、丽贝卡·伯恩斯坦（Rebecca Bernstein）和里甘·拉尔夫（Regan Ralph）。特别是里甘，你是最棒的朋友，给我提供了第二个家，并且和我一起到了约塞米蒂，深深感谢你。我还想要感谢赫尔曼（Hermann）和西格里德·迪林格尔（Sigrid Düringer）让我在柏林做研究期间住在他们漂亮的公寓里，感谢我的兄弟阿克塞尔·武尔夫（Axel Wulf）提供关于气压计的知识，以及安妮·维格尔（Anne Wigger）关于《浮士德》的帮助。丽莎·奥苏利文（Lisa O'Sullivan），感谢你的慷慨支持和友谊……并且在我因飓风"桑迪"滞留在她纽约公寓期间坚定地照顾我；你现在已经是我"世界末日亲友团"的正式成员啦。

　　最大的感谢归于我才华横溢的老朋友朱丽娅 – 尼哈丽卡·森（Julia-Niharika Sen），你反复阅读了全部手稿，一字一句——将它分拆开来，再帮助我重新组装回去。谢谢你陪伴我前往厄瓜多尔和委内瑞拉——用我们的假期追随洪堡的脚步。我们没有享受沙滩和鸡尾酒，而碰到了狼蛛和高原反应。在钦博拉索峰海拔 5 000 米处和你并肩站立，是我人生中最好的时刻之一。我们做到了！感谢你一直在那里。如果没有你，我不可能写完这本书。

　　这本书献给我聪明而美妙的女儿，林内亚（Linnéa）。她不得不和洪堡一起生活很长一段时间。感谢你，最棒的女儿。你让我完整，并且幸福。341

插图来源

彩图

    柏林科学学会版权所有：第3页（上）/akg-图像公司。Alamy图像代理版权所有：第3页（下）/ Stocktreck图像公司；第6页（下）/ FineArt；第7页（下）/ Pictorial Press有限公司；第8页（下）/世界历史档案（World History Archive）。Bpk图像代理 / 普鲁士柏林－勃兰登堡宫殿与园林基金会版权所有：第7页（上）/杰哈德·穆尔扎摄影。柏林洪堡大学版权所有：第4页 / 亚历山大·冯·洪堡，《热带地区的植物地理学，安第斯山的自然之图》（1807），布里奇曼图像公司摄影。伦敦林奈学会授权使用：第8页（上）/恩斯特·海克尔，《自然界的艺术形态》（1899—1904）。伦敦惠康图书馆授权使用：第1、2、5页（上）/亚历山大·冯·洪堡，《山系一览》(1810—1813)；第5页（下）/特劳戈特·布洛姆，《亚历山大·冯·洪堡〈宇宙〉全图》（1851）；第6页（上）/海因里希·贝格豪斯，《物理全图》（1845）。

注　释

缩写简称：人物及档案

AH: 亚历山大·冯·洪堡

BL: 伦敦大英图书馆

Caroline Marsh（卡罗琳·马什）日记，NYPL：克瑞恩家族文书，纽约公共图书馆（手稿及档案部），阿斯特、勒诺克斯和蒂尔顿基金会

CH: 卡洛琳娜·冯·洪堡

CUL: 剑桥大学图书馆手稿及大学档案，科学手稿特藏部

DLC: 美国国会图书馆，华盛顿哥伦比亚特区

JM online：约翰·缪尔文书在线收藏；太平洋大学图书馆的霍尔特–阿瑟顿特藏馆，加利福尼亚州斯托克顿，缪尔–汉纳基金会（©1984）

MHT: 太平洋大学图书馆的霍尔特–阿瑟顿特藏馆（加利福尼亚州斯托克顿），缪尔–汉纳基金会（©1984）

NYPL: 纽约公共图书馆

RS: 伦敦皇家学会

Stabi Berlin NL AH: 普鲁士文化遗产基金会–柏林州立图书馆，亚历山大·冯·洪堡遗稿（洪堡手稿特藏）

TJ: 托马斯·杰斐逊

UVM: 乔治·珀金斯·马什特藏，佛蒙特大学图书馆

WH: 威廉·冯·洪堡

缩写简称：亚历山大·冯·洪堡的著作

AH Althaus Memoirs 1861: *Briefwechsel und Gespräche Alexander von Humboldt's mit einem jungen Freunde, aus den Jahren 1848 bis 1856*（《亚历山大·冯·洪堡与一位年轻朋友的通信与谈话，1848—1856年》）

AH Ansichten 1808: *Ansichten der Natur mit wissenschaftlichen Erläuterungen*（《自然之观点以及科学的解释》）

AH Ansichten 1849: *Ansichten der Natur mit wissenschaftlichen Erläuterungen*, third and extended edition（《自然之观点以及科学的解释，第三版（增订版）》）

AH Arago Letters 1907: *Correspondance d'Alexandre de Humboldt avec François Arago (1809–1853)* [《亚历山大·冯·洪堡与弗朗索瓦·阿拉戈的通信（1809—1853年）》]

AH Aspects 1849: *Aspects of Nature, in different Lands and Different Climates, with Scientific Elucidations*（《在不同地区和气候的自然之观点以及科学的解释》）

AH Berghaus Letters 1863: *Briefwechsel Alexander von Humboldt's mit Heinrich Bergaus aus den Jahren 1825 bis 1858*（《亚历山大·冯·洪堡与海因里希·贝格豪斯的通信，1825–1858年》）

AH Bessel Letters 1994: *Briefwechsel zwischen Alexander von Humboldt und Friedrich Wilhelm Bessel*（《亚历山大·冯·洪堡与弗雷德里希·威廉·贝塞尔之间的通信》）

AH Böckh Letters 2011: *Alexander von Humboldt und August Böckh. Briefwechsel*（《亚历山大·冯·洪堡与奥古斯特·贝克的通信》）

AH Bonpland Letters 2004: *Alexander von Humboldt and Aimé Bonpland. Correspondance*

1805–1858（《亚历山大·冯·洪堡与艾梅·邦普兰的通信，1805–1858》）

AH Bunsen Letters 2006: *Briefe von Alexander von Humboldt und Christian Carl Josias Bunsen*（《亚历山大·冯·洪堡与克里斯蒂安·卡尔·约西亚·布恩森的信件》）

AH Central Asia 1844: *Central–Asien. Untersuchungen über die Gebirgsketten und die vergleichende Klimatologie*（《中亚：关于山脉与比较气候学的研究》）

AH Cordilleras 1814: *Researches concerning the Institutions & Monuments of the Ancient Inhabitants of America with Descriptions & Views of some of the most Striking Scenes in the Cordilleras!*（《关于古代美洲住民的制度及文物的研究以及美洲山系最壮观的景色一览》）

AH Cordilleren 1810: *Pittoreske Ansichten der Cordilleren und Monumente Americanische Völker*（《美洲山系一览，以及美洲人民的文物》）

AH Cosmos 1845–1852: *Cosmos: Sketch of a Physical Description of the Universe*（《宇宙：世界的物理描述草图》）

AH Cosmos 1878: 缪尔拥有的一部《宇宙》

AH Cosmos Lectures 2004: *Alexander von Humboldt. Die Kosmos–Vorträge 1827/28*（亚历山大·冯·洪堡，宇宙—讲座系列，1827—1828）

AH Cotta Lectures 2009: *Alexander von Humboldt und Cotta. Briefwechsel*（《亚历山大·冯·洪堡与贝因哈特·冯·科塔的通信》）

AH Cuba 2011: *Political Essay on the Island of Cuba. A Critical Edition*（《关于古巴岛的政治随笔》）

AH Diary 1982: *Lateinamerika am Vorabend der Unabhängigkeitsrevolution: eine Anthologie von Impressionen und Urteilen aus seinen Reise tagebüchern*（《独立前夕的拉丁美洲：旅行日记中所摘出的印象与评论》）

AH Diary 2000: *Reise durch Venezuela. Auswahl aus den Amerikanischen Reisetagebüchern*（《在委内瑞拉的旅行：美洲旅行日记选摘》）

AH Diary 2003: *Reise auf dem Río Magdalena, durch die Anden und Mexico*（《在马格达莱纳河上以及穿越安第斯山脉和墨西哥的旅行》）

AH Dirichlet Letters 1982: *Briefwechsel zwischen Alexander von Humboldt und P. G. Lejeune Dirichlet*（《亚历山大·冯·洪堡和 P. G. 勒热纳·狄利克雷的通信》）

AH du Bois–Reymond Letters 1997: *Briefwechsel zwischen Alexander von Humboldt und Emil du Bois-Reymond*（《亚历山大·冯·洪堡和埃米尔·杜博瓦–雷蒙的通信》）

AH Fragments Asia 1832: *Fragmente einer Geologie und Klimatologie Asiens*（《亚洲地质和气候学片断》）

AH Friedrich Wilhelm IV Letters 2013: *Alexander von Humboldt. Frederich Wilhelm IV. Briefwechsel*（《亚历山大·冯·洪堡与腓特烈·威廉四世：通信》）

AH Gauß Letters 1977: *Briefwechsel zwischen Alexander von Humboldt und Carl Friedrich Gauß*（《亚历山大·冯·洪堡和卡尔·弗雷德里希·高斯的通信》）

AH Geography 1807: *Ideen zu einer Geographie der Pflanzen nebst einem Naturgemälde der Tropenländer*（《植物地理学思想以及一幅热带国度的自然之图》）

AH Geography 2009: *Essay on the Geography of Plants*（《植物地理学随笔》）

AH Kosmos 1845—1850: *Kosmos. Entwurf einer physischen Weltbeschreibung*（《宇宙：一种对世界的自然描述的方案》）

AH Letters 1973: *Die Jugendbriefe Alexander von Humboldts 1787–1799*（《亚历山

大·冯·洪堡青年时代的信件，1787–1799》）

AH Letters America 1993: *Briefe aus Amerika 1799–1804*

AH Letters America 2009: *Briefe aus Russland 1829*

AH Letters America 2004: *Alexander von Humboldt und die Vereinigten Staaten von Amerika. Briefwechsel*（《亚历山大·冯·洪堡与美利坚合众国：通信》）

AH Mendelssohn Letters 2011: *Alexander von Humboldt. Familie Mendelssohn. Briefwechsel*（《亚历山大·冯·洪堡与门德尔松家族：通信》）

AH New Spain 1811: *Political Essay on the Kingdom of New Spain*（《关于新西班牙王国的政治随笔》）

AH Personal Narrative 1814–1829: *Personal Narrative of Travels to the Equinoctial Regions of the New Continent during the years 1799–1804*（《去往新大陆赤道地区的旅行故事，1799–1804》）

AH Personal Narrative 1907: 缪尔拥有的一本 *Personal Narrative of Travels to the Equinoctial Regions of the New Continent during the years 1799–1804*

AH Schumacher Letters 1979: *Briefwechsel zwischen Alexander von Humboldt und Heinrich Christian Schumacher*（《亚历山大·冯·洪堡与海因里希·克里斯蒂安·舒马赫的通信》）

AH Spiker Letters 2007: *Alexander von Humboldt. Samuel Heinrich Spiker. Briefwechsel*（《亚历山大·冯·洪堡与塞缪尔·海因里希·史皮克：通信》）

AH Varnhagen Letters 1860: *Letters of Alexander von Humboldt to Varnhagen von Ense*（《亚历山大·冯·洪堡写给法恩哈根·冯·恩瑟的信件》）

AH Views 1896: 缪尔所拥有的一本《自然之

观点》

AH Views 2014: *Views of Nature*（《自然之观点》）

AH WH Letters 1880: *Briefe Alexander's von Humboldt und seinen Bruder Wilhelm*（《亚历山大·冯·洪堡与兄长威廉的通信》）

Terra 1959: "Alexander von Humboldt" s Correspondence with Jefferson, Madison, and Gallatin'（《亚历山大·冯·洪堡与杰斐逊、麦迪逊和加勒廷的通信》）

缩写简称：一般资料

Darwin Beagle Diary 2001: *Beagle Diary*（《小猎犬号日记》）

Darwin Correspondence：*The Correspondence of Charles Darwin*（《查尔斯·达尔文的通信》）

Goethe AH WH Letters 1876：*Goethe's Briefwechsel mit den Gebrüdern von Humboldt*（《歌德与洪堡兄弟的通信》）

Goethe Correspondence 1968–1976：Goethes Briefe

Goethe Diary 1998–2007: *Johann Wolfgang Goethe: Tagebücher*（《约翰·沃尔夫冈·歌德日记》）

Goethe Eckermann 1999: *Johann Peter Eckermann, Gespräche mit Goethe in den Letzten Jahren seines Lebens*（《歌德晚年语录》）

Goethe Encounters 1965–2000: *Goethe Begegnungen und Gespräche*(《歌德的际遇与语录》)，编辑：恩斯特·格鲁马赫（Ernst Grumach）和雷纳特·格鲁马赫（Renate Grumach）

Goethe Humboldt Letters 1909: *Goethes Briefwechsel mit Wilhelm und Alexander v.Humboldt*（《歌德与洪堡兄弟的通信》），编辑：路德维希·盖格尔（Ludwig Geiger）

Goethe Letters 1980–2000: *Briefe an Goethe,*

Gesamtausgabe in Regestform（《歌德信件全编》），编辑：卡尔·海因茨·哈恩（Karl Heinz Hahn）

Goethe Morphologie 1987: *Johann Wolfgang Goethe. Schriften zur Morphologie*（约翰·沃尔夫冈·歌德，《形态学论著》）

Goethe Natural Science 1989: *Johann Wolfgang Goethe. Schriften zur Allgemeinen Naturlehre, Geologie und Mineralogie*（约翰·沃尔夫冈·歌德，《普通自然学、地质学及矿物学论著》），编辑：沃尔夫·冯·恩格尔哈特（Wolf von Engelhardt）、曼弗雷德·文策尔（Manfred Wenzel）

Goethe's Day 1982–1996: *Goethes Leben von Tag zu Tag: Eine Dokumentarische Chronik*（《歌德的日常生活：资料编年》），编辑：罗伯特·斯坦格（Robert Steiger）

Goethe's Year 1994: *Johann Wolfgang Goethe. Tag-und Jahreshefte*（《约翰·沃尔夫冈·歌德，日与年的记录》），编辑：伊尔姆特劳特·施密德（Irmtraut Schmid）

Haeckel Bölsche Letters 2002: *Ernst Haeckel–Wilhelm Bölsche. Briefwechsel 1887–1919*（《恩斯特·海克尔与威廉·波尔什的通信，1887–1919》），编辑：罗斯玛丽·虐特里希（Rosemarie Nöthlich）

Madison Papers SS: *The Papers of James Madison: Secretary of State Series*（《詹姆斯·麦迪逊档案：国务卿系列》），编辑：大卫·B. 马特恩（David B. Mattern）等

Muir Journal 1867–1868, JM online: John Muir, Manuscript Journal 'The "thousand mile walk" from Kentucky to Florida and Cuba, September 1867–February 1868'（日记手稿"从肯塔基到佛罗里达和古巴的千里远征"，1867年9月至1868年2月），MHT

Muir Journal 'Sierra', summer 1869 (1887), MHT: John Muir, Manuscript 'Sierra Journal', vol.1: summer 1869, 笔记本，约

1887年, MHT

Muir Journal 'Sierra', summer 1869 (1910), MHT: John Muir, 'Sierra Journal', vol.1: summer 1869, 打印稿，约1910年, MHT

Muir Journal 'World Tour', pt.1, 1903, JM online: John Muir, Manuscript Journal, 'World Tour'（《寰宇之游》），pt.1, June–July 1903, MHT

Schiller and Goethe 1856: *Briefwechsel zwischen Schiller und Goethe in den Jahren 1794–1805*（《席勒与歌德在1794—1805年间的通信》）

Schiller Letters 1943–2003: *Schillers Werke: Nationalausgabe. Briefwechsel*（《席勒全集：通信》），编辑：尤里乌斯·佩特森（Julius Petersen）和格哈德·弗里克（Gerhard Fricke）

Thoreau Correspondence 1958: *The Correspondence of Henry David Thoreau*（《亨利·大卫·梭罗的信件》），编辑：沃尔特·哈丁（Walter Harding）和卡尔·博德（Carl Bode）

Thoreau Excursion and Poems 1906: *The Writings of Henry David Thoreau: Excursion and Poems*（《亨利·大卫·梭罗文集：游历与诗歌》）

Thoreau Journal 1906: *The Writings of Henry David Thoreau: Journal*（《亨利·大卫·梭罗文集：日记》），编辑：布拉德福德·托里（Bradford Torrey）

Thoreau Journal 1981–2002: *The Writings of Henry D. Thoreau: Journal*（《亨利·大卫·梭罗文集：日记》），编辑：罗伯特·赛特尔梅尔（Robert Sattelmeyer）等

Thoreau Walden 1910: *Walden*（《瓦尔登湖》）

TJ Papers RS: *The Papers of Thomas Jefferson: Retirement Series*（《托马斯·杰斐逊档案：退休系列》），Jeff Looney等编辑

WH CH Letters 1910–1916: *Wilhelm und Caroline von Humboldt in ihren Briefen*

（《通信中的威廉与卡洛琳娜·冯·洪堡》），洪堡家族编辑

前言

1 关于 AH 攀登钦博拉索峰的描述：AH to WH, 25 November 1802, AH WH Letters 1880, p.48; AH, About an Attempt to Climb to the Top of Chimborazo, Kutzinski 2012, pp.135–155; AH, 23 June 1802, AH Diary 2003, vol.2, pp.100–109.

2 一切有机生命的迹象都消失了：AH to WH, 25 November 1802, AH WH Letters 1880, p.49.

2 "我们就像被困在一个热气球里"：AH, About an Attempt to Climb to the Top of Chimborazo, Kutzinski 2012, p.143.

2 "多壮美的景象"：Ibid., p.142.

2 地缝的尺寸：AH 曾给出不同的测量数据，例如400英尺深、60英尺宽 Ibid., p.142.

2 AH 测量的海拔高度 5 917.16 米：AH, 23 June 1802, AH Diary 2003, vol.2, p.106.

3 AH 与拿破仑：Ralph Waldo Emerson to John F. Heath, 4 August 1842, Emerson 1939, vol.3, p.77.

3 "半个美洲人"：Rossiter Raymond, 14 May 1859, AH Letters USA 2004, p.572.

3 "笛卡尔式的漩涡"：AH to Karl August Varnhagen, 31 July 1854, Humboldt Varnhagen Letters 1860, p.235.

3 "最好三件事情同时发生"：AH, quoted in Leitzmann 1936, p.210.

4 "自然之爱"：Arnold Henry Guyot, 2 June 1859, Humboldt Commemorations, *Journal of the American Geographical and Statistical Society*, vol.1, no.8, October 1859, p.242; Rachel Carson's *The Sense of Wonder*, 1965.

4 自然与感受：AH to Goethe, 3 January 1810, Goethe Humboldt Letters 1909, p.305.

4 "同时追踪世界上所有的现象线索"：

Matthias Jacob Schleiden, 14 September 1869, Jahn 2004.

4 "如同天然望远镜与显微镜……"：Ralph Waldo Emerson, notes for Humboldt speech on 14 September 1869, Emerson 1960–1992, vol.16, p.160.

5 "在这条因与果的巨长链条中"：AH Geography 2009, p.79; AH Geography 1807, p.39.

5 气候变化：AH Personal Narrative 1814–1829, vol.4, p.140ff.; AH, 4 March 1800, AH Diary 2000, p.216.

5 森林的生态学功能：AH, September 1799, AH Diary 2000, p.140; AH Aspects 1849, vol.1, pp.126–127; AH Views 2014, p.83; AH Ansichten 1849, vol.1, p.158; AH Personal Narrative 1814–1829, vol.4, p.477.

5 "子孙后代"：AH Personal Narrative 1814–1829, vol.4, p.143.

5 "我们时代最伟大的荣光之一"：Thomas Jefferson to Carlo de Vidua, 6 August 1825, AH Letters USA 2004, p.171.

5 "没有什么能比阅读洪堡……更让我激动的事了"：Darwin to Alfred Russel Wallace, 22 September 1865, Darwin Correspondence, vol.13, p.238.

6 "新世界的发现者"：Bolívar to Madame Bonpland, 23 October 1823, Rippy and Brann 1947, p.701.

6 如同增长了好几年的人生阅历：Goethe to Johann Peter Eckermann, 12 December 1828, Goethe Eckermann 1999, p.183.

6 墨尔本和阿德莱德：*Melbourner Deutsche Zeitung*, 16 September 1869; *South Australian Advertiser*, 20 September 1869; *South Australian Register*, 22 September 1869; *Standard*, Buenos Aires, 19 September 1869; *Two Republics*, Mexico City, 19 September 1869; *New York Herald*, 1 October 1869; *Daily Evening Bulletin*, 2 November 1869.

6 "科学界的莎士比亚": Hermann Trautschold, 1869, Roussanova 2013, p.45.

6 埃及的亚历山大城: Ibid.: *Die Gartenlaube*, no.43, 1869.

6 美国的庆祝活动: *Desert News*, 22 September 1869; *New York Herald*, 15 September 1869; *New York Times*, 15 September 1869; *Charleston Daily Courier*, 15 September 1869; *Philadelphia Inquirer*, 14 September 1869.

6 克利夫兰和锡拉丘兹: *New York Herald*, 15 September 1869.

6 匹兹堡: *Desert News*, 22 September 1869.

6 纽约的庆祝活动, "没有哪个国家可以独占": *New York Times*, 15 September 1869; *New York Herald*, 15 September 1869.

6 "屹立在安第斯山巅": Franz Lieber, *New York Times*, 15 September 1869.

6 "内在关联": *Norddeutsches Protestantenblatt*, Bremen, 11 September 1869; Glogau, Heinrich, "Akademische Festrede zur Feier des Hundertjährigen Geburtstages Alexander's von Humboldt, 14 September 1869", Glogau 1869, p.11; Agassiz, Louis, "Address Delivered on the Centennial Anniversary of the Birth of Alexander von Humboldt 1869", Agassiz 1869, pp.5, 48; Hermann Trautschold, 1869, Roussanova 2013, p.50; *Philadelphia Inquirer*, 15 September 1869; Humboldt Commemorations, 2 June 1859, *Journal of American Geological and Statistical Society*, 1859, vol.1, p.226.

6 "又一大世界奇迹": Ralph Waldo Emerson, 1869, Emerson 1960–1992, vol.16, p.160; Agassiz 1869, p.71.

6 "在某种意义上": *Daily News*, London, 14 September 1869.

6 德国庆祝活动: Jahn 2004, pp.18–28.

7 柏林: *Illustrirte Zeitung Berlin*, 2 October 1869; *Vossische Zeitung*, 15 September 1869; *Allgemeine Zeitung Augsburg*, 17 September 1869.

7 洪堡的名字随处可见: Oppitz 1969, pp.281–427.

7 内华达或被命名为"洪堡": The decision was between Washoe, Esmeralda, Nevada and Humboldt（以上是当时的备选名称）; Oppitz 1969, p.290.

7 更多以AH命名的地方: Egerton 2012, p.121.

7 "地球是一个自然的整体": AH Cosmos 1845–1852, vol.1, p.45; AH Kosmos 1845–1850, vol.1, p.52.

7 "盖亚"作为标题: AH to Karl August Varnhagen, 24 October 1834, Humboldt Varnhagen Letters 1860, p.18.

8 "最清晰的路途": Wolfe 1979, p.313.

1 开端

13 AH家庭: AH, Meine Bekenntnisse, 1769–1805, Biermann 1987, p.50ff.; Beck 1959–1961, vol.1, p.3ff.; Geier 2010, p.16ff.

13 AH的教父: 当时的腓特烈·威廉王子, 后来于1786年成为腓特烈·威廉二世.

13 不快乐的童年: AH to Carl Freiesleben, 5 June 1792, AH Letters 1973, p.191ff.; WH to CH, April 1790, WH CH Letters 1910–1916, vol.1, p.134.

13 AH父母的性格: Frau von Briest, 1785, WH CH Letters 1910–1916, vol.1, p.55.

13 昆特的教学: WH to CH, 2 April 1790, ibid., pp.115–116; Geier 2010, p.22ff.; Beck 1959–1961, vol.1, p.6ff.

13 "持续的焦虑": WH to CH, 2 April 1790, WH CH Letters 1910–1916, vol.1, p.115.

14 "怀疑这个孩子是否能……": AH to Carl Freiesleben, Bruhns 1873, vol.1, p.31; and AH, Aus Meinem Leben (1769–1850), in Biermann 1987, p.50.

14 WH以及古希腊语: Geier 2010, p.29.

14 "小药店老板"：Bruhns 1873, vol.1, p.20; Beck 1959–1961, vol.1, p.10.

14 "当然，陛下，只不过是用我的头脑"：Walls 2009, p.15.

15 "完美的智性和道德"：昆特关于玛丽·伊丽莎白·冯·洪堡的描述：Beck 1959–1961, vol.1, p.6.

15 "我被迫接受"：AH to Carl Freiesleben, 5 June 1792, AH Letters 1973, p.192.

15 AH 与 WH 的不同之处：WH to CH, 9 October 1804, WH CH Letters 1910–1916, vol.2, p.260.

15 WH 性格：WH 1903–1936, vol.15, p.455.

15 泰格尔的北美树种：AH to Carl Freiesleben, 5 June 1792, AH Letters 1973, p.191; Bruhns 1873, vol.3, pp.12–13.

15 自然的宁静和安慰：AH to WH, 19 May 1829, AH Letters Russia 2009, p.116.

15 AH 的身高：AH 1798 年离开巴黎时所持的护照：Bruhns 1873, vol.1, p.394.

15 AH 瘦削而灵动：Karoline Bauer, 1876, Clark and Lubrich 2012, p.199；AH 的手：Louise von Bornstedt, 1856, Beck 1959, p.385.

15 多半出自想象：WH to CH, 2 April 1790, p.116; see also WH to CH, 3 June 1791, WH CH Letters 1910–1916, vol.1, pp.116, 477; for illnesses, see AH to Wilhelm Gabriel Wegener, 24, 25, 27 February 1789 and 5 June 1790, AH Letters 1973, pp.39, 92.

15 "坏心肠的小鬼"：Dove 1881, p.83; for later comments, see Caspar Voght, 14 February 1808, Voght 1959–1965, vol.3, p.95.

15 AH 开恶意的玩笑：Arago about AH, Biermann and Schwarz 2001b, no page no.

15 AH 并不恶毒：WH about AH, 1788, Dove 1881, p.83.

15 拉锯战：WH to CH, 6 November 1790, WH CH Letters 1910–1916, vol.1, p.270.

16 德国的大学与阅读习俗：Watson 2010, p.55ff.

17 "宇宙中最伟大而精密的仪器"：George Cheyne, Worster 1977, p.40.

17 "知识共和国"：这是一个被广泛使用的术语：see for example Joseph Pitton de Tournefort to Hans Sloane, 14 January 1701/2 and John Locke to Hans Sloane, 14 September 1694, MacGregor 1994, p.19.

17 AH 和 WH 在柏林：Bruhns 1873, vol.1, p.33.

17 母亲和兄弟二人的职业前景：AH, Meine Bekenntnisse, 1769–1805, Biermann 1987, pp.50, 53; Holl 2009, p.30; Beck 1959–1961, vol.1, p.11ff.; WH to CH, 15 January 1790, WH CH Letters 1910–1916, vol.1, p.74.

17 AH 在奥得河畔法兰克福：AH to Ephraim Beer, November 1787, AH Letters 1973, p.4; Beck 1959–1961, vol.1, p.14.

18 AH 在哥廷根：Holl 2009, p.23ff.; Beck 1959–1961, vol.1, pp.18–21.

18 "我们的性格相差太远"：WH, Geier 2009, p.63.

18 AH 梦想冒险：AH, Mein Aufbruch nach America, Biermann 1987, p.64.

18 到访柏林植物园：AH Cosmos 1845–1852, vol.2, p.92; AH, Meine Bekenntnisse, 1769–1805, Biermann 1987, p.51.

18 福斯特的影响：AH, Ich Über Mich Selbst, 1769–1790, Biermann 1987, p.36ff.

18 15 000 艘商船到达伦敦：White 2012, p.168; see also Carl Philip Moritz, June 1782, Moritz 1965, p.26.

18 "一片黑压压的"：Richard Rush, 7 January 1818, Rush 1833, p.79.

19 AH 在伦敦：AH to Wilhelm Gabriel Wegener, 20 June 1790; AH to Paul Usteri, 27 June 1790, AH to Friedrich Heinrich Jacobi, 3 January 1791, AH Letters 1973, pp. 93, 96, 117; AH, Ich Über Mich Selbst, 1769–1790,

Biermann 1987, p.39.

19 AH 在伦敦伤怀：AH, Ich Über Mich Selbst, 1769–1790, Biermann 1987, p.38.

19 "我的内心深处有种冲动"：AH to Wilhelm Gabriel Wegener, 23 September 1790, AH Letters 1973, pp.106–107.

19 招募年轻水手的告示，哈姆斯特德：AH, Ich Über Mich Selbst, 1769–1790, Biermann 1987, p.38.

19 "太听话的儿子"：AH, Meine Bekenntnisse, 1769–1805, Biermann 1987, p.51; see also AH to Joachim Heinrich Campe, 17 March 1790, AH Letters 1973, p.88.

19 "疯狂的书信"：AH, Ich Über Mich Selbst, 1769–1790, Biermann 1987, p.40.

19 "我不幸的处境"：AH to Paul Usteri, 27 June 1790, AH Letters 1973, p.96.

19 "不息的冲动"：AH to David Friedländer, 11 April 1799, AH Letters 1973, p.658.

19 "过度使用了自己的头脑"：Georg Forster to Heyne, Bruhns 1873, vol.1, p.31.

19 会突然"崩溃"：CH to WH, 21 January 1791, WH CH Letters 1910–1916, vol.1, p.372；CH 和 AH 初次见面是 1789 年 12 月。

19 "就像飞奔的赛马"：Alexander Dallas Bache, 2 June 1859, "Tribute to the Memory of Humboldt", *Pulpit and Rostrum*, 15 June 1859, p.133; see also WH to CH, 2 April 1790, WH CH Letters 1910–1916, vol.1, p.116.

20 满是数字和账本的科目：AH to William Gabriel Wegener, 23 September 1790, AH Letters 1973, p.106.

20 科学论文和旅行书籍：AH to Samuel Thomas Sömmerring, 28 January 1791, AH Letters 1973, p.122.

20 "港口商船的景象"：AH to William Gabriel Wegener, 23 September 1790, AH Letters 1973, p.106.

20 "自己运气的主宰"：AH to William Gabriel Wegener, 27 March 1789, AH Letters 1973, p.47.

20 弗莱贝格的矿业学院：AH, Meine Bekenntnisse, 1769–1805, Biermann 1987, p.54.

20 AH 在八个月内完成学业：AH to Archibald MacLean, 14 October 1791, AH Letters 1973, p.153.

20 AH 在弗莱贝格的日常生活：AH to Dietrich Ludwig Gustav Karsten, 25 August 1791; AH to Paul Usteri, 22 September 1791; AH to Archibald MacLean, 14 October 1791, AH Letters 1973, pp.144, 151–152，153–154.

20 威廉婚礼与图林根之旅：AH to Dietrich Ludwig Gustav Karsten, ibid., p.146.

21 CH to WH, 14 January 1790 and 21 January 1791, CH Letters 1910–1916, vol.1, pp.65, 372.

21 AH 与朋友昼夜形影不离：AH to Archibald MacLean, 14 October 1791, AH Letters 1973, p.154.

21 "我从未对别人有过如此亲近的感觉"：AH to Carl Freiesleben, 2 March 1792, ibid., p.173.

21 AH 感到惭愧：AH to Archibald MacLean, 6 November 1791, ibid., p.157.

21 AH 为自己的成功感到尴尬：AH to Freiesleben, 7 March 1792, ibid., p.175.

21 绝少开启心扉：AH to William Gabriel Wegener, 27 March 1789, ibid., p.47.

21 AH 思念老友：AH to Archibald MacLean, 1 October 1792, 9 February 1793, Jahn and Lange 1973, pp.216, 233; see also AH's letter to Carl Freiesleben during this time, for example 14 January 1793, 19 July 1793, 21 October 1793, 2 December 1793, 20 January 1794, AH Letters 1973, pp.227–229, 257–258, 279–281, 291–292,

310–315.

21 "可恶，总是如此孤独"：AH to Archibald MacLean, 9 February 1793; see also 6 November 1791, AH Letters 1973, pp.157, 233.

21 在简陋的小饭馆：AH to Carl Freiesleben, 21 October 1793, ibid., p.279.

21 甘愿少活两年：AH to Carl Freiesleben, 10 April 1792, ibid., p.180.

21 "最甜美"的时光：AH to Carl Freiesleben, 6 July 1792, ibid., p.201; see also 21 October 1793 and 20 January 1794, ibid., pp.279, 313.

21 "愚蠢致信"：AH to Carl Freiesleben, 13 August 1793, ibid., p.269.

21 AH 的发明：AH, *Über die unterirdischen Gasarten und die Mittle, ihren Nachteul zu vermindern. Ein Beytrag zur Physik der praktischen Bergbaukunde*, Braunschweig: Vieweg, 1799, Plate III; AH to Carl Freiesleben, 20 January 1794, 5 October 1796, AH Letters 1973, pp.311ff., 531ff.

22 矿工的教材：AH to Carl Freiesleben, 20 January 1794, AH Letters 1973, p.311.

22 16世纪的矿业著作：Ibid., p.310ff.

22 "八腿四臂"：AH to Carl Freiesleben, 19 July 1793, ibid., p.257

22 AH 经常病倒：AH to Carl Freiesleben, 9 April 1793 and 20 January 1794; AH to Friedrich Wilhelm von Reden, 17 January 1794; AH to Dietrich Ludwig Karsten, 15 July 1795, ibid., pp.243–244, 308, 311, 446.

22 论玄武岩分布的专业论文：AH, *Mineralogische Beobachtungen über einige Basalte am Rhein*, 1790.

22 关于地下生物的论文：AH, *Florae Fribergensis specimen*, 1793; 受到法国化学家安托万–洛朗·拉瓦锡和英国科学家约瑟夫·普利斯特里的启发，洪堡还开始检测光与氢气对于植物制造氧气的刺激作用。AH, *Aphorismen aus der chemischen Physiologie der Pflanzen*, 1794.

22 AH 利用自己的身体做实验：AH to Johann Friedrich Blumenbach, 17 November 1793, AH Letters 1973, p.471; AH 1797, vol.1, p.3.

23 "沿街乞讨的流浪儿"：AH to Johann Friedrich Blumenbach, June 1795, Bruhns 1873, vol.1, p.150; the original German is "Gassenläufer", Bruhns 1872, vol.1, p.173.

23 实验进行得"非常完美"：AH to Johann Friedrich Blumenbach, 17 November 1793, AH Letters 1973, p.471.

24 《论形成力》(*Über den Bildungstrieb*)：首次出版于1781年，再版于1789年2月。洪堡1789年4月到达哥廷根；关于布卢门巴赫：see Reill 2003, p.33ff.; Richards 2002, p.216ff.

24 "戈耳狄俄斯之结"：AH to Freiesleben, 9 February 1796, AH Letters 1973, p.495.

2 想象与自然：歌德与洪堡

25 洪堡在耶拿：AH 第一次到耶拿是1792年7月，和哥哥威廉一起住在弗雷德里希·席勒家中，但只在1794年3月短暂地见过歌德，此后再见面就是1794年12月。AH to Carl Freiesleben, 6 July 1792, AH Letters 1973, p.202; Goethe's Day 1982–1996, vol.3, p.303.

25 耶拿的进步性：Merseburger 2009, p.113; Safranski 2011, p.70.

25 耶拿的自由风气：Schiller to Christian Gottlob Voigt, 6 April 1795, Schiller Letters 1943–2003, vol.27, p.173.

25 对魏玛的描述：Merseburger 2009, p.72.

25 耶拿和魏玛聚集的智慧头脑：de Staël 1815, vol.1, p.116.

25 WH 和席勒在集市广场：威廉住在 Unterm Markt 4 号，席勒住在 Unterm Markt 1 号：AH Letters 1973, p.386.

25 WH邀请歌德: WH to Goethe, 14 December 1794, Goethe Letters 1980–2000, vol.1, p.350.

26 大声的讨论: Maria Körner, 1796, Goethe Encounters 1965–2000, vol.4, p.222; for daily meetings see Goethe's diaries during this time.

26 洪堡"迫使我们": Goethe, 17–19 December 1794, Goethe Encounters 1965–2000, vol.4, p.116.

26 "八天": Goethe to Karl August, Duke of Saxe–Weimar, March 1797, ibid., p.288.

26 AH在1794年12月的来访: Goethe, December 1794, Goethe's Year 1994, pp.31–32; December 1794, Goethe Encounters 1965–2000, vol.4, pp.116–117, 122; Goethe to Max Jacobi, 2 February 1795, Goethe Correspondence 1968–1976, vol.2, pp.194, 557; AH to Reinhard von Haeften, 19 December 1794, AH Letters 1973, p.388.

26 冰冻的莱茵河: Boyle 2000, p.256.

26 步行去旁听解剖学讲座: Goethe, December 1794, Goethe's Year 1994, p.32.

26 通常宁愿待在温暖火炉前的歌德: Goethe to Schiller, 27 February 1797, Goethe Correspondence 1968–1976, vol.2, p.257.

26 AH的热情感染了Goethe: Goethe, December 1794, Goethe Encounters 1965–2000, vol.4, p.122.

26 卡尔·奥古斯特公爵维特式的装扮: Merseburger 2009, p.67.

26 "维特热": Friedenthal 2003, p.137.

26 歌德早年间在魏玛的时光: Merseburger 2009, pp.68–69; Boyle 1992, p.202ff., 243ff.

27 克里斯蒂安娜·乌尔皮乌斯: 歌德最终于1806年与她结婚。

27 "到了孕晚期的妇人": Botting 1973, p.38.

27 "鼓胀的双颊": Karl August Böttiger about Goethe, mid–1790s, Goethe's Day 1982–1996, vol.3, p.354.

27 "阿波罗"的容貌变了样: Maria Körner to K.G. Weber, August 1796, Goethe Encounters 1965–2000, vol.4, p.223.

28 歌德的儿子穿着矿工的工作服: Goethe's Day 1982–1996, vol.3, p.354.

28 "冷漠，惜字如金": Jean Paul Friedrich Richter to Christian Otto, 1796, quoted in Klauss 1991, p.14; 歌德的傲慢: Friedrich Hölderlin to Christian Ludwig Neuffer, 19 January 1795, Goethe's Day 1982–1996, vol.3, p.356.

28 歌德态度粗鲁: W. von Schak about Goethe, 9 January 1806, Goethe Encounters 1965–2000, vol.6, p.4.

28 "诗歌的神圣之火": Henry Crabb Robinson, 1801, Robinson 1869, vol.1, p.86.

28 "没有人比我更孤立了": Goethe, 1791, quoted in Safranski 2011, p.103.

28 "伟大的母亲": Goethe, ibid., p.106.

28 歌德的住宅和花园: Klauss 1991; Ehrlich 1983; Goethe's Day 1982–1996, vol.3, pp.295–296.

29 "厌倦了世间的纷争": Goethe to Johann Peter Eckermann, 12 May 1825, Goethe Eckermann 1999, p.158.

29 "深深的忧郁": Goethe, 1794, Goethe's Year 1994, p.26.

29 深居简出: Goethe, 1790, ibid., p.19.

29 "沉船后抓住的一块木板": Goethe, 1793, ibid., p.25.

29 18 000件岩石标本: Ehrlich 1983, p.7.

29 《植物之变形》: Goethe, Versuch die Metamorphose der Pflanzen zu erklären, 1790。

29 "里里外外": Goethe, Italienische Reise, Goethe 1967, vol.11, p.375.

30 AH点燃了歌德的兴趣: Goethe to Karl Ludwig von Knebel, 28 March 1797, Goethe Correspondence 1968–1976, vol.2, pp.260–

261.

30 歌德与"原型": Richards 2002, p.445ff.; Goethe in 1790, Goethe's Year 1994, p.20.

30 AH 建议歌德发表自己的科学著作: Goethe, 1795, Goethe Encounters 1965–2000, vol.4, p.122.

30 歌德的口述: Goethe to Jacobi, 2 February 1795, Goethe Correspondence 1968–1976, vol.2, p.194; Goethe Encounters 1965–2000, vol.4, p.122.

30 "我这样走路更自然": Karl August Böttiger about Goethe, January 1795, Goethe Encounters 1965–2000, vol.4, p.123.

30 AH 到耶拿和魏玛的访问: 6–10 March 1794, 15–16 April 1794, 14–19 December 1794, 16–20 April 1795, 13 January 1797, 1 March–30 May 1797.

30 "早上先推敲诗句": Goethe, 9 March 1797, Goethe Diary 1998–2007, vol.2, pt.1, p.100.

31 "鞭打着科学的事物": Goethe to Karl Ludwig von Knebel, 28 March 1797, Goethe Correspondence 1968–1976, vol.2, pp.260–261.

31 1797 年春天，歌德在耶拿: 他停留到了 1797 年 3 月 31 日: see his diary and letters from that time, Goethe Encounters 1965–2000, p.288ff.; Goethe, March–May 1797, Goethe Diary 1998–2007, vol.2, pt.1, pp.99–115; Goethe's Year 1994, pp.58–59.

31 试图完成相关的一部书稿: Humboldt's *Versuch über die gereizte Muskel- und Nervenfaser*（关于受到刺激的肌肉和神经纤维的实验）; AH to Carl Freiesleben, 18 April 1797, AH to Friedrich Schuckmann, 14 May 1797, AH Letters 1973, pp.574, 579.

31 AH 在耶拿的工作: AH to Carl Freiesleben, 18 April 1797, AH to Friedrich Schuckmann, 14 May 1797, AH Letters 1973, pp.574, 579.

31 AH 关于伽伐尼现象的讲座: Goethe, 3, 5, 6 March 1797, Goethe Diary 1998–2007, vol.2, pt.1, p.99.

31 像被"鸟枪的子弹击穿": AH to Friedrich Schuckmann, 14 May 1797, AH Letters 1973, p.580.

31 "如果不做实验，我就不能活": Ibid., p.579.

31 AH 最心爱的实验: AH, *Versuch über die gereizte Muskel- und Nervenfaser*, 1797, vol.1, p.76ff.

31 "生命的气息": Ibid., p.79.

32 "没有把物质或力": Goethe, *Erster Entwurf einer Allgemeinen Einleitung in die Vergleichende Anatomie*, 1795, p.18.

32 歌德和有机体: Richards 2002, p.450ff.; see also Immanuel Kant, *Kritik der Urteilskraft*, Kant 1957, vol.5, p.488.

32 歌德心服口服: Goethe to Karl Ludwig von Knebel, 28 March 1797, Goethe Correspondence 1968–1976, vol.2, pp.260–261.

32 歌德1797年的工作: Goethe 1797, Goethe's Year 1994, p.59; Goethe, March–May 1797, Goethe Diary 1998–2007, vol.2, pt.1, pp.99–115.

32 "小学院": Goethe to Karl August, 14 March 1797, Goethe Encounters 1965–2000, vol.4, p.291.

32 WH, 埃斯库罗斯和歌德: 27 March 1797, Goethe Diary 1998–2007, vol.2, pt.1, p.103.

32 AH 协助架设光学试验设备: Goethe, 19 and 27 March 1797, ibid., pp.102–103.

33 探究磷燃烧时发出荧光的现象: Goethe, 20 March 1797, ibid., p.102.

33 在耶拿的友人聚会: Goethe, 25 March 1797, ibid., p.102.

33 回到魏玛的家中"休养": Goethe to Karl Ludwig von Knebel, 28 March 1797, Goethe Correspondence 1968–1976, vol.2, p.260.

33 甚至重新唤起了歌德对科学的兴趣：
Goethe to Friedrich Schiller, 26 April 1797,
Schiller and Goethe 1856, vol.1, p.301.

33 席勒担忧歌德：Biermann 1990b, pp.36–37.

33 "意趣贫乏"：Friedrich Schiller to Christian
Gottfried Körner, 6 August 1797; Christian
Gottfried Körner to Friedrich Schiller, 25
August 1797, Schiller and Körner 1847,
vol.4, pp.47, 49.

33 歌德邀请AH：Goethe to AH, 14 April
1797, AH Letters 1973, p.573; for AH's
visit see Goethe, 19–24 April 1797, Goethe
Diary 1998–2007, vol.2, pt.1, p.106; AH
to Johannes Fischer, 27 April 1797, Goethe
Encounters 1965–2000, vol.4, p.306.

33 歌德在耶拿的时间：Goethe, 25, 29–30
April, 19–30 May 1797, Goethe Diary
1998–2007, vol.2, pt.1, pp.107, 109, 115.

33 AH和歌德在席勒的花园别墅：Goethe,
19, 25, 26, 29, 30 May 1797, Goethe Diary
1998–2007, vol.2, pt.1, pp.109, 112, 113,
115.

33 石头圆桌：Goethe to Johannn Peter Eckermann,
8 October 1827, Goethe Eckermann 1999,
p.672.

33 夜莺的歌唱：Friedrich Schiller to Goethe, 2
May 1797, Schiller and Goethe 1856, vol.1,
p.304.

33 "艺术、自然与心灵"：Goethe, 16 March
1797, Goethe Diary 1998–2007, vol.2, pt.1,
p.101.

34 康德与哥白尼：Kant, Preface to the second
edition of the Critique of Pure Reason,
1787.

35 AH向康德学习：AH to Wilhelm Gabriel
Wegener, 27 February 1789, AH Letters
1973, p.44.

35 康德的讲座系列：Elden and Mendieta
2011, p.23.

35 "新哲学最时兴的地盘"：Henry Crabb

Robinson, 1801, Stelzig 2010, p.59；他们
还讨论了约翰·戈特利布·费希特的《科
学教义》（Doctrine of Science）。费希特
从康德那里汲取了关于主体性、自觉
意识和外在世界的概念，在此基础上
进一步发展这三个概念，进而取消了
康德的二分主义。因为在耶拿大学的
工作，费希特成为了德国唯心主义思
想的创立者之一。费希特认为，不存
在什么"物自体"——一切意识都基于
人的自我，而非外在世界。他因此坚称，
主体性是理解世界的第一原则。如果
费希特是正确的，那么将会对科学产
生巨大的影响，因为这意味着不可
能达到独立的客观性。For Goethe and
AH discussing Fichte, see Goethe, 12, 14,
19 March 1797, Goethe Diary 1998–2007,
vol.2, pt.1, pp.101–102.

35 "苦学致死"：AH to Wilhelm Gabriel
Wegener, 27 February 1789, AH Letters
1973, p.44.

36 康德和耶稣基督一样出名：Morgan 1990,
p.26.

36 AH关于康德的论述：AH Cosmos 1845–
1852, vol.1, p.197; see also Knobloch 2009.

36 "在内心中"：AH Cosmos 1845–1852,
vol.1, p.64; AH Kosmos 1845–1850, vol.1,
pp.69–70.

36 "相互融为一体"：AH Cosmos 1845–1852,
vol.1, p.64; AH Kosmos 1845–1850, vol.1,
p.70.

36 "五官不会骗人"：Goethe, Maximen und
Reflexionen, no.295, Buttimer 2001, p.109;
see also Jackson 1994, p.687.

36 "那栩栩如生的幻象"：AH to Johann
Leopold Neumann, 23 June 1791, AH
Letters 1973, p.142.

36 "自然必须通过感情来体验"：AH to
Goethe, 3 January 1810, Goethe Humboldt
Letters 1909, p.305; see also AH Cosmos

1845–1852, vol.1, p.73; AH Kosmos 1845–1850, vol.1, p.85.

37 "遍布苔藓的床褥": Darwin（1789）1791, line 232.

37 英国文坛轰动一时的诗歌: King–Hele 1986, pp.67–68.

37 "强大而有益的": AH to Charles Darwin, 18 September 1839, Darwin Correspondence, vol.2, p.426. AH 提到伊拉斯谟·达尔文的著作《生物学》（Zoonomia）于 1795 年在德国发行；see also AH to Samuel Thomas von Sömmerring, 29 June 1795, AH Letters 1973, p.439.

37 "诗意": Goethe to Friedrich Schiller, 26–27 January 1798, Schiller Letters 1943–2003, vol.37, pt.1, p.234.

37 "莫大的仇敌": Goethe Morphologie 1987, p.458.

37 歌德创作《浮士德》: Late December 1794, Goethe Encounters 1965–2000, vol.4, p.117; Goethe, 1796, Goethe's Year 1994, p.53; WH to Friedrich Schiller, 17 July 1795, Goethe's Day 1982–1996, vol.3, p.393; Safranski 2011, p.191; Friedrich Schiller to Goethe, 26 June 1797, Schiller and Goethe, 1856, vol.1, p.322; originally conceived as the Urfaust in the early 1770s, Goethe had also published a short Fragment of the drama in 1790.

37 "胸中的簸荡": Faust I, Scene 1, Night, line 437, Goethe's Faust（trans. Kaufmann 1961, p.99）；英文版参考了两个译本，选择了最接近原文的译文: The translations are by Walter Kaufmann（1961）and David Luke（2008）.

37 "我不知道还有谁": Goethe to Johann Friedrich Unger, 28 March 1797, Goethe Correspondence 1968–1976, vol.2, p.558.

37 "大自然的力量": Faust I, Scene 1, Night, line 441, Goethe's Faust（英文版: Kaufmann 1961, p.99；中文版: 梁宗岱 2016，p.34）.

37 "使我洞悉整个宇宙": Ibid., lines 382ff. (p.95; 中文版 p.31).

37 "洪堡之于她就像"（脚注）: Louise Nicolovius, as told by Charlotte von Stein, 20 January 1810, recalling a conversation with Goethe, Goethe's Day 1982–1996, vol.5, p.381.

38 《植物变形记》: Goethe composed and published the poem in 1797, Goethe, 1797, Goethe's Year 1994, p.59.

38 不同化学元素之间结合的难易程度: Pierre–Simon Laplace, Exposition du système du monde, 1796, see Adler 1990, p.264.

38 "并不让人揭开她的面幕": Faust I, Act 1, Night, lines 672–675, Goethe's Faust（trans. Luke 2008, p.23; 中文版 p.48）.

38 将自然与艺术、事实与想象结合: AH to Goethe, 3 January 1810, Goethe Humboldt Letters 1909, p.304.

38 "毁尽了彩虹的诗意": John Keats, 28 December 1817, recounted by Benjamin Robert Haydon, Haydon 1960–1963, vol.2, p.173.

38 "对自己的影响至为深远": AH to Caroline von Wolzogen, 14 May 1806, Goethe AH WH Letters 1876, p.407.

38 "全新感官": Ibid.

3 寻找目的地

39 感到被母亲的愿望"束缚": AH to William Gabriel Wegener, 27 March 1789, AH Letters 1973, p.47.

39 WH 回忆童年: WH to CH, 9 October 1818, WH CH Letters 1910–1916, vol.6, p.219.

39 WH 搬回泰格尔: Geier 2009, p.199.

39 WH 感到麻木：WH to Friedrich Schiller, 16 July 1796, Geier 2009, p.201.

39 AH 在柏林：AH to Carl Freiesleben, 7 April 1796, AH Letters 1973, p.503.

39 AH 受到好评，感到兴奋：AH to Carl Freiesleben, 25 November 1796; AH to Carl Ludwig Willdenow, 20 December 1796, ibid., pp.551–554, 560.

39 "伟大的旅行"：AH to Abraham Gottlob Werner, 21 December 1796, ibid., p.561.

39 AH 掌握自己的命运：AH to William Gabriel Wegener, 27 March 1789, ibid., p.47; AH, Meine Bekenntnisse, 1769–1805, in Biermann 1987, p.55.

39 "形同陌路"：AH to Carl Freiesleben, 25 November 1796, AH Letters 1973, p.553.

39 AH 在离家的时候倍感释然：AH to Archibald MacLean, 9 February 1793, ibid., pp.233–234.

39 "她的离世……恐怕是"：Carl Freiesleben to AH, 20 December 1796, ibid., p.559.

40 WH 与 CH 迁往巴黎：Gersdorff 2013, pp.65–66.

40 AH 继承的遗产：Eichhorn 1959, p.186.

40 "我有这么多钱"：AH to Paul Christian Wattenback, 26 April 1791, AH Letters 1973, p.136.

40 准备行装：AH to Carl Ludwig Willdenow, 20 December 1796, ibid., p.560; AH, Meine Bekenntnisse, 1769–1805, in Biermann 1987, pp.55–58.

40 "美妙的树"：AH to Carl Freiesleben, 4 March 1795, AH Letters 1973, p.403.

40 AH 到访弗莱贝格：AH to Schuckmann, 14 May 1797; AH to Georg Christoph Lichtenberg, 10 June 1797; AH to Joseph Banks, 20 June 1797, ibid., pp.578, 583, 584.

40 AH 到德累斯顿：AH to Carl Freiesleben, 18 April 1797; AH to Schuckmann, 14 May 1797, ibid., pp.575, 578.

40 想要与新大陆的山峰进行比较：AH to Goethe, 16 July 1795, Goethe AH WH Letters 1876, p.311.

40 维也纳皇家花园中的热带植物：Personal Narrative 1814–1829, p.5; AH to Carl Freiesleben, 14 and 16 October 1797, AH Letters 1973, p.593.

40 未来"甜美"的旅行：AH to Joseph van der Schot, 31 December 1797; see also AH to Carl Freiesleben, 14 October 1797, AH Letters 1973, pp.593, 603.

40 AH 在萨尔茨堡：AH to Joseph van der Schot, 31 December 1797; AH to Franz Xaver von Zach, 23 February 1798, ibid., pp.601, 608.

40 "我就是这样的人"：AH to Joseph van der Schot, 28 October 1797, ibid., p.594.

41 AH 无法前往意大利：AH to Heinrich Karl Abraham Eichstädt, 19 April 1798, ibid., p.625.

42 西印度群岛和埃及：AH to Count Christian Günther von Bernstorff, 25 February 1798; AH to Carl Freiesleben, 22 April 1798, ibid., pp.612, 629.

42 布里斯托尔伯爵以间谍罪被逮捕：AH to Carl Ludwig Willdenow, 20 April 1799, ibid., p.661; AH, Aus Meinem Leben (1769–1850), in Biermann 1987, p.96.

42 AH 决定去巴黎：AH to Heinrich Karl Abraham Eichstädt, 19 April 1798; AH to Carl Freiesleben, 22 April 1798, AH Letters 1973, pp.625, 629.

42 AH 在巴黎：Moheit 1993, p.9; AH to Franz Xaver von Zach, 3 June 1798, AH Letters 1973, pp.633–634; AH, Meine Bekenntnisse, 1769–1805, in Biermann 1987, pp.57–58; Gersdorff 2013, p.66ff.

42 "我生活在科学的中心"：AH to Marc-Auguste Pictet, 22 June 1798, Bruhns 1873, vol.1, p.234.

42 布干维尔邀请 AH：AH to Carl Ludwig Willdenow, 20 April 1799, AH Letters 1973, p.661.

43 邦普兰：Biermann 1990, p.175ff.; Schneppen 2002; Sarton 1943, p.387ff.; AH to Carl Ludwig Willdenow, 20 April 1799, AH Letters 1973, p.662.

43 "亚历山大没法摆脱"：Friedrich Schiller to Goethe, 17 September 1800, Schiller Letters 1943–2003, vol.30, p.198; see also Christian Gottfried Körner to Friedrich Schiller, 10 September 1800, Schiller Letters 1943–2003, vol.38, pt.1, p.347.

43 "十分怕鬼"：AH to Carl Freiesleben, 19 March 1792, AH Letters 1973, p.178.

43 博丹的航行：AH to Carl Ludwig Willdenow, 20 April 1799, ibid., p.661; AH, Meine Bekenntnisse, 1769–1805, in Biermann 1987, p.58.

43 AH 想要去埃及：AH to Heinrich Karl Abraham Eichstädt, 21 April 1798; AH to Carl Ludwig Willdenow, 20 April 1799, AH Letters 1973, pp.627, 661.

43 "少见的挑战"：AH Personal Narrative 1814–1829, vol.1, p.2.

43 AH 联络瑞典公使：Ibid., p.8; AH to Carl Ludwig Willdenow, 20 April 1799, AH Letters 1973, p.662.

44 班克斯提供护照：AH to Banks, 15 August 1798, BL Add 8099, ff.71–72.

44 AH 的护照：Bruhns 1873, vol.1, p.394.

44 AH 在马赛：Ibid., p.239; AH to Carl Ludwig Willdenow, 20 April 1799, AH Letters 1973, p.662.

44 "所有希望都破灭了"：AH to Carl Ludwig Willdenow, 20 April 1799, AH Letters 1973, p.661.

44 "世界封闭了起来"：AH to Joseph Franz Elder von Jacquin, 22 April 1798, ibid., p.631.

44 西班牙人给予他通行证：AH to David Friedländer, 11 April 1799; AH to Carl Ludwig Willdenow, 20 April 1799; AH to Carl Freiesleben, 4 June 1799, ibid., pp.657, 663, 680; see also AH's passport, 7 May 1799, Ministerio de Cultura del Ecuador, Quito; Holl 2009, pp.59–60.

44 "我快乐得飘飘欲仙"：AH to Carl Freiesleben, 4 June 1799, AH Letters 1973, p.680.

44 AH 的仪器：AH Personal Narrative 1814–1829, vol.1, pp.33–39; Seeberger 1999, pp.57–61.

45 自己的好心情：AH, 5 June 1799, AH Diary 2000, p.58.

45 "自然的所有力量"：AH to David Friedländer, 11 April 1799, AH Letters 1973, p.657；在另一封信中，AH 提到 "各种力之间的互动"：AH to Karl Maria Erenbert von Moll, 5 June 1799, ibid., p.682.

45 "善和崇高、伟大的事物"：AH to Carl Freiesleben, 4 June 1799, ibid., p.680.

45 "可以饮用的液体"：AH, 6 June 1799, AH Diary 2000, p.424.

45 到达特内里费岛：AH Personal Narrative 1814–1829, vol.1, p.110ff.

46 "冷杉火炬"、没有帐篷：Ibid., pp.153–154.

46 脸颊冰凉，脚底灼烫：Ibid., pp.168, 189–190.

46 透明的 "魔力" 物质：Ibid., pp.182, 188; see also AH to WH, 20–25 June 1799, AH WH Letters 1880, p.10.

46 夜间不能点灯：AH, Mein Aufbruch nach America, in Biermann 1987, p.82.

46 自己 "年轻懵懂时代"：AH Personal Narrative 1814–1829, vol.2, p.20.

46 到达库马纳：Ibid., p.183ff.

46 将温度计插入白沙中：Ibid., p.184.

47 西班牙对殖民地的统治：Arana 2013, p.26ff.

47 让管事的人"对他的工作产生兴趣"：
AH Personal Narrative 1814–1829, vol.2,
pp.188–189.

48 "宣告着自然最宏大的面相"：Ibid., p.184.

4 南美洲

51 风景令人迷醉：AH to WH, 16 July 1799,
AH WH Letters 1880, p.11.

51 库马纳的动物和植物：AH Personal
Narrative 1814–1829, vol.2, pp.183–184;
AH to WH, 16 July 1799, AH WH Letters
1880, p.13.

51 "我们像傻瓜一样跑来跑去"：AH to WH,
16 July 1799, ibid., p.13.

51 "如果这些神奇的生物再不停止出现"：
Ibid.

51 很难用理性的方法：AH Personal Narrative
1814–1829, vol.2, p.239.

51 装满植物：Ibid., vol.3, p.72.

51 "整体的印象"：AH to WH, 16 July 1799,
AH WH Letters 1880, p.13.

51 库马纳的树木像意大利石松：AH Personal
Narrative 1814–1829, vol.2, p.183.

51 仙人掌和草海：Ibid., p.194.

51 山谷像德比郡的：Ibid., vol.3, pp.111, 122.

51 洞穴像喀尔巴阡山脉的：Ibid., p.122.

52 AH 开心、健康：AH to Reinhard and
Christiane von Haeften, 18 November 1799,
AH Letters America 1993, p.66; AH to
WH, 16 July 1799, AH WH Letters 1880,
p.13.

52 流星雨：AH Personal Narrative 1814–1829,
vol.3, p.332ff.

52 巨大的蜘蛛：AH to Reinhard and Christiane
von Haeften, 18 November 1799, AH
Letters America 1993, p.66.

52 库马纳的科学仪器：Ibid., p.65.

53 "市场上待售的马匹"：AH Personal
Narrative 1814–1829, vol.2, p.246.

53 库马纳的地震：Ibid., vol.3, pp.316–317;

AH, 4 November 1799, AH Diary 2000,
p.119.

53 "现在，我们再也不能信任它了"：AH
Personal Narrative 1814–1829, vol.3., p.321.

53 资金问题：AH, November 1799, AH Diary
2000, p.166.

53 何塞·德拉克鲁斯：洪堡在1801年6月的
日记中写道，何塞于1799年8月完成。
AH, 23 June–8 July 1801, AH Diary 2003,
vol.1, p.85.

53 雇了一艘船：AH Personal Narrative 1814–
1829, vol.3, pp.347, 351–352.

53 在库马纳装箱：AH, 18 November 1799,
AH Diary 2000, p.165.

53 "西班牙裔美洲人"：AH Personal Narrative
1814–1829, vol.3, p.435.

54 "卑贱的奴隶"：Juan Vicente de Bolívar,
Martín de Tobar and Marqués de Mixares
to Francisco de Miranda, 24 February 1782,
Arana 2013, p.21.

54 有两座顶峰的拉西亚山：AH Personal
Narrative 1814–1829, vol.3, p.379.

54 "维特的记忆"：AH, 8 February 1800, AH
Diary 2000, p.188.

54 牧群的颈铃：AH Personal Narrative 1814–
1829, vol.3, p.90.

54 "任何地方的自然"：Ibid., p.160.

54 "具有奇妙治愈力的灵药"：AH, 22
November 1799–1797 February 1800, AH
Diary 2000, p.179.

55 分水岭还是卡西基亚雷河：Holl 2009,
p.131.

55 AH 需要钱：AH Personal Narrative 1814–
1829, vol.3, p.307; 英文版没有提到付钱
的事，但法文版提到了：AH, *Voyage
aux regions équinoxiales du Nouveau
Continent*, vol.4, p.5.

55 在报纸上发表信件：AH to Ludwig Bolmann,
15 October 1799, Biermann 1987, p.169.

55 从拉科鲁尼亚发出43封信：AH Letters

America 1993, p.9.

55 骡子和装备：AH, 7 February 1800, AH Diary 2000, p.185.

56 "微笑着的山谷"：AH Personal Narrative 1814–1829, vol.4, p.107.

56 对阿拉瓜的描述：Ibid., p.132.

56 水位降低：Ibid., p.131ff.; AH, 4 March 1800, AH Diary 2000, p.215ff.

57 没有入海水道：AH Personal Narrative 1814–1829, vol.4, p.141.

57 岛上细微的沙粒：Ibid., p.140.

57 年均蒸发量：Ibid., p.145ff.

57 砍伐森林：Ibid., p.142.

57 引水灌溉：Ibid., pp.148–149.

57 森林面积减少的后果：AH, 4 March 1800, AH Diary 2000, p.215.

57 库马纳郊外森林的消失：AH Personal Narrative 1814–1829, vol.3, pp.24–25.

57 "鲁莽地破坏了森林"：Ibid., vol.4, p.63.

57 "森林十不存一"：AH, 7 February 1800, AH Diary 2000, p.186.

57 "一切都环环相扣"：AH Personal Narrative 1814–1829, vol.4, p.144.

57 蒸发量减低：Ibid., p.143.

57 AH 与气候变化：See AH's writings but also Holl 2007–2008, pp.20–25; Osten 2012, p.61ff.

57 到处破坏美洲的森林：AH Personal Narrative 1814–1829, vol.4, pp.143–144.

58 AH 与矿井消耗的木材：Weigel 2004, p.85.

58 "比没有金子更糟糕"：Evelyn 1670, p.178.

58 "法国会因为短缺木材而灭亡"：Jean-Baptiste Colbert, Schama 1996, p.175.

58 "原木很快要"：Bartram, John, 'An Essay for the Improvements of Estates, by Raising a Durable Timber for Fencing, and Other Uses', Bartram 1992, p.294.

58 富兰克林担心"失去木材的供给"：Benjamin Franklin to Jared Eliot, 25 October 1750; Benjamin Franklin, 'An Account of the New Invented Pennsylvanian Fire-Places', 1744, Franklin 1956–2008, vol.2, p.422 and vol.4, p.70.

58 影响未来世代：AH Personal Narrative 1814–1829, vol.4, p.143.

58 伦巴第到秘鲁：Ibid., p.144.

58 森林和生态系统：AH, September 1799, AH Diary 2000, p.140; AH Personal Narrative 1814–1829, vol.4, p.477.

59 "林地的降温作用有三重机制"（脚注）：AH Aspects 1849, vol.1, pp.126–127; AH Views 2014, p.82; AH Ansichten 1849, vol.1, p.158.

59 树木释放氧气：AH, September 1799, AH Diary 2000, p.140.

59 "不可估量"和"残酷地"：AH, 4 March 1800, ibid., p.216.

59 乌龟种群的数量急剧降低：AH Personal Narrative 1814–1829, vol.4. p.486; AH, 6 April 1800, AH Diary 2000, p.257.

59 牡蛎绝种：AH Personal Narrative 1814–1829, vol.2, p.147.

59 "一切事物都相互作用"：AH, 2–5 August 1803, AH Diary 2003, vol.2, p.258.

59 "自然万物为人而生"：Aristotle, *Politics*, Bk.1, Ch.8.

59 "所有事物都是为人的利益而创造的"：Carl Linnaeus, Worster 1977, p.37.

59 "生养众多，遍满地面"：Genesis 1:27–28.

59 "世界为人而造"：Francis Bacon, Worster 1977, p.30.

59 "自然的拥有者和主上"：René Descartes, Thomas 1984, p.33.

59 "呼啸的荒野"：Rev. Johannes Megapolensis, Myers 1912, p.303.

60 "使地球变得更适宜居住"：Montesquieu, *The Spirit of Laws*, London, 1750, p.391.

60 理想的自然景象：Chinard 1945, p.464.

60 "破坏"：de Tocqueville, 26 July 1833, "A Fortnight in the Wilderness", Tocqueville

1861, vol. 1, p.202.

60 威廉森和砍伐森林：Hugh Williamson, 17 August 1770, Chinard 1945, p.452.

60 "沼泽的干燥"：Thomas Wright in 1794, Thomson 2012, p.189.

60 "征服荒野"：Jeremy Belknap, Chinard 1945, p.464.

60 布丰和荒野：Judd 2006, p.4; Bewell 1989, p.242.

60 "经耕作改造的自然"：Buffon, Bewell 1989, p.243; see also Adam Hodgson, Chinard 1945, p.483.

60 "人类必须先理解自然之规律"：AH Cosmos 1845–1852, vol.1, p.37; AH Kosmos 1845–1850, vol.1, p.36.

60 人类拥有破坏环境的力量：AH, 4 March 1800, AH Diary 2000, p.216.

5 亚诺斯平原与奥里诺科河

61 AH 在亚诺斯：以下如无特别说明，皆出自 AH Personal Narrative 1814–1829, vol.4, p.273ff.; 6 March–27 March 1800, AH Diary 2000, p.222ff.

61 "跌入了巨大的孤独"：AH Personal Narrative 1814–1829, vol.4, p.263.

61 "一切事物都像是完全静止了"：Ibid., p.293.

61 AH 的着装：Friedrich Georg Weitsch 于 1806 年描绘 AH 的肖像，现在陈列于柏林国家旧美术馆。

61 亚诺斯的小农庄：AH Personal Narrative 1814–1829, vol.4, p.319ff.; AH, 6–27 March 1800, AH Diary 2000, pp.223–234.

62 "让心灵充满对永恒的体悟"：AH Views 2014, p.29; AH Aspects 1849, vol.1, p.2; AH Ansichten 1849, vol.1, p.4; AH Ansichten 1808, p.3.

62 电鳗及相关的描述：AH Aspects 1849, vol.1, pp.22–23; AH Views 2014, pp.39–40; AH Ansichten 1849, pp.32–34; Personal Narrative 1814–1829, vol.4, p.347ff.

64 "同出一源"：AH Views 2014, p.40; AH Aspects 1849, vol.1, p.23; AH Ansichten 1849, vol.1, p.34.

64 到奥里诺科河的行程：AH Personal Narrative 1814–1829, vol.4, p.390ff. and vol.5.

64 补给品与食物：AH, 30 March 1800, AH Diary 2000, p.239.

64 殖民地总督的妻弟：AH Personal Narrative 1814–1829, vol.4, p.419.

64 没人来打扰他的工作：AH to WH, 17 October 1800, AH WH Letters 1880, p.15.

64 邦普兰总是乐天开朗：AH Personal Narrative 1814–1829, vol.3, p.310.

64 鳄鱼：AH, 30 March–23 May 1800, AH Diary 2000, pp.241–242.

65 在奥里诺科河中洗澡：Ibid., p.255.

65 夜间扎营：AH Personal Narrative 1814–1829, vol.4, pp.433, 436, 535, vol.5, p.442.

65 蛇蜷缩在兽皮下面：Ibid., vol.5, p.287.

66 邦普兰和驯化的野猫：AH, 30 March–23 May 1800, AH Diary 2000, p.244.

66 AH 和美洲豹：AH Personal Narrative 1814–1829, vol.4, p.446; AH, 2 April 1800, AH Diary 2000, p.249.

66 箭毒：AH Personal Narrative 1814–1829, vol.5, p.528.

66 "像长笛发出的乐音"：AH Aspects 1849, vol.1, p.270; AH Views 2014, p.146; AH Ansichten 1849, vol.1, p.333.

66 "那么多种声音在向我们宣示"：AH Personal Narrative 1814–1829, vol.4, p.505.

66 "人类不曾打扰自然之道"：AH, 31 March 1800, AH Diary 2000, p.240.

66 实地观察动物：AH Personal Narrative 1814–1829, vol.4, pp.523–524.

66 伶猴：Ibid., p.527.

66 捕捉伶猴：AH, 30 March–23 May 1800, AH Diary 2000, p.266.

67 "活跃的有机力量": AH Views 2014, p.147; AH Aspects 1849, vol.1, p.272; AH Ansichten 1849, vol.1, p.337.

67 "吞下一匹马": AH to Baron von Forell, 3 February 1800, Bruhns 1873, vol.1, p.274.

67 人类在其中"无足轻重": AH Personal Narrative 1814–1829, vol.5, p.290.

67 夜间的动物: AH Aspects 1849, vol.1, p.270ff.; AH Views 2014, pp.146–147; AH Ansichten 1849, vol.1, pp.333–335; AH Personal Narrative 1814–1829, vol.4, p.436ff.

67 "一场持久而愈演愈烈的战争": AH Views 2014, p.146; AH Aspects 1849, vol.1, p.270; AH Ansichten 1849, vol.1, p.334.

67 "某种角力": AH Personal Narrative 1814–1829, vol.4, p.437.

67 水豚、美洲豹、飞鱼: Ibid., vol.2, p.15.

67 "仅受限于自身": AH Views 2014, p.36; AH Aspects 1849, vol.1, p.15; AH Ansichten 1849, vol.1, p.23.

68 林奈与和谐的平衡: Worster 1977, p.35.

68 "黄金时代早已结束": AH Personal Narrative 1814–1829, vol.4, p.421.

68 "人类具有破坏性的双手": AH Aspects 1849, vol.1, p.15; AH Views 2014, p.37; AH Ansichten 1849, vol.1, p.23.

68 AH测量奥里诺科河面宽度: AH, 30 March–23 May 1800, AH Diary 2000, p.262.

68 阿图雷斯急流和麦普雷斯急流: AH Personal Narrative 1814–1829, vol.5, p.1ff.; AH Aspects 1849, vol.1, p.219ff.; AH Views 2014, p.123ff.; AH Ansichten 1849, vol.1, p.268ff.

68 "自然的壮美景象": AH Personal Narrative 1814–1829, vol.5, p.139.

68 小舟险些被掀翻: Ibid., vol.4, p.496; AH, 6 April 1800, AH Diary 2000, p.258.

68 "如果你，我的朋友⋯⋯": Bonpland to AH, 6 April 1800, AH Diary 2000, p.258.

68 遇事沉着的美德: AH Personal Narrative 1814–1829, vol.4, p.496.

68 AH与蚊子: Ibid., vol.5, pp.87, 112; AH, 15 April 1800, AH Diary 2000, pp.260–261.

69 "第三只手": AH, 15 April 1800, AH Diary 2000, p.261.

69 "奥尔尼托": AH Personal Narrative 1814–1829, vol.5, pp.103–104.

69 "愉悦的游轮之旅": AH, 15 April 1800, AH Diary 2000, p.262.

69 贝尔纳多·泽亚神父: AH Personal Narrative 1814–1829, vol.4, p.510.

69 "移动的动物园": Ibid., vol.4, pp.534–536 and vol.5, p.406; AH, 15 April 1800, AH Diary 2000, p.260.

69 很难找到露营之处: AH Personal Narrative 1814–1829, vol.5, p.441.

69 食物与饮水: Ibid., vol.4, p.320; vol.5, pp.363, 444; AH, 15 April 1800, AH Diary 2000, p.260; AH to WH, 17 October 1800, AH WH Letters 1880, p.17.

70 巴西果: AH Personal Narrative 1814–1829, vol.5, pp.365, 541; 洪堡后来以法国科学家克劳德·路易·贝托莱 (Claude Louis Bertholet) 的名字，将这种植物命名为 *Bertholletia excelsa*。

70 树冠上的花朵: Ibid., p.256.

70 "数一数有几颗牙齿": AH, April 1800, AH Diary 2000, p.250.

71 河水"十分好喝": AH, April–May 1800, AH Diary 2000, p.285; see also pp.255, 286.

71 "杰出的地理学家": AH Personal Narrative 1814–1829, vol.5, p.309; 原住民对自然的崇拜: see vol.3, p.213; 最好的自然观测者: see AH, 'Indios, Sinneschärfe', Guayaquil, 4 January–17 February 1803, AH Diary 1982, pp.182–183.

71 AH对原住民十分感兴趣: AH Personal Narrative 1814–1829, vol.4, p.532ff.

71 "文明人的野蛮性"：Ibid., vol.5, p.234.

71 "懒惰且漠不关心"：Ibid., vol.4, p.549, vol.5, p.256.

71 "好像有恶魔在背后追赶他们"：AH, March 1801, AH Diary 1982, p.176.

71 丛林之夜：AH Personal Narrative 1814–1829, vol.5, p.443.

71 火焰照亮：Ibid., pp.2, 218; AH Aspects 1849, vol.1, pp.216, 224, 231; AH Views 2014, pp.121, 126, 129; AH Ansichten 1849, vol.1, pp. 263, 276, 285.

72 "那些直接向灵魂诉说的东西"：AH Personal Narrative 1814–1829, vol.4, p.134.

72 AH 和卡西基亚雷河：Ibid., vol.5, pp.399–400, 437, 442.

72 天然的棚架：Ibid., p.441.

72 卡西基亚雷河与奥里诺科河：Ibid., p.448.

72 "是有人在马德里凭空想象出来的"：AH, May 1800, AH Diary 2000, p.297.

73 安戈斯图拉：AH Personal Narrative 1814–1829, vol.5, pp.691–692.

73 AH 和邦普兰病倒：Ibid., p.694ff.

73 装猴子的笼子：Ibid., vol.6, p.7.

73 以极慢的速度行进：Ibid., pp.2–3.

73 "无限的空间"：Ibid., p.69.

73 亚诺斯的雨季：AH Aspects 1849, vol.1, p.19ff.; AH Views 2014, p.38ff.; AH Ansichten 1849, vol.1, p.29ff.

73 空气 "像随时能拧出水一样"：AH, March 1800, AH Diary 2000, p.231. 虽然这是一篇 3 月的日记，但 AH 在此添加了一条记录 7 月经历的笔记。

74 "我们惊讶地观察"：AH Personal Narrative 1814–1829, vol.6, p.7.

74 感到清凉：Ibid., vol.4, p.334.

74 "将生命播撒在自己周围"：Ibid., vol.6, p.8.

74 "生命之树"：AH Views 2014, p.36; AH Aspects 1849, vol.1, pp.15, 181; AH Ansichten 1849, vol.1, p.23.

6 穿越安第斯山脉

75 AH 与 博 丹：AH Personal Narrative 1814–1829, vol.7, p.285; AH to Nicolas Baudin, 12 April 1801, Bruhns 1873, vol.1, p.292; AH to Carl Ludwig Willdenow, 21 February 1801, Biermann 1987, p.173; AH, Recollections during voyage from Lima to Guayaquil, 24 December 1802–1804 January 1803, AH Diary 2003, vol.2, p.178; *National Intelligencer and Washington Advertiser*, 12 November 1800.

75 "急切地想要解决它们"：AH Personal Narrative 1814–1829, vol.7, p.288.

75 他 "并不确定"：AH to Carl Ludwig Willdenow, 21 February 1801, Biermann 1987, p.171.

76 将藏品分为两份：AH Personal Narrative 1814–1829, vol.7, p.286.

76 "两个国家的科学"：Joseph Banks to Jacques Julien Houttou de La Billardière, 9 June 1796, Banks 2000, p.171; see also Wulf 2008, pp.203–204.

76 从库马纳将种子寄给班克斯（脚注）：AH to Banks, 15 November 1800, Banks to Jean Baptiste Joseph Delambre, 4 January 1805, Banks 2007, vol.5, pp.63–64, 406.

76 比以往更加开心和健康：AH to Carl Ludwig Willdenow, 21 February 1801, Biermann 1987, p.175.

76 "那么您呢，最亲爱的人"：AH to Christiane Haeften, 18 October 1800, AH Letters America 1993, p.109.

77 "当人年轻又有活力的时候"：AH, 24 December 1802–1804 January 1803, AH Diary 2003, vol.2, p.178.

77 "一切困难"：AH, Recollections during voyage from Lima to Guayaquil, 24 December 1802–1804 January 1803, AH Diary 2003, vol.2, p.178.

77 AH想要拜访穆蒂斯：Ibid.; AH, 23 June–

8 July 1801, AH Diary 2003, vol.1, p.89ff.; AH to WH, 21 September 1801, AH WH Letters 1880, p.32.

77 "穆蒂斯,我离你已经这样近!": AH, 23 June–8 July 1801, AH Diary 2003, vol.1, pp.89–90.

77 黑暗中的"路标": AH, 19 April–15 June 1801, ibid., pp.65–66.

77 在马格达莱纳河上的旅行:Ibid., pp.67–78.

77 翁达:AH, 18–22 June 1801, ibid., p.78.

78 前往波哥大的旅行:AH, 23 June–8 July 1801, ibid., pp.85–89.

78 到达波哥大:AH to WH, 21 September 1801, AH WH Letters 1880, p.35; AH, November–December 1801, AH Diary 2003, vol.1, p.90f（AH离开波哥大后才写下这则日记）.

78 穆蒂斯的画室:Holl 2009, p.161.

78 穆蒂斯的植物收藏:AH to WH, 21 September 1801, AH WH Letters 1880, p.35.

78 邦普兰热病复发:AH, November–December 1801, AH Diary 2003, vol.1, p.91.

78 波哥大的骡子:AH, 8 September 1801, ibid., p.119.

78 挑夫搬运行李:AH, 5 October 1801, ibid., p.135.

78 仆人何塞:AH, 23 June–8 July 1801, ibid., p.85.

78 跨越金迪奥隘口:AH Cordilleras 1814, vol.1, p.63ff.; AH Cordilleren 1810, vol.1, p.17ff.; Fiedler and Leitner 2000, p.170.

78 "交托给这些险境":AH, 27 November 1801, see also AH, 5 October 1801, AH Diary 2003, vol.1, pp.131, 155.

78 "跌跌撞撞地":AH, 27 November 1801, ibid., p.151.

79 在安第斯山中的行进:AH, 14 September 1801, ibid., p.124; AH Cordilleras 1814, vol.1, p.64; AH Cordilleren 1810, vol.1, p.19.

79 神鹫在正午的太阳下"像镜子一样闪亮":AH, 22 December 1801, AH Diary 2003, vol.1, p.163.

79 帕斯托火山口喷发火舌:AH, 19 December 1801, ibid., vol.2, p.45.

80 "我从不厌倦写信寄回欧洲":AH to WH, 21 September 1801, AH WH Letters 1880, p.27.

80 仪器悬空在悬崖上:AH, 27 November 1801, AH Diary 2003, vol.1, p.155.

80 背负气压计、摔坏的气压计:Ibid., p.152; 关于何塞负责看管气压计:see AH, 28 April 1802, AH Diary 2003, vol.2, p.83; 关于AH旅行中所带的气压计:见 Friedrich Georg Weitsch 1806年创作的 AH肖像（现归柏林国立旧美术馆收藏）;Seeberger 1999, pp.57–61.

80 "那些不用带着易碎仪器旅行的家伙可真幸运":Wilson 1995, p.296; AH, 19 April–15 June 1801, AH Diary 2003, vol.1, p.66.

80 抵达基多:AH, Aus Meinem Leben（1769–1850）, in Biermann 1987, p.101.

82 "既然你……相信一切都由火山创造":Goethe to AH, 1824, Goethe Encounters 1965–2000, vol.14, p.322.

82 "从不多作停留":Rosa Montúfar, Beck 1959, p.24.

82 结婚的男人"迷失了自己":AH to Carl Freiesleben, 21 October 1793, AH Letters 1973, p.280.

82 "不息、狂热的爱":AH to Wilhelm Gabriel Wegener, 27 March 1789 and AH to Carl Freiesleben, 10 April 1792, ibid., pp.46, 180.

82 "受到您感情的羁縻":AH to Reinhard von Haeften, 1 January 1796, ibid., p.477.

82 连续哭泣几个小时:AH to Carl Freiesleben,

10 April 1792, ibid., p.180.

82 "我完全从属于您的计划"：AH to Reinhard von Haeften, 1 January 1796, ibid., pp.478–479.

82 "一位好人"：AH to Carl Freiesleben, 4 June 1799, ibid., p.680.

83 "对女人缺乏真正的感情"：Adolph Kohut in 1871 about AH's time in Berlin in 1805, Beck 1959, p.31.

83 "睡在一起的同伴"：*Quarterly Review*, vol.14, January 1816, p.369.

83 "没有什么能对亚历山大产生强烈的影响"：CH to WH, 22 January 1791, WH CH Letters 1910–1916, vol.1, p.372.

83 "不寻常的性取向"：Theodor Fontane to Georg Friedländer, 5 December 1884, Fontane 1980, vol.3, p.365.

83 洪堡的"阿多尼斯"：José de Caldas to José Celestino Mutis, 21 June 1802, Andress 2011, p.11; Caldas asked if he could join AH, Holl 2009, p.166.

83 "不知道什么是感官上的需求"：AH to Archibald MacLean, 6 November 1791; see also AH to Wilhelm Gabriel Wegener, 27 March 1789, AH Letters 1973, pp.47, 157.

83 "对情欲的狂热诉求"：AH Kosmos 1845–1850, vol.1, p.6: "vom wilden Drange der Leidenschaften bewegt ist". 英文版的措辞稍微含蓄了一些："passions of men"；see also AH to Archibald MacLean, 6 November 1791, AH Letters 1973, p.157.

83 保护着气压计的何塞：AH, 28 April 1802, AH Diary 2003, vol.2, p.83.

83 攀登皮钦查火山：AH climbed Pichincha three times; AH, 14 April, 26 and 28 May 1802, AH Diary 2003, vol.2, pp.72ff.; 85ff.; 90ff.; AH to WH, 25 November 1802, AH WH Letters 1880, p.45ff.

83 "没有人能想见我们眼前的景象"：AH to WH, 25 November 1802, AH WH Letters 1880, p.46.

83 登上科托帕希峰：AH, 28 April 1802, AH Diary 2003, vol.2, p.83ff.

84 湛蓝的天穹：AH Cordilleras 1814, vol.1, pp.121, 125; AH Cordilleren 1810, vol.1, pp.59, 62.

84 形状像木匠旋出来的一样：AH, 28 April 1802, AH Diary 2003, vol.2, p.81.

84 登上安蒂萨纳峰：AH, 14–18 March 1802, ibid., p.57ff.

84 冰针：Ibid., pp.57, 62.

84 "世界上最高的憩息之处"：Ibid., p.61.

84 AH和蒙图法尔同睡一榻：Ibid., p.62.

84 将近18 000英尺处，以及德拉孔达米纳：Ibid., p.65.

84 "理性"给人带来的深深伤痕：AH, 22 November 1797–1799 February 1800, AH Diary 2000, p.179.

7 钦博拉索

85 AH计划前往墨西哥：AH to WH, 25 November 1802, AH WH Letters 1880, p.54.

85 "狰狞的巨人"：Ibid., p.48.

85 从基多到钦博拉索：AH, 9–12 June and 12–28 June 1802, AH Diary 2003, vol.2, pp.94–104.

85 "有一种神秘的吸引力"：AH, About an Attempt to Climb to the Top of Chimborazo, Kutzinski 2012, p.136.

85 AH攀登钦博拉索：AH to WH, 25 November 1802, AH WH Letters 1880, p.48; AH, About an Attempt to Climb to the Top of Chimborazo, in Kutzinski 2012, pp.135–155; AH, 23 June 1802, AH Diary 2003, vol.2, pp.100–109.

86 "刀锋"山脊：AH, About an Attempt to Climb to the Top of Chimborazo, Kutzinski 2012, p.140.

86 "极其危险"：AH, 23 June 1802, AH Diary

2003, vol.2, p.106.

87 水沸腾：AH Geography 2009, p.120; AH Geography 1807, pp.1613.

87 19413 英尺（3036 土瓦兹[法制长度单位]）：AH, 23 June 1802, AH Diary 2003, vol.2, p.106.

87 "将想法联系起来"：WH to Karl Gustav von Brinkmann, 18 March 1793, Heinz 2003, p.19.

87 "千丝万缕联系"：Georg Gerland, 1869, Jahn 2004, p.19.

87 观测到惊人的相似性：AH Personal Narrative 1814–1829, vol.3, p.160; see also p.495; AH 在《植物地理学随笔》（1807）中一再指出这类关联：also see in AH Personal Narrative 1814–1829, vol.3, p.490ff.; AH Aspects 1849, vol.2, p.3ff.; AH Views 2014, p.155ff.; AH Ansichten 1849, vol.2, p.3ff.

87 "阿尔卑斯玫瑰树"：AH Personal Narrative 1814–1829, vol.3, p.453.

88 墨西哥、加拿大和欧洲的树种：AH Geography 2009, pp.65–66; AH Geography 1807, p.5ff.

88 一切都相互关联：AH Cosmos 1845–1852, vol.1, p.xviii; AH Kosmos 1845–1850, vol.1, p.vi.

88 安第斯山脉的植被带：AH Geography 2009, p.77; AH Geography 1807, p.35ff.; AH Cosmos 1845–1852, vol.1, p.11; AH Kosmos 1845–1850, vol.1, p.12.

88 "高屋建瓴"地理解自然：AH Cosmos 1845–1852, vol.1, p.40; AH Kosmos 1845–1850, vol.1, p.39.

88 "一瞥之间"：AH Cosmos 1845–1852, vol.1, p.11; 关于山峰对 AH 的启发：see also p.347; AH Kosmos 1845–1850, vol.1, p.12.

88 "自然之图"的草图：AH Geography 2009, p.61; AH Geography 1807, p.iii; Holl 2009, pp.181–183 and Fiedler and Leitner 2000, p.234.

88 "在一页纸上展现微观的宇宙"：AH to Marc–Auguste Pictet, 3 February 1805, Dove 1881, p.103.

88 "自然是一个有机的整体"：AH Kosmos 1845–1850, vol.1, p.39, （原文是 "belebtes Naturganzes . . . Nicht ein todtes Aggregat ist die Natur"）。《宇宙》英文版翻译 'living connections' 并不能准确地传达 AH 的原意，完全漏掉了后面半句，即自然并不是僵死的拼合物。AH Cosmos 1845–1852, vol.1, p.40.

88 "令生命到处繁衍的普世力量"：AH Aspects 1849, vol.2, p.3; AH Views 2014, p.155; AH Ansichten 1849, vol.2, p.3.

88 "有机的力量运作不息"：AH Aspects 1849, vol.2, p.10; AH Views 2014, p.158; AH Ansichten 1849, vol.2, p.11.

88 "唯有通过与整体关联才变得重要"：AH Cosmos 1845–1852, vol.1, p.41; AH Kosmos 1845–1850, vol.1, p.40.

88 "自然之图"：发表于洪堡的《植物地理学随笔》（1807）。

89 "多样性中的统一性"：AH Cosmos 1845–1852, vol.1, p.48; AH Kosmos 1845–1850, vol.1, p.55, 德文原文为 "Einheit in der Vielheit"。

90 原住民语言之精深：AH, 12 April 1803–20 January 1804, Mexico, AH Diary 1982, p.187; AH to WH, 25 November 1802, AH WH Letters 1880, pp.51–52.

90 "未来""永恒""存在"：Ibid., p.52.

90 古代手稿：Ibid., p.50.

90 金鸡纳老树已经稀有：AH Aspects 1849, vol.2, p.268; AH Views 2014, p.268; AH Ansichten 1849, vol.2, p.319; see also AH, 23–28 July 1802, AH Diary 2003, vol.2, pp.126–130.

90 磁倾赤道：AH, Abstract of Humboldt's and Bonpland's Expedition, end of June 1804,

AH Letters USA 2004, p.507; Helferich 2005, p.242.

91 AH 关于洪堡寒流：Kortum 1999, pp.98–100; in particular AH to Heinrich Berghaus, 21 February 1840, p.98.

91 "我们必须将这个星球上相隔最远的区域中观察到的事物进行比较"：AH Views 2014, p.244; AH Aspects 1849, vol.2, p.215; AH Ansichten 1849, vol.2, p.254.

91 "似乎显而易见"的答案：AH 在墨西哥城的向导这样议论他：1803, Beck 1959, p.26.

92 像小男孩一样，外套口袋里装满：Ibid., p.27.

92 科托帕希火山喷发：AH, 31 January–6 February 1803, AH Diary 2003, vol.2, p.182ff.

92 信使：Ibid., p.184.

92 AH 听到科托帕希火山的轰鸣：AH Cordilleras 1814, vol.1, p.119; AH Cordilleren 1810, vol.1, p.58.

92 "我每天都变得更加凄惶"：AH, 27 February 1803, AH Diary 2003, vol.2, p.190.

8 政治与自然：托马斯·杰斐逊与洪堡

94 对飓风的描述：AH, 29 April–20 May 1804, AH Diary 2003, vol.2, p.301ff.

94 AH 接近死亡：Ibid., p.302.

94 AH 在墨西哥：AH, Aus Meinem Leben (1769–1850), in Biermann 1987, p.103.

94 AH 回到欧洲的理由：AH, Abstract of Humboldt's and Bonpland's Expedition, end of June 1804, AH Letters USA 2004, p.508.

95 仿佛生活在月球上：AH to Carl Ludwig Willdenow, 29 April 1803, AH Letters America 1993, p.230.

96 "1789 年的理念"：AH Diary 1982, p.12.

96 "自由神殿"：AH to Friedrich Heinrich Jacobi, 3 January 1791, AH Letters 1973, p.118.

96 "深知自由来之不易"：AH to Jefferson, 24 May 1804, Terra 1959, p.788.

96 "我自小便仰慕您的言行"：Ibid., p.787.

96 "在见证了安第斯山脉……之后"：AH to James Madison, 24 May 1804, ibid., p.796.

96 "直如枪杆"：Edmund Bacon 对杰斐逊的描述：Bear 1967, p.71.

96 杰斐逊的孙子孙女：1804 年，杰斐逊共有七位孙子孙女：其中六位是他女儿玛莎的子女（Anne Cary, Thomas Jefferson, Ellen Wayles, Cornelia Jefferson, Virginia Jefferson, Mary Jefferson），另一位是最近去世的女儿玛丽亚的遗腹女：Francis Wayles Eppes。

96 杰斐逊和孩子们玩耍：Margaret Bayard Smith about Jefferson, Hunt 1906, p.405; see also Edmund Bacon about Jefferson, Bear 1967, p.85.

97 从不荒废时间：Edmund Bacon and Jefferson's Memoir about Jefferson, Bear 1967, pp.12, 18, 72–78.

97 "生活中最危险的毒药"：Jefferson to Martha Jefferson, 21 May 1787, TJ Papers, vol.11, p.370.

97 爱书狂：Jefferson to Lucy Paradise, 1 June 1789, ibid., vol.15, p.163.

97 杰斐逊游历欧洲：Wulf 2011, pp.35–57, 70.

97 刘易斯和克拉克的考察：杰斐逊对刘易斯的指示：1803, Jackson 1978, vol.1, pp.61–6.

98 "对这个新世界寄托了更特别的希望"：Jefferson to AH, 28 May 1804, Terra 1959, p.788; see also Vincent Gray to James Madison, 8 May 1804, Madison Papers SS, vol.7, pp.191–192.

98 到华盛顿的旅行：Charles Willson Peale Diary, 29 May–21 June 1804, entry 29 May 1804, Peale 1983–2000, vol.2, pt.2, p.680ff.

98 美国经济发展：North 1974, p.70ff.

98 国家应以农耕，还是以商业为本？：Wulf 2011, p.83ff.

98 华盛顿城市规划的意义：Ibid., p.129ff.

99 华盛顿的城市规模：Friis 1959, p.171.

99 马车经常倾覆：John Quincy Adams, in Young 1966, p.44.

99 白宫：当时这座建筑还被称为总统府。"白宫"的称法首次见于1811年。Wulf 2011, p.125.

99 杰斐逊的衣物：William Muir Whitehill in 1803, Froncek 1977, p.85.

99 "脏兮兮的，一片荒凉"：Thomas Moore in 1804, Norton 1976, p.211.

100 去除笼罩在总统这一角色头顶的神秘光环：Wulf 2011, p.145ff.

100 外套"磨得开了线"：William Plumer, 10 November 1804 and 29 July 1805, Plumer 1923, pp.193, 333.

100 "魁梧的农夫"：Sir Augustus John Foster in 1805–1807, Foster 1954, p.10.

100 "没有什么比翻耕泥土"：Jefferson to Charles Willson Peale, 20 August 1811, TJ Papers RS, vol.4, p.93.

100 "比一个刚刚解开锁链的囚犯还自由"：Jefferson to Pierre-Samuel du Pont de Nemours, 2 March 1809, Jefferson 1944, p.394.

100 "从最不起眼的野草"：Margaret Bayard Smith about Jefferson, Hunt 1906, p.393.

100 为白宫寄去种子：Wulf 2011, p.149.

100 杰斐逊和乳齿象：Thomson 2012, p.51ff.

100 杰斐逊博通各门学问：For details see Jefferson 1997 and Jefferson 1944; Jefferson to Ellen Wayles Randolph, 8 December 1807, Jefferson 1986, p.316; Edmund Bacon about Jefferson, Bear 1967, p.33.

100 美国哲学学会的主席：Jefferson to American Philosophical Society, 28 January 1797, TJ Papers, vol.29, p.279.

101 "一位开明的哲学家"：Alexander Wilson to William Bartram, 4 March 1805, Wilson 1983, p.232.

101 AH 与杰斐逊见面：Charles Willson Peale Diary, 29 May–21 June 1804, entry, 2 June 1804, Peale 1983–2000, vol.2, pt.2, p.690.

101 杰斐逊的书房：Margaret Bayard Smith about Jefferson, Hunt 1906, pp.385, 396; for inventions, see Isaac Jefferson about Jefferson, Bear 1967, p.18; Thomson 2012, p.166ff.

101 "您正好撞见我在扮演傻瓜的角色"：Margaret Bayard Smith about Jefferson, Hunt 1906, p.396.

101 "哲学家般俭朴的生活"：AH to Jefferson, 27 June 1804, Terra 1959, p.789.

101 AH 在华盛顿：Charles Willson Peale Diary, 29 May–21 June 1804, Peale 1983–2000, vol.2, pt.2, pp.690–700.

101 "所有人关注的对象"：Caspar Wistar jr to James Madison, 29 May 1804, Madison Papers SS, vol.7, p.265.

101 "一场精彩绝伦的知识盛宴"：Albert Gallatin to Hannah Gallatin, 6 June 1804, Friis 1959, p.176.

101 "在场的所有女士"：Dolley Madison to Anna Payne Cutts, 5 June 1804, ibid., p.175.

102 AH 向政治人物们通报情况：Albert Gallatin to Hannah Gallatin, 6 June 1804, ibid., p.176.

102 AH 的地图：Charles Willson Peale, Diary, 29 May–21 June 1804, entry 30 May 1804, Peale 1983–2000, vol.2, pt.2, p.684; 路易·阿加西后来称，AH 的测量结果显示此前的地图误差极大，墨西哥的位置甚至偏离了三百英里之远。Agassiz 1869, pp.14–15.

102 "惊人"的博学：Albert Gallatin to Hannah Gallatin, 6 June 1804, Friis 1959, p.176.

102 杰斐逊收集关于墨西哥的材料：Ibid., p.177; Jefferson's table with information

"Louisiana and Texas Description, 1804", DLC; see also Terra 1959, p.786.

102 语速"是普通人的两倍": Albert Gallatin to Hannah Gallatin, 6 June 1804, Friis 1959, p.176.

102 混杂了这几种语言: Charles Willson Peale Diary, 29 May–21 June 1804, entry 29 May 1804, Peale 1983–2000, vol.2, pt.2, p.683.

102 "喷涌着丰沛水流的知识源泉": Charles Willson Peale to John De Peyster, 27 June 1804, ibid., p.725.

102 "十分杰出的人物": Albert Gallatin to Hannah Gallatin, 6 June 1804, Friis 1959, p.176.

102 "我们时代最具科学精神的人": Jefferson to William Armistead Burwell, 1804, ibid., p.181.

102 边境争议: Jefferson to AH, 9 June 1804, Terra 1959, p.789; see also Rebok 2006, p.131; Rebok 2014, pp.48–50.

102 "在那两条线之间": Jefferson to AH, 9 June 1804, Terra 1959, p.789.

103 "即便他们的国家彼此为敌": Jefferson to John Hollins, 19 February 1809, Rebok 2006, p.126.

103 关于有争议领土的情况: AH to Jefferson, undated, AH Letters America 1993, p.307.

103 "信息宝藏": Jefferson to Caspar Wistar, 7 June 1804, DLC.

103 AH给杰斐逊的摘记: Friis 1959, pp.178–179; AH's report for Jefferson, and AH, Abstract of Humboldt's and Bonpland's Expedition, end of June 1804: AH Letters USA 2004, pp.484–494, 497–509.

103 杰斐逊的内阁会议: Jefferson to James Madison 4 July 1804 and Jefferson to Albert Gallatin, 3 July 1804, Madison Papers SS, vol.7, p.421.

103 "呼吸自由的空气最美好": AH to Albert Gallatin, 20 June 1804; see also AH to Jefferson, 27 June 1804, Terra 1959, pp.789, 801.

103 这片"美丽的土地": AH to James Madison, 21 June 1804, ibid., p.796.

103 "通过暴力或者交换": AH Personal Narrative 1814–1829, vol.3, p.2.

104 "人肉机器": AH, 7 August–10 September 1803, Guanajuato, Mexico, AH Diary 1982, p.211.

104 AH对于劳役制度的看法: AH, 9–12 September 1802, Hualgayoc, Peru, ibid., p.208.

104 "从天而降"的东西: AH, February 1802, Quito, ibid., p.106.

104 根基是"不道德的": AH, 23 October–24 December 1802, Lima, Peru, ibid., p.232.

104 "只要稍加耕作": AH Personal Narrative 1814–1829, vol.3, p.79.

104 土地变得贫瘠: Ibid., vol.4, p.120.

104 被逐渐掏空的矿井，以及AH的预测: AH, 22 February 1800, AH Diary 2000, pp.208–209.

104 古巴森林的消失: AH Cuba 2011, p.115; AH Personal Narrative 1814–1829, vol.7, p.201.

104 "补充营养的蔬果": AH New Spain 1811, vol.3, p.105; see also AH Personal Narrative 1814–1829, vol.7, p.161; AH Cuba 2011, p.95.

104 "整座岛屿就会陷入饥饿": AH, 23 June–8 July 1801, AH Diary 2003, vol.1, p.87.

105 自给自足的农耕模式: AH Personal Narrative 1814–1829, vol.7, p.161; AH Cuba 2011, p.95; AH New Spain 1811, vol.3, p.105.

105 "紧密相连的树林": AH, 30 March 1800, AH Diary 2000, p.238.

105 墨西哥城的灌溉系统: AH, 1–2 August 1803, AH Diary 2003, vol.2, pp.253–257.

105 水利工程师的愚蠢决定：AH, 30 March 1800, AH Diary 2000, p.238.

105 "唯一随时间变化而不断增加的资本"：AH New Spain 1811, vol.3, p.454.

105 "欧洲人不明智的举动"：AH Personal Narrative 1814–1829, vol.7, p.236.

105 "我们的政府"：Jefferson to James Madison, 20 December 1787, TJ Papers, vol.12, p.442.

105 "千百万尚未出生的人民"：Jefferson to Representatives of the Territory of Indiana, 28 December 1805, DLC.

105 杰斐逊的农业试验：Wulf 2011, pp.113–20; 关于轮换耕作：Jefferson to George Washington, 12 September 1795, TJ Papers, vol.28, pp.464–465; 19 June 1796, TJ Papers, vol.29, pp.128–9; 关于新式犁板：TJ to John Sinclair, 23 March 1798, TJ Papers, vol. 30, p.202; Thomson 2012, pp.171–172.

105 "我每天都翘首以待"：Jefferson to James Madison, 19 May, 9 June, 1 September 1793, TJ Papers, vol.26, pp.62, 241, vol.27, p.7.

106 "对一个国家所能做的最大贡献"：Jefferson, Summary of Public Service, after 2 September 1800, ibid., vol. 32, p.124.

106 杰斐逊与植物：关于高山稻米：see Wulf 2011, p.70; Jefferson to Edward Rutledge, 14 July 1787, TJ Papers, vol.11, p.587; 关于被判死刑的风险：see Jefferson to John Jay, 4 May 1787, TJ Papers, vol.11, p.339; 关于糖枫树的引进：see Wulf 2011, p.94ff.; 关于330种蔬菜和药草：see Hatch 2012, p.4.

106 "美国最重要利益的真正代表"：Jefferson to Arthur Campbell, 1 September 1797, TJ Papers, vol.29, p.522.

106 "没有祖国"的商人：Jefferson to Horatio Gates Spafford, 17 March 1814, TJ RS Papers, vol.7, p.248; 杰斐逊对持有土地以及所有权对道德影响的看法，see

Jefferson 1982, p.165.

106 "小户土地拥有者"：Jefferson to Madison, 28 October 1785, TJ Papers, vol.8, p.682.

106 为每一个自由人提供50英亩土地：杰斐逊为弗吉尼亚洲草拟的宪法：before 13 June 1776（all three drafts included this provision），TJ Papers, vol.1, p.337ff.

106 "社会本身就一定越自由"：Madison, 'Republican Distribution of Citizens', National Gazette, 2 March 1792.

106 "关于自由与独立的强烈意识"：AH Personal Narrative 1814–1829, vol.3, p.15.

106 AH与奴隶制的不道德性：AH Geography 2009, p.134; AH Geography 1807, p.171; see also AH Cuba 2012, p.142ff.; AH Personal Narrative 1814–1829, vol.7, p.260ff.

106 "每一滴蔗糖汁液"：AH, 23 June–8 July 1801, AH Diary 2003, vol.1, p.87.

106 欧洲人所谓的"文明"：AH Personal Narrative 1814–1829, vol.1, p.127.

106 "对财富的渴望"：Ibid., vol.3, p.3.

106 杰斐逊躺卧在一位黑奴怀中的枕头上：Wulf 2011, p.41.

107 "完全不受金钱诱惑"：Jefferson to Edward Bancroft, 26 January 1789, TJ Papers, vol.14, p.492.

107 "最邪恶的制度"：AH Cuba 2011, p.144; AH Personal Narrative 1814–1829, vol.7, p.263.

107 "不光彩的"，以及"不能单纯用出口数额来衡量"：AH to William Thornton, 20 June 1804, AH Letters America 1993, pp.199–200.

108 "剖腹与剥皮哪个更好过些"：AH, 4 Jan–17 February, "Colonies", AH Diary 1982, p.66.

108 对奴隶的虐待：AH, 9–10 June 1800, ibid., p.255.

108 原住民男孩的睾丸：AH, Lima 23

October–24 December 1802, fragment titled "Missions", ibid., p.145.

108 将自己的产业划分成小型农庄：AH Personal Narrative 1814–1829, vol.4, pp.126–127; see for farms between Honda and Bogotá, AH, 23 June–8 July 1801, AH Diary 2003, vol.1, p.87.

108 "我反复流连于这些细节"：AH Personal Narrative 1814–1829, vol.4, p.128.

108 "所有反自然的事物都不公正、败坏、无效"：AH, 23 June–8 July 1801, AH Diary 2003, vol.1, p.87.

108 比白人更低劣的种族：Jefferson 1982, p.143.

108 "同样的类型特征"：AH Personal Narrative 1814–1829, vol.4, p.474; 关于人类种族的同一性：see also AH Cosmos 1845–1852, vol.1, pp.351, 355; AH Kosmos 1845–1850, vol.1, pp.381–385; AH Cordilleras 1814, vol.1, 1814, p.15.

108 "所有人都为自由而生"：AH Cosmos 1845–1852, vol.1, p.355; AH Kosmos 1845–1850, vol.1, p.385.

108 "自然是自由之域"：AH Cosmos 1845–1852, vol.1, p.3; AH Kosmos 1845–1850, vol.1, p.4.

9 欧洲

111 护卫舰"法弗利"号：AH to James Madison, 21 June 1804, Terra 1959, p.796.

111 AH 的收藏品：AH Geography 2009, p.86; Wulf 2008, p.195; AH, Aus Meinem Leben (1769–1850), Biermann 1987, p.104.

111 "如果能再次回到巴黎那该多好"：AH to Jean Baptiste Joseph Delambre, 25 November 1802, Bruhns 1873, vol.1, p.324.

111 "我觉得自己像个新来的人"：AH to Carl Freiesleben, 1 August 1804, AH Letters America 1993, p.310.

112 AH 选择了巴黎：AH, Aus Meinem Leben (1769–1850), in Biermann 1987, p.104.

112 两头活的大象：Stott 2012, p.189.

112 拿破仑统治下的巴黎：Horne 2004, p.162ff.; Marrinan 2009, p.298; John Scott, 1814, Scott 1816; Thomas Dibdin, 16 June 1818, Dibdin 1821, vol.2, pp.76–79.

113 "好像他们的住处只是用来睡觉的"：Robert Southey to Edith Southey, 17 May 1817, Southey 1965, vol.2, p.162.

113 "哲学家"和小丑：John Scott, 1814, Scott 1816, pp.98–99.

113 "全心全意地致力于享受"：Ibid., p.116.

113 "永远都处在激动不安的情绪中"：Thomas Dibdin, 16 June 1818, Dibdin 1821, vol.2, p.76.

114 阶级与阅读：John Scott, 1814, Scott 1816, pp.68, 125.

114 "关于高等数学疑难问题的对话"：Ibid., p.84.

114 盖伊–吕萨克到达 23 000 英尺高空：AH Geography 2009, p.136; AH Geography 1807, p.176.

114 AH 和盖伊–吕萨克同处一室：Casper Voght, 16 March 1808, Voght 1959–1965, vol.3, p.116; see also Bruhns 1873, vol.2, p.6.

115 像"死而复生"：Goethe to WH, 30 July 1804, Goethe's Day 1982–1996, vol.4, p.511; AH 被提名柏林科学学会主席：Christian Gottfried Körner to Friedrich Schiller, 11 September 1804, Schiller Letters 1943–2003, vol.40, p.246.

115 CH 在巴黎：Geier 2010, p.237; Gersdorff 2013, p.108ff.

115 "神话中的怪物"：WH to CH, 29 August 1804, WH CH Letters 1910–1916, vol.2, p.232.

116 "好像两天前才刚刚离开我们一样"：CH to WH, 28 August 1804, ibid., p.231.

116 他的德国特性（Deutschheit）：CH to WH, 22 August 1804, ibid., p.226.

116 "一个人必须为祖国尽责"：WH to CH, 29 August 1804, ibid., p.232.

116 再也无意返回柏林：AH to WH, 28 March 1804, quoted in WH to CH, 6 June 1804, ibid., p.182.

116 只会"做个鬼脸"：CH to WH, 12 September 1804, ibid., p.249.

116 "我正享有前所未有的荣耀"：AH to WH, 14 October 1804, Biermann 1987, p.178.

116 邦普兰返回拉罗歇尔：Beck 1959–1961, vol.2, p.1.

116 AH 在科学院演讲：19, 24 September and 15, 29 October 1804, AH Letters America 1993, p.15.

116 "一个人统括了整个科学院的所有研究领域"：Claude Louis Berthollet about AH, in AH to WH, 14 October 1804, Biermann 1987, p.179.

116 批评者们变得热情：AH to WH, 14 October 1804, ibid., p.178.

116 "夜晚和白天融为一体"：George Ticknor, April 1817, AH Letters USA 2004, p.516.

117 AH 的成果分享给别人：AH to WH, 14 October 1804, Biermann 1987, p.179.

117 AH 分享标本：AH to Dietrich Ludwig Gustav Karsten, 10 March 1805, Bruhns 1873, vol.1, p.350.

117 邦普兰的年薪：AH to WH, 14 October 1804, Biermann 1987, p.179; Bruhns 1873, vol.1, p.398; AH to Jardin des Plantes, 1804, Schneppen 2002, p.10.

117 AH 想念南美洲：AH to Carl Freiesleben, 1 August 1804, AH Letters America 1993, p.310.

117 AH 遇见玻利瓦尔：Arana 2013, p.57; Heiman 1959, pp.221–224.

117 AH 由蒙图法尔引见（脚注）：Arana, 2013, p.57; AH, January 1800, AH Diary 2000, p.177.

117 玻利瓦尔在巴黎：Lynch 2006, p.22ff.; Arana 2013, p.53ff.

117 玻利瓦尔的牙齿：O'Leary 1969, p.30.

117 玻利瓦尔拜访 AH：Arana 2013, p.58; Heiman 1959, p.224.

118 AH 绘声绘色地讲述美洲：Bolívar to AH, 10 November 1821, Minguet 1986, p.743.

118 AH, 玻利瓦尔及革命：AH to Bolívar, 29 July 1822. ibid., pp.749–750.

118 "伪善的暴君"：Arana 2013, p.59.

118 殖民地人民缺乏领袖：AH to Bolívar, 1804, Beck 1959, pp.30–31.

118 "如神一样坚强"：Bolívar to AH in Paris, 1804. AH Diary 1982, p.11.

118 希望拉丁美洲独立：Recounted by AH to Daniel F. O'Leary, 1853, Beck 1969, p.266; AH saw O'Leary in April 1853 in Berlin, AH to O'Leary, April 1853, MSS141, Biblioteca Luis Ángel Arango, Bogotá（我要感谢波哥大哈维里亚那天主教大学的阿尔伯托·戈麦斯·古蒂埃雷斯告知我这一份手稿的存在）.

118 "缺乏信任的政府"：AH, 4 January–17 February 1803, "Colonies", AH Diary 1982, p.65.

118 称赞华盛顿和富兰克林：AH Personal Narrative 1814–1829, vol.3, p.196.

118 殖民地的种族隔阂：AH, 4 January–17 February 1803, "Colonies", AH Diary 1982, p.65.

118 "白色共和国"：AH, 25 February 1800, ibid., p.255.

118 邦普兰鼓励玻利瓦尔：AH to Daniel F. O'Leary, 1853, Beck 1969, p.266.

118 "我们争相为新大陆的独立与自由立下誓言"：AH to Bolívar, 29 July 1822, Minguet 1986, p.749.

118 AH 太过公正地作判断：AH to Johann Leopold Neumann, 23 June 1791, AH Letters 1973, p.142.

119 指出别人的过错：Carl Voght, 14 February

1808, Voght 1959–1967, vol.3, p.95.

119 "通心粉国王": AH to Varnhagen, 9 November 1856, Biermann and Schwarz, 2001b, no page numbers.

119 "冰川先生": AH to Ignaz von Olfers, after 19 December 1850, ibid.

119 温柔且十分脆弱: WH to CH, 18 September 1804, WH CH Letters 1910–1916, vol.2, p.252.

119 用法语写信: WH to CH, 6 June 1804, ibid., p.183.

119 泛泛的表示: CH to WH, 4 November 1804, ibid., p.274.

119 给AH写一封严肃的长信: CH to WH, 3 September 1804, ibid., p.238.

119 "让他独自生活": CH to WH, 16 September 1804, see also WH to CH, 18 September 1804, ibid., pp.250, 252.

120 所有欧洲国家: CH to WH, 28 August 1804, ibid., p.231.

120 "最合适的帮手": AH to John Vaughan, 10 June 1805, Terra 1958, p.562ff.

120 AH对出版书籍的想法: AH to Marc–Auguste Pictet, 3 February 1805, Bruhns 1873, vol.1, pp.345–347; AH to Carl Ludwig Willdenow, 21 February 1801, Biermann 1987, p.171–172.

120 木匠重新刨平桌面: Terra 1955, p.219; Podach 1959, p.209.

120 AH离开巴黎: Bruhns 1873, vol.1, p.351.

121 AH翻越阿尔卑斯山: Ibid.; AH to Archibald MacLean, 6 November 1791, AH Letters 1973, p.157.

121 AH在罗马: WH CH Letters 1910–1916, vol.2, p.298; AH to Aimé Bonpland, 10 June 1805, Bruhns 1873, vol.1, p.352.

121 WH和CH的住宅: Gersdorff 2013, p.93ff.

121 利奥波德·冯·布赫: Werner 2004, p.115ff.

122 玻利瓦尔步行前往意大利: O'Leary 1915, p.86; Arana 2013, p.61ff.

122 "一个梦想家": AH to Daniel F. O'Leary, 1853, Beck 1969, p.266.

122 "伟大智慧和成熟谨慎": Vicente Rocafuerte to AH, 17 December 1824, Rippy and Brann 1947, p.702.

122 只会煽风点火的"空想家": Rodríguez 2011, p.67; see also Werner 2004, pp.116–117.

123 维苏威火山的喷发: Elisa von der Recke, Diary 13 August 1805, Recke 1815, vol.3, p.271ff.

123 "维苏威决定向洪堡致以声势浩大的问候": Mr Chenevix about AH, Charles Bladgen to Joseph Banks, 25 September 1805, Banks 2007, vol.5, p.452.

123 "土星近旁的一颗小行星": AH to Aimé Bonpland, 1 August 1805, Heiman 1959, p.229.

123 玻利瓦尔在萨科罗山: Arana 2013, p.65ff.

123 在"打碎镣铐之前": Bolívar's vow, Rippy and Brann 1947, p.703.

10 柏林

124 AH前往柏林: AH to Spener or Sander, 28 October 1805, Bruhns 1873, vol.1, p.354.

124 柏林附近令人乏味的地势: AH to Fürst Pückler–Muskau, Biermann und Schwarz 1999a, p.183.

124 "热带体质": AH to Johann Georg von Cotta, 9 March 1844, AH Cotta Letters 2009, p.259; see also AH to Goethe, 6 February 1806, Goethe Humboldt Letters 1909, p.298.

124 地面好像在烧灼脚底: AH to de Beer, 22 April 1806, Bruhns 1873, vol.1, p.358.

124 AH的王室津贴: Ibid., p.355.

124 与工匠和WH的收入比较: Merseburger 2009, p.76; WH to CH, 19 June 1810, WH CH Letters 1910–1916, vol.3, p.418.

124 "令人窒息.": AH to Marc–Auguste Pictet,

November or December 1805, Bruhns 1873, vol.1, p.354.

125 拿破仑对腓特烈·威廉三世的评价：Terra 1955, p.244.

125 不公开王室职务：AH to Marc-Auguste Pictet, 1805, Bruhns 1873, vol.1, p.355.

125 AH 为宫廷琐事牵绊：Leopold von Buch, Diary 23 Jan 1806, Werner 2004, p.117.

125 AH 与花园别墅：Bruhns 1873, vol.1, p.356.

125 进行磁学观测的小屋：Ibid.; Biermann and Schwarz 1999a, p.187.

125 盖伊–吕萨克离开柏林：Werner 2004, p.79.

125 "与世隔绝，像个陌生人"：AH to de Beer, 22 April 1806, Bruhns 1873, vol.1, p.358.

125 邦普兰不喜欢案头工作：AH to Carl Ludwig Willdenow, 17 May 1810, Fiedler and Leitner 2000, p.251.

126 "特别是在拉丁文解释以及数字方面"：AH to Bonpland, 21 December 1805; for AH and Bonpland's publications, see AH to Bonpland, 1 August 1805, 4 January 1806, 8 March 1806, 27 June 1806, Biermann 1990, pp.179–180.

126 "本书的大部分写作都在……完成"：AH Geography 2009, p.61.

127 "世人喜欢眼见为实"：AH to Marc-Auguste Pictet, 3 February 1805, Bruhns 1873, vol.1, p.347.

127 "疏阔的线条"：AH Geography 2009, p.64.

127 "自然中的联系"：AH Personal Narrative 1814–1829, vol.1, p.xlv.

127 "长形条带"：AH Geography 2009, p.66; AH Geography 1807, p.7.

127 AH 在书中讲解植物的分布（脚注）：AH Geography 2009, pp.68, 75, 96; AH Geography 1807, pp.11, 31, 82–83.

128 农业与植物：AH Geography 2009, pp.71–72; AH Geography 1807, pp.16–21.

128 帝国与植物：AH Geography 2009, pp.72–73; AH Geography 1807, pp.23–24.

128 "远古"联系：AH Geography 2009, p.67; AH Geography 1807, p.9.

128 大陆板块漂移理论：德国地质学家 Alfred Wegener 于 1912 年提出了板块漂移理论，但该理论直到 20 世纪 50 至 60 年代才最终得到确证。

128 极难想象的类似性：AH Geography 2009, p.79; AH Geography 1807, p.40.

128 "整体的体现"：AH Cosmos 1845–1852, vol.2, p.86; AH Kosmos 1845–1850, vol.2, p.89（德文原文 "Abglanz des Ganzen"）.

128 "已经按照自己近旁小山的形状"：AH Geography 2009, p.69; AH Geography 1807, p.13.

128 "唤醒我们的想象力与灵魂"：AH Geography 2009, p.79; AH Geography 1807, p.41.

128 AH 提到谢林：AH Geography 1807, p.v; 洪堡为德文版和法文版撰写了不同的序言。

128 谢林的"自然哲学"：Richards 2002, pp.114–203.

128 "整体把握自然之必要性"：Henrik Steffens, 1798, in ibid., p.151.

128 "自身即等同于自然"：Schelling, in Richards 2002, p.134.

129 "实证主义王子"：K.J.H. Windischmann to Schelling, 24 March 1806, Werner 2000, p.8.

129 "争吵不休的两极"：AH Geography 1807, p.v.

129 "有机体"的概念及其内部的关联性：Richards 2002, pp.138, 129ff.

129 一场科学中的"革命"：AH to F.W.J. Schelling, 1 February 1805, Werner 2000, p.6.

129 "堆砌起来的枯燥事实"：AH to Christian Carl Josias Bunsen, 22 March 1835, AH

Bunsen Letters 2006, p.29.

129 源于 "您作品的影响"：AH to Goethe, 3 January 1810, Goethe Humboldt Letters 1909, p.304; see also AH to Caroline von Wolzogen, 14 May 1806, Goethe AH WH Letters 1876, p.407.

129 "我多么希望能够亲身聆听"：Goethe 2002, p.222.

129 歌德 "狼吞虎咽地" 读完《随笔》：Goethe to Johann Friedrich von Cotta, 8 April 1813, Goethe Natural Science 1989, p.524.

129 歌德重读《随笔》：Goethe, 17, 18, 19, 20, 28 March 1807, Goethe Diary 1998-2007, vol.3, pt.1, pp.298-299, 301; Goethe to AH, 3 April 1807, Goethe Correspondence 1968-1976, vol.3, p.41.

129 歌德与 "自然之图"（脚注）：Goethe to AH, 3 April 1807, Goethe Correspondence 1968-1976, vol.3, p.41; Goethe, 5 May and 3 June 1807, Goethe Diary 1998-2007, vol.3, pt.1, pp.308, 322.

130 歌德关于 AH 著作的演讲：Goethe, 1 April 1807, Goethe Diary 1998-2007, vol.3, pt.1, p.302; Charlotte von Schiller, 1 April 1807, Goethe Encounters 1965-2000, vol.6, p.241; Goethe, Geognostische Vorlesungen, 1 April 1807, Goethe Natural Science 1989, p.540.

130 "这阵美学的微风"：Goethe's review of Humboldt's Ideen zu einer Physiognomik der Gewächse, 31 January 1806, Jenaer Allgemeine Zeitung, Goethe Morphologie 1987, p.379.

130《随笔》在德国的出版：Johann Friedrich von Cotta to Goethe, 12 January 1807, Goethe Letters 1980-2000, vol.5, p.215.

132 普鲁士的大学：Geier 2010, p.266.

132 "埋葬在祖国郁郁不乐的瓦砾中"：AH to Christian Gottlieb Heyne, 13 November 1807, ibid., p.254.

132 "为何我没有在……"：AH to Johann Friedrich von Cotta, 14 February 1807, AH Cotta Letters 2009, p.78.

132《自然之观点》成为畅销书：Fiedler and Leitner 2000, pp.38-69.

132《自然之观点》是 AH 的最爱：Bruhns 1873, vol.1, p.357.

132 "地球闪耀的子宫" 以及其他引文：AH Views 2014, pp.30, 38, 108, 121, 126; AH Aspects 1849, vol.1, pp.3, 20, 189, 216, 224; AH Ansichten 1808, pp.4, 5, 33-34, 140, 298, 316（引文摘自不同版本）。

132 "将它们发红的磷光浇注到"：AH Aspects 1849, vol.1, p.231; AH Views 2014, p.129; AH Ansichten 1808, pp.329-330.

132 文字的 "旋律性"：AH to Johann Friedrich von Cotta, 21 February 1807, AH Cotta Letters 2009, p.80.

132《自然之观点》中的注释（脚注）：AH Aspects 1849, vol.2, p.112ff.; AH Views 2014, p.201ff.; AH Ansichten 1849, vol.2, p.135（这段话没有出现在 1808 年德文版中，但与 185 页内容类似）。

133 与我们的内心情感沟通：AH Aspects 1849, vol.1, p.208; AH Views 2014, p.117; AH Ansichten 1808, p.284.

133 生命之网：AH Aspects 1849, vol.2, pp.7-8; AH Views 2014, pp.157-158; AH Ansichten 1808, p.163ff.

133 "自然力量的内部联系"：AH Ansichten 1808, p.vii（德文原文：'in den inneren Zusammenhang der Naturkräfte'）；AH Aspects 1849, vol.1, p.viii; AH Views 2014, p.25.

133 "一种自然图像"：AH Aspects 1849, vol.1, p.207; AH Views 2014, p.117; AH Ansichten 1808, p.282.

133 AH 在柏林郁郁寡欢：Beck 1959-1961, vol.2, p.16.

133 "与我一起……": AH Views 2014, pp.25–26; AH Aspects 1849, vol.1, p.ix; AH Ansichten 1808, p.viii.

133 "生活中的惊涛骇浪": AH Aspects 1849, vol.1, p.ix; AH Views 2014, p.25; AH Ansichten 1808, p.viii.

133 "跟着你潜入了……": Goethe to AH, 16 May 1821, Goethe Correspondence 1968–1976, vol.3, p.505.

133 "相信自己正在跟随作者": François-René de Chateaubriand, in Clark and Lubrich 2012b, p.29.

133 梭罗与《自然之观点》: Sattelmeyer 1988, p.207; Thoreau to Spencer Fullerton Baird, 19 December 1853, Thoreau Correspondence 1958, p.310; Thoreau referred to it in *The Maine Woods* and *Excursions* among other works.

133 "布满蛛网"的天空: Emerson 1959–1972, vol.3, p.213; for Emerson, Views of Nature and AH see also Emerson in 1849, Emerson 1960–1992, vol.11, pp.91, 157; Harding 1967, p.143; Walls 2009, p.251ff.

133 达尔文与《自然之观点》: Darwin to Catherine Darwin, 5 July 1832, Darwin Correspondence, vol.1, p.247.

133 凡尔纳与AH: Schifko 2010; Clark and Lubrich 2012, pp.24–25, 170–175, 191, 204–205, 214–223.

134 "我还能做些什么呢": Jules Verne's *Captain Grant's Children*（《格兰特船长的儿女》）（1865–1867）.

134 AH与尼莫船长: Jules Verne's *Twenty Thousand Leagues Under the Sea*, 1869–1870（《海底两万里》）, Clark and Lubrich 2012, pp.174, 191–192.

134 "繁盛的马铃薯田": AH to C.G.J. Jacobi, 21 November 1841, Biermann and Schwarz 2001b, no page numbers.

134 "我不同意亚历山大留在巴黎": WH to CH, WH CH Letters 1910–1916, vol.4, p.188.

134 AH给国王写信: AH, Aus Meinem Leben（1769–1850）, in Biermann 1987, p.113.

11 巴黎

135 苦于进度不够快: AH to Goethe, 3 January 1810, Goethe Humboldt Letters 1909, p.305; see also AH to Franz Xaver von Zach, 14 May 1806, Bruhns 1873, vol.1, p.360.

135 "忧郁症"和其他借口: AH to Johann Friedrich von Cotta, 6 June 1807, 13 November 1808, 11 December 1812. AH Cotta Letters 2009, pp.81, 94, 115.

135 "欧洲任何一位植物学家": AH to Bonpland, 7 September 1810, AH Bonpland Letters 2004, p.57; see also Fiedler and Leitner 2000, p.251.

135《美洲山系一览》: 本书分七部，于1810–1813年间陆续出版。

135 "自然与艺术在我的工作中紧密相连": AH to Goethe, 3 January 1810, Goethe Humboldt Letters 1909, p.304; see also Goethe, 18 January 1810, Goethe Diary 1998–2007, vol.4, pt.1, p.111.

135 信使将书送来: Goethe, 18 January 1810, Goethe Diary 1998–2007, vol.4, pt.1, p.111.

135 歌德与《一览》: Goethe, 18, 19, 20 and 21 January 1810, Goethe Diary 1998–2007, vol.4, pt.2, pp.111–112.

135 AH发信提问: For example David Warden to AH, 9 May 1809, AH Letters USA 2004, p.111; AH to Alexander von Rennenkampff, 7 January 1812, Biermann 1987, p.196.

136 "全世界最伟大的人之一": Jefferson to AH, 13 June 1817, Terra 1959, p.795.

136 AH将著作寄给杰斐逊: Jefferson to AH, 6 March 1809, 14 April 1811, 6 December 1813; AH to Jefferson, 12 June 1809, 23

September 1810, 20 December 1811; William Gray to Jefferson, 18 May 1811, TJ RS Papers, vol.1, pp.24, 266, vol.3, pp.108, 553, 623, vol.4, pp.353–354, vol.7, p.29; AH to Jefferson, 30 May 1808, Terra 1959, p.789.

136 AH 与班克斯：AH to Banks, 15 November 1800; Bonpland to Banks, 20 February 1810; Banks to James Edward Smith, 2 February 1815（为 AH 索求毛里求斯棕榈的标本）; Banks to Charles Bladgen, 28 February 1815, Banks 2007, vol.5, pp.63ff.; vol.6, pp. 27–28; 164–165; 171; AH to Banks, 23 February 1805, BL Add Ms 8099 ff.391–392; AH to Banks, 10 July 1809, BL Add Ms 8100 ff.43–44.

136 "三幢不同的房子里"：Adelbert von Chamisso to Eduard Hitzig, 16 February 1810, Beck 1959, p.37; AH to Marc-Auguste Pictet, March 1808, Bruhns 1873, vol.2, p.6; Caspar Voght, 16 March 1808, Voght 1959–1965, vol.3, p.95.

136 AH 和昆特（脚注）：AH to Johann Georg von Cotta, 14 April 1850, AH Cotta Letters 2009, p.430; see also Biermann 1990, p.183.

136 所谓的 "阁楼之旅"：Carl Vogt, January 1845, Beck 1959, p.206.

136 阿拉戈的科学探险之旅："An Autobiography of Francis Arago", Arago 1857, p.12ff.

137 "尖牙利齿"：Arago about AH, Biermann and Schwarz 2001b, no page numbers.

137 "委屈得像个孩子"：Adolphe Quetelet, 1822, Bruhns 1873, vol.2, p.58.

137 连体双胞胎兄弟：AH to Arago, 31 December 1841, AH Arago Letters 1907, p.224.

137 "生命中最愉快的收获"：AH to Arago, 31 July 1848, ibid., p.290.

137 "你知道他的热情"：WH to CH, 1 November 1817, WH CH Letters 1910–1916, vol.6, p.30.

137 "亚历山大本可以保住"：WH to CH, 14 January 1809, ibid., vol.3, p.70.

137 WH 和爱国者应尽的责任：Geier 2010, p.272.

137 "已经丢失了德国人的品质"：WH to CH, 3 December 1817, WH CH Letters 1910–1916, vol.6, p.64; see also WH to CH, 6 December 1813 and 8 November 1817, ibid., vol.4, p.188 and vol.6., pp.43–44.

137 AH 无意回到柏林：WH to CH, 10 July 1810, ibid., vol.3, p.433.

137 "你对植物学感兴趣是吗"：Napoleon to AH, recounted by Goethe to Friedrich von Müller, Müller Diary, 28 May 1825, Goethe AH WH Letters 1876, p353.

137 "意见无法被左右"：Humboldt Commemorations, 2 June 1859, *Journal of American Geological and Statistical Society*, 1859, vol.1, p.235.

137 AH 将著作送给拿破仑：Podach 1959, pp.198, 201–202.

138 "拿破仑恨我"：AH 在一次谒见拿破仑之后所说：1804, Beck 1959–1961, vol.2, p.2.

138 法国科学家从政：Serres 1995, p.431.

138 《埃及述记》与 AH：Krätz 1999a, p.113.

138 拿破仑读到 AH 作品：Beck 1959–1961, vol.2, p.16.

138 秘密警察、贿赂车夫、搜查房间：Daudet 1912, pp.295–365; Krätz 1999a, p.113.

138 秘密报告：George Monge's report, 4 March 1808: Podach 1959, p.200.

138 拿破仑、AH 和沙普塔尔：Podach 1959, p.200ff.

139 普洛寇普咖啡馆的早餐：Carl Vogt, January 1845, Beck 1959, p.207.

139 "去洪堡先生那儿"：Bruhns 1873, vol.2, p.89.

139 "巴黎社会的偶像"：George Ticknor, April 1817, AH Letters USA 2004, p.516.

139 在任何场合都会碰见 AH：Konrad Engelbert Oelsner to Friedrich August von Stägemann, 28 August 1819, Päßler 2009, p.12.

139 "对任何话题都应对自如"：John Thornton Kirkland, 28 May 1821, Beck 1959, p.69.

139 "沉醉在对科学的热爱中"：Caspar Voght, 16 March 1808, Voght 1959–65, vol.3, p.95.

139 AH 结识艺术家和思想家：Krätz 1999a, pp.116–117; Clark and Lubrich 2012, pp.10–14.

139 "有一层坚冰"：Fräulein von R., October–November 1812, Beck 1959, p.42.

139 AH 声音轻柔：Roderick Murchison, May 1859, ibid., p.3.

139 难以捉摸：Karoline Bauer, My Life on Stage, 1876, Clark and Lubrich 2012, p.199.

139 "瘦削、高雅而灵活"：Ibid.

139 "谈话的闸门"：Carl Vogt, January 1845, Beck 1959, p.208.

139 "耳朵都累坏了"：WH to CH, 30 November 1815, WH CH Letters 1910–1916, vol.5, p.135.

139 "上足了发条的八音盒"：Heinrich Laube, Laube 1875, p.334.

139 "大声地说出自己的思考"：Wilhelm Foerster, Berlin 1855, Beck 1959, p.268.

139 人们担心过早离场：Adolphe Quetelet, 1822, Bruhns 1873, vol.2, p.58.

139 AH 像一颗流星：Karl August Varnhagen von Ense, 1810, Varnhagen 1987, vol.2, p.139.

140 AH 和楔形文字：Karl Gutzkow, Beck 1969, pp.250–251.

140 AH 毫无偏见：Johann Friedrich Benzenberg, 1815, ibid., p.259.

140 巴黎人和战争：Horne 2004, p.195.

140 巴黎的人口：Marrinan 2009, p.284.

140 "一场结束的开始"：Talleyrand, in Horne 2004, p.202.

141 联军军队在巴黎：Horne 2004, p.202; John Scott, 1814, Scott 1816, p.71.

141 "腰束得紧紧的"：Benjamin Robert Haydon, May 1814, Haydon 1950, p.212.

141 "从牙缝里挤出词来诅咒他们"：Ibid.

141 AH 的第二故乡：AH to Jean Marie Gerando, 2 December 1804, Geier 2010, p.248; AH to François Guizot, October 1840, Päßler 2009, p.25.

141 AH 致信麦迪逊：AH to James Madison, 26 August 1813, Terra 1959, p.798.

141 AH 不像德国人，更像法国人：WH to CH, 9 September 1814, WH CH Letters, vol.4, p.384.

141 "阵发的忧郁"：AH to CH, 24 August 1813, Bruhns 1873, vol.2, p.52.

141 罔顾祖国人民的荣耀：AH to Johann Friedrich Benzenberg, 22 November 1815, Podach 1959, p.206.

142 AH 利用自己的关系保护植物园：Podach 1959, pp.201–202; Winfield Scott to James Monroe, 18 November 1815. 门罗将这封信转给了杰斐逊：James Monroe to Jefferson, 22 January 1816, TJ RS Papers, vol.9, p.392.

143 卢浮宫的艺术品被带走：John Scott, 1815, Scott 1816, p.328ff.

143 布莱格登在巴黎：Charles Bladgen Diary, 5 February 1815, Ewing 2007, p.275.

143 戴维在巴黎：Ayrton 1831, pp.9–32.

143 戴维在皇家研究院：Holmes 1998, p.71.

143 "扩充头脑中的比喻储备"：Coleridge in 1802, Holmes 2008, p.288.

143 "孕育发现的创造源泉"：Humphry Davy in 1807, ibid., p.276.

143 "我对世界的看法日益惨淡"：AH to Goethe, 1 January 1810, Goethe Humboldt Letters 1909, p.305.

12 革命与自然：西蒙·玻利瓦尔与洪堡

144 玻利瓦尔，《钦博拉索峰顶的呓语》，1822：Clark and Lubrich 2012, pp.67–68.

145 AH, 玻利瓦尔与革命：AH to Bolívar, 29 July 1822, Minguet 1986, pp.749–750; AH to Bolívar, 1804, Beck 1959, pp.30–31; AH to Daniel F. O'Leary, 1853, Beck 1969, p.266; Vicente Rocafuerte to AH, 17 December 1824, Rippy and Brann 1947, p.702; Bolívar and Enlightenment: Lynch 2006, pp.28–32.

145 《随笔》发表在一份西班牙文的科学刊物中：*Semanario*.AH 'Geografía de las plantas, o cuadro físico de los Andes equinocciales y de los países vecinos', Caldas 1942, vol.2, pp.21–162.

145 用他的笔唤醒了南美洲：Bolívar to AH, 10 November 1821, Minguet 1986, p.749.

145 "风暴中的海洋"：Bolívar, Message to the Convention of Ocaña, 29 February 1828, Bolívar 2003, p.87.

145 "驾驶孤舟行进在海上"：Bolívar to General Juan José Flores, 9 November 1830, ibid., p.146.

146 "宇宙的中心"：Bolívar, Speech to the Congress of Angostura, 15 February 1819, ibid., p.53.

146 "真心热爱自然"：O'Leary 1879–1888, vol.2, p.146, 玻利瓦尔喜爱乡居生活：see also p.71; and Arana 2013, p.292.

146 "使我的灵魂目眩"：Bolívar to José Joaquín Olmedo, 27 June 1825, Bolívar 2003, p.210.

146 阿尔卑斯山让他的思绪返回故乡：O'Leary 1915, p.86; Arana 2013, p.61.

146 "燃烧着解放祖国的火焰"：Bolívar, Manifesto to the Nations of the World, 20 September 1813, Bolívar 2003, p.121; 玻利瓦尔于1810年短暂返回欧洲，到伦敦进行外交活动，试图为革命寻求国际支援。

147 西班牙力量削弱与革命：Langley 1996, p.166ff.

147 墨西哥的暴动：Langley 1996, p.179ff.

147 牧师斥责"罪人"：Arana 2013, p.109; see also Lynch 2006, p.59ff.

147 "即便自然决定与我们作对"：José Domingo Díaz, 26 March 1812, Arana 2013, p.108.

147 加拉加斯的人口：*Royal Military Chronicle*, vol.4, June 1812, p.181.

148 玻利瓦尔流亡国外：Arana 2013, p.126.

148 "没有人比您更合适回答这些问题"：Jefferson to AH, 14 April 1811, TJ RS Papers, vol.3, p.554.

148 杰斐逊关于南美洲革命的看法：Jefferson to Pierre-Samuel du Pont de Nemours, 15 April 1811; Jefferson to Tadeusz Kosciuszko, 16 April 1811; Jefferson to Lafayette, 30 November 1813, TJ RS Papers, vol.3, pp.560, 566; vol.7, pp.14–15; Jefferson to Lafayette, 14 May 1817, DLC.

148 "他们的出产和商贸"：Jefferson to Luis de Onís, 28 April 1814, TJ RS Papers, vol.7, p.327.

148 玻利瓦尔到达卡塔赫纳：Arana 2013, p.128ff.

148 据传，玻利瓦尔使用了洪堡绘制的精确地图：Slatta and De Grummond 2003, p.22. 洪堡的马格达莱纳河地图被若干人复制过，包括植物学家何塞·穆蒂斯、制图学家 Carlos Francisco de Cabrer 以及 José Ignacio Pombo。AH, March 1804, AH Diary 2003, vol.2, p.42ff.

148 "西班牙人的统治延伸到哪里"：Bolívar, Speech to the people of Tenerife, 24 December 1812, Arana 2013, p.132.

148 "一个痈疽"：Bolívar to Camilo Torres, 4 March 1813, ibid., p.138.

148 殖民地的内部分歧：Lynch 2006, p.67.

148 "蝗虫"咬噬自由之树：Bolívar, The Cartagena Manifesto, 15 December 1812, Bolívar 2003, p.10.

149 "前进！要么你开枪打死我……"：Bolívar to Francisco Santander, May 1813, Arana 2013, p.139.

149 "马上给我一万支枪"：Bolívar to Francisco Santander, 22 December 1819, Lecuna 1951, vol.1, p.215.

149 起草第一部宪法和为了等待情人而推迟：Arana 2013, pp.184, 222.

149 "动作之诗"：Bolívar, Method to be employed in the education of my nephew Fernando Bolívar, c.1822, Bolívar 2003, p.206.

149 若被冒犯、则暴跳如雷：O'Leary 1969, p.30.

150 玻利瓦尔的印刷机：Arana 2013, p.243.

150 思维敏捷、口授信件：O'Leary 1969, p.30.

150 "但我能在舞会的欢愉和喧闹当中"：Arana 2013, p.244.

150 进入梅里达：Ibid., p.140ff.

150 "死亡之战"：Bolívar, Decree of War to the Death, 15 June 1813, Bolívar 2003, p.114; Langley 1996, p.187ff.; Lynch 2006, p.73.

150 "你们的解救者已经来了"：Bolívar, Proclamation of General of Army of Liberation, 8 August 1813, Lynch 2006, p.76.

150 "地狱军团"：Arana 2013, p.151.

150 博韦斯杀死八万共和国军：Ibid., p.165; see also Lynch 2006, p.82ff.; Langley 1996, p.188ff.

150 "原本有数千人居住的城镇"：Arana 2013, p.165.

151 各种姓之间的仇恨：AH to Jefferson, 20 December 1811, TJ RS Papers, vol.4, p.354.

151 西班牙舰队：Arana 2013, pp.170–171; Langley 1996, p.191.

151 "地球上最美丽的一半"：Bolívar to Lord Wellesley, 27 May 1815, Bolívar 2003, p.154.

151 "西班牙统治区"：James Madison, Proclamation Number 21, 1 September 1815, 'Warning Against Unauthorized Military Expedition Against the Dominions of Spain'.

151 在"鸟儿、野兽和鱼群中"建立民主制度：John Adams to James Lloyd, 27 March 1815, Adams 1856, vol.10, p.14.

151 "由牧师统治"的社会：Jefferson to AH, 6 December 1813, TJ RS Papers, vol.7, p.29.

151 "给他们的心灵铐上锁镣"：Jefferson to Tadeusz Kosciuszko, 16 April 1811; see also Jefferson to Pierre-Samuel du Pont de Nemours, 15 April 1811, TJ RS Papers vol.3, pp.560, 566; Jefferson to Lafayette, 30 November 1813, ibid., vol.7, p.14.

151 AH的影响"超过其他任何一位欧洲人"：Winfield Scott to James Monroe, 18 November 1815. Monroe forwarded this letter to Jefferson. James Monroe to Jefferson, 22 January 1816, ibid., vol.9, p.392.

152 "令人羞愧的无知"：Jefferson to AH, 13 June 1817; see also 6 June 1809, Terra 1959, pp.789, 794.

152 《关于新西班牙王国的政治随笔》：首先出版的是法文版（自1808年）、紧接着的是德文版（自1809年）和英文版（自1811年）。

152 AH给杰斐逊寄去新书：Jefferson to AH, 6 March 1809, 14 April 1811, 6 December 1813; AH to Jefferson, 12 June 1809, 23 September 1810, 20 December 1811; William Gray to Jefferson, 18 May 1811, TJ RS Papers, vol.1, pp.24, 266, vol.3, pp.108, 553, 623, vol.4, pp.353–354, vol.7, p.29.

152 "我们关于他们的知识几乎全部拜您所赐"：Jefferson to AH, 6 December 1813, ibid., vol.7, p.30; see also Jefferson to AH, 13 June 1817, Terra 1959, p.794.

152 "实际可行的选择"：Jefferson to Lafayette,

14 May 1817, DLC.

152 "倘若形成一大片国土": Jefferson to James Monroe, 4 February 1816, TJ RS Papers, vol.9, p.444.

152 玻利瓦尔提到AH的著作: Bolívar, Letter from Jamaica, 6 September 1815, Bolívar 2003, p.12; for Bolívar's library, see Bolívar 1929, vol.7, p.156.

153 "可能会让读者感到疲劳": John Black, Preface by the Translator, AH New Spain 1811, vol.1, p.v.

153 "个人独立情感的表达": AH to Jefferson, 23 September 1810, TJ RS Papers, vol.3, p.108.

153 西班牙人挑起种族仇恨: AH New Spain 1811, vol.1, p.196.

153 应受谴责的狂热: Ibid., p.178.

153 榨取原材料: Ibid., vol.3, p.456.

153 残酷且不正当: Ibid., p.455.

153 "权力的滥用": AH Personal Narrative 1814–1829, vol.3, p.3.

153 "打破可憎的垄断制度的那天": AH New Spain 1811, vol.3, p.390.

153 "欧洲人的野蛮行径": AH, 30 March 1801, AH Diary 2003, vol.1, p.55.

153 AH百科全书般博学: Bolívar, Letter from Jamaica, 6 September 1815, Bolívar 2003, p.12.

153 "永远无法满足那个贪婪的国家": Ibid., p.20.

154 "这片土地正在变成荒漠": Bolívar to Lord Wellesley, 27 May 1815, Bolívar 2003, p.154.

154 AH和极好的收成: AH Personal Narrative 1814–1829, vol.3, p.79.

154 天然资源如此丰富: Bolívar, Letter from Jamaica, 6 September 1815, Bolívar 2003, p.20.

154 AH和封建制度的罪恶: AH New Spain 1811, vol.3, p.101.

154 "一种封建的所有制": Bolívar, Letter from Jamaica, 6 September 1815, Bolívar 2003, p.20.

154 锁链已经被击碎: Ibid., p.13.

154 关于佩蒂翁、玻利瓦尔和奴隶制: Langley 1996, pp.194–197.

154 "奴隶制是黑暗的女儿": Bolívar, Speech to the Congress of Angostura, 15 February 1819, Bolívar 2003, p.34.

154 Bolívar宣布解放奴隶: Bolívar, Decree for the Emancipation of the Slaves, 2 June 1816, Bolívar 2003, p.177.

154 如同一层黑纱: Bolívar, Speech to the Congress of Angostura, 15 February 1819, Bolívar 2003, p.51.

154 玻利瓦尔、他庄园的奴隶以及宪法: Langley 1996, p.195; Lynch 2006, pp.151–153.

155 AH对玻利瓦尔废奴的关注: AH to Bolívar, 28 November 1825, Minguet 1986, p.751. AH referred to Bolívar in AH Personal Narrative 1814–1829, vol.6, p.839; AH Cuba 2011, p.147.

155 何塞·安托尼奥·帕埃斯: Langley 1996, pp.196–200; Arana 2013, p.194ff.

155 "铁骑"和玻利瓦尔的力气: Arana 2013, pp.208–210.

155 玻利瓦尔的相貌: Ibid., pp.3, 227.

155 安戈斯图拉的国会: Lynch 2006, p.119ff.

156 团结各种族与各殖民地: Bolívar, Speech to the Congress of Angostura, 15 February 1819, Bolívar 2003, pp.38–39, 53.

156 "壮美而充满活力": Ibid., p.53.

156 如此丰富的自然资源: Ibid.

156 "革命飓风中的一介玩偶": Ibid., p.31.

156 玻利瓦尔横跨大陆: Arana 2013, pp.230–232; Lynch 2006, pp.127–129.

156 拿破仑战争中的老兵: Arana 2013, p.220; Lynch 2006, pp.122–124.

156 军队跨越安第斯山: Arana 2013, pp.230–

232; Lynch 2006, pp.127–128.

157 博亚卡战役：Arana 2013, pp.233–235;
Lynch 2006, pp.129–130.

157 "如闪电般"：Arana 2013, p.235.

157 玻利瓦尔进军基多：Arana 2013, pp.284–
288; Lynch 2006, pp.170–171.

157 "自然如此丰厚的馈赠"：O'Leary 1879–
1888, vol.2, p.146.

157 玻利瓦尔的抒情诗：Clark and Lubrich
2012, p.67–68；这首诗最早流传的版本
记载创作于1822年10月13日，但到了
1833年才首次出版：Lynch 2006, p.320,
note 14.

157 "我用双手抓住永恒"：Bolívar, 'My
Delirium on Chimborazo', Clark and
Lubrich 2012, p.68.

158 哥伦比亚用洪亮的声音：Ibid.

158 新世界的威仪：Bolívar, Speech to the
Congress of Angostura, 15 February 1819,
Bolívar 2003, p.53.

158 "米钦博拉索峰"：Bolívar to Simón
Rodríguez, 19 January 1824, Arana 2013,
p.293.

158 "自然界的王座"：Ibid.

158 玻利瓦尔的声望达到了顶峰：Arana
2013, p.288.

158 "一个巨人"：Bolívar to General Bernardo
O'Higgins, 8 January 1822, Lecuna 1951,
vol.1, p.289.

158 "连根拔起"：Bolívar to AH, 10 November
1821, Minguet 1986, p.749.

158 "新世界的发现者"：Bolívar to Madame
Bonpland, 23 October 1823, Rippy and
Brann 1947, p.701.

159 "一座伟大的火山躺在我们脚下"：
Bolívar to José Antonio Páez, 8 August 1826,
Pratt 1992, p.141.

159 "一棵珍贵的植物"：Bolívar to Pedro
Olañeta, 21 May 1824.

159 "正踉跄地行走在深渊的边缘"：Bolívar,

A Glance at Spanish America, 1829, Bolívar
2003, p.101.

159 "在无政府的汪洋大海里溺亡"：Bolívar,
Manifesto in Bogotá, 20 January 1830, ibid.,
p.144.

159 "即将爆发的火山边缘"：Bolívar to P.
Gual, 24 May 1821, Arana 2013, p.268.

159 "密布火山的地带"：Bolívar to General
Juan José Flores, 9 November 1830, Bolívar
2003, p.147.

159 玻利瓦尔是纯粹的梦想家：AH to Daniel
F. O'Leary, 1853, Beck 1969, p.266.

159 "为您美丽的祖国"：AH to Bolívar, 29
July 1822, Minguet 1986, p.750.

159 "我要重申自己"：Ibid.

159 "美洲退化论"：Jefferson 1982; Cohen
1995, pp.72–79; Thomson 2008, pp.54–72;
持此观点的法国科学家有 Comte de
Buffon, Abbé Raynal and Cornélius de
Pauw。

159 矮小而脆弱：Buffon, in Martin 1952,
p.157.

159 野蛮人都"孱弱无力"：Buffon, in Thomson
2012, p.12.

160 "即便是黄鼠狼的个头"，以及一系列
测量：Jefferson 1982, pp.50–52, 53.

160 "几乎可以从我们的驼鹿肚皮下面走
过去"：TJ in conversation with Daniel
Webster, December 1824, Webster 1903,
vol. 1, p.371.

160 杰斐逊的驼鹿：Thomson 2012, pp.10–11.

160 "关于美国本土最大最重的动物的
细节"：Jefferson to Thomas Walker, 25
September 1783, TJ Papers, vol.6, p.340; see
also Wulf 2011, pp.67–70.

160 乳齿象骨架送到巴黎科学院：TJ to
Bernard Germain de Lacépède, 14 July 1808,
DLC.

160 "两边的宾客同时起身"（脚注）：TJ
to Robert Walsh, 4 December 1818, with

Anecdotes about Benjamin Franklin, DLC.

160 "布丰的观点是完全错误的"：AH Personal Narrative 1814–1829, vol.3, pp.70–71; and AH Cosmos 1845–1852, vol.2, p.64; AH Kosmos 1845–1850, vol.2, p.66.

161 卡里布部族如同青铜塑就的朱庇特雕像：AH to WH, 21 September 1801, AH WH Letters 1880, p.30; see also AH, 1800, Notes on Caribs, AH Diary 2000, p.341.

161 手稿和语言：AH to WH, 25 November 1802, AH WH Letters 1880, pp.50–53.

161 "迎合了欧洲人的虚荣心"：AH New Spain 1811, vol.3, p.48; for Bolívar's copy of AH New Spain 1811, see Bolívar 1929, vol.7, p.156.

161 "洪堡先生的观察"：*Morning Chronicle*, 4 September 1818 and 14 November 1817.

161 "对美洲所做的贡献比所有征服者的还要巨大"：Bolívar to Gaspar Rodríguez de Francia, 22 October 1823, Rippy and Brann 1947, p.701.

161 "你将从中发现指导自己行动的重要启示"：Bolívar, Message to Constituent Congress of the Republic of Colombia, 20 January 1830, Bolívar 2003, p.103.

13 伦敦

162 "漠然旁观"：AH to Heinrich Berghaus, 24 November 1828, AH Berghaus Letters 1863, vol.1, p.208.

162 AH 以及更多的考察计划：AH to Académie des Sciences, 21 June 1803 and AH to Karsten, 1 February 1805, Bruhns 1873, vol.1, pp.327, 350; AH to Johann Friedrich von Cotta, 24 January 1805, AH Cotta Letters 2009, p.63.

162 "幽林和田野我很快就看厌"：Goethe, *Faust* I, Outside the Town Wall, Act 1, Scene 5, line 1102ff (trans. Luke 2008, p.35; 中译文选自梁宗岱译《浮士德》, 2016 年华东师范大学出版社，第73页）.

163 "欧洲人残酷暴行"：AH New Spain 1811, vol.1, p.98.

163 "不公平的斗争"：Ibid., pp.104, 123.

163 AH 1814 年在伦敦：WH to CH, 5 June 1814; 14 June 1814; 18 June 1814, WH CH Letters 1910–1916, vol.4, pp.345, 351ff., 354–355; AH to Helen Maria Williams, 22 June 1814, Koninklijk Huisarchief, The Hague（copy at Alexander-von-Humboldt-Forschungstelle, Berlin）.

164 AH 1817 年在伦敦：WH to CH, 22 October 1817, WH CH Letters 1910–1916, vol.6, p.22.

164 WH 不喜欢伦敦：WH to CH, 14 June 1814 and 18 October 1817, ibid., vol.4, p.350; vol.6, p.20.

164 "在日照如此稀缺的条件下"建成伟大的国家：Richard Rush, 31 December 1817, Rush 1833, p.55.

164 WH 对 AH 的交友感到不悦：WH to CH, 1 November 1817, WH CH Letters 1910–1916, vol.6, p.30.

164 WH 和 AH 从没有单独相处的机会：WH to CH, 3 December 1817, ibid., p.64.

164 滔滔不绝的演讲：WH to CH, 30 November 1815, ibid., vol.5, p.135.

164 WH 不试图打断 AH：WH to CH, 12 November 1817, ibid., vol.6, p.46.

165 埃尔金大理石引起的轰动：Hughes-Hallet 2001, p.136.

165 "从来没有人这样恣肆地掠夺过"：WH to CH, 11 June 1814, WH CH Letters 1910–1916, vol.4, p.348.

165 繁荣的商业气息：Richard Rush, 7 January 1818, Rush 1833, p.81; Carl Philip Moritz, June 1782, Moritz 1965, p.33.

165 "以惊人的速度与数量在这里积聚起来"：Richard Rush, 7 January 1818, Rush

1833, p.77.

165 AH 致 Banks, 天文台, 赫舍尔: AH to Robert Brown, November 1817, BL; AH to Karl Sigismund Kunth, 11 November 1817, Universitätsbibliothek Gießen; AH to Madame Arago, November 1817, Bibliothèque de l'Institut de France, MS 2115, f.213–214 (copies at Alexander–von–Humboldt–Forschungstelle, Berlin).

165 "世界奇观之一": Holmes 2008, p.190.

166 "萌芽": William Herschel's *Catalogue of a Second Thousand Nebulae*（1789）, Holmes 2008, p.192.

166 "伟大的宇宙花园": AH Cosmos 1845–1852, vol.2, p.74; AH Kosmos 1845–1850, vol.2, p.87.

166 AH 与皇家学会: AH 于 1815 年 4 月 6 日得到皇家学会外国会员的称号; see also RS Journal Book, vol.xli, 1811–1815, p.520; AH 晚年时, 拥有 18 个英国科学社团的成员身份。

166 "通过实验来增进对自然的认识": Jardine 1999, p.83.

166 "所有学者都是兄弟": AH to Madame Arago, November 1817, Bibliothèque de l'Institut de France, MS 2115, f.213–214 (副本存于柏林的 Alexander–von–Humboldt–Forschungstelle)。

167 "迄今为止最精美、最宏大": AH to Karl Sigismund Kunth, 11 November 1817, Universitätsbibliothek Gießen (副本存于柏林的 Alexander–von–Humboldt–Forschungstelle).

167 AH 在皇家学会用晚餐: 6 November 1817, List of Attendees, RS Dining Club, vol.20（no page numbers）.

167 "我在皇家学会吃饭的时候": AH to Achilles Valenciennes, 4 May 1827, Théodoridès 1966, p.46.

167 出席晚餐的学者人数上升: 6 November 1817, List of Attendees, RS Dining Club, vol.20, no page numbers.

167 阿拉戈回去睡觉: AH to Madame Arago, November 1817, Bibliothèque de l'Institut de France, MS 2115, f.213–214（副本存于柏林的 Alexander–von–Humboldt–Forschungstelle）.

167 "这实在太可恨了": Bruhns 1873, vol.2, p.198.

167 "所有位尊权重的人士": AH to Karl Sigismund Kunth, 11 November 1817, Universitätsbibliothek Gießen (副本存于柏林的 Alexander–von–Humboldt–Forschungstelle).

167 "登不上台面的嫉妒": *Edinburgh Review*, vol.103, January 1856, p.57.

168 "我几乎可以一字一句地把这本书背出来": Darwin to D.T. Gardner, August 1874, published in *New York Times*, 15 September 1874.

168 "画家描绘风景的手法": AH to Helen Maria Williams, 1810, AH Diary 2003, vol.1, p.11.

168 好像在与他一起经历危险: *Edinburgh Review*, vol.25, June 1815, p.87

168 "想享受一切事物": *Quarterly Review*, vol.15, July 1816, p.442; see also vol.14, January 1816, p.368ff.

168 "温暖的感受力与强大的想象力": *Quarterly Review*, vol.18, October 1817, p.136.

168 想要逃亡到"南美洲的广袤荒野中": Shelley 1998, p.146. 弗兰肯斯坦还谙熟洪堡在书中讨论到的其他想法, 例如"动物电"现象, 以及布卢门巴赫的形成力和生命力理论。

168 洪堡, 空前的旅行家: Lord Byron, Don Juan, Canto IV, cxii. 中译摘自查良铮译《唐璜》, 人民文学出版社 2007 年版。

169 骚塞拜访 AH: Robert Southey to Edith

Southey, 17 May 1817, Southey 1965, vol.2, p.149.

169 "画家的眼睛和诗人的感受": Robert Southey to Walter Savage Landor, 19 December 1821, ibid., p.230.

169 旅行家中的华兹华斯: Robert Southey to Walter Savage Landor, 19 December 1821, ibid., p.230.

169 华兹华斯借阅《旅行故事》: William Wordsworth to Robert Southey, March 1815, Wordsworth 1967–1993, vol.2, p.216; for Wordsworth and geology, see Wyatt 1995.

169 "他们微笑着回答我": AH Personal Narrative 1814–1829, vol.4, p.473.

169 "那位颔首微笑的印第安人": William Wordsworth, 'The River Duddon' (1820).

169 柯勒律治阅读 AH: Wiegand 2002, p.107; 柯勒律治在笔记中引用了洪堡的《植物地理学随笔》与《旅行故事》, see Coleridge 1958–2002, vol.4, notes 4857, 4863, 4864, 5247; Notebook of S.T. Coleridge No. 21 ½, BL Add 47519 f57; Egerton MS 2800 ff.190.

169 "那位伟大旅行家的哥哥": Coleridge, Table Talk, 28 August 1833, Coleridge 1990, vol.2, p.259; AH had left Rome on 18 September 1805 and Coleridge arrived in December; Holmes 1998, pp.52–53.

169 喜爱漫游的诗人: Bate 1991, p.49.

170 "一位真正伟大的哲人": Samuel Taylor Coleridge's Lectures, Coleridge 2000, vol.2, p.536; 关于柯勒律治、谢林和康德: see Harman, p.312ff.; Kipperman 1998, p.409ff.; Robinson 1869, vol.1, pp.305, 381, 388.

170 "为物理学重新安上想象的双翼": Richards 2002, p.125.

170 柯勒律治和浮士德: Coleridge never finished the translation of Faust for John Murray but published one in 1821 – albeit anonymously. Letters between Coleridge and John Murray, 23, 29 and 31 August 1814, Burwick and McKusick 2007, p.xvi; Robinson 1869, vol.1, p.395.

170 "看万有怎样凝结成完整! 众元怎样相克又相应……": Goethe's Faust I, Scene 1, Night, lines 447–448 (trans. Luke 2008, p.17); for Coleridge and interconnectedness, see Levere 1990, p.297.

170 "关联万物的理解力": Coleridge, 'Science and System of Logic', transcription of Coleridge's lectures of 1822, Wiegand 2002, p.106; Coleridge 1958–2002, vol.4, notes 4857, 4863, 4864, 5247; Notebook of S.T. Coleridge No. 21 ½, BL Add 47519 f57; Egerton MS 2800 ff.190.

170 "割裂与分离的时代": Coleridge, 'Essay on the Principle of Method', 1818, Kipperman 1998, p.424; see also Levere 1981, p.62.

170 "机械的哲学敲打着死亡的钟": Coleridge to Wordsworth, Cunningham and Jardine 1990, p.4.

170 "十指劳碌的奴隶": William Wordsworth, 'A Poet's Epitaph' (1798).

170 "杠杆和螺旋": Goethe's Faust I, Scene 1, Night, line 674 (trans. Luke 2008, p.23).

171 "自然精神": Coleridge's Lectures 1818–1819, Coleridge 1949, p.493.

171 "显微镜视角": William Wordsworth, 'The Prelude', Book XII.

171 "小学家": Coleridge in 1801, Levere 1981, p.61.

171 "是否我们注定要": William Wordsworth, 'The Excursion' (1814).

171 "秘密纽带": Edinburgh Review, vol.36, October 1821, p.264.

171 万事万物都相互关联, "相互映照": Ibid., p.265.

171 AH 想在伦敦安家: WH to CH, 6

October 1818, WH CH Letters 1910–1916, vol.6, p.334.

14 兜兜转转：偏离中心的病症

172 AH 多次到伦敦：In June 1814, November 1817 and September 1818; see also WH to CH, 22 and 25 September 1818, WH CH Letters 1910–1916, vol.6, pp.320, 323; 'Fashionable Arrivals', *Morning Post*, 25 September 1818; Théodoridès 1966, pp.43–44.

172 摄政王的支持：AH to Karl August von Hardenberg, 18 October 1818, Beck 1959–1961, vol.2, p.47.

172 所有可能妨碍他计划的借口：Ibid.

172 AH 赶到亚琛：WH to CH, 9 October 1818, WH CH Letters 1910–1916, vol.6, p.336.

173 "就南美洲问题给出自己的意见"：*Morning Chronicle*, 28 September 1818.

173 法国秘密警察：Daudet 1912, p.329.

173 西班牙大臣前往亚琛：The Times, 20 October 1818.

173 各盟国无意干涉西班牙殖民地事务：Ibid.; see also Biermann and Schwarz 2001a, no page numbers.

173 专注于他的"个人事务"：The Times, 20 October 1818.

173 "对我的行动拥有十足把握"：AH to Karl August von Hardenberg, 18 October 1818, Beck 1959–1961, vol.2, p.47.

173 国王允诺给 AH 经费：Friedrich Wilhelm III to AH, 19 October 1818, ibid., p.48; The Times, 31 October 1818.

173 AH 去往印度的准备：AH to Karl August von Hardenberg, 30 July 1819; AH to WH, 22 January 1820, Daudet 1912, pp.346, 355; Gustav Parthey, February 1821, Beck 1959–1961, vol.2, p.51.

174 洪堡的财务状况：Eichhorn 1959, pp.186, 205ff.

174 比较山脉的植被：AH to Marc–Auguste Pictet, 11 July 1819, Beck 1959–1961, vol.2, p.50.

174 "我太循规蹈矩了"：Bonpland to Olive Gallacheau, 6 July 1814, Bell 2010, p.239.

174 邦普兰在巴黎和伦敦：Ibid., pp.22, 239; Schulz 1960, p.595.

174 泽亚询问邦普兰：Francisco Antonio Zea to Bonpland, 4 March 1815, Bell 2010, p.22.

174 "最新的实用农业技术"：Schneppen 2002, p.12.

175 "伟大的富兰克林"：José Rafael Revenga to Francisco Antonio Zea, 'Instrucciones a que de orden del excelentísimo señor presidente habrá de arreglar su conducta el E.S. Francisco Zea en la misión que se le ha conferido por el gobierno de Colombia para ante los del continente de Europa y de los Estados unidos de America,' Bogotá, 24 December 1819, Archivo General de la Nación, Colombia, Ministerio de Relaciones Exteriores, Delegaciones – Transferencia 2, 242, 315r–320v. 感谢 Ernesto Bassi 提供这一参考文献。

175 "都在急不可耐地等待您的到来"：Manuel Palacio to Bonpland, 31 August 1815, Bell 2010, p.22.

175 玻利瓦尔、邦普兰和阿根廷：Bolívar to Bonpland, 25 February 1815, Schulz 1960, pp.589, 595; Schneppen 2002, p.12; Bell 2010, p.25.

175 邦普兰的植物园：William Baldwin, March 1818, Bell 2010, p.33.

175 "曾经共历艰险的老友"：AH to Bonpland, 25 November 1821, AH Bonpland Letters 2004, p.79.

175 邦普兰被逮捕：Schneppen 2002, p.12.

176 "那个我所热爱的无辜之人"：Bolívar to José Gaspar Rodríguez de Francia, 22

October 1823, ibid., p.17.

176 AH试图帮助邦普兰：Ibid., pp.18–21; AH to Bolívar, 21 March 1826, O'Leary 1879–1888, vol.12, p.237.

176 "偏离中心的病症"：AH to Jean Baptiste Joseph Delambre, 29 July 1803, Bruhns 1873, vol.1, p.333.

176 "思考的自由"：AH to WH, 17 October 1822, Biermann 1987, p.198.

176 "极大的尊重"：Ibid.

176 AH想要迁往拉丁美洲：AH to Bolívar, 21 March 1826, O'Leary 1879–1888, vol.12, p.237; WH to CH, 2 September 1824, WH CH Letters 1910–1916, vol.7, p.218.

176 "亚历山大总是把事情想象得很重大"：WH to CH, 2 September 1824, ibid.

176 在巴黎的英国科学家：Davy dined with AH on 19 April 1817, AH Letters USA 2004, p.146; Charles Babbage and John Herschel in 1819, Babbage 1994, p.145.

176 "非常乐于提供帮助"：Charles Babbage, 1819, Babbage 1994, p.147.

177 洪堡说话如此快：William Buckland to John Nicholl, 1820, Buckland 1894, p.37.

177 莱尔与AH见面：Charles Lyell to Charles Lyell sen., 21 and 28 June 1823, Lyell 1881, vol.1, pp.122–124.

177 "最具影响力的一课"：Charles Lyell to Charles Lyell sen., 28 August 1823, ibid., p.146.

177 AH的英语极为流利：Charles Lyell to Charles Lyell sen., 3 July 1823, ibid., p.126.

177 "胡姆波"先生：Charles Lyell to Charles Lyell sen., 28 June 1823, ibid., p.124.

177 全新理解气候的方式：Körber 1959, p.301.

178 "比较气候学"：AH Cosmos 1845–1852, vol.1, p.312; AH Kosmos 1845–1850, vol.1, p.340.

178 莱尔将气候与地质变迁联系起来：Charles Lyell to Poulett Scrope, 14 June 1830, Lyell 1881, vol.1, p.270; see also Lyell 1830, vol.1, p.122.

178 "饱读了"洪堡的著作：Charles Lyell to Gideon Mantell, 15 February 1830, Lyell 1881, vol.1, p.262.

178 影响热量的分布：Körber 1959, p.299ff.

178 莱尔的结论：Lyell 1830, vol.1, p.122; see also Wilson 1972, p.284ff.

179 "起始时刻"：Charles Lyell to Poulett Scrope, 14 June 1830, Lyell 1881, vol.1, p.269.

179 将洪堡的气候理论"应用到了地质学中"：Ibid, p.270.

179 "他自己吃干面包"：CH to WH, 14 April 1809, WH CH Letters 1910–1916, vol.3, p.131; see also Carl Vogt, January 1845, Beck 1959, p.201.

179 AH处在滚动的巨轮中心：AH to Simón Bolívar, 29 July 1822, Minguet 1986, p.749; this was Jean-Baptiste Boussingault, Podach 1959, pp.208–209.

179 AH和Jefferson：AH to Jefferson, 20 December 1811, TJ Papers RS, vol.4, p.352; this was José Corrêa da Serra; AH also introduced the Italian Carlo de Vidua to Jefferson in 1825, AH to Jefferson, 22 February 1825, Terra 1959, p.795 and AH Letters USA 2004, pp.122–123.

179 "奠定了我未来工作的基础"：Justus von Liebig about AH, Terra 1955, p.265.

179 源于"一位尊贵友人的请求"：Gallatin 1836, p.1.

180 "他们已经无可挽救地选择了专制王权"：Charles Lyell to Charles Lyell sen., 28 August 1823, Lyell 1881, vol.1, p.142.

180 AH关于出版自由和宗教：AH told this to George Bancroft, 1820, Terra 1955, p.266; AH to Charles Lyell in 1823, recounted by

Charles Lyell to Charles Lyell sen., 8 July 1823, Lyell 1881, vol.1, p.128.

180 "比任何时候都更不适合": AH to Auguste–Pyrame Decandolle, 1818, Bruhns 1873, vol.2, p.38; for science in Paris, see Päßler 2009, p.30 and Terra 1955, p.251.

180 "听话的工具": AH to Charles Lyell in 1823, recounted by Charles Lyell to Charles Lyell sen., 8 July 1823, Lyell 1881, vol.1, p.127.

181 "他们像秋天的落叶堆叠在一起": Ibid.

181 AH 1822 年的外貌: Jean-Baptiste Boussingault, 1822, Podach 1959, pp.208–209.

181 "你应该已经发表完所有著作了吧": King Friedrich Wilhelm III to AH, autumn 1826, Bruhns 1873, vol.2, p.95.

181 "穷得像只教堂里的老鼠": AH to WH, 17 December 1822, AH WH Letters 1880, p.112; for AH finances, see Eichhorn 1959, p.206.

181 "天地之间，洪堡先生唯一不能理解的": Helen Maria Williams to Henry Crabb Robinson, 25 March 1818, Leask 2001, p.225.

182 AH 放弃自由: AH to Carl Friedrich Gauß, 16 February 1827, AH Gauß Letters 1977, p.30.

182 "左右摇摆的意见之间": AH to Georg von Cotta, 28 March 1833, AH Cotta Letters 2009, p.178.

182 "一群贵族": AH to Arago, 30 April 1827, AH Arago Letters 1907, p.23.

182 AH 在伦敦: 3 May 1827, RS Journal Book, vol.XLV, p.73ff. and 3 May 1827. 晚餐宾客名单，RS Dining Club, vol.21, no page numbers; AH to Arago, 30 April 1827, AH Arago Letters 1907, pp.22–24.

182 玛丽·萨默维尔（脚注）: Patterson 1969, p.311; Patterson 1974, p.272.

183 AH 与坎宁: AH to Arago, 30 April 1827, AH Arago Letters 1907, p.28; 坎宁于 4 月 10 日出任首相，晚餐安排在 4 月 23 日。

183 和 "这里的煎熬相比": AH to Achille Valenciennes, 4 May 1827, Théodoridès 1966, p.46.

183 泰晤士河隧道: Buchanan 2002, p.22ff.; Pudney 1974, p.16ff.; Brunel 1870, p.24ff.

183 "每天都过得更加忧虑": Marc Brunel, Diary, 4 January, 21 March, 29 March 1827, Brunel 1870, pp.25–26.

183 头顶上只有淤涨的黏土: Marc Brunel, Diary, 29 March 1827, ibid., p.26.

184 AH 在隧道现场: AH to Arago, 30 April 1827, AH Arago Letters 1907, p.24ff.; Pudney 1974, pp.16–17; AH to William Buckland, 26 April 1827, American Philosophical Society（副本存于柏林的 Alexander–von–Humboldt–Forschungsstelle）; Prince Pückler Muskau, 20 August 1827, Pückler Muskau 1833, p.177.

184 像 "因纽特人": AH to Arago, 30 April 1827, AH Arago Letters 1907, p.25.

185 "普鲁士人的特权": Ibid.

185 隧道坍塌: Marc Brunel, Diary, 29 April and 18 May 1827, Brunel 1870, p.27; Buchanan 2002, p.25.

185 "你什么都不关心": Robert Darwin to Charles Darwin, Darwin 1958, p.28.

15 返回柏林

189 "无聊而一刻不停": AH to Varnhagen, 13 December 1833, AH Varnhagen Letters 1860, p.15.

189 廷臣是荣誉称号: AH Friedrich Wilhelm IV Letters 2013, pp.18–19.

189 "宫廷生活剥夺了……": AH, 1795, Bruhns 1873, vol.1, p.212; for AH at Prussian court, see Bruhns, vol.2, pp.104–105.

189 "钟摆式"生活：AH to Johann Georg von Cotta, 22 June 1833, AH Cotta Letters 2009, p.181.

189 "各式各样的制服"：A.B. Granville, October 1827, Granville 1829, vol.1, p.332.

190 "背离他们卑微而劳苦的工作"：Briggs 2000, p.195.

190 化学与数学学部、天文台：Bruhns 1873, vol.2, p.126; AH to Samuel Heinrich Spiker, 12 April 1829, AH Spiker Letters 2007, p.63; AH to Friedrich Wilhelm III, 9 October 1828, Hamel et al. 2003, pp.49–57.

190 "阿谀奉承的廷臣"：Lea Mendelssohn Bartholdy to Henriette von Pereira-Arnstein, 12 September 1827, AH Mendelssohn Letters 2011, p.20.

190 看准国王 "空闲的时候"：Karl Gutzkow on AH, after 1828, Beck 1969, p.252.

190 "令人嫉妒的才能"：Carl Ritter to Samuel Thomas von Sömmerring, winter 1827–1828, Bruhns 1873, vol.2, p.107.

191 AH 与坎宁见面：AH to Arago, 30 April 1827, AH Arago Letters 1907, p.28; see also F. Cathcart to Bagot, 24 April 1827, Canning 1909, vol.2, pp.392–394.

191 "我们正在面临一场"：George Canning, 3 June 1827, Memorandum by Mr Stapelton, Canning 1887, vol.2, p.321.

192 "一座火山，必须浇熄"：Klemens von Metternich, Davies 1997, p.762.

192 洪堡的 "头脑在政治上走了歪路"：Biermann 2004, p.8.

192 "木乃伊的石棺"：Ibid.

192 1789 年精神：AH to Bonpland, 1843, AH Bonpland Letters 2004, p.110.

192 泛美洲国会：Lynch 2006, pp.213–215; Arana 2013, pp.353–355.

192 "一错再错的年代"：Pedro Briceño Méndez to Bolívar, 26 July 1826, Arana 2013, p.374.

192 "非法的、违宪的、拿破仑式的"：Joaquín Acosta, 24 March 1827, Acosta de Samper 1901, p.211.

193 奴隶制的影响：Rossiter Raymond, 14 May 1859; see also AH to Benjamin Silliman, 5 August 1851, AH to George Ticknor, 9 May 1858, AH Letters USA 2004, pp.291, 445, 572; and George Bancroft to Elizabeth Davis Bliss Bancroft, 31 December 1847, Beck 1959, p.235.

193 对政治和革命都感到失望：AH to Thomas Murphy, 20 December 1825, Bruhns 1873, vol.2, p.49.

193 "知识带动思考"：AH to Friedrich Ludwig Georg von Raumer, 1851, Bruhns 1873, vol.2, p.125; 类似的言论又见于《宇宙》中，AH 写道，"知识就是力量"：AH Cosmos 1845–1852, vol.1, p.37; AH Kosmos 1845–1850, vol.1, p.36.

193 AH 的系列讲座：AH to Johann Friedrich von Cotta, 1 March 1828, AH Cotta Letters 2009, pp.159–60; CH to Alexander von Rennenkampff, December 1827, Karl von Holtei to Goethe, 17 December 1827, Carl Friedrich Zelter to Goethe, 28 January 1828, AH Cosmos Lectures 2004, pp.21–23; see also p.12; Ludwig Börne 22 February 1828, Clark and Lubrich 2012, p.80; WH to August von Hedemann, 10 January 1828, WH CH Letters 1910–1916, vol.7, p.326.

193 WH 关于 AH 讲座：WH to August von Hedemann, 10 January 1828, WH CH Letters 1910–1916, vol.7, p.325.

193 听众和警察：Ludwig Börne, 22 February 1828, Clark and Lubrich 2012, p.80.

193 "推挤的场面十分吓人"：Fanny Mendelssohn Bartholdy to Karl Klingemann, 23 December 1827, AH Mendelssohn Letters 2011, p.20.

194 "聆听充满智慧的言语"：Ibid.

194 "那些绅士们可以尽管嘲笑": Ibid.

194 "天狼星宽度的两倍": Carl Friedrich Zelter to Goethe, 7 February 1828; Felix Mendelssohn Bartholdy to Karl Klingemann, 5 February 1828, AH Mendelssohn Letters 2011, pp.20–21.

194 AH 的温和语调: Roderick Murchison, May 1859, Beck 1959, p.3.

194 "那幅伟大的自然之图": CH to Rennenkampff, 28 January 1828, AH Cosmos Lectures 2004, p.23.

194 AH 的演讲笔记: See for example, Stabi Berlin NL AH, gr. Kasten 12, Nr. 16 and gr. Kasten 13, Nr. 29.

196 演讲和思考的"新方法": *Spenersche Zeitung*, 8 December 1827, Bruhns 1873, vol.2, p.116.

196 "听众们像被不可抗拒的力量": *Vossische Zeitung*, 7 December 1827, ibid., p.119.

196 "我从没有听过任何人": Christian Carl Josias Bunsen to Fanny Bunsen, ibid., p.120.

196 解释得极其清晰: Gabriele von Bülow to Heinrich von Bülow, 1 February 1828, AH Cosmos Lectures 2004, p.24.

196 "奇妙的深度": CH to Adelheid Hedemann, 7 December 1827, WH CH Letters 1910–1916, vol.7, p.325.

196 一个新时代的开始: *Spenersche Zeitung*, 8 December 1827, AH Cosmos Lectures 2004, p.16.

196 科塔与讲座笔记: AH to Heinrich Berghaus, 20 December 1827, AH Berghaus Letters 1863, vol.1, pp.117–118.

196 外出活动和会议: Engelmann 1969, pp.16–18; AH, Opening Speech German Association of Naturalists and Physicians, 18 September 1828, Bruhns 1873, vol.2, p.135.

196 "如果没有多样化的意见": AH, Opening Speech German Association of Naturalists and Physicians, 18 September 1828, Bruhns 1873, vol.2, p.134.

196 "游离各地的博物学家们聚集起来的大爆发": AH to Arago, 29 June 1828, AH Arago Letters 1907, p.40.

197 "纯净的氧气": Carl Friedrich Gauß to Christian Ludwig Gerling, 18 December 1828; see also AH to Carl Friedrich Gauß, 14 August 1828, AH Gauß Letters 1977, pp.34, 40.

197 歌德表示羡慕并询问详情: Goethe to Varnhagen, 8 November 1827, Goethe Correspondence 1968–1976, vol.4, p.257; Carl Friedrich Zelter to Goethe, 7 February 1828, AH Mendelssohn Letters 2011, p.21; Karl von Holtei to Goethe, 17 December 1827, AH Cosmos Lectures 2004, p.21.

197 他"一直陪伴着"这位老朋友: Goethe to AH, 16 May 1821, Goethe Correspondence 1968–1976, vol.3, p.505.

197 AH 来信令人精神一振: Goethe to AH, 24 January 1824, Bratranek 1876, p.317; AH to Goethe, 6 February 1806, Goethe Correspondence 1968–1976, vol.2, p.559; Goethe, 16 March 1807, 30 December 1809, 18 January 1810, 20 June 1816, Goethe Diary 1998–2007, vol.3, pt. 1, p.298; vol.4, pt.1, pp.100, 111; vol.5, pt.1, p.381; AH to Goethe, 16 April 1821, Goethe AH WH Letters 1876, p.315; Goethe, 16 March 1823, 3 May 1823, 20 August 1825, Goethe's Day 1982–1996, vol.7, pp.235, 250, 526.

197 所有人都独居一隅: Goethe to Johann Peter Eckermann, 3 May 1827, Goethe Eckermann 1999, p.608.

197 胜过自己踽踽独行数年: Ibid., p.609.

197 AH 从"水成论"转向"火成论": Pieper 2006, pp.76–81; Hölder 1994, pp.63–73.

197 一个"巨大的火山熔炉": AH Aspects

1849, vol.2, p.222; AH Views 2014, p.247; AH Ansichten 1849, vol.2, p.263; see also AH, 'Über den Bau und die Wirkungsart der Vulcane in den verschiedenen Erdstrichen', 24 January 1823, and Pieper 2006, p.77ff.

197 举的例子既鲜明又令人恐惧：AH Aspects 1849, vol.2, pp.222–223; AH Views 2014, p.248; AH Ansichten 1849, vol.2, pp.263–264.

198 源于某种"地表以下的力量"：AH Cosmos 1845–1852, vol.1, p.285; AH Kosmos 1845–1850, vol.1, p.311; see also AH Geography 2009, p.67; AH Geography 1807, p.9.

198 就像"野蛮人聆听传教士的布道"：Goethe to Carl Friedrich Zelter, 7 November 1829, Goethe Correspondence 1968–1976, vol.4, p.350.

198 这太"荒谬"了：Goethe, 6 March 1828, Goethe's Day 1982–1996, vol.8, p.38.

198 "坚定而骄傲"地耸立：Goethe to Carl Friedrich Zelter, 5 October 1831, Goethe Correspondence 1968–1976, vol.4, p.454.

198 "全部的大脑系统"：Ibid.

198 "觉得自己越来越具有历史感了"：Goethe to WH, 1 December 1831, Goethe Correspondence 1968–1976, vol.4, p.462.

198 "我知道我的幸福在哪里"：AH to WH, 5 November 1829, AH Letters Russia 2009, p.207.

198 "共同致力于科学工作"：AH, Aus Meinem Leben (1769–1850), in Biermann 1987, p.116.

198 "神秘和伟大的内在联系"：WH to Karl Gustav von Brinkmann, Geier 2010, p.282.

199 "思想形态经由语言形成"：WH 1903–1936, vol.7, pt.1, p.53; see also vol.4, p.27.

199 "有机的整体图像"：Ibid., vol.7, pt.1, p.45.

200 从俄国进入印度：AH to Alexander von Rennenkampff, 7 January 1812, AH Letters Russia 2009, p.62.

200 康克林向AH询问：Cancrin to AH, 27 August 1827, ibid., p.67ff.; Beck 1983, p.21ff.

200 "热切希望"：AH to Cancrin, 19 November 1827, AH Letters Russia 2009, p.76.

200 "最甜美的风景"：AH to Cancrin, 19 November 1827, ibid.

200 AH保证自己的健康状况：AH to Cancrin, 10 January 1829, ibid., p.88.

200 沙皇邀请AH访问俄国：Cancrin to AH, 17 December 1827, ibid., pp.78–79.

16 俄国

201 AH离开柏林：Beck 1983, p.35.

201 西伯利亚的植物、风景和动物：AH to WH, 21 June 1829, AH Letters Russia 2009, p.138; Rose 1837–1842, vol.1, p.386ff.

201 多少显得有些"普通"：AH to WH, 21 June 1829, AH Letters Russia 2009, p.138.

201 不如南美洲的探险那么令人兴奋：Ibid.

201 "生活在狂野的自然中"：AH to Cancrin, 10 January 1829, ibid., p.86.

201 马车飞速前行：Beck 1983, p.76.

201 在马车上昏沉入睡：AH to WH, 8 June and 21 June 1829, AH Letters Russia 2009, pp.132, 138.

202 阿道夫·波利尔伯爵：AH to WH, 8 June 1829, AH Letters Russia 2009, p.132; Beck 1983, p.55.

202 AH的仪器：Cancrin to AH, 30 January 1829; AH to Ehrenberg, March 1829, AH Letters Russia 2009, pp.91, 100; Beck 1983, p.27.

203 "关心和爱护她"：CH to August von Hedemann, 17 March 1829, WH CH Letters 1910–1916, vol.7, p.342; for CH's death, see Gall 2011, pp.379–380.

203 AH必须避开战场：AH to Michail

Semënovic Voroncov, 19 May 1829 and AH
to Cancrin, 10 January 1829, AH Letters
Russia 2009, pp.86, 119.

203 "促进各类科学的进步": Cancrin to AH,
30 January 1829, ibid., p.93.

203 俄国的工业生产和矿山: Suckow 1999,
p.162.

204 AH 和钻石: AH to Cancrin, 15 September
1829 and 5 November 1829; AH to WH,
21 November 1829, AH Letters Russia
2009, pp.185, 204–205, 220. 可弯砂岩
(Itacolumite) 表明钻石的存在。AH 日
后还正确预测了南卡罗来纳和加利福
尼亚的金、铂金和钻石矿藏分布。

204 AH 和放大镜: AH Fragments Asia 1832,
p.5.

204 "疯狂的普鲁士王子": Cossack in Perm,
June 1829, Beck 1959, p.103.

204 波利尔和钻石: Polier to Cancrin, Report
about diamonds, Rose 1837–1842, vol.1,
p.356ff.; Beck 1983, p.81ff.; AH to WH, 21
November 1829, AH Letters Russia 2009,
p.220.

204 俄国找到三十七颗钻石: Beck 1959–
1961, vol.2, p.117.

204 AH 一定精通魔法: Beck 1983, p.82.

204 "真正的金山": AH to Cancrin, 15
September 1829, AH Letters Russia 2009,
p.185.

204 "将穷苦人的悲叹": AH Cuba 2011,
pp.142–143.

204 "比较穷困的省份": AH to Cancrin,
10 January 1829; for Cancrin's reply, see
Cancrin to AH, 10 July 1829, AH Letters
Russia 2009, pp.86, 93.

205 "底层阶级的现状": AH to Cancrin, 17
July 1829, ibid., p.148.

205 叶卡捷琳堡: Beck 1983, p.71ff.

206 "像个残废之人": AH to WH, 21 June
1829, see also 8 June and 14 July 1829, ibid.,

pp.132, 138, 146.

206 到达托博尔斯克: Rose 1837–1842, vol.1,
p.487.

206 作为安第斯山脉的对照: AH Central
Asia 1844, vol.1, p.2.

206 一段"小小的延伸": AH to Cancrin, 23
July 1829, AH Letters Russia 2009, p.153.

206 自己"去世前的最后一次机会": Ibid.,
p.154.

206 康克林收到 AH 信件: Cancrin to AH, 18
August 1829, ibid., p.175.

206 "没有任何疲惫的迹象": Gregor von
Helmersen, September 1828, Beck 1959,
p.108.

207 西伯利亚草原: Rose 1837–1842, vol.1,
pp.494–496.

207 皮制面具: AH to Cancrin, 23 July 1829,
AH Letters Russia 2009, p.154; Rose 1837–
1842, pp.494–498; Beck 1983, p.96ff.

207 "在陆地上航海"和行进速度: AH to
WH, 4 August 1829, AH Letters Russia
2009, pp.161, 163, and Suckow 1999, p.163.

207 炭疽流行病: Rose 1837–1842, vol.1, p.499;
AH to WH, 4 August 1829, AH Letters
Russia 2009, p.161.

207 "以我现在的年纪": AH to Cancrin, 27
August 1829, ibid., p.177.

208 "瘟疫的足迹"到处可见: Rose 1837–
1842, vol.1, p.500.

208 用以"清洁空气": Ibid.

208 鄂毕河畔的暴雨: Ibid., p.502; AH to
WH, 4 August 1829, AH Letters Russia
2009, p.162.

208 出发九天后，他们已经走了一千英里:
Rose 1837–1842, vol.1, p.502.

208 与柏林和加拉加斯之间的距离: AH
to WH, 4 August 1829, AH Letters Russia
2009, p.162.

208 望见阿尔泰山: Rose 1837–1842, vol.1,
p.523.

209 将行李留在乌斯季卡缅诺戈尔斯克：Ibid., p.580.

209 AH 在岩洞中：Ibid., p.589.

209 "覆盖红海海底"：Jermoloff about Ehrenberg, Beck 1983, p.122.

209 "真正的快乐"：AH to Cancrin, 27 August 1829, AH Letters Russia 2009, p.178.

209 阿尔泰山的植被：Rose 1837–1842, vol.1, pp.575, 590.

209 "雄伟的穹顶"：Ibid., p.577; for Belukha pp.559, 595.

209 别卢哈山的诱惑：Ibid., p.594.

209 温泉与地震：Ibid., p.597.

210 "我的身体状况好极了"：AH to WH, 10 September 1829, AH Letters Russia 2009, p.181.

210 AH 在巴图的活动：Rose 1837–1842, vol.1, pp.600–606; AH to Arago, 20 August 1829, AH Letters Russia 2009, p.170.

210 衣衫褴褛的粗犷兵士：AH to Arago, 20 August 1829, AH Letters Russia 2009, p.170.

210 传说中的"天朝"：AH to WH, 13 August 1829, ibid., p.172.

210 从阿尔泰山返程的路线：Beck 1983, p.120ff; AH to WH, 10 and 25 September 1829, pp.181, 188.

211 列宁的外祖父：Ibid., p.128.

211 "三十年前"：AH to Cancrin, 15 September 1829, AH Letters Russia 2009, p.184.

211 绕道里海：AH to Cancrin, 26 September 1829, ibid., p.191; see also AH, Aspects, vol.2, p.300; AH Views 2014, p.283; AH Ansichten 1849, vol.2, p.363.

211 康克林向洪堡通报战事情况：Cancrin to AH, 31 July 1829 and 18 August 1829, AH Letters Russia 2009, pp.158, 175.

211 绕道的原因：AH to WH, 25 September 1829, ibid., p.188.

211 "君士坦丁堡城外达成和平"：AH to Cancrin, 21 October 1829, ibid., p.200.

211 阿斯特拉罕和里海：Rose 1837–1842, vol.2, p.306ff.; Beck 1983, p.147ff.

211 AH 向圣彼得堡的科学家们致辞：AH, Speech at Imperial Academy of Science, St Petersburg, 28 November 1829, AH Letters Russia 2009, pp.283–284.

212 AH 和里海盆地：AH Fragments Asia 1832, p.50.

212 "人生中的一大快事"：AH to WH, 14 October 1829, AH Letters Russia 2009, p.196.

212 AH 在俄国的经历：关于马奶：see AH to WH, 25 September 1829, AH Letters Russia 2009, p.188; 关于卡尔梅克人的合唱团：see Rose 1837–1842, vol.2, p.344; 关于高鼻羚羊、水蛇和法基尔修士：see AH to WH, 10 September and 21 October 1829, AH Letters Russia 2009, pp.181, 199; Rose 1837–1842, vol.2, p.312; 关于温度计和《政治随笔》：see Beck 1983, pp.113, 133; 西伯利亚的食物：see AH to Friedrich von Schöler, 13 October 1829, AH Letters Russia 2009, p.193.

212 注意木材的短缺：AH to Cancrin, 21 June 1829, AH Letters Russia 2009, p.136.

213 变得干旱而贫瘠：AH Fragments Asia 1832, p.27.

213 "能将一切现象和自然力量连接起来"：AH Central Asia 1844, vol.1, p.27.

213 破坏森林：Ibid., p.26; see also vol.1, p.337 and vol.2, p.214; AH Fragments Asia 1832, p.27.

213 "大量蒸汽和燃气"：Ibid., vol.2, p.214.

213 "值得商榷"（脚注）：AH Central Asia 1844, vol.1, p.337.

213 旅途总距离和更换的马匹：Bruhns 1873, vol.1, p.380; Suckow 1999, p.163.

213 AH 精力充沛：AH to Cancrin, 5 November 1829, AH Letters Russia 2009, p.204.

213 在莫斯科和圣彼得堡举办的聚会：
Alexander Herzen, November 1829, Bruhns
1873, vol.1, pp.384–386; AH to WH, 21
November 1829, AH Letters Russia 2009,
pp.219–220.

213 "这个时代的普罗米修斯"：Sergei
Glinka, Bruhns 1873, vol.1, p.385.

214 "迷人的语言从他口中自然地涌出"：
Pushkin in 1829, recounted by Georg
Schmid in 1830, AH Letters Russia 2009,
p.251.

214 "几乎快被各种义务责任压垮"：AH to
WH, 21 November 1829, ibid., p.219.

214 AH 请求沙皇赦免流放者：AH to Tsar
Nicholas I, 7 December 1829, ibid., p.233.

214 "地球磁针的神秘巡游"：AH Cosmos
1845–1852, vol.1, p.167; AH Kosmos
1845–1850, vol.1, p.185.

214 它可以向我们揭示：Report on letter from
AH to Royal Society, 9 June 1836, *Abstracts
of the Papers Printed in the Philosophical
Transactions of the Royal Society of
London*, vol.3, 1830–1837, p.420（洪堡于
1836年4月起草了这封信）。

215 1827年重复地磁观测实验：Biermann
und Schwarz 1999a, p.187.

215 "伟大邦联"：Report on letter from AH
to Royal Society, 9 June 1836, *Abstracts of
the Papers Printed in the Philosophical
Transactions of the Royal Society of
London*, vol.3, 1830–1837, p.423; see also
O'Hara 1983, pp.49–50.

215 将近两百万笔数据：AH Cosmos 1845–
1852, vol.1, p.178; AH Kosmos 1845–1850,
vol.1, p.197.

215 "自然系统"：AH, Speech at Imperial
Academy of Sciences, St Petersburg, 28
November 1829, AH Letters Russia 2009,
p.277; 关于 AH 呼吁研究全球性气候变
化：see p.281.

215 AH 退回资助：AH to Cancrin, 17
November 1829, ibid., p.215; Beck 1983,
p.159.

215 "车轮上的自然志陈列馆"：AH to
Theodor von Schön, 9 December 1829; for
vase and sable, see AH to WH, 9 December
1829, AH Letters Russia 2009, p.237.

216 "看上去一定像一幅别致的画"：AH to
Cancrin, 24 December 1829, ibid., p.257.

216 "相互矛盾的假说"：Ibid.

216 "一个装满了沸水的锅子"：Carl Friedrich
Zelter to Goethe, 2 February 1830,
Bratranek 1876, p.384.

17 演化与自然：查尔斯·达尔文与洪堡

217 "无精打采"：Darwin, 30 December 1831,
Darwin Beagle Diary 2001, p.18.

217 达尔文严重晕船：Darwin, 29 December
1831, ibid., pp.17–18; Darwin to Robert
Darwin, 8 February–1 March 1832, Darwin
Correspondence, vol.1, p.201.

217 船尾舱：Thomson 1995, p.124ff.; HMS
"小猎犬"号船尾舱简图，B.J. Sulivan,
CUL DAR. 107.

217 达尔文带上"小猎犬"号的书籍：Darwin
Correspondence, vol.1, Appendix IV,
pp.558–566.

217 达尔文和莱尔：Darwin 1958, p.77.

218 "当然没问题，尽管带上你的洪堡"
（脚注）：Robert FitzRoy to Darwin, 23
September 1831, Darwin Correspondence,
vol.1, p.167.

218 "出于对这部著名游记的仰慕之情"：
Darwin to D.T. Gardner, August 1874,
published in *New York Times*, 15 September
1874.

218 途经马德拉群岛：Darwin, 4 January 1832,
Darwin Beagle Diary 2001, p.19; Darwin to
Robert Darwin, 8 February–1 March 1832,
Darwin Correspondence, vol.1, p.201.

218 "安慰一个在海上晕船的人"：Darwin, 31 December 1831, Darwin Beagle Diary 2001, p.18.

218 "唉，痛苦啊，实在是痛苦"：Darwin, 6 January 1832, ibid., p.19; see also Darwin to Robert Darwin, 8 February–1 March 1832, Darwin Correspondence, vol.1, p.201.

219 "我可以理解"：Darwin, 6 January 1832, Darwin Beagle Diary 2001, p.20; see also Darwin to Robert Darwin, 8 February–1 March 1832, Darwin Correspondence, vol.1, pp.201–202.

219 好像在与一位朋友依依惜别：Darwin, 7 January 1832, Darwin Beagle Diary 2001, p.20.

219 虚无缥缈的空中楼阁：Darwin, 17 December 1831, ibid., p.14.

219 "过上足够舒适的日子"：Darwin 1958, p.46.

219 达尔文在大学时代：Ibid., p.56ff.

219 达尔文和甲虫：Ibid., pp.50, 62.

219 "点燃了我心中的热望"：达尔文写道，他是在"剑桥的最后一年"读到AH的《旅行故事》的：Darwin 1958, p.67–68.

219 达尔文、亨斯洛、大声朗读：Ibid., pp.64ff., 68; Browne 2003a, pp.123, 131; Thomson 2009, pp.94, 102; Darwin to Fox, 5 November 1830, Darwin Correspondence vol.1, p.110.

219 "我每天挂在嘴边、每天日思夜想的"：Darwin to William Darwin Fox, 7 April 1831, Darwin Correspondence, vol.1, p.120.

219 兴奋得不能安坐一处：Darwin to Caroline Darwin, 28 April 1831; see also Darwin to William Darwin Fox, 11 May 1831 and 9 July 1831, Darwin Correspondence, vol.1, pp.122, 123, 124; Darwin 1958, pp.68–70.

219 "看看那里的棕榈树"：Darwin to Caroline Darwin, 28 April 1831, Darwin Correspondence, vol.1, pp.122.

220 把洪堡的游记读了又读：Darwin to John Stevens Henslow, 11 July 1831, Darwin Correspondence, vol.1, pp.125–126.

220 "被我……烦得够呛"：Darwin to William Darwin Fox, 11 May 1831, ibid., p.123.

220 "使你燃起对加那利群岛的热望"：Darwin to John Stevens Henslow, 11 July 1831, ibid., p.125.

220 "我已经把自己写进了"：Darwin to Caroline Darwin, 28 April 1831, ibid., p.122; for Spanish expressions, see Darwin to William Darwin Fox, 9 July 1831, ibid., p.124.

220 亨斯洛临时退出：Darwin to William Darwin Fox, 1 August 1831, ibid., p.127; see also Browne 2003a, p.135; Thomson 2009, p.131.

220 菲茨罗伊船长找寻一位博物学家：John Stevens Henslow to Darwin, 24 August 1831, Darwin Correspondence, vol.1, pp.128–129.

221 计划太离谱了：Darwin to Robert Darwin, 31 August 1831, ibid., p.133; see also Darwin to John Stevens Henslow, 30 August 1831; Robert Darwin to Josiah Wedgwood, 30–31 August 1831; Josiah Wedgwood II to Robert Darwin, 31 August 1831, ibid., pp.131–134; Darwin 1958, pp.71–72; Darwin, 31 August–1 September 1831, Darwin Beagle Diary 2001, p.3; Browne 2003a, p.152ff.

221 老达尔文精明的理财投资：Browne 2003a, p.7.

221 "如果查尔斯现在正专心接受职业教育"：Josiah Wedgwood II to Robert Darwin, 31 August 1831; 达尔文的父亲同意儿子远航：Robert Darwin to Josiah Wedgwood II, 1 September 1831, Darwin Correspondence, vol.1, pp.134–135.

221 更轻便的衣服：Darwin, 10 January 1832,

Darwin Beagle Diary 2001, p.21; see also
Darwin to Robert Darwin, 8 February–1
March 1832, Darwin Correspondence, vol.1,
p.202.

221 "小猎犬" 号上的船员：Darwin
Correspondence, vol.1, Appendix III, p.549.

222 菲茨罗伊船长：Browne 2003a, pp.144–
149; Thomson 2009, p.139ff.

222 "近乎失去理智"：Darwin 1958, p.73ff.;
Darwin to Robert Darwin, 8 February–1
March 1832, Darwin Correspondence, vol.1,
p.203; see also Thomson 1995, p.155.

222 "再多一片面包恐怕就恰好装不下了"：
Darwin, 23 October 1831, Darwin Beagle
Diary 2001, p.8; 关于 "小猎犬" 号上
的补给品：see also Browne 2003a, p.169;
Darwin to Susan Darwin, 6 September
1831, Darwin Correspondence, vol.1, p.144;
Thomson 1995, pp.115, 123, 128.

222 第一次登岸于圣地亚哥岛：Darwin, 16
January 1832 and following entries, Darwin
Beagle Diary 2001, p.23ff.

222 "交织着喜悦和惊讶的完美飓风"：
Darwin to William Darwin Fox, May 1832,
Darwin Correspondence, vol.1, p.232.

223 带着丰富的收获回到船上：Darwin, 17
January 1832, Darwin Beagle Diary 2001,
p.24.

223 像一个找到了新玩具的孩子：Robert
FitzRoy to Francis Beaufort, 5 March 1832,
Darwin Correspondence, vol.1, p.205, n.1.

223 好像一位忽然重见光明的盲人：Darwin,
16 January 1832, Darwin Beagle Diary 2001,
p.23.

223 "如果真想对热带地区的国家有所了解"：
Darwin to Robert Darwin, 8 February–1
March 1832; see also Darwin to William
Darwin Fox, May 1832, ibid., pp.204,
233.

223 "我为洪堡某次观察的正确性而惊叹"：

Darwin, 26 May 1832; see also 6 February, 9
April and 2 June 1832, Darwin Beagle Diary
2001, pp.34, 55, 67, 70.

223 关于莱尔：Darwin 1958, p.77.

223 达尔文在圣地亚哥观察岩石：Thomson
2009, p.148; Browne 2003a, p.185; see also
Darwin 1958, pp.77, 81, 101.

223 "一定能够让我在自然志领域"：Darwin
to Robert Darwin, 10 February 1832,
Darwin Correspondence, vol.1, p.206; see
also Darwin 1958, p.81.

223 犹如《一千零一夜》：Darwin to
Frederick Watson, 18 August 1832, Darwin
Correspondence, vol.1, p.260.

223 "越重读他的书"：Darwin to Robert
Darwin, 8 February–1 March 1832, ibid.,
p.204.

224 "我之前只是景仰他"：Darwin to John
Stevens Henslow, 18 May–16 June 1832,
ibid., p.237.

224 "将诗与科学结合起来的非凡能力"：
Darwin, 28 February 1832, Darwin Beagle
Diary 2001, p.42.

224 行走在一个新世界里：Darwin to Robert
Darwin, 8 February–1 March 1832, Darwin
Correspondence, vol.1, p.202ff.

224 "我现在最热衷于蜘蛛"：Darwin to John
Stevens Henslow, 18 May–16 June 1832,
ibid., p.238.

224 让 "任何一位园丁为之疯狂"：Darwin,
1 March 1832, Darwin Beagle Diary 2001,
p.43.

224 "现在我只能重新开始读一读洪堡"：
Darwin, 28 February 1832, ibid., p.42.

224 "一个了不起的漫游者"：Darwin to
William Darwin Fox, 25 October 1833,
Darwin Correspondence, vol.1, p.344.

224 在 "小猎犬" 号上的生活：Browne 2003a,
p.191ff.

224 "所有东西都触手可及"：Darwin to

Robert Darwin, 8 February–1 March 1832, Darwin Correspondence, vol.1, p.202.

224 食堂里的晚餐和供应的食物：Browne 2003a, pp.193, 222.

225 "学者"和"鹬"：Thomson 2009, pp.142–143.

225 别人帮他收集标本：Browne 2003a, p.225.

225 "倒霉的野兽玩意儿"：Thomson 1995, p.156.

225 寄给亨斯洛的标本：Browne 2003a, p.230.

225 达尔文索要 AH 的新书：Darwin to Catherine Darwin, 5 July 1832; see also Erasmus Darwin to Darwin, 18 August 1832, Darwin Correspondence, vol.1, pp.247, 258.

225 南半球星空：Darwin, 24, 25, 26 March 1832, Darwin Beagle Diary 2001, p.48.

225 对星空的"新感知"：AH Personal Narrative 1814–1829, vol.6, p.69.

225 "令人精神爽朗"：Darwin, 12 February 1835, Darwin Beagle Diary 2001, p.288.

225 "只一瞬间，就震碎了长久的幻梦"：AH Personal Narrative 1814–1829, vol.3, p.321.

225 "这样的一场地震"：Darwin, 20 February 1835, Darwin Beagle Diary 2001, p.292.

226 "传播了生命"：AH Personal Narrative 1814–1829, vol.6, p.8.

226 达尔文对海藻的论述：Darwin, 1 June 1834, Darwin 1997, pp.228–229.

226 "你大概读了太多洪堡"：Caroline Darwin to Darwin, 28 October 1833, Darwin Correspondence, vol.1, p.345.

226 "生动的洪堡式场景"：Herman Kindt to Darwin, 16 September 1864, ibid., vol.12, p.328.

226 加拉帕戈斯群岛的动物：Darwin, 17 September 1835, Darwin Beagle Diary 2001, p.353.

227 "从没有一艘船"：Darwin to William

Darwin Fox, 15 February 1836, Darwin Correspondence, vol.1. p.491.

227 感到一阵"危险的冲动"：Darwin to Catherine Darwin, 14 February 1836; 关于思念英格兰家乡：Darwin to John Stevens Henslow, 9 July 1836 and Darwin to Caroline Darwin, 18 July 1836, ibid., pp.490, 501, 503.

227 想念七叶树：Darwin to Susan Darwin, 4 April 1836, 1, p.503.

227 东奔西走的航行：同上。

227 "我讨厌海上的每一道波浪"：Darwin to William Darwin Fox, 15 February 1836, ibid., p.491.

227 "而我的想法则全部来源于……"：Darwin, after 25 September 1836, Darwin Beagle Diary 2001, p.443.

227 "小猎犬"号抵达法尔茅斯港：Darwin, 2 October 1836, ibid., p.447.

228 感到田野比往常更青翠：Darwin to Robert FitzRoy, 6 October 1836, Darwin Correspondence, vol.1, p.506.

228 "看上去瘦了不少"：Caroline Darwin to Sarah Elizabeth Wedgwood, 5 October 1836, ibid., p.504.

228 达尔文赶往伦敦：Darwin to John Stevens Henslow, 6 October 1836, ibid., p.507.

228 达尔文和地理学会：Darwin to John Stevens Henslow, 9 July 1838, ibid., p.499.

229 "'小猎犬'号的航行是我一生中……"：Darwin 1958, p.76.

229 "谦卑地模仿"洪堡（脚注）：Darwin to Leonard Jenyns, 10 April 1837, Darwin Correspondence, vol.2, p.16.

229 达尔文编辑日记：Darwin to John Stevens Henslow, 28 March and 18 May 1837; Darwin to Leonard Jenyns, 10 April 1837, ibid., pp.14, 16, 18; Browne 2003a, p.417.

229 《乘小猎犬号环球旅行》：达尔文的著作是四卷本 Narrative of the Surveying

Voyages of His Majesty's Ships Adventure and Beagle 中的第三卷，整部作品由菲茨罗伊船长编著。达尔文所作的第三卷极受欢迎，甚至于 1839 年 8 月发行了单行本，题为 *Journal of Researches*，后来又得名为 *Voyage of the Beagle*（即《乘小猎犬号环球旅行》）。

229 "不知道是否应该直接写信给普鲁士国王": Darwin to John Washington, 1 November 1839, Darwin Correspondence, vol.2, p.241.

229 "能够时刻印记在我的头脑中": Darwin to AH, 1 November 1839, ibid., p.240.

229 "杰出而令人钦佩的著作": AH to Darwin, 18 September 1839, ibid., pp.425–426.

230 "有幸见证其发表的作品中，这是最出色的一部": AH, 6 September 1839, *Journal Geographical Society*, 1839, vol.9, p.505.

230 "再没有什么": Darwin to John Washington, 14 October 1839, Darwin Correspondence, vol.2, p.230.

230 达尔文感到莫大的荣耀: Darwin to AH, 1 November 1839, ibid., p.239.

230 "一番无可救药的自夸": Darwin to Joseph Hooker, 3–17 February 1844, ibid., vol.3, p.9.

230 "我舍不得离开自己的工作": Darwin to John Stevens Henslow, 21 January 1838, ibid., vol.2, p.69.

230 "有事让我激动": Darwin to John Stevens Henslow, 14 October 1837; 关于心慌气短: see also 20 September 1837, ibid., pp.47, 51–52; Thomson 2009, p.205.

230 达尔文与物种演变: 自 1837 年春末起，达尔文开始严肃地思考物种演变问题。到当年 7 月，他开始在一个新的笔记本 (Notebook B) 上专门记录物种变化相关的想法: Thomson 2009, p.182ff.; see also Darwin, Notebook B, Transmutation of species 1837–1838, CUL MS.DAR.121.

231 达尔文和加拉帕戈斯群岛: Thomson 2009, p.180ff.

231 拉马克和物种演变: Lamarck's *Système des animaux sans vertèbres*（1801）and *Philosophie zoologique*（1809）.

231 科学院的公开激烈争论: 双方是 Georges Cuvier 和 Étienne Geoffroy Saint-Hilaire: see Päßler 2009, p.139ff.; 关于 AH 小声抱怨和批评: see Louis Agassiz about AH, October–December 1830, Beck 1959, p.123.

231 "物种的逐渐转化": AH Aspects 1849, vol.2, p.112; AH Views 2014, p.201; AH Ansichten 1849, vol.2, p.135（这部分内容未见于 1808 年德文版《自然之观点》，但第 185 页有相似内容）；早在写作《植物地理学随笔》时，洪堡已经讨论过植物中偶然出现的变种可能会转化为"永久存在"的物种: AH Geography 2009, p.68.

231 "必定也在经历类似的变化": AH Aspects 1849, vol.2, p.20; AH Views 2014, p.163; AH Ansichten 1849, vol.2, p.25; see also AH Ansichten 1808, p.185.

231 "研究生命创生之规律的关键": Darwin to Joseph Dalton Hooker, 10 February 1845, Darwin Correspondence, vol.3, p.140.

232 来自不同大陆的相似植物种类: AH Personal Narrative 1814–1829, vol.3, pp.491–495; 达尔文在他拥有的书中着重画出了这部分。

232 相似的气候并不总拥有相似的植物: AH Aspects 1849, vol.2, p.112; AH Views 2014, p.201; AH Ansichten 1849, vol.2, p.136.

232 "洪堡在植物地理学方面曾经发现"（脚注）: Darwin, Notebook B, Transmutation of species 1837–1838, pp.92, 156, CUL

MS.DAR.121.

232 鸟类、老虎和巨鳄：Darwin's copy of AH Personal Narrative 1814–1829, vol.5, pp.180, 183, 221ff. CUL, DAR.LIB:T.301.

232 "就像巴塔哥尼亚的情况一样"：Ibid., vol.4, pp.336, 384 and vol.5, pp.24, 79, 110.

232 "等开始研究加那利群岛上的植物地理分布时"：Ibid., vol.1, endpapers; Darwin, Notebook A, Geology 1837–1839, p.15, CUL DAR127; Darwin, Santiago Notebook, EH1.18, p.123, English Heritage, Darwin Online.

232 "没有关于物种理论的资料"：Darwin's copy of AH Personal Narrative 1814–1829, vol.6, endpapers, CUL, DAR.LIB:T.301.

232 达尔文和物种迁移：Ibid., vol.1, endpapers; see also Werner 2009, p.77ff.

232 "橡树的果实是如何传播的"：Darwin's copy of AH Personal Narrative 1814–1829, vol.1, list at back, CUL, DAR.LIB:T.301.

233 "于是就这样播散开来了"：Ibid., vol.5, p.543.

233 "探寻事物的起源问题"：Ibid., p.180; see also vol.3, p.496（达尔文在两段上都画了着重线）。

233 我们常见的家养小猫：AH Views 2014, pp.162–163; AH Aspects 1849, vol.2, p.19; AH Ansichten 1849, vol.2, p.24.

233 "纯然无用的废话"：Darwin to Joseph Hooker, 10–11 November 1844, Darwin Correspondence, vol.3, p.79.

233 达尔文阅读马尔萨斯：Darwin 1958, p.120; Thomson 2009, p.214.

233 AH关于乌龟产卵：Darwin's copy of AH Personal Narrative 1814–1829, vol.4, p.489, CUL, DAR.LIB:T.301.

233 "推动演化之机制的灵感"：Darwin 1958, p.120.

233 动植物如何"限制彼此的数量"：AH Aspects 1849, vol.2, p.114; AH Views 2014,

p.202; AH Ansichten 1849, p.138.

233 "进行漫长、持久的竞争"：AH Aspects 1849, vol.2, p.114; AH Views 2014, p.202; AH Ansichten 1849, p.138; see also AH Personal Narrative 1814–1829, vol.4, p.437.

233 动物"相互畏惧"：AH Personal Narrative 1814–1829, vol.4, pp.421–422.

233 "这两个可怖的敌人"：Ibid., p.426.

234 "受到这一缠斗场面的震慑"：Darwin's copy of AH Personal Narrative 1814–1829, vol.4, p.437; see also vol.5, p.590, CUL, DAR.LIB:T.301.

234 "时刻都上演着残酷的血肉之战"：Ibid., vol.5, p.590.

234 "通过复杂的相互作用而彼此联结"：Darwin, 1838, Harman 2009, p.226.

234 生命之树：Darwin, Notebook B, p.36f, CUL MS.DAR.121.

234 达尔文画出给予"纷繁的河岸"以灵感的出处：Darwin's copy of AH Personal Narrative 1814–1829, vol.4, pp.505–506, CUL, DAR.LIB:T.301.

234 "丛林中的走兽"（脚注）：Ibid.

234 "这真是饶有趣味"：Darwin 1859, p.489.

18 洪堡的《宇宙》

235 "疯狂攫住了我"：AH to Varnhagen, 27 October 1834, AH Varnhagen Letters 1860, p.15.

235 一部"关于自然的书"：AH to Varnhagen, 24 October 1834, ibid., p.19.

235 "插在我胸口的一把剑"：AH to Johann Georg von Cotta, 28 February 1838, AH Cotta Letters 2009, p.204.

235 "我一生的终极之作"：AH to Friedrich Wilhelm Bessel, 14 July 1833, AH Bessel Letters 1994, p.82.

235 "天空与大地"的全体：AH to Varnhagen, 24 October 1834, AH Varnhagen Letters 1860, p.18; ancient

Greek: AH Cosmos 1845–1852, vol.1, p.56; AH Kosmos 1845–1850, vol.1, pp.61–62.

235 大量助手: for example Hooker to AH, 4 December 1847 and Robert Brown to AH, 12 August 1834, AH, Gr. Kasten 12, Envelope 'Geographie der Pflanzen'; list of Polynesian plants from Jules Dumont d'Urville: AH, gr. Kasten 13, no.27, Stabi Berlin NL AH; AH to Friedrich Wilhelm Bessel, 20 December 1828 and 14 July 1833, AH Bessel Letters 1994, pp.50–54, 84; AH to P.G. Lejeune Dirichlet, after May 1851, AH Dirichlet Letters 1982, p.93; AH to August Böckh, 14 May 1849, AH Böckh Letters 2011, p.189; Werner 2004, p.159.

236 中国人和奶制品: Kark Gützlaff to AH, n.d., AH, kl.Kasten 3b, no.112; 关于尼泊尔土生棕榈树: Robert Brown to AH, 12 August 1834, AH, gr. Kasten 12, no.103, Stabi Berlin NL AH.

236 "在同一个话题上刨根问底": AH to Karl Zell, 21 May 1836, Schwarz 2000, no page numbers.

236 "这回您可跑不掉了": Herman Abich about Humboldt, 1853, Beck 1959, p.346; 阿尔及尔的小说家: see Laube 1875, p.334.

236 新知识像洪水一样涌向柏林: AH to Johann Georg von Cotta, 28 February 1838; see also 18 September 1843, AH Cotta Letters 2009, pp.204, 249.

236 "一项不可能完成的工程": AH to Gauß, 23 March 1847, AH Gauß Letters 1977, p.98.

236 与地质学相关的资料箱: AH, Gr. Kasten 11, Stabi Berlin NL AH.

237 混乱的财务收支，务求精准的研究: AH to Johann Georg von Cotta, 16 April 1852, AH Cotta Letters 2009, p.482; AH to Alexander Mendelssohn, 24 December 1853, AH Mendelssohn Letters 2011, p.253.

237 "非常重要": AH, gr. Kasten 12, no.96, Stabi Berlin NL AH.

237 "重要，在《宇宙》中待续": AH, gr. Kasten 8, envelope including no.6–11a, Stabi Berlin NL AH.

237 一块干燥的苔藓: AH, gr. Kasten 12, no.124, Stabi Berlin NL AH.

237 喜马拉雅山的植物列表: AH, gr. Kasten 12, no.112, Stabi Berlin NL AH.

237 "空气海": AH, gr. Kasten 12, envelope including no.32–47, Stabi Berlin NL AH.

237 关于上古文献: AH, gr. Kasten 8, no.124–168, Stabi Berlin NL AH.

237 温度数据表格: AH, kl. Kasten 3b, no.121, Stabi Berlin NL AH.

237 希伯来诗歌: AH, kl. Kasten 3b, no.125, Stabi Berlin NL AH.

237 "散碎线头": Friedrich Adolf Trendelenburg, Frankfurt, May 1832, Beck 1959, p.128.

237 "变得冷冰冰的": AH to Heinrich Christian Schumacher, 10 November 1846, AH Schumacher Letters 1979, p.85.

237 一个区区的"图画展览厅": AH to WH, 14 July 1829, AH Letters Russia 2009, p.146.

237 洪堡的"王廷": Adolf Bernhard Marx about Humboldt, Beck 1969, p.253.

237 "所有人都朝他转过身去": Ibid.

237 "聆听他吐出的每一个音节": Sir Charles Hallé, 1840s, Hallé 1896, p.100.

237 没有人可以插进一个字: Ludwig Börne, 12 October 1830, Clark and Lubrich 2012, p.82.

238 "普鲁士学者": Honoré Balzac, *Administrative Adventures of a Wonderful Idea*, 1834, Clark and Lubrich 2012, p.89.

238 "这是一场二重奏": Sir Charles Hallé, 1840s, Hallé 1896, p.100.

238 AH在大学课堂: Robert Avé–Lallemant, 1833; Ernst Kossak about AH, December

1834, Beck 1959, pp.134, 141; Emil du Bois-Reymond, 3 August 1883, AH du Bois-Reymond Letters 1997, p.201; Franz Lieber, 14 September 1869, AH Letters USA 2004, p.581.

239 "亚历山大今天翘课了": Biermann and Schwarz 1999a, p.188.

239 "狭隘、没有文化、恶意满满": AH to Varnhagen, 24 April 1837, AH Varnhagen Letters 1860, p.27.

239 威廉的晚年与去世: Geier 2010, p.298ff.

239 "我从来没想过这双老眼": AH to Varnhagen, 5 April 1835, AH Varnhagen Letters 1860, p.21.

239 "一半的自己": AH to Jean Antoine Letronne, 18 April 1835, Bruhns 1873, vol.2, p.183.

239 "怜悯我吧，我是最不幸的人了": AH to Gide, 10 April 1835, ibid.

239 "周围的一切都如此凄惨": AH to Bunsen, 24 May 1836, AH Bunsen Letters 2006, pp.35–36.

239 AH 到巴黎从事研究: AH to Johann Georg von Cotta, 25 December 1844, AH Cotta Letters 2009, p.269; AH to Bunsen, 3 October 1847, AH Bunsen Letters 2006, p.103 and AH to Caroline von Wolzogen, 12 June 1835, Biermann 1987, p.206.

239 "浓缩的阳光": AH to Heinrich Christian Schumacher, 2 March 1836, AH Schumacher Letters 1979, p.52.

239 AH 在巴黎的穿梭: Carl Vogt, January 1845, Beck 1959, p.206.

239 "墓地中的跳舞嘉年华": AH to Heinrich Christian Schumacher, 2 March 1836, AH Schumacher Letters 1979, p.52.

240 "移动资源库": AH to Johann Georg von Cotta, 22 June 1833, AH Cotta Letters 2009, p.180.

240 "昨天在孔雀岛": Engelmann 1969, p.11.

240 AH 觉得自己像颗行星: AH to Johann Georg von Cotta, 11 January 1835, AH Cotta Letters 2009, p.186.

240 AH 的宫廷生活: AH to P.G. Lejeune Dirichlet, 28 February 1844, AH Dirichlet Letters 1982, p.67.

240 "我最好的亚历山德罗": Friedrich Wilhelm IV to AH, 1 December 1840, AH Friedrich Wilhelm IV Letters 2013, p.181.

240 AH 相当于一部 "活字典": Friedrich Daniel Bassermann about AH, 14 November 1848, Beck 1969, p.265.

240 AH 回答国王的问题: AH to Friedrich Wilhelm IV, 9 November 1839, 29 September 1840, 5 October 1840, December 1840, 23 March 1841, 15 June 1842, May 1844, 1849, also notes 4, 5, 12, AH Friedrich Wilhelm IV Letters 2013, pp.145, 147, 174, 175, 182, 202, 231, 277, 405, 532, 533, 536.

240 "尽力而为": AH to Gauß, 3 July 1842, AH Gauß Letters 1977, p.85.

240 普鲁士像威廉·帕里所说的: AH to Varnhagen, 6 September 1844; see also Varnhagen Diary, 18 March 1843 and 1 April 1844, AH Varnhagen Letters 1860, pp.97, 106–107, 130.

240 AH 连夜工作: AH to Johann Georg von Cotta, 9 March 1844, AH Cotta Letters 2009, p.256.

240 "酒馆": AH to Johann Georg von Cotta, 5 February 1849, ibid., p.349.

240 "不工作到凌晨两点半绝不睡觉": AH to Johann Georg von Cotta, 28 February 1838, ibid., p.204.

241 没能如期交稿: AH to Johann Georg von Cotta, 15 March 1841, ibid., p.238.

241 和 "一个行将就木的人" 打交道: AH to Johann Georg von Cotta, 28 February 1838, ibid., p.204.

241 倾注毕生心血的作品: Ibid.

241 AH 到天文台去：AH to Johann Georg von Cotta, 18 September 1843, ibid., p.248; 天文台建于 1835 年，由 Karl Friedrich Schinkel 设计。

241 AH 短暂访问英格兰：AH to John Herschel, 1842, Théodoridès 1966, p.50.

241 麦奇生组织聚会：Darwin 1958, p.107.

241 "错过本年度的最好一击"：Roderick Murchison to Francis Egerton, 25 January 1842, Murchison 1875, vol.1, p.360.

241 达尔文十分紧张要与 AH 见面：Emma Darwin to Jessie de Sismondi, 8 February 1842, Litchfield 1915, vol.2, p.67.

242 "在北方冰封的土地下"：AH Geography 2009, p.69; AH Geography 1807, p.15; see also pp.9, 91.

242 "万能着装"：Schlagintweit brothers recounting AH, May 1849, Beck 1959, p.262.

242 AH 在房间里转来转去：此处描述是基于 Heinrich Laube 的回忆：Laube 1875, pp.330–333.

242 "极其慷慨的赞扬"：Emma Darwin to Jessie de Sismondi, 8 February 1842, Litchfield 1915, vol.2, p.67.

242 已经"超出常理"：Darwin to Joseph Hooker, 10 February 1845, Darwin Correspondence, vol.3, p.140.

242 "可能预期过高了"：Darwin 1958, p.107.

242 植被"迥然不同"：Darwin to Joseph Hooker, 10–11 November 1844, Darwin Correspondence, vol.3, p.79.

242 "两个不同的植物世界"：Darwin, Note, 29 January 1842, CUL DAR 100.167.

242 像上了发条的钟表：Darwin to Robert FitzRoy, 1 October 1846, Darwin Correspondence, vol.3, p.345.

243 达尔文体弱多病：Thomson 2009, pp.219–220.

243 结婚的长处与短处：Darwin's Notes on Marriage, second note, July 1838, Darwin Correspondence, vol.2, pp.444–445.

243 物种并非变动不移：AH Cosmos 1845–1852, vol.1, p.23; AH Kosmos 1845–1850, vol.1, p.23 [德文原文 "abgeschlossene Art"，英文版翻译为 "isolated species"，即"孤立的物种"（isolated species），但德文原意为"固定的"，对应的词是"可变的"].

243 缺失的演化环节和"中间步骤"：AH Cosmos 1845–1852, vol.3, Notes, p.14, iii; see also vol.1, p.34; AH Kosmos 1845–1850, vol.3, pp.14, 28, vol.1, p.33.

243 "循环的变化"：AH Cosmos 1845–1852, vol.1, p.22; AH Kosmos 1845–1850, vol.1, p.22（德文原文为 "periodischen Wechsel"，英文版翻译为 "transformations" 即"变化"，但 "cyclical change"，即"循环变化"更为准确）。关于过渡阶段与永恒的更新：see AH Cosmos 1845–1852, vol.1, pp.22, 34; AH Kosmos 1845–1850 vol.1, pp.22, 33.

243 "前达尔文时代的达尔文主义者"：Emil Du Bois-Reymond's speech at Berlin University, 3 August 1883, AH du Bois-Reymond Letters 1997, p.195; see also Wilhelm Bölsche to Ernst Haeckel, 4 July 1913, Haeckel Bölsche Letters 2002, p.253.

243 "几乎支持这套理论的每一处具体细节"（脚注）：Alfred Russel Wallace to Henry Walter Bates, 28 December 1845, Wallace Letters Online.

244 关于"那条位于欧洲东北部的河流"：Darwin to Joseph Hooker, 10 February 1845, Darwin Correspondence, vol.3, p.140.

244 胡克预订了同一家酒店：Hooker 1918, vol.1, p.179.

244 "我吓了一跳"：Joseph Hooker to Maria Sarah Hooker, 2 February 1845, ibid., p.180.

244 "像朱庇特一样"：AH to Friedrich

Althaus, 4 September 1848, AH Althaus Memoirs 1861, p.8; 关于 AH 晚年的变化：see also A Visit to Humboldt by a correspondent of the *Commercial Advertiser*, 30 December 1849, AH Letters USA 2004, pp.539–540.

244 "概括能力"：Joseph Hooker to W.H. Harvey, 27 February 1845, Hooker 1918, vol.1, p.185.

244 精神仍然健旺：Joseph Hooker to Darwin, late February 1845, Darwin Correspondence, vol.3, p.148.

244 "我不认为他在二十分钟内"：Ibid.

244 已经放弃了对《宇宙》的期待：Joseph Hooker to Darwin, late February 1845, ibid., p.149.

245 《宇宙》在德国：Fiedler and Leitner 2000, p.390; Biermann und Schwarz 1999b, p.205; Johann Georg von Cotta to AH, 14 June 1845, AH Cotta Letters 2009, p.283.

245 "我在德国以外的《宇宙》之子"：AH to Friedrich Wilhelm IV, 16 September 1847, AH Friedrich Wilhelm IV Letters 2013, p.366; for translations see Fiedler and Leitner 2000, p.382ff.

245 "与海面闪耀的波光融而为一"：AH Cosmos 1845–1852, vol.1, p.182; AH Kosmos 1845–1850, vol.1, p.200.

245 "杀死想象本身所富有的创造力"：AH Cosmos 1845–1852, vol.1, p.21; AH Kosmos 1845–1850, vol.1, p.21（德文原文 "das Gefühl erkälten, die schaffende Bildkraft der Phantasie ertödten"；1845 年英文版翻译为 "to chill the feelings, and to diminish the nobler enjoyment attendant on the contemplation of nature"）.

245 "生命力永无止境的跃动"：AH Cosmos 1845–1852, vol.1, p.21; AH Kosmos 1845–1850, vol.1, p.21（德文原文 "in dem ewigen Treiben und Wirken der lebendigen Kräfte"；英文版翻译为 "in the midst of universal fluctuation of forces"）.

245 "活着的整体"：AH Cosmos 1845–1852, vol.1, p.5; AH Kosmos 1845–1850, vol.1, p.5（德文原文 "ein lebendiges Ganzes"；英文版翻译为 "one fair harmonious whole"，但原意更接近 "living whole" 或 "animated whole"）.

245 "精妙的网络纹路"：AH Cosmos 1845–1852, vol.1, p.34; AH Kosmos 1845–1850, vol.1, p.33（英文版中缺失了这关键的一句，"Eine allgemeine Verkettung nicht in einfacher linearer Richtung, sondern in netzartig verschlungenem Gewebe"）.

245 "造物之博大尺度"：AH Cosmos 1845–1852, vol.1, p.34; AH Kosmos 1845–1850, vol.1, p.32.

246 "永恒的相互关联"：AH Cosmos 1845–1852, vol.1, p.279; AH Kosmos 1845–1850, vol.1, p.304（德文原文 "perpetuierlichen Zusammenwirken"；英文版译为 "double influence"）.

246 "同一种呼吸"：AH to Caroline von Wolzogen, 14 May 1806, Goethe AH WH Letters 1876, p.407.

246 AH 缺少宗教情怀：WH to CH, 23 May 1817, WH CH Letters 1910–1916, vol.5, p.315; 关于对传教士的批评：see AH Diary 1982, p.329ff.; 以及对普鲁士教会的抨击：see Werner 2000, p.34.

246 "有机生命的奇妙之网"：AH Cosmos 1845–1852, vol.1, p.21; AH Kosmos 1845–1850, vol.1, p.21（德文原文为 "in dem wundervollen Gewebe des Organismus"；英文版译为 "the seemingly inextricable network of organic life"）.

246 "与恶魔作了交易"（脚注）：Werner 2000, p.34.

246 "如果知识共和国"：*North British Review*, 1845, AH Cotta Letters 2009, p.290.

246 "划时代"：Johann Georg von Cotta to AH, 3 December 1847; see also 5 February 1846, ibid., pp.292, 329.

246 梅特涅关于《宇宙》的评论：Klemens von Metternich to AH, 21 June 1845, AH Varnhagen Letters 1860, p.138.

246 AH "才华耀眼"：Berlioz 1878, p.126.

246 "读了又读，努力思索与理解"：Berlioz 1854, p.1.

246 阿尔伯特亲王订购：Prince Albert to AH, 7 February 1847, AH Varnhagen Letters 1860, p.181; Darwin to Hooker, 11 and 12 July 1845, Darwin Correspondence, vol.3, p.217.

246 "严重损坏"：AH to Bunsen, 18 July 1845, AH Bunsen Letters 2006, pp.76–77.

247 "可怜的《宇宙》"：Ibid.

247 "您真的确定可以暂别《宇宙》吗"：Darwin to Hooker, 3 September 1845, Darwin Correspondence, vol.3, p.249.

247 "糟糕的英文"：Darwin to Hooker, 18 September 1845; Darwin to Hooker, 8 October 1845, ibid., pp.255, 257.

247 这部书的"活力和渊博程度"：Darwin to Charles Lyell, 8 October 1845, ibid., p.259.

247 其他部分则"绝妙无比"：Darwin to Hooker, 28 October 1845, ibid., p.261.

247 达尔文买到新译本：Darwin to Hooker, 2 October 1846, ibid., p.346.

247 《书评季刊》对《宇宙》的评论让洪堡十分生气"：Hooker to Darwin, 25 March 1854, ibid., vol.5, p.184; see also AH to Johann Georg von Cotta, 20 March 1848, AH Cotta Letters 2009, p.292.

247 AH 请求出版商如实地告诉他一切反馈：AH to Johann Georg von Cotta, 28 November 1847, AH Cotta Letters 2009, p.327.

247 "动真格地打了起来"：Johann Georg von Cotta to AH, 3 December 1847, ibid., p.329.

247 "诗意地描述了自然的历史"：AH Cosmos 1845–1852, vol.2, p.3; AH Kosmos 1845–1850, vol.2, p.3.

247 "在内在情感上投射下的印象"：AH Cosmos 1845–1852, vol.2, p.3; AH Kosmos 1845–1850, vol.2, p.3.

247 看待自然世界的"全新感官"：AH to Caroline von Wolzogen, 14 May 1806, Goethe AH WH Letters 1876, p.407.

248 眼睛是观照世界的器官：AH Cosmos 1845–1852, vol.1, p.73; AH Kosmos 1845–1850, vol.1, p.86.

248 "愉悦感官、启迪心灵"：AH to Varnhagen, 28 April 1841, AH Varnhagen Letters 1860, p.70.

248 "纯粹的疯狂"：AH to Johann Georg von Cotta, 16 March 1849, AH Cotta Letters 2009, p.359.

248 售出四万部英文版：AH to Johann Georg von Cotta, 7 April 1849, ibid., p.368.

248 AH 从译本获得的收入（脚注）：AH to Johann Georg von Cotta, 13 April 1849, ibid., p.371.

248 "神奇的洪堡"：Ralph Waldo Emerson, Journal, 1845, Emerson 1960–1992, vol.9, p.270; see also Ralph Waldo Emerson to John F. Heath, 4 August 1842, Emerson 1939, vol.3, p.77; Walls 2009, pp.251–256.

248 《尤里卡》与《宇宙》：Walls 2009, pp.256–260; Sachs 2006, pp.109–111; Clark and Lubrich 2012, pp.19–20.

248 "灵魂和物质"：Edgar Allan Poe's 'Eureka', Poe 1848, p.8.

248 "最壮美的诗歌"：Ibid., p.130.

248 惠特曼的"一个宇宙"：Whitman 1860, pp.414–15; 关于惠特曼和《宇宙》：see AH Letters USA 2004, p.61; Walls 2009, pp.279–283; Clark and Lubrich 2012, p.20.

248 《自我之歌》：其中的"宇宙"（kosmos）

一词是这个最终经过多次修订的版本中，惠特曼用作自述的诗句中唯一未曾变动的词：在第一版中的原句为"Walt Whitman, an American, one of the roughs, a kosmos"（沃尔特·惠特曼，一个美国人，一个粗野的人，一个宇宙），而在最后一版中变成了"Walt Whitman, a kosmos, of Manhattan the son"（沃尔特·惠特曼：一个宇宙，曼哈顿之子）.

19 诗歌、科学与自然：亨利·大卫·梭罗与洪堡

249 "想要从容不迫地生活"：Thoreau Walden 1910, p.118.

249 梭罗的小屋：Ibid., pp.52ff., 84.

249 "大地之眼""合上了眼帘"：Ibid., p.247, 375.

249 "修长的睫毛"：Ibid., p.247.

249 小屋附近的植物：Ibid., pp.149–150.

249 落叶沙沙作响：Channing 1873, p.250.

249 为所到之地命名：Ibid., p.17.

250 "诗人收集的事实"：Thoreau, 16 June 1852, Thoreau Journal 1981–2002, vol.5, p.112.

250 梭罗的童年：John Weiss, *Christian Examiner*, 1865, Harding 1989, p.33.

250 "大鼻子学者"：Alfred Munroe, 'Concord Authors Considered', *Richard County Gazette*, 15 August 1877, Harding 1989, p.49.

250 像松鼠一样爬树：Horace R. Homer, ibid., p.77.

250 梭罗在哈佛读书：Richardson 1986, pp.12–13.

251 爱默生的图书馆：Sims 2014, p.90.

251 梭罗产生破伤风症状：Thoreau to Isaiah Williams, 14 March 1842, Thoreau Correspondence 1958, p.66.

251 "一片枯叶"：Thoreau, 16 January 1843, Thoreau Journal 1981–2002, vol.1, p.447.

251 "给自己建一间小屋"：Ellery Channing to Thoreau, 5 March 1845, Thoreau Correspondence 1958, p.161.

251 死亡是自然循环的一部分：Thoreau to Emerson, 11 March 1842, ibid., p.65.

251 "不可能真会经历什么阴郁的忧闷"：Thoreau, 14 July 1845, Thoreau Journal 1981–2002, vol.2, p.159.

252 梭罗生活时代的康科德：Richardson 1986, pp.15–16; Sims 2014, pp.33, 47–50.

252 斧头伐木的丁丁声：Richardson 1986, p.16.

253 经过康科德的铁路：Ibid., p.138.

253 "简化，再简化"：Thoreau Walden 1910, p.119.

253 亲自践行"简单的生活"：Thoreau, spring 1846, Thoreau Journal 1981–2002, vol.2, p.145.

253 梭罗的外貌：Channing 1873, p.25; Celia P.R. Fraser, Harding 1989, p.208.

253 "可以惟妙惟肖地模仿豪猪"：Caroline Sturgis Tappan about Thoreau, American National Biography; see also Channing 1873, p.311.

253 梭罗"好斗"：Channing 1873, p.312.

253 "有礼貌，有风度"：Nathaniel Hawthorne, September 1842, Harding 1989, p.154.

253 很多人认为梭罗很风趣：E. Harlow Russell, *Reminiscences of Thoreau*, Concord Enterprise, 15 April 1893, Harding 1989, p.98.

253 "令人难以忍受的、乏味的家伙"：Nathaniel Hawthorne to Richard Monckton Milnes, 18 November 1854, Hawthorne 1987, vol.17, p.279.

253 梭罗行止怪异：see Pricilla Rice Edes, Harding 1989, p.181.

253 "如同给……递去一杯冰水"：Amos Bronson Alcott Journal, 5 November 1851, Borst 1992, p.199.

253 两只动胸龟在泥中"决斗"：Edward Emerson, 1917, Harding 1989, p.136.

253 梭罗"似乎是被自然收养的特殊的孩子"：Nathaniel Hawthorne, September 1842, Harding 1989, p.155; 关于梭罗和动物：Mary Hosmer Brown, Memories of Concord, 1926, Harding 1989, pp.150–151 and Thoreau Walden 1910, pp.170, 173.

254 "偶然落入手中的一缕星尘"：Thoreau Walden 1910, p.287.

254 梭罗在瓦尔登湖畔：Ibid., pp.147, 303.

254 任命自己为"暴风雪和雷雨观测员"：Ibid., p.21.

254 "像隔着一层玻璃的画"：Ibid., p.327; playing the flute, p.232.

254 一位"林中仙子"：Alcott's Journal, March 1847, Harbert Petrulionis 2012, pp.6–7.

254 经常回到村里：John Shephard Keyes, Harding 1989, p.174; Channing 1873, p.18.

255 两大本笔记：Shanley 1957, p.27.

255 "非常美国"：Alcott's Journal, March 1847, Harbert Petrulionis 2012, p.7; 关于《一周行纪》的负面评论：Theodore Parker to Emerson, 11 June 1849 and Athenaeum, 27 October 1849, Borst 1992, pp.151, 159.

255 "其中七百多本"：Thoreau Correspondence 1958, October 1853, p.305.

255 "当我的朋友还是我的朋友时"：Thoreau, after 11 September 1849, Thoreau Journal 1981–2002, vol.3. p.26; see also Walls 1995, pp.116–117.

255 暗恋莉迪安：Walls 1995, p.116.

255 "唯一的一位闲人"：Myerson 1979, p.43.

255 在本地"声名不著"：Emerson in 1849, Thoreau Journal 1981–2002, vol.3, p.485.

255 比"时而离家出走"更有价值的事：Maria Thoreau, 7 September 1849, Borst 1992, p.138.

255 "这些松树、鸟儿到底和什么相关？"：Thoreau Journal, after 18 April 1846, Thoreau Journal 1981–2002, vol.2, p.242.

255 梭罗精确地测量：Myerson 1979, p.41.

256 冻结的气泡：Thoreau Walden 1910, p.328ff.

256 "拜访一些学者"：Ibid., p.268, 352.

256 梭罗和超验主义：Walls 1995, p.61ff.

256 会让视线变得模糊不清：Emerson 1971–2013, vol.1, 1971, p.39.

256 灵魂只不过是"一种轻飘飘的物质"：Ibid., vol.3, 1983, p.31.

256 并不来源于感官经验：Emerson, 1842, Richardson 1986, p.73.

256 "由直觉来感知真理"：J.A. Saxon, 'Prophecy, – Transcendentalism, – Progress', The Dial, vol.2, 1841, p.90.

257 梭罗重新安排自己的生活：Dean 2007, p.82ff.; Walls 1995, pp.116–117; Thoreau to Harrison Gray Otis Blake, 20 November 1849, Thoreau Correspondence 1958, p.250; Thoreau, 8 October 1851, Thoreau Journal 1981–2002, vol.4, p.133.

257 "田野笔记"：Thoreau, 21 March 1853, Thoreau Journal 1981–2002, vol.6, p.20.

257 帽子当作植物标本收藏匣：Thoreau, 23 June 1852, ibid., vol.5, p.126; see also Channing 1873, p.247.

257 今天的科学家们：波士顿大学的生物学教授Richard Primack和哈佛大学的同事们合作，利用梭罗日记来研究气候变化。从梭罗详尽的记录中，他们发现瓦尔登湖确实经历了气候变化：很多种植物在春天开花的时间比当时提前了至少十天。Andrea Wulf, 'A Man for all Seasons', New York Times, 19 April 2013.

257 "我忽略了那些不寻常的事件"：Thoreau, 28 August 1851, Thoreau Journal 1981–2002, vol.4, p.17.

257 "我觉得一些想法已经成熟"：Thoreau, 16 November 1850, ibid., vol.3, pp.144–145.

257 梭罗阅读AH：Sattelmeyer 1988, pp.206–207, 216; Walls 1995, pp.120–121; Walls 2009, pp.262–268; 关于梭罗和AH的著作：见1851年1月6日，爱默生主持的康科德社会图书馆的常务委员会会议："去年，委员会向馆藏中添加了洪堡的《自然之观点》。"Box 1, Folder 4, Concord Social Library Records (Vault A60, Unit B1)，William Munroe Special Collections, Concord Free Public Library.

257 "某种灵丹妙药"：Thoreau, 'Natural History of Massachusetts', Thoreau Excursion and Poems 1906, p.105.

257 "读书的时候从来笔不离手"：Channing 1873, p.40.

257 AH出现在梭罗的日记和著作中：Thoreau's Fact Book in the Harry Elkins Widener Collection in the Harvard College Library. The Facsimile of Thoreau's Manuscript, ed. Kenneth Walter Cameron, Hartford: Transcendental Books, 1966, vol.3, 1987, pp.193, 589; Thoreau's Literary Notebook in the Library of Congress, ed. Kenneth Walter Cameron, Hartford: Transcendental Books, 1964, p.362; Sattelmeyer 1988, pp.206–207, 216; AH出现在梭罗已发表的著作中：For example Cape Cod, A Yankee in Canada, and The Maine Woods.

258 日记中引用洪堡：Thoreau, 1 April 1850, 12 May 1850, 27 October 1853, Thoreau Journal 1981–2002, vol.3, pp.52, 67–68 and vol.7, p.119.

258 "我的测蓝计在哪里"：Thoreau, 1 May 1853, ibid., vol.6, p.90.

258 奥里诺科河与康科德：Thoreau, 1 April 1850, ibid., vol.3, p.52.

258 彼得伯勒市附近的山丘与安第斯山：Thoreau, 13 November 1851, ibid., vol.4, p.182.

258 "放大版的瓦尔登湖"：Myerson 1979, p.52.

258 "站在康科德的哨壁之上"：Thoreau, 'A Walk to Wachusett', Thoreau Excursion and Poems 1906, p.133.

258 "从我的井中取水饮用"：Thoreau Walden 1910, pp.393–394.

258 在家乡旅行：Thoreau, 6 August 1851, Thoreau Journal 1981–2002, vol.3, p.356.

258 重要的是"如何活着"：Thoreau, 6 May 1853, ibid., vol.8, p.98.

258 "溪流和海洋的探索者"：Thoreau Walden 1910, p.423.

258 "你告诉我这只不过是"：Thoreau, 25 December 1851, Thoreau Journal 1981–2002, vol.4, p.222.

258 "能够丰富人的理解"：Ibid.

258 将就此被剥夺：AH Cosmos 1845–1852, vol.2, p.72; AH Kosmos 1845–1850, vol.2, p.74.

258 知识不会"冷却感情"：AH Cosmos 1845–1852, vol.1, p.21; AH Kosmos 1845–1850, vol.1, p.21.

258 "内心深处的纽带"：AH Cosmos 1845–1852, vol.2, p.87; AH Kosmos 1845–1850, vol.2, p.90.

259 "每位诗人都曾在科学的边缘颤抖过"：Thoreau, 18 July 1852; see also 23 July 1851, Thoreau Journal 1981–2002, vol.3, p.331 and vol.5, p.233.

259 "对实在事物的真诚描写"：Henry David Thoreau, The Writings of Henry David Thoreau: A Week on the Concord and Merrimack Rivers, Boston: Houghton Mifflin, 1906, vol. 1, p.347.

259 不再用两本日记来分别记录"诗歌"和"事实"：Sattelmeyer 1988, p.63; Walls 2009, p.264.

259 "最有趣和最美丽的事实"：Thoreau, 18 February 1852, Thoreau Journal 1981–2002,

vol.4, p.356.

259《瓦尔登湖》一共有七份草稿（脚注）：Sattelmeyer 1992, p.429ff.; Shanley 1957, pp.24–33.

259 修 改 文 稿：Sattelmeyer 1992, p.429ff.; Shanley 1957, p.30ff.

259 "异乎寻常地胸有成竹"：Thoreau, 7 September 1851, Thoreau Journal 1981–2002, vol.4, p.50.

259 "一年就是周而复始的一个圆"：Thoreau, 18 April 1852, ibid., p.468.

259 按季节整理表格：Thoreau Journal 1981–2002, vol.2, p.494; 另参见从日记中摘出的季节表格：Howarth 1974, p.308ff.

260 "季节之书"：Thoreau, 6 November 1851, Thoreau Journal 1981–2002, vol.3, p.253, 255.

260 "我珍爱季节给予的友谊"：Thoreau Walden 1910, p.173.

260 "以全新的眼睛看待自然"：Thoreau, 4 December 1856, Thoreau Journal 1906, vol.9, p.157; see also Walls 1995, p.130; Walls 2009, p.264.

260 根据 AH《自然之观点》建立治学方法：Thoreau to Spencer Fullerton Baird, 19 December 1853, Thoreau Correspondence 1958, p.310.

260 大地是 "活着的诗歌"：Thoreau, 5 February 1854, Thoreau Journal 1981–2002, vol.7, p.268.

260 "在河中鸣唱"：Thoreau, 14 May 1852, ibid., vol.5, p.56.

260 日记是他的 "爱之记录"：Thoreau, 16 November 1850 and 13 July 1852, ibid., vol.3, p.143 and vol.5, p.219.

260 书就像一束插花：Thoreau, 27 January 1852, ibid., vol.4, p.296.

260 "他竟然没有见过我带给他的某种浆果"：Emerson to William Emerson, 28 September 1853, Emerson 1939, vol.4, p.389.

260 "我被太多观察耗散了精力"：Thoreau, 23 March 1853, Thoreau Journal 1981–2002, vol.6, p.30.

260 过于 "细节化和科学化"：Thoreau, 19 August 1851, ibid., vol.3, p.377.

260 "只依据这些科学知识"：Thoreau, 16 July 1851, ibid., p.306ff.

260 不再写诗：1850年后，梭罗几乎没有写作一首诗：Howarth 1974, p.23.

260 "自然将成为我充满诗性的语言"：Thoreau, 10 May 1853, Thoreau Journal 1981–2002, vol.6, p.105.

260 "自然的纯净血液"：Thoreau, 23 July 1851, ibid., vol.3, pp.330–331.

261 一切都可以 "集结在一幅画中"：Thoreau, 20 October 1852, ibid., vol.5, p.378.

261 "这就是秩序；这就是宇宙"：Thoreau, 6 January 1856, Thoreau Journal 1906, vol.8, p.88.

261 "我拥有一个属于自己的小世界"：Thoreau Walden 1910, p.172.

261 "我还会感到孤独吗？"：Ibid., p.175.

261 "我的一部分难道不是树叶"：Ibid., p.182.

261 沙土路基处的冰雪融化：Thoreau, spring 1848, 31 December 1851, 5 February and 2 March 1854, Thoreau Journal 1981–2002, vol.2, p.382ff., vol.4, p.230, vol.7, p.268, vol.8, p.25ff.

261 原稿中的描述：Thoreau's first version of *Walden*, Shanley 1957, p.204;《瓦尔登湖》最终发表版本：see Thoreau Walden 1910, pp.402–409.

261 看出叶子的形状：Thoreau Walden 1910, pp.404–405.

261 "原 型"：Thoreau Walden 1910, pp.404–405; for Thoreau and Goethe's urform, see Richardson 1986, pp.8.

261 "无可名状的趣味和美感": Thoreau's first version of *Walden*, Shanley 1957, p.204.

261 "自然中一切作用原理": Thoreau Walden 1910, p.407.

262 而非"且生且长": Thoreau, 31 December 1851, Thoreau Journal 1981–2002, vol.4. p.230.

262 "一首活生生的诗歌": Thoreau, 5 February 1854, ibid., vol.7. p.266; see also Thoreau Walden 1910, p.408.

262 "大地一片生机": Thoreau Walden 1910, p.399.

262 自然的内部"烧得正旺": Ibid., p.408.

262 "宇宙从混沌中创生": Ibid., p.414.

262 瓦尔登湖是一部小型《宇宙》: Walls 2011–2012, p.2ff.

262 "事实如同成熟的种子，从诗意的观察者那儿脱落": Thoreau, 19 June 1852, Thoreau Journal 1981–2002, vol.5, p.112; 关于客观与主观观察: Thoreau, 6 May 1854, Thoreau Journal 1981–2002, vol.8, p.98; Walls 2009, p.266.

262 "我向天地汲取乳汁": Thoreau, 3 November 1853, Thoreau Journal 1981–2002, vol.7, p.140.

20 大洪水后最伟大的人物

265 在柏林的咖啡馆里大声朗读着新闻: Varnhagen Diary, 3 March 1848, Varnhagen 1862, vol.4, p.259.

266 "去除一些中世纪的迷信": Varnhagen, 5 April 1841, Beck 1959, p.177.

266 "只任凭自己的好恶行事": Varnhagen, 18 March 1843, AH Varnhagen Letters 1860, p.97.

266 "凡俗事务": Varnhagen, 1 April 1844, ibid., p.106; see also AH to Gauß, 14 June 1844, AH Gauß Letters 1977, p.87; AH to Bunsen, 16 December 1846, AH Bunsen Letters 2006, p.90.

266 国王并非凭借人民意愿进行统治: King Friedrich Wilhelm IV, speech to Vereinigte Landtag, 11 April 1847, Mommsen 2000, p.82ff.; 关于 AH 对国王演讲的评论: AH to Bunsen, 26 April 1847, AH Bunsen Letters 2006, p.96.

266 柏林的革命: Varnhagen Diary, 18 March 1848, ibid., p.276ff.

266 "上帝啊，上帝": Varnhagen Diary, 19 March 1848, ibid., p.313.

266 进展得更和缓的改革: AH to Friedrich Althaus, 4 September 1848, AH Althaus Memoirs 1861, p.13; AH to Bunsen, 22 September 1848, AH Bunsen Letters 2006, p.113.

266 革命中的柏林: Varnhagen Diary, 19 March 1848, Varnhagen 1862, vol.4, pp.315–331.

267 国王披着黑、红、黄三色的袍子: Varnhagen Diary, 21 March 1848, ibid., p.334.

267 AH 陪同国王走上露台: Varnhagen Diary, 21 March 1848, ibid., p.336; AH 参加送葬队伍: see Bruhns 1873, vol.2, p.341 and AH Friedrich Wilhelm IV Letters 2013, p.23.

267 避免谈论"相左的政治意见": AH to Johann Georg von Cotta, 20 September 1847, AH Cotta Letters 2009, p.318.

267 "极端的自由主义者": Friedrich Schleiermacher, 5 September 1832, Beck 1959, p.129; Bruhns 1873, vol.2, p.102; 普鲁士的威廉王子致其妹夏洛特: 10 February 1831, Leitner 2008, p.227.

267 "他十分明白自己": Charles Lyell to Charles Lyell sen., 8 July 1823, Lyell 1881, vol.1, p.128.

267 "硬邦邦的猪排": AH to Hedemann, 17 August 1857, Biermann and Schwarz 2001b, no page numbers.

267 "一个是没骨气的苍白家伙"：AH to Varnhagen, 24 June 1842, Assing 1860, p.66.

267 "坚持自己意见的勇气"：Max Ring, 1841 or 1853, Beck 1959, p.183.

267 "总是这么一副样子－－"：Krätz 1999b, p.33; see also AH to Friedrich Althaus, 23 December 1849, AH Althaus Memoirs 1861, p.29.

268 "革命者和目无神明的《宇宙》的作者"：AH to Friedrich Althaus, 5 August 1852, AH Althaus Memoirs 1861, p.96; see also AH to Varnhagen, 26 December 1845, Beck 1959, p.215.

268 AH 对政治感到失望：AH to Varnhagen, 29 May 1848, Beck 1959, p.238.

268 "整体的有机组织和统一性"：AH to Maximillian II, 3 November 1848, AH Friedrich Wilhelm IV Letters 2013, p.403.

268 前途堪忧：AH to Johann Georg von Cotta, 16 September 1848, AH Cotta Letters 2009, p.337.

268 王冠是由 "泥土捏成的"：King Friedrich Wilhelm IV to Joseph von Radowitz, 23 December 1848, Lautemann and Schlenke 1980, p.221ff.

268 "狗项圈"：King Friedrich Wilhelm IV to King Ernst August von Hanover, April 1849, Jessen 1968, p.310ff.

269 AH 对政局感到失望：AH to Johann Georg Cotta, 7 April 1849 and 21 April 1849, AH Cotta Letters 2009, p.367; Leitner 2008, p.232; AH to Friedrich Althaus, 23 December 1849, AH Althaus Memoirs 1861, p.28; AH to Gauß, 22 February 1851, AH Gauß Letters 1977, p.100; AH to Bunsen, 27 March 1852, AH Bunsen Letters 2006, p.146.

269 "奴隶制的瘟疫"：AH to Oscar Lieber, 1849, AH Letters USA 2004, p.265.

269 "旧日的西班牙征服者"：AH to Johann Flügel, 19 June 1850; 关于 AH 和美国与墨西哥之战：see John Lloyd Stephens, 2 July 1847 and AH to Robert Walsh, 8 December 1847, ibid., pp.252, 268, 529–530.

269 "微薄的希望"：AH to Arago, 9 November 1849, quoted in AH Geography 2009, p.xi.

269 "无止境的左右摇摆"：AH to Heinrich Berghaus, August 1848, AH Spiker Letters 2007, p.25.

269 革命的兴奋感很快就会褪去：Friedrich Daniel Bassermann about AH, 14 November 1848, Beck 1969, p.264.

269 更为特别的 "宇宙现象"：AH Cosmos 1845–1852, vol.3, p.i; AH Kosmos 1845–1850, vol.3, p.3.

269 掌握所有的材料：AH to Bunsen, 27 March 1852, AH Bunsen Letters 2006, p.146.

269 "半死之人跑得最快"：AH to du Bois-Reymond, 21 March 1852, AH du Bois-Reymond Letters 1997, p.124; see also AH to Johann Georg von Cotta, 3 February 1853, AH Cotta Letters 2009, p.497.

269 蹲在他肩头的小精灵：AH to Johann Georg von Cotta, 4 September 1852, AH Cotta Letters 2009, p.484.

270 "微宇宙"：AH to Johann Georg von Cotta, 16 September and 2 November 1848; and Johann Georg von Cotta to AH, 21 February 1849, ibid., pp.338, 345, 355.

270 "这是第三卷，也是最后一卷"：AH Cosmos 1845–1852, vol.3, p.8; AH Kosmos 1845–1850, vol.3, p.9; see also Fiedler and Leitner 2000, p.391.

270 奥莱里访问 AH：Daniel O'Leary, 1853, Beck 1969, p.265; AH to O'Leary, April 1853, MSS141, Biblioteca Luis Ángel Arango, Bogotá.

270 "为了面见世界上最伟大的人"：Bayard Taylor, 1856, Taylor 1860, p.455.

270 AH 对美洲来客的态度（脚注）: Ibid., p.445; Rossiter W. Raymond, A Visit to Humboldt, January 1859, AH Letters USA 2004, p.572.

270 经常慷慨解囊: Carl Vogt, January 1845, Beck 1959, p.201; see also AH to Dirichlet, 27 July 1852, AH Dirichlet Letters 1982, p.104; Biermann and Schwarz 1999a, pp.189, 196.

270 这些年轻人就像是他的孩子: AH to Dirichlet, 24 July 1845, AH Dirichlet Letters 1982, p.67.

270 "他皇冠上最明亮的珍珠": Carl Friedrich Gauß, Terra 1955, p.336.

271 AH 和科学院的选举: Carl Vogt, January 1845, Beck 1959, p.202ff.

271 "从它们那里学到了不少东西": Ibid., p.205.

271 鼓励约瑟夫·道尔顿·胡克: AH to Joseph Dalton Hooker, 30 September 1847, reprinted in London Journal for Botany, vol.6, 1847, pp.604–607; Hooker 1918, vol.1, p.218.

271 "三叶草": AH Friedrich Wilhelm IV Letters 2013, p.72; see also AH to Bunsen, 20 February 1854, AH Bunsen Letters 2006, p.175; Finkelstein 2000, p.187ff.; AH Friedrich Wilhelm IV Letters 2013, pp.72–73.

271 "此生没有比这……": AH Central Asia 1844, vol.1, p.611.

271 AH 给艺术家的建议: For Johann Moritz Rugendas, Eduard Hildebrandt and Ferdinand Bellermann, Werner 2013, pp.101ff., 121, 250ff.

271 给艺术家开出植物清单: AH's instructions to Johann Moritz Rugendas, 1830, in a letter to Karl Schinkel, ibid., p.102.

271 "如实地描绘风景": Ibid.

271 "破译密码"的工作: Carl Vogt, January 1845, Beck 1959, p.201.

271 "需用显微镜才能看清的象形文字": AH to Heinrich Christian Schumacher, 2 March 1836, AH Schumacher Letters 1979, p.52.

272 每年大约有 2 500 到 3 000 封信: AH to Edward Young, 3 June 1855, AH Letters USA 2004, p.347; AH to Johann Georg von Cotta, 5 February 1849 and 2 May 1855, AH Cotta Letters 2009, pp.349, 558.

272 "荒唐的通信": AH to du Bois–Reymond, 18 January 1850, AH du Bois–Reymond Letters 1997, p.101; Bayard Taylor, 1856, Taylor 1860, p.471; Varnhagen Diary, 24 April 1858, AH Varnhagen Letters 1860, p.311.

272 邦普兰在南美洲的情况: Schneppen 2002, p.21ff.; Bonpland to AH, 7 June 1857, AH Bonpland Letters 2004, p.136.

272 AH 寄去他的书: AH to Bonpland, 1843; Bonpland to AH, 25 December 1853 and 27 October 1854, ibid., pp.110, 114–115, 120.

273 "我们还侥幸地活着": AH to Bonpland, 4 October 1853; see also AH to Bonpland, 1843, ibid., pp.108–110, 113.

273 "内心深处最隐秘的感受": Bonpland to AH, 2 September 1855; see also Bonpland to AH, 2 October 1854, ibid., pp.131, 133.

273 AH 与国际展览会、暹罗国王、香港: Friedrich Droege to William Henry Fox Talbot, 6 May 1853, BL Add MS 88942/2/27; Bruhns 1873, vol.2, p.391.

273 "去问任何一个小学生'洪堡是谁'": New Englander, May 1860, quoted in Sachs 2006, p.96.

273 "家喻户晓": John B. Floyd, 1858, Terra 1955, p.355.

273 "洪堡安第斯山脉": Francis Lieber to his family, 1 November 1829, Lieber 1882, p.87.

273 AH 在美国的盛名: Oppitz 1969, pp.277–

429; AH to Heinrich Spiker, 27 June 1855, AH Spiker Letters 2007, p.236; AH to Varnhagen, 13 January 1856, AH Varnhagen Letters 1860, p.243.

273 "里面有好多鱼": Theodore S. Fay to R.C. Waterston, 26 August 1869, Beck 1959, p.194.

273 自己的"海军舰队": AH to Ludwig von Jacobs, 21 October 1852, Werner 2004, p.219.

273 "我还需要我的头颅": AH to Christian Daniel Rauch, Terra 1955, p.333.

273 女性崇拜者致 AH: AH to Hermann, Adolph and Robert Schlagintweit, Berlin, May 1849, Beck 1959, p.265.

273 "丑陋的贝尔塞柳斯男爵夫人": AH to Dirichlet, 7 December 1851, AH Dirichlet Letters 1982, p.99.

274 "行将就木的珍奇物件": AH to Henriette Mendelssohn, 1850, AH Mendelssohn Letters 2011, p.193.

274 "缩小了空间": AH to Friedrich Althaus, 4 September 1848, AH Althaus Memoirs 1861, p.12; see also John Lloyd Stephens, 2 July 1847, AH Letters USA 2004, p.528.

274 AH 与巴拿马运河: AH to James Madison, 27 June 1804, JM SS Papers, vol.7, p.378; AH to Frederick Kelley, 27 January 1856 and 'Baron Humboldt's last opinion on the Passage of the Isthmus of Panama', 2 September 1850, AH Letters USA 2004, pp.544–546; 372–373; AH Aspects 1849, vol.2, p.320ff.; AH Views 2014, p.292; AH Ansichten 1849, vol.2, p.390ff.

274 "太平洋海底电报的一部分": Francis Lieber Diary, 7 April 1857, Lieber 1882, p.294.

274 摩尔斯报告电缆试验: Samuel Morse to AH, 7 October 1856, AH Letters USA 2004, pp.406–407.

274 邻居们眼中的 AH: Engelmann 1969, p.8; Bayard Taylor, 1856, Taylor 1860, p.470.

275 "我们波茨坦的钦博拉索": Heinrich Berghaus, 1850, Beck 1959, p.296.

275 "还像自己三十多年前认识的那个人": Charles Lyell to his sister Caroline, 28 August 1856, Lyell 1881, vol.2, pp.224–225.

275 晚年的 AH: Bayard Taylor, 1856, Taylor 1860, p.458; AH to Friedrich Althaus, 5 August 1852, AH Althaus Memoirs 1861, p.96; AH to Arago, 11 February 1850, AH Arago Letters 1907, p.310.

275 "脸上没有一点衰颓的痕迹": 'A Visit to Humboldt by a correspondent of the Commercial Advertiser', 1 January 1850, AH Letters USA 2004, p.540.

275 上了年纪之后显得更瘦小了: Ibid., p.539.

275 "充满精神和激情": Ibid, p.540.

275 AH 的财务状况: Eichhorn 1959, pp.186–207; Biermann and Schwarz 2000, pp.9–12; AH to Johann Georg von Cotta, 10 August 1848, AH Cotta Letters 2009, p.334.

275 AH 自己的著作太贵，完全买不起: AH to Friedrich Wilhelm IV, 22 March 1841, AH Friedrich Wilhelm IV Letters 2013, p.200.

276 AH 的书房: Bayard Taylor, 1856, Taylor 1860, p.456ff.; 'A Visit to Humboldt by journalist of Commercial Advertiser', 1 January 1850 and Rossiter W. Raymond, A Visit to Humboldt, January 1859, AH Letters USA 2004, pp.539ff., 572ff.; Robert Avé-Lallement, 1856, Beck 1959, p.377; Varnhagen Diary, 22 November 1856, AH Varnhagen Letters 1860, p.264; see also water-colours of Humboldt's study and library by Eduard Hildebrandt, 1856.

276 铺着一张华丽的豹皮: Rossiter W. Raymond, A Visit to Humboldt, January 1859, AH Letters USA 2004, p.572.

276 "很多糖、很多咖啡"：Biermann 1990, p.57.

276 先是变聋，然后就该变笨：Wilhelm Förster about a visit to AH, 1855, Beck 1969, p.267.

276 自己的名人效应：AH to George Ticknor, 9 May 1858, AH Letters USA 2004, p.444.

276 跟"很多神职人员一样"：Varnhagen Diary, 22 November 1856, AH Varnhagen Letters 1860, p.264; Theodore S. Fay to R.C. Waterston, 26 August 1869, Beck 1959, p.194.

276 奴隶制是美国国家名誉上的一处"污点"：AH to Benjamin Silliman, 5 August 1851; Cornelius Felton, July 1853; AH to Johann Flügel, 22 December 1849, 16 June 1850, 20 June 1854, AH Letters USA 2004, pp.262, 268, 291, 333, 552.

277 AH 和美国出版的《古巴岛政治随笔》：Berlinische Nachrichten von Staats- und gelehrten Sachen, 25 July 1856; see also Friedrich von Gerolt to AH, 25 August 1856, AH Letters USA 2004, p.388; Walls 2009, pp.201–209.

277 "滔滔不绝地传授"：Bayard Taylor, 1856, Taylor 1860, p.461.

277 "被这些通信紧紧追赶着"：AH to George Ticknor, 9 May 1858; 关于信件数量：see AH to Agassiz, 1 September 1856, AH Letters USA 2004, pp.393, 444.

277 AH 健康状况：AH to Johann Georg von Cotta, 25 August and 25 September 1849, AH Cotta Letters 2009, pp.398, 416; AH to Bunsen, 12 December 1856, AH Bunsen Letters 2006, p.199.

277 AH 身体日益衰弱：AH to Agassiz, 1 September 1856, AH Letters USA 2004, p.393.

277 波茨坦一场展览中坠落的画：Biermann and Schwarz 1997, p.80.

277 "躺在床上无所事事"，以及 AH 的中风：AH to Varnhagen, 19 March 1857, Varnhagen Diary, 27 February 1857, AH Varnhagen Letters 1860, pp.279, 281.

277 身体"这台机器的各个部分"：Bayard Taylor, October 1857, Taylor 1860, p.467.

277 AH 仍拒绝使用拐杖：Eduard Buschmann to Johann Georg von Cotta, 29 December 1857, AH Cotta Letters 2009, p.601.

277 "观察地球现象后取得的特别结果"：AH Kosmos 1858, vol.4; AH 将第四卷分为两个部分——第一部分长达244页，于1854年出版，但整本书的正式发行要等到1857年。Fiedler and Leitner 2000, p.391.

278 《宇宙》的读者：到1850年为止，《宇宙》前两卷授权发行的译本已经分别重印了七次和八次，而后续几卷在首次出版后就再未重印。Fiedler and Leitner 2000, pp.409–410.

278 AH 与《宇宙》第五卷：AH Kosmos 1862, vol.5; Werner 2004, p.182ff.

278 施拉京特维特兄弟访问 AH：Hermann and Robert Schlagintweit, Berlin, June 1857, Beck 1959, pp.267–268.

279 AH 关于喜马拉雅山的文章：指的是洪堡1820年发表的文章 Sur la inférieure des neiges perpétuelles dans les montagnes de l'Himalaya et les regions équatoriales。

279 "无情的折磨"：AH to Julius Fröbel, 11 January 1858, AH Letters USA 2004, p.435.

279 将近5 000封信：Varnhagen, 18 February 1858, AH Varnhagen Letters 1860, p.307.

279 "过于正式和公事公办"：AH to Friedrich Althaus, 30 July 1856, AH Althaus Memoirs 1861, p.137; AH to Edward Young, 3 June 1855, AH Letters USA 2004, p.347.

279 乔治·华盛顿的诞辰：Joseph Albert Wright to State Department, 7 May 1859, Hamel et al. 2003, p.249; Bayard Taylor,

1859, Taylor 1860, p.473.

279 "在极度忧郁的精神状态下工作"：Humboldt's announcement, 15 March 1859, Irving 1864, vol.4, p.256.

279 AH 递送出《宇宙》第五卷的手稿：AH to Johann Georg von Cotta, 19 April 1859, AH Cotta Letters 2009, p.41; Fiedler and Leitner 2000, p.391.

279 AH 健康简报：Bayard Taylor, May 1859, Taylor 1860, pp.477–478.

279 "这阳光多么光彩照人"：AH to Hedemann and Gabriele von Bülow, 6 May 1859; Anna von Sydow, May 1859, Beck 1959, pp.424, 426; Bayard Taylor, May 1859, Taylor 1860, p.479.

279 AH 死讯：关于欧洲和美国的情况，见后续注释；关于世界其他地区：*Estrella de Panama*, 15 June 1859; *El Comercio*, Lima, 28 June 1859; *Graham Town Journal*, South Africa, 23 July 1859.

279 "那位伟大、好心又广受尊敬的洪堡"：Joseph Albert Wright to US State Department, 7 May 1859, Hamel et al. 2003, p.248.

279 "柏林陷于悲痛之中"：*Morning Post*, 9 May 1859.

280 达尔文《物种起源》的手稿：Darwin to John Murray, 6 May 1859, Darwin Correspondence, vol.7, p.295.

280 "亚历山大·冯·洪堡去世了"：*The Times*, 9 May 1859; see also *Morning Post*, 9 May 1859; *Daily News*, 9 May 1859; *Standard*, 9 May 1859.

280 丘奇、AH 与《安第斯山之心》：Kelly 1989, p.48ff.; Avery 1993, pp.12ff., 17, 26, 33–36; Sachs 2006, p.99ff.; Baron 2005, p.11ff.

280 丘奇追随 AH：Baron 2005, p.11ff.; Avery 1993, pp.17, 26.

280 "新世界艺术领域的洪堡"：*New York Times*, 17 March 1863; this related to Church's painting *Cotopaxi*.

280 "曾让他无比欣喜的风景"：Frederic Edwin Church to Bayard Taylor, 9 May 1859, Gould 1989, p.95.

280 AH 葬礼：Bierman and Schwarz 1999a, p.196; Bierman and Schwarz 1999b, p.471; Bayard Taylor, May 1859, Taylor 1860, p.479.

281 消息传到美国：*North American and United States Gazette, Daily Cleveland Herald, Boston Daily Advertiser, Milwaukee Daily Sentinel, New York Times*, all on 19 May 1859.

281 如同失去了一位挚友：Church to Bayard Taylor, 13 June 1859, in Avery 1993, p.39.

281 "从洪堡的智性耕耘中"：Louis Agassiz, *Boston Daily Advertiser*, 26 May 1859.

281 "最卓越的人物"：*Daily Cleveland Herald*, 19 May 1859; see also *Boston Daily Advertiser*, 19 May 1859; *Milwaukee Daily Sentinel*, 19 May 1859; *North American and United States Gazette*, 19 May 1859.

281 "洪堡的时代"：*Boston Daily Advertiser*, 19 May 1859.

282 "古往今来最伟大的科学旅行者"：Darwin to Joseph Hooker, 6 August 1881, Darwin 1911, vol.2, p.403.

282 "读毕于 1882 年 4 月 3 日"：Darwin's copy of AH Personal Narrative 1814–1829, vol.3, endpapers, CUL.

282 洪堡播撒新科学的种子：Du Bois, 3 August 1883, AH du Bois–Reymond Letters 1997, p.201.

282 AH 思想在艺术与文学中的体现：关于惠特曼与 AH：see Walls 2009, pp.279–283 and Clark and Lubrich 2012, p.20；关于凡尔纳和 AH：see Schifko 2010；其他人物：see Clark and Lubrich 2012, pp.4–5, 246, 264–265, 282–283.

282 "大洪水后最伟大的人物": Friedrich Wilhelm IV quoted in Bayard Taylor 1860, p.xi.

21 人与自然: 乔治·珀金斯·马什与洪堡

283 马什返回佛蒙特: Marsh to Caroline Estcourt, 3 June 1859, Marsh 1888, vol.1, p.410.

283 纪念洪堡的演讲: 1859 年 6 月 2 日: Journal of the American Geographical and Statistical Society, vol.1, no.8, October 1859, pp.225–246; for Marsh's membership, see vol.1, no.1, January 1859, p.iii.

283 "最乏味的一只猫头鹰": Marsh to Spencer Fullerton Baird, 26 August 1859, UVM.

283 马什财务状况: Marsh to Spencer Fullerton Baird, 25 April 1859; Marsh to Francis Lieber, May 1860, Marsh 1888, vol.1, pp.405–406, 417; Lowenthal 2003, p.154ff.

283 1859 年夏天, 马什手头的工作: Lowenthal 2003, p.199.

283 "像被捉回牢房的逃犯": Marsh to Caroline Marsh, 26 July 1859, ibid.

283 "全力以赴"地写作: Marsh to Spencer Fullerton Baird, 26 August 1859, UVM.

283 马什拥有的 AH 著作: Lowenthal 2003, p.64; 马什拥有 1849 年德文增订版《自然之观点》, 若干卷《宇宙》(同样是德文版), 以及洪堡的一种传记和其他相关书籍; 他还读过《旅行故事》: see Marsh 1892, pp.333–334; Marsh 1864, pp.91, 176.

283 "为拓展现代知识边界": Marsh, 'Speech of Mr. Marsh, of Vermont, on the Bill for Establishing The Smithsonian Institution, Delivered in the House of Representatives', 22 April 1846, Marsh 1846.

283 马什尤为重视德文书籍: Ibid.; for Germans and German books: Marsh 1888,

vol.1, p.90–91, 100, 103; Lowenthal 2003, p.90.

283 妻子妹妹的配偶: Caroline Marsh to Caroline Estcourt, 15 February 1850, Marsh 1888, vol.1, p.161.

284 通晓二十种语言: Lowenthal 2003, p.49.

284 "掌握荷兰语只需要一个月的时间": Marsh to Spencer Fullerton Baird, 10 October 1848, Marsh 1888, vol.1, p.128.

284 马什经常在书信中夹杂德文单词: Marsh to Caroline Estcourt, 10 June 1848; Marsh to Spencer Fullerton Baird, 15 September 1848; Marsh to Caroline Marsh, 4 October 1858, Marsh 1888, vol.1, pp. 123, 127, 400.

284 "自然界最伟大的牧师": Marsh, 'The Study of Nature', *Christian Examiner*, 1860, Marsh 2001, p.83.

285 "行走的百科全书": George W. Wurts to Caroline Marsh, 1 October 1884; 关于他的童年和阅读习惯: Lowenthal 2003, pp.11ff., 18–19, 374; Marsh 1888, vol.1, pp.38, 103.

285 生于山林: Marsh to Charles Eliot Norton, 24 May 1871, Lowenthal 2003, p.19.

285 "我的年少时光真的是在森林中度过的": Marsh to Asa Gray, 9 May 1849, UVM.

285 马什讨厌客户: Marsh 1888, vol.1, p.40; Lowenthal 2003, p.35.

285 讨厌教学: Marsh to Spencer Fullerton Baird, 25 April 1859, Marsh 1888, vol.1, p.406.

285 事业不成功: Lowenthal 2003, pp.35, 41–42.

285 "在演说方面毫无魅力": Caroline Marsh about Marsh, Marsh 1888, vol.1, p.64.

285 "您如果活得足够久的话": James Melville Gilliss to Marsh, 17 September 1857, Lowenthal 2003, p.167.

285 外交职位：Marsh 1888, vol.1, p.133ff.; Lowenthal 2003, p.105.

285 "酩酊大醉"：Marsh to C.S. Davies, 23 March 1849, Lowenthal 2003, p.106.

286 美国驻土耳其大使：Lowenthal 2003, pp.106–107, 117; Marsh 1888, vol.1, p.136.

286 行政任务应该相当轻松：Marsh to James B. Estcourt, 22 October 1849, Lowenthal 2003, p.107.

286 卡罗琳与马什：Lowenthal 2003, pp.46, 377ff; Caroline Marsh, 1 and 12 April 1862, Caroline Marsh Journal, NYPL, pp.151, 153.

286 妇女权益：Lowenthal 2003, p.381ff.

286 谈吐风雅：Cornelia Underwood to Levi Underwood, 5 December 1873, Lowenthal 2003, p.378.

286 一只"老猫头鹰"：Marsh to Hiram Powers, 31 March 1863, ibid.

286 卡罗琳·马什的病情：Lowenthal 2003, pp.47, 92, 378.

286 已经无药可救：Marsh to Spencer Fullerton Baird, 6 July 1859, UVM.

286 马什抱着卡罗琳赶路：Marsh to Caroline Estcourt, 19 April 1851, Marsh 1888, vol.1, pp.219.

286 尼罗河之旅：Marsh to Lyndon Marsh, 10 February 1851; Marsh to Frederick Wislizenus, 10 February 1851; Marsh to H.A. Holmes, 25 February 1851; Marsh to Caroline Estcourt, 28 March 1851, Marsh 1888, vol.1, pp.205, 208, 211ff.

286 "刚走出沙漠"的小鸵鸟：Marsh to Caroline Estcourt, 28 March 1851, ibid. p.213.

287 "这片土地本身"：Marsh to Caroline Estcourt, 28 March 1851, ibid., p.215.

287 "我想知道"：Ibid.

288 "早已被漫长的耕耘所驯化"：Marsh to Frederick Wislizenus and Lucy Crane Frederick Wislizenus, 10 February 1851, ibid., p.206.

288 "数量庞大的人群早就通过鲁莽的行为"：AH Aspects 1849, vol.2, p.11; AH Views 2014, p.158; AH Ansichten 1849, vol.2, p.13.

288 "人类的政治与道德历史"：AH Plant Geography 2009, p.73.

288 "人类每天一处"，都留下破坏的痕迹：AH, 10 March 1801, AH Diary 2003, vol.1, p.44; AH关于古巴和墨西哥的森林破坏情况：see AH Cuba 2011, p.115; AH New Spain 1811, vol.3, pp.251–252.

288 如此羡慕他"精通自然所用的多种语言"：Marsh to Spencer Fullerton Baird, 3 May 1851, Marsh 1888, vol.1, p.223.

288 "自然的学生"：Marsh 致驻开罗美国领事馆总领事：2 June 1851, ibid., p.226.

288 "还没到蝎子出没的季节"：Marsh to Spencer Fullerton Baird, 23 August 1850, ibid., p.172.

288 "一切能找到的自然之物"：Spencer Fullerton Baird to Marsh, 9 February 1851; see also 9 August 1849 and 10 March 1851, UVM.

288 "千万不要相信自己的记忆力"：Marsh 1856, p.160; Lowenthal 2003, pp.130–131.

288 山丘多半"已遭废弃，土地几近荒芜"：Marsh to Caroline and James B. Estcourt, 18 June 1851; 关于1851年的旅程：see Marsh to Susan Perkins Marsh, 16 June 1851, Marsh 1888, vol.1, pp. 227–232, 238; Lowenthal 2003, pp.127–129.

288 "数百世代以来的勤勉耕作"：Marsh to Caroline Estcourt, 28 March 1851, Marsh 1888, vol.1, p.215; see also Marsh, 'The Study of Nature', *Christian Examiner*, 1860, Marsh 2001, p.86.

289 "光秃秃、残破的自然"：Marsh 1857, p.11.

289 "人类在任何地方制造麻烦"：Marsh

1864, p.36.

289 "从各州森林漂来"：Ibid., p.234.

289 美国的农业与工业：Johnson 1999, pp.361, 531.

289 马什开始写作《人与自然》：Marsh to Spencer Fullerton Baird, 10, 16 and 21May 1860, Marsh 1888, vol.1, pp.420–422.

289 抬高芝加哥的地基：*Chicago Daily Tribune*, 26 January 1858, 7 February 1866.

290 死气沉沉的湖泊、池塘和河流：Marsh 1857, pp.12–15; Marsh 1864, pp.107–108.

290 关于鱼群和木材的统计数据：Marsh 1864, pp.106, 251–257.

290 经济作物：Ibid., p.278.

290 养殖家畜所需要的土地面积：Ibid., pp.277–278.

290 "报酬丰厚、责任不重"：Marsh to Francis Lieber, 12 April 1860; for Marsh's finances, Marsh 1888, vol.1, p.362; Lowenthal 2003, pp.155ff., 199.

290 "但愿我年轻三十岁"：Marsh to Francis Lieber, 3 June 1859, UVM.

291 "大概撑不过两年"：Marsh to Charles D. Drake, 1 April 1861, Marsh 1888, vol.1, p.429.

291 筹备意大利之行：Lowenthal 2003, p.219.

291 马什在伯灵顿的演讲：Benedict 1888, vol.1, pp.20–21.

291 马什夫妇离开美国：Lowenthal 2003, p.219; they arrived in Turin on 7 June 1861, see Caroline Marsh, 7 June 1861, Caroline Marsh Journal, NYPL, p.1.

291 马什、加里波第、联邦军：Lowenthal 2003, p.238ff.

291 马什和里卡索利：Caroline Marsh, winter 1861, Caroline Marsh Journal, NYPL, p.71.

292 "我已经完全不指望"：Marsh to Henry and Maria Buell Hickok, 14 January 1862; Marsh to William H. Seward, 12 May 1864, Lowenthal 2003, p.252; see also Caroline Marsh, 17 September 1861, 5 January 1862, 26 December 1862, 17 January 1863, Caroline Marsh Journal, NYPL, pp.43, 94, 99, 107.

292 去周边的乡间旅行：Caroline Marsh, 15 February, 25 March 1862, Caroline Marsh Journal, NYPL, pp.128, 148.

292 "冰雪狂人"：Marsh to Spencer Fullerton Baird, 21 November 1864, UVM.

292 也算得上是爬山好手了：Ibid.

292 "我们偷偷用一个小时"：Caroline Marsh, 10 March 1862; see also 11 March, 24 March and 1 April 1862, Caroline Marsh Journal, NYPL, pp.143–144, 148, 151.

292 对自然的犯罪：Caroline Marsh, 7 April 1862, ibid., p.157.

292 写作《人与自然》：Caroline Marsh, 14 April 1862 and 2 April 1863, ibid., pp.154, 217; Lowenthal 2003, pp.270–273; see also Marsh to Charles Eliot Norton, 17 October 1863, UVM.

292 有时"快累垮了"：Caroline Marsh, 1 April 1862, Caroline Marsh Journal, NYPL, p.151.

292 "因书而死"：Caroline about Marsh, Lowenthal 2003, p.272.

293 "我这样做是为了"：Marsh to Charles Eliot Norton, 17 October 1863, UVM.

293 《扰乱自然和谐的人类》：Charles Scribner to Marsh, 7 July 1863; Marsh to Charles Scribner, 10 September 1863, Marsh 1864, p.xxviii.

293 "我得剽窃不少内容"：Marsh to Spencer Fullerton Baird, 21 May 1860, Marsh 1888, vol.1, p.422.

293 Marsh引用AH：Marsh 1864, pp.13–14, 68, 75, 91, 128, 145, 175ff.

293 人类活动干扰自然节律：For hats and beavers, see Marsh 1864, pp.76–77; birds and insects, pp.34, 39, 79ff.; wolves, p.76;

Boston aqueduct, p.92.

293 "大自然中的一切事物"：Ibid., p.96.

293 不是供他们不断消耗的存在：Ibid., p.36.

294 动植物的灭绝：Ibid., pp.64ff., 77ff., 96ff.

294 土地将变成"贫瘠的荒漠"（脚注）：AH, 4 March 1800, AH Diary 2000, p.217; AH Personal Narrative 1814–1829, vol.4, p.154.

294 灌溉：Marsh 1864, pp.322, 324.

294 "支离破碎的地表"：Marsh 1864, Ibid., p.43.

294 马什对欧洲地貌的描述：Marsh to Spencer Fullerton Baird, 23 August 1850, July 1852, Marsh 1888, vol.1, p.174, 280; Marsh 1864, p.9, 19.

294 "如月球表面一样荒凉"：Marsh 1864, p.42.

294 罗马帝国：Marsh, 'Oration before the New Hampshire State Agricultural Society', 10 October 1856, Marsh 2001, pp.36–37; Lowenthal 2003, p.x; Marsh 1864, p.xxiv.

294 "让我们理智一些"：Marsh 1864, p.198.

294 我们也无法得知：Ibid., pp.91–92; see also p.110.

294 "欧洲人"：Ibid., p.46.

294 麦迪逊与AH：AH将著作寄给麦迪逊：see David Warden to James Madison, 2 December 1811, Madison Papers PS, vol.4, p.48; Madison to AH, 30 November 1830, Terra 1959, p.799.

294 麦迪逊的演讲：Madison, Address to the Agricultural Society of Albemarle, 12 May 1818, Madison Papers RS, vol.1, pp.260–283; Wulf 2011, p.204ff.

295 玻利瓦尔的命令：Bolívar, Decree, 19 December 1825, Bolívar 2009, p.258.

295 "保护与合理使用国家森林的措施"：Bolívar, Measures for the Protection and Wise Use of the National Forests, 31 July 1829, Bolívar 2003, pp.199–200.

295 AH与金鸡纳树皮：AH Aspects 1849, vol.2, p.268; AH Views 2014, p.268; AH Ansichten 1849, vol.2, p.319; AH, 23–28 July 1802, AH Diary 2003, vol.2, pp.126–130.

295 玻利瓦尔与擅自移除树木罪（脚注）：Bolívar, Decree, 31 July 1829, Bolívar 2009, p.351; O'Leary 1879–1888, vol.2, p.363.

295 "保留荒野就是保存世界"：Thoreau, 'Walking', 1862（最初一次是1851年4月的演讲稿），Thoreau Excursion and Poems 1906, p.224.

295 "永远不得剥夺"的林地：Thoreau, 15 October 1859, Thoreau Journal 1906, vol.12, p.387.

295 "国家保护地"：Thoreau Maine Woods 1906, p.173.

295 "洪堡是伟大的使徒"：Marsh, 'The Study of Nature', *Christian Examiner*, 1860, Marsh 2001, p.82.

295 《人与自然》中对AH的引用：Marsh 1864, pp.13–14, 68, 75, 91, 128, 145, 175ff.

295 砍伐森林的恶果：Ibid., pp.128, 131, 137, 145, 154, 171, 180, 186–188.

295 "大地将不再适宜人类居住"：Ibid., p.187.

296 "我们正在拆毁……"：Ibid., p.52; for damage like earthquake, p.226.

296 采取"迅速的应对措施"：Ibid., pp.201–202.

296 "不可割离的财产"：Ibid., p.203; for replanting forests, pp.259ff., 269–280, 325.

296 "我们已经砍伐了太多森林"：Ibid., p.280.

296 "地球正在迅速沦为"：Ibid., p.43.

296 "粗暴的当面一拳"：Wallace Stegner, in ibid., p.xvi.

296 马什对版权捐给（脚注）：Lowenthal 2003, p.302.

296 "划时代之作"：Gifford Pinchot, ibid.,

p.304; Gifford Pinchot to Mary Pinchot, 21 March 1886, Miller 2001, p.392; for John Muir, see Wolfe 1946, p.83.

296 1873年《林木涵养法》: Lowenthal 2003, p.xi.

297 "喜马拉雅北麓": Hugh Cleghorn to Marsh, 6 March 1868; 关于《人与自然》在世界范围内的影响: see Lowenthal 2003, pp.303–305.

297 "环境保护运动之源": Mumford 1931, p.78.

297 "未来比过去更不确定": Marsh 1861, p.637.

22 艺术、生态学与自然：恩斯特·海克尔与洪堡

298 "啊，我心中活着两个灵魂": Haeckel to Anna Sethe, 29 May 1859, p.63; see also Haeckel to parents, 29 May 1859, Haeckel 1921b, p.66; Carl Gottlob Haeckel to Ernst Haeckel, 19 May 1859 [Akademieprojekt 'Ernst Haeckel (1834–1918): Briefedition': 感谢 Thomas Bach 给予我这封信的内容摘要]。

298 呈现了一场诱人的盛宴: Haeckel to Anna Sethe, 29 May 1859, Haeckel 1921b, p.64.

298 "魔鬼梅菲斯特的大声嘲笑": Ibid.

298 "以整体来把握自然": Ibid.

298 AH、艺术与自然: AH Cosmos 1845–1852, vol.2, pp.74, 85, 87; AH Kosmos 1845–1850, vol.2, pp.76, 87, 90; Haeckel to parents, 6 November 1852, Haeckel 1921a, p.9.

299 海克尔的名声（脚注）: Richards 2008, pp.244–276, 489–512.

299 海克尔年轻时心目中的 AH: Haeckel to Wilhelm Bölsche, 4 August 1892, 4 November 1899, 14 May 1900, Haeckel Bölsche Letters 2002, pp.46, 110, 123–124;

299 Haeckel 1924, p.ix; Richards 2009, p.20ff.; Di Gregorio 2004, pp.31–35; Krauße 1995, pp.352–353; 现在耶拿的海克尔故居中，书架上仍摆放着洪堡的著作。

299 （海克尔）阅读《宇宙》: Haeckel to his parents, 6 November 1852, Haeckel 1921a, p.9.

299 海克尔的相貌: Max Fürbringer in 1866, Richards 2009, p.83; 关于锻炼身体: see Haeckel to his parents, 11 June 1856, Haeckel 1921a, p.194.

299 "令我开心得难以言表": Haeckel to his parents, 27 November 1852; see also 23 May and 8 July 1853, 5 May 1855, Haeckel 1921a, pp.19, 54, 63–64, 132.

300 洪堡肖像上的常青藤: Haeckel to his parents, 23 May 1853, ibid., p.54.

300 "最热切的愿望": Haeckel to his parents, 4 May 1853, ibid., p.49.

300 海克尔和穆勒: Haeckel 1924, p.xi; Richards 2009, p.39; Di Gregorio 2004, p.44.

300 海克尔，黑尔戈兰岛和美杜莎: Richards 2009, p.40; Haeckel 1924, p.xii.

301 满足自己的"执念": Haeckel to his parents, 1 June 1853, Haeckel 1921a, p.59.

301 "豪华、珍贵的版本": Haeckel to his parents, 17 February 1854, ibid., p.100.

301 和《宇宙》配套出版的地图册: Heinrich Berghaus's *Physikalischer Atlas*; Haeckel to his parents, 25 December 1852, ibid., p.26.

301 更容易理解和记忆图像: Haeckel to his parents, 25 December 1852, ibid., p.27.

301 拜访泰格尔宫: Haeckel to Anna Sethe, 2 September 1858, Haeckel 1927, pp.62–63.

301 "理性人": Haeckel to Anna Sethe, 23 May 1858, ibid., p.12.

301 日日夜夜都梦想着: Haeckel to his parents, 17 February 1854, Haeckel 1921a, pp.101.

301 "鲁滨孙式的冒险"：Ibid., p.102.

301 "跃入世界、越远越好"：Haeckel to his parents, 11 June 1856, ibid., p.194.

301 海克尔在柏林的行医活动：'Bericht über die Feier des sechzigsten Geburtstages von Ernst Haeckel am 17. Februar 1894 in Jena', 1894, p.15; Haeckel 1924, p.xv.

302 "真正的德国森林之子"：Haeckel to a friend, 14 September 1858; see also Haeckel to Anna Sethe, 26 September 1858, Haeckel 1927, pp.67, 72–73 and Haeckel 1924, p.xv.

302 "纯真、超然脱俗"：Haeckel to a friend, 14 September 1858, Haeckel 1927, p.67.

302 宣布了订婚的消息：14 September 1858, Richards 2009, p.51.

302 "无法克服的反感"：Haeckel to his parents, 1 November 1852, Haeckel 1921a, p.6.

302 海克尔对那不勒斯的印象：Haeckel to Anna Sethe, 9 April, 24 April, 6 June 1859, Haeckel 1921b, pp.30–31, 37ff., 67.

302 两个灵魂之间的斗争：Ernst Haeckel to Anna Sethe, 29 May 1859, ibid., p.63ff.

302 海克尔和阿尔默斯在伊斯基亚：Haeckel to Anna Sethe, 25 June and 1 August 1859, ibid., pp.69, 79–80.

302 "作为一个相互关联的整体"：Haeckel to friends, August 1859, Uschmann 1983, p.46.

303 "蹲在显微镜后的小虫子"：Haeckel to Anna Sethe, 7 August 1859, Haeckel 1921b, p.86.

303 "出来看看！出来看看！"：Haeckel to Anna Sethe, 16 August 1859, ibid., p.86.

303 "彻底顽固不化"的学究：Ibid.

303 "在大自然中过上半野性的生活"：Ibid.

303 "广阔宇宙中令人愉悦的光辉"：Ibid.

303 "忠实的画笔"：Ibid.

303 "洪堡最钟爱的兴趣"之一：Haeckel to his parents, 21 October 1859, ibid., pp.117–118.

303 "没办法供你整年整年地周游世界"：Carl Gottlob Haeckel to Ernst Haeckel, late 1859, Di Gregorio 2004, p.58; see also Haeckel to Anna Sethe, 26 November 1859, Haeckel 1921b, p.134.

303 "循规蹈矩的"教授：Haeckel to his parents, 21 October 1859, Haeckel 1921b, p.118.

304 就像"精巧的艺术品"：Haeckel to his parents, 29 October 1859, ibid., pp.122–123.

304 这些"海洋奇观"：Haeckel to Anna Sethe, 29 February 1860, ibid., p.160.

304 在墨西拿的日常生活：Haeckel to his parents, 29 October 1859; Haeckel to Anna Sethe, 16 December 1859, ibid., pp.124, 138.

304 拜谢仁慈的海洋之神：Haeckel to Anna Sethe, 16 February 1860, ibid., p.155.

304 这一工作简直是"为我量身打造的"：Haeckel to Anna Sethe, 29 February 1860, ibid., p.160.

304 "富有诗意，令人愉快"：Haeckel to Anna Sethe, 29 February 1860, ibid.

304 一百个新物种：Haeckel to Anna Sethe, 10 and 24 March 1860, ibid., pp.165–166.

304 同时看显微镜和作画：Haeckel to his parents, 21 December 1852, Haeckel 1921a, p.26.

304 "更深入地了解自然之美的秘密"：Haeckel 1899–1904, preface.

305 创造一种"新的风格！"：Haeckel to Allmers, 14 May 1860, Koop 1941, p.45.

305 "钩针图样"（脚注）：Allmers to Haeckel, 7 January 1862, ibid., p.79.

305 副教授：1862年，海克尔被任命为临时教授，相当于现在的副教授职位；此后，于1865年升为正式教授，相当于正教授；Richards 2009, pp.91, 115–116.

305 像"照不到阳光的植物一样"：Haeckel

to Anna Sethe, 15 June 1860, Haeckel 1927,
p.100.

305 "一本完全疯狂的书"：Haeckel to
Wilhelm Bölsche, 4 November 1899,
Haeckel Bölsche Letters 2002, p.110; see
also Di Gregorio 2004, pp.77–80.

305 开辟了一片新天地：Haeckel to Darwin, 9
July 1864, Darwin Correspondence, vol.12,
p.482.

305 "为一切问题提供了解决方案"：Ibid.

305 《物种起源》引起的争议：Browne 2006,
pp.84–117.

305 "前达尔文式的感悟"：Wilhelm Bölsche
to Ernst Haeckel, 4 July 1913, Haeckel to
Wilhelm Bölsche, 18 October 1913, Haeckel
Bölsche Letters 2002, pp.253–254.

306 海克尔讲述达尔文理论的书（脚注）：
Breidbach 2006, p.113; Richards 2009, p.2.

306 "她的德国达尔文党人"：Haeckel
to Darwin, 10 August 1864, Darwin
Correspondence, vol.12, p.485.

306 生活"充满了甜蜜的爱情和达尔文主
义"：Allmers to Haeckel, 25 August 1863,
Koop 1941, p.93.

306 海克尔与安娜之死：Haeckel, 'Aus einer
Autobiographische Skizze vom Jahre 1874',
Haeckel 1927, pp.330–332; Haeckel 1924,
p.xxiv.

306 "我的内心已经死去"：Haeckel to
Allmers, 27 March 1864, Richards 2009,
p.106.

306 快被"苦涩的悲伤"压垮：Haeckel to
Allmers, 20 November 1864, Richards 2009,
p.115.

306 "打算将自己的全部生命"：Haeckel
to Darwin, 9 July 1864, Darwin
Correspondence, vol.12, p.483.

306 过起了隐士般的生活：Haeckel to
Darwin, 11 November 1865, ibid., vol.13,
p.475.

306 "对任何赞赏和谴责都产生了免疫"：
Ibid.

306 《形态学大纲》（脚注）：Haeckel 1866,
vol.1, pp.xix, xxii, 4.

306 "最华美的颂词"：Darwin to Haeckel,
18 August 1866, Darwin Correspondence,
vol.14, p.294.

306 著作笨重而"空洞"：Haeckel 1866, vol.1,
p.7; Richards 2009, p.164.

306 "达尔文的斗犬"：Browne 2003b, p.105;
for Huxley on Haeckel, see Richards 2009,
p.165.

307 必须亲自动手：Haeckel to Thomas
Huxley, 12 May 1867, Uschmann 1983,
p.103.

307 "但愿我的众多敌人都来狠狠地攻击
我的工作"：Haeckel to Darwin, 12 May
1867, Darwin Correspondence, vol.15,
p.506.

307 发明 Oecologie（生态学）一词：Haeckel
1866, vol.1, p.8, footnote and vol.2, pp.235–
236, 286ff.; see also Haeckel's inaugural
lecture at Jena, 12 January 1869, Haeckel
1879, p.17; Worster 1977, p.192.

307 "一个拥有活跃力量的体系"：Haeckel
1866, vol.1, p.11; see also vol.2, p.286; for
AH see AH Aspects 1849, vol.1, p.272; AH
Views 2014, p.147; AH Ansichten 1849,
vol.1, p.337.

307 "研究有机生命与其所处环境之间关系
的科学"：Haeckel 1866, vol.2, p.287; see
also vol.1, p.8, footnote and vol.2, pp.235–
236; Haeckel's inaugural lecture at Jena, 12
January 1869, Haeckel 1879, p.17.

307 "环环相扣"（脚注）：Haeckel to his
parents, 7 February 1854, Haeckel 1921a,
p.93.

307 自己"最久远、最心爱的旅行梦想"：
Haeckel to his parents, 27 November 1866,
Uschmann 1983, p.90.

308（海克尔）拜访达尔文：Haeckel to Darwin, 19 October 1866; Darwin to Haeckel, 20 October 1866, Darwin Correspondence, vol.14, pp.353, 358; Haeckel to friends, 24 October 1866, Haeckel 1923, p.29; Bölsche 1909, p.179.

308 "一片死寂"：Henrietta Darwin to George Darwin, 21 October 1866, Richards 2009, p.174.

308 最难忘怀的记忆之一：Haeckel 1924, p.xix; see also Haeckel to friends, 24 October 1866, Haeckel 1923, p.29; Bölsche 1909, p.179.

308 "一个统一的整体"：Haeckel 1901, p.56.

308 海克尔的三名研究助手：Richard Greeff, Hermann Fol and Nikolai Miklucho; Richards 2009, p.176.

308 令人"无比满足"：Haeckel to his parents, 27 November 1866, Haeckel 1923, p.42ff.

308 "一锅上好的动物汤"：Haeckel 1867, p.319.

308 兰萨罗特岛之旅后情绪更为镇定：Haeckel, 'Aus einer autobiographische Skizze vom Jahre 1874', Haeckel 1927, p.330; Haeckel 1924, p.xxiv.

309 "在这悲伤的日子里"：Haeckel to Frieda von Uslar-Gleichen, 14 February 1899, Richards 2009, p.107.

309 海克尔频繁旅行：Di Gregorio 2004, p.438; Richards 2009, p.346.

309 看起来年轻了不少：Haeckel to Wilhelm Bölsche, 14 May 1900, Haeckel Bölsche Letters 2002, p.124.

309 "生存竞争"的压力：Haeckel 1901, p.76.

309 "朋友和敌人"：Ibid., p.75.

309《宇宙》杂志：Kosmos. Zeitschrift für einheitliche Weltanschauung auf Grund der Entwicklungslehre, in Verbindung mit Charles Darwin / Ernst Haeckel, Leipzig, 1877–1886; Di Gregorio 2004, pp.395–398; see also Haeckel to Darwin, 30 December 1876, CUL DAR 166:69.

309 呈现演化过程的插图：Breidbach 2006, pp.20ff., 51, 57, 101ff., 133; Richards 2009, p.75.

309 海克尔对新艺术运动的启发：Breidbach 2006, pp.25ff., 229; Kockerbeck 1986, p.114; Richards 2009, p.406ff.; Di Gregorio 2004, p.518.

309 海克尔追随洪堡的思想：Haeckel to Wilhelm Bölsche, 14 May 1900, Haeckel Bölsche Letters 2002, pp.123–124.

310 称其为"隐秘的宝藏"：Haeckel 1899–1904, preface and Supplement Issue, p.51.

310 "美丽的母题"：Ibid.

310 德国经济与工业化：Watson 2010, pp.356–381.

310 "工厂排放的浓重烟雾"：Haeckel's Wanderbilder, Kockerbeck 1986, p.116; see also Haeckel 1899, p.395.

310 现在他们"需要师法自然"：Peter Behrens, 1901, Festschrift zur Künstlerkolonie Darmstadt, Kockerbeck 1986, p.115.

311 将自然母题加入室内装潢和建筑设计当中：Kockerbeck 1986, p.59ff.

311 这些从海洋中收获的发现：Émile Gallé, Le Décor Symbolique, 17 May 1900, Mémoires de l'Académie de Stanislaus, Nancy, 1899–1900, vol.7, p.35.

311 安东尼·高迪和海洋生物：Clifford and Turner 2000, p.224.

311 沙利文和自然世界：Weingarden 2000, pp.325, 331; Bergdoll 2007, p.23.

312 蒂凡尼与海克尔：Krauße 1995, p.363; Breidbach and Eibl-Eibesfeld 1998, p.15; Cooney Frelinghuysen 2000, p.410.

312 海克尔在巴黎世界博览会：Richards 2009, p.407ff.

312 纪念拱门与海克尔：Proctor 2006,

pp.407–408.

312 "一切细节都受您研究的启发"：René Binet to Haeckel, 21 March 1899, Breidbach and Eibl–Eibesfeld 1988, p.15.

312 "向伟大的自然实验室寻求帮助"：René Binet in Esquisses Décoratives, Bergdoll 2007, p.25.

312 支离破碎的世界需要重新整合：Kockerbeck 1986, p.59.

313 一元论作为替代性宗教：Ibid., p.10.

313 畅销的《宇宙之谜》：Breidbach 2006, p.246; Richards 2009, p.2.

313 "自然的神庙"：Haeckel 1899, p.389.

314 "我们自然母亲的子宫"：Ibid., p.463.

314 自然的整体性可以通过美感来表达：Ibid., p.392ff.

314 "伟大的《宇宙》"：Ibid., p.396.

314 "科学与美学的凝视"：Ibid., p.396.

23 环境保护与自然：约翰·缪尔与洪堡

315 缪尔轻便的行囊：Worster 2008, p.120.

315 缪尔的外貌：Merrill Moores's 'Recollections of John Muir as a Young Man', ibid., pp.109–110.

315 "我多么想成为洪堡那样的人"：Muir to Jeanne Carr, 13 September 1865, JM online.

315 "白雪覆盖的安第斯山"：Muir to Daniel Muir, 7 January 1868, ibid.

315 "约翰·缪尔，行星地球，宇宙"：Muir Journal 1867–1868, ibid., endpapers; for route, p.2.

315 "我喜欢一切具有野性的事物"：Muir 1913, p.3.

316 "用心和酸痛的肌肉来记忆"：Ibid., p.27.

316 旅行故事：Ibid., p.207.

316 宗教自由：Gisel 2008, p.3; Worster 2008, p.37ff.

316 (缪尔) 对流浪的向往：Gifford 1996, p.87.

316 修习科学课程：Worster 2008, p.73.

316 缪尔与珍妮·卡尔：Holmes 1999, p.129ff.; Worster 2008, pp.79–80.

316 "乐意去参与谋杀"的态度：Muir to Frances Pelton, 1861, Worster 2008, p.87.

316 "荒野大学"：Muir 1913, p.287.

316 极具发明灵感：Worster 2008, p.94ff.

316 追随洪堡足迹的梦想：Muir to Jeanne Carr, 13 September 1865, JM online.

316 起了"植物学小子"的绰号：Muir 1924, vol.1, p.124.

316 "奥里诺科河畔洪水泛滥的森林"：Ibid., p.120.

316 "与宇宙之间存在某种简单关联"：Muir to Emily Pelton, 1 March 1864, Gisel 2008, p.44.

317 缪尔从加拿大回到美国：Holmes 1999, p.135ff.

317 铁路枢纽城市：Muir 1924, vol.1, p.153.

317 "植物之旅"：Muir to Merrills and Moores, 4 March 1867, JM online.

317 缪尔遭遇意外事故：Muir 1924, vol.1, p.154ff.; Muir to Sarah and David Galloway, 12 April 1867; Muir to Jeanne Carr, 6 April 1867; Muir to Merrills and Moores, 4 March 1867, JM online.

317 沉浸在"对热带植物缤纷景象的想象中"：Muir to Merrills and Moores, 4 March 1867, JM online.

317 亲眼见到"繁盛的热带植被"：Muir's 'Memoirs', Gifford 1996, p.87.

317 (缪尔) 一路向南：Muir Journal 1867–1868, JM online, p.2.

318 避开城市：Ibid., pp.22, 24.

318 田纳西的山谷：Ibid., p.17.

318 山脉就像"宽阔的大道"：Ibid., pp.32–33.

318 没有什么能够孤零零地单独存在：Muir 1916, p.164; Muir Journal 1867–1868, JM online, pp.194–195.

318 "人类有什么理由认为自己更高贵呢？"：Muir Journal 1867–1868, JM

online, p.154; see also Muir's copy of AH Personal Narrative 1907, vol.2, pp.288, 371, MHT.

318 "只能在显微镜下才能看到的微小生物": Muir Journal 1867–1868, JM online, p.154; Muir inserted the word 'cosmos' in his published account, Muir 1916, p.139; also highlighted in Muir's copy of AH Personal Narrative 1907, vol.2, p.371, MHT.

318 热带的壮丽山峰和开满鲜花的原野: Muir to David Gilrye Muir, 13 December 1867, JM online.

318 缪尔决定前往加州: Holmes 1999, p.190; Worster 2008, pp.147–148.

319 "残酷的速度": Muir to Jeanne Carr, 26 July 1868, JM online.

319 "哪里都行，只要是荒野": Muir 1912, p.4; see also Muir 'Memoir', Gifford 1996, p.96.

319 "是另一个伊甸园": Muir to Jeanne Carr, 26 July 1868, JM online.

319 "在耕犁和放牧的影响下消失了踪迹": Muir, 'The Wild Parks and Forest Reservations of the West', Atlantic Monthly, January 1898, p.17.

320 "美好得可以让天使尽情呼吸": Muir to Catherine Merrill et al., 19 July 1868, JM online; see also Muir to David Gilrye Muir, 14 July 1868; JM to Jeanne Carr, 26 July 1868, JM online; Muir 'Memoir', Gifford 1996, p.96ff.

320 "像天宫的城墙": Muir 1912, p.5.

320 "从天空奔涌而下": Muir, 'The Treasures of the Yosemite', Century, vol.40, 1890.

320 到处都可以看到彩虹: Muir 1912, p.11.

320 "地表的苔藓世界": Muir 1911, p.314.

321 AH 数花簇中花朵的数量: Muir's copy of AH Personal Narrative 1907, vol.2, p.306, MHT.

321 数出了 "165 913 朵盛开的花朵": Muir to Catherine Merrill et al., 19 July 1868, JM online.

321 "如光亮拱顶般的天空": Muir to Margaret Muir Reid, 13 January 1869, JM online.

321 "当我们试图拾起某件东西"：这句重要的句子在若干个版本里都有出现，从最初的笔记到最终发表的书稿——从"当我们试图单独拾起某件东西时，就会发现它事实上通过上千股不可见的绳索，和宇宙中的一切事物牢固地联系在一起"；继而"当我们试图单独拿起某件东西时，就会发现它通过无数条线索，和宇宙中的其他事物相连"；在缪尔发表的终稿中，"当我们试图拾起某件东西，发现它和宇宙中的其他事物拴在一起"。Muir 1911, p.211; Muir Journal 'Sierra', summer 1869（1887）, MHT; Muir Journal 'Sierra', summer 1869（1910）, MHT.

321 "千百条隐形的线索": Muir Journal 'Sierra', summer 1869（1887）, MHT.

321 "学习它们的历史和相互之间的关联": Muir 1911, pp.321–322.

321 "自然一切生命力的统一性"（脚注）: Muir's copy of AH Views 1896, pp.xi, 346 and AH Cosmos 1878, vol.2, p.438, MHT.

321 缪尔在约塞米蒂谷: 1868—1874年，他一共在山谷中待了四十个月。Gisel 2008, p.93.

321 山谷里的小屋: Muir 'Memoir', Gifford 1996, p.112.

321 "在群峦间长啸": Muir to Jeanne Carr, 29 July 1870, JM online.

321 走得越远、登得越高: Muir 1911, p.212.

321 缪尔的冰川理论: Muir, 'Yosemite Glaciers', New York Tribune, 5 December 1871; see also Muir, 'Living Glaciers of California', Overland Monthly, December 1872 and Gifford 1996, p.143ff.

322 木桩插入冰中: Muir to Jeanne Carr, 8

October 1872; Muir to Catherine Merrill, 12 July 1872, JM online.

322 "我没有什么可以寄给你": Muir to Jeanne Carr, 11 December 1871, ibid.

322 "信任我，并且和我说说话": Muir to J.B. McChesney, 8–9 June 1871, ibid.

322 "冰川时代的早春": Muir to Joseph LeConte, 27 April 1872, ibid.; 缪尔还在洪堡的书中标出了讨论植物分布的数页。Muir's copy of AH Views 1896, p.317ff. and AH Personal Narrative 1907, vol.1, p.116ff., MHT.

322 "无条件地"归降于自然: Muir to Jeanne Carr, 16 March 1872, JM online.

322 缪尔在约塞米蒂瀑布: Muir to Jeanne Carr, 3 April 1871, ibid.

323 "像山羊一样老练": Robert Underwood Johnson about Muir, in Gifford 1996, p.874.

323 "多么壮观的地震": Muir to Emerson, 26 March 1872, JM online.

323 "毁灭即创生": Ibid.

323 "皮肤晒得最黑": Muir to Emily Pelton, 16 February 1872, JM online.

323 科学家们来访: Muir to Emily Pelton, 2 April 1872, JM online; Gisel 2008, pp.93, 105–106.

323 方便"公众使用、休闲和娱乐": U.S., Statutes at Large, 15, in Nash 1982, p.106.

323 多彩"甲虫": Muir to Daniel Muir, 21 June 1870, JM online.

323 缪尔与爱默生: Gifford 1996, pp.131–136; Jeanne Carr to Muir, 1 May 1871; Muir to Emerson, 8 May 1871; Muir to Emerson, 6 July 1871; Muir to Emerson, 26 March 1872, JM online.

323 "一笔悲哀的注脚": Muir on Emerson, Gifford 1996, p.133.

324 "老糊涂了": Muir to Jeanne Carr, undated but this referred to Emerson's letter to Muir of 5 February 1872, JM online.

324 "独处固然是出众的情人": Emerson to Muir, 5 February 1872, ibid.

324 缪尔与孤独: 缪尔在他的《瓦尔登湖》中，画出了梭罗关于孤独的看法。Muir's copy of Thoreau's Walden（1906），pp.146, 150, 152, MHT.

324 感受与理性思考: 缪尔在《宇宙》中标出了洪堡关于"感性与智性"之间联系的宣言。洪堡认为，这一关联对理解自然而言至关重要。Muir's copy of AH Cosmos 1878, vol.2, p.438, MHT.

324 "我在林子里、林子里……": Muir to Jeanne Carr, autumn 1870, JM online.

324 "旋转华尔兹": Muir 1911, pp.79, 135.

324 "去往更高处": Ibid., pp.90, 113.

324 "那全都是爱啊": Muir to Ralph Waldo Emerson, 26 March 1872, JM online.

324 一切事物中都充溢着生命（脚注）: Muir's copy of AH Views 1896, vol.1, pp. 210, 215, MHT.

324 "自然的呼吸": Muir 1911, pp.48, 98.

324 "荒野自然的一部分": Muir 1911, p.326.

324 "4 月，四个万里无云的日子": Muir Journal 'Twenty Hill Hollow' 1869, 5 April 1869; Holmes 1999, p.197.

325 "山形神庙": Muir to Jeanne Carr, 20 May 1869, ibid.

325 "给我们开启了一千扇窗户": Muir 1911, pp. 82, 205.

325 像"使徒"般为自然传道: Muir to Daniel Muir, 17 April 1869, JM online.

326 "侵犯自然庙堂"之人: Muir's copy of AH Personal Narrative 1907, vol.1, p.502, see also vol.2, p.214, MHT; Muir's copy AH Cosmos 1878, vol.2, pp.377, 381, 393, MHT.

326 "不再崇拜其他神灵": Muir's copy of AH Personal Narrative 1907, vol.2, p.362, MHT.

326 自然的"神圣殿堂": Muir's copy of AH Views 1896, p.21, MHT.

326 "那座最高的圣殿"：Muir to Jeanne Carr, 26 July 1868, JM online.

326 缪尔标出提及 AH 的每一页：Muir's Thoreau and Darwin books, MHT.

326 缪尔和 AH 关于砍伐林木的评论：Muir's copy of AH Personal Narrative 1907, vol.1, pp.98, 207, 215, 476–477; vol.2, pp.9–10, 153, 207, MHT; Muir's copy of AH Views 1896, pp.98, 215, MHT.

326 1 500 万英亩耕地：Johnson 1999, p.515.

326 铁路线总长度：Richardson 2007, p.131; Johnson 1999, p.535.

326 "对荒野的艰苦征服已告完结"：Frederick Jackson Turner in 1903, Nash 1982, p.147.

327 "吸引人们觉察自然的可爱"：Muir to Jeanne Carr, 7 October 1874, JM online.

327 缪尔与《人与自然》：Wolfe 1946, p.83.

327 设立"国家级保护区"：Muir's copy of Thoreau's Maine Woods（1868），p.160 and also pp.122–123, 155, 158, MHT.

327 "自然本身就是一位诗人"：Muir 1911, p.211.

327 "我们的额头似乎能感受到"：Samuel Merrill, 'Personal Recollections of John Muir'; see also Robert Underwood Johnson, C. Hart Merriam, 'To the Memory of John Muir', Gifford 1996, pp.875, 889, 891, 895.

327 "荣耀在一切之中"：Muir and Sargent, September 1898, Anderson 1915, p.119.

328 "松鼠镇，红杉公司"：Muir to Jeanne Carr, autumn 1870, JM online.

328 "荣耀的荒野"：Muir 1911, pp.17, 196.

328 "你没法用那冰冷的雪山去温暖"（脚注）：Daniel Muir to Muir, 19 March 1874, JM online.

328 缪尔在旧金山：Worster 2008, p.216ff.

328 "荒芜、没有蜜蜂"：Muir to Strentzels, 28 January 1879, JM online.

328 缪尔也开始考虑自己的未来：Muir to Sarah Galloway, 12 January 1877, JM online; Worster 2008, p.238.

328 珍妮·卡尔介绍露伊：Worster 2008, p.238ff.

328 "失落并为农事累得焦头烂额"：Muir to Millicent Shin, 18 April 1883, JM online.

328 缪尔作为父亲：Worster 2008, p.262.

329 露伊在约塞米蒂谷：Muir to Annie Muir, 16 July 1884, JM online.

329 露伊的父亲去世：Worster 2008, pp.324–325; for management of Martinez, see Kennedy 1996, p.31.

329 缪尔、约翰逊与约塞米蒂：Worster 2008, p.312ff., Nash 1982, p.131ff.

330 "这些……树木无疑将成为……"：Muir 1920.

330 "一段死去的松树不再是松树"（脚注）：Muir's copy of Thoreau's Maine Woods（1868），p.123.

330 在《世纪》杂志上发表文章：Muir, 'The Treasures of the Yosemite' and 'Features of the Proposed Yosemite National Park', Century, vols. 40 and 41, 1890.

330 "大山中的街道，充溢着生命与光"，以及其余引文：Muir, 'The Treasures of the Yosemite', Century, vol.40, 1890.

330 约塞米蒂国家公园：Nash 1982, p.132.

331 "山姆大叔"：Muir 1901, p.365.

331 相应的监管和执法力量：Robert Underwood Johnson, 1891, Nash 1982, p.132.

331 "为野生环境做些事情"：Muir to Henry Senger, 22 May 1892, JM online.

331 缪尔的写作：Kimes and Kimes 1986, pp.1–162.

332 "我不需要别人陪我"：Theodore Roosevelt to Muir, 14 March 1903, JM online.

332 "巨型红杉树组成的庄严神殿"：Theodore Roosevelt to Muir, 19 May 1903, ibid.

332 "我没有什么救下森林的计划": Muir to Charles Sprague Sargent, 3 January1898, ibid.

332 赫奇赫奇山谷之争: Nash 1982, pp.161–181; Muir, 'The Hetch Hetchy Valley', *Sierra Club Bulletin*, vol.6, no.4, January 1908.

333 "一场普世抗争": *New York Times*, 4 September 1913.

333 "从沉睡中被唤醒": Muir to Robert Underwood Johnson, 1 January 1914, Nash 1982, p.180.

333 "任何可以转化为美元的东西": Muir, Memorandum from John Muir, 19 May 1908（1908年环境保护州长会议准备的备忘录）, JM online.

333 早年前往南美洲探险的计划: Muir to Daniel Muir, 17 April and 24 September 1869; Muir to Mary Muir, 2 May 1869; Muir to Jeanne Carr, 2 October 1870; Muir to J.B. McChesney, 8 June 1871, ibid.

333 "我何曾忘记亚马孙": Muir to Betty Averell, 2 March 1911, Branch 2001, p.15.

333 缪尔在柏林: Muir, 26–29 June 1903, Muir Journal 'World Tour', pt.1, 1903, JM online.

334 "洪堡之旅": Helen S. Wright to Muir, 8 May 1878, ibid.

334 "就放在洪堡著作的下一排": Henry F. Osborn to Muir, 18 November 1897, ibid.

334 "成为洪堡"的强烈愿望: Muir to Jeanne Carr, 13 September 1865, ibid.

334 "否则就太迟了": Muir to Robert Underwood Johnson, 26 January 1911, Branch 2001, p.10; see also p.xxvi ff.; Fay Sellers to Muir, 8 August 1911, JM online.

334 缪尔离开加州到东海岸: Branch 2001, pp.7–9.

334 "伟大的炎热河流": Muir to Katharine Hooker, 10 August 1911, ibid., p.31.

334 "别为我发愁": Muir to Helen Muir Funk, 12 August 1911, ibid., p.32.

334 "我只是出门走了走": Muir in 1913, Wolfe 1979, p.439.

后记

335 波士顿的演说家: Louis Agassiz, 14 September 1869, *New York Times*, 15 September 1869.

336 克利夫兰焚书事件: Reported in *New York Times* on 4 April 1918, Nichols 2006, p.409; centennial Cleveland, *New York Herald*, 15 September 1869.

336 辛辛那提的反德风潮: Nichols 2006, p.411.

336 "严重、广泛和不可逆的": IPCC, Fifth Assessment Synthesis Report, 1 November 2014, p.7.

336 "事实上，土地和人类的命运……": Wendell Berry, 'It all Turns on Affection', Jefferson Lecture 2012, http://www.neh.gov/about/awards/jefferson–lecture/wendell–e–berrylecture.

337 "人类的妄为": AH, February 1800, AH Diary 2000, p.216.

337 荒芜和"残破": AH, 9–27 November 1801, Popayán, AH Diary 1982, p.313.

337 "一座多喷头喷泉": Goethe to Johann Peter Eckermann, 12 December 1826, Goethe Eckermann 1999, p.183.

洪堡著作简介

431 洪堡著作简介: 如无另外说明，这里的介绍是基于德文版洪堡著作目录, *Alexander von Humboldts Schriften. Bibliographie der selbständig erschienenen Werke*（Fiedler and Leitner 2000）.

432 AH从未读过德文版《旅行故事》: AH to Cotta, 20 January 1840, AH Cotta

Letters 2009, pp.223–224.

433 "最卓越的作品": *Journal of the Royal Geographical Society*, 1843, vol.13, Fiedler and Leitner 2000, p.359.

433 "不得不这样做": AH to Heinrich Christian Schumacher, 22 May 1843, AH Schumacher Letters 1979, p.112.

434 "东印度的所有者们": AH to Johann Georg von Cotta, 16 March 1849, AH Cotta Letters 2009, p.360.

434 "自然之书": AH to Varnhagen, 24 October 1834, AH Varnhagen Letters 1860, p.19; 英文原文基于的德文版: the German edition AH Varnhagen Letters German 1860, p.13.

洪堡著作简介

亚历山大·冯·洪堡的作品出版年表至今仍有诸多含混不清之处。连洪堡自己都不确定哪部作品何时以何种语言出版。此外,有些作品存在不同体量的各种版本,或只是一套丛书中的一部,但同时又存在单行本。关于拉丁美洲的著作最终成集为多达34卷的《去往新大陆赤道地区的旅行》,其中包括1500多幅铜版画插图。为供读者参考,我编纂了本书中提到的书目列表,但没有收入洪堡在植物学、动物学和天文学等领域发表的专业文献。

34卷本《去往新大陆赤道地区的旅行》中包含的著作

《植物地理学随笔》

这是洪堡离开拉丁美洲后完成的第一部作品。1807年,本书同时发行德文版(*Ideen zu einer Geographie der Pflanzen*)和法文版(*Essai sur la géographie des plantes*)。《随笔》介绍了洪堡关于植物分布的看法,以及作为生命之网的自然观。其中还包括一幅大型折页插图,长三英尺,宽两英尺,手工上色,而这幅图正是"自然之图"(*Naturgemälde*)——图中不同海拔高度的山峰上标出了生长在此处的植物,左侧和右侧的栏框中还给出了重力、大气压、温度、化学成分等信息。洪堡将《随笔》题献给老友歌德。1809年,这部作品的西班牙文版发表在南美洲的 *Semanario* 杂志上,但直到2009年才翻译成英文。

《自然之观点》

洪堡个人最喜爱的著作。书中将科学信息与诗意的风景描绘熔为一炉,其中包含"草原与荒漠""奥里诺科河的瀑布"等章节。1808年初,本书首先在德国出版,同年稍后出版了法文版。《自然之观点》先后重印了若干版本,其中第三版(增订版)于洪堡80岁生日当天,即1849年9月14日出版。其中的一版曾出现两种相互竞争的英文译本,且冠以不同的书名: *Aspects of Nature*(《自然之方面》,1849)以及 *Views of Nature*(《自然之观点》,1850)。

《美洲山系一览及原住民部落古迹》(*Vues des Cordillères et monumens des peoples indigenes de l'Amérique*)

在洪堡的所有作品中,这部两卷本作品是装帧最豪华的,书中包括描绘了钦博拉索峰、印加遗迹、阿兹特克手稿和墨西哥历法等的69幅铜版画插图(其中含有23幅彩图)。1810—1813年间,《山系一览》的大开本分为七部在巴黎发行。因为该版本使用了高质量纸张,所以全书价格为504法郎或764法郎。其中两部分于1810年翻译为德文。与《旅行故事》类似,英文版《美洲山系一览》由海伦·玛丽亚·威廉姆斯(Helen Maria Williams)担任译者,并由洪堡亲自审阅。1814年,该书的英文版在英国发行,是较为朴素的八开本,共两卷,其中收录了全部文字,但只安排了20张插图。英文版名为 *Researches concerning the Institutions & Monuments of the Ancient Inhabitants of America with Descriptions & Views of some of the most Striking Scenes in the Cordilleras!*(感叹号是原标题的一部分。)

《旅行故事》(*Personal Narrative of Travels to the Equinoctial Regions of the New Continent during the years 1799-1804*)

洪堡的7卷本拉丁美洲考察游记既有旅行文学，又有科学知识，按时间顺序记述了洪堡和邦普兰的旅行。事实上，洪堡从未写完这本书。最后一卷记述到1801年4月20日他们到达马格达莱纳河时——还不到全部旅程的一半。该书首先在法国问世，四开本，题为 *Voyage aux régions équinoxiales du Nouveau Continent fit en 1799, 1800, 1801, 1802, 1803 et 1804*（于1814—1831年间分若干卷陆续出版），后发行了较为轻便和廉价的八开本版本（1816—1831）。每卷的价格为7法郎到234法郎不等。英文版也很快在英国发行，题为 *Personal Narrative*（1814—1829），由海伦·玛丽亚·威廉姆斯翻译——她当时居住在巴黎，因此得以和洪堡密切合作。1852年，一种新的英文译本流入图书市场，但此版本未经授权，由托马西娜·罗斯(Thomasina Ross)翻译。于1818年至1832年间发行的德文译本同样未经授权。1840年1月20日，洪堡告诉他的德国出版商,说自己从未见过《旅行故事》的德文版。后来他读过之后，又抱怨翻译质量堪忧。

容易令人混淆的是，本书的最后一卷还曾于1826年发行过法文单行本，题为 *Essai politique sur l'île de Cuba*（《关于古巴岛的政治随笔》）。

《关于古巴岛的政治随笔》

洪堡关于古巴的详细记载首先于1826年发表法文版，题为 *Essai politique sur l'île de Cuba*，是 *Voyage aux régions équinoxiales du Nouveau Continent fit en 1799, 1800, 1801, 1802, 1803 et 1804*（或英文版 *Personal Narrative*，即《旅行故事》）的一部分。书中记有详细的气候、农业、港口、人口及经济和货物进出口相关数据，还收入了洪堡对奴隶制的犀利批判。1827年，本书翻译为西班牙文。J. S. 斯拉舍（J.S. Thrasher）翻译的首部英文版于1856年在美国发行，但没有收入批判奴隶制的一章。

《关于新西班牙王国的政治随笔》

洪堡对西班牙殖民地的描述主要基于他自身的观察，但也利用了在墨西哥城开展的档案研究。与《关于古巴岛的政治随笔》类似，该书是一部富含事实、数据和统计结果的手册。洪堡穿插记述了各殖民地的地理、植物、农业、手工业和矿业情况，还讨论了人口和经济。1808—1811年，该书的法文版首先发行，题为 *Essai politique sur le royaume de la Nouvelle-Espagne*（四开本两卷，八开本五卷）。后来又陆续再版多次。1809—1814年，一部德文版流入市场。英文版于1811年翻译完成，题为 *Political Essay on the Kingdom of New Spain*，共四卷。1822年，西班牙文版问世。

其他著作

《亚洲地质学与气候学的部分见解》(*Fragmens de géologie et de climatologie asiatiques*)

俄国之行后,洪堡于1831年发表了《亚洲地质学与气候学的部分见解》，主要囊括了他1830年10月至1831年1月期间在巴黎所作的演讲。内容如其名，主要记录了洪堡对亚洲地区的地质与气候观察。该书是后来于1843年出版的、体量更大的《中亚》(*Asie centrale*) 的雏形。1832年，该书的德文版以 *Fragmente einer Geologie und Klimatologie Asiens* 的标题发行，但从未翻译出版过英文版。

《中亚：山系与比较气候学的研究》(*Asie centrale, recherches sur les chaînes de montagnes et la climatologie comparée*)

1843年春，洪堡以三卷本法文版发表了更完整的俄国考察之旅结果。注意题目中的"比较"一词——一切观察都基于比较。《中亚》聚焦关于亚洲地质与气候的最新信息，详细记录了包括俄国、中国西藏地区的山脉。一位《皇家地理学会杂志》的书评人称该书为"去年地理学领域最卓越的作品"。洪堡将本书题献给沙皇尼古拉斯一世，但并不出于自愿。他告诉一位朋友："不得不这样做"，因为此次考察由沙皇资助。1844年，德文版以 Central-Asien. *Untersuchungen über die Gebirgsketten und die vergleichende Klimatologie* 为名发行，并收入了比最早的法文版更多更新的研究结果。洪堡惊讶地发现本书从未被翻译成英文。他说，英国人对《宇宙》如此痴迷，但"东印度的所有者们"似乎应该对《中亚》和其中与喜马拉雅山相关的信息更感兴趣。

《宇宙》

洪堡花了20多年时间写作《宇宙》。首先发行的德文版名为 Kosmos. Entwurf *einer physischen Weltgeschichte*（《宇宙：对世界物理情状的简要描述》）。最初计划只出两卷，最终增至5卷，于1845—1862年陆续出版。这是洪堡的"自然之书"，他一生事业的顶点，其内容大致基于他于1827—1828年在柏林所作的讲座系列。第一卷是遨游外部世界的旅行，从星云到恒星、从火山到植物与人类；第二卷是穿梭人类历史的心灵之旅，从古希腊到当代；最后三卷是更专业的科学著作。大众读者更喜爱前两卷。

《宇宙》第一、二卷成为大获成功的畅销书；截至1851年，《宇宙》已经翻译成十种语言。单在英国就同时出现了三种相互竞争的译本——但只有由伊丽莎白·J. L. 萨宾（Elizabeth J.L. Sabine）翻译、经约翰·默里发行的版本才是正式获得洪堡授权的（并且只有前四卷）。1850年时，萨宾译本的第一卷已经再版7次，第二卷已再版8次。截至1849年，英文版一共售出4万多份。洪堡去世前后，德国市面上出现了若干种较为短小和廉价的版本——对更多普通读者而言，它们更易于购买，类似于今天的平装版。

原始资料与参考文献

亚历山大·冯·洪堡的著作

Alexander von Humboldt und August Böckh. Briefwechsel, ed. Romy Werther and Eberhard Knobloch, Berlin: Akademie Verlag, 2011

Alexander von Humboldt et Aimé Bonpland. Correspondance 1805–1858, ed. Nicolas Hossard, Paris: L'Harmattan, 2004

Alexander von Humboldt und Cotta. Briefwechsel, ed. Ulrike Leitner, Berlin: Akademie Verlag, 2009

Alexander von Humboldt. Johann Franz Encke. Briefwechsel, ed. Ingo Schwarz, Oliver Schwarz and Eberhard Knobloch, Berlin: Akademie Verlag, 2013

Alexander von Humboldt. Friedrich Wilhelm IV. Briefwechsel, ed. Ulrike Leitner, Berlin: Akademie Verlag, 2013

Alexander von Humboldt. Familie Mendelssohn. Briefwechsel, ed. Sebastian Panwitz and Ingo Schwarz, Berlin: Akademie Verlag, 2011

Alexander von Humboldt und Carl Ritter. Briefwechsel, ed. Ulrich Päßler, Berlin: Akademie Verlag, 2010

Alexander von Humboldt. Samuel Heinrich Spiker. Briefwechsel, ed. Ingo Schwarz, Berlin: Akademie Verlag, 2007

Alexander von Humboldt und die Vereinigten Staaten von Amerika. Briefwechsel, ed. Ingo Schwarz, Berlin: Akademie Verlag, 2004

'Alexander von Humboldt's Correspondence with Jefferson, Madison, and Gallatin', ed. Helmut de Terra, *Proceedings of the American Philosophical Society*, vol.103, 1959

Ansichten der Natur mit wissenschaftlichen Erläuterungen, Tübingen: J.G. Cotta'schen Buchhandlung, 1808

Ansichten der Natur mit wissenschaftlichen Erläuterungen, third and extended edition, Stuttgart und Tübingen: J.G. Cotta'schen Buchhandlung, 1849

Aphorismen aus der chemischen Physiologie der Pflanzen, Leipzig: Voss und Compagnie, 1794

Aspects of Nature, in Different Lands and Different Climates, with Scientific Elucidations, trans. Elizabeth J.L. Sabine, London: Longman, Brown, Green and John Murray, 1849

Briefe Alexander's von Humboldt an seinen Bruder Wilhelm, ed. Familie von Humboldt, Stuttgart: J.G. Cotta'schen Buchhandlung, 1880

Briefe aus Amerika 1799–1804, ed. Ulrike Moheit, Berlin: Akademie Verlag, 1993

Briefe aus Russland 1829, ed. Eberhard Knobloch, Ingo Schwarz and Chritian Suckow, Berlin: Akademie Verlag, 2009

Briefe von Alexander von Humboldt und Christian Carl Josias Bunsen, ed. Ingo Schwarz, Berlin: Rohrwall Verlag, 2006

Briefwechsel Alexander von Humboldt's mit Heinrich Berghaus aus den Jahren 1825 bis 1858, ed. Heinrich Berghaus, Leipzig: Constenoble, 1863.

Briefwechsel zwischen Alexander von Humboldt und Friedrich Wilhelm Bessel, edited by Hans-Joachim Felber, Berlin: Akademie Verlag, 1994

Briefwechsel zwischen Alexander von Humboldt und Emil du Bois-Reymond, ed. Ingo Schwarz and Klaus Wenig, Berlin: Akademie Verlag, 1997

Briefwechsel und Gespräche Alexander von Humboldt's mit einem jungen Freunde, aus den Jahren 1848 bis 1856, Berlin: Verlag Franz von Duncker, 1861

Briefwechsel zwischen Alexander von Humboldt und Carl Friedrich Gauß, ed. Kurt-R. Biermann, Berlin: Akademie Verlag, 1977

Briefwechsel zwischen Alexander von Humboldt und P.G. Lejeune Dirichlet, ed. Kurt-R. Biermann, Berlin: Akademie Verlag, 1982

Briefwechsel zwischen Alexander von Humboldt und Heinrich Christian Schumacher, ed. Kurt-R. Biermann, Berlin: Akademie Verlag, 1979

Central-Asien. Untersuchungen über die Gebirgsketten und die vergleichende Klimatologie, Berlin: Carl J. Klemann, 1844

Correspondance d'Alexandre de Humboldt avec François Arago (1809–1853), ed. Théodore Jules Ernest Hamy, Paris: Guilmoto, 1907

Cosmos: Sketch of a Physical Description of the Universe, trans. Elizabeth J.L. Sabine, London: Longman, Brown, Green and Longmans, and John Murray, 1845–52 (vols.1–3)

Cosmos: A Sketch of a Physical Description of the Universe, trans. E.C. Otte, London: George Bell & Sons, 1878 (vols.1–3)

Die Jugendbriefe Alexander von Humboldts 1787–1799, ed. Ilse Jahn and Fritz G. Lange, Berlin: Akademie Verlag, 1973

Die Kosmos-Vorträge 1827/28, ed. Jürgen Hamel and Klaus-Harro Tiemann, Frankfurt: Insel Verlag, 2004

Essay on the Geography of Plants (AH and Aimé Bonpland), ed. Stephen T. Jackson, Chicago and London: Chicago University Press, 2009

Florae Fribergensis specimen, Berlin: Heinrich August Rottmann, 1793

Fragmente einer Geologie und Klimatologie Asiens, Berlin: J.A. List, 1832

Ideen zu einer Geographie der Pflanzen nebst einem Naturgemälde der Tropenländer (AH and Aimé Bonpland), Tübingen: G. Cotta and Paris: F. Schoell, 1807

Kosmos. Entwurf einer physischen Weltbeschreibung, Stuttgart and Tübingen: J.G. Cotta'schen Buchhandlungen, 1845–50 (vols.1–3)

Lateinamerika am Vorabend der Unabhängigkeitsrevolution: eine Anthologie von Impressionen und Urteilen aus seinen Reisetagebüchern, ed. Margot Faak, Berlin: Akademie-Verlag, 1982

Letters of Alexander von Humboldt to Varnhagen von Ense, ed. Ludmilla Assing, London: Trübner & Co., 1860

Mineralogische Beobachtungen über einige Basalte am Rhein, Braunschweig: Schulbuchhandlung, 1790

Personal Narrative of Travels to the Equinoctial Regions of the New Continent during the years 1799–1804, trans. Helen Maria Williams, London: Longman, Hurst, Rees, Orme, Brown and John Murray, 1814–29

Personal Narrative of Travels to the Equinoctial Regions of the New Continent during the years 1799–1804, trans. Thomasina Ross, London: George Bell & Sons, 1907 (vols.1–3)

Pittoreske Ansichten der Cordilleren und Monumente americanischer Völker, Tübingen: J.G. Cotta'schen Buchhandlungen, 1810

Political Essay on the Island of Cuba. A Critical Edition, ed. Vera M. Kutzinski and Ottmar Ette, Chicago and London: Chicago University Press, 2011

Political Essay on the Kingdom of New Spain, trans. John Black, London and Edinburgh: Longman, Hurst, Rees, Orme and Brown; and H. Colburn: and W. Blackwood, and Brown and Crombie, Edinburgh, 1811

Reise auf dem Río Magdalena, durch die Anden und Mexico, ed. Margot Faak, Berlin: Akademie Verlag, 2003

Reise durch Venezuela. Auswahl aus den Amerikanischen Reisetagebüchern, ed. Margot Faak, Berlin: Akademie Verlag, 2000

Researches concerning the Institutions & Monuments of the Ancient Inhabitants of America with Descriptions & Views of some of the most Striking Scenes in the Cordilleras!, trans. Helen Maria Williams, London: Longman, Hurst, Rees, Orme, Brown, John Murray and H. Colburn, 1814

Über die unterirdischen Gasarten und die Mittel, ihren Nachteil zu vermindern. Ein Beytrag zur Physik der praktischen Bergbaukunde, Braunschweig: Vieweg, 1799

Versuch über die gereizte Muskel- und Nervenfaser, Berlin: Heinrich August Rottmann, 1797

Views of Nature, trans. E.C. Otte and H.G. Bohn, London: George Bell & Sons, 1896

Views of Nature, ed. Stephen T. Jackson and Laura Dassow Walls, trans. Mark W. Person, Chicago and London: Chicago University Press, 2014

Vues des Cordillères et monumens des peuples indigènes de l'Amérique, Paris: F. Schoell, 1810–13

A selection of Humboldt's books online: http://www.avhumboldt.de/?page_id=469

一般参考文献

Acosta de Samper, Soledad, *Biografía del General Joaquín Acosta,* Bogotá: Librería Colombiana Camacho Roldán & Tamayo, 1901

Adams, John, *The Works of John Adams,* ed. Charles Francis Adams, Boston: Little, Brown and Co., vol.10, 1856

Adler, Jeremy, 'Goethe's Use of Chemical Theory in his Elective Affinities', in Andrew Cunningham and Nicholas Jardine (eds.), *Romanticism and the Sciences,* Cambridge: Cambridge University Press, 1990

Agassiz, Louis, *Address Delivered on the Centennial Anniversary of the Birth of Alexander von Humboldt,* Boston: Boston Society of Natural History, 1869

Anderson, Melville B., 'The Conversation of John Muir', *American Museum Journal,* vol.xv, 1915

Andress, Reinhard, 'Alexander von Humboldt und Carlos Montúfar als Reisegefährten: ein Vergleich ihrer Tagebücher zum Chimborazo–Aufstieg', *HiN* XII, vol.22, 2011

Andress, Reinhard and Silvia Navia,

'Das Tagebuch von Carlos Montúfar:
Faksimile und neue Transkription', *HiN*
XIII, vol.24, 2012

Arago, François, *Biographies of Distinguished
Scientific Men*, London: Longman, 1857

Arana, Marie, *Bolívar. American Liberator*,
New York and London: Simon &
Schuster, 2013

Armstrong, Patrick, 'Charles Darwin's
Image of the World: The Influence of
Alexander von Humboldt on the Victorian
Naturalist', in Anne Buttimer et al. (ed.),
*Text and Image. Social Construction of
Regional Knowledges*, Leipzig: Institut
für Länderkunde, 1999

Assing, Ludmilla, *Briefe von Alexander von
Humboldt an Varnhagen von Ense aus
den Jahren 1827–1858*, New York: Verlag
von L. Hauser, 1860

Avery, Kevin J., *The Heart of the Andes:
Church's Great Picture*, New York:
Metropolitan Museum of Art, 1993

Ayrton, John, *The Life of Sir Humphry Davy*,
London: Henry Colburn and Richard
Bentley, 1831

Babbage, Charles, *Passages from the Life of a
Philosopher*, ed. Martin Campbell-Kelly,
London: William Pickering, 1994

Baily, Edward, *Charles Lyell*, London and
New York: Nelson, 1962

Banks, Joseph, *The Letters of Sir Joseph
Banks. A Selection, 1768–1820*, ed. Neil
Chambers, London: Imperial College
Press, 2000

——, *Scientific Correspondence of Sir Joseph
Banks*, ed. Neil Chambers, London:
Pickering & Chatto, 2007

Baron, Frank, 'From Alexander von Humboldt
to Frederic Edwin Church: Voyages
of Scientific Exploration and Artistic

Creativity', *HiN* VI, vol.10, 2005

Bartram, John, *The Correspondence of
John Bartram, 1734–1777*, ed. Edmund
Berkeley and Dorothy Smith Berkeley,
Florida: University of Florida Press, 1992

Bate, Jonathan, *Romantic Ecology.
Wordsworth and the Environmental
Tradition*, London: Routledge, 1991

Bear, James A. (ed.), *Jefferson at Monticello:
Recollections of a Monticello Slave and
of a Monticello Overseer*, Charlottesville:
University of Virginia Press, 1967

Beck, Hanno, *Gespräche Alexander von
Humboldts*, Berlin: Akademie Verlag,
1959

——, *Alexander von Humboldt*, Wiesbaden:
Franz Steiner Verlag, 1959–61

——, 'Hinweise auf Gespräche Alexander
von Humboldts', in Heinrich von Pfeiffer
(ed.), *Alexander von Humboldt. Werk und
Weltgeltung*, München: Pieper, 1969

——, *Alexander von Humboldts Reise durchs
Baltikum nach Russland und Sibirien,
1829*, Stuttgart and Vienna: Edition
Erdmann, 1983

Beinecke Rare Books & Manuscripts Library,
Goethe. The Scientist, Exhibition at
Beinecke Rare Books & Manuscripts
Library, New Haven and London: Yale
University Press, 1999

Bell, Stephen, *A Life in the Shadow: Aimé
Bonpland's Life in Southern South
America, 1817–1858*, Stanford: Stanford
University Press, 2010

Benedict, George Grenville, *Vermont in
the Civil War*, Burlington: Free Press
Association, 1888

Bergdoll, Barry, 'Of Crystals, Cells, and
Strata: Natural History and Debates
on the Form of a New Architecture in

the Nineteenth Century', *Architectural History*, vol. 50, 2007

Berghaus, Heinrich, *The Physical Atlas. A Series of Maps Illustrating the Geographical Distribution of Natural Phenomena*, Edinburgh: John Johnstone, 1845

Berlioz, Hector, *Les Soirées de l'orchestre*, Paris: Michel Lévy, 1854

——, *Mémoires de H. Berlioz, comprenant ses voyages en Italie, en Allemagne, en Russie et en Angleterre 1803–1865*, Paris: Calmann Lévy, 1878

Biermann, Kurt-R., *Miscellanea Humboldtiana*, Berlin: Akademie-Verlag, 1990a

——, *Alexander von Humboldt*, Leipzig: Teubner, 1990b

——, 'Ein "politisch schiefer Kopf" und der "letzte Mumienkasten". Humboldt und Metternich', *HiN* V, vol.9, 2004

Biermann Kurt-R. (ed.), *Alexander von Humboldt. Aus Meinem Leben. Autobiographische Bekenntnisse*, Munich: C.H. Beck, 1987

Biermann, Kurt-R., Ilse Jahn and Fritz Lange, *Alexander von Humboldt. Chronologische Übersicht über wichtige Daten seines Lebens*, Berlin: Akademie-Verlag, 1983

Biermann, Kurt-R. and Ingo Schwarz, ' "Der unheilvollste Tag meines Lebens." Der Forschungsreisende Alexander von Humboldt in Stunden der Gefahr', *Mitteilungen der Humboldt-Gesellschaft für Wissenschaft, Kunst und Bildung*, 1997

——, ' "Moralische Sandwüste und blühende Kartoffelfelder". Humboldt – Ein Weltbürger in Berlin', in Frank Holl (ed.), *Alexander von Humboldt. Netzwerke des Wissens*, Ostfildern: Hatje-Cantz, 1999a

——, ' "Werk meines Lebens". Alexander von Humboldts Kosmos', in Frank Holl (ed.), *Alexander von Humboldt. Netzwerke des Wissens*, Ostfildern: Hatje-Cantz, 1999b

——, ' "Gestört durch den Unfug eldender Strolche". Die Skandalösen Vorkommnisse beim Leichenbegräbnis Alexander von Humboldts im Mai 1859', *Mitteilungen des Vereins für die Geschichte Berlins*, vol.95, 1999c

——, 'Geboren mit einem silbernem Löffel im Munde – gestorben in Schuldknechtschaft. Die Wirtschaftlichen Verhältnisse Alexander von Humboldts', *Mitteilungen des Vereins für die Geschichte Berlins*, vol.96, 2000

——, 'Der Aachener Kongreß und das Scheitern der Indischen Reisepläne Alexander von Humboldts', *HiN* II, vol.2, 2001a

——, ' "Sibirien beginnt in der Hasenheide". Alexander von Humboldt's Neigung zur Moquerie', *HiN* II, vol.2, 2001b

——, 'Indianische Reisebegleiter. Alexander von Humboldt in Amerika', *HiN* VIII, vol.14, 2007

Binet, René, *Esquisses Décoratives*, Paris: Librairie Centrale des Beaux-Arts, *c.*1905

Bolívar, Simón, *Cartas del Libertador*, ed. Vicente Lecuna, Caracas: 1929

——, *Selected Writings of Bolívar*, ed. Vicente Lecuna, New York: Colonial Press, 1951

——, *El Libertador. Writings of Simón Bolívar*, ed. David Bushnell, trans. Frederick H. Fornhoff, Oxford: Oxford University Press, 2003

——, *Doctrina del Libertador*, ed. Manuel Pérez Vila, Caracas: Fundación Bibliotheca Ayacucho, 2009

Bölsche, Wilhelm, *Ernst Haeckel: Ein Lebensbild*, Berlin: Georg Bondi, 1909

——, *Alexander von Humboldt's Kosmos*, Berlin: Deutsche Bibliothek, 1913

Borst, Raymond R. (ed.), *The Thoreau Log: A Documentary Life of Henry David Thoreau, 1817–1862*, New York: G.K. Hall and Oxford: Maxwell Macmillan International, 1992

Botting, Douglas, *Humboldt and the Cosmos*, London: Sphere Books, 1973

Boyle, Nicholas, *Goethe. The Poet and the Age. The Poetry of Desire. 1749–1790*, I, Oxford: Clarendon Press, 1992

——, *Goethe. The Poet and the Age. Revolution and Renunciation. 1790–1803*, II, Oxford: Clarendon Press, 2000

Branch, Michael P. (ed.), *John Muir's Last Journey. South to the Amazon and East to Africa*, Washington and Covelo: Island Press, 2001

Breidbach, Olaf, *Visions of Nature. The Art and Science of Ernst Haeckel*, Munich and London: Prestel, 2006

Breidbach, Olaf and Irenäus Eibl-Eibesfeld, *Art Forms in Nature. The Prints of Ernst Haeckel*, Munich: Prestel, 1998

Briggs, Asa, *The Age of Improvement, 1783–1867*, London: Longman, 2000

Browne, Janet, *Charles Darwin. Voyaging*, London: Pimlico, 2003a

——, *Charles Darwin. The Power of Place*, London: Pimlico, 2003b

——, *Darwin's Origin of Species. A Biography*, London: Atlantic Books, 2006

Bruhns, Karl (ed.), *Life of Alexander von Humboldt*, London: Longmans, Green and Co., 1873

Brunel, Isambard, *The Life of Isambard Kingdom Brunel. Civil Engineer*, London: Longmans, Green and Co., 1870

Buchanan, R. Angus, *Brunel. The Life and Times of Isambard Kingdom Brunel*, London: Hambledon and London, 2002

Buckland, Wilhelm, *Life and Correspondence of William Buckland*, ed. Mrs Gordon (Elizabeth Oke Buckland), London: John Murray, 1894

Buell, Lawrence, *The Environmental Imagination: Thoreau, Nature Writing, and the Formation of American Culture*, Cambridge, Mass. and London: Belknap Press of Harvard University Press, 1995

Burwick, Frederick and James C. McKusick (eds.), *Faustus. From the German of Goethe*, trans. Samuel Taylor Coleridge, Oxford: Oxford University Press, 2007

Busey, Samuel Clagett, *Pictures of the City of Washington in the Past*, Washington DC: W. Ballantyne & Sons, 1898

Buttimer, Anne, 'Beyond Humboldtian Science and Goethe's Way of Science: Challenges of Alexander von Humboldt's Geography', *Erdkunde*, vol.55, 2001

Caldas, Francisco José de, *Semanario del Nuevo Reino de Granada*, Bogotá: Ministerio de Educación de Colombia, 1942

Canning, George, *Some Official Correspondence of George Canning*, ed. Edward J. Stapelton, London: Longmans, Green and Co., 1887

——, *George Canning and his Friends*, ed. Captain Josceline Bagot, London: John Murray, 1909

Cannon, Susan Faye, *Science in Culture: The Early Victorian Period*, New York: Dawson, 1978

Cawood, John, 'The Magnetic Crusade:

Science and Politics in Early Victorian Britain', *Isis*, vol.70, 1979

Channing, William Ellery, *Thoreau. The Poet-Naturalist*, Boston: Roberts Bros., 1873

Chinard, Gilbert, 'The American Philosophical Society and the Early History of Forestry in America', *Proceedings of the American Philosophical Society*, vol.89, 1945

Clark, Christopher, *Iron Kingdom: The Rise and Downfall of Prussia, 1600–1947*, London: Penguin, 2007

Clark, Rex and Oliver Lubrich (eds.), *Transatlantic Echoes. Alexander von Humboldt in World Literature*, New York and Oxford: Berghahn Books, 2012a

——, *Cosmos and Colonialism. Alexander von Humboldt in Cultural Criticism*, New York and Oxford: Berghahn Books, 2012b

Clifford, Helen and Eric Turner, 'Modern Metal', in Paul Greenhalgh (ed.), *Art Nouveau, 1890–1914*, London: V&A Publications, 2000

Cohen, I. Bernard, *Science and the Founding Fathers: Science in the Political Thought of Thomas Jefferson, Benjamin Franklin, John Adams, and James Madison*, New York and London: W.W. Norton, 1995

Coleridge, Samuel Taylor, *The Philosophical Lectures of Samuel Taylor Coleridge*, ed. Kathleen H. Coburn, London: Pilot Press, 1949

——, *The Notebooks of Samuel Taylor Coleridge*, ed. Kathleen Coburn, Princeton: Princeton University Press, 1958–2002

——, *Table Talk*, ed. Carl Woodring, London: Routledge, 1990

——, *Lectures 1818–1819 on the History of Philosophy*, ed. J.R. de J. Jackson, Princeton: Princeton University Press, 2000

Cooney Frelinghuysen, Alice, 'Louis Comfort Tifffany and New York', in Paul Greenhalgh (ed.), *Art Nouveau, 1890–1914*, London: V&A Publications, 2000

Cunningham, Andrew and Nicholas Jardine (eds.), *Romanticism and the Sciences*, Cambridge: Cambridge University Press, 1990

Cushman, Gregory T., 'Humboldtian Science, Creole Meteorology, and the Discovery of Human-Caused Climate Change in South America', *Osiris*, vol.26, 2011

Darwin, Charles, *On the Origin of Species by Means of Natural Selection*, London: John Murray, 1859

——, *Life and Letters of Charles Darwin*, ed. Francis Darwin, New York and London: D. Appleton & Co., 1911

——, *The Autobiography of Charles Darwin 1809–1882*, ed. Nora Barlow, London: Collins, 1958

——, 'Darwin's Notebooks on the Transmutation of Species, Part iv', ed. Gavin de Beer, *Bulletin of the British Museum*, vol.2, 1960

——, *Correspondence of Charles Darwin, The*, ed. Frederick Burkhardt and Sydney Schmith, Cambridge: Cambridge University Press, 1985–2014

——, *Beagle Diary*, ed. Richard Darwin Keynes, Cambridge: Cambridge University Press, 2001

——, *The Voyage of the Beagle*, Hertfordshire: Wordsworth Editions, 1997

Darwin, Erasmus, *The Botanic Garden. Part II: Containing Loves of the Plants. A Poem. With Philosophical Notes*, first published in 1789, London: J. Johnson,

1791

Daudet, Ernest, *La Police politique.*
Chronique des temps de la Restauration
d'après les rapports des agents secrets et
les papiers du Cabinet noir, 1815–1820,
Paris: Librairie Plon, 1912

Davies, Norman, *Europe. A History*, London:
Pimlico, 1997

Dean, Bradley P., 'Natural History,
Romanticism, and Thoreau', in Michael
Lewis (ed.), *American Wilderness. A New*
History, Oxford: Oxford University Press,
2007

Di Gregorio, Mario A., *From Here to Eternity:*
Ernst Haeckel and Scientific Faith,
Göttingen: Vandenhoeck & Ruprecht,
2004

—— (ed.), *Charles Darwin's Marginalia,*
New York and London: Garland, 1990

Dibdin, Thomas Frognall, *A Bibliographical,*
Antiquarian, and Picturesque Tour
in France and Germany, London: W.
Bulmer and W. Nicol, 1821

Dove, Alfred, *Die Forsters und die*
Humboldts, Leipzig: Dunder & Humplot,
1881

Eber, Ron, '"Wealth and Beauty". John Muir
and Forest Conservation', in Sally M.
Miller and Daryl Morrison (eds.), *John*
Muir. Family, Friends and Adventurers,
Albuquerque: University of New Mexico
Press, 2005

Egerton, Frank N., *Roots of Ecology. Antiquity*
to Haeckel, Berkeley: University of
California Press, 2012

Ehrlich, Willi, *Goethes Wohnhaus am*
Frauenplan in Weimar, Weimar:
Nationale Forschungs- und Gedenkstätten
der Klassik, 1983

Eichhorn, Johannes, *Die wirtschaftlichen*

Verhältnisse Alexander von Humboldts,
Gedenkschrift zur 100. Wiederkehr seines
Todestages, Berlin: Akademie Verlag,
1959

Elden, Stuart and Eduardo Mendieta (eds.),
Kant's Physische Geographie: Reading
Kant's Geography, New York: SUNY
Press, 2011

Emerson, Ralph Waldo, *The Letters of Ralph*
Waldo Emerson, ed. Ralph L. Rusk, New
York: Columbia University Press, 1939

——, *The Early Lectures of Ralph Waldo*
Emerson, ed. Stephen E. Whicher and
Robert E. Spiller, Cambridge: Harvard
University Press, 1959–72

——, *The Journals and Miscellaneous*
Notebooks of Ralph Waldo Emerson, ed.
William H. Gilman, Alfred R. Ferguson,
George P. Clark and Merrell R. Davis,
Cambridge: Harvard University Press,
1960–92

——, *The Collected Works of Ralph Waldo*
Emerson, ed. Alfred R. Ferguson et al.,
Cambridge: Harvard University Press,
1971–2013

Engelmann, Gerhard, 'Alexander
von Humboldt in Potsdam',
Veröffentlichungen des
Bezirksheimatmuseums Potsdam, no.19,
1969

Ette, Ottmar et al., *Alexander von Humboldt:*
Aufbruch in die Moderne, Berlin:
Akademie Verlag, 2001

Evelyn, John, *Sylva, Or a Discourse of Forest-*
trees, and the Propagation of Timber in
His Majesties Dominions, London: Royal
Society, 1670

Fiedler, Horst and Ulrike Leitner, *Alexander*
von Humboldts Schriften. Bibliographie
der selbständig erschienen Werke, Berlin:

Akademie Verlag, 2000

Finkelstein, Gabriel, '"Conquerors of the Künlün"? The Schlagintweit Mission to High Asia, 1854–57', *History of Science*, vol.38, 2000

Fleming, James R., *Historical Perspectives on Climate Change*, Oxford: Oxford University Press, 1998

Fontane, Theodor, *Theodor Fontanes Briefe*, ed. Walter Keitel, Munich: Hanser Verlag, vol.3, 1980

Foster, Augustus, *Jeffersonian America: Notes by Sir Augustus Foster*, San Marino: Huntington Library, 1954

Fox, Robert, *The Culture of Science in France, 1700–1900*, Surrey: Variorum, 1992

Franklin, Benjamin, *The Papers of Benjamin Franklin*, ed. Leonard W. Labaree et al., New Haven and London: Yale University Press, 1956–2008

Friedenthal, Richard, *Goethe. Sein Leben und seine Zeit*, Munich and Zurich: Piper, 2003

Friis, Herman R., 'Alexander von Humboldts Besuch in den Vereinigten Staaten von America', in Joachim H. Schulze (ed.), *Alexander von Humboldt. Studien zu seiner universalen Geisteshaltung*, Berlin: Verlag Walter de Gruyter & Co., 1959

Froncek, Thomas (ed.), *An Illustrated History: The City of Washington*, New York: Alfred A. Knopf, 1977

Gall, Lothar, *Wilhelm von Humboldt: Ein Preuße von Welt*, Berlin: Propyläen, 2011

Gallatin, Albert, *A Synopsis of the Indian Tribes*, Cambridge: Cambridge University Press, 1836

Geier, Manfred, *Die Brüder Humboldt. Eine Biographie*, Hamburg: Rowohlt

Taschenbuch Verlag, 2010

Gersdorff, Dagmar von, *Caroline von Humboldt. Eine Biographie*, Berlin: Insel Verlag, 2013

Gifford, Terry (ed.), *John Muir. His Life and Letters and Other Writings*, London: Baton Wicks, 1996

Gisel. Bonnie J., *Nature's Beloved Son. Rediscovering John Muir's Botanical Legacy*, Berkeley: Heyday Books, 2008

Glogau, Heinrich, *Akademische Festrede zur Feier des Hundertjährigen Geburtstages Alexander's von Humboldt, 14 September 1869*, Frankfurt: Verlag von F.B. Auffarth, 1969

Goethe, Johann Wolfgang von, *Goethe's Briefwechsel mit den Gebrüdern von Humboldt*, ed. F. Th. Bratranek, Leipzig: Brockhaus, 1876

——, *Goethes Briefwechsel mit Wilhelm und Alexander v. Humboldt*, ed. Ludwig Geiger, Berlin: H. Bondy, 1909

——. *Goethe Begegnungen und Gespräche*, ed. Ernst Grumach and Renate Grumach, Berlin and New York: Walter de Gruyter, 1965–2000

——, *Italienische Reise*, in Herbert v. Einem and Erich Trunz (eds.), *Goethes Werke*, Hamburger Ausgabe, Hamburg: Christian Wegener Verlag, 1967

——, *Goethes Briefe. Hamburger Ausgabe in 4 Bänden*, ed. Karl Robert Mandelkrow, Hamburg: Christian Wegener Verlag, 1968–76

——, *Briefe an Goethe, Gesamtausgabe in Regestform*, ed. Karl Heinz Hahn, Weimar: Böhlau, 1980–2000

——, *Goethes Leben von Tag zu Tag: Eine Dokumentarische Chronik*, ed. Robert Steiger, Zürich and Munich: Artemis

Verlag, 1982–96

——, *Schriften zur Morphologie*, ed. Dorothea Kuhn, Frankfurt: Deutscher Klassiker Verlag, 1987

——, *Schriften zur Allgemeinen Naturlehre, Geologie und Mineralogie*, ed. Wolf von Engelhardt and Manfred Wenzel, Frankfurt: Deutscher Klassiker Verlag, 1989

——, *Johann Wolfgang Goethe: Tag- und Jahreshefte*, ed. Irmtraut Schmid, Frankfurt: Deutscher Klassiker Verlag, 1994

——, *Johann Wolfgang Goethe: Tagebücher*, ed. Jochen Golz, Stuttgart and Weimar: J.B. Metzler, 1998–2007

——, *Johann Peter Eckermann, Gespräche mit Goethe in den Letzten Jahren seines Lebens*, ed. Christoph Michel, Frankfurt: Deutscher Klassiker Verlag, 1999

——, *Die Wahlverwandschaften*, Frankfurt: Insel Verlag, 2002

——, *Faust. Part One*, trans. David Luke, Oxford: Oxford University Press, 2008

Gould, Stephen Jay, 'Humboldt and Darwin: The Tension and Harmony of Art and Science', in Franklin Kelly (ed.), *Frederic Edwin Church*, Washington, National Gallery of Art: Smithsonian Institution Press, 1989

Granville, A.B., *St. Petersburgh: A Journal of Travels to and from that Capital. Through Flanders, the Rhenich provinces, Prussia, Russia, Poland, Silesia, Saxony, the Federated States of Germany, and France*, London: H. Colburn, 1829

Greenhalgh, Paul (ed.), *Art Nouveau, 1890–1914*, London: V&A Publications, 2000

Grove, Richard, *Green Imperialism: Colonial Expansion, Tropical Island Edens and the Origins of Environmentalism, 1600–1860*, Cambridge: Cambridge University Press, 1995

Haeckel, Ernst, *Die Radiolarien (Rhizopoda radiaria). Eine Monographie. Mit einem Atlas*, Berlin: Georg Reimer, 1862

——, *Generelle Morphologie der Organismen*, Berlin: Georg Reimer, 1866

——, 'Eine zoologische Excursion nach den Canarischen Inseln', *Jenaische Zeitschrift fuer Medicin und Naturwissenschaft*, 1867

——, 'Über Entwicklungsgang und Aufgabe der Zoologie', in Ernst Haeckel, *Gesammelte Populäre Vorträge aus dem Gebiete der Entwickelungslehre*, Zweites Heft, Bonn: Verlag Emil Strauß, 1879

——, *Bericht über die Feier des sechzigsten Geburtstages von Ernst Haeckel am 17. Februar 1894 in Jena*, Jena: Hofbuchdruckerei, 1894

——, *Die Welträthsel. Gemeinverständliche Studien über monistische Philosophie*, Bonn: Verlag Emil Strauß, 1899

——, *Kunstformen der Natur*, Leipzig and Vienna: Verlag des Bibliographischen Instituts, 1899–1904

——, *Aus Insulinde. Malayische Reisebriefe*, Bonn: Verlag Emil Strauß, 1901

——, *Entwicklungsgeschichte einer Jugend. Briefe an die Eltern, 1852–1856*, Leipzig: K.F. Koehler, 1921a

——, *Italienfahrt. Briefe an die Braut, 1859–1860*, ed. Heinrich Schmidt, Leipzig: K.F. Koehler, 1921b

——, *Berg- und Seefahrten*, Leipzig: K.F. Koehler, 1923

——, 'Eine Autobiographische Skizze', in Ernst Haeckel, *Gemeinverständliche Werke*, ed. Heinrich Schmidt, Leipzig:

Alfred Kröner Verlag, 1924, vol.1

——, *Himmelhoch jauchzend. Erinnerungen und Briefe der Liebe*, ed. Heinrich Schmidt, Dresden: Reissner, 1927

——, *Ernst Haeckel–Wilhelm Bölsche. Briefwechsel 1887–1919*, ed. Rosemarie Nöthlich, Berlin: Verlag für Wissenschaft und Bildung, 2002

Hallé, Charles, *Life and Letters of Sir Charles Hallé; Being an Autobiography (1819–1860) with Correspondence and Diaries*, ed. C.E. Hallé and Marie Hallé, London: Smith, Elder & Co., 1896

Hamel, Jürgen, Eberhard Knobloch and Herbert Pieper (eds.), *Alexander von Humboldt in Berlin. Sein Einfluß auf die Entwicklung der Wissenschaften*, Augsburg: Erwin Rauner Verlag, 2003

Harbert Petrulionis, Sandra (ed.), *Thoreau in His Own Time: A Biographical Chronicle of his Life, Drawn from Recollections, Interviews, and Memoirs by Family, Friends, and Associates*, Iowa City: University of Iowa Press, 2012

Harding, Walter, *Emerson's Library*, Charlottesville: University of Virginia Press, 1967

—— (ed.), *Thoreau as Seen by his Contemporaries*, New York: Dover Publications and London: Constable, 1989

Harman, Peter M., *The Culture of Nature in Britain, 1680–1860*, New Haven and London: Yale University Press, 2009

Hatch, Peter, *A Rich Spot of Earth. Thomas Jefferson's Revolutionary Garden at Monticello*, New Haven and London: Yale University Press, 2012

Hawthorne, Nathaniel, *The Letters, 1853–1856*, ed. Thomas Woodson et al.,

Columbus, Ohio: Ohio State University Press, vol.17, 1987

Haydon, Benjamin Robert, *The Autobiography and Journals of Benjamin Robert Haydon*, ed. Malcolm Elwin, London: Macdonald, 1950

——, *The Diary of Benjamin Robert Haydon*, ed. Willard Bissell Pope, Cambridge: Harvard University Press, 1960–63

Heiman, Hanns, 'Humboldt and Bolívar', in Joachim Schultze (ed.), *Alexander von Humboldt: Studien zu seiner Universalen Geisteshaltung*, Berlin: Walter de Gruyter, 1959

Heinz, Ulrich von, 'Die Brüder Wilhelm und Alexander von Humboldt', in Jürgen Hamel, Eberhard Knobloch and Herbert Pieper (eds.), *Alexander von Humboldt in Berlin. Sein Einfluß auf die Entwicklung der Wissenschaften*, Augsburg: Erwin Rauner Verlag, 2003

Helferich, Gerhard, *Humboldt's Cosmos*, NY: Gotham Books, 2005

Herbert, Sandra, 'Darwin, Malthus, and Selection', *Journal of the History of Biology*, vol.4, 1971

Hölder, Helmut, 'Ansätze großtektonischer Theorien des 20. Jahrhunderts bei Alexander von Humboldt', in Christian Suckow et al. (ed.), *Studia Fribergensia, Vorträge des Alexander-von-Humboldt Kolloquiums in Freiberg*, Berlin: Akademie Verlag, 1994

Holl, Frank, 'Alexander von Humboldt. Wie der Klimawandel entdeckt wurde', *Die Gazette*, vol.16, 2007–8

——, *Alexander von Humboldt. Mein Vielbewegtes Leben. Der Forscher über sich und seine Werke*, Frankfurt: Eichborn, 2009

——, (ed.), *Alexander von Humboldt. Netzwerke des Wissens*, Ostfildern: Hatje-Cantz, 1999

Holmes, Richard, *Coleridge. Darker Reflections*, London: HarperCollins, 1998

——, *The Age of Wonder. How the Romantic Generation Discovered the Beauty and Terror of Science*, London: Harper Press, 2008

Holmes, Steven J., *The Young John Muir. An Environmental Biography*, Madison: University of Wisconsin Press, 1999

Hooker, Joseph Dalton, *Life and Letters of Sir Joseph Dalton Hooker*, ed. Leonard Huxley, London: John Murray, 1918

Horne, Alistair, *Seven Ages of Paris*, New York: Vintage Books, 2004

Howarth, William L., *The Literary Manuscripts of Henry David Thoreau*, Columbus: Ohio State University Press, 1974

——, *The Book of Concord. Thoreau's Life as a Writer*, London and New York: Penguin Books, 1983

Hughes-Hallet, Penelope, *The Immortal Dinner. A Famous Evening of Genius and Laughter in Literary London 1817*, London: Penguin Books, 2001

Humboldt, Wilhelm von, *Wilhelm von Humboldts Gesammelte Schriften*, Berlin: Königlich Preussischen Akademie der Wissenschaften and B. Behr's Verlag, 1903–36

Humboldt, Wilhelm von, and Caroline von Humboldt, *Wilhelm und Caroline von Humboldt in ihren Briefen*, ed. Familie von Humboldt, Berlin: Mittler und Sohn, 1910–16

Hunt, Gaillard (ed.), *The First Forty Years of Washington Society, Portrayed by the Family Letters of Mrs Samuel Harrison Smith*, New York: C. Scribner's Sons, 1906

Hunter, Christie S. and G.B. Airy, 'Report upon a Letter Addressed by M. Le Baron de Humboldt to His Royal Highness the President of the Royal Society, and Communicated by His Royal Highness to the Council', *Abstracts of the Papers Printed in the Philosophical Transactions of the Royal Society of London*, vol.3, 1830–37

Huth, Hans, 'The American and Nature', *Journal of the Warburg and Courtauld Institutes*, vol.13, 1950

Hyman, Anthony, *Charles Babbage: Pioneer of the Computer*, Oxford: Oxford University Press, 1982

Irving, Pierre M. (ed.), *The Life and Letters of Washington Irving*, London: Richard Bentley, 1864

Jackson, Donald (ed.), *Letters of the Lewis and Clark Expedition, with Related Documents, 1783–1854*, Urbana and Chicago: University of Illinois Press, 1978

Jahn, Ilse, *Dem Leben auf der Spur. Die biologischen Forschungen Humboldts*, Leipzig: Urania, 1969

——, '"Vater einer großen Nachkommenschaft von Forschungsreisenden . . ." – Ehrungen Alexander von Humboldts im Jahre 1869', *HiN* V, vol.8, 2004

Jardine, Lisa, *Ingenious Pursuit. Building the Scientific Revolution*, London: Little, Brown, 1999

Jardine, N., J.A. Secord, and E.C. Spary (eds.), *The Cultures of Natural History*, Cambridge: Cambridge University Press, 1995

Jefferson, Thomas, *Thomas Jefferson's Garden Book, 1766–1824*, ed. Edwin M. Betts, Philadelphia: American Philosophical Society, 1944

——, *The Papers of Thomas Jefferson*, ed. Julian P. Boyd et al., Princeton and Oxford: Princeton University Press, 1950–2009

——, *Notes on the State of Virginia*, ed. William Peden, New York and London: W.W. Norton, 1982

——, *The Family Letters of Thomas Jefferson*, ed. Edwin M. Betts and James Adam Bear, Charlottesville: University of Virginia Press, 1986

——, *Jefferson's Memorandum Books: Accounts, with Legal Records and Miscellany, 1767–1826*, ed. James A. Bear and Lucia C. Stanton, Princeton: Princeton University Press, 1997

——, *The Papers of Thomas Jefferson: Retirement Series*, ed. Jeff Looney et al., Princeton and Oxford: Princeton University Press, 2004–13

Jeffrey, Lloyd N., 'Wordsworth and Science', *South Central Bulletin*, vol.27, 1967

Jessen, Hans (ed.), *Die Deutsche Revolution 1848/49 in Augenzeugenberichten*, Düsseldorf: Karl Ruach, 1968

Johnson, Paul, *A History of the American People*, New York: Harper Perennial, 1999

Judd, Richard W., 'A "Wonderfull Order and Ballance": Natural History and the Beginnings of Conservation in America, 1730–1830', *Environmental History*, vol.11, 2006

Kahle, Günter (ed.), *Simón Bolívar in zeitgenössischen deutschen Berichten 1811–1831*, Berlin: Reimer, 1983

Kant, Immanuel, *Kritik der Urteilskraft*, in Immanuel Kant, *Werke in sechs Bänden*, ed. William Weischedel, Wiesbaden: Insel Verlag, vol.5, 1957

Kaufmann, Walter (trans.), *Goethe's Faust*, New York: Doubleday, 1961

Kelly, Franklin, 'A Passion for Landscape: The Paintings of Frederic Edwin Church', in Franklin Kelly (ed.), *Frederic Edwin Church*, Washington, National Gallery of Art: Smithsonian Institution Press, 1989

Kennedy, Keith E., '"Affectionately Yours, John Muir". The Correspondence between John Muir and his Parents, Brothers, and Sisters', in Sally M. Miller (ed.), *John Muir. Life and Work*, Albuquerque: University of New Mexico Press, 1996

Kimes, William and Maymie Kimes, *John Muir: A Reading Bibliography*, Fresno: Panorama West Books, 1986

King-Hele, Desmond, *Erasmus Darwin and the Romantic Poets*, London: Macmillan, 1986

Kipperman, Mark, 'Coleridge, Shelley, Davy, and Science's Millennium', *Criticism*, vol.40, 1998

Klauss, Jochen, *Goethes Wohnhaus in Weimar: Ein Rundgang in Geschichten*, Weimar: Klassikerstätten zu Weimar, 1991

Klencke, Herman, *Alexander von Humboldt's Leben und Wirken, Reisen und Wissen*, Leipzig: Verlag von Otto Spamer, 1870

Knobloch, Eberhard, 'Gedanken zu Humboldts Kosmos', *HiN* V, vol.9, 2004

——, 'Alexander von Humboldts Weltbild', *HiN* X, vol.19, 2009

Köchy, Kristian, 'Das Ganze der Natur Alexander von Humboldt und das romantische Forschungsprogramm', *HiN*

III, vol.5, 2005

Kockerbeck, Christoph, *Ernst Haeckels 'Kunstformen der Natur' und ihr Einfluß auf die deutsche bildende Kunst der Jahrhundertwende. Studie zum Verhältnis von Kunst und Naturwissenschaften im Wilhelminischen Zeitalter*, Frankfurt: Lang, 1986

Koop, Rudolph (ed.), *Haeckel und Allmers. Die Geschichte einer Freundschaft in Briefen der Freunde*, Bremen: Forschungsgemeinschaft für den Raum Weser-Ems, 1941

Körber, Hans-Günther, Über Alexander von Humboldts Arbeiten zur *Meteorologie und Klimatologie*, Berlin: Akademie Verlag, 1959

Kortum, Gerhard, '"Die Strömung war schon 300 Jahre vor mir allen Fischerjungen von Chili bis Payta bekannt". Der Humboldtstrom', in Frank Holl (ed.), *Alexander von Humboldt. Netzwerke des Wissens*, Ostfildern: Hatje-Cantz, 1999

Krätz, Otto, '"Dieser Mann vereinigt in sich eine ganze Akademie". Humboldt in Paris', in Frank Holl (ed.), *Alexander von Humboldt. Netzwerke des Wissens*, Ostfildern: Hatje-Cantz, 1999a

——, 'Alexander von Humboldt. Mythos, Denkmal oder Klischee?', in Frank Holl (ed.), *Alexander von Humboldt. Netzwerke des Wissens*, Ostfildern: Hatje-Cantz, 1999b

Krauße, Erika, 'Ernst Haeckel: "Promorphologie und evolutionistische ästhetische Theorie" – Konzept und Wirkung', in Eve-Marie Engels (ed.), *Die Rezeption von Evolutionstheorien im 19. Jahrhundert*, Frankfurt: Suhrkamp, 1995

Krumpel, Heinz, 'Identität und Differenz. Goethes Faust und Alexander von Humboldt', *HiN* VIII, vol.14, 2007

Kutzinski, Vera M., *Alexander von Humboldt's Transatlantic Personae*, London: Routledge, 2012

Kutzinski, Vera M., Ottmar Ette and Laura Dassow Walls (eds.), *Alexander von Humboldt and the Americas*, Berlin: Verlag Walter Frey, 2012

Langley, Lester D., *The Americas in the Age of Revolution, 1750–1850*, New Haven and London: Yale University Press, 1996

Laube, Heinrich, *Erinnerungen. 1810–1840*, Vienna: Wilhelm Braumüller, 1875

Lautemann, Wolfgang and Manfred Schlenke (ed.), *Geschichte in Quellen. Das bürgerliche Zeitalter 1815–1914*, Munich: Oldenbourg Schulbuchverlag, 1980

Leitner, Ulrike, 'Die englischen Übersetzungen Humboldtscher Werke', in Hanno Beck et al. (ed.), *Natur, Mathematik und Geschichte: Beiträge zur Alexander-von-Humboldt-Forschung und zur Mathematikhistoriographie*, Leipzig: Barth, 1997

——, 'Alexander von Humboldts Schriften – Anregungen und Reflexionen Goethes', *Das Allgemeine und das Einzelne – Johann Wolfgang von Goethe und Alexander von Humboldt im Gespräch*, *Acta Historica Leopoldina*, vol. 38, 2003

——, ' "Da ich mitten in dem Gewölk sitze, das elektrisch geladen ist . . ." Alexander von Humboldts Äußerungen zum politischen Geschehen in seinen Briefen an Cotta', in Hartmut Hecht et al., *Kosmos und Zahl. Beiträge zur Mathematik- und Astronomiegeschichte, zu Alexander von Humboldt und Leibniz*, Stuttgart: Franz Steiner Verlag, 2008

Leitzmann, Albert, *Georg und Therese Forster und die Brüder Humboldt. Urkunden und Umrisse*, Bonn: Röhrscheid, 1936

Levere, Trevor H., *Poetry Realized in Nature. Samuel Tayler Coleridge and Early Nineteenth-Century Science*, Cambridge: Cambridge University Press, 1981

——, 'Coleridge and the Sciences', in Andrew Cunningham and Nicholas Jardine (eds.), *Romanticism and the Sciences*, Cambridge: Cambridge University Press, 1990

Lewis, Michael (ed.), *American Wilderness. A New History*, Oxford: Oxford University Press, 2007

Lieber, Francis, *The Life and Letters of Francis Lieber*, ed. Thomas Sergant Perry, Boston: James R. Osgood & Co., 1882

Litchfield, Henrietta (ed.), *Emma Darwin. A Century of Family Letters, 1792–1896*, New York: D. Appleton and Company, 1915

Lowenthal, David, *George Perkins Marsh. Prophet of Conservation*, Seattle and London: University of Washington Press, 2003

Lyell, Charles, *Principles of Geology*, London: John Murray, 1830 (1832, second edition)

——, *Life, Letters and Journals of Sir C. Lyell*, ed. Katharine Murray Lyell, London: John Murray, 1881

Lynch, John, *Simón Bolívar. A Life*, New Haven and London: Yale University Press, 2007

MacGregor, Arthur, *Sir Hans Sloane. Collector, Scientist, Antiquary, Founding Father of the British Museum*, London: British Museum Press, 1994

McKusick, James C., 'Coleridge and the Economy of Nature', *Studies in Romanticism*, vol.35, 1996

Madison, James, *The Papers of James Madison: Presidential Series*, ed. Robert A. Rutland et al., Charlottesville: University of Virginia Press, 1984–2004

——, *The Papers of James Madison: Secretary of State Series*, ed. Robert J. Brugger et al., Charlottesville: University of Virginia Press, 1986–2007

——, *The Papers of James Madison: Retirement Series*, ed. David B. Mattern et al., Charlottesville: University of Virginia Press, 2009

Marrinan, Michael, *Romantic Paris. Histories of a Cultural Landscape, 1800–1850*, Stanford: Stanford University Press, 2009

Marsh, George Perkins, *The Camel. His Organization Habits and Uses*, Boston: Gould and Lincoln, 1856

——, *Report on the Artificial Propagation of Fish*, Burlington: Free Press Print, 1857

——, *Lectures on the English Language*, New York: Charles Scribner, 1861

——, *Life and Letters of George Perkins Marsh*, ed. Caroline Crane Marsh, New York: Charles Scribner's and Sons, 1888

——, *Catalogue of the Library of George Perkins Marsh*, Burlington: University of Vermont, 1892

——, *So Great A Vision: The Conservation Writings of George Perkins Marsh*, ed. Stephen C. Trombulak, Hanover: University Press of New England, 2001

——, *Man and Nature; or, Physical Geography as Modified by Human Action*, 1864, facsimile of first edition, ed. David Lowenthal, Seattle and London: University of Washington Press, 2003

Merseburger, Peter, *Mythos Weimar. Zwischen*

Geist und Macht, Munich: Deutscher
Taschenbuch Verlag, 2009

Meyer-Abich, Adolph, *Alexander von
Humboldt*, Bonn: Inter Nationes, 1969

Miller, Char, *Gifford Pinchot and the
Making of Modern Environmentalism*,
Washington: Island Press, 2001

Miller, Sally M. (ed.), *John Muir. Life and
Work*, Albuquerque: University of New
Mexico Press, 1996

——, *John Muir in Historical Perspective*,
New York: Peter Lang, 1999

Minguet, Charles, 'Las relaciones entre
Alexander von Humboldt y Simón
de Bolívar', in Alberto Filippi (ed.),
*Bolívar y Europa en las crónicas, el
pensamiento político y la historiografía*,
Caracas: Ediciones de la Presidencia de la
República, vol.1, 1986

Mommsen, Wolfgang J., *1848. Die
Ungewollte Revolution*, Frankfurt: Fischer
Verlag, 2000

Moreno Yánez, Segundo E. (ed.), *Humboldt
y la Emancipación de Hispanoamérica*,
Quito: Edipuce, 2011

Morgan, S.R., 'Schelling and the Origins
of his Naturphilosophie', in Andrew
Cunningham and Nicholas Jardine
(eds.), *Romanticism and the Sciences*,
Cambridge: Cambridge University Press,
1990

Moritz, Carl Philip, *Carl Philip Moritz.
Journeys of a German in England in
1782*, ed. Reginald Nettel, London:
Jonathan Cape, 1965

Mueller, Conrad, *Alexander von Humboldt
und das preussische Königshaus. Briefe
aus dem Jahre 1835–1857*, Leipzig: K.F.
Koehler, 1928

Muir, John, Manuscript Journal: 'The

"thousand mile walk" from Kentucky
to Florida and Cuba, September 1867–
February 1868', online collection of John
Muir journals. Holt-Atherton Special
Collections, University of the Pacific
Library, Stockton, California. ©1984
Muir-Hanna Trust

——, Manuscript 'Sierra Journal', vol.1:
Summer 1869, notebook, circa 1887, John
Muir Papers, Series 3, Box 1: Notebooks.
Holt-Atherton Special Collections,
University of the Pacific Library,
Stockton, California. ©1984 Muir-Hanna
Trust

——, 'Sierra Journal', vol.1: Summer 1869,
typescript, circa 1910, John Muir Papers,
Series 3, Box 1: Notebooks. Holt-Atherton
Special Collections, University of the
Pacific Library, Stockton, California. ©
1984 Muir-Hanna Trust

——, Manuscript Journal, 'World Tour', pt.1,
June–July 1903, online collection of John
Muir journals. Holt-Atherton Special
Collections, University of the Pacific
Library, Stockton, California. © 1984
Muir-Hanna Trust

——, 'The Wild Parks and Forest Reservations
of the West', *Atlantic Monthly*, vol.81,
January 1898

——, *Our National Parks*, Boston and New
York: Houghton Mifflin Company, 1901

——, *My First Summer in the Sierra*, Boston
and New York: Houghton Mifflin
Company, 1911

——, *The Yosemite*, New York: Century Co.,
1912

——, *The Story of my Boyhood and Youth*,
Boston and New York: Houghton Mifflin
Company, 1913

——, *A Thousand-Mile Walk to the Gulf*, ed.

William Frederic Badè, Boston and New York: Houghton Mifflin Company, 1916

——, *Life and Letters of John Muir*, ed. William Frederic Badè, Boston and New York: Houghton Mifflin Company, 1924

Mumford, Lewis, *The Brown Decades. A Study of the Arts in America, 1865–1895*, New York: Harcourt, Brace and Company, 1931

Murchison, Roderick Impey, 'Address to the Royal Geographical Society of London, 23 May 1859', *Proceedings of the Royal Geographical Society of London*, vol.3, 1858–9

——, *Life of Sir Roderick I. Murchison*, ed. Archibald Geikie, London: John Murray, 1875

Myers, A.C., *Narratives of Early Pennsylvania, West Jersey, and Delaware, 1630–1707*, New York: Charles Scribner's and Sons, 1912

Myerson, Joel, 'Emerson's Thoreau: A New Edition from Manuscript', *Studies in American Renaissance*, 1979

Nash, Roderick, *Wilderness and the American Mind*, New Haven and London: Yale University Press, 1982

Nelken, Halina, *Alexander von Humboldt. Bildnisse und Künstler. Eine dokumentierte Ikonographie*, Berlin: Dietrich Reimer Verlag, 1980

Nichols, Sandra, 'Why Was Humboldt Forgotten in the United States?', *Geographical Review*, vol. 96, 2006

Nicolai, Friedrich, *Beschreibung der Königlichen Residenzstädte Berlin und Potsdam und aller daselbst befindlicher Merkwürdigkeiten*, Berlin: Buchhändler unter der Stechbahn, 1769

Nollendorf, Cora Lee, 'Alexander von Humboldt Centennial Celebrations in the United States: Controversies Concerning his Work', *Monatshefte*, vol.80, 1988

North, Douglass C., *Growth and Welfare in the American Past*, Englewood Cliffs: Prentice- Hall International, 1974

Norton, Paul F., 'Thomas Jefferson and the Planning of the National Capital', in William Howard Adams (ed.), *Jefferson and the Arts: An Extended View*, Washington, DC: National Gallery of Art, 1976

O'Hara, James Gabriel, 'Gauss and the Royal Society: The Reception of his Ideas on Magnetism in Britain (1832–1842)', *Notes and Records of the Royal Society of London*, vol.38, 1983

O'Leary, Daniel F., *Memorias del General O'Leary*, Caracas: Imprenta de El Monitor, 1879–88

——, *Bolívar y la emancipación de Sur-America*, Madrid: Sociedad Española de Librería, 1915

——, *The 'Detached Recollections' of General D.F. O'Leary*, ed. R.A. Humphreys, London: Published for the Institute of Latin American Studies, Athlone Press, 1969

Oppitz, Ulrich-Dieter, 'Der Name der Brüder Humboldt in aller Welt', in Heinrich von Pfeiffer (ed.), *Alexander von Humboldt. Werk und Weltgeltung*, München: Pieper, 1969

Osten, Manfred, 'Der See von Valencia oder Alexander von Humboldt als Pionier der Umweltbewegung', in Irina Podterga (ed.), *Schnittpunkt Slavistik. Ost und West im Wissenschaftlichem Dialog*, Bonn: University Press, vol.1, 2012

Päßler, Ulrich, *Ein 'Diplomat aus den*

Wäldern des Orinoko'. Alexander von Humboldt als Mittler zwischen Preußen und Frankreich, Stuttgart: Steiner Verlag, 2009

Patterson, Elizabeth C., 'Mary Somerville', *The British Journal for the History of Science,* 1969, vol.4

——, 'The Case of Mary Somerville: An Aspect of Nineteenth-Century Science', *Proceedings of the American Philosophical Society*, 1975, vol.118

Peale, Charles Willson, *The Selected Papers of Charles Willson Peale and His Family*, ed. Lillian B. Miller, New Haven and London: Yale University Press, 1983–2000

Pfeiffer, Heinrich von (ed.), *Alexander von Humboldt. Werk und Weltgeltung*, München: Pieper, 1969

Phillips, Denise, 'Building Humboldt's Legacy: The Humboldt Memorials of 1869 in Germany', *Northeastern Naturalist*, vol.8, 2001

Pieper, Herbert, 'Alexander von Humboldt: Die Geognosie der Vulkane', *HiN* VII, vol.13, 2006

Plumer, William, *William Plumer's Memorandum of Proceedings in the United States Senate 1803–07*, ed. Everett Somerville Brown, New York: Macmillan Company, 1923

Podach, Erich Friedrich, 'Alexander von Humboldt in Paris: Urkunden und Begebnisse', in Joachim Schultze (ed.), *Alexander von Humboldt: Studien zu seiner universalen Geisteshaltung*, Berlin: Walter de Gruyter, 1959

Poe, Edgar Allan, *Eureka. A Prose Poem*, New York: Putnam, 1848

Porter, Roy (ed.), *Cambridge History of Science. Eighteenth-Century Science*, Cambridge: Cambridge University Press, vol.4, 2003

Pratt, Marie Louise, *Imperial Eyes. Travel Writing and Transculturation*, London: Routledge, 1992

Proctor, Robert, 'Architecture from the Cell-Soul: Rene Binet and Ernst Haeckel', *Journal of Architecture*, vol.11, 2006

Pückler Muskau, Hermann Prince of, *Tour in England, Ireland and France, in the Years 1826, 1827, 1828 and 1829*, Philadelphia: Carey, Lea and Blanchard, 1833

Pudney, John, *Brunel and his World*, London: Thames and Hudson, 1974

Puig-Samper, Miguel-Ángel and Sandra Rebok, 'Charles Darwin and Alexander von Humboldt: An Exchange of Looks between Famous Naturalists', *HiN* XI, vol.21, 2010

Rebok, Sandra, 'Two Exponents of the Enlightenment: Transatlantic Communication by Thomas Jefferson and Alexander von Humboldt', *Southern Quarterly*, vol.43, no.4, 2006

——, *Humboldt and Jefferson: A Transatlantic Friendship of the Enlightenment*, Charlottesville: University of Virginia Press, 2014

Recke, Elisa von der, *Tagebuch einer Reise durch einen Theil Deutschlands und durch Italien in den Jahren 1804 bis 1806*, ed. Carl August Böttiger, Berlin: In der Nicolaischen Buchhandlung, 1815

Reill, Peter Hanns, 'The Legacy of the "Scientific Revolution". Science and the Enlightenment', in Roy Porter (ed.), *Cambridge History of Science. Eighteenth-Century Science,* Cambridge: Cambridge University Press, vol.4, 2003

Richards, Robert J., *The Romantic Conception of Life: Science and Philosophy in the Age of Goethe*, Chicago and London: Chicago University Press, 2002

——, *The Tragic Sense of Life: Ernst Haeckel and the Struggle over Evolutionary Thought*, Chicago and London: University of Chicago Press, 2009

Richardson, Heather Cox, *West from Appomattox. The Reconstruction of America after the Civil War*, New Haven and London: Yale University Press, 2007

Richardson, Robert D., *Henry Thoreau. A Life of the Mind*, Berkeley: University of California Press, 1986

Rippy, Fred J. and E.R. Brann, 'Alexander von Humboldt and Simón Bolívar', *American Historical Review*, vol.52, 1947

Robinson, Henry Crabb, *Diary, Reminiscences, and Correspondence of Henry Crabb Robinson*, ed. Thomas Sadler, London: Macmillan and Co., 1869

Rodríguez, José Ángel, 'Alexander von Humboldt y la Independencia de Venezuela', in Segundo E. Moreno Yánez (ed.), *Humboldt y la Emancipación de Hispanoamérica*, Quito: Edipuce, 2011

Roe, Shirley A., 'The Life Sciences', in Roy Porter (ed.), *Cambridge History of Science. Eighteenth-Century Science*, Cambridge: Cambridge University Press, vol.4, 2003

Rose, Gustav, *Mineralogisch-Geognostische Reise nach dem Ural, dem Altai und dem Kaspischen Meere*, Berlin: Verlag der Sanderschen Buchhandlung, 1837–42

Rossi, William (ed.), *Walden; and, Resistance to Civil Government: Authoritative Texts, Thoreau's Journal, Reviews and Essays in Criticism*, New York and London: Norton,
1992

Roussanova, Elena, 'Hermann Trautschold und die Ehrung, Alexander von Humboldts in Russland', *HiN* XIV, vol.27, 2013

Rudwick, Martin J.S., *The New Science of Geology: Studies in the Earth Sciences in the Age of Revolution*, Aldershot: Ashgate Variorum, 2004

Rupke, Nicolaas A., *Alexander von Humboldt. A Metabiography*, Chicago: Chicago University Press, 2005

Rush, Richard, *Memoranda of a Residence at the Court of London*, Philadelphia: Key and Biddle, 1833

Sachs, Aaron, 'The Ultimate "Other": Post-Colonialism and Alexander von Humboldt's Ecological Relationship with Nature', *History and Theory*, vol.42, 2003

——, *The Humboldt Current. Nineteenth-Century Exploration and the Roots of American Environmentalism*, New York: Viking, 2006

Safranski, Rüdiger, *Goethe und Schiller. Geschichte einer Freundschaft*, Frankfurt: Fischer Verlag, 2011

Sarton, George, 'Aimé Bonpland', *Isis*, vol.34, 1943

Sattelmeyer, Robert, *Thoreau's Reading: A Study in Intellectual History with Bibliographical Catalogue*, Princeton: Princeton University Press, 1988

——, 'The Remaking of Walden', in William Rossi (ed.), *Walden; and, Resistance to Civil Government: Authoritative Texts, Thoreau's Journal, Reviews and Essays in Criticism*, New York and London: Norton, 1992

Schama, Simon, *Landscape and Memory*, London: Fontana Press, 1996

Schifko, Georg, 'Jules Vernes literarische
Thematisierung der Kanarischen
Inseln als Hommage an Alexander von
Humboldt', *HiN* XI, vol.21, 2010
Schiller, Friedrich, *Schillers Leben. Verfasst
aus Erinnerungen der Familie, seinen
eignen Briefen und den Nachrichten
seines Freundes Körner*, ed. Christian
Gottfried Körner and Caroline von
Wohlzogen, Stuttgart and Tübingen: J.G.
Cotta'schen Buchhandlung, 1830
——, *Schillers Werke: Nationalausgabe.
Briefwechsel*, ed. Julius Petersen and
Gerhard Fricke, Weimar: Böhlaus, 1943–
2003
Schiller, Friedrich, and Johann Wolfgang von
Goethe, *Briefwechsel zwischen Schiller
und Goethe in den Jahren 1794–1805*,
Stuttgart and Augsburg: J.G. Cotta'scher
Verlag, 1856
Schiller, Friedrich and Christian Gottfried
Körner, *Schillers Briefwechsel mit
Körner*, Berlin: Veit und Comp, 1847
Schneppen, Heinz, 'Aimé Bonpland:
Humboldts Vergessener Gefährte?',
*Berliner Manuskripte zur Alexander-von-
Humboldt-Forschung*, no.14, 2002
Schulz, Wilhelm, 'Aimé Bonpland: Alexander
von Humboldt's Begleiter auf der
Amerikareise, 1799–1804: Sein Leben
und Wirken, besonders nach 1817
in Argentinien', *Abhandlungen der
Mathematisch-Naturwissenschaftlichen
Klasse der Akademie der Wissenschaften
und der Literatur*, no.9, 1960
Schwarz, Ingo, '"Es ist meine Art, einen und
denselben Gegenstand zu verfolgen, bis
ich ihn aufgeklärt habe". Äußerungen
Alexander von Humboldts über sich
selbst', *HiN* I, vol.1, 2000

Scott, John, *A Visit to Paris in 1814*, London:
Longman, Hurst, Rees, Orme and Brown,
1816
Seeberger, Max, '"Geographische Längen
und Breiten bestimmen, Berge messen."
Humboldts Wissenschaftliche Instrumente
und Seine Messungen in den Tropen
Amerikas', in Frank Holl (ed.), *Alexander
von Humboldt. Netzwerke des Wissens*,
Ostfildern: Hatje-Cantz, 1999
Serres, Michael (ed.), *A History of Scientific
Thought: Elements of a History of
Science*, Oxford: Blackwell, 1995
Shanley, J. Lyndon, *The Making of Walden,
with the Text of the First Version*,
Chicago: University of Chicago Press,
1957
Shelley, Mary, *Frankenstein, or, The Modern
Prometheus*, Oxford: Oxford University
Press, 1998
Sims, Michael, *The Adventures of Henry
Thoreau. A Young Man's Unlikely Path
to Walden Pond*, New York and London:
Bloomsbury, 2014
Slatta, Richard W. and Jane Lucas De
Grummond, *Simón Bolívar's Quest for
Glory*, College Station: Texas A&M
University Press, 2003
Southey, Robert, *New Letters of Robert
Southey*, ed. Kenneth Curry, New York
and London: Columbia University Press,
1965
Staël, Anne-Louise-Germaine de,
Deutschland, Reutlingen: Mäcekn'schen
Buchhandlung, 1815
Stephenson, R.H., *Goethe's Conception of
Knowledge and Science*, Edinburgh:
Edinburgh University Press, 1995
Stott, Rebecca, *Darwin's Ghosts. In Search
of the First Evolutionists*, London:

Bloomsbury, 2012

Suckow, Christian, '"Dieses Jahr ist mir das wichtigste meines unruhigen Lebens geworden". Alexander von Humboldts Russisch–Sibirische Reise im Jahre 1829', in Frank Holl (ed.), *Alexander von Humboldt. Netzwerke des Wissens*, Ostfildern: Hatje-Cantz, 1999

——, 'Alexander von Humboldt und Russland', in Ottmar Ette et al., *Alexander von Humboldt: Aufbruch in die Moderne*, Berlin: Akademie Verlag, 2001

Suckow, Christian et al. (ed.), *Studia Fribergensia, Vorträge des Alexander-von-Humboldt Kolloquiums in Freiberg*, Berlin: Akademie Verlag, 1994

Taylor, Bayard, *The Life, Travels and Books of Alexander von Humboldt*, New York: Rudd & Carleton, 1860

Terra, Helmut de, *Humboldt. The Life and Times of Alexander von Humboldt*, New York: Knopf, 1955

Théodoridès, Jean, 'Humboldt and England', *British Journal for the History of Science*, vol.3, 1966

Thiemer-Sachse, Ursula, '"Wir verbrachten mehr als 24 Stunden, ohne etwas anderes als Schokolade und Limonande zu uns zu nehmen". Hinweise in Alexander von Humboldts Tagebuchaufzeichnungen zu Fragen der Verpflegung auf der Forschungsreise durch Spanisch-Amerika', *HiN* XIV, vol.27, 2013

Thomas, Keith, *Man and the Natural World. Changing Attitudes in England 1500–1800*, London, Penguin Books, 1984

Thomson, Keith, *HMS Beagle. The Story of Darwin's Ship,* New York and London: W.W. Norton, 1995

——, *A Passion for Nature: Thomas Jefferson and Natural History*, Monticello: Thomas Jefferson Foundation, 2008

——, *The Young Charles Darwin*, New Haven and London: Yale University Press, 2009

——, *Jefferson's Shadow. The Story of his Science*, New Haven and London: Yale University Press, 2012

Thoreau, Henry David, *The Writings of Henry David Thoreau: Journal*, ed. Bradford Torrey, Boston: Houghton Mifflin, 1906

——, *The Writings of Henry David Thoreau: The Maine Woods*, Boston: Houghton Mifflin, 1906, vol.3

——, *The Writings of Henry David Thoreau: Excursion and Poems*, Boston: Houghton Mifflin, 1906, vol.5

——, *The Writings of Henry David Thoreau: Familiar Letters*, ed. F.B. Sanborn, Boston: Houghton Mifflin, 1906, vol.6

——, *Walden*, New York: Thomas Y. Crowell & Co., 1910

——, *The Correspondence of Henry David Thoreau*, ed. Walter Harding and Carl Bode, Washington Square: New York University Press, 1958

——, *The Writings of Henry D. Thoreau: Journal*, ed. Robert Sattelmeyer et al., Princeton, N.J.: Princeton University Press, 1981–2002

Tocqueville, Alexis de, *Memoir, Letters, and Remains of Alexis de Tocqueville*, Cambridge and London: Macmillan and Co., 1861

Turner, John, 'Wordsworth and Science', *Critical Survey*, vol.2, 1990

Uschmann, Georg (ed.), *Ernst Haeckel. Biographie in Briefen*, Leipzig: Urania, 1983

Varnhagen, K.A. von Ense, *Die Tagebücher von K.A. Varnhagen von Ense*, Leipzig:

Brockhaus, vol.4, 1862

——, *Denkwürdigkeiten des Eigenen Lebens*, ed. Konrad Feilchenfeldt, Frankfurt: Deutscher Klassiker Verlag, 1987

Voght, Casper, *Caspar Voght und sein Hamburger Freundeskreis. Briefe aus einem tätigen Leben*, ed. Kurt Detlev Möller and Annelise Marie Tecke, Hamburg: Veröffentlichungen des Vereins für Hamburgische Geschichte, 1959–67

Walls, Laura Dassow, *Seeing New Worlds. Henry David Thoreau and Nineteenth-Century Natural Science*, Madison: University of Wisconsin Press, 1995

——, 'Rediscovering Humboldt's Environmental Revolution', *Environmental History*, vol.10, 2005

——, *The Passage to Cosmos. Alexander von Humboldt and the Shaping of America*, Chicago and London: University of Chicago Press, 2009

——, 'Henry David Thoreau: Writing the Cosmos', *Concord Saunterer. A Journal of Thoreau Studies*, vol.19/20, 2011–12

Watson, Peter, *The German Genius. Europe's Third Renaissance, the Second Scientific Revolution, and the Twentieth Century*, London and New York: Simon & Schuster, 2010

Webster, Daniel, *The Writings and Speeches of Daniel Webster*, Boston: Little, Brown, 1903

Weigel, Engelhard, 'Wald und Klima: Ein Mythos aus dem 19. Jahrhundert', *HiN* V, vol.9, 2004

Weingarden, Laura S., 'Louis Sullivan and the Spirit of Nature', in Paul Greenhalgh (ed.), *Art Nouveau, 1890–1914*, London: V&A Publications, 2000

Werner, Petra, 'Übereinstimmung oder Gegensatz? Zum Widersprüchlichen Verhältnis zwischen A.v.Humboldt und F.W.J. Schelling', *Berliner Manuskripte zur Alexander-von-Humboldt Forschung*, vol.15, 2000

——, *Himmel und Erde. Alexander von Humboldt und sein Kosmos*, Berlin: Akademie Verlag, 2004

——, 'Zum Verhältnis Charles Darwins zu Alexander v. Humboldt und Christian Gottfried Ehrenberg', *HiN* X, vol.18, 2009

——, *Naturwahrheit und ästhetische Umsetzung: Alexander von Humboldt im Briefwechsel mit bildenden Künstlern*, Berlin: Akademie Verlag, 2013

White, Jerry, *London in the Eighteenth Century. A Great and Monstrous Thing*, London: The Bodley Head, 2012

Whitman, Walt, *Leaves of Grass*, Boston: Thayer and Eldridge, 1860

Wiegand, Dometa, 'Alexander von Humboldt and Samuel Taylor Coleridge: The Intersection of Science and Poetry', *Coleridge Bulletin*, 2002

Wiley, Michael, *Romantic Geography. Wordsworth and Anglo-European Spaces*. London: Palgrave Macmillan, 1998

Wilson, Alexander, *Life and Letters of Alexander Wilson,* ed. Clark Hunter, Philadelphia: American Philosophical Society, 1983

Wilson, Jason (ed.), *Alexander von Humboldt. Personal Narrative. Abridged and Translated*, London: Penguin Books, 1995

Wilson, Leonard G., *Charles Lyell: The Years to 1841. The Revolution in Geology*, New Haven and London: Yale University Press, 1972

Wolfe, Linnie Marsh, *Son of Wilderness. The Life of John Muir*, New York: Alfred A. Knopf, 1946

——, *John of the Mountains: The Unpublished Journals of John Muir*, Madison: University of Wisconsin Press, 1979

Wood, David F., *An Observant Eye. The Thoreau Collection at the Concord Museum*, Concord: Concord Museum, 2006

Wordsworth, William and Dorothy Wordsworth, *The Letters of William and Dorothy: The Middle Years*, ed. Ernest de Selincourt, Oxford: Clarendon Press, 1967–93

Worster, Donald, *Nature's Economy. The Roots of Ecology*, San Francisco: Sierra Club Books, 1977

——, *A Passion for Nature. The Life of John Muir*, Oxford: Oxford University Press, 2008

Wu, Duncan, *Wordsworth's Reading, 1800–1815*, Cambridge: Cambridge University Press, 1995

Wulf, Andrea, *Brother Gardeners. Botany, Empire and the Birth of an Obsession*, London: William Heinemann, 2008

——, *Founding Gardeners. How the Revolutionary Generation Created an American Eden*, London: William Heinemann, 2011

Wyatt, John, *Wordsworth and the Geologists*, Cambridge: Cambridge University Press, 1995

Young, Sterling James, *The Washington Community 1800–1828*, New York and London: A Harvest/HBJ Book, 1966

Zeuske, Michael, *Símon Bólivar, Befreier Südamerikas: Geschichte und Mythos*, Berlin: Rotbuch Verlag, 2011

译后记

　　大自然如何能被人类——更何况是某位单枪匹马的历史人物——所"创造"？翻阅至此，读者心中想已有了答案。本书作者安德烈娅·武尔夫以"自然"命题来追溯传主亚历山大·冯·洪堡的一生，是为了说明我们今天众所周知的某些自然观念并非古来有之，而是拜近代以降全球范围内若干重大学术突破所赐。普鲁士贵族青年洪堡如何踏上美洲之旅、又如何将美洲给予他的影响诉诸文字与图像，进而成为左右世界科技文明进程的伟大人物，便是这自然观变迁史的重要篇章。

　　认为自然是一个庞大的有机整体，天、地、人环环相扣，相互影响，是洪堡学术的根基所在，这对于熟悉天人合一世界观的中文读者而言或许并不陌生。然而这部传记最为杰出的贡献，在于通过广泛而深入的档案和文献研究，为我们重现出当时的历史场景，启发我们思考某种自然观如何在历史进程中与其他观念争锋，又如何在具体的情境中生发出个人及社会行动。作者反复强调，今日重温洪堡众多预言式的洞见，是因为人与自然的关系仍难以维系脆弱的平衡。在当今对抗气候变化、环境灾害频发的大背景下，洪堡的经历或许对中国的未来具有启示意义。

　　我尤其希望读者留意两点：一是科学研究与其他知识及艺术形式之间相互交融，可以在歌德、洪堡、梭罗等人的生涯中找到例证。二是科学与政治、经济的互动，知识的共和国试图超越语言与国境的障碍，却也与地缘乃至全球政治紧密相关。如果不是拿破仑发起征服欧洲的战役，洪堡也许不会取道西班牙前往美洲；但玻利瓦尔通过与洪堡的交游而立下复国的志向，却是所有人始料未及的事。当大英帝国的亚洲版图对洪堡紧闭大门，俄国的西伯利亚大道却向他开敞，使得他能够一诣中俄边境，成为大清朝命官的客人。今天，科学的专门化程度固然日益深入，但最新的科学进展仍然激发着人们的想象力；从洪堡的时代开始奠定的科学世界格局，正在翻开新的一页。

我必须感谢家人对我工作的支持和后浪出版公司的大力协助。翻译这本书的初衷是对洪堡兄弟的事迹加深了解。然而这并不止是一个人的传记，毋宁说是一组涵盖18世纪后期至19世纪中叶乃至末叶的人物群像。从歌德、康德到居维叶、盖伊－吕萨克，从班克斯到达尔文，从杰斐逊到爱默生、梭罗、马什与缪尔，再到20世纪的蕾切尔·卡森，以及不那么知名的人物比如邦普兰、蒙图法尔和卡洛琳娜·冯·洪堡，都在洪堡的世界里纷纷亮相。今天读到洪堡的故事，我们明天或许可以通过实地考察、感受、书写和身体力行，来续写新的篇章。用洪堡的话来说："人必须向往善和崇高、伟大的事物……其余的则交给命运。"

边和

2017年6月12日于北京

出版后记

在甘肃省西南部与青海省界上、党河以南处，有一支属祁连山西段的山脉。该山脉西起当金山口，东至哈拉湖盆西侧，总长约300公里，曾名乌兰大坂山，现名党河南山。在《中亚植物志》（*Plants of Central Asia*）、《中国龙虱》（*Water Beetles of China*）等诸多自然志书中，我们还可以看到该山脉的另一个名称——洪堡山。没错，这正是本书中提到的，"在中国的北方……也有以他名字命名的山脉"。

不满足于在书斋中与卷帙为伍，亚历山大·冯·洪堡屡屡远行，我国境内的洪堡山便是他勇敢探索的又一笔注脚。正如本书中提到的，他甚至于1829年到访过彼时位于额尔齐斯河右岸的清军哨所，尔后在家信中激动地记录道：自己到过中国了，那个传说中的"天朝"。不仅如此，哥哥威廉·洪堡也与汉语世界有着非常密切的联系。虽然威廉不曾到过中国，但他早于1826年就撰写论文《论汉语的语法结构》（*Über den grammatischen Bau der Chinesischen Sprache*）。

洪堡既属于全球，也超越时代。在科学可视化广泛应用于气象学、生物学、医学等领域的今天，我们不难从中联想到其将艺术与科学结合的前瞻视域，并追溯到他于19世纪就成熟应用在诸多著作中的视觉语言；在一打开互联网就与世界相连的现代，洪堡通过复合索引结构组织各类知识的认知手段依然实用、高效。就个体层面而言，其壮阔的一生向我们生动地展示了：人，可以如何成为一个完整的人。

此次借出版《创造自然》之机，我们有幸"邀请"亚历山大·冯·洪堡再次"来到"中国。希望每一位读者朋友都可以通过本书打开更为广阔的世界。

服务热线：133-6631-2326　188-1142-1266
服务信箱：reader@hinabook.com

后浪出版公司
2017年7月